기업범죄의 쟁점 연구

한 석 훈

法 文 社

머 리 말

이 책에서 다루고자 하는 기업범죄란 기업이 범죄의 주체가 되는 경우만이 아니라 기업이 피해자가 되는 경우를 포함하여 널리 기업적 생활관계에서 발생하는 범죄이다.

기업범죄 중에서도 실무상 가장 빈번하게 적용되는 범죄라면 배임죄, 횡령죄, 배임수재·증재죄 등이라 할 수 있다. 이러한 범죄는 사건수도 적지 아니하고 사실관계나 법리도 복잡하여 실무상 판단이 가장 어려운 범죄에 속한다. 또한 상법 회사편에 있는 회사범죄는 기업의 투명성이 강조됨에 따라 앞으로 그 활용도가 높아질 것으로 예상되는 범죄이다. 그러므로 이러한 범죄들은 기업범죄를 다루는 실무가나 실무에 종사하려고 하는 로스쿨생으로서는 특히 심층적인 이해가 필요한 분야들이다. 이 책에서는 위 배임죄, 횡령죄, 배임수재·증재죄 및 회사범죄를 중심으로 기업범죄에 관한 그 동안의 판례나 학설을 망라하여 실무와 이론의 심층분석을 하되 기업범죄 전반에 걸친 체계적 포괄적인 서술을 시도하였다.

특히 배임죄는 범죄구성요건에서도 복잡한 실무적 쟁점이 많을 뿐만 아니라, 유상증자를 이용한 편법상속 문제, 경영판단원칙, 차입매수(LBO) 등 최근 첨예하게 대립하는 쟁점을 다수 포함하고 있다. 횡령죄도 분식회계, 비자금 조성, 법인의 정치자금 기부 등 기업활동에서 늘 문제가 되고 있는 복잡한 쟁점들을 안고 있다. 이러한 쟁점들이 대표적으로 보여주고 있듯이 오늘날 기업범죄는 형법적 지식뿐만 아니라 기업에 관한 상법적 지식을 통섭하지 않고는 정확하게 이해할 수 없는 분야라 할 수 있다. 필자는 검사로서 실무에 종사하면서 기업범죄를 다루어 왔던 경험과 상법 교수로서 대학에서 회사법 등 상법과 기업범죄를 강의하여 온 강의자료를 기초로, 이 책에서 기업법인 상법과 범죄에 관한 형사법을 유기적으로 해석·적용하여 현행법을 해석하고 입법론을 제시하고자 하였다.

그러나 기업범죄에 관한 체계적 이론서가 드물어 그 연구범위를 정하는 문제부터 시작하여 주요 쟁점마다 마치 불모지를 걷는 듯한 막연함을 느낄 때가 많았다. 그렇기 때문에 가슴 설레는 호기심으로 끝까지 집필을 마칠 수는 있었지만, 이 책은 기업범죄의 체계적 연구를 위한 자그마한 시작에 불과하므로 앞으로 독자 여러분의 가차없는 지적과 비판을 받으며 내용의 완성도를 높여갈 수 있기를 기대한다.

기업범죄에 관한 실무에 종사하고 강의를 해 오면서 늘 이상하게 생각하고 있던 점은, "우리나라의 내로라하는 대표적 기업인들 중 배임·횡령 등 기업범죄에 연루되지 않은 이가 드믄 이유는 무엇인가?"라는 의문이었다. 온갖 어려움을 극복하여 기업을 일으키고 경제발전에 혁혁한 공을 세운 기업인들이 정작 그에 상응하는 칭송과 존경을 받지는 못하고 있는 우리나라의 정서도 같은 이유에 기인할 것이다.

경제의 활황기에 오히려 기업범죄가 급증하는 현상에 비추어 보면, 이 문제는 경제적 곤궁보다는 "회사는 누구를 위하여 존재하는가?"라는 회사의 본질에 관한 근본적 인식의 차이에서 비롯되는 것일지도 모른다.

과거 농경시대나 초기 산업화시대에는 대부분의 사람들은 기업과 별 관련이 없이도 생활을 영위할 수 있었고, 국가의 부(富)는 국가가 총칼로 영토를 빼앗거나 국가나 일부 특별한 기업이 배를 타고 바다를 건너가 금은을 벌어들여 축적하였다. 그러나 첨단 산업화시대인 오늘날에는 누구든 기업의 제품이나 서비스를 구매하는 등 기업과 빈번하게 관계하지 않고는 살아가기 어렵고, 회사 등 기업은 주주 등 출자자 외에도 채권자 · 경영진 · 근로자 · 소비자 · 지역사회 등 모든 이해관계자에 의하여 키워지고 있으며, 국가의 부(富)는 바로 이러한 기업활동의 결과라 할 수 있다. 갈수록 기업의 투명성이 강조되고 기업범죄가 중요한 사회문제로 부각되는 것도 이러한 시대의 흐름과 무관하지 않다고 본다. 인간을 사회적 동물이라고 하지만, 오늘날 회사 등 기업이야말로 사회와 더불어 살아갈 수밖에 없는 사회적 존재가 아닐 수 없다.

자신이 일구거나 이어받은 기업을 자신의 것으로 보는 기업인들의 인식을 탓할 수는 없지만, 기업을 경영하는 자에게는 적어도 기업을 건강하게 키워가야 할 사회적 책임과 의무도 있음을 잊어서는 안 될 것이다. 또한 국가도 건강하고 효율적인 기업경영을 뒷받침해 주는 제도를 정비하려는 지속적 노력이 필요하다.

기업범죄에 관한 연구는 기업경영을 둘러싼 이러한 문제에 관한 고민이 중심을 이루고 있다. 여기서 다루는 쟁점들은 앞으로도 법학자나 실무가들의 치열한 비판과 심층적인 연구를 통하여 더욱 원숙해지겠지만, 기업에 종사하는 분들도 이를 일별하여 기업범죄에 관한 우리나라의 실무처리 사례와 그 이유에 대한 정확한 인식이 필요하다고 생각한다.

필자의 어린 시절에 아버지께서는 목공구를 제조·판매하는 중소기업을 경영하시면서 늘 새로운 아이디어로 제품을 만들고 시장을 개척하였지만 실패를 반복하곤 하셨다. 그럼에도 불구하고 다시 공장을 세우고 무(無)에서 유(有)를 생산하는 제조업에 종사하는 것을 자랑으로 여기셨다. 어린 마음에도 새롭게 시작하는 공장의 기름 냄새나 목재 냄새는 언제나 좌절하지 않고 불굴의 용기로 다시 시작하는 기업가정신의 냄새였다. 사법시험 준비를 하면서 그리고 법조인으로 살아오면서 몇 차례 역경을 겪을 때마다 필자는 어린 시절의 이러한 기름 냄새 목재 냄새를 기억하면서 새로운 힘을 얻고는 하였다. 그러나 늘 기업에 투자한 노력만큼 돌려받지는 못하시는 아버지를 지켜보면서 안타까워했던 기억이 새롭다. 기업에 관심을 갖고 이 책을 집필하게 된 것도 이러한 기억에서 비롯된 것이므로 개인적 감상이 허용된다면 먼저 아버지께 감사드리고 싶다.

그 동안 기업범죄의 연구와 이 책의 집필에 깊은 관심과 따뜻한 격려를 보내주신 성균관대학교 법학전문대학원 최준선 교수님께 깊이 감사드리고 싶다. 집필을 위하여 조력해 준 이세영 박사를 비롯한 성균관대학교 법학전문대학원 및 일반대학원의 제자들에게도 감사의 마음을 전한다. 또한 출판계의 어려운 여건 속에서도 법률관련 전문서적의 출판에 남다른 사명감을 가지고 있는 법문사에서 이 책의 출간에 수고하여 주신 김영훈 기획·영업부장님, 최문용 편집부 차장님을 비롯한 직원 여러분께 감사드린다.

2013년 1월

저 자

차　례

Chapter 03 | 배임에 관한 죄 (57~189)

01 Chapter 기업범죄의 기초이론

제1절 기업범죄의 개념

기업범죄(Corporate Crime)라는 용어는 법률용어가 아닌 강학상 용어이고, 학문적으로 정립되어 있는 개념도 아니다. 기업범죄의 개념에 관하여 국내에서는 '합법적으로 조직된 기업 또는 그 구성원이 기업체의 목적을 추구하는 과정에서 작위 또는 부작위에 의해 고용인, 소비자, 일반대중, 타 기업에 대해 인적·물적 손해를 가하는 행위로서 국가에 의하여 처벌되는 행위'라는 견해,[1] '화이트칼라 범죄의 일부로서 정상적인 기업활동에 수반하여 이루어지는 위법행위'라는 견해,[2] '기업이윤을 직접적으로 증가시킬 목적으로 기업활동 과정에서 행하여지는 모든 불법적 행위로서 국가형벌권의 대상이 되는 행위'라는 견해,[3] '기업의 구성원이 기업이란 사회적 조직체에 통합된 상태에서 그 조직체의 행위로서 수행하는 범죄'라는 견해[4] 등이 있다.

또한, 외국에서는 기업범죄를 '기업이나 기업의 대표자 등 경영진·사용인·종업원이 기업의 업무와 관련하여 범하게 되는 범죄'(John Braithwaite, 室伏哲郎) 또는 '기업활동으로 행하여지는 범죄'(板倉 宏, 藤木英雄)라고 정의하고 있다.[5]

이와 같이 범죄의 행위주체를 중심으로 기업범죄의 개념을 설명하는 것은 기업범죄의 개념이 미국의 범죄사회학자 서덜랜드(Edwin H. Sutherland)가 1939년 범죄행위주체를 기준으로 개념을 정의한 화이트칼라 범죄(White Collar Crime)에서

* 이 저작물은 성균관대학교의 2010학년도 성균학술연구비에 의하여 연구되었음.

1) 사법연수원, 「신종범죄론」(2010), 446면.
2) 정영석·신양균, 「형사정책」(법문사, 1996), 198면.
3) 천진호, "기업범죄와 형사적 규제", 「법학논고」 제16집(경북대학교 법학연구소, 2000), 73면
4) 박강우, 「기업범죄의 현황 및 정책분석」(한국형사정책연구원, 1999), 20면.
5) 기업범죄의 개념에 관한 상세한 논의는 천진호, 전게논문, 71~73면 참조.

유래한 것이기 때문이다. 서덜랜드는 화이트칼라 범죄를 '존경받을 만한 높은 사회적 지위를 가진 자들이 그 직업상 범하는 범죄'라고 정의하였지만, 사회적 지위가 없는 단순한 직무상 범죄도 포함하는 등 그 개념의 불명확성·모순성으로 인하여 그 이후 개념 등에 관한 많은 논쟁과 비판을 야기하였다고 한다.[6)]

이상의 기업범죄 개념에 관한 논의를 종합해 보면, 기업범죄를 기업이나 기업의 구성원이 기업의 이익을 위하여 하는 범죄로 제한하는 입장이 대부분이고, 그 밖에 기업의 활동과정에서 범한 범죄라면 기업의 이익을 위한 행위는 물론 기업을 범행의 대상으로 하는 범죄도 포함하여 넓게 파악하는 입장도 있음을 알 수 있다.

기업이란 원래 경제학적 용어로서 법률용어로는 일반적으로 사용되는 용어가 아니지만,[7)] 상법학계에서는 실질적 의의의 상법 개념을 정의함에 있어서 이 용어를 활용하여 상법이란 기업적 생활관계에 관한 특별사법이라고 정의함이 일반적이다(기업법설).[8)] 기업법설 입장에서도 기업의 개념이 일정한 것은 아니지만, 대체로 기업이란 계속·반복하여 영리를 추구하는 독립된 경제단위라 할 수 있고, 반복·계속성과 영리성을 주요 특성으로 하고 있다. 이러한 기업에는 회사 등 법인이나 개인기업이 모두 포함되고, 기업범죄란 이러한 기업의 기업적 생활관계에서 발생하는 범죄라고 정의하는 것이 적절하다고 본다.[9)] 따라서 기업이나 기업의 경영진·사용인·종업원 등 구성원이 기업을 위하여 범하는 범죄는 물론, 기업의 구성원이 자기의 개인적 이익을 위한 것이라거나 기업이 피해자가 되는 경우일지라도 기업조직을 이용하는 등 기업적 생활관계에서 범한 범죄라면 이에 포함할 수 있다고 본다.

---

6) Ronald C. Kramer, Corporate Criminality: The Development of an Idea, in Corporations as Criminals 15-16 (Ellen Hochstedler ed., 1984); 이태원, "화이트칼라범죄 연구에 관한 최근 쟁점들", 「형사정책연구」(한국형사정책연구원, 1998년 봄호), 106~111면.

7) 2007년 상법개정시 상법 제5편 제1장의 제목을 '해상기업'이라고 표현하고, 기업구조조정촉진법 등 특별법에서 '기업'이란 용어를 제한적으로 사용하고 있을 뿐이다.

8) 최준선, 「商法總則·商行爲法」(삼영사, 2011), 12면; 이철송, 「商法總則·商行爲」(박영사, 2011), 7~8면; 정동윤, 「註釋 商法 [總則·商行爲(1)]」(한국사법행정학회, 2003), 36면.

9) 같은 취지 : 神山敏雄 外 編 「新経済刑法入門」(成文堂, 2008), 26面; 기업범죄의 범위에 형벌 외에 행정적 제재를 받는 경우도 포함하거나(사법연수원, 전게서, 447면) 심지어는 민사적 제재를 받는 경우도 포함하는 견해{박광섭, "기업범죄에 관한 연구", 「法學硏究」(충남대학교 법학연구소, 2003. 12.), 61면}가 있으나, 범죄의 개념을 실질적으로 보아 "형벌을 과할 필요가 있는 불법으로서 사회공동생활의 존립과 기능을 현저히 침해하는 행위"{이재상, 「刑法總論」(박영사, 2012), 68면}라고 본다면 형벌의 대상인 범죄행위에 한정하여야 할 것이다.

이렇게 기업범죄의 개념을 기업이 행위주체이건 범행의 대상이건 불문하고 폭넓게 보는 이유는 후술하는 기업범죄의 특성이란 대부분 위와 같은 기업적 생활관계에 기인하는 것이라 할 수 있고, 산업의 발달과 경제활동의 복잡·다양화에 따라 기업적 생활관계에서 끊임없이 발생하는 새로운 유형의 범죄들도 함께 포함시켜 다룰 필요가 있기 때문이다.

제2절 연 혁

I. 경제범죄 개념의 발생과 변천

경제생활이나 기업에 특유한 범죄라는 개념이 형성된 것은 대륙법계인 독일과 영미법계인 미국에서 비롯된 것인데, 상호 그 유래와 개념을 달리하고 있다.

독일에서는 1914년 제1차 세계대전의 발발을 계기로 전쟁수행을 위하여 국민의 경제활동을 통제하는 경제통제법을 제정하고 이를 위반하는 경우에는 형벌을 부과한 데에서 경제통제법규위반 범죄로서의 '경제범죄' 개념이 형성되었다고 보는 것이 일반적이다.[10] 그 후 제2차 세계대전을 거친 후 자유시장경제가 회복되면서부터는 경제범죄의 중점은 시장경제질서를 침해하는 범죄로 변화하게 되고, 1970년대에는 이러한 입장에서 경제범죄대책법까지 제정하기에 이른다. 이러한 경제범죄의 개념은 개인적 법익에 대한 침해를 중심으로 구성하는 종래의 재산범죄와는 달리 경제통제법규위반을 내용으로 하거나, 경제질서, 경제제도 또는 주요 경제부문에 대한 침해라는 사회적 법익 기타 초개인적 법익의 침해를 그 내용으로 하는 것이었다.

이러한 입장은 유럽 각국은 물론 일본에도 영향을 미치게 되어, 일본은 1930년대의 중일전쟁을 계기로 제정된 경제통제법령을 중심으로 경제범죄의 개념이 형성되었다. 그 후 1945년 제2차 세계대전의 종전 후에는 자유시장경제질서를 위한 경제법규를 위반하는 범죄로 경제범죄의 중점이 이동하게 된다.[11]

---

10) 神山敏雄 外 編, 前揭書, 3面.
11) 神山敏雄 外 編, 前揭書, 5面.

Ⅱ. 기업범죄 개념의 발생과 변천

영미법계에서는 미국에서 전술한 바와 같이 서덜랜드가 1939년경 존경받을 만한 높은 사회적 지위를 가진 자들이 직업상 범하는 범죄를 '화이트칼라 범죄(White Collar Crime)'라고 정의한 이래, 범죄행위의 주체 및 유형을 중심으로 하는 기업범죄의 개념이 발달하게 되었다. 이러한 '화이트칼라 범죄'라는 용어는 범죄가 주로 하층 빈민들에 의하여 행하여지는 것이라는 종래의 일반적 인식을 뒤엎는 것으로서 사회적으로 큰 충격을 줌과 동시에, 이러한 범죄의 특성과 그 대책에 관한 새로운 문제의식을 야기하게 되었다. 이렇게 '화이트칼라 범죄'는 원래는 범죄의 행위주체를 중심으로 개념을 정의하게 된 것이지만, 그 후 점차 범죄행위의 특성이나 범죄의 유형을 중심으로 한 기업범죄(Corporate Crime)의 개념이 발달하게 되었다.

전술한 바와 같이 '화이트칼라 범죄'는 처음부터 그 개념 자체가 분명한 것이 아니었기 때문에 그 후 많은 비판과 논쟁을 야기하였다.[12] 그 중 클리나드(Marshall B. Clinard)와 퀴니(Richard Quinney)는 '화이트칼라 범죄'를 기업범죄와 직업범죄(Occupational Crime)로 구분하여 설명하기도 하였다. 기업범죄는 경영진이 기업을 위하여 범하거나 기업 자체가 범한 범죄이고, 직업범죄는 개인이 그 직무수행 과정에서 자신을 위하여 범하거나 기업 등 그 사용자에 대하여 범하는 범죄라는 것이다.[13] 그러나 그 후 기업범죄의 범위는 경제발전에 따른 기업의 역할증대로 인하여 점차 확대되어 왔다.

한편 일본은 위와 같이 대륙법계의 경제범죄 개념에서 출발하였지만, 1950년대 이후에는 미국의 영향을 받아 기업가, 회사 임원, 고위관료 등 상류층의 범죄, 회사범죄, 배임·횡령·사기죄, 뇌물 관련 죄 등도 경제범죄의 연구대상에 포함하게 되었으므로,[14] 경제범죄라는 명칭 아래 영미법에서 발달하여 온 기업범죄의 개념도 포괄하고 있는 것이다.

이상 살펴본 바와 같이 대륙법계의 경제범죄나 영미법계의 기업범죄는 각 발

12) 상세한 내용은 박강우, 전게서, 17~20면 참조.
13) Marshall B. Clinard & Richard Quinney, Criminal Behavior Systems : A Typology, 188 (1973).
14) 神山敏雄 外 編, 前掲書, 6面.

생유래와 기본개념은 상이하나, 경제발전에 따른 기업의 역할 증대 및 각국 법제의 상호영향에 따라 그 범위가 확대되고 내용이 발전하여 오면서 상당 부분 중복되는 내용을 포함하게 되었다. 따라서 오늘날 기업범죄는 경제범죄를 포함하는 광의의 개념으로 논의하여도 무방하다고 본다.

이렇게 기업범죄의 개념과 그 범위를 구분하는 목적은 기업범죄에 타당한 법원리나 해석원칙을 규명하여, 이를 기업범죄에 관한 법해석에 적용하고 입법에 참고함으로써 기업범죄에 효과적으로 대처하는 데에 있다. 대륙법계의 경제범죄이건 영미법계의 기업범죄이건 모두 기업적 생활관계에서 발생하는 범죄라는 점에서 공통된 특성을 갖고 있으므로 유사한 법원리나 해석원리가 적용될 수 있다고 본다. 다만, 각 입법취지나 보호법익의 차이를 감안하여 경제범죄에는 경제질서 전체를 조망하는 거시적 접근이 필요하고, 기업범죄에는 개별 경제주체의 행위에 대한 미시적 접근이 필요할 것이다.

제3절 유　　형

기업적 생활관계에서 발생하는 기업범죄는 분류기준에 따라 여러 가지 유형으로 분류할 수 있을 것이다. 범죄행위주체를 기준으로 기업조직체 범죄, 경영진 범죄, 종업원 범죄로 분류하거나, 범행방법을 기준으로 시장통제형 범죄, 기망·배신형 범죄, 착취형 범죄, 관료형 범죄, 환경파괴형 범죄 등으로 분류할 수도 있다.[15] 그러나 범죄란 보호법익을 침해하는 행위이고,[16] 보호법익을 기준으로 규제입법의 법리도 달리 전개되고 있으므로, 범죄의 분석을 위해서는 보호법익을 기준으로 하는 분류가 유용하다고 본다.[17]

우리나라의 실무상 많이 문제되는 기업범죄를 보호법익을 기준으로 분류하자면, 기업 등 타인의 재산을 침해하는 배임(후술하는 특별배임죄 포함)·횡령·사기죄, 기업 등 거래의 공정성을 침해하는 배임수재·배임증재죄, 회사의 재산이나 건전한 운영을 침해하는 상법 회사편 벌칙에 규정된 범죄(이하 회사범죄라

15) 사법연수원, 「경제범죄론」(2006), 10~11면.
16) 신동운, 「형법총론」(법문사, 2012), 77면.
17) 일본에서도 보호법익을 중심으로 경제범죄를 분류하는 견해가 주류를 이루고 있다(神山敏雄 外 編, 前揭書, 6面).

함), 증권 등 금융투자상품 거래의 공정성을 침해하는 금융투자상품 관련 범죄(이하 증권범죄라 함), 주로 국가의 경제질서나 경제제도를 침해하는 범죄(이하 경제범죄라 함) 등으로 구분해 볼 수 있다.

이 중 경제범죄라는 용어는 학자에 따라 그 개념정의가 일정하지는 않지만, 원래의 경제범죄란 경제거래 등 경제생활에서 요구하는 신뢰를 깨뜨려 사회적 또는 초개인적 법익인 경제질서나 개개의 경제제도를 침해하거나 위태롭게 하는 범죄로 정의하는 것이 일반적이다.[18] 이러한 경제범죄에는 독점 및 불공정거래 범죄, 탈세 범죄, 외환거래 · 수출입 관련 범죄, 보조금 · 공적자금 관련 범죄, 신용카드 등 카드범죄, 채무자 회생 및 파산에 관한 법률위반 범죄, 소비자보호법규위반 범죄, 특수판매(다단계 · 방문 · 통신판매 등) 관련 범죄, 근로자보호 · 산업재해 관련 범죄, 부동산거래 관련 범죄, 컴퓨터이용 관련 범죄, 지적재산권 · 기업정보 관련 범죄, 환경 · 보건 관련 범죄 등이 있다. 회사범죄도 회사제도라는 경제제도를 보호하고자 한다는 점에서는 광의의 경제범죄에 포함될 수 있으나, 회사라는 주로 개별 기업의 재산적 이익 보호를 직접목적으로 한다는 점에서 경제범죄와는 구분하여야 할 것이다. 경제범죄는 경우에 따라 개인적 법익을 침해하는 경우도 있으나, 주로 국가의 경제질서나 개개의 경제제도를 침해하는 범죄로서, 개별 규제입법의 입법취지에 따른 특별한 법리전개가 필요하다.

이 책에서는 기업범죄 중 주로 기업의 재산이나 건전한 운영을 침해하는 범죄로서 실무상 많이 문제되는 배임죄, 횡령죄, 배임수 · 증재죄와 기업에 관한 일반법인 상법에 규정된 회사범죄에 한정하여 살펴보고자 한다. 이들 범죄는 형법각칙에 기본적 범죄유형이 규정되어 있고, 특정경제범죄 가중처벌 등에 관한 법률(이하 특경법이라 함) 제3조나 상법 회사편 벌칙 조항(제622조 내지 제624조, 제630조) 등 특별법에 그 가중처벌 유형이 규정되어 있다.[19] 배임죄, 횡령죄 및 배임수 · 증재죄는 기본적으로 형법 각칙상의 일반적 범죄유형에 속하지만, 기업적 생활관계에서 이러한 범죄가 행하여지는 경우가 많고, 실제로 우리나라의 대형 경제사범 대부분이 이러한 범죄로 의율되고 있으며, 기업적 생활관계

18) 사법연수원, 전게서, 5면; 유전철, "경제범죄의 개념과 유형", 「법학논총」(조선대학교, 2002. 8.), 5면.

19) 특경법 제3조는 배임 · 횡령 · 사기의 이득액에 따라 가중처벌하고 있고, 상법 제622조 내지 제624조는 배임죄의, 상법 제630조는 배임수 · 증재죄의 각 가중처벌 규정이다.

에 관한 상법적 지식을 기반으로 하고 있는 쟁점이 많아 기업범죄로서의 특성이 강하므로, 이들 범죄도 기업범죄의 중요한 일부를 구성하고 있다고 보아야 할 것이다.

그 밖에 형법각칙에 규정되어 있는 사기죄, 공갈죄, 강요죄, 협박죄, 업무방해죄, 경매·입찰방해죄, 강제집행면탈죄, 위조 관련 범죄, 뇌물 관련 범죄, 장물에 관한 죄 등이 기업범죄의 범주에 포함될 수 있다.[20] 그러나 이들 범죄는 기업적 생활관계가 아닌 일반 생활관계에서 발생하는 경우와 달리 취급할 만한 법리적 특성이 드물고, 실제로 우리나라의 경제사범 사례에서 특별히 문제되는 경우도 비교적 적기 때문에 여기에서는 다루지 않기로 한다.

회사범죄는 납입가장죄 외에는 실무상 문제되는 경우가 빈번하지는 않지만, 오늘날 국가경제에서 회사가 차지하는 비중이 급격하게 확대되어 감에 따라 회사의 건전한 운영을 위하여 그 적용을 제고할 필요가 있으므로 기업범죄의 중요한 일부로 다룰 필요가 있다고 본다. 이 책에서는 회사범죄 중 특별배임죄는 배임에 관한 죄 부분에서 함께 다루고, 나머지 범죄만을 제6장 회사범죄 부분에서 설명하기로 한다.

제4절 기업범죄의 특성

기업범죄 중 경제범죄의 특성으로는 일반적으로 신분성, 반복·계속성, 영리성, 모방성(상호연쇄성), 지능성(전문성), 미약한 피해의식 등을 들고 있다.[21] 이러한 특성은 기업적 생활관계에서 발생하는 범죄인 기업범죄의 특성으로도 원용할 수 있을 것이나, 그 의미내용은 아래와 같이 해석할 수 있고, 나아가 규제관련성, 구성요건의 추상성, 분업성, 이익귀속과 책임부담의 모순성을 추가할 수 있을 것이다.

---

20) 같은 취지 : 神山敏雄 外 編, 前揭書, 15~16面.
21) 장영민·조영관, 「경제범죄의 유형과 대처방안」(한국형사정책연구원, 1992), 29~32면; 김지선 외 5인, 「한국의 범죄현상과 형사정책」(한국형사정책연구원, 2007년), 315~317면; 사법연수원, 전게서, 7~8면.

Ⅰ. 신분성

기업범죄를 앞에서 살펴본 '화이트칼라 범죄'의 개념에서 말하는 것처럼 반드시 사회적 지위가 높은 상류층에 의하여 범하는 범죄라고는 할 수 없지만, 기업의 경영진이나 사용인·종업원 등 기업의 구성원이 기업활동 과정에서 범하게 되는 범죄라는 점에서 범죄의 행위주체 면에서 신분적 특성을 나타내는 경우가 많다.

따라서 기업범죄의 성립 여부나 처벌에 있어서는 적극적 경영활동을 보장한다거나 실효성 있는 처벌이 될 수 있도록 경영판단원칙, 실효적인 형벌제도, 내부고발자 보호제도 등을 논의할 필요가 있다.

Ⅱ. 규제관련성

우리나라는 다른 민주주의 국가와 마찬가지로, 균형있는 국민경제의 성장 및 안정과 적정한 소득분배를 유지하고, 시장의 지배와 경제력의 남용을 방지하며, 경제주체간의 조화를 통한 경제의 민주화를 위하여 경제에 관한 규제와 조정을 하게 되는(헌법 제119조 제2항) 이른바 사회적 시장경제질서를 지향하고 있다. 이에 따라 기업은 그 설립·운영·소멸 등 기업활동의 모든 과정에 걸쳐 국가나 지방자치단체의 복잡한 규제와 감독을 받고 있다.

그러므로 기업범죄는 일반범죄와 비교하여 이러한 규제제도 여하에 따라 직접적 영향을 받게 되고, 정치권력이나 행정권력과의 유착 가능성도 비교적 높다. 이러한 특성으로 인하여 기업범죄의 근본적 예방을 위하여는 기업규제 제도에 대한 철저한 검토와 합리적 개선, 기업과 권력의 유착가능성 차단 노력이 필요하다.

Ⅲ. 반복 · 계속성 및 영리성

기업은 반복·계속하여 영리를 추구하는 경제조직이므로, 기업적 생활관계에서 발생하는 기업범죄도 범죄의 동기가 대부분 영리추구에 있고, 반복·계속하여 범죄를 범하는 특성을 보인다. 범죄의 영리추구적 특성으로 인하여 기업범죄는 경제발전에 따라 급증하게 마련이고, 경기침체기 보다는 경기활황기에 더욱 증가하게 된다.

우리나라의 경우에도 1983년과 급격한 경제발전을 이루어 간 후인 2006년을 비교하여 볼 때, 전체범죄 접수 증가율은 약 149%이지만, 같은 기간 경제범죄 접수 증가율은 324%에 달하였다. 또한, 그 기간 중에도 IMF외환위기로 경기침체기에 들어간 1997년에 전체범죄 접수 사건수는 계속 증가하였음에도 불구하고 경제범죄의 접수 사건수는 오히려 전년 대비 7.3% 감소하였고 1999년에는 전년 대비 20.9%나 감소한 바 있다.[22)]

이와 같이 기업의 영리추구 과정에서 반복·계속하여 범하게 되는 기업범죄자는 죄의식이 희박하거나 자기합리화 경향이 강하고, 더욱 밀행적으로 범죄를 범하여 그 적발을 어렵게 만든다. 이러한 특성으로 인하여 기업범죄에 대한 대책으로서 특히 자금세탁의 방지를 위한 효율적 제도 마련과 그 집행력 강화를 위한 노력이 필요하다.

Ⅳ. 모방성

기업범죄는 위와 같이 규제제도와 밀접한 관계가 있고, 기업의 영리추구 과정에서 발생하는 경우가 많기 때문에, 같은 규제제도 아래에서 기업의 영리추구를 위하여 치열하게 경쟁하는 가운데 합리적 경영기법은 물론 탈법적 기업범죄도 상호 모방하게 되는 경향이 강하다. 경제발전과 사회적 시장경제질서의 발달에 따라 기업범죄가 급증하는 이유는 이러한 특성에도 기인한다.

Ⅴ. 지능성

기업의 경영, 제품의 생산·판매·수출 및 용역의 제공, 회계, 감사 등 기업적 생활관계에 있어서는 기업의 종류나 담당자의 직위 등에 따라 정도의 차이는 있을지언정 전문지식이나 실무경험이 필요하다. 특히 상법 회사편에 규정된 회사범죄는 기술적 성격이 강한 규정들이 대부분이다. 이에 따라 기업적 생활관계에서 발생하는 기업범죄는 일반범죄와 비교하여 지능적·전문적·기술적 특성을 보인다. 또한, 특별한 지식이나 경험을 바탕으로 범하게 됨에 따라 기업범죄는 계획성, 강한 밀행성, 피해의식의 미약성 등의 특성을 보이기도 한다.

따라서 기업범죄에 대한 수사나 재판에는 범죄일반에 대한 전문지식 외에 기

---

22) 김지선 외 5인, 전게서, 308~309면.

업적 생활관계에 관한 지식이나 경험도 필요하다.

Ⅵ. 피해의식의 미약성

경제범죄와 같이 사회적 또는 초개인적 법익인 경제질서나 개개의 경제제도를 침해하거나 위태롭게 하는 범죄의 경우에는 개개인이 직접적·구체적 피해의식을 느끼기가 어렵다.

또한 그 밖의 기업범죄의 경우에도 위와 같이 그 지능적 특성으로 인하여 기업적 생활관계에 관한 지식과 경험이 많지 아니한 일반인의 경우나, 회사 등 단체가 피해자인 경우에는 그 범죄로 인한 피해의식이 미약할 수밖에 없다.[23]

이러한 특성은 기업범죄의 발견을 어렵게 만드는 요인이 되고, 반복·계속하여 기업범죄를 범하게 하는 유인(誘因)도 제공한다.

Ⅶ. 구성요건의 추상성

기업활동은 경제환경의 변화와 기술혁신에 따라 끊임없이 진보하는 특성을 지니고 있다. 이에 따라 이러한 기업활동을 규제하기 위한 기업범죄 관련 법률규정도 향후의 변화까지 수용하기 위하여 추상적으로 규정할 수밖에 없게 된다. 따라서 기업범죄의 구성요건에 해당하는 법률규정이 추상적·개방적 용어를 사용하게 되고, 그 해석문제가 따르게 되는 것은 불가피하다.

예컨대, 상법 제625조(회사재산을 위태롭게 하는 죄) 제1호에 규정한 '부실한 보고'라거나, 자본시장법과 금융투자업에 관한 법률(이하 자본시장법이라 함) 제178조(부정거래행위 등의 금지) 제1항 제1호에 규정한 '부정한 수단, 계획 또는 기교를 사용하는 행위'는 무엇이 '부실한' 또는 '부정한' 것인지 구성요건을 해석해야 하는 문제를 야기한다.

이러한 구성요건의 불명확성은 범죄자의 죄의식을 희박하게 하고, 재판에 있어서도 적극적 양형을 기피하게 하는 등 양형에도 영향을 미치는 요인이 된다.

---

23) 예컨대 대법원 판례는 1인회사의 경우 1인 주주의 배임죄를 인정하고 있으나(대법원 1983. 12. 13. 83도2330 전원합의체 판결), 범죄자인 1인 주주도 죄의식이 미약하고 피해회사의 피해의식이란 지극히 관념적일 뿐이다.

Ⅷ. 분업성

기업활동 과정에서 발생하는 업무상과실치사상의 경우나 산업재해사고의 경우에는 직접 행위자, 상위 관리·감독자, 하위 관리·감독자 및 사업주 등 다수의 기업 구성원들의 작위 또는 부작위에 의한 분업적 범행인 경우가 많다. 또한, 주식회사의 대표이사가 이사회의 결의를 거쳐 회사재산을 처분한 행위가 횡령죄에 해당하는 경우에는 대표이사와 이사회에 참석한 이사 등의 분업적 범행이라 할 수 있다.

이러한 경우에 개개인의 범행 관여정도, 과실 여부, 인과관계나 그 책임범위를 인정하기가 용이한 일은 아니다. 따라서 법인의 범죄능력, 양벌규정, 간접행위자 처벌 등의 논의가 필요하게 된다.

Ⅸ. 이익귀속과 책임부담의 모순성

기업활동 과정에서의 범행인 경우에 평소 기업은 기업 구성원의 활동으로 인하여 그 영업이익을 향유하고 있음에도 불구하고, 그 범행에 대한 형사책임은 주로 기업의 구성원이 개인적으로 부담하는 모순이 있다.[24)]

이에 따라 법인의 범죄능력 또는 형사책임의 주체성, 불법수익에 대한 효과적인 몰수제도 등이 문제된다.

제5절 해석원리

Ⅰ. 목적론적 해석과 통일적 · 유기적 해석

기업범죄는 크게 배임죄, 횡령죄, 배임수재·배임증재죄 등 형법각칙에 규정된 범죄와, 회사범죄, 증권범죄, 경제범죄 등 특별법에 규정된 범죄로 대별할 수 있다.

특별법상 기업범죄는 우선 해당 특별법의 목적, 입법취지, 보호법익 등을 감안하여 해석·운용할 필요가 있음은 당연하다. 그런데 이러한 특별법상 범죄도

24) 예컨대, 부동산 분양회사의 사기분양의 경우에 사기분양으로 인한 이익은 회사가 향유하나 사기죄로 처벌되는 것은 분양 담당 임·직원들이다.

범죄인 이상 형법 제8조(총칙의 적용) 규정에 따라 형법의 총칙 규정을 적용함이 원칙임은 물론이다. 또한 특별법상 범죄는 형법 각칙(형법 제2편)에 규정된 범죄유형을 기초로 그것을 구체화하거나 수정한 경우가 대부분이고, 그 규정 문언도 형법전에 규정된 문언을 그대로 사용하거나 그것에 필요한 변경을 가하여 사용하는 경우가 많다.

따라서 특별법상 기업범죄의 해석에 있어서도 형법 규정에 관한 해석으로 보충하거나 상호 차이점을 규명하는 등 형법 규정과 통일적·유기적으로 해석할 필요가 있다.[25] 즉, 형법의 유사 규정과 비교·대조하는 해석방법을 통하여 해당 특별규정의 필요성이나 문언의 의미가 분명하게 되고, 형법 규정과 특별법 규정과의 적용관계(즉, 죄수관계)를 가리는 데에도 도움이 될 것이다.

Ⅱ. 기업의 특성을 반영하는 해석

기업범죄는 기업적 생활관계에서 발생하는 범죄로서 그 행위주체가 법인, 기업의 경영진 또는 종업원인 경우가 많고, 기업활동은 조직적으로 계속·반복하여 행하여지는 등 전술한 바와 같은 여러 가지 특성을 지니고 있다. 따라서 이러한 기업의 특성을 반영하는 해석원리가 필요한데, 배임죄와 관련하여 후술하는 경영판단원칙은 기업경영의 특성을 반영하는 중요한 해석원리라 할 수 있다.

법인의 범죄능력 인정 여부나 양벌규정 문제 등 기업에서만 문제되는 분야는 물론이고, 그 밖에도 기업범죄는 기업적 생활관계에서 발생하는 범죄이므로 기업의 특성을 반영하여 해석할 필요가 있을 것이다.

Ⅲ. 형법의 일반원칙을 반영하는 해석

기업범죄도 형사범죄의 한 유형이므로 형법에 적용되는 일반원칙, 즉 죄형법정주의 원칙 및 그 파생원칙인 유추해석금지 원칙, 과잉금지 원칙 등이 적용되어야 함은 물론이다. 또한 기업범죄도 형벌이라는 강제수단을 사용하여 개인이나 법인의 법익을 박탈하거나 제한하게 되는 것이므로, 형벌의 최후수단 요청에 따른 보충성 원칙이나, 행위와 책임에 상응하는 형벌이라는 비례성 원칙이 입법이나 해석의 원리로 적용되어야 할 것이다.

---

25) 같은 취지 : 神山敏雄 外 編, 前揭書, 15面.

그리고 전술한 바와 같이 기업범죄는 변화무쌍한 경제현상에 대비하여 구성요건에 해당하는 법률규정이 추상적·개방적 용어를 많이 사용하는 등 불명확한 경우가 많은 것이 특징이다. 따라서 죄형법정주의 원칙, 보충성 원칙, 비례성 원칙 등 인권보장을 위한 형법의 일반원칙은 기업범죄의 입법이나 해석원리로서 더욱 중요성을 갖는 것으로 보아야 할 것이다.

02 Chapter

법인의 형사책임

제1절 서 설

산업혁명 이래의 급격한 기술발달과 주식회사 등 회사제도의 발달은 세계의 경제·사회 환경을 기업이 주도하는 경쟁체제로 변모시키고 있다. 현대의 치열한 산업경쟁체제에서 기업은 경제발전의 주역으로 활약하기도 하지만, 기업의 불법적 행위로 인한 폐해가 국민들에게 큰 상처를 남기기도 한다. 그러므로 기업적 생활관계에서 발생하는 범죄에 대하여 기업 자체를 형사처벌할 필요도 높아지고 있다.

기업에는 상법상 회사(상법 제169조) 등 법인과 개인기업이 있다. 이 중 개인기업은 법인과는 달리 기업(영업) 자체가 아니라 기업주인 개인이 기업적 생활관계에서 발생하는 권리·의무의 귀속주체이자 범죄의 주체가 된다. 그러므로 자연인인 기업주가 영업과 관련하여 범죄를 범한 경우에 기업주 개인 외에 기업 자체의 형사책임을 논할 여지가 없다.

그러나 법인의 경우에는 법인이 기업적 생활관계에서 발생하는 권리·의무의 귀속주체이지만 법인의 행위는 기관이나 종업원인 자연인에 의하여 행하여지는 것이다. 그런데 "책임 없으면 형벌 없다"는 책임주의 원칙상 법인을 형사처벌하기 위하여는 법인에게 형사책임을 인정할 수 있어야 하고, 고전적 책임근거론에 따르면 형사책임이란 범죄행위를 하게 된 의사형성의 비난가능성을 말하는 것이므로,[1] 결국 심신(心身)이 없는 법인이 범죄행위의 주체가 될 수 있는지, 즉 법인의 범죄능력을 인정할 수 있는지 여부가 문제된다. 특히 대규모 기업의 대부분은 주식회사와 같은 물적회사로 조직되어 주주 등 사원(社員)의 개성이

1) 이재상, 전게서, 289면.

약하고 이사 등 기관이 분화되어 법인으로서의 단체성이 강하므로, 법인의 불법적 행위에 대하여 법인 자체를 형사처벌할 수 있는지 여부를 검토할 필요가 크다고 할 수 있다. 아울러 현행 상법 기타 특별법에는 예외적으로 법인을 처벌하는 양벌규정을 두고 있는데, 그 법인처벌의 근거가 무엇인지, 법인에 대한 합리적 처벌방법은 무엇인지 여부도 검토할 필요가 있다.

제2절 법인의 범죄능력

Ⅰ. 의 의

법인은 자연인과 달리 심신(心身)이 없고 대표기관인 자연인에 의하여 행위를 하여야 하기 때문에, 법인의 형사책임을 인정하기 위한 전제로서 법인 자체의 범죄능력을 인정할 수 있는지 여부가 입법론 또는 해석론으로서 문제된다. 해석론으로는 현행 형법이나 특별법상 형사처벌 규정은 " …한 자(者)는 …에 처한다"는 형식으로 규정하고 있는 경우가 대부분인데, 그 주어 '자(者)'가 자연인만을 의미하는 것인지 아니면 법인도 포함하는 것으로 해석할 수 있는지 여부의 문제가 된다.

법인의 범죄능력을 인정할 것인지 여부는 강간, 위증 등 범죄의 성질상 신체와 정신능력을 가진 자연인만이 범할 수 있는 죄를 제외한 모든 범죄의 경우에 일반적으로 검토해 볼 수 있는 문제이기는 하나, 예컨대 회사재산을 위태롭게 하는 죄 중 자기주식취득 등 제한 위반행위, 위법배당행위(상법 제625조 제2호, 제3호), 모회사주식취득 등 제한 위반죄(상법 제625조의2) 등의 경우처럼 회사가 사법(私法)상 행위주체인 범죄의 경우에 그 논의의 실익이 크다고 할 수 있다.

Ⅱ. 외국의 동향

1. 대륙법계 국가

이러한 논의는 원래 법인 본질론에 영향을 받아 시작된 것으로서 독일, 일본 등 대륙법계에서는 제2차 세계대전 전에만 하더라도 "단체는 죄를 범할 수 없다"는 로마법 법언(法諺)의 영향을 받아 자연인만이 범죄능력이 있다고 보거나,

법인의제설의 입장에서 법인은 원래 권리·의무의 주체가 아니지만 그 설립목적 범위 내에서 법인격으로 의제된 것이므로 범죄능력이 없다고 보는 견해가 유력하였다.[2] 반면 법인도 권리주체로서의 실질을 가지는 사회적 실체로 파악하는 법인실재설[3]에 입장에서는 법인의 범죄능력도 긍정하는 주장도 있었다.

그 후 경제·사회적으로 반단체적 사상이나 정책이 법인설립 자유의 방향으로 변화하면서 대륙법계에서는 법인실재설이 통설이 되어[4] 법인의 범죄능력을 긍정할 수 있는 이론적 기반은 제공되었다. 그러나 범죄구성요건 중 고의·과실(형법 제13조, 제14조), 형사미성년자(형법 제9조), 심신장애자(형법 제10조), 농아자(형법 제11조), 법률의 착오(형법 제16조), 기대가능성 등의 개념은 자연인을 전제로 한 것이므로, 법인의 범죄능력을 인정할 수 있는지 여부는 여전히 논란이 되고 있다.

현재 독일의 통설·판례는 법인실재설의 입장에서 법인의 민사상 행위능력을 인정하지만 법인의 범죄능력은 인정하지 않고 있다.[5] 그러나 프랑스, 네델란드 등 그 밖의 대륙법계 국가들 대부분은 법인의 형사책임을 형법전에 명시하는 등으로 법제상 인정하고 있다.[6] 일본의 경우에는 판례는 전통적으로 법인의 범죄능력을 인정하고 있지 않지만,[7] 학설은 범죄능력 긍정설과 부정설로 대립하고 있고, 오히려 긍정설이 유력하다고 보는 견해도 있다.[8]

2. 영미법계 국가

영미법계에서는 전통적으로 법인의제설의 입장에서 법인의 범죄능력을 인정하지 않았으나, 경제와 산업의 발전에 따라 기업이 증가하고 기업으로 인한 폐해도 급증함에 따라, 19세기경부터 입법이나 판례를 통하여 대위책임 법리에 따라 지방자치단체 등 공법인의 부작위로 인한 과실책임 등 제한적 범위 내에서

---

2) 神山敏雄 外 編, 前揭書, 58面.
3) 곽윤직·김재형, 「민법총칙」(박영사, 2012), 151면.
4) 곽윤직·김재형, 전게서, 150면.
5) 김일수, "법인에 대한 형법적 규율(상)", 법률신문 제1675호(1987. 3. 16.), 14면; 오영근, 「형법총론」(박영사, 2012), 141면.
6) 안성조, "미국 판례상 집단인식에 의한 법인책임의 법리 연구", 「법학연구」 제51권 제1호(부산대학교, 2010. 2.), 432면.
7) 日 大判 1935. 11. 25. 刑集 14卷 1217面.
8) 神山敏雄 外 編, 前揭書, 59面; 川崎友巳, 「企業の刑事責任」(成文堂, 2004), 25～26面.

법인의 형사책임을 인정하기 시작하였다. 그러던 중 1909년 미국의 New York Central & Hudson River Railroad Co. v. United States 사건에서 고의를 요하는 범죄의 경우에도 대위책임(Vicarious Liability, 이하 대위책임이라 함) 법리를 적용하여 법인의 형사책임을 인정하게 되었다. 그 후 미국에서는 판례를 통하여 살인, 강간, 중혼 등을 제외한 거의 모든 범죄에 법인의 형사책임을 광범위하게 인정하면서 대위책임 법리를 발전시켜 왔다.[9]

한편, 영국에서는 1944년 Director of Public Prosecutions v. Kent and Sussex Contrators Limited 사건부터 종전 법인의 민사책임에 인정하여 왔던 동일시원리론(Identification Doctrine)을 적용하여 법인의 형사책임을 인정한 이래 동일시원리론의 법리를 발전시켜 왔다.[10]

Ⅲ. 학설 및 판례

1. 범죄능력 부정설

법인의 범죄능력을 인정할 것인지 여부에 관하여는 학설·판례가 대립하고 있는데, 다수설은 법인의 범죄능력을 부인하고 있다.[11] 다수설의 논거는 다음과 같다.

첫째, 책임의 근거에 관한 도의적 책임론의 입장에서 형사책임이란 범죄로 나아간 의사형성과 그로 인한 행위의 윤리적 비난가능성을 말하는 것인데, 심신(心身)이 없는 법인은 비난받을 의사형성과 그로 인한 행위의 주체성, 즉 범죄행위능력을 인정할 수 없고, 따라서 범죄로 인한 책임능력도 없다. 또한 법인은 형벌의 사회윤리적 비난의 의미조차 느낄 수 없으므로 법인에 대한 형벌은 무의미하다.[12]

둘째, 법인의 행위는 기관에 의하여 이루어지므로 기관인 자연인을 형사처벌

9) V. S. Khanna, "Corporate Criminal Liability : What Purpose Does It Serve?", Harvard Law Review, Vol. 109, pp. 1481-1484 (1996).

10) 송기동, "영미 기업범죄 형사책임의 전개", 「형사정책」 제20권 제2호(한국형사정책학회, 2008), 51~52면.

11) 이재상, 전게서, 95~97면; 박상기, 「형법총론」(박영사, 2012), 76~78면; 손동권·김재윤, 「새로운 형법총론」(율곡출판사, 2011), 108~109면; 배종대, 「형법총론」(홍문사, 2011), 210~214면; 정영일, 「형법총론」(박영사, 2010), 87~88면.

12) 손동권·김재윤, 전게서, 108~109면.

하는 것 외에 법인을 형사처벌할 필요가 없다.

셋째, 법인을 형사처벌하면 법인을 구성하는 주주나 사원, 임·직원, 기타 채권자 등 이해관계인에게 그 효과가 미치게 되므로, 실질적으로 범죄에 관여하지 아니한 자들까지 처벌하는 결과가 되어 근대형법의 기본원칙인 자기책임원칙에 반한다.

넷째, 법인은 정관 기타 설립목적 범위 안에서 권리·의무의 주체가 될 수 있고 그 범위 안에서 행위능력도 인정되는 것인데, 범죄행위는 법인의 설립목적 범위에 포함되지 아니하므로 법인은 그 행위주체가 될 수 없다.

다섯째, 생명·신체가 없는 법인에게는 사형이나 징역·금고 등 자유형과 같은 형벌의 수형능력이 없으므로, 형법이 법인 처벌에 관한 특별한 규정을 두지 아니한 현행제도는 법인을 형사처벌 대상에서 제외하고 있는 것으로 해석해야 한다.

여섯째, 범죄로 인한 불법수익 박탈의 형사정책적 요청은 과징금 등 형벌 외의 수단으로도 충분히 달성할 수 있으므로, 굳이 법인의 형사책임을 인정할 필요도 없다는 것이다.

판례도 "형법 제355조 제2항의 배임죄에 있어서 타인의 사무를 처리할 의무의 주체가 법인이 되는 경우라도 법인은 다만 사법상의 의무주체가 될 뿐 범죄능력이 없는 것이며, 그 타인의 사무는 법인을 대표하는 자연인인 대표기관의 의사결정에 따른 대표행위에 의하여 실현될 수 밖에 없어 그 대표기관은 마땅히 법인이 타인에 대하여 부담하고 있는 의무내용대로 사무를 처리할 임무가 있다 할 것이므로, 법인이 처리할 의무를 지는 타인의 사무에 관하여는 법인이 배임죄의 주체가 될 수 없고 그 법인을 대표하여 사무를 처리하는 자연인인 대표기관이 바로 타인의 사무를 처리하는 자, 즉 배임죄의 주체가 된다"고 판시하는 등 원칙적으로 법인의 범죄능력을 부인하는 입장이라 할 수 있다.[13] 일본 판례도 일본 형법전 각칙의 행위주체는 자연인만을 의미하는 것으로 보아 법인의 범죄능력을 부정하고 있다.[14]

---

13) 대법원 1984. 10. 10. 82도2595 전원합의체 판결; 대법원 1994. 2. 8. 93도1483.

14) 日 大判 1935. 11. 25. 刑集 14巻 1217面.

2. 범죄능력 긍정설

가. 개인모델론

전술한 바와 같이 독일을 제외한 대부분의 대륙법계 국가에서는 법인실재설의 입장에서, 영미법계 국가에서는 법인의제설의 입장이지만 대위책임의 법리에 따라 법인의 범죄능력을 긍정하는 것이 일반적이다.

이러한 법인실재설이나 대위책임의 법리는 모두 법인을 구성하는 자연인 개인의 행위를 전제로 법인의 책임을 인정하는 입장이라는 점에서 모두 개인모델론으로 평가할 수 있다. 또한 개인모델론 중에서도 법인의 범죄능력을 인정하는 논거는 대륙법계 국가와 영미법계 국가의 경우로 구분하여 살펴볼 필요가 있다.

1) 대륙법계 국가

대륙법계 국가에서는 전술한 바와 같이 법인실재설의 입장에서 법인의 행위능력을 인정할 수 있지만, 그 밖에 법인의 범죄능력을 인정하기 위하여 다음과 같은 논거를 들고 있다.[15]

첫째, 법인은 그 기관을 통하여 의사를 형성하고 행위를 하는 것이므로 범죄행위능력도 인정할 수 있다.

둘째, 책임의 근거에 관한 사회적 책임론의 입장에서 책임능력을 사회적 위험성을 지닌 자의 수형능력을 의미하는 것으로 본다면 법인에게도 책임능력을 인정할 수 있다. 도의적 책임론을 따르더라도 법인은 기관을 통하여 법인의 의사를 결정할 수 있는 것이고, 그렇게 형성되는 법인의 의사결정과 행위에 대한 사회윤리적 비난도 가능하다.[16]

셋째, 법인의 기관인 자연인의 행위는 자연인 자신의 행위이면서 법인의 행위라는 양면성이 있으므로 자연인을 처벌하는 것 외에 법인도 처벌할 수 있고, 법인의 사회적 비중이 큰 점에 비추어 보면 법인을 처벌할 필요도 있다.

넷째, 법인의 목적에 의한 권리능력 제한 여부에 관한 무제한설은 말할 것도 없고 제한설 입장에 서더라도 통설·판례에 따르면 그 목적범위를 넓게 해석하고 있고[17] 이미 성립된 법인에 대하여는 불법행위능력도 인정하고 있으므로(민

---

15) 정성근·박광민, 「형법총론」(성균관대학교 출판부, 2012), 108~112; 김일수, 전게논문, 14면.
16) 이보영, "기업범죄의 형사적 제재", 「법학연구」 제37집(한국법학회, 2010. 2.), 155면.

법 제35조), 법인이 사회적 실체로서 활동하면서 하는 행위는 비록 범죄행위일지라도 그 설립목적 범위 안에 포함되거나 적어도 법인의 행위로 인정할 수 있다.[18]

다섯째, 형벌 중 재산형(벌금 · 과료), 자격형(자격상실 · 자격정지), 몰수 · 추징은 법인이 수형가능하고, 그 밖에 자연인의 사형에 상당하는 법인에 대한 해산명령, 자연인의 자유형에 상당하는 영업정지 등을 입법론상 검토할 수 있다.

여섯째, 반사회적 활동을 하는 법인의 경우에는 기관을 처벌하는 것만으로는 불충분하므로 법인 자체를 처벌하여야 할 형사정책적 요청도 있다는 것이다.

이러한 범죄능력 긍정설 입장에서 법인을 형사처벌할 경우에는 같은 사안에 관하여 법인의 기관인 자연인에 대하여는 별도의 처벌규정이 없이 당연히 형사책임을 물을 수 있는 것은 아니라고 본다.[19]

이에 대하여, 법인을 처벌하면서 그 법인을 위하여 실제로 범죄행위를 한 자를 처벌하지 않는 것은 모순이라고 보는 견해[20]도 있으나, 해당 범죄구성요건의 행위주체는 법인이지 그 기관이 아니기 때문에 기관도 행위주체에 포함시키는 명문규정이 없는 한 전자의 견해와 같이 보아야 할 것이다.

그러나 위와 같이 기관의 행위는 양면성을 갖는 것이므로, 양벌규정의 경우와 같이 법인이 형사처벌을 받는 경우에 그 기관인 자연인도 처벌규정에 따라 자신의 행위에 대한 형사책임을 부담한다고 하여 이를 이중처벌이라고 할 수는 없다.

2) 영미법계 국가

영미법계 국가는 판례를 통하여 광의의 대위책임 법리를 발달시켜 왔으나, 그 구체적인 법리는 영국과 미국이 다소 상이하다.

영국의 경우에는 법인을 구성하는 임 · 직원 중 이사나 관리자 등 법인과 동일시할 수 있는 자의 행위만을 법인의 형사책임으로 귀속시키는 동일시원리론의 법리가 전개되고 있다.[21] 따라서 법인은 단순한 종업원의 행위에 대하여는 그 형사책임을 부담하지 않게 되는 등 그 책임이 인정되는 경우가 좁아질 수밖

---

17) 법인의 설립목적에 따른 권리능력 범위에 관하여, 통설은 목적에 위반하지 않는 범위내로 파악하고(곽윤직 · 김재형, 전게서, 174면), 판례는 목적사업을 수행하는 데 직접 · 간접으로 필요한 모든 행위로 파악하고 있다(대법원 1991. 11. 22. 91다8821).

18) 박광섭, "기업범죄에 대한 형사적 제재에 관한 연구", 「법학연구」 제15권 제1호(충남대학교 법학연구소, 2004. 12.), 26~27면.

19) 김일수, 전게논문, 14면.

20) 손동권 · 김재윤, 전게서, 115면.

21) 동일시원리론에 관한 상세한 소개는 송기동, 전게논문, 44, 51~55면 참조.

에 없다.

이에 대하여, 미국의 경우에는 민사상 불법행위에 관한 사용자책임의 법리를 차용하여 법인은 기관 기타 피용자의 행위에 대한 책임을 대신 부담하는 것이라는 내용의 대위책임 법리를 전개하고 있다. 이러한 대위책임을 인정하기 위하여는 다음 세 가지 요건을 충족하여야 한다.

첫째, 법인의 기관이나 임·직원이 주관적 불법요소인 범의(Mens Rea)를 갖고 불법행위(Actus Reus)를 범하여야 한다.[22] 어느 한 임·직원에게 범의를 인정하기 어려운 경우에는 임·직원 전체가 하나의 단위로써 집단인식(Collective Knowledge)[23]에 의한 범의가 인정되더라도 무방하다.[24]

둘째, 법인의 기관이나 임·직원이 법인의 업무 중 자신의 직무범위 내에서 행위를 하여야 한다.[25] 이 때 '직무범위'란 직무와 관련하여 수행하는 모든 활동을 포함하는 것으로 심지어는 법인이 그 행위를 금지하고 있었던 경우도 포함하는 등 매우 광범위하게 해석할 수 있다.[26]

셋째, 법인의 기관이나 임·직원이 그 법인의 이익을 위하여 행위를 하여야 한다.[27] 그 행위가 오로지 법인의 이익만을 위한 것이 아니었어도 무방하고 그로 인하여 실제로 법인이 이익을 얻지 못한 경우라도 무방하다.[28] 특히 미국 판례에서는 이러한 대위책임 법리에 따라 대륙법계 국가보다 광범위하게 법인의 형사책임을 인정하고 있는 입장이다.

그러나 영미법계의 이러한 대위책임 법리에 대하여 학계에서는 법인의 형사책임을 과도하게 인정함으로써 사실상 그 법인의 무고한 주주, 임·직원, 채권자, 소비자 등까지 처벌하는 셈이고, 법인을 속죄물로 취급함으로써 고대의 속죄물 제도나 다를 바 없다는 등의 비판을 하고 있다.[29]

---

22) V. S. Khanna, Ib., p. 1489; 주관적 불법요소 개념에 관한 상세한 소개는 송기동, 전게논문, 47~50면 참조.

23) 집단인식(Collective Knowledge) 개념에 관한 상세한 소개는 안성조, 전게논문, 419~424면.

24) V. S. Khanna, Ib., p. 1489.

25) Alan O. Sykes, The Boundaries of Vicarious Liability: An Economic Analysis of the Scope of Employment Rule and Related Legal Doctrines, 101 Harv. L. Rev. 563, 581-93 (1988).

26) V. S. Khanna, Ib., p. 1489; U.S. v. Hilton Hotels Corp. 467 F.2d 1000 (9th Cir. 1972).

27) V. S. Khanna, Ib., p. 1490.

28) United States v. American Radiator & Standard Sanitary Corp., 433 F.2d. 174, 204 (3d Cir. 1970).

29) Edward B. Discant, "Comparative Corporate Criminal Liability, Exploring the Uniquely

나. 조직체모델론

전항의 법인책임론은 모두 법인에 속한 자연인의 행위를 전제로 법인의 책임을 인정하는 이른바 개인모델론이므로, 자연인의 위반행위를 증명하지 않으면 안 되는데, 전술한 바와 같은 기업범죄의 분업성이나 증명의 어려움으로 인하여 개개 자연인의 위반행위를 증명하기 어려워 법인을 처벌할 수 없는 경우가 발생할 수 있다. 또한 법인을 구성하는 자연인의 각 행위와 책임이 분명하여 그에 상응하는 처벌을 하게 된다면, 법인 자체를 처벌할 필요가 없어지는 것도 문제이다.

따라서 이러한 문제를 해결하기 위하여 자연인 개인의 책임을 매개로 하지 않고 법인 조직체 자체의 책임을 인정하여야 한다는 조직체모델론이 미국의 판례나 우리나라나 일본 등의 입법론으로서 주장되고 있다.

이러한 조직체모델론은 조직체인 법인 자체를 형사처벌함으로써 조직 전체의 행동을 통제하려는 입장으로서 구체적인 위반행위를 한 개인이 특정되지 않더라도 무방하다고 한다.[30] 법인의 행위를 개인의 행위를 넘어 법인의 조직구조적 결과로 보고, 법인의 정책, 내부관행 등 조직구조에 의한 법인의 범의나 행위를 인정함으로써 법인의 범죄능력과 형사책임을 인정하려는 입장이라고 말할 수 있다.[31]

그러나 이러한 주장은 단체책임을 부정하고 개인책임을 전제로 공범이론을 발전시켜 온 근대형사법 체제에 반하는 점, 법인은 자연인과 달리 구성원이 달라지면 조직의 범죄성도 변경되는데 구성원을 떠난 법인의 조직구조적 범죄성을 인정하는 것은 무리인 점 등 여러 가지 이론적 문제점을 안고 있다.[32]

3. 범죄능력 부분적 긍정설

이론상 전술한 범죄능력 부정설의 논거에 따라 법인의 범죄능력을 부정하고

American Doctrine Through Comparative Criminal Procedure", 118 Yale L. J. 126 (2008); Albert W. Alschuler, "Two Ways to Think about the Punishment of Corporations", 46 Am. Crim. L. Rev. 1359 (2009).

30) 神山敏雄 外 編, 前掲書, 60~61面.

31) 조직체모델 주장의 상세한 내용에 관하여는 안성조, 전게논문, 436~440면 참조.

32) 神山敏雄 外 編, 前掲書, 61面.

법인을 범죄의 행위주체로 인정하지 않지만, 현행 양벌규정에 따라 법인을 형사처벌하는 경우에는 법인의 범죄행위주체성, 즉 범죄능력이 법률에 의해 창설된 것으로 보아야 한다는 견해[33]이다. 현행 양벌규정을 “책임 없으면 형벌 없다”는 책임주의에 충실하게 해석하기 위하여 범죄능력 부정설을 수정한 입장이라고 할 수 있다.

또한 이론상 범죄능력 긍정설의 논거에 따라 법인의 범죄능력을 긍정하고 법인을 범죄의 행위주체로 인정하지만, 범죄의 성격과 형벌체계에 따라 법인의 범죄능력도 제한을 받을 수 있는 것이므로 현행 양벌규정에 따라 법인을 형사처벌하는 행정범(법정범)이 아닌 형사범(자연범)의 경우에는 법인의 범죄능력을 부정하여야 한다는 견해[34]도 있다.

위 양 견해는 이론적 출발은 상이하지만 현행 양벌규정의 해석상 양벌규정으로 법인을 처벌하는 행정범의 경우에는 법인의 범죄능력을 인정하고 그렇지 아니한 일반 형사범의 경우에는 법인의 범죄능력을 부인하고 있는 점에서 같은 결론을 보이고 있다.

양벌규정에 관한 헌법재판소나 최근 판례의 입장은 법인의 대표자 등 기관의 행위는 대표관계의 특성상 그로 인한 법률효과가 귀속되는 법인에게 그 형사책임을 물을 수 있고, 이러한 법인의 책임은 법인 자신의 직접책임이라는 입장을 취하고 있다. 즉, 도의적 책임론의 입장에서 “일반적으로 형사상 책임은 ‘행위자가 합법을 결의하고 행동할 수 있었음에도 불구하고 불법을 결의하고 행동하였다고 하는 의사형성에 대한 윤리적 비난’을 의미하는데, 이러한 전통적 책임개념은 자연인을 전제로 한 것이므로 ‘책임 없으면 형벌 없다’는 책임주의 원칙이 단지 법적으로 인격이 부여된 법인에게도 그대로 적용되는지에 대하여 의문이 생길 수 있다. 형사적 책임은 순수한 윤리적 비난이 아니라 국가적 규범의 침해에 대한 법적인 책임이므로 자연인에 대한 위와 같은 책임개념을 법인의 책임에 대하여도 동일하게 적용할 필요가 없을 뿐 아니라, 법인의 행위는 이를 대표하는 자연인인 대표기관의 의사결정에 따른 행위에 의하여 실현되므로 자연인인 대표기관의 의사결정 및 행위에 따라 법인의 책임 유무를 판단하지 못할 바도 아니다.”[35] 따라서 “법인은 기관을 통하여 행위하므로 … 법인 대표자

33) 신동운, 전게서, 118면; 김성돈, 「형법총론」(성균관대학교 출판부, 2009), 149면.
34) 임웅, 「형법총론」(법문사, 2012), 82~84면; 오영근, 전게서, 146면.

의 법규위반행위에 대한 법인의 책임은 법인 자신의 법규위반행위로 평가될 수 있는 행위에 대한 법인의 직접책임이다."라고 판시하고 있는데,[36] 이러한 판시 내용은 적어도 양벌규정에 관한 한 법인 대표관계의 특성을 논거로 법인의 범죄능력을 긍정하는 입장이라고 평가할 수 있다.

4. 결 어

법인에 대한 형사처벌을 허용할 것인지 여부는 책임주의 원칙상 책임의 근거론에 영향을 받을 수밖에 없다고 본다. 도의적 책임론의 입장에서는 비난받을 의사형성과 행위를 한 자연인 자체를 처벌하는 것이 원칙이므로 일반적으로 법인의 형사책임을 인정할 수는 없다고 보아야 할 것이다.

그런데 도의적 책임론의 입장에서 원칙적으로 법인의 범죄능력을 부정하더라도, 법인은 기관의 의사나 행위가 바로 법인의 의사나 행위로 되는 것이므로, 범죄의 종류나 성격에 따라서는 법인에 대한 사회윤리적 비난이 가능하여 법인 자체를 범죄행위주체로 보아야 할 경우가 있다.

범죄 중 살인·강도 등의 경우처럼 실제 행위를 한 자연인의 의사형성과 그 행위에 대하여 윤리적 비난을 함이 마땅한 범죄의 경우에는 법인의 범죄능력을 인정할 필요가 없을 것이다.

그러나 기업범죄나 행정범의 경우처럼 분업성, 계속·반복성, 영리성, 기술성 등의 특성에 비추어 실제 행위를 한 자연인에 대한 윤리적 비난보다는 이익귀속 주체인 법인에 대한 윤리적 비난가능성이 높은 범죄의 경우에는 법인 자체의 형사책임을 인정할 필요가 있다. 이러한 경우에 법인과 기관 사이의 대표관계, 즉 법인의 행위능력에 관한 법인실재설 입장에서는 대표자의 의사나 행위는 곧 해당 법인의 의사나 행위로 볼 수 있으므로 법인의 범죄능력을 인정하기에 어려움이 없다. 현행 양벌규정은 바로 이러한 입장에서 일정한 행정범의 경우에 예외적으로 법인의 범죄능력을 인정하고 형사처벌하는 것이라고 볼 수 있을 것이다(범죄능력 부분적 긍정설). 또한 이러한 범죄의 경우에는 굳이 실제 행위자의 범죄행위를 매개로 하여 법인을 처벌하는 양벌규정에 의하지 않고 법인을 독립하여 형사처벌하는 입법도 가능하다고 생각한다.

---

35) 헌법재판소 2009. 7. 30. 2008헌가24 결정.

36) 헌법재판소 2010. 7. 29. 2009헌가25 전원재판부; 대법원 2010. 9. 30. 선고 2009도3876.

우리나라는 형법 제8조에 따라 특별규정이 없는 한 모든 형사범죄에 적용되는 형법 총칙규정은 형사미성년자(형법 제9조), 심신장애자(형법 제10조), 농아자(형법 제11조) 등 범죄행위주체가 자연인임을 전제로 규정하고 있다. 또한 상법 제637조는 상법 제622조, 제623조, 제625조, 제627조, 제628조 또는 제630조 제1항에 규정된 자가 법인인 경우에는 그 행위를 한 이사, 집행임원, 감사, 그 밖에 업무를 집행한 사원[37] 또는 지배인[38]에게 그 벌칙 규정을 적용함을 명시하고 있다.[39] 이러한 규정들은 범죄행위주체가 자연인임을 전제로 한 규정이다. 반면, 상법 기타 특별법에는 양벌규정으로 법인을 처벌하는 규정을 두고 있는데, 이러한 규정들은 전술한 바와 같이 법인의 범죄능력을 전제로 한 규정으로 보는 것이 책임주의 원칙에도 부합하게 된다.

따라서 현행법은 원칙적으로 법인의 범죄능력을 부정하는 입장에서 범죄를 규정하고 있지만, 위와 같이 양벌규정을 두고 있는 범죄의 경우만은 예외적으로 법인의 범죄능력을 인정하고 있는 것으로 해석할 수 있을 것이다.

입법론으로는 회사재산을 위태롭게 하는 죄 중 자기주식취득 등 제한 위반행위(상법 제625조 제2호), 위법배당행위(상법 제625조 제3호), 모회사주식취득 등 제한 위반죄(상법 제625조의2) 등의 경우처럼 회사 등 법인이 의무규정 또는 금지규정의 위반행위 주체가 되는 범죄의 경우에는 범죄의 성격상 법인 자체가 비난의 대상이 되는 것이므로, 그 범죄의 행위주체도 법인 자체로 규정함으로써 법인 자체를 처벌할 수 있도록 하는 것이 바람직하다고 본다.

Ⅳ. 법인격 없는 사단 · 재단 및 조합

1. 서 설

설립중의 회사는 법인격 없는 사단으로 보는 견해가 통설 · 판례이다.[40] 이러

---

37) 이는 그 내용 및 체계상 합명 · 합자회사의 무한책임사원, 유한책임회사의 업무집행자 등 법인을 대표하는 자를 의미하는 것으로 보아야 할 것이다.

38) 지배인은 회사를 대표하는 자는 아니지만, 회사의 영업에 관한 재판상 또는 재판외 모든 행위를 할 수 있는 포괄대리권을 가진 자이므로(상법 제11조 제1항), 실질적인 행위주체에 포함시킨 것으로 보아야 할 것이다.

39) 다만, 이 규정에는 회사가 행위주체인 범죄 중 상법 제624조의2, 제625조의2, 제629조가 제외되어 있으나, 이는 입법의 불비로 보인다.

40) 이철송, 「회사법강의」(박영사, 2012), 220면.

한 설립중의 회사를 포함하여 법인격 없는 사단 또는 재단(이하 법인격 없는 단체라 함)은 권리능력이 없는 것이 원칙이지만 사회생활상 하나의 조직체로서 활동하기 때문에 범죄능력을 인정할 수 있는지 여부가 문제된다. 현행 법률의 양벌규정에는 대부분 그 처벌대상에 법인격 없는 단체를 포함하고 있지 않지만, 일부 규정에는 법인격 없는 단체도 처벌대상에 포함하고 있으므로,[41] 이러한 명문 규정이 있는 경우에만 범죄능력을 인정할 것인지도 포함하여 검토할 필요가 있다.

양벌규정의 처벌대상에 법인이 규정되어 있더라도 법인격 없는 단체도 포함한다는 명문 규정이 없다면 죄형법정주의 원칙상 법인격 없는 단체를 처벌할 수 없다.[42]

2. 범죄능력 인정 여부

법인격 없는 단체의 법률관계에 관하여 통설・판례는 법인격 없는 단체도 법인에 관한 법규 중 법인격을 전제로 한 것을 제외하고는 모두 유추적용할 수 있다고 한다.[43] 나아가 법인격 없는 단체도 민사소송상 당사자능력이 인정되고(민사소송법 제52조) 부동산등기신청인(부동산등기법 제30조)도 될 수 있으므로 권리・의무의 주체성을 인정하여야 한다는 견해[44]도 있다.

---

41) 독점규제 및 공정거래에 관한 법률 제70조(양벌규정)는 처벌대상으로 '법인(법인격이 없는 단체를 포함한다. 이하 이 조에서 같다)'이라고 규정하고 있는데, 이와 같은 규정을 두고 있는 양벌규정으로는 표시・광고의 공정화에 관한 법률 제19조 등이 있다. 한편, 자본시장과 금융투자업에 관한 법률 제448조(양벌규정)은 처벌대상으로 '법인(단체를 포함한다. 이하 이 조에서 같다)'이라고 규정하고 있는데, 이 '단체'에는 법인격 없는 단체도 포함한다고 보아야 할 것이다. 이와 같은 규정을 두고 있는 양벌규정으로는 통계법 제40조, 공직선거법 제260조. 승강기시설 안전관리법 제27조, 건설근로자의 고용개선 등에 관한 법률 제25조, 자격기본법 제42조, 노동조합 및 노동관계조정법 제94조, 노동위원회법 제32조 등이 있다.

42) 대법원 1995. 7. 28. 94도3325(법인격 없는 사단에 고용된 사람이 자가용자동차의 무허가 유상운송행위를 한 사안으로서, 양벌규정에 명문 규정이 없는 이상 죄형법정주의 원칙상 법인격 없는 사단에 대하여는 양벌규정에 따라 처벌할 수 없고, 나아가 법인격 없는 사단의 구성원 개개인을 '개인' 업무주의 지위에 있다고 볼 수도 없다는 취지이다.); 이천현, "기업범죄의 억제를 위한 최근의 정책동향과 과제", 「형사정책」 제20권 제2호(한국형사정책학회, 2008), 14~15면.

43) 송덕수, 「신 민법강의」(박영사, 2012), 401면; 대법원 2003. 11. 14. 2001다32687; 1992. 10. 9. 92다23087.

44) 고상룡, 「민법총칙」(법문사, 2004), 251~259면; 대법원 2003. 11. 14. 2001다32687 판결에서도 법인격 없는 사단이 청산절차에 들어간 경우에 "청산의 목적범위 내에서 권리・의무의 주체가 된다"고 판시하고 있다.

그런데 법인격 없는 단체의 범죄능력을 인정할 것인지 여부에 관하여 전술한 법인의 범죄능력을 부인하는 입장에서는 마찬가지로 법인격 없는 단체의 범죄능력도 부인하는 것이 일반적이다.[45] 법인격 없는 단체의 구성원들만을 대상으로 하더라도 그 단체의 사회적 활동을 충분히 통제할 수 있다는 이유로 법인격 없는 단체의 범죄능력을 부인하는 견해도 있다.[46] 또한 현행법의 양벌규정상 그 처벌대상에 법인은 포함하고 있으면서 법인격 없는 단체가 포함되어 있지 아니한 경우에는 죄형법정주의 원칙상 법인격 없는 단체는 범죄능력이 없다고 보는 견해[47]가 있다. 판례도 "법인격 없는 사단과 같은 단체는 법인과 마찬가지로 사법상 권리의무의 주체가 될 수 있음은 별론으로 하더라도 법률에 명문 규정이 없는 한 그 범죄능력은 없고 그 단체의 업무는 단체를 대표하는 자연인인 대표기관의 의사결정에 따른 대표행위에 의하여 실현될 수밖에 없다"고 판시하여[48] 같은 입장을 취하고 있다.

생각하건대 법인격 없는 단체의 경우에도 법인과 마찬가지로 현행법은 원칙적으로 법인격 없는 단체의 범죄능력을 부정하는 입장에서 범죄를 규정하고 있지만, 예외적으로 양벌규정에 법인격 없는 단체의 처벌 규정을 두고 있는 범죄의 경우에는 법인격 없는 단체의 범죄능력을 인정하고 있다고 보아야 할 것이다.

민법상 조합이나 합자조합(상법 제86조의2) 등 상법상 조합은 원래 조합의 권리능력을 인정할 수 없을 뿐만 아니라 단체성도 법인격 없는 단체만큼 강하지 못하여 구성원들의 개성이 강한 단체이므로 조합의 범죄능력을 인정할 수 없음은 당연하다.

따라서 법인격 없는 단체나 조합이 범죄를 범한 것처럼 보이는 경우에도 실제로 그 행위를 한 대표자 등 자연인을 범죄행위주체로 보아야 한다.[49] 만일 위반행위의 성질상 법인격 없는 단체나 조합 자체가 범죄를 범한 것으로 인정되는 경우에는 그 구성원들이 범죄행위주체가 될 수 있을 것이다.[50]

---

45) 신동운, 전게서, 119면.
46) 김성돈, 전게서, 156~157면.
47) 오영근, 전게서, 150면.
48) 대법원 1997. 1. 24. 96도524; 1995. 7. 28. 94도3325.
49) 대법원 1997. 1. 24. 96도524(법인격 없는 사단에 관한 사안).
50) 대법원 2005. 12. 22. 2003도3984 판결은 민법상 조합이 건축법위반 행위를 한 경우에 조합원들을 범죄행위주체인 개인 업무주로 보았고, 양벌규정에 따라 실제 행위자인 그 대표자도 처벌한 사례이다.

제3절 양벌규정상 법인의 형사처벌

Ⅰ. 서 설

법인의 범죄능력 인정 여부를 불문하고 현행 상법 기타 특별법에는 400개 이상의 양벌규정에 따라 실제로 위반행위를 한 자연인뿐만 아니라 법인도 형사처벌하는 규정을 두고 있다. 그러므로 실제 행위자인 자연인과의 관계에서 법인이 부담하는 책임의 법적 성질은 무엇인지, 양벌규정에 따른 처벌의 요건과 절차상 문제점, 법인에 대한 형사제재 방법에 관하여 살펴볼 필요가 있다.

우리나라와 유사한 법체계를 이루고 있는 일본의 경우에도 우리나라와 유사한 양벌규정을 두고 있으므로, 일본의 학설·판례 동향에 관하여도 살펴볼 필요가 있다.

Ⅱ. 양벌규정의 구조 및 지위

1. 양벌규정의 구조

양벌규정은 "법인 또는 개인 업무주(業務主, 이하 업무주라 함)의 대표자나 대리인, 사용인, 그 밖의 종업원(이하 실제 행위자라 함)이 (업무주의) 업무에 관하여 (어떠한) 위반행위를 하면, 그 행위자를 벌하는 외에 그 (업무주)에게도 해당 조문의 벌금형을 과(科)한다. 다만, (업무주가) 그 위반행위를 방지하기 위하여 해당 업무에 관하여 상당한 주의와 감독을 게을리하지 아니한 경우에는 그러하지 아니하다."란 형식으로 규정되어 있다. 즉, 실제 행위자의 업무주와의 관계, 위반행위의 업무관련성, 양벌 과형(科刑), 면책조항으로 구성되어 있다.[51]

업무주의 감독 아래 있는 자의 업무와 관련된 행위에 관하여 업무주도 처벌

---

51) 상법 634조의3, 자본시장과 금융투자업에 관한 법률 제448조, 산업안전보건법 제71조, 독점규제 및 공정거래에 관한 법률 70조, 부정경쟁방지 및 영업비밀보호에 관한 법률 보칙 19조, 조세범 처벌법 제18조, 환경범죄 등의 단속 및 가중처벌에 관한 법률 제10조, 선원법 제178조, 마약류 관리에 관한 법률 제68조, 문화재보호법 제102조, 관세법 제279조 등; 과거에는 면책조항이 없는 양벌규정도 많았으나, 후술하는 헌법재판소 2007. 11. 29. 2005헌가10 위헌결정 이후로는 면책조항을 삽입하는 취지의 개정 입법을 하고 있으므로, 여기에서는 면책조항이 있는 경우만을 다루기로 한다.

하는 구조이므로, 업무주는 영업이익의 귀속주체로서 처벌되는 것으로 볼 수 있다.

이러한 양벌규정은 상법 기타 특별법에만 규정되어 있는데, 우리나라의 경우에는 업무주가 법인인 경우에 실제 행위자, 법인의 대표자나 임원 및 법인 3자를 처벌하는 이른바 3벌규정은 존재하지 않는다.

벌금 과형은 실제 행위자와 업무주에게 동일한 벌금의 법정형을 부과하는 것이 원칙이지만(벌금액연동제), 벌금의 법정형이 상호 동일하지 않게 부과하는 경우(벌금액비연동제)도 있다.[52)]

2. 양벌규정의 지위

가. 업무주의 범죄구성요건 창설 규정

법인의 범죄능력을 부정하는 입장에서는 양벌규정으로 범죄능력 없는 법인을 처벌하는 것은 범죄행위나 책임이 없이 형벌을 부과하는 것이므로 책임주의에 반하는 것이다. 그러므로 양벌규정은 형법 총칙의 예외인 특별한 규정을 둘 수 있도록 허용하는 형법 제8조의 '특별한 규정'으로서 형벌규정의 수범자를 확대하는 수범자확대기능 및 소형법총칙적 기능이 있다고 설명하는 견해[53)]가 있다.

그러나 법인의 범죄능력을 긍정하는 입장에서는 양벌규정으로 법인을 처벌하는 것은 범죄능력 있는 법인에 대하여 그 위반행위를 처벌하는 것이므로, 양벌규정을 형법 총칙의 예외규정이라고 하기보다는 법인 등 업무주에 대한 별도의 범죄구성요건을 창설하는 규정으로 보아야 할 것이다.

---

52) 보건범죄 단속에 관한 특별조치법 제6조는 "법인의 대표자나 법인 또는 개인의 대리인, 사용인, 그 밖의 종업원이 그 법인 또는 개인의 업무에 관하여 제2조, 제3조, 제4조 및 제5조의 어느 하나에 해당하는 위반행위를 하면 그 행위자를 벌하는 외에 그 법인 또는 개인을 1억 원 이하의 벌금에 처한다.(이하 생략)" 마약류 관리에 관한 법률 제68조는 "법인의 대표자나 법인 또는 개인의 대리인, 사용인, 그 밖의 종업원이 그 법인 또는 개인의 마약류 업무에 관하여 이 법에 규정된 죄를 범하면 그 행위자를 벌하는 외에 그 법인 또는 개인에게도 1억 원(대마의 경우에는 5천만 원) 이하의 벌금형을 과(科)하되, 제61조부터 제64조까지의 어느 하나에 해당하는 위반행위를 하면 해당 조문의 벌금형을 과한다. (이하 생략)" 문화재보호법 제102조는 "법인의 대표자나 법인 또는 개인의 대리인, 사용인, 그 밖의 종업원이 그 법인 또는 개인의 업무에 관하여 제94조부터 제96조까지 또는 제98조부터 제101조까지의 어느 하나에 해당하는 위반행위를 하면 그 행위자를 벌하는 외에 그 법인 또는 개인에게도 해당 조문의 벌금형을 과(科)하고 벌금형이 없는 경우에는 3억 원 이하의 벌금에 처한다.(이하 생략)"라고 각 규정하고 있다.

53) 이재상, 전게서, 98면.

나. 실제 행위자의 범죄구성요건 창설 규정

양벌규정이 실제 행위자에 대한 별도의 범죄구성요건을 창설하는 규정으로도 볼 수 있는지 여부가 문제된다. 즉, 양벌규정이 일정한 신분을 가진 업무주에게 의무를 부과하는 의무규정(또는 금지규정, 이하 의무규정이라고만 함)에 위반한 업무주를 처벌하는 경우에, '그 행위자를 벌하는 외에'라는 문구를 기재하고 있는데, 이 경우 비신분자인 실제 행위자는 원래 의무규정의 수범자가 아니지만 양벌규정의 위 문구에 따라 범죄의 행위주체가 되는 것으로 보아야 할 것인지 여부의 문제이다.[54)]

예컨대, 산업안전보건법 제71조(양벌규정)는 "법인의 대표자나 법인 또는 개인의 대리인, 사용인, 그 밖의 종업원이 그 법인 또는 개인의 업무에 관하여 제66조의2, 제67조, 제67조의2 또는 제68조부터 제70조까지의 어느 하나에 해당하는 위반행위를 하면 그 행위자를 벌하는 외에 그 법인 또는 개인에게도 해당 조문의 벌금형을 과(科)한다.(이하 생략)"라고 규정하고, 제66조의2는 "제23조 제1항부터 제3항까지 또는 제24조 제1항을 위반하여 근로자를 사망에 이르게 한 자는 7년 이하의 징역 또는 1억 원 이하의 벌금에 처한다."라는 벌칙규정을 두고 있다. 그 의무규정인 제23조(안전조치) 제1항은 "사업주는 사업을 할 때 다음 각 호의 위험을 예방하기 위하여 필요한 조치를 하여야 한다. 1. 기계·기구, 그 밖의 설비에 의한 위험 2. 폭발성, 발화성 및 인화성 물질 등에 의한 위험 3. 전기, 열, 그 밖의 에너지에 의한 위험"이라고 규정하고 있다. 만약 A 건설회사의 종업원에 해당하는 현장소장 B가 위와 같은 위험의 예방조치를 소홀히 하여 근로자를 사망에 이르게 한 경우에, B는 의무규정의 '사업주'가 아니므로 벌칙규정을 위반한 자는 아니지만, '그 행위자를 벌하는 외에'라고 기재된 양벌규정을 실제 행위자의 범죄구성요건을 창설하는 규정으로 보아 B를 7년 이하의 징역 또는 1억 원 이하의 벌금에 처할 수 있는가 하는 문제이다.

1) 처벌 부정설

신분범의 경우에 신분범을 위하여 위반행위를 한 비신분자에게도 그 처벌범위를 확대하는 것은 그러한 내용의 특별규정이 형법 총칙이나 특별법에 규정되

---

54) 이러한 문제를 이재상, 전게서, 98~99면에서는 '수범자 확대기능'의 문제로 검토하고 있다.

어 있어야만 가능한 일이다.[55] 그런데 양벌규정의 '그 행위자를 벌하는 외에'라는 문언이나 '…종업원이 …위반행위를 하면'이라는 문언만으로는 벌칙규정이나 의무규정의 처벌대상 범위를 확대하는 규정으로 볼 수 없다. 또한 양벌규정은 행위자를 처벌하는 경우에 법인 등 업무주를 함께 처벌하기 위한 규정일 뿐이기 때문에, 양벌규정만으로는 실제 행위자를 처벌할 수 없다고 보는 것이 죄형법정주의 원칙에 충실한 해석이라고 하는 견해[56]이다.

이 견해에 따르면 위 사례에서 실제 행위자인 현장소장 B에 대하여는 업무주인 A건설회사와의 공범이 성립하지 않는 한 처벌할 수 없고, A건설회사에 대하여만 업무주로서 1억 원 이하의 벌금에 처할 수 있을 뿐이다.

2) 처벌 긍정설

양벌규정의 '그 행위자를 벌하는 외에'라는 문언을 업무주를 위하여 실제 위반행위를 한 행위자를 처벌하는 창설적 규정으로 해석하지 않는다면, 업무주는 처벌하면서 실제로 업무주를 위하여 범죄행위를 한 자를 처벌할 수 없게 되는 이론상 모순이 생긴다는 이유로 위 양벌규정을 업무주에 대한 처벌규정일 뿐만 아니라 비신분자인 실제 행위자에게도 처벌범위를 확대하는 규정으로 보는 견해[57]이다.

판례는 종전에는 일관되지 않은 태도였으나 대법원 1999. 7. 15. 95도2870 전원합의체 판결에서 "구 건축법(1991. 5. 31. 법률 제4381호로 전문 개정되기 전의 것) 제54조 내지 제56조의 벌칙규정에서 그 적용대상자를 건축주, 공사감리자, 공사시공자 등 일정한 업무주(業務主)로 한정한 경우에, 같은법 제57조의 양벌규정('행위자를 벌한다'라고 규정)은 업무주가 아니면서 당해 업무를 실제로 집행하는 자가 있는 때에 위 벌칙규정의 실효성을 확보하기 위하여 그 적용대상자를 당해 업무를 실제로 집행하는 자에게까지 확장함으로써, 그러한 자가 당해 업무집행과 관련하여 위 벌칙규정의 위반행위를 한 경우 위 양벌규정에 의하여 처벌할 수 있도록 한 행위자의 처벌규정임과 동시에 그 위반행위의 이익귀속주체인 업무주에 대한 처벌규정이다. …이러한 양벌규정의 입법 취지는 업무주를 대신하여 실제로 업무를 집행하는 자임에도 불구하고 벌칙규정의 적용대상자로

55) 독일은 형법 제14조에 규정되어 있다.
56) 이재상, 전게서, 98~99면; 김성돈, 전게서, 156면.
57) 손동권·김재윤, 전게서, 115면; 신동운, 전게서, 110면.

규정되어 있지 아니하여 벌칙규정만으로는 처벌할 수 없는 위반행위자를 양벌규정에 의하여 처벌할 수 있도록 함으로써 벌칙규정의 실효성을 확보하는 데에 있다."라고 판시하여 처벌 긍정설의 입장임을 분명히 하였다. 이 전원합의체 판결 이후 판례는 같은 취지로 일관하고 있다.[58]

이러한 입장을 따르면, 위 사례에서 양벌규정에 따라 비신분자인 현장소장 B는 실제 행위자로서 7년 이하의 징역 또는 1억 원 이하의 벌금에 처할 수 있고, 사업주인 A건설회사는 1억 원 이하의 벌금에 처할 수 있게 된다.

3) 결 어

문언해석만으로는 양벌규정의 '그 행위자를 벌하는 외에'라는 문언을 그 행위자에 대한 처벌규정으로 보기 어려운 것은 사실이다.

그러나 위 사례의 경우처럼 처벌규정의 법정형에 자유형과 재산형이 있는 경우에도 양벌규정은 실제 행위자가 아닌 업무주에 대하여는 재산형(벌금형)만 부과할 수 있도록 규정하고 있으므로, 처벌 부정설을 따른다면 양벌규정이 적용되는 경우에는 처벌규정의 자유형을 누구에게도 부과할 수 없게 되는 결과가 된다.

그렇다면 개인인 업무주가 직접 위반행위를 한 경우에는 자유형까지 부과할 수 있지만, 법인 업무주, 즉 그 대표자가 위반행위를 한 경우에는 법인에 대하여 벌금형만 부과할 수 있게 되어 개인과 법인에 대한 처벌의 불공평이 발생한다.

또한 양벌규정의 표제에는 '양벌', 내용에는 '그 행위자를 벌하는 외에'라고 기재하고 있는 점을 감안하여 입법취지를 존중하여 해석해 보자면, 양벌규정은 실제 행위자의 처벌규정임과 동시에 그 위반행위의 이익귀속주체인 업무주에 대한 처벌규정이라고 보아야 할 것이다(처벌 긍정설).

입법론적으로는 형법 총칙에 독일 형법(제14조)과 같은 일반규정을 두는 것이 죄형법정주의의 명확성 원칙에 충실한 입법이 될 것이다.

---

58) 대법원 2010. 4. 29. 2009도7017; 2007. 12. 28. 2007도8401; 2007. 11. 15. 2007도5976; 2005. 12. 22. 2003도3984; 2005. 11. 25. 2005도6455; 2004. 9. 24. 2004도4066; 2004. 5. 14. 2004도74; 2003. 6. 27. 2002도4727; 1999. 9. 17. 97도3349.

Ⅲ. 양벌규정상 법인 형사책임의 법적 성질

1. 서 설

업무주는 타인인 실제 행위자의 행위에 대한 책임을 부담하는 것이므로, 동일 행위에 대한 이중처벌에 해당하지 않기 위하여 업무주가 부담하는 책임의 법적 근거 또는 법적 성질을 어떻게 파악할 것인지 여부가 문제된다.

이에 관하여는 업무주의 책임을 묻기 위하여 업무주의 고의·과실을 요구하는지 여부에 따라 크게 과실책임설과 무과실책임설로 대별할 수 있다.

그리고 과실책임설을 따르더라도 고의·과실의 증명책임을 누가 부담할 것인지 여부에 따라 다시 과실추정설, 순과실설로 분류할 수 있다.

2. 무과실책임설

업무주는 위반행위의 이익귀속주체로서 행정법규의 행정목적을 관철하기 위하여 영업 관련 위반행위가 있으면 업무주의 고의·과실을 묻지 않고 처벌되는 것이라는 견해이다.[59] 과거 양벌규정에 면책조항이 없는 경우가 대부분이었던 시절부터 주장되었던 학설이다. 업무주의 업무에 관한 위반행위가 있으면 업무주의 과실이 의제되는 것이라는 과실의제설도 사실상 무과실책임설과 다를 바 없다.

이러한 견해는 양벌규정이 행정형법으로 규정되어 행정법규의 행정목적 관철이라는 형사정책적 규정이라는 점에 착안하고, 법인의 범죄능력을 부정하는 입장에서 책임주의의 예외를 두는 입장이다.

그러나 무과실책임설이나 과실의제설은 범죄론의 기본원칙인 "책임 없으면 형벌 없다"는 책임주의에 명백히 반하는 것으로서 허용할 수 없다.[60] 그 뿐만 아니라 전술한 바와 같이 2007. 11. 29.자 위헌결정 이후 대부분 양벌규정에 위반행위 방지를 위한 주의·감독상 과실에 관한 면책조항을 두고 있으므로 더 이상 주장하기 어려운 견해로 보인다.

지금은 입법적으로 과실책임으로 통일되고 있다고 보아야 할 것이다. 다만,

---

59) 정영일, 전게서, 91면; 배종대, 전게서, 217면에서는 현행 양벌규정은 무과실책임 입장에서 규정한 것으로서 책임원칙에 위배되어 부당하므로 형벌이 아닌 과태료 처벌로 전환하여야 한다는 견해임.

60) 임웅, 전게서, 85면.

고의·과실의 증명책임과 관련하여 무죄추정원칙과의 관계는 어떻게 볼 것인지 여부가 문제될 뿐이다.

3. 과실책임설

양벌규정에 따른 업무주의 책임은 대리인, 사용인, 종업원 등에 대한 선임·감독 등 위반행위를 방지하기 위하여 필요한 주의의무를 소홀히 한 과실에 따른 책임이라는 견해[61]이다. 업무주는 업무에 종사하는 자의 업무 전반에 걸쳐 그 발생결과를 예견하고 위반행위를 회피하여야 할 의무가 있는데, 이 의무를 위반한 책임이라고 보는 감독과실책임설도 같은 취지의 견해이다. 업무주에게 그 선임·감독 소홀에 대한 고의가 있거나 실제 행위자의 위반행위에 가담하는 경우에 그로 인한 책임을 부담하는 것은 당연하다고 보는 것이다.[62]

법인의 범죄능력을 부정하는 입장에서, 과실책임설은 법인에 관한 한 실제 행위자인 타인의 행위에 대한 책임을 법인이 부담하는 셈이므로 책임주의에 반하는 이론이라고 주장하는 견해[63]가 있다. 또한, 법인의 범죄능력을 부정하는 이상 양벌규정에 따른 법인의 처벌은 형식적으로는 형벌이지만 실질적으로는 법인의 기관이나 종업원의 범죄로 인한 사회적 책임인 보안처분이나 행정제재로 보아야 한다고 주장하는 견해도 있다. 이 견해에 따르면 법인은 그 구성원의 범죄행위로 인하여 이익을 취득한 것이 있다면 이를 사회에 환원하여야 할 사회적 책임이 있고, 적어도 그 법인을 위하여 활동하면서 범죄를 범한 자를 창출시킨 사회적 책임이 있을 뿐이라는 것이다.[64]

한편, 업무주는 업무활동의 지배관리자로서 실제 업무에 종사하는 자에 의하여 야기되는 위험이나 결과의 발생원인을 방지해야 할 보증인적 지위에 있으므로, 업무주 스스로 실제 행위자를 관리·감독해야 할 작위의무를 위반한 책임을 부담하는 것이라고 보는 부작위감독책임설[65]도 있다.

부작위감독책임설은 원래 법인의 범죄능력 부정설 또는 부분적 긍정설의 입

61) 오영근, 전게서, 148면; 박상기, 전게서, 79~80면; 이재상, 전게서, 101면.
62) 신동운, 전게서, 114면.
63) 이재상, 전게서, 101면.
64) 손동권·김재윤, 전게서, 109면.
65) 임웅, 전게서, 88면; 김성돈, 전게서, 152~153면; 정성근·박광민, 전게서, 114면에서는 법인의 범죄능력 긍정설 입장에서 부작위감독책임설을 따르고 있다.

장에서 법인의 행위책임을 인정하기 어렵다고 보고 책임주의 원칙에 부합하는 이론구성을 위하여 양벌규정에 따른 업무주의 책임은 보증인적 지위에 따른 자기책임이라고 설명하는 것일 뿐, 그 책임의 내용은 감독과실책임설과 다를 바 없는 것으로 보인다. 법인의 범죄능력에 관한 긍정설 또는 부분적 긍정설 입장에서는 법인 등 업무주의 양벌규정에 따른 책임내용에 관하여 과실책임설 입장을 취하는 것은 당연하다고 보아야 할 것이다.

헌법재판소는 2007. 11. 29. 보건범죄 단속에 관한 특별조치법 제6조의 양벌규정[66]에 관하여 업무주가 개인인 사안에서 "이 사건 법률조항이 종업원의 업무 관련 무면허의료행위가 있으면 이에 대해 업무주가 비난받을 만한 행위가 있었는지 여부와는 관계없이 자동적으로 업무주도 처벌하도록 규정하고 있고, 그 문언상 명백한 의미와 달리 '종업원의 범죄행위에 대해 업무주의 선임감독상의 과실(기타 업무주의 귀책사유)이 인정되는 경우'라는 요건을 추가하여 해석하는 것은 문리해석의 범위를 넘어서는 것으로서 허용될 수 없으므로, 결국 위 법률조항은 다른 사람의 범죄에 대해 그 책임 유무를 묻지 않고 형벌을 부과함으로써, 법정형에 나아가 판단할 것 없이, 형사법의 기본원리인 '책임없는 자에게 형벌을 부과할 수 없다'는 책임주의에 반한다."라고 결정하였다.[67] 그 후 업무주가 법인인 사안인 헌법재판소 2009. 7. 30. 2008헌가14, 2009. 7. 30. 2008헌가16, 2009. 7. 30. 2008헌가17, 2009. 7. 30. 2008헌가18, 2009. 7. 30. 2008헌가24 각 결정에서 같은 취지의 판시를 하는 등 면책조항이 없는 다른 특별법상 양벌규정들에 관하여 같은 취지의 결정을 반복하고 있고,[68] 이에 따라 특별법상 양벌규정에 면책조항을 삽입하는 취지의 개정작업이 이루어지고 있다.

이러한 헌법재판소의 결정례는 과실책임설 입장을 따른 것으로 볼 수 있다.

---

66) 당시 보건범죄 단속에 관한 특별조치법 제6조는 "법인의 대표자 또는 법인이나 개인의 대리인·사용인 기타 종업원이 그 법인 또는 개인의 업무에 관하여 제2조 내지 제5조의 위반행위를 한 때에는 행위자를 처벌하는 외에 법인 또는 개인에 대하여도 각 본조의 예에 따라 처벌한다."라고만 규정하고 있을 뿐, 현재와 같은 면책조항은 존재하지 않았다.

67) 헌법재판소 2007. 11. 29. 2005헌가10 전원재판부(이 사건은 피고인 김○윤은 상피고인 강○용이 운영하는 ○○기공소의 직원으로서 치과의사면허 없이 위 기공소에서 2004. 10. 15.경부터 같은 해 10. 17.경까지 7명에 대한 치과치료를 해주고 그 대가로 합계 320만 원을 교부받아 무면허 치과의료행위를 업으로 하였다는 것이고, 개인 업무주인 피고인 강○용은 위 기공소를 운영함에 있어서 그 사용인인 상피고인 김○윤이 위 범죄사실과 같이 치과의료행위를 업으로 하였다는 사안임)

68) 헌법재판소 2010. 10. 28. 2010헌가14; 2010. 10. 28. 2010헌가23; 2010. 9. 30. 2010헌가52; 2010. 9. 2. 2009헌가11 전원재판부; 2009. 7. 30. 2008헌가16.

그런데 이러한 헌법재판소의 결정례는 어디까지나 법인의 대표자가 실제 행위자인 경우가 아니라 법인 또는 개인의 대리인, 사용인 기타 종업원이 실제 행위자인 경우에 한정되는 법리이다.

한편, 법인의 대표자가 실제 행위자인 경우의 법인 책임에 관하여, 헌법재판소나 판례는 전술한 바와 같이 "법인은 기관을 통하여 행위하므로 법인이 대표자를 선임한 이상 그의 행위로 인한 법률효과는 법인에게 귀속되어야 하고, 법인 대표자의 범죄행위에 대하여는 법인 자신이 자신의 행위에 대한 책임을 부담하여야 하는바, 법인 대표자의 법규위반행위에 대한 법인의 책임은 법인 자신의 법규위반행위로 평가될 수 있는 행위에 대한 법인의 직접책임으로서, 대표자의 고의에 의한 위반행위에 대하여는 법인 자신의 고의에 의한 책임을, 대표자의 과실에 의한 위반행위에 대하여는 법인 자신의 과실에 의한 책임을 부담하는 것이다. 따라서, 양벌규정 중 법인의 '대표자' 관련 부분은 대표자의 책임을 요건으로 하여 법인을 처벌하므로 책임주의원칙에 반하지 아니한다."라고 판시하고 있다.[69] 이는 과실책임설 입장에서 법인 대표자의 위반행위에 대한 법인의 책임은 그 선임·감독상의 과실 여부를 가리기 전에 대표관계의 법률관계상 대표자의 행위는 바로 법인 자신의 행위로서 법인의 자기책임이 된다고 보는 입장이라 할 수 있다.[70]

그런데 과실책임설에 따르면 법인 등 업무주의 고의·과실을 증명해야 하는데, 고의·과실이란 원래 내심의 사실에 불과하여 그 증명이 용이하지 않으므로 그 증명책임을 누가 부담하여야 할 것인지 여부를 둘러싸고 아래와 같이 학설이 대립하고 있다.

가. 과실추정설

과실추정설은 업무주의 대리인, 사용인 또는 종업원 등의 업무 관련 위반행위가 있으면 적어도 업무주의 선임·감독 등 위반행위를 방지하기 위하여 필요한 주의의무를 소홀히 한 과실이 추정된다는 견해[71]이다. 따라서 업무주는 자신에게 고의나 과실이 없었다는 사실을 증명하지 않으면 처벌을 면할 수 없게 된다.

---

69) 헌법재판소 2010. 7. 29. 2009헌가25 전원재판부; 대법원 2010. 9. 30. 2009도3876.
70) 같은 취지 : 손동권·김재윤, 전게서, 113면.
71) 박상기, 전게서, 79~80면은 분명치는 않으나 논지로 보아 과실추정설 입장인 것으로 보인다.

종전에 우리나라의 일부 판례가 이러한 입장을 취한 바 있고,72) 현재 일본의 통설・판례73)의 입장이기도 하다. 그 논거는 양벌규정의 구조상 단서조항으로 "다만, (업무주가) 그 위반행위를 방지하기 위하여 해당 업무에 관하여 상당한 주의와 감독을 게을리하지 아니한 경우에는 그러하지 아니하다"라고 특별히 규정한 것은 업무주에게 무과실의 증명책임을 부과함으로써 업무주에 대한 과실의 추정을 강하게 하여 양벌규정의 실효성을 살리려는 데에 그 목적이 있다고 보기 때문이다.74)

과실추정설 아래에서는 위와 같이 업무주가 추정된 과실을 번복하기 위하여 반대사실에 대한 증명책임을 부담하게 되지만, 실제로 업무주가 무과실을 증명하는 것이 용이하지 않기 때문에 준법감시인 제도, 준법지원인 제도 기타 기업의 법규자율준수제도(Compliance Prpgram)와 같은 범죄방지 시스템의 구축과 그 제도적 효과가 중요한 과제로 논의된다. 일본에서는 이러한 범죄방지 시스템을 정비하고 있으면 사업자의 과실을 부정하여야 한다는 견해가 유력하게 주장되고 있다.75)

나. 순과실설

양벌규정에 따른 업무주의 책임은 대리인, 사용인, 종업원 등에 대한 선임・감독 등 위반행위를 방지하기 위하여 필요한 주의의무를 소홀히 한 과실에 따른 책임이라고 보되, 범죄의 성립을 위하여 필요한 범죄구성요건, 위법성, 책임은 무죄추정의 원칙상 모두 검사에게 증명책임이 있는 것이 원칙이므로, 명문규정이 없는 한 업무주에게 사용인・종업원 등에 대한 선임・감독상의 과실이 있다는 점도 검사가 증명하여야 하는 것이지 이를 추정할 수 없다고 보는 견해76)이다. 일본의 유력설이다.77)

판례는 전술한 바와 같이 종전에는 과실추정설에 따라 판시하였으나, 전술한

72) 대법원 2002. 1. 25. 2001도5595; 1992. 8. 18. 92도1395; 1982. 6. 22. 82도777; 1980. 3. 11. 80도138.

73) 落合誠一 外 編「會社法コンメンタル(21) 雜則[3]・罰則」(商事法務, 2011){이하「會社法コンメンタル(21)」라 한다}, 163面; 日 最大判 1957. 11. 27. 刑集 11卷 12号 3113面; 日 最判 1965. 3. 26. 刑集 19卷 2号 83面.

74) 대법원 2002. 1. 25. 2001도5595; 1980. 3. 11. 80도138.

75) 神山敏雄 外 編, 前揭書, 60面.

76) 임웅, 전게서, 87면; 김성돈, 전게서, 153면; 오영근, 전게서, 148면.

77) 神山敏雄 外 編, 前揭書, 60面.

2007. 11. 29.자 헌법재판소의 위헌결정에서 과실책임설을 따르는 입장을 분명히 한 후로는 과실추정설에 따른 판례는 거의 보이지 않고 오히려 순과실설을 따르고 있는 것으로 보이는 판례[78]만 있다.

다. 결 어

전술한 바와 같이 양벌규정을 법인 등 업무주에 대한 별도의 범죄구성요건을 창설하는 규정으로 본다면, 형사재판에서 업무주의 고의·과실을 포함하여 범죄구성요건의 증명책임은 검사에게 있음은 당연하다. 만약 피고인이 민사재판이었더라면 증명책임을 지게 되었을 사항에 대하여 자신에게 유리한 증명을 하지 못하고 있다 하여 위와 같은 원칙이 달리 적용되는 것은 아니다.[79]

그럼에도 불구하고 종전 판례가 과실추정설을 따른 배경은 종업원 등 업무관련자의 위반행위가 영업이익의 귀속주체인 업무주의 묵인·방치나 그 방지 감독이 불충분한 법인 등 업무주의 기업 운영체계상 하자 등으로 발생·강화될 가능성이 높음에도 그 책임소재를 가려내기 어려운 기업의 조직 및 업무구조의 특성을 감안하여, 특별법의 실효성을 제고하려는 시각에 따른 결과라고 보아야 할 것이다.[80]

그러나 이러한 이유는 업무주의 과실책임을 인정할 근거는 될 수 있겠지만, 기업의 조직 및 업무구조의 특성상 업무주에 대한 고의·과실의 증명이 어렵다

---

78) 대법원 2010. 2. 25. 2009도5824(도로법상 양벌규정에 관하여, "형벌의 자기책임원칙에 비추어 보면 위반행위가 발생한 그 업무와 관련하여 법인이 상당한 주의 또는 관리감독 의무를 게을리한 때에 한하여 위 양벌조항이 적용된다고 봄이 상당하며, 구체적인 사안에서 법인이 상당한 주의 또는 관리감독 의무를 게을리하였는지 여부는 당해 위반행위와 관련된 모든 사정, 즉 당해 법률의 입법 취지, 처벌조항 위반으로 예상되는 법익 침해의 정도, 그 위반행위에 관하여 양벌조항을 마련한 취지 등은 물론 위반행위의 구체적인 모습과 그로 인하여 실제 야기된 피해 또는 결과의 정도, 법인의 영업 규모 및 행위자에 대한 감독가능성 또는 구체적인 지휘감독 관계, 법인이 위반행위 방지를 위하여 실제 행한 조치 등을 전체적으로 종합하여 판단하여야 한다."라고 판시), 대법원 2010. 9. 9. 2008도7834(산업안전보건법상 양벌규정에 관하여 "구체적인 사안에서 법인이 상당한 주의 또는 관리감독 의무를 게을리하였는지 여부는 당해 위반행위와 관련된 모든 사정 즉, 당해 법률의 입법 취지, 처벌조항 위반으로 예상되는 법익 침해의 정도, 그 위반행위에 관하여 양벌규정을 마련한 취지 등은 물론, 위반행위의 구체적인 모습과 그로 인하여 실제 야기된 피해 또는 결과의 정도, 법인의 영업 규모 및 행위자에 대한 감독가능성 또는 구체적인 지휘감독 관계, 법인이 위반행위 방지를 위하여 실제 행한 조치 등을 전체적으로 종합하여 판단하여야 한다."라고 판시) 판결은 검사에게 법인의 과실에 대한 증명책임이 있음을 전제로 판시하고 있다.

79) 대법원 2003. 12. 26. 2003도5255.

80) 헌법재판소 2009. 7. 30. 2008헌가24 전원재판부 결정의 반대의견 참조.

는 것만으로는 무죄추정의 헌법상 원칙(헌법 제27조 제4항)에 기한, 형사재판의 증명책임에 관한 일반원칙까지 희생시켜야 할 논거는 될 수 없다고 본다. 따라서 증명책임의 일반원칙에 따르는 순과실설이 타당하다고 생각한다.

Ⅳ. 양벌규정의 처벌 요건 및 절차상 문제점

1. 서 설

양벌규정은 전술한 바와 같이 업무주나 실제 행위자에 대한 범죄구성요건을 창설하는 규정이라 할 수 있다. 양벌규정의 객관적 범죄구성요건은 업무주의 대표자나 대리인, 사용인, 그 밖의 종업원이 업무주의 업무에 관하여 해당 조문의 위반행위를 하는 것이다. 또한 업무주에 대하여는 업무주가 그 위반행위를 방지하기 위하여 해당 업무에 관하여 상당한 주의와 감독을 게을리한 사실이 추가되어야 할 것이다.

이러한 요건 중 업무주, 대표자, 대리인, 사용인, 종업원의 개념, 업무관련성의 판단기준이 문제된다. 또한 업무주의 범죄는 실제 행위자의 범죄성립에 어느 정도 종속하는 것인지, 즉 '위반행위'의 개념도 검토할 필요가 있다.

그리고 절차상 문제로서 자수, 친고죄의 고소, 전속적 고발권자의 고발은 양벌 대상자 개개인별로 필요한 것인지를 검토하고, 형벌에 관하여 양벌 대상자들 사이에 처벌은 동일하여야 하는 것인지, 회사에 대한 형벌은 회사합병시 승계되는 것인지 여부 등도 검토할 만한 문제이다.

2. 범죄의 성립요건상 문제점

가. 업무주

업무주는 양벌규정에 관한 각 법률규정에는 '회사', '법인 또는 개인', '선박소유자' 등으로 표현하고 있다. 업무주는 각 위반행위의 업무상 손익이 귀속되는 주체를 말한다.[81] 즉, 형식상 명의자를 의미하는 것이 아니라 자기의 계산으로 사업을 경영하는 실질적 경영귀속 주체를 말한다.[82]

81) 신동운, 전게서, 112면; 김성돈, 전게서, 150면 참조.

82) 대법원 2007. 8. 23. 2007도3787; 2000. 10. 27. 2000도3570("법인이 아닌 약국에서의 영업으로 인한 사법상의 권리의무는 그 약국을 개설한 약사에게 귀속되므로 대외적으로 그 약국의 영업주는 그 약국을 개설한 약사라고 할 것이지만, 그 약국을 실질적으로 경영하는 약사가

국가나 지방자치단체도 공법인으로서 업무주에 포함할 수 있는지 여부는 문제이다. 국가는 형벌을 부과하는 주체로서 자신에게 형벌을 부과하는 것은 모순이므로 업무주가 될 수 없지만 지방자치단체는 국가와 별개의 공법인이므로 업무주가 될 수 있다는 것이 학설·판례의 입장이다.[83)]

판례에 따르면 지방자치단체의 사무라 하더라도 고유의 자치사무를 수행하는 경우에는 업무주인 법인으로서 양벌규정에 따른 처벌대상이 될 수 있지만, 국가의 사무를 위임받는 기관위임사무를 수행하는 경우에는 지방자치단체는 국가기관의 일부로 볼 수 있으므로 업무주인 법인에 포함할 수 없다고 한다.[84)] 법령상 지방자치단체의 장이 처리하도록 하고 있는 사무가 자치사무인지, 기관위임사무에 해당하는지 여부를 판단할 때에는 그에 관한 법령의 규정 형식과 취지를 우선 고려하여야 하고, 그 밖에도 그 사무의 성질이 전국적으로 통일된 처리가 요구되는 사무인지 여부, 그에 관한 경비부담과 최종적인 책임귀속의 주체 등도 고려하여 판단하여야 한다(판례).[85)]

나. 대표자

'대표자'란 법인의 의사를 결정하고 집행하는 대표기관으로서, 법인의 정관 등에 기재된 내부절차에 따라 적법하게 선임되었으면 그 명칭이나 선임·퇴임 등기 여부를 불문한다.

그런데 내부절차에 따라 적법하게 선임되지 않았거나 이미 퇴임한 자가 당해 법인을 실질적으로 경영하면서 사실상 대표하고 있는 경우에도 '대표자'에 포함

다른 약사를 고용하여 그 고용된 약사를 명의상의 개설약사로 등록하게 해두고 실질적인 영업약사가 약사 아닌 종업원을 직접 고용하여 영업하던 중 그 종업원이 약사법위반 행위를 하였다면 약사법 제78조의 양벌규정상의 형사책임은 그 실질적 경영자가 진다."); 1992. 11. 10. 92도2034.

83) 신동운, 전게서, 112면.

84) 대법원 2009. 6. 11. 2008도6530(지방자치단체 소속 공무원이 지정항만순찰 등의 업무를 위해 관할관청의 승인없이 개조한 승합차를 운행함으로써 구 자동차관리법을 위반한 사안에서, 지방자치법, 구 항만법 등에 비추어 위 항만순찰 등의 업무가 지방자치단체의 장이 국가로부터 위임받은 기관위임사무에 해당하여, 해당 지방자치단체가 구 자동차관리법 제83조의 양벌규정에 따른 처벌대상이 될 수 없다고 한 사례); 대법원 2005. 11. 10. 선고 2004도2657(지방자치단체 소속 공무원이 압축트럭 청소차를 운전하여 고속도로를 운행하던 중 제한축중을 초과 적재 운행함으로써 도로관리청의 차량운행제한을 위반한 도로법위반 사안에서, 청소 사무는 지방자치단체 고유의 자치사무이므로 해당 지방자치단체가 도로법 제86조의 양벌규정에 따른 처벌대상이 된다고 한 사례).

85) 대법원 2009. 6. 11. 2008도6530; 2003. 4. 22. 2002두10483.

할 것인지 여부는 문제이다. 우리나라의 판례는 이러한 자도 '대표자'의 범위에 포함하고 있다.[86] 이에 대하여, 일본 판례는 법인의 실질적 경영자는 양벌규정상 법인의 '대표자'가 아니라 '종업원'에 해당한다고 판시하고 있다.[87] 생각하건대 법인이란 법률에 의하여 법인격이 주어진 단체이고 법인의 대표기관은 그 행위가 법률상 법인의 행위로 인정될 수 있는 자를 말하는 것이다. 법인을 실질적으로 경영하면서 사실상 대표하고 있는 자의 행위는 법률상 법인의 행위로 인정할 수 없는 것이므로, 대표기관, 즉 '대표자'라 할 수 없다. 따라서 이러한 자는 후술하는 '대리인', '사용인' 또는 '종업원'이 될 수 있을 뿐이라고 본다.

다. 대리인, 사용인, 종업원

'대리인', '사용인', '종업원'은 업무주의 업무에 종사하는 자이다. 그리고 업무주가 그들의 대외적 행위에 대하여 선임 또는 감독상 책임을 부담하여야 하므로 직접 또는 간접으로 업무주의 감독·통제를 받는 종속관계에 있는 자라야만 할 것이다. 그들이 업무주와 고용관계에 있을 것을 요구하지는 않는다.[88]

그러므로 '대리인'은 업무주를 위하여 자신의 명의로 대외적 법률행위를 하되 그 법률효과를 업무주에게 귀속시키는 관계에 있는 자로서 업무주와 종속관계에 있는 자를 말한다.[89] 지배인(상법 제10조), 부분적 포괄대리권을 가진 사용인(상법 제15조), 물건판매점포의 사용인(상법 제16조) 등 상업사용인은 '대리인'에 포함된다.

'사용인' 및 '종업원'은 대리인 외에 업무주의 업무를 보조하는 자로서 직접 또는 간접으로 업무주의 감독·통제 아래 있는 자를 말한다.[90] '종업원'과 '사용

86) 대법원 1997. 6. 13. 96도1703(피고인 1이 법인등기부상 피고인 2 주식회사의 대표이사직을 사임한 것으로 등기되어 있으나, 그 이후에도 위 회사의 회장 겸 대표자로서 위 회사를 실제로 운영하면서 공소외 김미진으로 하여금 그의 지시에 따라 위 회사의 수입과 지출을 관리하고 이에 관련된 각종 장부를 작성하도록 한 사실을 인정한 다음 피고인 1이 위 회사의 실제상 대표자에 해당한다고 하여 피고인 1, 피고인 2 주식회사를 조세범처벌법상 양벌규정으로 처벌한 사안임); 신동운, 전게서, 111면.

87) 日 最決 1983. 3. 11. 刑集 37卷 2号 54面.

88) 대법원 1993. 5. 14. 93도344.

89) 김성돈, 전게서, 150면.

90) 대법원 2007. 8. 23. 2007도3787; 2006. 2. 24. 2003도4966(구 방문판매 등에 관한 법률 제63조 양벌규정상 '사용인' 개념에 관하여 같은 취지); 2004. 3. 12. 2002도2298("소음·진동규제법 제62조 소정의 '법인의 사용인'에는 법인과 정식 고용계약이 체결되어 근무하는 자뿐만 아니라 그 법인의 업무를 직접 또는 간접으로 수행하면서 법인의 통제, 감독하에 있는 자도 포함된다"); 2003. 6. 10. 선고 2001도2573.

인'은 일응 고용관계 유무, 즉 종속성의 강약에 따라 구분할 수 있겠지만 같은 처벌규정 내에 있으므로 구분의 실익은 없다.

판례에 따르면 '종업원'에는 업무주와 정식 고용계약이 체결되어 근무하는 자뿐만 아니라 법인의 대리인, 사용인 등이 자기의 보조자로서 사용하고 있으면서 직접 또는 간접으로 법인의 감독·통제 아래 있는 자도 포함한다.[91] 또한 " '종업원'의 행위에 대하여 양벌규정으로 업무주의 책임을 묻는 것은 '종업원'에 대한 업무주의 선임·감독상 과실책임을 근거로 하는 것이고, 그 '종업원'은 업무주의 사업경영 과정에서 직접 또는 간접으로 업무주의 감독·통제 아래 그 사업에 종사하는 자를 일컫는 것이므로, 업무주 스스로 고용한 자가 아니고 타인의 고용인으로서 타인으로부터 보수를 받고 있다 하더라도 객관적 외형상으로 업무주의 업무를 처리하고 업무주의 종업원을 통하여 간접적으로 감독·통제를 받는 자라면 업무주의 '종업원'에 포함된다."고 판시하고 있다.[92]

라. 위반행위의 업무관련성

실제 행위자의 위반행위가 업무주의 업무에 관하여 행하여 질 것을 요하는데, 이 때 '업무에 관하여'란 판례에 따르면 객관적 외형상으로 업무주의 업무에 관한 행위로서 그 업무주의 업무를 수행함에 있어서 위반행위를 한 경우라야만 한다.[93] 종업원 등이 업무주의 업무를 위하여 한다는 의사를 가지고 행위를 한 때에는 그 업무주의 업무를 수행함에 있어서 위반행위를 한 경우로 볼 수 있을 것이다.[94] 객관적 외형상으로 업무주의 업무에 관한 행위인 성질을 갖

---

91) 대법원 1993. 5. 14. 93도344(피고인 회사의 안동지점 대리 A는 위 지점의 업무가 폭주하자 위 지점에 상시 출입하는 고객이었던 B로 하여금 위 지점의 업무인 투자상담·주식매도·매수주문수령·전화받기, 그 밖의 심부름 등을 하게 하여 위 지점의 업무를 보조하게 하였으며, B가 위 지점장 이하 직원들의 통제·감독 아래 있음으로써 피고인 회사의 간접적 통제·감독 아래 있었음이 인정되어 피고인 회사에 구 증권거래법 제215조 제2항(양벌규정)을 적용한 사안).

92) 대법원 1987. 11. 10. 87도1213(피고인이 경영하는 극장에서 상영하는 영화의 배급업자로서 영화사의 직원인 1심 공동피고인이 극장경영주와 영화배급업자 사이에 수익금을 분배하기로 한 약정에 따라 극장의 관람객수를 확인하던 중 피고인의 검표담당 종업원인 최일성이 잠시 자리를 비우게 되자 피고인의 종업원인 극장지배인 최돈억의 지시로 최일성의 업무를 대행하던 중에 미성년자를 입장시켜 미성년자보호법을 위반한 사안에서, 1심 공동피고인은 미성년자출입제지 업무에 관한 한 피고인의 간접적인 감독통제를 받는다 할 것이므로 피고인과 1심 공동피고인은 미성년자보호법 양벌규정 소정의 영업자와 종업원의 관계에 있다고 판시).

93) 대법원 2007. 11. 16. 2005다3229; 2002. 1. 25. 2001도5595; 1987. 11. 10. 87도1213; 1977. 5. 24. 77도412.

고 있다면, 그 위반행위가 법인 내부의 결재를 받지 아니하였다거나, 그 행위의 동기나 목적이 업무주가 아닌 종업원 등이나 기타 제3자의 이익을 위한 것에 불과하고 업무주의 업무에 이로운 행위가 아니라 하더라도 무방하다는 것이 판례의 입장이다.[95] 업무주인 법인의 정관에 기재된 목적범위 밖의 행위일지라도 객관적 외형상으로 그 법인 업무로서의 성질을 갖고 있는 경우에도 위 업무관련성을 인정할 수 있다.[96]

판례에 따르면, 이러한 업무관련성 요건을 판단함에 있어서는 법인의 적법한 업무의 범위, 피용자 등의 직책이나 직위, 피용자 등의 범법행위와 법인의 적법한 업무 사이의 관련성, 피용자 등이 행한 범법행위의 동기와 사후처리, 피용자 등의 범법행위에 대한 법인의 인식 여부 또는 관여 정도, 피용자 등이 범법행위에 사용한 자금의 출처와 그로 인한 손익의 귀속 여하 등 여러 사정을 심리하여 결정하여야 한다고 한다.[97]

업무관련성 요건과 관련하여, 종업원 등 실제 행위자가 개인적인 목적으로 위반행위를 한 경우에는 그 행위자를 양벌규정으로 처벌하는 것은 허용되지 않는다고 주장하는 견해[98]가 있다. 그러나 위와 같이 실제 행위자의 동기나 목적은 '그 업무주의 업무를 수행함에 있어서 위반행위를 한 경우'에 해당하는지 여부를 판단하는 하나의 자료일 뿐 절대적 구분기준이 될 수는 없다고 본다. 위 견해가 원용하고 있는 판례[99]는 양벌규정이 적용되는 벌칙규정의 전제인 금지규정에서 건설공사의 발주자나 수급인 등의 배임수재·배임증재 행위를 금지하고 있는 경우에, 수급인의 사용인이 발주자의 사용인에게 부정한 청탁에 의한 재물을 공여한 행위가 객관적으로 보아도 발주자에게 영득시킨다는 목적으로 재물을 수수한 것이 아니라 발주자의 사용인에게 영득시키려는 목적으로 수수한 것으로 보아야 하므로, 금지규정을 위반하는 위반행위 자체가 될 수 없다는 취지일 뿐이므로, 이 판례를 양벌규정의 업무관련성 여부에 관한 판례로 원용할 것은 아니라고 본다.

94) 대법원 2006. 6. 15. 2004도1639; 1997. 2. 14. 96도2699.

95) 대법원 2007. 11. 16. 2005다3229; 2002. 1. 25. 2001도5595; 1987. 11. 10. 87도1213; 1977. 5. 24. 77도412; 神山敏雄 外 編, 前揭書, 58面도 같은 취지이다.

96) 같은 취지 : 日 最判 1950. 10. 6. 刑集 4巻 10号 1936面.

97) 대법원 1997. 2. 14. 96도2699; 1983. 3. 22. 80도1591.

98) 신동운, 전게서, 113면.

99) 대법원 2009. 5. 28. 2009도988.

마. 업무주 범죄의 종속성 여부

양벌규정의 업무주에 대한 처벌은 실제 행위자의 위반행위를 전제로 하고 있으므로, 업무주의 범죄성립은 실제 행위자의 범죄성립에 어느 정도로 종속하는 것인지 여부가 문제된다. 즉, 실제 행위자의 범죄가 범죄구성요건, 위법성, 책임 등 범죄성립요건 및 처벌조건 중 어느 정도까지 구비하여야 업무주를 양벌규정으로 처벌할 수 있는 것인가 하는 문제이다.

판례는 양벌규정에 의한 업무주의 처벌은 위반행위자인 종업원 등 실제 행위자의 처벌에 종속하는 것이 아니라 독립하여 그 자신의 실제 행위자에 대한 선임·감독상의 과실로 인하여 처벌되는 것이므로 실제 행위자의 범죄성립이나 처벌이 업무주 처벌의 전제조건이 될 필요는 없다는 입장이다. 따라서 실제 행위자의 위반행위가 고의의 결여, 신분범의 구성요건상 자격의 결여 등으로 범죄구성요건을 갖추지 못하였다 하더라도 업무주를 양벌규정으로 처벌할 수 있다는 것이다.[100)]

이에 반하여, 양벌규정의 업무주를 처벌하려면 실제 행위자의 위반행위가 범죄성립요건을 충족하여야 하지만 책임조각사유는 행위자에 대한 비난가능성 문제이므로 실제 행위자에게 책임조각사유가 있는 것은 무방하다는 견해[101)]가 있다. 일본에서도 양벌규정의 '위반행위'란 고의·과실 등 주관적 요건도 포함하여 범죄구성요건에 해당하는 위법한 행위를 말하는 것이고, 실제 행위자가 유책성까지 갖추지 않더라도 업무주를 양벌규정으로 처벌할 수 있다는 견해[102)]가 있다.

---

100) 대법원 2006. 2. 24. 2005도7673; 1987. 11. 10. 87도1213(구 미성년자보호법상 선량한 풍속을 해할 염려가 있는 흥행장 등의 영업자는 미성년자를 그 영업소내에 출입하게 하여서는 아니된다는 의무규정, 이 규정에 위반한 자는 1년 이하의 징역이나 100만 원 이하의 벌금, 구류 또는 과료에 처한다는 벌칙규정, 법인이나 개인의 대리인, 사용인 기타 종업원의 위반행위에 대하여 행위자를 벌하는 외에 법인 또는 개인에 대하여도 위 벌금형을 과하도록 한 양벌규정 아래에서, 피고인이 경영하는 극장에서 그 종업원이 미성년자의 관람이 금지된 영화가 상영되고 있음에도 불구하고 14세의 미성년자 2명을 위 극장에 출입하게 한 사안이다. 법원은 의무규정상 '영업자'에 위 종업원도 포함되고, 가사 종업원에게 영업자 자격이 없다고 하더라도 피고인을 양벌규정에 따라 처벌할 수 있다는 취지로 판시). 그러나 의무규정의 '영업자'에 위 종업원도 포함시킨 것은 그 문언의 해석범위를 벗어난 부당한 해석으로 보인다. 차라리 전술한 바와 같이 양벌규정상 '행위자를 벌하는 외'란 문언을 실제 행위자의 범죄구성요건 창설 규정으로 보고 위 종업원에 대한 범죄구성요건이 충족된 것으로 보는 것이 타당하다고 생각한다.

101) 신동운, 전게서, 112면.

102) 福田平, 「行政刑法」(有斐閣, 1978), 75面; 前揭 「會社法コンメンタル(21)」, 162~163面.

생각하건대 양벌규정에 따른 업무주의 책임은 실제 행위자에 대한 선임·감독 등 위반행위를 방지하기 위하여 필요한 주의의무를 소홀히 한 과실에 따른 책임이므로(과실책임설), 실제 행위자의 위반행위가 범죄구성요건을 충족하지 않거나 위법하지 않다면 그 감독책임을 물을 필요가 없을 것이다.

그러나 책임이란 통설에 따르면 행위자 개인에 대한 비난가능성을 의미하는 것이므로, 실제 행위자에게 개인적인 책임조각사유가 있더라도 업무주에 대하여 위반행위에 대한 감독책임을 물을 수 있다. 따라서 실제 행위자의 위반행위는 범죄구성요건 및 위법성만 충족하면 유책성이 없더라도 무방하다고 본다.

다만, 실제 행위자의 범죄행위는 반드시 1인의 행위로 제한할 것은 아니므로 수인의 분업적 행위로 성립할 수도 있을 것이고, 이 경우 그 수인 사이에 의사연락이 없어서 실제로 개개의 행위자의 행위만으로는 범죄구성요건이나 위법성을 구비하였다고 볼 수 없는 경우도 있을 수 있다고 보아야 할 것이다.[103)]

3. 절차상 문제점

가. 자 수

자수란 범인이 죄를 범한 후 자발적으로 수사기관에 자기의 범죄사실을 신고하는 행위로서, 자수자에 대한 형벌의 임의적 감경사유가 된다(형법 제52조 제1항). 판례에 따르면, 범인이 체포되기 전이라면 제3자를 통하여 신고하여도 자수로 인정된다.[104)] 그런데 양벌규정은 대리인·사용인·종업원(이하 종업원 등이라 함)의 위반행위로 인하여 업무주를 처벌하는 것이므로 실제 행위자가 그 위반행위를 수사기관에 자발적으로 신고한 경우에는 업무주의 별도 신고가 없더라도 업무주도 자수한 것으로 볼 수 있는지 여부가 문제된다.

그러나 전술한 바와 같이 양벌규정에 따라 업무주가 부담하는 형사책임은 종업원 등의 위반행위에 대한 무과실책임이 아니라 종원원 등에 대한 선임·감독상 과실에 대한 자기책임이라고 보아야 하므로(과실책임설), 업무주가 자신의 과

103) 김종덕, "기업범죄에 있어서 개인의 형사책임", 「법학연구」 제18집(한국법학회, 2005), 334~335면에서는 같은 취지로 설시하면서, 나아가 "실제 행위자가 특정되지 않더라도 그 행위의 결과가 전체로서의 기업체 활동에 기인한 것이고 그 결과발생에 관리감독자의 과실이 중요원인으로 작용한 경우에는 기업체와 대표자 등 관리·감독자를 처벌할 수 있는 규정을 둘 필요가 있다"고 주장하고 있다.

104) 대법원 1997. 3. 20. 96도1167 전원합의체; 1964. 8. 31. 64도252.

실로 인하여 종업원 등의 위반행위가 발생한 사실을 수사기관에 신고하여야 업무주의 자수행위가 있었던 것으로 평가할 수 있을 것이다. 만약 업무주가 법인인 경우에는 법인의 기관인 대표자가 그 신고를 하면 될 것이다.

판례도 법인의 사용인 또는 종업원이 위반행위를 하여 양벌규정에 따라 법인이 처벌받는 경우에, 법인에게 자수감경에 관한 형법 제52조 제1항의 규정을 적용하기 위하여는 법인의 이사 기타 대표자가 수사기관에 자수한 경우에 한하고, 그 위반행위를 한 사용인 또는 종업원이 자수한 것만으로는 위 규정에 의하여 형을 감경할 수 없다고 판시하였다.[105]

나. 친고죄의 고소 및 전속적 고발권자의 고발

친고죄란 피해자 등 고소권자의 고소가 있어야만 공소를 제기할 수 있는 범죄로서 저작권법위반죄의 경우처럼 양벌규정으로 처벌하는 경우에도 친고죄로 규정한 경우[106]가 있다. 또한 경제형법 등의 양벌규정 중에는 관할 행정관청의 고발이 있어야 공소를 제기할 수 있도록 전속적 고발권을 규정한 경우[107]도 있다. 친고죄의 고소나 전속적 고발권자의 고발은 각 입법취지는 상이하지만[108] 모두 소송조건이 되는 점은 같다. 이러한 친고죄의 고소나 전속적 고발권자의 고발은 양벌 대상자 개개인별로 필요한 것인지 여부가 문제된다.

대부분의 양벌규정에 면책조항이 없었던 과거에 판례는 친고죄의 고소와 전속적 고발권자의 고발에 대하여 상이한 입장을 보이고 있었다. 즉, 친고죄에 관하여 "고소는 범죄의 피해자 등 고소권자가 수사기관에 대하여 범죄사실을 신고하여 범인의 처벌을 구하는 의사표시이므로, 고소인은 범죄사실을 특정하여 신고하면 족하고 범인이 누구인지 나아가 범인 중 처벌을 구하는 자가 누구인지를 적시할 필요도 없는바, 위 저작권법의 양벌규정은 직접 위법행위를 한 자 이외에 아무런 조건이나 면책조항 없이 그 업무의 주체 등을 당연하게 처벌하

---

105) 대법원 1995. 7. 25. 95도391.

106) 저작권법 제141조에 양벌규정을 규정하면서, 제140조(고소) 본문에 "이 장의 죄에 대한 공소는 고소가 있어야 한다."라고 규정하고 있다.

107) 독점규제 및 공정거래에 관한 법률 제71조는 공정거래위원회의 고발, 조세범처벌법 제21조는 국세청장, 지방국세청장 또는 세무서장의 고발, 출입국관리법 제101조 제1항은 출입국관리사무소장, 출입국관리사무소 출장소장 또는 외국인보호소장의 고발이 없으면 공소를 제기할 수 없도록 규정하고 있다.

108) 친고죄는 피해자의 보호를 목적으로 하고, 전속적 고발권은 경제형법 등 전문분야의 기술성・전문성을 존중하기 위한 것이다(김성돈, 전게서, 129~130면).

도록 되어 있는 규정으로서 당해 위법행위와 별개의 범죄를 규정한 것이라고는 할 수 없으므로, 친고죄의 경우에 있어서도 행위자의 범죄에 대한 고소가 있으면 족하고, 나아가 양벌규정에 의하여 처벌받는 자에 대하여 별도의 고소를 요한다고 할 수는 없다."고 판시하였다.[109)]

한편, 전속적 고발권자의 고발에 관하여는 "조세범처벌법은 조세에 관한 범칙행위에 대하여는 원칙적으로 국세청장 등의 고발을 기다려 논하도록 규정하고 있는바, 같은 법에 의하여 하는 고발에 있어서는 이른바 고소·고발 불가분의 원칙이 적용되지 아니하므로, 고발의 구비 여부는 양벌규정에 의하여 처벌받는 자연인인 행위자와 법인에 대하여 개별적으로 논하여야 한다."라고 판시하였다.[110)]

그러나 전자의 판례는 대부분의 양벌규정에 면책조항이 없고 양벌규정상 업무주 책임의 법적 성질에 관하여 무과실책임설을 취하던 과거에나 주장할 수 있었던 견해일 뿐이다. 전술한 바와 같이 2007. 11. 29.자 헌법재판소의 위헌결정에서 과실책임설을 따르는 입장을 분명히 하였고, 그 후 대부분의 양벌규정에 면책조항을 삽입하는 개정작업이 이루어지고, 양벌규정상 업무주 책임의 법적 성질에 관하여 학설·판례가 과실책임설 입장을 취하게 된 지금에 와서는 더 이상 따르기 어려운 견해이다. 고소나 고발은 개별 범죄에 관하여 그 고소권자나 고발권자가 수사기관에 대하여 범죄사실을 신고하여 범인의 처벌을 구하는 의사표시이고, 양벌규정상 업무주의 범죄는 실제 행위자의 범죄와는 구별되는 별개의 범죄로 보아야 하므로, 고소나 고발의 효과도 업무주나 실제 행위자 각자에 대하여 발생하는 것으로 보아야 할 것이다.

다. 형 벌

양벌규정의 법정형은 실제 행위자에 대하여는 자유형과 재산형을 부과할 수 있도록 규정하더라도, 업무주에 대하여는 이익귀속주체로서 원칙적으로 과실책임을 묻는 것이므로 재산형, 즉 벌금형만 부과할 수 있도록 규정하고 있다. 이

---

109) 대법원 1996. 3. 12. 94도2423(○○회계법인 소속 사용인과 직원이 고소인의 저작권을 침해하였다는 이유로 그 사용인과 직원만을 고소한 경우에, 그 고소의 효력이 양벌규정으로 처벌되는 ○○회계법인에게도 미치는지 여부가 문제된 사안).

110) 대법원 2004. 9. 24. 2004도4066(조세에 관한 범칙행위를 한 법인에 대한 고발의 효력이 그 법인의 대표이사에게도 미치는지 여부가 문제된 사안).

경우 업무주에 대한 벌금의 법정형은 원칙적으로 실제 행위자에 대한 그것과 동일하게 규정하고 있으나, 실제 행위자의 법정형에 벌금형이 없는 경우에만 별도로 벌금형을 정하고 있거나,[111] 예외적으로 산업재산권 분야를 중심으로 실제 행위자의 벌금액보다 높은 벌금의 법정형을 규정하고 있을 뿐이다.[112]

양벌규정에 따라 업무주와 실제 행위자를 처벌하는 경우에 양벌 대상자들 사이에 벌금의 법정형이 동일한 경우에도 벌금의 선고형까지 동일하여야 하는 것은 아니다. 판례도 주식회사와 그 대표자를 양벌규정에 따라 처벌하면서 대표자에 대하여는 징역형과 함께 병과한 벌금형의 선고를 유예하면서 그 주식회사에 대하여는 벌금형을 선고한 것은 정당하다고 판시하고 있다.[113] 업무주의 책임은 실제행위자에 대한 선임·감독상의 과실책임으로서 실제 행위자와는 범죄구성요건이 상이하고, 구체적인 양형사유는 범죄주체마다 상이할 수 있으므로 당연한 견해이다.

회사가 합병된 경우에 피합병회사의 공·사법상 권리·의무는 합병으로 인하여 포괄적으로 존속회사 또는 합병으로 신설되는 회사에 승계되는 것이 원칙이지만, 형벌로서 법인에게 부과된 벌금형은 그 성질상 승계 대상에서 제외된다.

판례도 "법인이 선고받은 형벌은 행정적 제재처분이나 민사상 불법행위책임과는 성격을 달리하는 점, 형사소송법 제328조 제1항 제2호가 '피고인인 법인이 존속하지 아니하게 되었을 때'를 공소기각결정의 사유로 규정하고 있는 것은 형사책임이 승계되지 않음을 전제로 한 것이라고 볼 수 있는 점 등에 비추어, 합병으로 인하여 소멸한 법인이 그 종업원 등의 위법행위에 대해 양벌규정에

---

111) 문화재보호법 제102조는 양벌규정으로 처벌하는 업무주의 법정형을 실제 행위자의 벌금형과 동일하게 규정하되, 벌금형이 없는 경우에는 "3억 원 이하의 벌금에 처한다"라고 규정하고, 보건범죄 단속에 관한 특별조치법 제6조는 양벌규정으로 처벌하는 업무주인 법인 또는 개인을 "1억 원 이하의 벌금에 처한다"라고 규정하고, 마약류 관리에 관한 법률 제68조는 양벌규정으로 처벌하는 업무주의 법정형을 벌금형이 있는 제61조 내지 제64조의 범죄에 해당하는 경우에는 실제 행위자에 대한 벌금형과 동일하게 규정하고, 벌금형이 없거나 벌금액 1억 원 이하로 규정된 범죄에 해당하는 경우에는 "1억 원(대마의 경우에는 5천만 원) 이하의 벌금형을 과(科)한다"라고 규정하고 있다.

112) 특허법 제230조는 양벌규정으로 처벌함에 있어서 개인 업무주에 대하여는 실제 행위자에 대한 벌금형과 동일한 법정형을 규정하고 있으나, 법인 업무주에 대하여는 실제 행위자의 벌금액보다 3배 이상인 '3억 원 이하' 또는 '6천만 원 이하'의 벌금에 처할 수 있도록 규정하고 있다. 상표법 제97조, 실용신안법 제50조, 디자인보호법 제87조의 양벌규정에서도 같은 방식으로 규정하고 있다.

113) 대법원 1995. 12. 12. 95도1893.

따라 부담하던 형사책임은 그 성질상 이전을 허용하지 않는 것으로서 합병으로 인하여 존속하는 법인에 승계되지 않는다."라고 판시하였다.[114]

Ⅴ. 법인에 대한 형사제재 방법에 관한 입법론

1. 서 설

형법상 인정되는 형벌의 종류는 생명형인 사형, 자유형인 징역·금고·구류, 자격제한형(명예형)[115]인 자격상실·자격정지, 재산형인 벌금·과료·몰수가 있다(형법 제41조). 현재 법인에 대한 양벌규정에는 법인에 대한 형벌로서 벌금형과 같은 재산형만 규정하고 있다. 신체가 없는 법인에게 생명형이나 자격제한형은 부과하기가 불가능하거나 부적절하다고 보았기 때문이다.

그러나 법인에 대한 현행 재산형 제도가 범죄의 억지력 등 형벌의 기능을 제대로 발휘하고 있는지, 적정성 원칙에 따라 형벌이 범죄에 상응하여 부과되고 있는 것인지 여부에 관하여는 논란이 있다. 그러므로 현행 양벌규정상 벌금형 제도의 합리화와 다른 형사제재방법의 도입에 관한 입법론을 검토해 볼 필요가 있다.

2. 법인에 대한 벌금형의 합리화

가. 법인 중과(重科)제도

현재 양벌규정에 의하여 법인에게 부과할 수 있는 벌금의 법정형은 위반행위를 한 실제 행위자인 자연인의 그것과 동일하게 정하는 것을 원칙으로 하고 있다. 다만, 전술한 바와 같이 실제 행위자의 법정형에 벌금형이 없는 경우 또는 권리침해로 인한 피해규모가 크고 그 영업이익이 법인에게 귀속되는 산업재산권 분야의 경우에만 별도로 실제 행위자보다 고액의 벌금형을 정하고 있을 뿐이다.[116]

이처럼 양벌규정상 법인에 대한 형벌을 원칙적으로 실제 행위자인 자연인과

---

114) 대법원 2007. 8. 23. 2005도4471.

115) 일반적으로 명예형으로 지칭하고 있으나, 공무원이 되는 자격, 공법상의 선거권과 피선거권, 법률로 요건을 정한 공법상의 업무에 관한 자격, 법인의 이사, 감사, 지배인, 기타 업무에 관한 검사역이나 재산관리인이 되는 자격이 상실되거나 일정기간 정지되는 형벌이므로, 자격제한형으로 지칭하기로 한다.

116) 이천현, 전게논문, 13~14면.

동일하게 규정하고 있는 이유는 자연인 개인의 책임을 매개로 하여 법인의 책임을 인정하는 것이기 때문에 자연인의 책임을 넘는 책임을 법인에게 물을 수 없다는 생각 때문이다.[117] 책임에 따른 형벌이라는 책임주의에 충실한 입장이라 할 수 있다.

이에 대하여, 벌금, 과료와 같은 재산형의 범죄억지력 등 형벌로서의 기능은 수형자의 재력에 따라 달리 나타날 수밖에 없는데, 통상적으로 자연인 개인보다 재력이 많은 법인의 경우에도 개인과 같은 금액의 벌금을 부과할 경우에는 그 형벌로서의 기능을 제대로 발휘할 수 없다고 하는 비판이 있다.

따라서 일본에서는 1992년경 독점금지법의 개정으로 법인에 대한 벌금의 법정형을 위반행위를 한 실제 행위자의 벌금액보다 상향하는 입법을 한 이래, 금융상품거래법, 은행법 등에서도 이를 따르는 개정 입법을 하였다.[118]

우리나라에서도 자연인과 법인의 자산 차이를 감안하여야 할 뿐만 아니라, 개인의 의사보다 기업 전체의 조직적 의사가 더 크게 작용하는 기업운영 실태를 고려하면 실제 행위자의 불법보다 법인의 관리·감독상 불법이 더 클 수 있으므로, 법인에 대하여 실제 행위자보다 더 높은 벌금형을 부과하여야 한다는 견해[119]가 있다.

그러나 이러한 법인중과 입법은 책임주의에 위배된다는 비판이 제기될 수 있다. 법인의 책임이 실제 행위자에 대한 선임·감독상 과실책임인 이상 실제 행위자의 고의적 범죄로 인한 책임보다 무겁게 처벌하는 것은 형벌은 책임의 정도에 비례하여야 한다는 과잉금지원칙[120]에 반한다고도 볼 수 있다.

헌법재판소도 전술한 2007. 11. 29.자 보건범죄 단속에 관한 특별조치법 제6조 양벌규정의 개인 업무주에 대한 법정형에 관하여 "일정한 범죄에 대해 형벌을 부과하는 법률조항이 정당화되기 위해서는 범죄에 대한 귀책사유를 의미하는 책임이 인정되어야 하고, 그 법정형 또한 책임의 정도에 비례하도록 규정되어야 하는데, …가사 위 법률조항을 종업원에 대한 선임감독상의 과실 있는 영

117) 神山敏雄 外 編, 前掲書, 61面.

118) 神山敏雄 外 編, 前掲書, 61~62面.

119) 박광섭, 전게논문, 29면.

120) 신동운, 전게서, 782면에서는 헌법 제10조(인간의 존엄과 가치 선언), 제12조 제1항 제2문 후단(법률과 적법절차에 의하지 아니한 처벌 등 금지), 제37조 제2항(국가안전보장, 질서유지 또는 공공복리를 위하여 필요한 경우에 한하여 법률로써 국민의 자유와 권리 제한) 규정에 비추어 우리나라의 헌법체계에서는 책임주의가 헌법적 지위를 지닌다고 보고 있다.

업주만을 처벌하는 규정으로 보더라도, 과실밖에 없는 영업주를 고의의 본범(종업원)과 동일하게 '무기 또는 2년 이상의 징역형'이라는 법정형으로 처벌하는 것은 그 책임의 정도에 비해 지나치게 무거운 법정형을 규정하는 것이므로, … 형벌에 관한 책임원칙에 반한다."라고 판시하여 과실범인 업무주에 대한 처벌이 고의범인 실제 행위자에 대한 처벌과 같거나 그보다 무거울 수 없다는 입장을 보이고 있다.

일본에서도 최근 전술한 바와 같이 법인 등 업무주를 실제 행위자보다 중과하는 입법이 증가하자 책임주의 관점에서 벌금액제도를 근본적으로 재검토하자는 주장이 제기되고 있다.[121]

원래 양벌규정 방식의 법인 처벌은 법인의 범죄능력을 인정하지 않는 우리나라나 독일의 입법례로서 실제 행위자인 자연인을 주된 범죄행위자로 파악하고 법인은 그 처벌에 부수하여 선임·감독상 책임만을 묻는 입장이다(법인 부수처벌론).[122] 이에 반하여, 법인의 범죄능력을 인정하는 미국이나 영국의 경우에는 법인 자체가 주된 범죄행위자로 파악되고 실제 행위자인 자연인은 법인의 처벌에 부수하여 처벌하거나 법인 처벌의 일부로 보게 된다(법인처벌 독립론).

생각하건대 현행 법인에 대한 벌금형 처벌은 범죄억지력이 미약하다고 보는 견해는 법인이 범죄로 인하여 벌어들이는 수익에 비하여 벌금형이 적을 경우에 발생하는 문제이다. 그렇다면 이는 실제 행위자인 자연인에 대하여도 마찬가지의 문제라고 할 수 있으므로 업무주인 법인은 물론 실제 행위자인 자연인에 대한 법정형도 대폭 상향조정하여야 할 일이라고 본다.

또한 범죄로 인한 수익을 환수하기 위해서라면 몰수와 같은 부가형이나 과징금과 같은 행정제재를 통하여 해결하는 것이 원칙이므로, 이러한 제재를 병행하는 것이 바람직하다고 생각한다.

형벌은 범죄수익의 환수 차원을 넘는 제재가 되어야만 범죄의 억지력을 발휘할 수 있다고 본다. 그러나 형벌은 책임주의 원칙에 따라 책임에 상응하는 처벌이 되어야 할 것이고, 책임주의 아래에서 범죄의 특별예방이나 일반예방이라는 형벌의 목적이 관철되어야 할 것이다.

---

121) 神山敏雄 外 編, 前揭書, 31面.
122) 박기석, "판례와 사례 분석을 통한 기업범죄 처벌의 개선방안", 「형사정책」 제20권 제2호(한국형사정책학회, 2008), 93~94면.

그러므로 양벌규정의 경우에 법인의 재력이 실제 행위자인 자연인보다 많다거나 법인이 실제 행위자의 범죄로 인한 이익의 귀속주체라는 이유로 업무주에 대한 벌금의 법정형을 실제 행위자보다 상향조정하자는 법인중과론은 책임주의 원칙에 위배되어 부당하다고 본다. 다만, 법정형의 범위 안에서 실제로 형벌을 선고함에 있어서는 재산정도 등의 양형사유는 범행주체마다 개별적으로 참작할 수 있으므로, 따라서 법인에 대한 선고형이 실제 행위자에 대한 선고형과 다를 수 있음은 전술한 바와 같다.

입법론으로서는 예컨대 사업상 위험예방을 위하여 필요한 조치를 소홀히 한 경우(산업안전보건법 제23조 제1항 위반)처럼 회사의 방침이나 조직체계 자체가 결과발생의 주된 원인이고 회사의 임·직원 수인에 의한 분업적 행위에 따른 결과이기 때문에 어느 특정 개인보다는 법인 자체에 대한 윤리적 비난가능성이 높은 범죄의 경우에는 법인 등 업무주를 독립하여 처벌하는 입법도 필요하다고 본다. 이러한 경우에는 법인이 선임·감독상의 과실책임이 아니라 고의책임을 지는 것이므로 더욱 강력한 처벌이 가능할 것으로 생각한다.

3. 새로운 형사제재 방법

가. 3벌규정 제도

일본에서는 일부 경제범죄의 경우에 업무주인 법인 및 실제 행위자인 종업원 이외에 법인의 기관인 대표자 기타 임원을 처벌하는 3벌규정이 있다. 예컨대 일본의 사적독점금지 및 공정거래확보에 관한 법률 제95조의2 규정은 같은 법의 일정한 위반행위의 경우에 양벌규정에 의하여 업무주와 실제 행위자를 처벌하는 이외에 "그 위반계획을 알면서 그 방지에 필요한 조치를 취하지 않거나, 그 위반행위를 알면서 그 시정에 필요한 조치를 취하지 아니한 법인의 대표자도 해당 처벌규정의 벌금형을 부과한다"라는 내용의 3벌규정을 두고 있다.[123]

이러한 3벌규정은 법인의 기관인 대표자 기타 임원의 고의적 부작위에 가벌성을 인정하는 입장이라 할 수 있지만, 과실행위를 제외하고 있고 고의의 증명

123) 일본 勞動基準法 제121조에서도 제1항에서는 실제 행위자와 법인 등 업무주를 처벌하는 양벌규정을 두고, 제2항에서 "사업주(법인의 대표자 등)가 위반계획을 알면서 그 방지에 필요한 조치를 취하지 아니한 경우, 그 위반행위를 알면서 그 시정에 필요한 조치를 취하지 아니하거나 위반을 교사한 경우에는 사업주(법인의 대표자 등)를 실제 행위자로서 처벌한다"라고 유사하게 규정하고 있다.

이 어렵기 때문에 실무상 거의 활용되지 않는다고 한다.[124]

우리나라에서도 양벌규정으로 직접행위자와 법인 등 업무주만 처벌할 것이 아니라 이러한 3벌규정 제도를 도입하여 간접행위자인 법인의 대표자나 관리·감독자도 처벌할 필요가 있다고 주장하는 견해가 있다.

이러한 견해는 다음과 같은 형사정책적 필요와 이론적 근거를 제시하고 있다. 즉, 법인의 범죄를 행하도록 지시하거나 그 범죄방지 조치를 소홀히 하는 대표자 등 상급 관리자들의 관리·감독 아래 발생하는 범죄행위에 대하여 대표자 등 관리·감독자에게 형사책임을 부과함으로써 상급 관리자로 하여금 주의깊은 관리·감독을 하게 하거나 범죄방지를 위한 관행과 절차를 개발·실행하게 하여야 할 형사정책적 필요성이 있다고 한다.[125]

또한 이론적으로도 “대표자 등의 행위는 한편으로는 기업체 행위로서의 지위를, 다른 한편으로는 자기자신의 행위로서의 지위라는 2중적 지위를 가지므로” 법인 등 업무주의 책임은 대표자 등을 통한 자신의 행위책임을 지는 것이고(그 책임의 내용은 결국 선임·감독책임이 될 것이다), 이와 별도로 대표자 등 관리·감독자는 실제 행위자에 대한 자신의 선임·감독책임을 진다는 것이다.[126] 다만, 대표자 등 상급 관리·감독자의 권한범위가 광범위함에 비추어 그 책임범위가 지나치게 넓어질 우려가 있으므로 대표자나 관리·감독자 등 간접행위자의 책임은 고의나 중과실의 경우에만 부담하는 것으로 제한할 필요가 있다고 한다.[127]

범죄의 성질에 따라서는 양벌규정에 의하더라도 업무주인 법인의 대표자나 관리·감독자의 고의적 부작위는 범죄의 실제 행위자로서 처벌할 수 있는 경우가 있겠지만, 입법론으로서는 법인의 대표자나 관리·감독자의 적극적 방지조치가 필요한 범죄의 경우에는 3벌규정 제도의 도입도 검토해 볼 필요가 있을 것이다.

124) 神山敏雄 外 編, 前揭書, 30面.
125) 김종덕, 전게논문, 333면.
126) 김종덕, 전게논문, 334면.
127) 김종덕, 전게논문, 335면; 천진호, 전게논문, 75면.

나. 벌금 부과방법에 관한 새로운 제도

벌금형의 실효를 기하기 위한 제도론으로서 벌금 슬라이드(slide)제, 일수벌금제, 주식벌금제 등이 있다.

1) 벌금 슬라이드제

벌금 슬라이드제란 범죄로 인한 이득액에 연동하여 벌금액을 정하는 제도로서, 예컨대 일본 법인세법 제159조 제2항과 같이 벌금액을 정한 경우이다. 같은 법 제159조 제1항에서 탈세하거나 부정하게 환급받은 경우의 법정형 중 벌금액을 1,000만 엔 이하로 규정한 다음, 같은 조 제2항에서 벌금액은 “탈세하거나 부정하게 환급받은 법인세액이 1,000만 엔을 초과하는 경우에는, 정상에 따라, 탈세하거나 부정하게 환급받은 법인세액 중 1,000만 엔을 초과하는 법인세액 상당 금액 이하로 할 수 있다”라고 규정하고 있다.

이러한 벌금제도는 범죄수익의 박탈을 목적으로 하는 것이므로, 몰수제도와의 관계가 문제된다. 원래 범죄수익의 박탈은 행정제재인 과징금이나 부가형인 몰수에 의하여 실현하는 것이 원칙이지만, 형법상 몰수의 대상은 물건이고 이익을 포함하지 않는 것이 원칙이기 때문에(형법 제48조 제1항 참조)[128] 범죄수익이 물건이 아닌 경우에는 벌금 슬라이드제가 범죄수익을 박탈하는 기능을 수행할 수 있을 것이다.

이에 대하여 재산형인 벌금과 몰수 사이의 통일적 규율을 위해서는 벌금 슬라이드제보다는 몰수의 대상에 범죄로 인하여 취득한 무형의 이익도 포함하는 것이 바람직하다는 견해[129]가 있다. 그런데 이러한 취지에서라면 모든 범죄에 일반적으로 적용되는 현행 형법상 몰수제도는 임의적 몰수를 원칙으로 하므로(형법 제48조 제1항), 기업범죄를 규율하는 특별법상 몰수제도는 가급적 필요적 몰수로 규정할 필요가 있을 것이고, 몰수를 위하여 판결 전에 대상 재산을 보

---

128) 우리나라의 판례도 뇌물죄의 경우에 “소비대차에 의하여 수뢰가 이루어졌을 경우의 뇌물은 금융이익이자 소비대차의 목적인 금원 등 자체는 아니므로 대여로 받은 그 금원 등 자체는 형법 제134조에 의하여 몰수 또는 추징할 수 없고 그 금원 등 자체는 범죄행위로 인하여 취득한 물건으로서 피고인 이외의 자의 소유에 속하지 아니하므로 형법 48조 1항 2호에 의하여 몰수할 것이므로, 원판결이 이와 같은 견해에 입각하여 소비대차에 의하여 수수된 금 200만 원을 추징한다고 판단하였음에 무슨 위법이 있을 수 없다.”라고 판시하였다(대법원 1976. 9. 28. 75도3607).

129) 神山敏雄 外 編, 前揭書, 63面.

전할 수 있는 몰수보전제도의 도입도 검토할 필요가 있을 것이다.

나아가, 현행 압수제도로는 몰수대상 재산의 처분을 금지하거나 일정한 부담을 부과할 수 없으므로 몰수보전명령제도가 필요할 뿐만 아니라, 추징의 실효성을 확보하기 위하여는 판결 전에 범죄자가 소유하는 일반재산의 처분을 금지하는 추징보전명령도 도입할 필요가 있다는 견해[130]가 있다. 일본의 경우에는 이미 「조직적 범죄의 처벌 및 범죄수익의 규제 등에 관한 법률」 제22조 내지 제49조 등에 이러한 몰수보전명령 및 추징보전명령과 관련제도를 규정하고 있는데, 입법에 참고할 만하다고 본다.

2) 일수벌금제

일수벌금제란 범죄자의 보유재산 정도에 비례하여 정하여진 1일 벌금액에, 행위의 불법성 또는 행위자의 유책성에 상응하여 정한 기간을 곱하여 벌금액을 산정하는 제도이다. 독일 등 일부 유럽국가에서 시행하는 제도로서 자유형의 대체 기능을 수행할 수 있고 총액벌금제보다 벌금액을 현실화할 수 있는 장점이 있다고 한다.[131]

그러나 범죄자의 보유재산에 따른 벌금부과는 '책임에 비례하는 형벌'이라는 책임주의에 위배될 소지가 있고, 개개인이나 법인의 보유재산을 파악하는 데 불필요한 비용이 소모되며, 어떠한 방법으로 보유재산을 공정하게 파악할 것인지 여부 등 많은 문제점이 있으므로 그 도입에는 신중을 기할 필요가 있을 것이다.

3) 주식벌금제

주식벌금제란 법인에게 부과된 벌금을 그 법인의 주식으로 납부하도록 벌금형을 선고하는 것을 말한다. 법인에게 금전상의 벌금을 부과할 경우에는 주주 외에도 회사의 종업원, 채권자, 거래처 등 회사관련자들에게도 간접적 피해를 줄 수 있으므로, 법인의 주주 등 지분권자나 지분보유상황에 이해관계가 있는 경영진에게만 영향을 미치게 하는 방법이라 할 수 있다.[132]

그러나 주식벌금제는 범죄에 가담하지 아니한 주주에게도 직접적 피해를 가하게 되는 점, 경영진이 주식을 보유하지 않거나 주식보유상황과 무관한 경우

---

130) 박광섭, 전게논문, 32면.

131) 오영근, 전게서, 760~761면; 이보영, 전게논문, 163면; 안경옥, "특정경제범죄가중처벌등에관한법률의 정비방안", 「형사정책」 (한국형사정책학회, 2005), 29~30면.

132) 이보영, 전게논문, 162면,

에는 범죄의 억지력이 떨어진다는 단점이 있다고 한다.[133]

다. 그 밖의 형사제재 방법

그 밖에 법인에 대한 형사제재수단으로서 미국에서 시행되고 있는 법인에 대한 사회봉사명령(Community Service Order)이나 보호관찰(Probation), 인·허가 취소(Loss of License), 일정행위 금지(Debarment), 공표명령[134] 제도 등도 효과적인 법인제재수단으로 거론되고 있다.[135] 그러나 이러한 방법은 그 제재의 성질상 효과적·합리적 활용을 위해서는 책임주의 원칙이 지배하는 형벌보다는 범죄의 예방이나 사회방위를 목적으로 하는 보안처분의 일환으로 시행하거나 해당 법령상의 행정목적 관철을 위한 행정제재의 일환으로 시행하는 것이 적절하다고 본다.

그 밖에 전술한 기업의 법규자율준수 제도(Compliance Program)를 검사의 기소 여부 판단, 범죄의 성립요건 중 과실 여부나 비난가능성의 판단 또는 형의 선고시 양형조건으로서 고려하여야 한다는 논의[136]도 있다. 기업의 투명성을 확보하기 위한 기업 내부의 자율적 감시시스템을 정착시키기 위하여 적극적으로 검토해 볼 필요가 있을 것이다.

---

133) 박광섭, 전게논문, 30~31면.

134) 공표명령은 위반사실을 일반 공중에 일정한 방법으로 알리도록 명령하는 제도인데, 우리나라는 독점규제 및 공정거래에 관한 법률 제27조 규정처럼 행정제재의 일환으로 시행되고 있다.

135) 박기석, 전게논문, 96면; 이보영, 전게논문, 164면; 천진호, 전게논문, 76~79면; V. S. Khanna, Ib., p. 1497.

136) 이천현, 전게논문, 35면; 神山敏雄 外 編, 前掲書, 60面.

03 Chapter 배임에 관한 죄

제1절 서 설

기업적 생활관계에서 개인기업이나 회사, 주권상장법인이나 주권비상장법인을 불문하고 가장 빈번하게 발생하고 복잡한 쟁점도 많은 범죄유형이라면 배임에 관한 죄를 들 수 있다. 배임에 관한 죄는 구체적으로 형법상 배임죄나 업무상배임죄, 상법 기타 특별법상 배임죄나 특별배임죄가 있는데, 이를 포괄하여 광의의 배임죄(이하 배임죄라 함)라고 할 수 있다.

기업을 경영함에 있어서는 기업규모가 커지고 인적조직이 확대될수록 타인에게 기업경영에 관한 사무를 위임하여 처리할 수밖에 없게 된다. 이렇게 기업경영에 관한 사무를 위임받은 자가 그 임무에 위배하는 행위를 하여 기업에 손해를 야기하는 경우에 기업을 보호하기 위하여는 그 배임행위를 한 자에 대하여 그로 인한 손해배상을 청구할 수도 있지만, 나아가 배임죄로 형사처벌할 수도 있다.

이렇게 배임행위를 형사처벌하는 입법례는 우리나라를 포함하여 독일[1]·일본[2] 등 일부 대륙법계 국가에서만 찾아볼 수 있을 뿐, 미국 등 영미법계 국가에서는 배임행위 자체를 일반적으로 형사처벌하는 규정은 존재하지 않는다.[3] 우리나라의 이러한 배임행위의 형사처벌 제도에 대하여는 그 남용을 방지하기 위하여 입법론이나 해석론상 배임죄의 신중한 운용을 요구하는 견해[4]가 있다.

1) 독일 형법 제266조.
2) 일본 刑法 제247조, 會社法 제960조 내지 제962조 등.
3) 다만, 미국에서는 배임행위가 사기를 구성할 경우에 우편사기죄{Mail Fraud(18U.S.C.§1341)} 또는 전신사기죄{Wire Fraud(18U.S.C.§1343)}로 처벌하거나{오택림, "미국 연방법상 Mail and Wire Fraud에 관한 연구", 「법조」 제657호(법조협회, 2011. 6.), 71면}, 투자회사의 이사나 지배주주의 신임의무 위반행위를 형사처벌하고 있을 뿐이다{Investment Company Act of 1940 §36(a)(b) §48 §49}.
4) 이상돈, "경영실패와 경영진의 형사책임", 「법조」 (법조협회, 2003. 5.), 92~96면.

실무에서 배임죄는 기업과 관련하여 가장 중요하게 다루어지고 있는 반면, 그 범죄구성요건 등 여러 가지 면에서 판단이 쉽지 아니한 쟁점을 안고 있다. 또한 이러한 쟁점의 해결을 위하여는 상법 기타 사법(私法)이나 형법을 통섭하는 고찰이 필요하기도 하다.

우선 현행 배임죄에 관한 기초이론과 쟁점을 살펴본 다음, 기업 관련 배임죄에서 문제되는 경영판단원칙, 유상증자 · 전환사채 · 신주인수권부사채의 발행, LBO(차입매수) 관련 문제점 등을 검토한다.

제2절 의의 및 구조

Ⅰ. 개 념

배임죄란 타인의 사무를 처리하는 자가 그 임무에 위배하는 행위로 재산상 이익을 취득하거나 제3자에게 이를 취득하게 하여 본인에게 손해를 가하는 범죄이다(형법 제355조 제2항 등).

형법의 업무상배임죄, 상법 기타 특별법의 배임죄 또는 특별배임죄도 위와 같은 임무위배 행위로 재산상 이익을 취득하거나 제3자에게 이를 취득하게 하여 본인에게 손해를 가하는 것을 범죄구성요건으로 한다는 점에서는 마찬가지이고, 다만 그 행위주체나 피해자가 특별한 경우일 뿐이다.

Ⅱ. 본 질

배임죄의 본질이란 타인의 사무를 처리하는 자의 임무위배행위, 즉 배임행위란 무엇인가 하는 문제이다.

통설은 재산의 보호나 관리를 위임한 타인의 신뢰를 배반하는 행위가 배임행위라고 한다(배신설).[5] 즉, 배임죄의 본질을 재산상의 대내적 신의성실의무 위반 또는 신임관계 침해에 있는 것으로 보는 견해이다.

이에 대하여, 타인의 재산에 관한 대외적 처분권한의 남용행위가 배임행위라

---

5) 박상기, 「형법각론」(박영사, 2011), 396면; 이재상, 「형법각론」(박영사, 2012), 418~419면; 손동권, 「형법각론」(율곡출판사, 2010), 448면; 김성돈, 「형법각론」(성균관대학교 출판부, 2009), 409면.

는 견해(권한남용설)[6]가 과거에 있었다. 권한남용설을 따르면 배임행위는 대외적으로 타인의 사무를 처리할 법적 처분권한, 즉 대리권 있는 자의 대리권 남용 법률행위에 한정하게 되므로, 대리권 없는 자의 신뢰 배반행위나 사실행위 등 비법률행위를 배제하게 되어 배임죄의 적용범위가 매우 협소해 진다. 현재 우리나라에서 이러한 견해를 따르는 학자는 없다.[7]

그 밖에 배임행위를 민사법상 사무처리의무 있는 자의 임무위반행위로 보는 사무처리의무위반설이 있다.[8]

판례는 "배임죄에 있어서 타인의 사무를 처리하는 자라 함은 양자간의 신임관계에 기초를 둔 타인의 재산 보호 내지 관리 의무가 있음을 그 본질적 내용으로 하는 것이므로, 배임죄의 성립에 있어 행위자가 대외관계에서 타인의 재산을 처분할 적법한 대리권이 있음을 요하지 아니한다."고 판시하고 있음에 비추어[9] 배신설의 입장인 것으로 파악되고 있다.

이러한 본질론은 후술하는 횡령죄와의 구분에 있어서도 차이를 보인다.

Ⅲ. 보호법익

배임죄의 보호법익에 관하여, 다수설 · 판례는 피해자의 전체 재산이라고 한다(전체재산설). 그 논거로 배임죄는 피해자의 손해발생을 범죄구성요건으로 하고 있고, 그 손해발생 여부는 배임행위를 전후하여 피해자의 전체재산을 비교하여 판단할 수 있다는 점을 들고 있다.[10] 이에 대하여, 배임죄의 보호법익은 피해자의 재산이라는 견해(재산설),[11] 피해자의 재산권이라는 견해(재산권설)[12]가 있다. 재산권설의 논거는 보호법익이란 법률상의 일정한 권리로 파악하여야 한다는 것이다. 전체재산설이나 재산설은 표현상의 차이밖에 없어 보이고, 보호법익을 재

---

6) 현재는 주로 독일에서 주장되는 학설이다.
7) 정성근 · 박광민, 「형법각론」(삼영사, 2011), 459면.
8) 문형섭, "배임죄의 본질과 주체의 범위", 「법조」(법조협회, 2002. 1.), 20면; 허일태, "배임죄에서의 행위주체와 손해의 개념", 「비교형사법연구」(한국비교형사법학회, 2004), 142~143면.
9) 대법원 1999. 9. 17. 97도3219.
10) 오영근, 「형법각론」(박영사, 2005), 487~488면; 김일수 · 서보학, 「형법각론」(박영사, 2009), 480면; 정성근 · 박광민, 전게서, 457면; 김성돈, 전게서, 408면; 대법원 2005. 4. 15. 2004도7053.
11) 박상기, 전게서, 395면.
12) 배종대, 「형법각론」(홍문사, 2012), 547면; 손동권, 전게서, 447면; 이재상, 전게서, 416면.

산으로 본다고 하여 그것이 재산권을 의미하는 것이 아니라고 할 수는 없는 것이므로, 결국 위 각 학설은 표현상의 차이일 뿐 내용상 차이는 없다고 본다. 다만, 전체재산설이 보호법익의 내용을 보다 정확히 표현한 것으로 보인다.

따라서 임무위배 행위가 피해자에게 재산상의 손실을 야기함과 동시에 그 손실을 보상할 만한 재산상의 이익을 준 경우, 예컨대 그 배임행위로 인한 급부와 반대급부가 상호 같은 정도이고 다른 재산상 현실적인 손해 또는 재산상 실해 발생의 위험도 없는 때에는 전체적 재산가치의 감소, 즉 재산상 손해가 없으므로 배임죄가 성립하지 않게 된다.[13)]

그 보호의 정도에 관하여는 (구체적) 위험범(위태범)설[14)]과 침해범설[15)]이 대립하고 있다. 위험범설은 피해자의 재산권에 대한 손해발생의 위험성만 있더라도 배임죄가 성립할 수 있다는 견해이다. 이때 손해발생의 위험이란 '피해자 재산 가치의 감소로 볼 수 있는 재산상 손해의 위험이 발생한 경우'라거나[16)] '개연성이 매우 높은 손해발생 위험'이라고 한다.[17)] 판례는 "경제적 관점에서 피해자의 전체 재산상태에 관한 현실적 손해뿐만 아니라 그 재산상 실해발생의 위험을 초래한 경우에도 배임죄가 성립할 수 있다"고 판시하고 있음에 비추어 위험범설의 입장이다.[18)]

침해범설은 실제 재산상 손해가 발생한 때에 비로소 배임죄가 성립할 수 있다고 보는 견해이다. 침해범설은 배임죄에 관한 법률규정상 "재산상 …손해를 가한 때"라고 명시하고 있는 점과 재산죄인 배임죄의 형사처벌을 제한할 필요가 있다는 점, 미수범 처벌규정이 있음을 감안하여 기수시기를 늦추는 것이 입법취지에 부합하는 해석이라는 점 등을 주요 논거로 하고 있다.[19)]

한편, 침해범설의 입장이면서도 손해 발생 후 재산상 손해를 확인하기까지

---

13) 대법원 2011. 4. 28. 2009도14268; 2005. 4. 15. 2004도7053; 1981. 6. 23. 80도2934.

14) 이재상, 전게서, 416면; 박상기, 전게서, 395면.

15) 김일수·서보학, 전게서, 481면; 오영근, 전게서, 488면; 김성돈, 전게서, 408면; 손동권, 전게서, 447면.

16) 대법원 2000. 11. 24. 99도822; 1998. 2. 24. 97도183.

17) 배종대, 전게서, 566면.

18) 대법원 2011. 4. 28. 2009도14268; 2009. 6. 25. 2008도3792; 2007. 6. 15. 2005도4338; 2006. 6. 2. 2004도7112; 2005. 7. 29. 2004도5685; 일본 판례의 입장이기도 하다(日 最判 1954. 11. 5. 刑集 8卷 11号 1675面).

19) 일본에서도 위험범설을 따르면 특별배임죄의 미수시기가 애매하게 된다는 점을 논거로 들기도 한다{前田信二郎, 「會社犯罪の研究 -經營者背任の性格と類型-」(有斐閣, 1970), 82面 }.

장시간을 요하는 경우가 많은 배임죄의 특성상 재산상 손해 발생의 위험이 있는 때를 손해가 발생한 때로 보는 견해가 있으나,[20] 이는 결국 위험범설과 다를 바 없다고 본다.

생각하건대 특별배임죄의 보호법익을 피해자의 전체 재산권으로 보고 손해의 개념을 후술하는 바와 같이 경제적 재산개념으로 파악한다면, 아직 현실적 손해발생이 없더라도 개연성이 매우 높은 실해발생의 위험이 발생하였다면 피해자인 회사로서는 그 자체가 회사 재산가치의 감소인 손해로 파악할 수 있다고 보아야 할 것이다. 또한 배임죄의 불법성을 결과반가치로 제한하여야 할 근거가 없다면, 행위반가치로 평가할 수 있는 경우에도 그 불법성을 인정할 수 있어야 하므로 위험범설이 타당하다고 생각한다. 만약 침해범설을 따른다면 배임행위로 인하여 손해 발생 위험을 야기하였더라도 경제사정의 변화 등 우연한 사정으로 손해가 발생하지 아니한 경우에는 미수범으로 처벌하게 되므로 이러한 해석은 결국 결과책임을 인정하는 셈이 되어 부당하다고 본다.

또한 판례는 배임죄의 범죄구성요건으로 규정한 '손해를 가한 때'를 '실해 발생의 위험'을 포함하는 의미로 해석하고 있을 뿐이므로, 이는 구체적 위험발생을 요구하는 구체적 위험범설 입장으로 이해하여야 할 것이다.[21]

Ⅳ. 구　　조

1. 기본 구조

배임죄의 기본적 범죄유형은 형법상 배임죄(형법 제355조 제2항)이고, 그 행위주체가 업무자인 경우의 신분적 가중책임(가중처벌) 범죄유형으로서 형법상 업무상배임죄(형법 제356조, 제355조 제2항)가 있다.[22]

또한 그 범행으로 인한 재산상 이익의 가액(이하 '이득액'이라 함)에 따른 가중처벌유형으로서 특정경제범죄 가중처벌 등에 관한 법률위반(배임)죄{이하 특경법

---

20) 김성돈, 전게서, 419면.

21) 같은 취지 : 박상기, 전게서, 403면; 오영근, 전게서, 488면; 이 점에 관하여 우리나라의 판례와 유사한 일본 판례의 평가에 관하여도, "판례가 마치 배임죄를 형식범 또는 추상적 위험범으로 평가하는 듯한 인상을 주고 있지만, 구성요건으로 실해의 발생을 요구하고 있기 때문에 구체적 위험범으로 평가하고 있는 것으로 보아야 한다"는 견해가 있다(前田信二郎, 前揭書, 81～82面).

22) 이재상, 전게서, 436면.

위반(배임)죄라 한다}가 있다. 즉, 형법상 배임죄나 업무상배임죄를 범한 경우에 그 이득액이 5억 원 이상 50억 원 미만인 때에는 3년 이상의 유기징역, 50억 원 이상인 때에는 무기 또는 5년 이상의 징역으로 법정형을 가중하고 있고, 이 경우에 이득액 이하에 상당하는 벌금을 병과할 수도 있다(특경법 제3조). 또한 특경법위반(배임)죄를 범하여 유죄판결을 받은 자는 일정기간 동안 금융기관, 국가·지방자치단체가 자본금의 전부 또는 일부를 출자한 기관 및 그 출연·보조를 받는 기관과 유죄판결된 범죄행위와 밀접한 관련이 있는 기업체에 취업할 수 없도록 제한하고 있는 등 실질적인 자격정지 조치도 규정하고 있다(특경법 제14조 제1항).

그리고 형법상 배임죄 또는 업무상배임죄의 특별범죄유형으로서 상법에 회사 발기인·이사·집행임원 등의 특별배임죄(상법 제622조, 이하 회사임원 등의 특별배임죄라 함), 주식회사 사채권자집회 대표자 등의 특별배임죄(상법 제623조, 이하 사채권자집회 대표자 등의 특별배임죄라 하고, 회사임원 등의 특별배임죄와 사채권자집회 대표자 등의 특별배임죄를 합하여 상법상 특별배임죄라 함), 상호저축은행법에 상호저축은행 임원 등의 배임죄(상호저축은행법 제39조 제1항 제2호), 선주상호보험조합법에 선주상호보험조합 임원 등의 배임죄(선주상호보험조합법 제56조), 신탁법에 신탁사채권자집회 대표자 등의 특별배임죄(신탁법 제140조) 등 각 특별법에 배임죄가 규정되어 있다.

이러한 상법 기타 특별법상 배임죄나 특별배임죄(상법 등 각 법률에는 배임죄 또는 특별배임죄로 표시하거나 아무런 죄명 표시가 없는 등 기재방식은 다양하나, 이하 특별배임죄라 함)는 범죄의 행위주체 및 피해자와 법정형 등 형벌내용에 차이가 있을 뿐, 그 밖의 범죄구성요건은 형법상 배임죄나 업무상배임죄와 동일하다.

2. 특별배임죄의 신분범 유형

상법 기타 특별법상 특별배임죄는 회사임원, 사채권자집회 대표자, 상호저축은행 임원, 선주상호보험조합 임원 등 타인의 사무를 처리하는 자 또는 업무상 타인의 사무를 처리하는 자 중 일정한 신분자의 배임행위에 대하여 상법 기타 해당 특별법의 입법목적을 관철하기 위하여 형법상 배임죄나 업무상배임죄보다 가중처벌하는 신분적 가중처벌 규정으로 보아야 할 것이다. 이러한 입장에서는 상법 등의 특별배임죄는 신분에 따라 가벌성이 가중되는 부진정신분범이라 할 수 있다.

이에 반하여, 특히 상법상 특별배임죄에 관하여 "상법상 특별배임죄는 형법상 업무상배임죄와 같이 단순한 신분적 가중처벌 범죄가 아니라 '화이트칼라 범죄'로서의 독자적인 사회적 구조와 규범적 의미가 있다."고 하면서, 회사 안에서의 특수한 신분을 가진 자가 범하는 범죄라는 점에서 "특수한 신분범죄라고 할 수 있다"는 견해[23]가 있다. 이러한 입장에서는 특별배임죄를 신분에 따라 가벌성의 존부가 좌우되는 진정신분범으로 볼 수 있을 것이다.

그러나 특별배임죄와 형법상 배임죄나 업무상배임죄는 행위주체가 가지는 권한의 포괄성 등 권한범위에 양적 차이가 있을 뿐, 재산의 보호나 관리를 위임한 자의 신뢰를 배반하는 배신성에 있어서 질적 차이가 있다고 할 수는 없으므로, 특별배임죄를 부진정신분범으로 보는 전자의 견해가 타당하다고 본다.

3. 법정형의 비교

배임죄의 법정형을 상호 비교하여 보면, 형법상 배임죄는 5년 이하의 징역 또는 1,500만 원 이하의 벌금이고, 업무상배임죄는 10년 이하의 징역 또는 3,000만 원 이하의 벌금이며, 각 10년 이하의 자격정지를 병과할 수 있다.

회사임원 등의 특별배임죄의 법정형은 업무상배임죄와 같이 10년 이하의 징역 또는 3,000만 원 이하의 벌금이지만, 자격정지를 병과할 수 없는 대신 징역과 벌금을 병과할 수 있다(상법 제632조). 사채권자집회 대표자 등의 특별배임죄의 법정형은 7년 이하의 징역 또는 2,000만 원 이하의 벌금이고, 징역과 벌금을 병과할 수 있다.

상호저축은행 임원 등의 배임죄의 법정형은 1년 이상 10년 이하의 징역 또는 1천만 원 이상 1억 원 이하의 벌금이고 징역과 벌금을 병과할 수 있다(상호저축은행법 제39조 제1항 제2호, 제6항). 선주상호보험조합 임원 등의 배임죄의 법정형은 1년 이상 10년 이하의 징역 또는 5,000만 원 이하의 벌금이고 징역과 벌

23) 송호신, "상법상의 회사관련범죄에 대한 연구 -벌칙조항의 활성화 방안을 중심으로-," 한양대학교박사학위논문, 2002(이하 '전게 학위논문'이라 한다), 39, 48면; 前田信二郎, 前揭書, 44面에서도 "특별배임죄는 행위주체가 신인관계상 독자적 판단과 행동을 하는 백지위임적 권한행사의 모습을 보이는 점에서 형법상 배임죄의 민법적 신뢰관계상 의무위반과는 성격이 다르므로, 양자의 구성요건을 성립시키는 방법이 같다고 하더라도 그 실체의 의미내용이 다르고 위법성의 본질이나 책임비난의 판단방법도 다르다"고 주장하고 있다.

금을 병과할 수 있다(선주상호보험조합법 제61조). 신탁사채권자집회 대표자 등의 특별배임죄의 법정형은 7년 이하의 징역 또는 2,000만 원 이하의 벌금이고 징역과 벌금을 병과할 수 있다(신탁법 제144조).

이와 같이 상법 기타 특별법상 특별배임죄의 법정형은 각 특별법의 입법목적을 관철하기 위한 범위 안에서 강화되고 있으므로 경우에 따라 상이한 경우가 많다.

배임죄에 관한 이러한 상법 기타 특별법상 규정들이 형벌체계상 균형있게 규율된 것인지 여부에 관하여는 논란이 있다.

우선 사채권자집회 대표자, 신탁사채권자집회 대표자 등 상법 기타 특별법상 배임죄는 형법상 배임죄의 신분적 가중처벌 유형으로 보아야 할 것이고[24] 그 법정형도 가중되고 있다. 그러나 그 범행으로 인한 이득액이 5억 원 이상인 경우에는 특경법위반(배임)죄에 따라 가중처벌할 수 있는 형법상 배임죄보다 오히려 가볍게 처벌되어 상법 기타 특별법에 신분적 가중처벌규정을 두는 의의를 반감시킨다.

상법상 회사임원 등의 특별배임죄의 법정형은 징역과 벌금을 병과할 수 있는 점 외에는 형법상 업무상배임죄와 동일하고, 범행으로 인한 이득액이 5억 원 이상인 경우에는 특경법위반(배임)죄가 적용되는 형법상 업무상배임죄보다 오히려 가볍게 처벌되어 모순이다.[25] 이러한 모순은 상법에서 회사임원 등의 특별배임죄의 법정형을 정함에 있어서 형법상 업무상배임죄의 법정형을 감안하지 아니하였고, 특경법 제3조의 적용범위를 정함에 있어서 특별한 근거도 없이 상법 기타 특별법에 규정된 특별배임죄를 제외한 데에 기인하는 것으로 보인다.

상법 회사편에 이러한 특별배임죄에 관한 규정을 두는 이유는 회사임원 등 회사 관련 일정한 지위에 있는 자의 권한은 대단히 포괄적임에도 불구하고 그 배임행위로 인한 피해의 규모는 보통의 배임행위로 인한 경우보다 크고 광범위

---

24) 사채권자집회 대표자 등의 특별배임죄가 형법상 업무상배임죄의 특칙 규정임을 전제로, 특칙 규정의 법정형이 업무상배임죄보다 하회하므로 입법의 모순이라고 주장하는 견해가 있으나 {박길준, "상법상의 벌칙규정에 대한 입법론적 고찰 -일본법과의 비교를 중심으로-", 「연세행정논총 제15집」(연세대학교 행정대학원, 1990), 146면}, 사채권자집회 대표자 등의 사무는 계속·반복하는 업무로서의 성격을 지니지 않는 것이 일반적임을 감안하여 형법상 배임죄보다 그 법정형을 가중하는 특칙 규정을 둔 것으로 보아야 할 것이다. 만약 사채권자집회 대표자 등의 사무가 업무로서의 성격을 갖는 경우라면 당연히 형법상 업무상배임죄로 의율하게 될 것이다.

25) 그러므로 실무에서도 상법 기타 특별법상 특별배임죄로 의율하여야 할 사안을 형법상 업무상배임죄로 의율하여 특경법위반(배임)죄로 공소제기하는 경우가 대부분이다.

한 경우가 많고, 오늘날 회사제도의 사회경제적 중요성이 크다는 점 등에 비추어, 그 배임행위를 가중처벌함으로써 회사나 회사제도를 보호할 필요가 있기 때문이다.[26] 그 밖의 특별법상 특별배임죄도 이와 유사하게 각 특별법상 제도를 보호하기 위하여 관련 배임행위를 가중처벌하고 있는 것이다.

그런데 일본의 경우에는 형법에 업무상배임죄가 없기 때문에 형법상 배임죄와 비교하여 회사법상 회사임원 등의 특별배임죄나 특별법상 특별배임죄는 가중처벌적 신분범으로서의 의미가 있다. 반면, 우리나라의 경우에는 형법의 업무상배임죄와 회사임원 등의 특별배임죄는 징역과 벌금의 병과형 규정을 제외하고는 상호 같은 법정형으로 규정되어 있으므로 가중처벌의 의미가 퇴색되어 있다. 오히려 형법상 업무상배임죄나 배임죄는 그 범죄행위로 인한 이득액이 5억원 이상인 경우에는 특별배임죄와는 달리 특경법 제3조가 적용되어 3년 이상의 유기징역 내지 무기징역까지 처할 수 있게 되어 있다. 그러므로 가중처벌을 위하여 굳이 회사임원 등의 특별배임죄로 의율할 필요가 없게 되어, 실무상 회사임원 등의 특별배임죄에 해당하더라도 업무상배임죄나 특경법위반(배임)죄로 의율하는 경우가 대부분이다. 입법적 검토가 필요한 부분이다.

일본의 경우에는 비록 2005년에 제정된 일본 회사법(會社法) 제960조는 일본 구 상법 제486조를 그대로 계승하고 있으나, 일본 형법(刑法)은 우리나라의 형법과 같은 업무상배임죄의 규정이 없이 배임죄 규정(일본 刑法 제247조)만 있을 뿐이고 그 법정형이 '5년 이하의 징역 또는 50만 엔 이하의 벌금'임에 비하여, 일본 회사법 제960조의 법정형은 '10년 이하의 징역 또는 1,000만 엔 이하의 벌금'으로 가중처벌하고 있으므로 우리나라와는 사정이 다르다.[27]

이에 관한 입법론으로서, 회사임원 등의 배임행위의 경우에는 그 피해규모가 큰 경우가 많으므로 회사임원 등의 특별배임죄의 법정형을 업무상 배임죄보다 강화하여야 하고, 차후 회사경영자로서의 자격도 제한할 수 있도록 자격상실형이나 자격정지형을 신설하여야 한다는 견해[28]가 있다.

---

26) 강동욱, "배임죄의 본질과 주체에 관한 고찰-상법상의 특별배임죄와 관련하여-,"「법과 정책연구」 제10집 제1호(한국법정책학회, 2010. 4.), 234~235면; 前揭 「會社法コンメンタル(21)」, 60面.

27) 주강원, "상법상 특별배임죄에 대한 연구",「법학연구」(연세대학교 법학연구소, 2008), 361~362면.

28) 송호신, "상법상의 회사관련범죄에 대한 연구 -벌칙조항의 활성화 방안을 중심으로-", 한양대학교 박사학위논문(2002. 8.)(이하 학위논문이라 함), 102~104면.

반면, 우리나라의 경우에는 형법에 업무상배임죄의 처벌규정이 있기 때문에 상법에 회사임원 등의 특별배임죄에 관한 처벌규정을 둘 필요가 없다는 견해도 있다.[29] 참고로, 독일 주식법은 마찬가지 이유로 1965년 개정시 이사 등 특별배임죄에 관한 제294조를 삭제하였다.

생각하건대 형법상 업무상배임죄를 규율하고 있음에도 불구하고 회사임원 등의 특별배임죄를 규정하고 있는 이유는, 전술한 바와 같이 회사임원 등 상법 제622조 제1항 범죄의 행위주체들은 그 권한이 포괄적이어서 회사와 고도의 신임관계에 있으므로 그 배신에 대한 비난가능성이 높고, 그 배임행위는 일반 배임행위보다 회사와 이해관계를 갖는 주주・채권자・임직원・거래처・소비자 기타 다수인에게 피해를 미치는 등 피해규모가 크고 광범위하며 지속적인 경우가 많기 때문이다.[30] 이는 상법상 특별배임죄가 1937년의 독일 주식법 제294조와 1938년에 이를 계수한 일본 구 상법(商法) 제486조, 제487조를 계수한 것인데, 일본 구 상법상 특별배임죄를 신설하게 된 이유도 회사 임원 등의 배임행위로 인하여 일반사회에 미치게 되는 해독은 보통의 배임행위로 인한 것보다 중대하고 지속적인 것이 상례임에 비추어 형법상 배임죄보다 가중처벌하기 위한 것이라고 함에 비추어 보더라도 분명하다.[31]

또한 상법 기타 특별법에 특별배임죄에 관한 형사처벌 규정을 특별히 두는 것은 상법 기타 특별법의 입법목적을 관철하기 위한 경고적 의미도 있다고 본다. 따라서 상법 기타 특별법의 입법목적을 관철하기 위하여 필요한 범위 안에서 특별배임죄의 법정형(특히 법정형의 하한선)은 형법상 배임죄나 업무상배임죄보다 무거워야만 할 것이다.

그러므로 입법론으로는 상법상 회사임원 등의 특별배임죄는 그 법정형의 하한선을 상향조정하는 등 처벌을 강화할 필요가 있다고 본다. 또한 특경법위반(배임)죄의 적용범위에 상법 기타 특별법상 특별배임죄도 포함하여 규정하거나, 아니면 상법 기타 특별법상 특별배임죄에 범행으로 인한 이득액에 따른 가중처벌규정을 별도로 두는 것이 특경법의 입법목적에도 부합할 것이다.

여기에서는 실무상 가장 빈번하게 적용되는 형법상 배임죄, 업무상배임죄 및 특경법위반(배임)죄와 상법상 특별배임죄를 중심으로 설명한다.

---

29) 박길준, 전게논문, 147면.
30) 같은 취지 : 강동욱, 전게논문, 234~235면.
31) 前掲「會社法コンメンタル(21)」, 60面; 주강원, 전게논문, 362면.

제3절 범죄구성요건

Ⅰ. 범죄행위주체와 피해자

1. 형법상 배임죄·업무상배임죄의 행위주체와 피해자

가. 타인의 사무를 처리하는 자 및 업무상 타인의 사무를 처리하는 자

1) 개 념

형법상 배임죄의 행위주체는 타인의 사무를 처리하는 자이고, 업무상배임죄의 행위주체는 업무상 타인의 사무를 처리하는 자이며, 각 그 타인이 피해자이다. 여기서 '업무'란 적법한 권한 여부를 불문하고 사실상 사회생활상 지위에 기하여 계속 또는 반복하여 행하는 사무를 말한다고 보는 것이 통설·판례의 입장이다. 그러므로 종전 직위를 사임한 후에도 계속 그 사무에 종사하고 있는 자는 업무상 타인의 사무를 처리하는 자에 해당한다.[32] 업무상배임죄의 행위주체는 타인의 사무를 처리하는 자라는 신분 외에 업무자라는 신분이 이중적으로 요구되므로 이중적 신분범이라고 한다.[33]

배임죄의 본질에 관한 견해에 따라 '타인의 사무를 처리하는 자'의 범위가 달라질 수 있는데, 전술한 판례·통설인 배신설에 따르면 타인과의 관계가 단순한 채권·채무관계를 넘어 신의성실원칙에 비추어 신임관계에 기초하여 타인의 재산을 보호하거나 관리하는 지위에 있는 자를 말한다.[34] 타인의 재산관리에 관한 사무를 대행하거나 타인 재산의 보전행위에 협력하는 자가 이에 해당한다.[35]

---

32) 대법원 1982. 1. 12. 80도1970("형법 제356조 소정의 '업무'는 직업 혹은 직무라는 말과 같아 법령·계약에 의한 것뿐만 아니라, 관례를 따르거나 사실상이거나를 묻지 않고 같은 행위를 반복할 지위에 따른 사무를 가리킨다. 피고인이 등기부상 공소외 회사의 대표이사를 사임한 후에도 계속하여 사실상 대표이사 업무를 행하여 왔고 회사원들도 피고인을 대표이사의 일을 하는 사람으로 상대해 왔다면 피고인은 위 회사 소유 금전을 보관할 업무상의 지위에 있었다고 할 것이다."); 김성돈, 전게서, 403면.

33) 손동권, 전게서, 469~470면.

34) "두 당사자 관계의 본질적 내용이 단순한 채권관계상의 의무를 넘어서 그들 간의 신임관계에 기초하여 타인의 재산을 보호 내지 관리하는 데 있어야 한다. 만약, 그 사무가 타인의 사무가 아니고 자기의 사무라면, 그 사무의 처리가 타인에게 이익이 되어 타인에 대하여 이를 처리할 의무를 부담하는 경우라도, 그는 타인의 사무를 처리하는 자에 해당하지 않는다."(대법원 2009. 2. 26. 2008도11722); 김성돈, 전게서, 411면,

따라서 배임죄의 본질에 관한 권한남용설의 입장처럼 반드시 대리권 등 대외적 법적 처분권한이 있는 자임을 요구하지 않으므로 법적 권한이 소멸된 후 사무를 처리하거나 그 사무처리자가 그 직에서 해임된 후 사무인계 전에 사무를 처리한 경우에도 해당될 수 있다.

2) 사무처리자 지위의 무효, 취소

그러나 사무를 처리하여야 할 임무가 부여된 법률행위가 무효이거나 취소되어 처음부터 사무처리 임무가 소멸된 경우에는 해당하지 않는다고 보는 것이 판례의 입장으로 보인다. 즉, 판례는 "부동산의 이중매매에 있어서 매도인의 선매수인에 대한 매매계약이 특별한 사정에 의하여 선매수인에 대하여 사기죄를 구성하는 경우에도 그 매매계약에 무효의 사유가 있거나 취소되지 않는 한 매도인의 선매수인에 대한 소유권이전의무가 존재하지 아니하거나 소멸할 리가 없다."고 판시하거나,[36] "내연의 처와의 불륜관계를 지속하는 대가로서 부동산에 관한 소유권이전등기를 경료해 주기로 약정한 경우, 위 부동산 증여계약은 선량한 풍속과 사회질서에 반하는 것으로 무효이므로 위 증여로 인한 소유권이전등기의무가 인정되지 아니하는 이상 동인이 타인의 사무를 처리하는 자에 해당한다고 볼 수 없어 비록 위 등기의무를 이행하지 않는다 하더라도 배임죄를 구성하지 않는다."고 판시하고 있다.[37]

이에 대하여, 후자의 판례와 같이 무효원인이 선량한 풍속 기타 사회질서에 반하여 무효인 경우가 아닌 한, 법적 형식이나 행위능력 결여 등으로 인한 무효·취소사유가 있는 경우에는 부진정부작위범의 보증인 지위와 같이 사실상의 신임관계가 인정될 수 있다고 보는 견해[38]도 있다. 생각하건대, 사무처리자로서의 지위가 그 발생근거인 법률행위의 무효사유로 인하여 처음부터 인정되지 아니하는 경우에는 배임죄의 행위주체가 될 수 없지만, 취소사유가 있는 경우에는 그 취소 전까지 배임죄의 행위주체가 될 수 있다고 본다. 취소의 소급효로 인하여 이미 충족된 범죄구성요건이 소급하여 소멸할 수는 없기 때문이다.

---

35) 대법원 2003. 9. 26. 2003도763.
36) 대법원 1992. 12. 24. 92도1223.
37) 대법원 1986. 9. 9. 86도1382.
38) 이재상, 전게서, 420~421면.

3) 사무의 처리근거 및 범위

사무처리의 근거, 즉 신임관계의 발생근거는 법령규정, 법률행위, 관습, 사무관리 또는 신의성실원칙에 의하여도 발생할 수 있다.[39] 사무의 범위에는 사적인 사무 외에 공무(公務)도 포함된다.[40]

배신설에 따르면 배임죄의 적용범위가 지나치게 확대될 우려가 있기 때문에, 사무의 종류에 대하여 판례나 다수설은 보호법익에 비추어 위와 같이 재산상 사무로 제한하는 입장이다(제한설).[41] 이에 반하여, 법률규정에 '타인의 사무를 처리하는 자'라고 기재되어 사무의 종류에 제한이 없고 '재산상 이익'을 취득하는 경우라야 배임죄가 성립되는 이상 사무는 재산상 사무에 한정할 필요가 없다고 보는 견해[42]가 있다. 또한 절충적 견해로서 반드시 재산상 사무일 필요는 없더라도 '재산상 이익'을 취득하고 재산상 손해를 가하는 경우라야 하므로 적어도 재산적 이해관계를 가지는 사무일 것을 필요로 한다는 견해[43]도 있다.

4) 사무처리의 독립성

사무처리를 신임관계 위반이라고 평가하기 위해서는 사무처리에 있어서 독립적인 판단을 할 수 있는 지위에 있는 자라야만 할 것이다. 그렇다고 하여 그 처리하는 사무가 포괄적 위탁사무라야만 하는 것도 아니다. 그러나 독립적 판단 여지가 없이 타인의 지시에 따라 기계적으로 사무를 처리하는 자는 보호할 필요가 있는 신임관계를 인정할 수 없으므로 배임죄의 주체가 될 수 없다.

판례에 따르면 사무를 처리할 고유 권한이 있는 자에 한정할 필요는 없으므로 그러한 권한이 있는 자의 보조자로서 직·간접적으로 그 처리에 관한 사무를 담당하는 자도 포함되고, 직접 업무를 담당하는 자의 상급자도 실행행위자의 행위가 배임행위에 해당한다는 것을 알면서 배임행위의 전 과정에 관여하는 등 배임행위에 적극 가담한 경우에는 배임죄의 행위주체가 될 수 있다고 한다.[44]

그러나 이러한 보조자나 상급자도 신임관계를 인정할 수 있는지는 의문이다.

---

39) 대법원 1999. 6. 22. 99도1095; 대법원 1999. 9. 17. 97도3219; 김성돈, 전게서, 411면,
40) 대법원 1974. 11. 12. 74도1138; 이재상, 전게서, 421면.
41) 김일수·서보학, 전게서, 484면; 박상기, 전게서, 399면; 이재상, 전게서, 421면; 배종대, 전게서, 551면; 정성근·박광민, 전게서, 465면; 김성돈, 전게서, 412면.
42) 오영근, 전게서, 493면.
43) 강동욱, "배임죄의 본질과 주체에 관한 고찰-상법상의 특별배임죄와 관련하여-", 「법과 정책연구」 제10집 제1호(한국법정책학회, 2010. 4.), 237면.
44) 대법원 2000. 4. 11. 99도334; 대법원 1999. 7. 23. 99도1911.

다만, 범죄행위주체로 인정하지 못한다 하더라도 공범으로 인정될 수는 있을 것이다.

나. 이중매매의 경우

매매와 같이 당사자 일방이 재산권을 상대방에게 이전하고 상대방은 그 대금을 지급할 것을 약정하는 계약의 경우에, 쌍방이 그 계약 내용에 좇은 이행을 하여야 할 채무는 특별한 사정이 없는 한 '자기의 사무'에 해당하는 것이 원칙이다. 따라서 동산 이중매매의 경우에는 비록 매도인이 매매 중도금까지 수령한 후에 제3자에게 동산을 매도처분하였다고 하더라도 배임죄가 인정되지 않는다.[45)]

그러나 부동산 이중매매의 경우에는 매도인이 매수인으로부터 계약금 외에 중도금까지 수령한 이상 다른 약정이 없는 한 잔금 수령과 동시에 매수인 앞으로의 소유권이전등기에 협력할 의무는 자기의 사무임과 동시에 '타인의 사무'에도 해당한다고 보아, 그 후 제3자에게 부동산을 매도처분하여 원래의 매수인에게 소유권이전등기절차를 이행하는 것이 불가능하게 되었다면 배임죄의 성립을 인정하고 있는 것이 판례의 입장이다.[46)]

다. 법인의 경우

1) 법인의 범죄행위 주체

법인에게 처리의무가 있는 타인의 사무에 관하여는, 법인은 배임죄의 행위주체가 될 수 없고 법인을 대표하여 사무를 처리하는 자연인인 대표기관이 바로 타인의 사무를 처리하는 자로서 배임죄의 행위주체가 된다는 것이 판례의 입장이다.[47)] 이는 판례가 법인의 범죄능력을 인정하지 않기 때문이다.

---

45) 대법원 2011. 1. 20. 2008도10479 전원합의체 판결("매매의 목적물이 동산일 경우, 매도인은 매수인에게 계약에 정한 바에 따라 그 목적물인 동산을 인도함으로써 계약의 이행을 완료하게 되고 그때 매수인은 매매목적물에 대한 권리를 취득하게 되는 것이므로, 매도인에게 자기의 사무인 동산인도채무 외에 별도로 매수인의 재산의 보호 내지 관리 행위에 협력할 의무가 있다고 할 수 없다. 동산매매계약에서의 매도인은 매수인에 대하여 그의 사무를 처리하는 지위에 있지 아니하므로, 매도인이 목적물을 매수인에게 인도하지 아니하고 이를 타에 처분하였다 하더라도 형법상 배임죄가 성립하는 것은 아니다.")

46) 대법원 1988. 12. 13. 88도750.

47) 대법원 1985. 10. 8. 83도1375.

2) 1인회사의 경우

회사와 그 사원(즉, 주식회사의 주주, 합명·합자·유한책임·유한회사의 사원 등)은 별개의 법인격을 가진 존재로서 동일인이라 할 수 없고 회사의 손해가 항상 사원의 손해와 일치한다고 할 수도 없으므로, 이른바 1인회사[48]의 사원도 배임죄의 행위주체가 될 수 있으므로 그 회사에 손해를 가하는 임무위배행위를 한 경우에는 배임죄가 성립한다. 그러므로 회사 임원의 배임행위에 대하여 사실상 1인 사원이나 대지분을 가진 사원의 양해가 있었다고 하더라도 배임죄가 성립할 수 있다.[49] 다만, 1인회사의 경우에 배임죄가 성립할 것인지 여부는 후술하는 바와 같이 1인 사원과 별도로 회사의 손해발생을 인정할 수 있는지 여부가 문제된다.

3) 주주에 대한 배임 여부

주식회사의 대표이사는 주주들에 대하여는 타인의 사무를 처리하는 지위에 있는 자가 아니라는 것이 판례의 입장이다. 즉, "신주발행은 주식회사의 자본조달을 목적으로 하는 것으로서, 신주발행과 관련한 대표이사의 업무는 회사의 사무일 뿐이므로 신주발행 과정에서 대표이사가 납입된 주금을 회사를 위하여 사용하도록 관리·보관하는 업무 역시 회사에 대한 선관주의의무 내지 충실의무에 기한 것으로서 회사의 사무에 속하는 것이다. 그러므로 신주발행에서 대표이사가 일반 주주들에 대하여 그들의 신주인수권과 기존 주식의 가치를 보존하는 임무를 대행한다거나 주주의 재산보전 행위에 협력하는 자로서 타인의 사무를 처리하는 자의 지위에 있다고는 볼 수 없다."고 판시하고 있다.[50]

주식회사와 주주는 별개의 권리·의무 주체이고 대표이사 등 경영진의 주주들에 대한 충실의무 등 신임관계를 인정할 수 없는 이상 당연한 결론이라고 본다.

이에 대하여는 경영자가 지배주주의 이익을 위하여 소액 주주에게 손해를 발생시키는 회사 운영을 하는 사례가 많은 우리나라의 실정상 주주에 대한 배임죄를 신설할 필요가 있다는 입법론을 제기하는 견해[51]도 있다.

---

48) 1인회사란 회사의 구성원이 1인뿐인 회사를 말하고, 형식상으로는 구성원이 수인 명의로 되어 있더라도 실질적으로 1인이 회사의 주식 등 지분을 소유하고 있는 경우도 포함한다{최준선, 「회사법」(삼영사, 2012), 26면}.

49) 대법원 2011. 3. 10. 2008도6335.

50) 대법원 2010. 10. 14. 2010도387; 2004. 5. 13. 2002도7340.

51) 강동욱, 전게논문, 235면.

2. 상법상 특별배임죄의 행위주체와 피해자

가. 회사의 임원 등 및 사채권자집회의 대표자 등

상법은 형법상 배임죄나 업무상배임죄의 특별규정으로서 특별배임죄를 규정하고 있는데, 이 죄의 범죄구성요건은 회사나 사채권자들의 보호를 위하여 범죄행위주체를 회사의 일정한 업무를 담당하는 자로 제한하고 있는 점이 다를 뿐이다.

그 중 회사임원 등 특별배임죄의 행위주체는 회사의 발기인, 업무집행사원, 이사, 집행임원, 감사위원회 위원, 감사, 임시이사, 주식회사 또는 유한회사 이사의 직무대행자, 주식회사 감사의 직무대행자, 지배인, 기타 회사영업에 관한 어느 종류 또는 특정한 사항의 위임을 받은 사용인(상법 제622조 제1항), 회사의 청산인, 청산인의 직무대행자, 신설합병시의 설립위원(상법 제622조 제2항)이다. 피해자는 회사이고, 그 보호법익은 회사의 전체로서의 재산권이다.

사채권자집회 대표자 등 특별배임죄의 행위주체는 주식회사 사채권자집회의 대표자 또는 그 결의를 집행하는 자(집행자)이고, 그 피해자는 사채권자이며(상법 제623조), 그 보호법익은 사채권자들의 전체로서의 재산권이다.

행위주체가 법인인 경우에는 상법 제637조 규정에 따라 그 행위를 한 이사, 집행임원, 감사, 그 밖에 업무를 집행한 사원 또는 지배인을 특별배임죄로 처벌하여야 한다. 이러한 규정을 둔 것은 현행법이 원칙적으로 법인의 범죄능력을 인정하지 않기 때문이다.

상법상 특별배임죄는 모두 일정한 신분을 가진 자만이 행위주체가 될 수 있으므로 신분범이다. 전술한 바와 같이 회사임원 등 특별배임죄는 형법상 업무상배임죄, 사채권자집회 대표자 등 특별배임죄는 형법상 배임죄에 비하여 행위주체의 신분에 따라 가중처벌하는 경우이므로 각 부진정신분범이라 할 수 있다.

이러한 신분은 배임행위시 존재하면 그 후 재산상 이익의 취득이나 손해 발생시에는 신분을 보유하고 있지 않더라도 무방하다.[52] 또한 배임행위시에는 그 신분자가 아니었으나 재산상 이익 취득이나 손해 발생시에는 신분을 보유하게 되었더라도 특별배임죄로 의율할 수 없다.[53] 배임죄의 신분은 신임관계의 근거

---

52) 주강원, 전게논문, 368면; 일본의 통설・판례 입장이다(日 大判 1933. 12. 18. 刑集 12卷 2360면; 前揭「會社法コンメンタル」雜則[3]・罰則, 61面).

53) 일본 학설・판례도 같은 견해임(前揭「會社法コンメンタル」雜則[3]・罰則, 61面; 日 神戸地

가 되는 것이므로 신임관계의 침해 당시, 즉 배임행위시를 기준으로 그 신분자인지 여부를 판단하는 것은 당연하다고 본다.

상법 제622조 및 제623조에 기재된 행위주체, 즉 신분자의 개념을 상법 회사편의 조직법적 해석에 따를 것인지 여부는 문제이다. 형사법과 민사법은 그 추구하는 법적 이념이 상이하므로 형사법상 개념을 민사법에 일치시켜야 하는 것은 아니라고 보는 견해가 있을 수 있다. 그러나 같은 법 안에서 사용하는 법적 개념은 가급적 통일적으로 파악하는 것이 입법자의 의도에 부합하므로, 범죄행위주체의 개념은 상법 회사편의 조직법적 해석에 따르는 것을 원칙으로 하여야 할 것이고, 다만 벌칙 규정의 이념이나 입법취지를 감안하여 예외적으로 달리 해석할 수는 있다고 본다. 또한 헌법 및 형사법의 대원칙인 죄형법정주의나 그 파생원칙인 명확성 원칙, 유추해석금지 원칙 등에 따라야 할 것임은 물론이다.

나. 개별적 검토

상법 제622조, 제623조에서 행위주체로 열거되지 아니한 자는 독자적으로는 특별배임죄의 주체가 될 수 없다는 것이 판례이고,[54] 죄형법정주의 원칙에 비추어 보더라도 이러한 범죄행위주체에 관한 규정은 제한적 규정으로 해석하여야 할 것이다.

그리고 전술한 바와 같이 이러한 범죄행위주체의 개념은 상법의 해석에 따르는 것을 원칙으로 하되, 형사처벌 규정과 회사법 등 사법(私法)은 추구하는 이념과 입법취지가 다르므로 상법 벌칙 규정에 상법의 사법(私法)상 법률용어를 사용하더라도 그 용어의 개념은 사법(私法)상 개념과 다르게 해석할 수도 있다(개념의 상대성).[55] 이러한 입장에서 범죄행위주체를 검토하여 보면 아래와 같다.

1) 회사의 발기인

'발기인'이란 실질적으로는 주식회사의 설립시 정관의 작성 등 설립사무에 종사하는 자이지만, 통설은 '발기인'을 형식적으로 파악하여 주식회사의 설립시 정관을 작성하고 정관에 기명날인 또는 서명을 한 자라고 한다(상법 제289조 1항).[56]

判 1959. 5. 6. 下刑集 1卷 5号 1178面).

54) 대법원 1998. 2. 10. 96도2287.

55) 前掲「會社法コンメンタル」雜則[3]・罰則, 61面.

그러므로 실제로 회사의 설립사무에 종사하더라도 정관에 발기인으로 기명날인이나 서명을 하지 아니한 자는 발기인이 아니며, 실제로 회사의 설립사무에 종사하지 아니하여도 정관에 발기인으로 기명날인이나 서명을 한 자는 발기인으로 본다. 따라서 특별배임죄의 행위주체인 발기인도 이러한 자를 말한다.

이에 대하여, 실제로 회사설립에 능동적으로 관여한 자는 정관을 작성하지 아니한 경우에도 이 죄의 행위주체가 될 수 있다는 견해[57]가 있으나, 이러한 해석은 죄형법정주의의 명확성 원칙에 반한다고 본다.[58]

각 발기인은 서면에 의하여 주식을 인수하여야 하므로(상법 제293조), 1주라도 인수하지 아니한 발기인은 범죄행위주체에 포함되지 않는 것인지 여부가 문제될 수도 있으나, 발기인의 주식인수는 발기인이 부담하는 법적 의무일 뿐 발기인이 되기 위한 자격요건이라 할 수는 없을 것이다.[59]

상법 제327조는 주식청약서 기타 주식모집에 관한 서면에 성명과 회사설립에 찬조하는 뜻을 기재할 것을 승낙한 유사발기인은 발기인과 동일한 책임이 있는 것으로 규정하고 있다. 일본에서는 유사발기인도 회사에 손해를 끼칠 가능성은 발기인과 마찬가지라는 것을 논거로 특별배임죄의 행위주체에 포함하여야 한다는 견해가 있다.[60]

그러나 이러한 유사발기인의 책임은 거래의 안전을 보호하기 위하여 외관주의 또는 금반언 법리에 따라 상법상 특별히 인정한 책임일 뿐이므로,[61] 법익보호를 입법목적으로 하고 엄격한 책임주의에 바탕을 두어야 하는 형사상 책임까지 인정할 수는 없다고 보아야 할 것이다.[62] 또한 회사임원 등의 특별배임죄는 회사의 사무를 처리하는 자 중 어느 정도 포괄적 권한을 가진 자의 임무위배행위를 처벌하는 제도인데, 유사발기인은 회사의 사무를 처리할 수 있는 직무

56) 정동윤, 「상법上」 제6판(법문사, 2012), 380면; 정찬형, 「상법강의(상)」 제15판(박영사, 2012), 621면; 최준선, 전게 「회사법」, 106～107면; 이철송, 전게서, 217면; 이기수・최병규, 「회사법」 제9판(박영사, 2011), 150면.

57) 김성탁, "주식인수금의 가장납입에 대한 상법상의 형사처벌조항", 「기업법연구」 제8집(한국기업법학회, 2001), 570면.

58) 일본 판례도 같은 입장이다(日 最高裁 1932. 6. 29. 民集 11巻 1257面).

59) 前揭 「會社法コンメンタル(21)」, 62面.

60) 前揭 「會社法コンメンタル(21)」, 62面; 참고로, 유사발기인의 책임을 규정한 일본 會社法 제103조 제2항은 유사발기인을 '발기인으로 간주하여' 발기인의 책임에 관한 규정을 적용하는 것으로 규정하고 있다.

61) 정동윤, 전게서, 429면.

62) 같은 취지 : 김성탁, 전게논문, 570～571면.

권한을 가진 자가 아닌 이상 회사에 대한 임무위배 행위가 있을 수 없으므로 이 죄의 행위주체는 될 수 없다고 본다.

2) 회사의 업무집행사원

회사임원 등 특별배임죄의 행위주체 중 '업무집행사원'은 원래 합명회사나 합자회사의 업무집행사원을 말한다.

그런데 이들을 특별배임죄의 행위주체로 규정하고 회사를 그 피해자로 한 것은 배임죄의 본질에 비추어 볼 때 업무집행사원을 포함하여 사원의 인적 신용이 회사신용의 기초가 되고 소규모 인적결합을 중시하는 인적회사의 특성을 무시한 것이므로 부당하다는 견해가 있다.[63]

그러나 인적회사의 조합으로서의 실질을 참작하더라도, 조합의 대표자도 조합에 대한 배임죄나 업무상배임죄를 범할 수 있음(판례)[64]에 비추어 보거나, 독립된 법인격이 인정되는 회사의 사회적 기능이나 영향력을 감안해 보면,[65] 인적회사의 업무집행사원을 특별배임죄의 행위주체에 포함시킨 것을 부당하다고 볼 것은 아니라고 생각한다. 다만, 물적회사와 인적회사의 각 업무집행자에 대한 견제의 용이성에 차이가 있는 점, 업무집행사원 자신도 회사채무에 대하여 직접·무한책임을 부담하게 되는 점, 상법제정 당시의 일본 상법 제486조나 현행 일본 회사법 제960조의 각 특별배임죄의 행위주체에 인적회사의 업무집행사원은 제외하고 있는 점 등을 참고하여 그 처벌에 차등을 둘 필요는 있을 것이다.

3) 회사의 이사, 집행임원, 감사위원회 위원 및 감사

'이사, 집행임원, 감사위원회 위원, 감사'(이하 임원이라 함)는 주주총회나 이사회에서 상법 및 정관에 따라 적법하게 선임되었으면 법인등기부에 등기되었는지 여부는 불문한다.[66]

임원을 선출한 주주총회나 이사회의 결의가 무효나 부존재인 경우에 그 임원

---

63) 박길준, 전게논문, 148면.

64) 대법원 2011. 4. 28. 2009도14268.

65) 특히 IT산업이나 벤처기업이 큰 비중을 차지하는 오늘날 소규모 인적회사이지만 매출액은 큰 경우도 얼마든지 있을 수 있으므로, 인적회사라고 하여 배임으로 인한 피해가 경미하다고만 할 수도 없다.

66) 上柳克郎 外 編「新版 注釈會社法(13)」(有斐閣, 2002){이하「新版 注釈會社法(13)」이라 한다}, 559면; 前揭「會社法コンメンタル(21)」, 63面; 김성탁, 전게논문, 571면에서는 상법 제622조 제1항의 행위주체를 원용하고 있는 납입가장죄의 행위주체에 관하여 같은 취지로 주장하고 있다.

은 배임죄의 행위주체가 될 수 없다는 것이 판례의 일관된 입장이다.[67] 이에 반하여, 주주총회 선임결의의 취소 판결은 물론 그 무효나 부존재 확인판결의 경우에도 이 죄의 행위주체에 해당한다고 보는 견해[68]가 있다.

우선 대표이사 등 선임에 관한 이사회의 결의에 하자가 있는 경우에는 상법에 그 결의의 효력에 관한 아무런 규정이 없으므로 일반원칙에 따라 그 선임결의는 처음부터 무효이거나 부존재하는 것으로 보아야 할 것이다.[69] 따라서 하자 있는 이사회 결의에 따라 선임된 자는 이 죄의 행위주체가 될 수 없다. 그런데 이사 등 선임에 관한 주주총회의 결의에 무효나 부존재 사유가 있는 경우에는 상법 제380조, 제190조 본문 규정에 따라 결의무효나 결의부존재 확인판결은 제3자에 대하여도 그 효력이 있게 되어, 그 소의 성질에 관하여 소수설은 형성의 소라고 주장하고(형성소송설),[70] 통설·판례는 확인의 소로 보고 있다(확인소송설).[71] 만약 형성의 소로 본다면 그 소송에 의하여 결의무효나 결의부존재 확인판결이 확정되기까지는 유효한 결의로 취급되어 임원으로서의 지위에 있게 되므로 특별배임죄의 행위주체가 될 수 있을 것이다. 그러나 확인의 소로 본다면 총회결의는 처음부터 당연히 효력이 없어 임원으로서의 지위에 있지 아니하므로 특별배임죄의 행위주체가 될 수 없게 된다.

생각하건대 총회결의가 무효인 경우란 임원 선임결의의 내용이 법령에 위반한 경우이고 총회결의가 부존재하는 경우란 그 총회의 소집절차나 결의방법에 총회결의가 존재한다고 볼 수 없을 정도로 중대한 하자가 있는 경우이다(상법 제380조). 그런데 이러한 경우에도 그 결의하자소송의 확정판결 전까지는 임원으로서의 지위를 가진다고 보는 것은 부당하므로, 확인소송설에 따라 결의무효나 결의부존재인 경우에는 특별배임죄의 행위주체가 될 수 없다고 본다.

그리고 임원을 선임한 주주총회의 결의에 취소사유가 있는 경우에도 전술한

---

67) 대법원 2006. 6. 2. 2005도3431; 2006. 4. 27. 2006도1646; 1986. 9. 9. 85도218; 1978. 11. 28. 78도1297 등.

68) 김성탁, 전게논문, 571면(상법 제622조 제1항의 행위주체를 원용하고 있는 납입가장죄에 관한 주장임).

69) 권기범, 「현대회사법론」(삼영사, 2012), 816~817면.

70) 이철송, 전게서, 598면; 정동윤, 전게서, 585면.

71) 최기원, 「신회사법론」(박영사, 2012), 554면; 최준선, 전게서, 372면; 정찬형, 전게서, 880면; 정경영, 「상법학강의」(박영사, 2009), 492면; 이기수·최병규, 전게서, 502면; 권기범, 전게서, 658면; 김정호, 「회사법」(법문사, 2012), 333면; 임재연, 「회사법Ⅱ」(박영사, 2012), 196면; 대법원 2011. 6. 24. 2009다35033.

바와 같이 그 소의 성질을 어떻게 볼 것인지 여부에 따라 그 임원의 범죄행위 주체 여부가 갈리게 될 것이다. 상법 제376조 제2항, 제190조 본문 규정에 따르면 전술한 결의무효나 결의부존재 확인판결의 경우처럼 결의취소 판결도 제3자에 대하여 그 효력이 있을 뿐, 판결의 소급효 여부에 대하여는 침묵하고 있다. 그런데 결의취소 판결의 소급효에 관하여 이를 긍정하는 것이 판례 및 다수설의 입장이기는 하지만,[72] 결의취소의 소는 결의무효나 결의부존재 확인의 경우와는 달리 제소권자, 제소기간의 제한이 있고, 결의하자소송만으로 그 효력을 다툴 수 있다(상법 제376조 제1항). 따라서 학설·판례는 모두 결의취소의 소를 형성의 소로 보고 있다.[73] 형성의 소인 이상 선임결의 취소판결이 확정되기 전까지는 적법한 임원으로서의 지위를 갖는 것이므로, 그 결의취소판결 확정 전에 배임행위가 있었다면 특별배임죄의 행위주체가 될 수 있다. 결의취소 판결의 소급효로 인하여 이미 충족된 범죄구성요건이 소급하여 소멸할 수는 없다고 보아야 할 것이다.

특별배임죄의 행위주체에 감사위원회 위원 또는 감사를 포함시킨 점에 관하여, 이들은 회사의 업무집행에 직접 관여하는 자가 아니라는 이유로 입법론상 부당하다고 주장하는 견해[74]가 있다. 그러나 감사위원회 위원이나 감사도 회사와 이사 사이의 소송에서는 회사를 대표하는(상법 제394조 제1항, 제415조의2 제7항) 등 회사의 업무집행에 직접 관여할 뿐만 아니라, 배임행위는 업무집행행위 외에 업무감사 임무를 수행하는 과정에서도 발생할 수 있기 때문에 감사나 감사위원회 위원을 제외시킬 필요는 없다고 생각한다.[75] 다만, 감사위원회 위원이나 감사로서의 지위와 무관한 행위인 경우에는 이 벌칙 규정을 적용할 수 없을 것이다.[76]

---

72) 대법원 2004. 2. 27. 2002다19797; 최기원, 전게서, 550면; 정찬형, 전게서, 875면; 이철송, 전게서, 609면; 정경영, 전게서, 491면.

73) 최기원, 전게서, 530면; 정동윤, 전게서, 577면; 이철송, 전게서, 589면; 정찬형, 전게서, 876면; 최준선, 전게서, 366면; 임재연, 전게서, 172~173면; 이기수·최병규, 전게서, 494면; 김정호, 전게서, 328면; 대법원 1987. 4. 28. 86다카553; 서울남부지방법원 2011. 1. 14. 2010가합4821.

74) 송호신, 전게 학위논문, 89면.

75) 현행 일본 會社法 제960조 제1항에서도 특별배임죄의 행위주체에 監査役을 포함하고 있다.

76) 前掲「會社法コンメンタル」雜則[3]·罰則, 64面.

4) 업무집행지시자 등

상법 제401조의2 제1항에 규정한 업무집행지시자 등, 즉 회사에 대한 자신의 영향력을 이용하여 이사에게 업무집행을 지시하거나(업무집행지시자) 이사의 이름으로 직접 업무를 집행한 자(무권대행자),[77] 또는 이사가 아니면서 명예회장 · 회장 · 사장 · 부사장 · 전무 · 상무 · 이사 기타 회사의 업무를 집행할 권한이 있는 것으로 인정될 만한 명칭을 사용하여 회사의 업무를 집행한 자(표현이사)도 회사임원 등 특별배임죄의 주체가 될 수 있는지 여부는 상법 제622조의 범죄행위주체에 명문규정이 없으므로 문제이다. 2011. 4. 14.자 상법 개정(법률 제10600호, 이하 2011년 상법개정이라 함)으로 집행임원이 상법 제622조 제1항의 행위주체에 포함됨으로써 종전 표현이사에 해당하는 자 중 이사회에서 집행임원으로 선임된 자는 집행임원으로서 범죄행위주체가 될 수 있지만, 그 밖의 경우에는 마찬가지의 문제가 남아있다.

이 문제에 관하여 종전 판례는 상법 제622조 제1항의 '이사'란 상법상 회사의 적법한 이사나 대표이사의 지위에 있는 자를 의미하고, 회사의 대주주로서 회사의 경영에 상당한 영향력을 행사해오다가 그 증자과정을 지시 · 관여한 업무집행지시자는 그 행위주체로 볼 수 없다는 취지로 판시하여[78] 부정설 입장에 있다. 부정설은 명문 규정이 없음에도 불구하고 해석상 업무집행지시자 등을 특별배임죄의 행위주체에 포함시키는 것은 죄형법정주의 원칙에 비추어 부당하다고 하거나, 업무집행지시자 등에게는 위배할 법적 임무가 없음을 논거로 들고 있다.[79]

이에 대하여, 긍정설은 무권대행자나 표현이사의 경우에는 상법 등 회사 조직법상 지위를 갖지 아니한 이상 회사에 대한 임무위배가 있을 수 없으므로 특별배임죄로 의율할 수 없으나, 업무집행지시자(상법 제401조의2 제1호)의 경우에는 회사의 조직법상 지위를 갖는 자에 대하여 영향력을 행사하는 만큼 그에 상

---

77) 상법 제401조의 2 제1항 제2호에는 '이사의 이름으로 직접 업무를 집행한 자'라고만 기재되어 있으나, 입법취지에 비추어 회사에 대한 자신의 영향력을 이용하여 이러한 행위를 하는 자로 보아야 한다(대법원 2009. 11. 26. 2009다39240; 이철송, 전게서, 780면).

78) 대법원 2006. 6. 2. 2005도3431. 이 판례는 비록 납입가장죄에 관한 판결이기는 하지만 납입가장죄의 행위주체를 '상법 제622조 제1항에 규정된 자'로 규정하고 있기 때문에 곧 특별배임죄의 행위주체에 관한 해석으로 볼 수 있다.

79) 최준선, "상법상 특별배임죄규정의 개정방향", 「경제법연구」 제11권 2호(한국경제법학회, 2012. 12.), 101면; 이상돈, "경영실패와 경영진의 형사책임", 「법조」(법조협회, 2003. 5.), 80면; 강동욱, 전게논문, 242면; 前掲 「會社法コンメンタル(21)」, 64面.

응하는 법적 책임도 인정되어야 한다는 이유로 특별배임죄의 행위주체로 삼을 수 있다고 주장한다. 이 견해에 따르면 업무집행지시자가 자신의 이익을 위하여 회사에 대한 영향력을 이용하여 이사에게 업무집행을 지시하였고, 그에 따라 이사가 임무에 위배된 업무를 집행함으로써 회사에 손해를 가한 경우에는 특별배임죄가 성립할 수 있다는 것이다.[80]

생각하건대 집행임원, 지배인 또는 '회사 영업에 관한 어느 종류 또는 특정한 사항의 위임을 받은 사용인'이 아닌, 단순한 업무집행지시자나 무권대행자 또는 표현이사의 경우에는 회사와의 신임관계를 인정할 수 없어 회사의 사무를 처리하는 자로 보기 어려우므로 부정설이 타당하다고 본다. 다만 이들이 이사의 배임행위에 대한 교사범이나 공모공동정범 등 공범으로서의 요건을 충족하는 경우에 공범으로 처벌하는 것은 별개의 문제이다.[81]

5) 직무대행자 및 임시이사

이사 또는 감사에 대한 선임결의의 무효나 취소 또는 해임의 소가 제기되었거나 그 제기 전에 법원은 당사자의 신청에 따라 이사나 감사의 직무집행정지 가처분을 할 수 있다(상법 제407조 제1항, 제415조). 이러한 가처분이 있는 경우에, 그 직무집행정지기간 중에 있는 이사나 감사는 회사와의 신임관계를 인정할 수 없어 회사의 사무를 처리하는 자라고 할 수 없으므로 특별배임죄의 행위주체가 될 수 없다.[82] 그 대신 법원에 의하여 선임된 직무대행자가 회사의 사무를 처리하는 자로서 특별배임죄의 행위주체가 된다.

집행임원의 경우에도 마찬가지 사유로 직무대행자를 선임할 수 있는데(상법 제408조의9, 제407조), 상법 제622조 제1항은 그 행위주체에 집행임원의 직무대행자를 명시하지 않고 있다. 그러나 입법취지에 비추어 볼 때 이를 배제할 이유가 없으므로 '제407조 제1항의 직무대행자'에 집행임원의 직무대행자도 포함하는 것으로 해석하여도 무방할 것이다. 이는 입법의 불비이므로 죄형법정주의의 명확성 원칙상 입법적 조치가 필요하다.

위와 같은 직무대행자는 임시이사와는 달리 가처분명령에 다른 정함이 있는 경우 외에는 회사의 상무에 속하지 아니한 행위를 하지 못하는 것이 원칙이지

80) 송호신, 전게 학위논문, 91~101면.
81) 주강원, 전게논문, 368면.
82) 前揭 「新版 注釈 會社法(13)」, 559面.

만(상법 제408조 제1항 본문), 직무대행자가 그 권한범위를 넘은 행위를 한 경우에도 회사는 선의의 제3자에게 책임을 부담하므로 손해를 입을 수 있다. 따라서 이러한 직무대행자의 행위도 특별배임죄의 성립요건을 충족할 수 있다.[83]

법률 또는 정관에 정한 이사의 인원수를 결한 경우에는 임기만료나 사임으로 인하여 퇴임한 이사는 새로 선임된 이사가 취임할 때까지 이사의 권리·의무가 있으므로, 당연히 특별배임죄의 행위주체가 된다(상법 제386조 제1항).[84] 이 경우에 법원은 필요하다고 인정할 때에는 이해관계인의 청구에 의하여 일시 이사의 직무를 행할 임시이사를 선임할 수 있는데(상법 제386조 제2항), 상법 제622조 제1항은 이러한 주식회사의 임시이사도 범죄행위주체에 포함하고 있다.

그런데 상법 제622조 제1항은 특별배임죄의 행위주체에 주식회사의 임시이사(상법 제386조 제2항)는 포함하고 있으면서 유한회사의 임시이사(제567조, 제386조 제2항)는 명시하지 않고 있다. 그러나 입법취지에 비추어 볼 때 유한회사의 임시이사를 배제할 이유가 없으므로 '제386조 제2항의 직무대행자'에 유한회사의 임시이사도 포함하는 것으로 해석하여도 무방할 것이다. 이는 입법의 불비이므로 죄형법정주의의 명확성 원칙상 유한회사의 임시이사도 범죄행위주체로 명시함이 바람직하다.

6) 회사의 지배인

회사의 '지배인'은 회사에 갈음하여 그 영업에 관한 재판상 또는 재판외 모든 행위를 대리할 수 있는 포괄적 대리권을 가진 자로서(상법 제11조 제1항) 회사와는 고도의 신임관계에 있으므로 범죄행위주체에 포함한 것이다.

그러나 벌칙 규정이 '지배인'이라고 명시하고 있는 이상 죄형법정주의 원칙에 따라 상법 제10조의 지배인으로 한정하여야 할 것이고, 상거래의 안전을 위하여 인정하고 있는 상법 제14조의 표현지배인까지 포함한다고 볼 수는 없을 것이다.[85]

7) 회사의 영업에 관한 어느 종류 또는 특정한 사항의 위임을 받은 사용인

'기타 회사 영업에 관한 어느 종류 또는 특정한 사항의 위임을 받은 사용인'이란 적어도 회사 영업의 어떤 종류 또는 특정 사항에 관하여 대외적으로 회사를 대리할 수 있는 부분적이기는 하나 포괄적 대리권을 가진 자, 즉 상법 제15

83) 前揭「會社法コンメンタル(21)」, 65面.
84) 前揭「會社法コンメンタル(21)」, 65面.
85) 이러한 견해가 일본의 유력설이다(前揭「會社法コンメンタル」, 65面).

조에 규정된 부분적 포괄대리권을 가진 사용인만을 말하고, 회사 영업에 관한 구체적 사항의 대리권을 위임받은 사용인은 해당하지 않는다는 것이 학설·판례의 입장이다.[86] 그 논거로는 같은 특별배임죄의 행위주체로서 회사의 임원·지배인 등 회사의 영업에 관한 포괄적 대리권을 갖는 지위에 있는 자들을 열거하고 있는 점, 형법상 배임죄 또는 업무상배임죄보다 가중처벌을 하기 위한 특별배임죄의 행위주체로 규정하고 있는 점 등을 들고 있다.

그리고 부분적 포괄대리권을 가진 사용인의 경우에는 당연히 배임행위도 그 대리권한에 관한 행위라야만 할 것이다.

이에 대하여, 위 지배인이나 부분적 포괄대리권을 가진 사용인은 상인의 보조자에 불과하고 그 권한범위가 이사 등 경영진에 비하여 협소하여 대부분 경영진의 명령을 받아 행위를 한다는 점에 비추어, 이들을 특별배임죄의 행위주체로 보는 것은 부당하다는 입법론이 있다.[87]

그러나 지배인은 회사 등 상인의 영업에 관한 재판상 또는 재판외 모든 행위를 대리할 포괄적 대리권을 갖고 있고, 부분적 포괄대리권을 가진 사용인의 경우에도 특정 종류나 특정 사항에 관하여는 포괄적 대리권을 갖고 있다(상법 제15조). 이들은 그 권한범위 안에서는 이사 등 경영진의 구체적인 지시를 받지 않고 권한을 행사하는 자이므로 이들에 대한 회사의 신임관계를 특별히 보호할 필요가 있다. 따라서 이들을 특별배임죄의 행위주체에 포함시키는 것은 특별배임죄의 입법취지에 부합하는 것이라고 본다.[88]

위 지배인이나 부분적 포괄대리권을 가진 사용인은 회사와 고용관계에 있어야만 하는지 여부에 관하여는 상법 총칙의 해석론으로서도 문제가 되지만 이 벌칙 규정의 해석상으로도 문제된다. 각 선임행위는 대리권 수여행위일 뿐이므로 고용계약을 필요로 하는 것은 아니라는 것이 다수설이다.[89] 또한 회사와의 신임관계를 특별히 보호하고자 하는 입법취지에 비추어 보면, 포괄적 대리권을 가지고 회사의 지휘감독 아래 계속하여 종속적으로 회사의 영업을 담당하는 자

86) 대법원 1978. 1. 24. 77도1637; 주강원, 전게논문, 371면.

87) 송호신, 전게 학위논문, 89～91면; 前田信二郎, 前揭「會社犯罪の硏究 −經營者背任の性格と類型−」, 45～46面.

88) 현행 일본 會社法 제960조 제6호, 제7호에서도 '지배인'과 함께 '사업에 관한 어느 종류 또는 특정 사항의 위임을 받은 사용인'을 특별배임죄의 행위주체에 포함시키고 있다.

89) 최준선,「상법총칙·상행위법」(삼영사, 2011), 117, 131면; 이철송,「상법총칙·상행위」(박영사, 2011), 100, 101, 120면.

인 이상, 그 밖에 회사와 고용계약을 맺거나 회사로부터 보수를 지급받고 있는지 여부는 문제되지 않는다고 보아야 할 것이다.[90]

8) 사무처리권한 있는 자의 보조기관

판례에 따르면 전술한 바와 같이 형법상 배임죄나 업무상배임죄에 있어서 타인의 사무를 처리하는 자란 고유의 권한으로서 그 처리를 하는 자에 한하지 않고 그 자의 보조기관으로서 직접 또는 간접으로 그 처리에 관한 사무를 담당하는 자도 단순히 상급자의 지시에 따른 소극적 업무처리에 그친 것이 아니라면 포함할 수 있다는 취지로 판시하고 있다.[91] 이러한 입장에서는 특별배임죄의 경우에도 상법 제622조, 제623조에 열거된 행위주체의 보조기관에 대하여 마찬가지로 해석할 여지가 있게 된다.

그러나 사무처리권한자의 보조기관은 그 사무처리를 위임한 타인(또는 회사)의 재산을 보호하거나 관리하여야 하는 신임관계를 인정할 수 없음에도 불구하고 형법상 배임죄나 업무상배임죄의 행위주체에 포함시키는 것은 의문이다. 특히 상법 기타 특별법상 특별배임죄의 경우에는 회사임원 등 행위주체를 제한적으로 규정하고 있는 이상 그 보조기관까지 행위주체에 포함시키는 것은 죄형법정주의 원칙에도 반하는 해석이라고 본다.

원래 비신분자도 신분범의 공동정범이 될 수 있으므로(형법 제33조), 보조기관의 경우에는 사무처리권한자의 공동정범으로 인정하면 충분할 것이다. 위 판례들의 사안도 모두 그 보조기관이 형법상 배임죄나 업무상배임죄의 공동정범이 될 수 있음을 인정한 것일 뿐이다.

9) 유한책임회사의 업무집행자나 직무수행자

2011년 상법개정시 신설된 유한책임회사의 업무집행자나 직무수행자(업무집행자가 법인인 경우 - 상법 제287조의15)를 포함할 수 있는지가 문제된다.

상법 제622조 제1항에 열거된 범죄행위주체와 비교하여 볼 때, 회사와의 신임관계 면에서 그 행위주체와 유사한 지위에 있는 이들을 배제할 이유가 없으므로 유한책임회사의 업무집행자나 직무수행자를 누락하고 있는 것은 입법의 불비로 보아야 할 것이다.

---

90) 일본 판례도 같은 취지임(日 最決 2005. 10. 7. 刑集 59卷 8号 1086面).
91) 대법원 2000. 4. 11. 99도334; 1999. 7. 23. 99도1911; 1982. 7. 27. 81도203.

그러나 특별배임죄의 입법취지에 비추어 보거나, 그 범죄행위주체에 지배인 또는 부분적 포괄대리권을 가진 사용인조차 포함하고 있음에 비추어 보면, 유한책임회사의 업무집행자나 직무수행자도 당연히 범죄행위주체에 포함되는 것으로 해석하여도 무방할 것이다. 다만 유한책임회사의 업무집행자는 상법 제622조 제1항의 '업무집행사원'에 포함되고, 유한책임회사의 업무집행 법인의 직무수행자는 상법 제637조 규정에 따라 업무집행자가 법인인 경우에 '그 행위를 한 이사, 집행임원, 감사, 그 밖에 업무를 집행한 사원 또는 지배인'에 해당한다고 보아야 할 것이다.

10) 청산회사의 청산인, 청산인 직무대행자 및 임시청산인

회사는 해산 후에도 청산 목적범위 안에서 존속하는데, 청산회사의 업무집행기관으로서 청산업무를 집행하는 청산인은 상법 제622조 제2항의 행위주체가 된다. 청산인도 청산 중 회사와 위임관계에 있어 선량한 관리자의 주의로 업무를 처리하여야 할 임무를 부담하므로 형법상 업무상배임죄의 범죄구성요건 중 타인의 사무를 처리하는 자에 해당하지만, 청산회사 관련 임무의 중대성에 비추어 업무상배임죄보다 가중처벌하려는 것이다.

상법 제622조 제2항에서 특별배임죄의 행위주체로 언급한 '제542조 제2항의 직무대행자'는 청산 중 주식회사의 경우에 청산인 선임결의의 무효나 취소 또는 청산인해임의 소 제기와 관련하여 법원의 가처분에 의해 선임되는 청산인 직무대행자(상법 제542조 제2항, 제407조 제1항)를 뜻한다.

그런데 청산 중 주식회사에서 법률 또는 정관에 정한 청산인의 인원수를 결한 경우에 법원에 의하여 일시 청산인의 직무를 행할 자로 선임되는 임시청산인(상법 제542조 제2항, 제386조)도 상법 제622조 제2항에서 특별배임죄의 행위주체로 언급한 '제542조 제2항의 직무대행자'에 포함되는 것으로 볼 것인지는 문제이다. 임시청산인도 청산회사와의 신임관계 면에서 위 청산인 직무대행자와 다를 바 없는 이상 특별배임죄의 입법취지에 비추어 볼 때 이를 제외할 이유가 없다. 또한 상법 제542조 제2항은 주식회사의 임시이사에 관한 상법 제386조도 청산인에 준용하고 있어 임시청산인을 포함하고 있으므로 위 '제542조 제2항의 직무대행자'에는 임시청산인도 포함되는 것으로 해석하여도 무방하다고 본다. 그러나 이는 입법의 불비이므로 죄형법정주의의 명확성 원칙상 명문규정을 둠

이 바람직하다. 참고로 현행 일본 회사법 제960조 제2항 제3호에서는 특별배임죄의 행위주체에 '일시청산인(一時清算人)'(즉, 임시청산인)을 명시하고 있다.

11) 회사 합병시의 설립위원

회사의 합병으로 신회사를 설립하는 경우에 정관의 작성 기타 그 설립사무를 담당하는 설립위원도 회사의 비상상황에서 제한된 범위 내에서 회사 관련 업무를 집행하는 점에서는 청산인과 유사하므로 상법 제622조 제2항의 범죄행위주체로 규정한 것이다.

12) 사채권자집회의 대표자 또는 그 결의를 집행하는 자

사채권자집회는 대표자를 선임하여 그 결의할 사항의 결정을 위임할 수 있다(상법 제500조). 또한 사채권자집회는 그 결의사항의 집행을 사채관리회사에 맡길 수 있고, 사채관리회사를 정하지 아니한 경우에는 위 대표자로 하여금 집행하게 하거나 따로 집행자를 정하는 결의를 할 수도 있다(상법 제501조). 이러한 사채권자집회의 대표자 또는 사채관리회사 등 그 결의를 집행하는 자는 사채권자집회의 구성원인 전체 사채권자와 위임관계에 있다. 사채관리회사의 경우에는 상법 제484조의2 제2항에 전체 사채권자에 대하여 선량한 관리자의 주의로 사무를 처리하여야 할 의무가 있음을 명시하고 있다. 그러므로 상법 제623조는 이들을 특별배임죄의 행위주체로 한 것이다.

행위주체가 법인인 사채관리회사의 경우에는 상법 제637조 규정에 따라 사채관리회사에서 실제 행위를 한 이사, 집행임원, 감사, 그 밖에 업무를 집행한 사원 또는 지배인이 그 범죄행위주체가 된다.

사채권자집회의 대표자나 그 결의를 집행하는 자가 담당하는 사무는 특정적 또는 일시적인 경우가 대부분이어서 업무상배임죄의 업무로 보기 어려우므로 사채권자집회 대표자 등의 특별배임죄는 대부분 형법상 배임죄의 가중처벌적 신분범으로 볼 수 있다.

또한 사채의 종류별로 이루어지는 사채권자집회의 결의는 그 종류 사채권자 전원의 동의가 없는 한 법원의 인가를 받아야 효력이 발생하는데(상법 제498조 제1항), 사채권자집회의 대표자가 사채권자집회가 결의할 사항을 위임받아 한 결정도 마찬가지로 보아야 할 것이다. 이렇게 사채권자집회의 대표자나 그 결의를 집행하는 자의 권한은 회사임원 등에 비하여 매우 제한적이어서 그 남·

오용 위험이 적으므로 그 법정형은 회사임원 등의 특별배임죄보다는 낮게 규정한 것으로 보아야 할 것이다.[92]

Ⅱ. 임무위배 행위

1. 의 의

'임무에 위배한 행위', 즉 배임행위의 의의에 관하여 배임죄의 본질에 관한 통설·판례의 입장인 배신설에 따르면, 전술한 바와 같이 배임행위는 재산의 보호나 관리를 위임한 타인의 신뢰를 배반하는 행위를 의미한다. 무엇이 신뢰를 배반하는 행위인지에 대하여, 통설은 처리하는 사무의 성질·내용 및 행위 당시의 상황 등 구체적인 사정을 고려하여 신의성실원칙상 통상의 사무집행범위를 일탈한 행위라고 하고 있다.[93]

판례도 배신설의 입장에서 임무위배행위란 "사무의 내용·성질 등 구체적 상황에서 법률규정, 계약내용 또는 신의성실원칙에 비추어 당연히 할 것으로 기대되는 행위를 하지 않거나 당연히 하지 않아야 할 것으로 기대되는 행위를 함으로써 피해자와의 신임관계를 저버리는 일체의 행위를 말한다"라고 일관된 판결을 하고 있다.[94] 또한 판례는 어떠한 행위가 임무위배행위에 해당하는지 여부는 그 사무의 성질·내용, 사무집행자의 구체적 역할과 지위, 행위 당시의 구체적 상황에 따라 그 행위가 신의성실원칙에 비추어 통상의 업무집행 범위를 일탈하였는가 여부에 따라 판단하여야 한다고 판시하고 있다.[95]

이러한 배신설에 따르면 배임행위는 법률행위이건 사실행위이건 작위이건 부작위이건 무방하고, 대외적 대리권한을 유월·남용한 경우이건 대내적 신임관계 위반의 경우이건 가리지 않는다.

신의성실원칙에 비추어 통상의 사무집행범위를 일탈하였다면, 이사회 또는 주주총회 결의 등 내부적 절차를 거쳤다고 하더라도 배임행위는 성립할 수 있다.[96] 예컨대, 이사나 집행임원이 회사와의 자기거래 행위에 대하여 이사회의

---

92) 前掲 「會社法コンメンタル(21)」, 99面.
93) 이재상, 전게서, 425면; 손동권, 전게서, 455면; 김성돈, 전게서, 415면; 배종대, 전게서, 562면.
94) 대법원 2010. 10. 28. 2009도1149; 2010. 4. 29. 2009도13868; 1998. 2. 10. 96도2287.
95) 대법원 2010. 4. 29. 2009도13868.
96) 대법원 2005. 10. 28. 2005도4915; 1989. 10. 13. 89도1012.

사전승인을 받았다 하더라도, 거래의 내용이 회사에 재산상 손해를 가하는 경우라면 임무위배 행위가 될 수 있다.

그리고 법령, 정관, 사무처리규칙, 계약 등에 따르지 않았다고 하여 곧 임무위배 행위가 된다고 일반적으로 말할 수 있는 것도 아니다.[97] 이 죄는 재산을 보호법익으로 하는 재산죄이므로 피해자인 타인의 재산에 대한 위험정도를 감안하여, 행위주체가 타인에 대하여 부담하는 재산의 보호·관리의무(선관주의의무나 충실의무 등)를 위반하였는지 여부를 기준으로 실질적으로 임무위배행위 여부를 판단하여야 하기 때문이다.[98] 이는 회사의 이사 등 타인의 사무를 처리하는 행위주체가 부담하는 임무의 내용을 어떻게 볼 것인가 하는 문제이다. 이사는 법령과 정관의 규정에 따라 회사를 위하여 그 직무를 충실히 수행하여야 할 의무가 있는 것이지만(상법 제382조의3), 만약 법령·정관 준수의무와 회사의 이익이 충돌하는 경우에 회사의 이익에 따라 법령·정관을 위반하였다고 하여 배임행위가 된다고 할 수는 없을 것이다.

그러나 회사 등 타인의 사무를 처리하는 자가 그 내부적 절차에 위배하였는지 여부나 법령·정관을 위반한 사무처리인지 여부는 통상 배임행위 여부를 가리는 데에 중요한 자료가 될 수 있다.

2. 기업 관련 문제점

원래 구체적인 상황에서 어떠한 행위가 배임행위인지 여부를 가리는 것은 쉽지 않지만, 특히 회사임원 등의 경우에는 경영판단 문제에 관하여 후술하는 특별한 고려가 필요할 것인지 여부도 문제되고 있다. 다만 회사의 임원 등과 같이 행위주체의 임무내용이 민법, 상법 등 민사법 규정에 따라 정해지는 경우에는 임무위배 여부 판단도 그에 따라야 할 것으로 본다. 이와 별도로 형법에 고유한 임무위배 개념을 주장하는 것은 타인의 재산에 관한 신뢰를 보호하고자 하는 배임죄의 입법취지에도 맞지 않고 법체계의 혼란을 야기할 우려가 있으므로 찬성하기 어렵다. 이와 마찬가지로 행위주체의 임무내용이 민·상사 계약에

97) 前掲 「會社法コンメンタル(21)」, 68面(예컨대 회사의 돈으로 뇌물을 주는 행위는 법령위반 행위이지만, 그러한 행위로 회사가 관청과의 계약을 확보한다거나 인·허가를 받게 된 경우라면 임무위배 행위라 할 수 없다는 것이다).

98) 前掲 「會社法コンメンタル(21)」, 68面; 日 最判 2004. 9. 10. 刑集 58卷 6号 524面.

따라 정해지는 경우에도 그 임무위배 여부는 민·상사 법리에 따라야 할 것으로 본다.

회사임원 등의 특별배임죄에서 주주 전원의 승낙이 있는 경우에 회사임원 등의 배임행위를 인정할 수 있는지 여부의 문제가 있다. 1인회사의 경우에 회사는 주주와는 독립된 별개의 인격체로 보아 1인 주주의 배임행위인 경우에도 배임죄의 성립을 인정하는 판례[99]의 입장에서는 주주 전원의 승낙이 있다고 하더라도 배임행위는 성립할 수 있을 것이다. 다만, 1인회사의 경우에 1인 사원의 행위가 회사에 대한 배임행위가 될 수 있는지 여부에 관하여는 후술하는 '재산상 가해' 요건 부분에서 상술하기로 한다.

계열회사에 대한 자금지원 행위의 경우에도, 기업집단 전체의 이익이나 손해에 앞서 자금지원 회사의 이익이나 손해를 중심으로 그 회사 경영진의 배임행위 여부를 가리는 것이 판례의 입장이다. 즉, "회사의 이사 등이 계열회사에 회사자금을 대여할 때에 계열회사가 이미 채무변제능력을 상실한 상태임에도 불구하고 충분한 담보를 제공받는 등 상당하고도 합리적인 채권회수 조치를 취하지 아니한 채 대여한 경우에는, 계열그룹 전체의 회생을 위한다는 목적에서 이루어진 행위로서 그 행위의 결과가 일부 해당 회사를 위한 측면이 있다 하더라도 배임행위가 성립할 수 있다"고 판시하였다.[100]

배임행위의 증명책임은 검사가 부담하는 것이지만, 회사임원 등이 회사의 자금을 회사를 위하여 지출한 것처럼 위장하였지만, 그 돈을 회사를 위하여 사용한 대강의 지출내역조차 주장하지 못하고 있고, 회사의 재산상태나 경영실적에 비추어 그 자금지출을 감추어진 상여나 이익배당으로서 적정한 규모라 할 수 없다면 배임행위를 인정할 수 있다(판례).[101]

Ⅲ. 재산상 이익 취득

배임행위로 인하여 범죄행위주체가 재산상 이익을 취득하거나 제3자로 하여금 재산상 이익을 취득하게 하여야 한다. 제3자란 범죄행위주체와 피해자 외의 모든 사람을 말한다. 배임행위로 인하여 피해자에게 손해를 가하였다고 할지라

99) 대법원 1983. 12. 13. 83도2330 전원합의체 판결.
100) 대법원 2012. 7. 12. 2009도7435.
101) 대법원 1989. 10. 10. 87도966.

도 범죄행위주체나 제3자가 재산상 이익을 취득한 사실이 없다면 배임죄가 성립할 수 없다.

'재산상 이익'이란 재산적 가치를 증가시키는 이익이면 모두 해당하고, 법률적 관점이 아니라 경제적 관점에서 실질적으로 판단하여야 한다는 견해가 일반적이다(경제적 재산개념).[102] 따라서 음식향응을 받는 것은 포함되나, 재산상 이익이 따르지 않는 단순한 사회적 지위나 직책상의 이익은 포함되지 않는다. 판례도 회사의 영업사원이 회사가 지정한 최고 할인율보다 더 높은 할인율을 적용하여 회사가 제한한 최저가격보다 낮은 가격으로 제품을 판매한 이른바 '덤핑판매'의 배임 여부에 관하여, "제3자인 거래처에 재산상 이익이 발생하였는지 여부는 경제적 관점에서 실질적으로 판단하여야 할 것인바, 영업사원(피고인)이 회사(피해자)가 정한 할인율 제한을 위반하였다 하더라도 시장에서 거래되는 가격에 따라 제품을 판매하였다면 지정 할인율에 의한 제품가격과 실제 판매시 적용된 할인율에 의한 제품가격의 차액 상당을 거래처가 얻은 재산상의 이익이라고 볼 수는 없다."고 같은 취지로 판시하였다.[103]

그리고 배임죄의 보호법익에 비추어 볼 때 재산상 이익의 취득도 전체적 재산가치의 증가를 뜻한다. 예컨대 회사의 대표이사가 계약을 이행하지 아니하여 회사가 계약 상대방에게 그로 인한 손해배상금을 지급한 때에는 계약 상대방에게 재산상 이익을 취득하게 한 경우에 해당하지 않는다. 판례도 회사를 대표하여 기계 제작·설치 계약의 이행에 관한 업무를 처리하는 자가 고의로 기계제작 의무를 이행하지 아니하여 계약이 해제됨으로써 거래 상대방이 보증보험회사로부터 선급금반환 및 위약금 명목의 보험금을 수령한 사안에서, 위 보험금의 수령사실만으로는 상대방의 전체 재산가치의 증가로 볼 수 없으므로 상대방이 재산상 이익을 취득하였다고 단정할 수 없다고 판시하였다.[104] 또한 아파트 입주자대표회의의 회장이 아파트 열사용요금의 지출결의서에 날인을 거절함으로써 아파트 입주자들에게 그 공급업체에 대한 연체료를 부담시킨 사안에서, 열 사용요금 납부 연체로 인하여 발생한 연체료는 금전채무 불이행으로 인한 손해배상에 해당하므로, 공급업체가 연체료를 지급받았다는 사실만으로 공급업

102) 이재상, 전게서, 430면; 손동권, 전게서, 458면; 김성돈, 전게서, 418면; 배종대, 전게서, 566면; 오영근, 전게서, 501면.

103) 대법원 2009. 12. 24. 2007도2484.

104) 대법원 2007. 7. 26. 2005도6439.

체가 그에 해당하는 재산상의 이익을 취득하게 된 것으로 단정하기 어렵고, 나아가 공급업체가 열 사용요금 연체로 인하여 실제로는 아무런 손해를 입지 않았거나 연체료 액수보다 적은 손해를 입었다는 등의 특별한 사정이 인정되는 경우에 한하여 비로소 연체료 내지 연체료 금액에서 실제 손해액을 공제한 차액에 해당하는 재산상 이익을 취득한 것으로 볼 수 있을 뿐이라고 판시하였다.[105]

'재산상 이익의 취득'은 범죄구성요건을 이루는 요소이므로 재산상 이익가액(이득액)도 밝혀져야 할 것이지만, 이득액이 확인되지 않는 등 불분명하더라도 재산상 이익의 취득 사실만 증명할 수 있다면 범죄의 성립에는 영향이 없다. 다만 특경법위반(배임)죄는 형법상 배임죄나 업무상배임죄를 범한 경우 중 그 재산상 이익의 가액이 5억 원 이상인 때에만 의율할 수 있으므로, 만약 그 이득액이 불분명한 경우에는 배임죄나 업무상배임죄로 의율하여야 한다.

비상장주식의 매매 등 거래로 인한 배임의 경우에는 그로 인한 재산상 이익 및 손해의 평가와 관련하여 후술하는 바와 같이 비상장주식의 시가를 어떻게 평가할 것인가 하는 문제가 있다.

Ⅳ. 재산상 가해

1. 개 념

배임행위로 인하여 본인에게 재산상 손해를 가하여야 한다. 배임행위와 위 재산상 이익 취득과 재산상 가해 사이에는 인과관계가 인정되어야 한다.

재산상 손해는 적극적으로 재산상 손해를 발생시킨 경우이건 발생할 수 있는 재산상 이익을 소극적으로 취득할 수 없게 한 경우이건 불문한다.

또한 배임죄의 보호법익에 비추어 볼 때 재산상의 손해를 가한다는 것은 본인의 전체 재산상태에 손해를 가하는 경우, 즉 본인의 전체 재산가치의 감소를 가져오는 것을 말한다(통설 · 판례).[106] 따라서 재산상 손실을 야기한 배임행위가 동시에 그 손실을 보상할 만한 재산상 반대이익을 준 경우, 예컨대 같은 배임행위로 인한 급부와 반대급부가 상응하고 다른 현실적인 재산상 손해나 그 손

---

105) 대법원 2009. 6. 25. 2008도3792.

106) 김일수 · 서보학, 전게서, 492면; 손동권, 전게서, 458면; 정성근 · 박광민, 전게서, 470면; 배종대, 전게서, 565면; 김성돈, 전게서, 418면; 대법원 2011. 4. 28. 2009도14268; 1999. 6. 22. 99도1095; 1995. 12. 22. 94도3013.

해발생 위험도 없는 것으로 인정된다면(위험범설) 전체적 재산가치의 감소가 없으므로 재산상 손해가 있다고 할 수 없다. 판례는 A와 B가 공동으로 토지를 매수하여 그 지상에 창고사업을 하는 내용의 동업약정을 하고 동업재산이 될 토지의 매수계약을 체결한 다음 매도인에게 계약금을 지급하였는데, 그 후 A가 소유권이전등기 업무를 처리하면서 B 몰래 매도인과 위 매매계약을 해제하고 B를 매매 당사자에서 배제하는 내용의 새로운 매매계약을 체결한 다음 제3자 명의로 소유권이전등기를 마친 행위의 배임으로 인한 이득액 및 재산상 손해액이 문제된 사안에서, "피해자인 (동업)조합으로서는 장차 취득할 것이 기대되었던 토지의 가치에 상응하는 재산이 감소되었지만 다른 한편으로는 토지의 잔금 지급의무를 면하게 되었으므로 토지의 매수대금 상당액이 위 배임행위로 인하여 조합이 입게 된 재산상 손해액에 해당한다고 할 수는 없는데도, A(피고인)가 얻은 이득액 및 피해자가 입은 손해액을 토지의 매수대금 상당액으로 인정하는 것은 부당하다"고 판시하였다.[107)]

재산상 손해발생 유무에 대한 판단은 재산상 이익취득의 경우와 마찬가지로 법률적 판단에 의하지 아니하고 경제적 관점에서 파악하여야 하므로(경제적 재산개념), 손해를 발생시킨 처분행위가 법률상 무효 또는 취소할 수 있다거나 상법 등 사법(私法)적 손해배상 청구권과 같은 구제수단이 있는지 여부는 문제되지 않는다(통설 · 판례).[108)] 즉 배임행위로 인한 채무부담 행위가 회사에 대하여는 무효라거나 회사가 취소할 수 있는 경우일지라도 재판에서 회사가 패소할 위험 등 재산감소의 구체적 위험이 있다고 할 수 있는 경우에는 재산상 손해가 인정될 수도 있다.[109)] 예컨대 판례는 주식회사의 대표이사가 회사의 영업용 중요 재산을 양도한 것이 사실상 영업양도(상법 제374조 제1항 제1호)에 해당하여 그 처분 당시 주주총회의 특별결의를 거치지 아니함으로써 그 매매계약 및 이에 따른 소유권이전등기는 법률상 당연무효라고 하더라도, 경제적 관점에서 볼 때 적어도 재산에 관한 소유권이전등기를 넘겨 준 이상 그 처분행위로 인하여 위 회사에게 현실적인 손해를 가하였거나 재산상 실해 발생의 위험을 초래하였다고 볼 수 있다고 하여 특경법위반(배임)죄를 인정하였다.[110)]

---

107) 대법원 2011. 4. 28. 2009도14268.

108) 이재상, 전게서, 427~428면; 손동권, 전게서, 458면; 김성돈, 전게서, 418면; 대법원 2006. 6. 2. 2004도7112; 2005. 4. 15. 2004도7053; 2004. 3. 26. 2003도7878; 1992. 5. 26. 91도2963.

109) 神山敏雄 外 編, 前掲書, 161面.

그러나 배임행위가 법률상 무효이고 그로 인하여 현실적인 손해는 물론 재산상 손해발생의 위험조차 초래되지 아니한 경우에는 배임죄의 범죄구성요건인 손해의 발생으로 인정되지 않는다.[111] 판례도 "주식회사의 대표이사가 자신의 채권자들에게 회사 명의의 금전소비대차 공정증서 등을 작성해 주었다고 하더라도, 대표이사의 행위가 대표권 남용으로서 상대방도 이를 알았거나 알 수 있었던 이상 위 공정증서는 무효이고, 그로 인하여 회사에 재산상 손해가 발생하였다거나 재산상 실해발생의 위험이 초래되었다고 볼 수도 없다"고 판시하였다.[112] 또한 판례는 "법인의 대표자 또는 피용자가 그 법인 명의로 한 채무부담행위가 관련 법령에 위배되어 법률상 효력이 없는 경우에는 그로 인하여 법인에게 어떠한 손해가 발생한다고 할 수 없으므로, 그 행위로 인하여 법인이 민법상 사용자책임 또는 법인의 불법행위책임을 부담하는 등의 특별한 사정이 없는 한 배임죄가 성립하지 않는다"고 판시하였다.[113]

금융기관이 거래처의 기존 대출금에 대한 원리금 변제에 충당하기 위하여 거래처에 신규대출을 함에 있어, 형식상 신규대출을 한 것처럼 서류상 정리를 하였을 뿐 실제로 거래처에 대출금을 새로 교부한 것이 아니라면 그로 인하여 금융기관에 어떤 새로운 손해가 발생하는 것은 아니므로 기존 대출행위와 별도로 배임죄가 성립하는 것은 아니다(판례).[114] 그러나 판례는 이 경우 금융기관이 실제로 거래처에 대출금을 새로 교부한 경우에는 "거래처가 그 대출금을 임의로 처분할 수 없다거나 그 밖에 어떠한 이유로든 그 대출금이 기존 대출금의 원리금으로 상환될 수밖에 없다는 등의 특별한 사정이 없는 한, 비록 새로운 대출금이 기존 대출금의 원리금으로 상환되도록 약정되어 있다거나 실제로 신규 대출금 중 일부를 기존 대출금 상환에 사용하였다고 하더라도 그 대출과 동시에 이미 손해발생의 위험은 발생하였다고 보아야 할 것이므로 (업무상)배임죄가 성립한다"고 판시하고 있다.[115]

피해자에게 '손해를 가하는 것'이 범죄구성요건의 요소이므로, 재산상 손해를

---

110) 대법원 1992. 5. 26. 91도2963.
111) 대법원 2011. 7. 14. 2011도3180.
112) 대법원 2012. 5. 24. 2012도2142.
113) 대법원 2010. 9. 30. 2010도6490.
114) 대법원 2000. 6. 27. 2000도1155.
115) 대법원 2010. 1. 28. 2009도10730.

가한 사실만 인정되면 그 손해액이 확인되지 않거나 불확정적인 경우 등 불분명한 경우일지라도 배임죄의 성립에 지장은 없다.[116]

2. 1인회사의 경우

주식회사의 주식이나 유한회사의 출자지분이 형식상 또는 사실상 1인 주주나 1인 사원에게 귀속되는 소위 1인회사의 경우에, 회사의 (대표)이사가 1인 주주(또는 유한회사의 사원, 이하 주주라고만 함)와 동일하다거나 또는 그 의사에 따라 회사에 대한 배임행위를 하였다면 그 회사에 재산상 손해가 발생하였다고 할 수 있는지 여부가 문제된다. 이는 배임으로 인한 손해발생 여부의 문제이자 배임행위 여부의 문제로서 회사의 본질에 관한 주주지상주의와 이해관계자주의의 대립과도 관계되는 문제라고 생각한다.

회사는 누구의 이익을 위하여 존재하며 경영진은 누구의 이익을 위하여 권한을 행사하여야 하고 누구에 대하여 의무를 부담하는 것인가 하는 점은 회사지배구조에도 영향을 미치는 중요한 문제이다. 이에 관하여는 일찍이 1931년 및 1932년 미국에서 전개된 'Berle과 Dodd의 논쟁' 이래 주로 영미법계 국가의 전통적 이론인 주주지상주의(株主至上主義, shareholder primacy theory)와 주로 독일을 중심으로 대륙법계 국가에서 따르는 이해관계자주의(利害關係者主義, stakeholder theory)로 대별된다. 주주지상주의에 따르면 회사는 주주의 이익을 위하여 존재하고 경영진은 전체 주주의 이익을 위해서만 활동하여야 한다고 주장한다.[117] 이해관계자주의에 따르면 회사는 주주・채권자・경영진・근로자・소비자・지역사회 등 모든 이해관계자의 이익을 위하여 존재하므로 경영진은 주주의 이익만이 아니라 회사 그 자체의 이익을 위하여 활동하여야 하고 회사에 대한 선관주의의무를 부담한다고 본다(법인이익독립론).[118]

---

116) 피해자의 재산상 손해가 추상적으로 적시되어 있어도 배임죄가 성립할 수 있다는 취지의 판례(대법원 1983. 12. 27. 83도2602); 손해가 불확정 상태일지라도 배임죄가 성립할 수 있다는 취지의 판례(日 大判 1933. 12. 4. 刑集 12卷 2196面).

117) Adolf A. Berle Jr., Corporate Powers as Powers in Trust, 44 Harv. L. Rev. 1049~1074(1931).

118) E. Merrick Dodd, For Whom are Corporate Managers Trustees?, 45 Harv. L. Rev. 1145~1163 (1932); 최민용, "LBO와 손해", 「상사법연구」(한국상사법학회, 2010. 8.), 337면에서는 이해관계자주의가 곧 법인이익독립론으로 연결되는 것은 아니라는 취지의 주장을 하고 있으나, 법인이익독립론은 이해관계자주의에 기반을 두고 있는 것으로 보아야 할 것이다.

주주지상주의는 회사가 주주들의 출자에 의하여 이루어진 것이므로 주주들의 소유라는 점, 다른 이해관계자들은 계약에 따른 보호를 받는 관계이지만, 주주들은 투자위험을 부담함으로써 잔여재산분배를 받는 관계이므로 회사의 경영성과에 직접적 이해관계가 있다는 점을 주된 논거로 한다. 그 밖에도, 상법에서 인정되는 주주총회의 이사 선임·해임권(상법 제382조 제1항, 제385조), 이사의 보수 결정권(상법 제388조), 중요사항에 관한 주주총회 결의 제도(상법 제361조, 제374조, 제375조 등), 주주의 대표소송 제도(상법 제403조) 및 각종 소수주주권은 물론 주식매수선택권(Stock Option) 제도도 회사가 주주의 이익을 위하여 존재하기 때문에 규정하고 있는 주주지위 보호제도라는 것이다.[119] 따라서 이러한 입장에서는 이사 등 경영진의 선관주의의무도 주주들에 대하여 부담하는 의무로 보게 된다.

이해관계자주의는 현대와 같이 사채 등 다양한 투자수단이 발달한 상황에서는 더 이상 회사가 주주들의 출자만에 의하여 이루어진 것이라고 말할 수는 없고, 유한책임을 부담하는 주주들은 주식수에 따른 제한된 경영참여권과 재산적 권리를 가질 뿐이라고 주장한다.[120] 이러한 점에서 회사는 주주들과 독립된 법인격이 있으므로 경영진은 주주만이 아닌 회사의 이익을 위하여 활동하여야 하는 것이라고 주장한다. 특히 우리나라에서는 현행법에서 회사가 법인임을 명시하고 있고, 이사의 선관의무나 충실의무도 회사에 대한 것이라는 점 등에 비추어 주주지상주의 입장으로 보기 어렵다는 것이다.[121] 판례도 이사의 선관주의의무의 대상은 회사일 뿐, 주주나 채권자에 대하여는 직접 선관주의의무를 부담하는 것은 아니라고 판시하고 있는 점[122]에 비추어 같은 입장인 것으로 보인다.

이러한 이해관계자주의에 대하여 주주지상주의 입장에서는 이해관계자의 범위가 명확한 것이 아니고, 채권자의 경우에는 주주들과 달리 그 이해관계가 단

119) 이상훈, "LBO와 배임죄(하)", 「법조」 (한국법조협회, 2008. 5.), 21~23면. 이 논문에서는 주식매수선택권 제도도 stock option을 부여받은 임·직원의 이해관계를 주주의 이해관계와 일치시킴으로써 임·직원이 주주의 입장에서 행위를 하도록 하기 위한 것이므로, 주주 이익 보호제도 중 하나라고 한다.

120) 장덕조, "전환사채의 저가발행과 회사의 손해, 그리고 주주의 손해", 「법조」 (한국법조협회, 2009. 5.), 90~93면.

121) 김건식, "회사법상 충실의무법리의 재검토", 「21세기 한국상사법학의 과제와 전망」 (심당 송상현 선생 화갑기념 논문집, 2002), 163면; 장덕조, 전게논문, 98~99면.

122) 대법원 2009. 5. 29. 2007도4949 전원합의체 판결; 대법원 2004. 6. 17. 2003도7645 전원합의체 판결; 대법원 1990. 5. 25. 90도6.

일하지 않고 상충될 수도 있으며, 이해관계자를 위한 활동의 구체적 내용이 모호하기 때문에 경영진에게 지나친 재량 여지를 남길 수 있고, 회사에 독립된 법인격을 인정하는 의미는 회사가 권리·의무의 귀속주체가 됨으로써 법률관계를 간명하게 처리하게 하기 위한 수단일 뿐 그것만으로 주주와 독립된 회사의 이익을 인정하여야 하는 것은 아니라고 비판한다.[123)]

주주지상주의 입장에서는 회사가 주주의 이익만을 위하여 존재하는 이상 경영진은 전체 주주의 이익만을 위하여 활동하여야 한다고 주장하므로, 주주의 의사에 따라 하는 행위를 배임행위라고 하거나 그로 인한 회사의 손해발생을 인정할 수 없다. 반면, 이해관계자주의는 회사가 주주의 이익만이 아니라 채권자·경영진·근로자·소비자·지역사회 등 회사의 모든 이해관계자의 이익을 위하여 존재하고, 경영진은 주주의 이익만이 아니라 회사의 이익을 위하여 활동하여야 한다고 보는 입장이므로, 1인 주주의 의사에 따른 행위라 할지라도 회사에 대한 배임행위가 될 수 있고 회사의 손해를 인정할 수 있게 될 것이다.

판례는 1인 주식회사의 경우에 "1인 주주와 피해자인 회사는 분명히 별개의 인격이고, 그 회사에 재산상 손해가 발생하였을 때 배임죄는 기수가 되는 것이므로, 그 손해가 궁극적으로 1인 주주의 손해가 된다고 하더라도(또 주식회사의 손해가 항시 주주의 손해와 일치한다고 할 수도 없다) 배임죄는 성립할 수 있다"라고 판시하였다.[124)] 또한 1인 사원인 유한회사에 관하여도 "유한회사와 그 사원은 별개의 법인격을 가진 존재로서 동일인이라 할 수 없고 유한회사의 손해가 항상 사원의 손해와 일치한다고 할 수도 없으므로, 1인 사원이나 대지분을 가진 사원도 본인인 유한회사에 손해를 가하는 임무위배행위를 한 경우에는 배임죄의 죄책을 진다."라고 판시하였다.[125)] 이러한 판례들은 이해관계자주의 입장에서 1인 주주의 회사에 대한 배임행위 및 그로 인한 회사의 손해발생을 인정하고 있는 것으로 해석할 수 있다.

생각하건대 1인회사는 형식적으로 주주나 사원과는 독립된 법인격체이고(상법 제169조), 실질적으로도 물적회사는 회사채무에 대하여 간접·유한책임을 부

---

123) 이철송, 전게논문, 106면; 최문희, "주식회사의 법인격의 별개성 再論 -'에버랜드 판결'에 대한 비판적 고찰을 통하여-", 「한양법학」(한양법학회, 2009. 11.), 34,37면; 최민용, 전게논문, 336~337면.

124) 대법원 1983. 12. 13. 83도2330 전원합의체 판결.

125) 대법원 2011. 3. 10. 2008도6335.

담할 뿐인 주주나 유한회사 사원과는 경제적 이해관계가 항상 같지는 아니한 점, 주주나 사원은 수시로 교체될 수 있는 점 등을 감안한다면, 개별적인 주주나 사원과는 별개의 실체인 회사의 존재를 인정하여야 할 것이다(이해관계자주의 입장). 따라서 주주나 사원의 손해와는 별도로 회사의 손해발생을 생각할 수 있고, 주주나 사원의 동의가 있다고 하여 회사에 대한 배임행위가 성립하지 않는 것은 아니라고 보아야 할 것이다. 이러한 입장에서는 1인회사가 아닌 경우에 (대표)이사가 주주총회나 유한회사 사원총회의 동의를 받아 행위를 한 경우에도, 그것만으로는 배임행위나 회사의 손해발생을 부정할 수 없다고 보아야 함은 물론이다.[126]

유한책임회사의 경우에는 내부적으로는 조합으로서의 실질을 지니고 사적자치가 폭넓게 인정되고 있으나,[127] 외부적으로 사원은 간접・유한책임을 부담할 뿐인 물적회사에 속하고, 사원수에 제한이 없어 1인 사원도 허용되고 있으므로(상법 제287조의3) 마찬가지 문제가 발생할 수 있다. 1인 사원인 유한책임회사의 경우에도 위와 같은 이유로 위 주식회사나 유한회사와 같이 취급하여야 할 것으로 본다.

합명회사나 합자회사와 같은 인적회사의 경우에는 형식적으로는 1인회사가 될 수 없지만(상법 제178조, 제227조 제3호, 제285조 제1항), 실질적인 1인회사[128]가 성립할 수 있다. 이러한 인적회사는 형식적으로 사원과는 별개의 법인격체라 하더라도, 실질적으로는 조합에 속하고 회사채무에 대하여 직접・무한책임을 부담하는 사원이 존재하며 사원의 지분양도에는 무한책임사원 전원의 동의를 필요로 하는 점(상법 제197조, 제276조) 등에 비추어 회사가 사원 외 이해관계자의 이익을 위하여 존재하는 것으로 볼 수는 없다. 따라서 인적회사의 경우에는 실질적 1인 사원의 의사에 따른 행위라면 배임행위가 될 수 없고 그 사원의 손해와 별개의 회사손해를 인정할 수는 없다고 본다.

그러나 법인격의 남용으로 인하여 법인격이 부인되는 경우에는 법인 배후의

---

126) 같은 취지 : 사법연수원, 「경제범죄론」 (2006), 262면; 노명선, 「회사범죄(Ⅰ)」 (도서출판 성민, 2002), 183면.

127) 유한책임회사의 내부관계에 관하여는 정관이나 상법에 다른 규정이 없으면 합명회사에 관한 규정을 준용한다(상법 제287조의18).

128) 명의상으로는 수인의 사원이 존재하나 실질적으로는 1인의 사원이 회사의 지분을 소유하는 경우를 실질적 1인회사라 한다.

실체로서 회사채무에 대한 책임을 부담하는 1인 주주나 1인 사원의 손실과 별도로 회사의 손해발생을 인정할 수 없으므로, 회사에 대한 배임행위나 배임죄는 성립할 수 없다고 보아야 할 것이다.[129]

V. 주관적 범죄구성요건

1. 고 의(故意)

고의의 본질에 관한 통설・판례에 따르면 고의는 지적 요소인 인식 외에 의욕을 필요로 한다고 하고(意思說), 또한 통설・판례인 용인설(容認說)에 따르면 그 의욕의 정도가 큰 순서대로 목표지향적인 확실한 의욕(즉, 意圖的 고의), 단순한 의욕(즉, 知情 고의)은 물론 용인(容認)의사까지 포함하고 있다.[130] 따라서 배임죄는 고의범이므로(형법 제13조 본문) 주관적 범죄구성요건으로 객관적 범죄구성요건 사실에 대한 인식과 적어도 그 용인(容認)이 필요하다. 형법상 배임죄나 업무상배임죄는 물론 상법 기타 특별법상 특별배임죄의 경우에도 형법 제8조 규정에 따라 형법 제13조가 적용되므로 특별한 규정이 없는 한 이러한 주관적 요소를 구비하여야 하는 것은 마찬가지이다.

배임죄의 경우에 고의, 즉 인식 및 용인의 대상은 자신의 신분은 물론 임무위배 사실과 그로 인하여 자기 또는 제3자가 재산상 이익을 취득하고 피해자 본인(이하 본인이라 함)에게 재산상 손해를 가하거나 가할 위험이 있다는 사실이다. 이러한 사실에 대한 인식 및 용인은 미필적 고의로도 충분하다(통설・판례).[131] 그 밖에 본인에게 재산상 손해를 가하려는 적극적인 의사나 자기 또는 제3자에게 재산상 이익을 얻게 하려는 목적까지는 요하지 않는다는 것이 판례의 일관된 태도이다.[132]

재산상 가해의 고의를 인정함에 있어서는 일부 본인의 이익을 위한다는 인식

---

129) 前掲 「會社法コンメンタル(21)」, 69面.

130) 김성돈, 전게 「형법총론」, 193~194면; 신동운, 전게서, 196~197면; 대법원 1987. 2. 10. 86도2338.

131) 이재상, 전게서, 430면; 정성근・박광민, 전게서, 472면; 김일수・서보학, 전게서, 495면; 손동권, 전게서, 460~461면; 박상기, 전게서, 405면; 대법원 2012. 7. 12. 2009도7435; 2011. 7. 28. 2010도965; 2010. 4. 29. 2009도13868; 2007. 11. 15. 2007도6075; 前田信二郎, 前掲書, 81面.

132) 대법원 2007. 11. 15. 2007도6075; 2004. 7. 9. 2004도810; 1983. 12. 13. 83도2330 전원합의체 판결.

이 미필적으로 있었을지라도 이러한 인식은 부수적일 뿐 자기 또는 제3자의 재산상 이익 취득 및 본인에 대한 가해의 의사가 주된 것이라면 배임의 고의를 인정할 수 있다(판례).[133] 이에 따라 판례는 재벌그룹의 회장 및 그 계열회사의 대표이사가 공모하여 다른 그룹 계열회사에 대하여 자금지원을 한 행위의 배임 여부가 문제된 사안에서 "자금지원으로 재산상 이익을 취득하는 제3자인 다른 계열회사가 같은 그룹의 계열회사이고, 그룹 전체의 회생을 위한다는 목적 아래 이루어진 행위로서 그 행위의 결과가 일부 계열회사 본인을 위한 측면이 있다 하더라도 계열회사 본인의 이익을 위한다는 의사는 부수적일 뿐이고 (다른 계열회사의) 이득 또는 (계열회사 본인에 대한) 가해의 의사가 주된 것임이 판명되면 배임죄의 고의가 인정된다."고 판시하였다.[134]

경영판단원칙의 도입 여부에 관하여는 후술하는 바와 같이 논란이 있지만, 고의 측면에서는 경영판단 문제에 대하여도 일반적인 법리와 다를 바 없다고 보아야 할 것이다. 판례도 "기업의 경영판단과 관련하여 경영자에게 배임의 고의가 있었는지 여부를 판단함에 있어서도 일반적인 (업무상)배임죄와 마찬가지의 법리가 적용되어야 함은 물론이지만, 기업 경영에 내재된 속성을 고려하여, 문제된 경영상 판단에 이르게 된 경위와 동기, 판단대상인 사업의 내용, 기업이 처한 경제적 상황, 손실발생의 개연성과 이익획득의 개연성 등 제반 사정에 비추어 자기 또는 제3자가 재산상 이익을 취득한다는 인식과 본인에게 손해를 가한다는 인식(미필적 인식을 포함)하의 의도적 행위임이 인정되는 경우에 한하여 배임죄의 고의를 인정하여야 한다"고 판시하고 있다.[135]

판례에 따르면 피고인이 배임의 고의를 부인하는 경우에는 사물의 성질상 고의와 상당한 관련성이 있는 간접사실을 증명하는 방법에 의하여 증명할 수밖에 없고, 무엇이 상당한 관련성이 있는 간접사실에 해당할 것인지 여부는 정상적인 경험칙에 바탕을 두고 치밀한 관찰력이나 분석력에 의하여 사실의 연결상태를 합리적으로 판단하는 방법에 의하여야 한다.[136]

---

133) 대법원 2012. 7. 12. 2009도7435; 2010. 12. 23. 2008도8851; 2009. 2. 26. 2008도522.
134) 대법원 2009. 7. 23. 2007도541.
135) 대법원 2010. 4. 29. 2009도13868; 2009. 6. 11. 2008도4910; 2004. 7. 22. 2002도4229.
136) 대법원 2004. 7. 9. 2004도810.

2. 불법이득의사

배임죄의 주관적 범죄구성요건 요소로서 불법이득의사(위법이득의사)가 필요한지 여부에 관하여는 학설이 대립하고 있다. 이는 형법상 배임죄나 업무상배임죄뿐만 아니라 상법 기타 특별법상 특별배임죄의 경우에도 해당되는 문제이다.

통설은 불법이득의사의 내용을 자기 또는 제3자가 재산상 이익을 취득하려는 의사로 파악하고, 우리나라는 독일 형법과 달리 타인의 재산상 손해발생 외에 재산상 이익취득을 범죄구성요건으로 하고 있기 때문에 불법이득의사가 필요하다고 주장한다.[137] 판례도 '불법이득의사'라는 용어를 사용하고 있는데, 분명치는 않지만 불법이득의사의 내용도 통설과 같이 파악하는 것을 전제로 판시하고 있는 듯하다.[138]

이에 대하여, 소수설인 불필요설은 위와 같은 이익취득의 의사도 고의의 대상이므로 고의와 별도로 불법이득의사를 인정할 필요가 없다고 주장하고 있다.[139]

그러나 위와 같은 양 견해는 모두 배임죄의 주관적 구성요건요소로 자기 또는 제3자가 재산상 이익을 취득하려는 의사가 필요하다고 보는 점은 같은데, 불법이득의사 필요설은 이를 고의와 별도의 주관적 구성요건요소로 파악하고 있을 뿐이므로 양 견해 사이에 실질적인 내용상 차이는 없다. 따라서 위 필요설 중에는 불법이득의사를 초과주관적 구성요건요소로 보지 않고 고의의 한 내용으로 이해하여야 한다는 견해도 있다.[140] 결국 통설과 같이 불법이득의사의 내용을 자기 또는 제3자가 재산상 이익을 취득하려는 의사로 파악한다면 이는 재산상 이익취득에 관한 고의의 내용에 완전히 포함되는 것이므로 고의 외에 불법이득의사라는 개념을 별도로 인정할 필요가 있는지는 의문이다.

한편, 불법이득의사가 필요하다는 견해 중에는 불법이득의사의 내용을 달리 파악하는 견해도 있다. 즉, 불법이득의사의 내용을 '이익취득의 불법성에 대한 인식'과 '소유자 지위 배제의 지속성에 대한 의사'로 보고, 그 체계상 지위도 객관적 구성요건요소에 대한 고의를 초과하는 초과주관적 구성요건요소로 보는

---

137) 김일수·서보학, 전게서, 495면; 박상기, 전게서, 406면; 이재상, 전게서, 430면.

138) 김일수·서보학, 전게서, 495면, 김성돈, 전게「형법각론」, 420면; 대법원 2011. 10. 27. 2009도14464; 2008. 1. 17. 2007도6987, 2005. 4. 29. 2005도856.

139) 정성근·박광민, 전게서, 472면.

140) 김성돈, 전게서, 420면.

견해[141)]이다. 그러나 불법성에 대한 인식은 책임요소로서 범죄구성요건요소로 파악할 것은 아니며, 소유자 지위 배제의 지속성에 대한 의사는 재산상 이익취득에 대한 고의의 내용에 포함되는 것이므로 이것만 별도로 초과주관적 구성요건요소로 파악할 것은 아니라고 본다.

Ⅵ. 실행의 착수시기 및 기수시기

1. 실행의 착수시기

배임죄의 고의를 가지고 임무위배 행위, 즉 배임행위를 개시한 때에 배임죄의 실행에 착수한 것으로 보는 것이 일반적이다.[142)]

배임행위의 완성에 필요한 상급자의 결재나 이사회 결의 등 내부적 절차를 거치지 않았다고 하더라도 무방하다. 판례도 "군(郡)조합의 구매주임이 정상가격보다 높은 가격으로 묘목을 판매하여 재산상 이득을 취득하고 조합원들에게 손해를 끼칠 목적으로 조합원들로부터 묘목의 구매신청서를 받은 이상 (업무상) 배임의 실행에 착수한 것이라 할 것이고, 위 묘목 판매사업이 조합사업으로 확정되는 절차인 이사회의 결의나 도(道)지부의 승인을 거치지 아니하였더라도 이는 조합 내부의 절차에 불과한 것이어서 위 결론에는 영향이 없다."고 판시하였다.[143)]

배임죄의 실행에 착수한 후에는 기수에 이르지 못하였더라도 미수범으로 처벌된다(형법 제359조, 상법 제624조).

2. 기수시기

배임행위로 인하여 '손해를 가한 때'가 배임죄의 기수시기이다. 그런데 재산상의 '손해를 가한 때'의 구체적 의미에 관하여는 배임죄 보호법익의 보호정도와 관련하여 전술한 바와 같이 판례와 학설이 위험범설과 침해범설로 대립하고 있다. 이러한 견해의 차이는 특별배임죄의 기수시기뿐만 아니라 손해액을 정함에도 영향을 미치게 된다.

침해범설은 '손해를 가한 때'라는 문언의 해석상 피해자의 재산에 대한 현실

141) 손동권, 전게서, 460~461면.
142) 김일수・서보학, 전게서, 494면; 정성근・박광민, 전게서, 471면; 김성돈, 전게서, 420면.
143) 대법원 1966. 9. 27. 66도912.

적 손해가 발생하여야 기수가 되고, 그 현실적 손해의 액이 피해액이 된다는 것이다.[144] 위험범설의 입장에 따르면 '재산상의 손해를 가한 때'란 직접적으로 현실적인 손해를 가한 경우가 아니더라도 재산상 손해발생의 위험을 초래한 경우도 포함한다.[145] 이때 손해발생의 위험이란 '재산가치의 감소로 볼 수 있는 재산상 손해의 위험이 발생한 경우'라거나(판례)[146] '개연성이 매우 높은 손해발생 위험'이라고 한다.[147] 위험범설을 따르면 재산상 손해발생의 위험이 있는 때 기수가 되고 손해가능액이 피해액이 된다.

이에 대하여 침해범설의 입장이면서도 재산상 손해의 발생 후 그 확인까지 장시간을 요하는 경우가 많은 배임죄의 특성상 '손해를 가한 때'를 행위의 태양으로 파악하여 재산상 손해발생의 위험이 있는 때를 '손해를 가한 때'로 보는 견해[148]도 있다. 이 견해에 따르면 배임죄의 기수시기는 위험범설과 같으나 피해액은 침해범설과 같은 결과가 될 것이다.

위험범설의 입장에서는 담보가 부실한 대출(부실대출)에 의한 배임의 경우에도 실제로 회수가 불가능한 때가 아니라 대출금의 회수가 불가능하게 될 위험이 있는 때 배임죄의 기수가 되고, 손해발생의 위험이 있는 대출금 전액이 손해액이 된다. 담보대출의 경우에는 통상 담보물의 가치를 초과하여 대출하면 그 초과 대출금만큼 손해발생의 위험을 초래한 것으로 보아야 하겠지만, 재산가치의 감소로 볼 수 있는 재산상 손해의 위험이 발생한 경우인지는 구체적 사안에 따라 판단할 수 밖에 없을 것이다.

위험범설의 입장인 판례는 금융기관의 대출담당 직원이 아파트를 담보로 대출해 준 후 그 대출채무자의 부탁을 받고 그 아파트에 임차인이 전입신고를 하는 등으로 대항력을 갖추고 나서야 아파트에 대한 근저당권설정등기를 경료한 사안에서, "금융기관이 입은 손해는 아파트에 대한 대출액수와 대출 당시 부동산가액에서 대항력이 발생한 임대차보증금의 액수를 공제한 나머지 금액을 비교하여, 부동산 가액에서 위 임대차보증금 액수를 공제한 잔액, 즉 잔존 담보가치가 대출액수에 미달하는 때에 그 부족분에 해당하는 금액이라고 보아야 한

144) 오영근, 전게서, 502면; 손동권, 전게서, 458면
145) 박상기, 전게서, 403면; 김일수·서보학, 전게서, 492면; 이재상, 전게서, 428면.
146) 대법원 2000. 11. 24. 99도822; 1998. 2. 24. 97도183.
147) 배종대, 전게서, 566면.
148) 정성근·박광민, 전게서, 471면; 김성돈, 전게서, 419면.

다"고 판시하였다.[149] 또한 "담보물의 가치를 초과하여 대출한 금액이나 실제로 회수가 불가능하게 된 금액만을 손해액으로 보는 것이 아니라, 재산상 권리의 실행이 불가능하게 될 염려가 있거나 손해발생의 위험이 있는 대출금 전액을 손해액으로 보아야 한다"고 판시하고 있다.[150]

그리고 일본 판례는 이러한 부실대출의 경우에 소극적 손해인 대출금의 이자액도 손해액에 포함하고 있다.[151] 배임죄의 '손해' 개념에 비추어 타당한 판결로 보인다.

그리고 은행 지점장이 담보가 부실한 대출을 하여 대출 은행에 손해발생 위험을 발생시켰으나, 그 후 그 담보물을 양수한 제3자에 의하여 대출금이 대위변제되었거나 담보물인 부동산의 시가가 다른 경제적 요인으로 폭등하여 실제 손해는 발생하지 아니한 경우에도, 부실대출 행위로 손해발생 위험이 생긴 때 은행의 재산가치는 이미 감소하였다가 사후에 다른 요인으로 피해가 회복된 것으로 평가하여야 할 것이다.[152]

제4절 공　　범

Ⅰ. 배임죄의 공범 인정기준

1. 공모공동정범의 경우

정범(공동정범 및 간접정범 포함)과 공범(즉, 교사범 및 종범)의 구별에 관한 통설·판례인 행위지배설[153]에 따르면, 수인이 배임죄에 관여한 경우에 형법 제30조의 공동정범으로 인정되기 위하여는 공동가공의 의사와 그 공동의사에 기

149) 대법원 2009. 7. 23. 2009도3712.

150) 대법원 2006. 4. 27. 2004도1130; 2000. 3. 24. 2000도28; 1996. 7. 12. 95도1043; 1989. 4. 11. 88도1247.

151) 日 大判 1922. 9. 27. 刑集 1卷 483面.

152) 위험범설을 따르는 일본 판례도 신용보증협회의 지소장이 도산에 이른 채무자의 채무를 신용보증한 사안에서 "채무가 아직 불이행 단계에 이르지 아니하여 현실적 손해가 발생하지 않았다 하더라도 경제적으로는 위 협회의 재산적 가치는 감소한 것으로 볼 수 있다."고 판시하였다(日 最決 1983. 5. 24. 刑集 37卷 4号 437面).

153) 행위지배설은 범죄의 실현과정에서 그 범행에 적합한 수단을 투입·조종하는 등으로 그 진행을 좌우하는 자를 정범으로 보고, 이러한 행위지배를 하지 못하고 범행에 관여하는 자는 공범이라는 견해이다(신동운, 전게서, 567면; 김성돈, 전게 「형법총론」, 552~553면).

한 기능적 행위지배를 통한 범죄의 실행이라는 주관적·객관적 요건을 모두 충족하여야 한다.[154] 여기서 '기능적 행위지배'란 분업적 역할분담에 따라 전체계획의 수행에 필요불가결한 부분을 분업적으로 수행하는 것을 뜻한다.[155]

그리고 판례는 공동정범의 경우에 공모는 법률상 어떤 정형을 요구하는 것이 아니므로 2인 이상이 공모하여 어느 범죄에 공동가공하여 그 범죄를 실현하려는 의사의 결합만 있으면 실행행위에 직접 관여하지 아니한 자라도 다른 공모자의 행위에 대하여 공동정범으로서의 형사책임을 진다고 하는 이른바 공모공동정범을 인정하고 있다.[156]

이에 따라 배임죄의 경우에도 판례는 "공모자 중 구성요건 행위 일부를 직접 분담하여 실행하지 않은 자라도 경우에 따라 공모공동정범으로서의 죄책을 질 수도 있는 것이기는 하지만, 이를 위해서는 전체 범죄에서 그가 차지하는 지위·역할이나 범죄의 경과에 대한 지배 내지 장악력 등을 종합해 볼 때, 단순한 공모자에 그치는 것이 아니라 범죄에 대한 본질적 기여를 통한 기능적 행위지배가 존재하는 것으로 인정되는 경우여야 한다."고 판시하고 있다.[157]

또한 공모공동정범의 경우에 "공범자들 상호간에 직접 모의한 적이 없었다고 하더라도 순차적이거나 암묵적으로 범죄를 공동으로 실현하려는 의사의 결합이 이루어지면 공모관계가 성립하고, 이러한 공모가 이루어진 이상 실행행위에 직접 관여하지 아니한 자라도 그 공모에 기한 기능적 행위지배가 있었다면 다른 공모자의 행위에 대하여 공동정범이 인정된다"고 판시하고 있다.[158]

2. 거래상대방의 경우

배임행위로 인한 거래상의 수익자나 그와 밀접한 관련이 있는 제3자를 배임행위의 공동정범이나 방조범 등 광의의 공범으로 인정하기 위하여는 그 수익자 등이 실행자의 행위가 배임행위에 해당한다는 사실을 인식하고 거래를 하였다는 것만으로는 부족하다. 독자적 판단에 따라 거래에 임하는 수익자 등으로서

154) 신동운, 전게서, 569면; 김성돈, 전게「형법총론」, 553면; 대법원 2010. 4. 29. 2009도13868.
155) 박상기, 전게「형법총론」, 429면; 신동운, 전게서, 569면; 김성돈, 전게「형법총론」, 553면; 대법원 1989. 4. 11. 88도1247.
156) 대법원 2002. 7. 26. 2001도4947.
157) 대법원 2007. 11. 15. 2007도6075.
158) 대법원 2010. 4. 29. 2009도13868.

는 실행자의 배임행위를 알았다고 하더라도 피해자를 위하여 거래를 포기하여야 할 이유가 없고 배임행위를 알고 거래에 응하였다는 것만으로 공동가공의 의사나 방조의사(즉 방조행위에 대한 고의)를 인정할 수는 없기 때문이다.

이러한 경우에 수익자 등을 공동정범으로 인정하기 위하여는 수익자 등이 우선 실행행위자의 행위가 피해자에 대한 배임행위에 해당한다는 점을 인식하였어야 하고, 나아가 실행행위자의 배임행위를 교사하거나 또는 배임행위의 전 과정에 관여하는 등으로 배임행위에 적극 가담할 것을 필요로 한다(판례).[159]

또한 판례는 "거래상대방의 대향적 행위의 존재를 필요로 하는 유형의 배임죄에 있어서 거래상대방으로서는 기본적으로 배임행위의 실행행위자와는 별개의 이해관계를 가지고 반대편에서 독자적으로 거래에 임한다는 점을 감안할 때, 거래상대방이 배임행위를 교사하거나 그 배임행위의 전 과정에 관여하는 등으로 배임행위에 적극가담함으로써 그 실행행위자와의 계약이 반사회적 법률행위에 해당하여 무효로 되는 경우 배임죄의 교사범 또는 공동정범이 될 수 있음은 별론으로 하고, 관여정도가 거기까지 이르지 아니하여 법질서 전체적인 관점에서 살펴볼 때 사회적 상당성을 갖춘 경우에 있어서는 비록 정범의 행위가 배임행위에 해당한다는 점을 알고 거래에 임하였다는 사정이 있어 외견상 방조행위로 평가될 수 있는 행위가 있었다 할지라도 범죄를 구성할 정도의 위법성은 없다고 봄이 상당하다."고 판시하였다.[160]

Ⅱ. 특별배임죄의 공범과 신분

상법상 특별배임죄에도 형법 제8조에 따라 공범에 관한 형법 총칙 규정(형법 제30조 내지 제34조)이 적용되므로, 상법 제622조, 제623조의 행위주체가 될 수 있는 신분자가 아닌 자일지라도 형법 제33조에 따라 특별배임죄의 공동정범, 교사범, 종범 등 공범으로 의율하여 처벌할 수 있다.

이 경우 전술한 바와 같이 특별배임죄를 형법상 배임죄나 업무상배임죄의 가중처벌규정으로서 신분관계로 인하여 형의 경중이 있는 부진정신분범으로 본다면, 특별배임죄의 신분관계가 없는 자가 그 신분자와 공모하여 특별배임죄를

159) 대법원 2010. 9. 9. 2010도5972; 2009. 9. 10. 2009도5630; 2008. 7. 24. 2008도287; 2003. 10. 30. 2003도4382.

160) 대법원 2005. 10. 28. 2005도4915.

범한 경우에는 그 신분관계 없는 자에 대하여는 형법 제33조 본문에 따라 특별배임죄의 공범이 성립하되, 형법 제33조 단서에 따라 배임죄 또는 업무상배임죄에 정한 형으로 처벌하여야 할 것이다(판례).[161)]

만일 특별배임죄를 상법상의 특수한 신분범인 진정신분범으로 파악한다면, 이러한 경우에 신분관계 없는 자에 대하여는 형법 제33조 본문에 따라 특별배임죄의 공범으로 처벌하게 될 것이다. 그러나 특별배임죄를 부진정신분범으로 파악하는 것이 타당함은 앞에서 설명한 바와 같다.

제5절 죄 수

Ⅰ. 특별배임죄와 형법상 배임죄 또는 업무상배임죄

상법 기타 특별법상 특별배임죄와 형법상 배임죄 또는 업무상배임죄와의 관계는 특별관계인 법조경합 관계이다.[162)]

구체적으로, 회사임원 등의 특별배임죄는 업무상배임죄의 구성요건을 모두 포함하면서 행위주체가 회사임원 등 특별한 신분자일 것을 요구하고 있다. 사채권자집회 대표자 등의 특별배임죄도 배임죄의 구성요건을 모두 포함하면서 행위주체가 사채권자집회의 대표자 또는 그 결의를 집행하는 자라는 특별한 신분자일 것을 요구하고 있다. 이러한 특별관계에서는 특별법이 일반법에 우선한다는 원리에 따라 특별배임죄가 우선 적용되는 것이 원칙이다.

그러나 업무상배임죄 또는 배임죄의 요건도 모두 포함하는 이상 업무상배임죄 또는 배임죄로 의율하더라도 무방하다. 전술한 바와 같이 특경법 제3조 제1항의 가중처벌 대상 범죄에 특별배임죄가 포함되지 아니하므로, 특별배임죄에 해당하는 경우일지라도 실무에서는 배임으로 인한 재산상 이익의 가액이 5억원 이상인 경우에는 특경법위반(배임)죄로 의율하기 위하여 형법 제356조(업무상배임죄) 또는 제355조 제2항(배임죄)을 적용하고 있다.

---

161) 대법원 1999. 4. 27. 99도883; 신동운, 전게서, 698면; 이에 반하여, 통설에 따르면 그 신분관계 없는 자에 대하여는 형법 제33조 단서에 따라 배임죄 또는 업무상배임죄의 공범으로 범죄가 성립하고 처벌하게 될 것이다(이재상, 전게「형법총론」, 505~506면; 박상기, 전게「형법총론」, 495면).

162) 강동욱, 전게논문, 230면; 이상돈, 전게「경영과 형법」, 17면.

통상적으로는 범죄행위주체에 관하여 전술한 바와 같이 사채권자집회 대표자 등의 사무가 업무상배임죄의 업무로 행하여지는 경우가 드믈겠지만, 만일 사채권자집회 대표자 등의 배임행위가 업무상 임무에 위배한 경우에는 문제이다. 우선, 업무상배임죄는 사채권자집회 대표자 등 특별배임죄의 구성요건을 모두 포함하면서 배임행위가 업무상 행하여 질 것을 요구하고 있을 뿐이므로 업무상배임죄가 특별관계에 있는 법조경합 관계로 보아야 한다는 견해가 있을 수 있다. 이 경우 법정형은 업무상배임죄가 사채권자집회 대표자 등 특별배임죄보다 높고, 사채권자집회 대표자 등도 업무상 배임죄의 '타인의 사무를 처리하는 자' 라고 볼 수 있기 때문에 특별관계인 업무상배임죄를 우선 적용하여야 한다고 주장할 여지가 있다. 그러나 전술한 바와 같이 사채권자집회 대표자 등의 특별배임죄는 사채권자집회의 결의가 법원의 인가를 받아야 효력이 발생하는 등 사채권자집회의 대표자나 그 결의를 집행하는 자의 권한이 매우 제한적이므로 그 법정형을 회사임원 등의 특별배임죄는 물론 업무상배임죄보다도 낮게 규정한 것으로 보아야 할 것이다. 따라서 사채권자집회 대표자 등의 특별배임죄는 형법상 배임죄의 신분적 가중처벌 규정이라 형법상 업무상배임죄보다도 낮게 규정한 것으로 보아야 할 것이다. 따라서 사채권자집회 대표자 등의 특별배임죄는 형법상 배임죄의 신분적 가중처벌규정이자 형법상 업무상배임죄의 감경구성요건 관계인 법조경합관계로 볼 수 있을 것이다.

Ⅱ. 포괄일죄

수개의 배임행위가 있더라도 피해법익이 단일하고 범죄의 태양이 동일하며 단일한 범의에 기한 일련의 행위라고 볼 수 있는 경우에는 그 수개의 배임행위는 포괄하여 일죄를 구성한다(판례).[163]

따라서 그룹 회장이 그룹 산하인 각 지원회사의 대표이사들과 공모하여 각 지원회사로 하여금 그룹 산하 다른 계열회사에게 그 부도를 막거나 지연시키기 위한 목적으로 일정기간 동안 지속적 반복적으로 유사한 형태의 자금지원을 하게 한 것이 배임행위를 구성하는 경우에는 피해법익이 다른 각 지원회사별로 포괄일죄의 관계에 있다(판례).[164]

163) 대법원 2011. 8. 18. 2009도7813; 2009. 7. 23. 2007도541; 2004. 7. 9. 2004도810.
164) 대법원 2009. 7. 23. 2007도541.

판례에 따르면 대출회사의 사무소장이 사업내용이 다른 별개의 법인에 대하여 부당대출을 하면서, 각각 다른 일자에 대출약정을 체결하고 담보도 별도로 제공받은 경우에, 위 각 부당대출 행위는 각기 다른 범의 아래 저질러진 수개의 행위라고 할 것이므로, 각 배임행위는 실체적 경합관계에 있다고 한다(판례).[165)]

Ⅲ. 배임죄와 사기죄

임무위배 행위가 동시에 회사에 대한 기망행위를 포함하는 경우, 예컨대 회사의 부분적 포괄대리권을 가진 사용인이 그 임무에 위배하여 회사를 기망하고 회사와 제3자 사이에 계약을 체결함으로써 제3자에게 재산상 이익을 취득하게 하고 회사에 손해를 가한 경우에는 특별배임죄와 사기죄의 관계가 문제된다.

판례는 "사기죄와 업무상배임죄 또는 배임죄는 각 구성요건을 달리하는 별개의 범죄이고, 형법상으로도 각각 별개의 장(章)에 규정되어 있어, 1개의 행위에 관하여 사기죄와 업무상배임죄(배임죄나 특별배임죄도 마찬가지로 보아야 함)의 각 구성요건이 모두 구비된 때에는 양 죄를 법조경합관계로 볼 것이 아니라 상상적 경합관계로 보아야 한다"고 판시하였고,[166)] 통설도 판례가 거시하는 이유 이외에 배임죄가 보호하려는 신임관계는 사기죄가 보호하는 일반적 신뢰와는 구분하여야 함을 이유로 같은 입장을 취하고 있다.[167)]

이에 반하여, 배임행위는 사기행위에 흡수되는 것이므로 사기죄만 성립한다고 보는 견해[168)]가 있으나, 사기행위의 불법성이 배임행위의 불법성을 당연히 포함하는 것으로 볼 수는 없으므로, 흡수관계로 보는 것은 무리이다.

또한 판례는 피해자에 대한 배임행위가 피해자 외의 제3자에 대한 사기죄를 구성하고 그로 인하여 피해자에게 손해를 가한 경우에는 사기죄와 배임죄가 성립하고, 이 때 양 죄는 서로 구성요건, 행위의 태양 및 보호법익을 달리하고 있어 실체적 경합관계에 있다고 한다.[169)]

---

165) 대법원 2005. 10. 28. 2005도5996.

166) 대법원 2002. 7. 18. 2002도669 전원합의체 판결(신용협동조합의 전무인 피고인이 조합의 담당직원을 기망하여 예금인출금 또는 대출금 명목으로 금원을 교부받은 사안). 그리고 이 사안은 피기망자인 담당직원의 교부행위가 있는 경우이지만, 만약 회사의 대표이사가 필요한 이사회의 승인을 기망수단으로 받아내어 회사에 손해를 발생시키는 처분행위를 한 경우라면, 기망으로 인한 교부행위가 없었기 때문에 사기죄는 성립하지 않는 것으로 보아야 할 것이다.

167) 정성근・박광민, 전게서, 476면; 이재상, 전게「형법각론」, 354면; 박상기, 전게「형법각론」, 412면; 김성돈, 전게「형법각론」, 341면.

168) 오영근, 전게서, 512면; 일본 판례의 입장이다(日 大判 1914. 12. 22. 刑錄 20輯 2596面).

Ⅳ. 배임죄와 횡령죄

배임죄(업무상배임죄나 상법 기타 특별법상 특별배임죄 포함)와 횡령죄(또는 업무상횡령죄)는 회사 등 타인과의 신임관계를 침해하는 범죄라는 점에서 유사한 범죄이다. 그 중 횡령죄는 행위의 객체가 재산상 이익 중에서도 재물로 한정되고, 따라서 그 행위주체도 타인의 사무를 처리하는 자 중 타인의 재물을 보관하는 자로 제한된다는 점에서 배임죄에 대한 특별관계에 있다고 할 수 있다. 그러므로 어떠한 행위가 양 죄에 모두 해당할 수 있는 경우에도 횡령죄(또는 업무상횡령죄)만 성립하는 것으로 보는 점에는 이론(異論)이 없다.[170] 즉, 양 죄는 특별관계인 법조경합 관계에 있으므로 배임죄는 별도로 성립하지 않는다.[171]

그러나 어떠한 행위가 배임에 그치지 않고 업무상횡령죄(또는 횡령죄)를 구성하는 것인지 여부가 명확한 것은 아니다. 배임죄와 횡령죄의 구별기준에 관하여는 후술하는 횡령죄의 본질론에서 살펴보기로 한다.

Ⅴ. 배임죄와 상호저축은행법위반죄

상호저축은행은 동일 차주에게 일정 한도를 초과하여 신용공여 하는 것을 금지하고, 이를 위반한 경우에는 1년 이하의 징역 또는 1천만 원 이하의 벌금에 처하거나 이를 병과할 수 있다(상호저축은행법 제39조 제4항 제6호, 제6항, 제12조 제3항).

이러한 동일인 대출한도를 초과한 대출행위로 인하여 상호저축은행에 손해를 가함으로써 상호저축은행법위반죄와 업무상배임죄가 모두 성립하는 경우에, 양 죄는 각 보호법익이 다른 점에 비추어 수 개의 죄에 해당하지만 1개의 행위로 볼 수 있으므로 형법 제40조에서 정한 상상적 경합관계에 있다(판례).[172]

---

169) 대법원 2010. 11. 11. 2010도10690; 1987. 4. 28. 83도1568.
170) 같은 취지 : 芝原邦爾, 「経済刑法」(岩波新書, 2007), 16面.
171) 이재상, 전게서, 435면.
172) 대법원 2012. 6. 28. 2012도2087.

제6절 경영판단원칙과 배임죄

Ⅰ. 의 의

1. 경영판단원칙의 개념 및 발생

수시로 변화하는 경영환경 속에서 행하여지는 기업 경영자의 경영판단은 통상적인 판단사항보다 고도의 위험을 수반하는 경우가 많고, 실패한 경영판단의 임무위배 여부를 가림에 있어서 일반적 법리를 그대로 적용할 경우에는 경영자의 자유로운 경영활동을 제한하여 기업활동을 크게 위축시킬 우려가 있기 때문에, 18세기 중엽부터 영미법을 중심으로 경영판단원칙이 발달하여 왔다.

경영판단원칙(business judgment rule)이란 경영자가 주관적으로 기업의 최대이익을 위하여 성실하게 경영상 판단을 하였고 그 판단과정이 공정하다고 볼 만한 절차적 요건을 갖추었다면 잘못된 판단으로 기업에 손해가 발생하였다고 하더라도 경영자의 경영상 판단을 존중하여 그로 인한 책임을 면하도록 하는 법리이다.[173] 배임죄의 처벌규정이 없는 영미법에서는 민사 판례법상 경영자의 임무위배 행위로 인한 손해배상책임 여부를 가리는 기준으로 발전하여 온 원칙이라고 말할 수 있다.[174]

우리나라에서는 경영자의 임무위배 행위에 대하여 민사상 손해배상 책임을 묻는 외에 배임죄로도 처벌할 수 있기 때문에, 이러한 경영판단원칙을 우리나라에 도입할 것인지 여부는 경영자에 대한 손해배상 책임뿐만 아니라 배임죄의 경우에도 논의되고 있다.

---

173) 이러한 개념정의는 미국 판례법상 개념이라고 볼 수 있으나, 원래 이 원칙은 주로 미국 판례법을 통하여 그 개념이 확립되어 왔고, 우리나라의 학설·판례도 미국 판례법상 경영판단원칙의 도입 여부를 중심으로 논의하거나 유사한 내용으로 파악하고 있으므로, 미국 판례법상 개념을 전제로 논의를 전개하는 것이 타당하다고 본다.

174) 권재열, "경영판단의 원칙-도입여부에 관한 비판적 검토-,"「비교사법」통권 제10호(한국비교사법학회, 1999. 6.), 19면; 곽병훈, "미국 회사법의 경영판단원칙,"「재판자료 제98집(외국사법연수논집)」(법원행정처, 2002. 12.), 127면; 미국의 경우에는 배임죄 처벌 규정이 없으므로, 민사책임에 관한 원칙으로만 발달하여 온 것이다.

2. 경영판단원칙의 인정근거

이러한 경영판단원칙을 인정하는 근거로는 다음과 같은 점을 들 수 있다.

첫째, 경영판단의 위험성 및 불가측성과 적극성을 들 수 있다. 기업의 경영환경은 여러 가지 기업 내외적 요인으로 수시로 변화하고 미리 예측하기 어려운 반면, 기업의 생존과 발전을 위해서는 끊임없이 경영자의 적극적인 경영판단이 요구된다. 따라서 경영자의 경영판단을 존중해 주지 않고 경영실패에 대한 책임을 묻는다면, 사후책임을 두려워한 경영자가 적극적인 경영을 기피할 뿐만 아니라 유능한 인재를 경영자로 영입하기도 어려워질 수 있다는 것이다.

둘째, 경영판단의 전문성을 들 수 있다. 오늘날 경제발전의 고도화에 따라 경제규모의 확대, 산업의 분업화·글로벌화 및 기업지배구조의 분화 등으로 인하여, 경영판단에는 고도의 전문적 지식과 경험이 필요하여 주로 전문경영인이 이를 맡게 되었는데, 기업 경영의 전문지식이 없는 법관이 경영판단의 임무위배 여부를 판단한다는 것은 부적절하므로 법관의 사법심사를 자제하여야 한다는 것이다.

Ⅱ. 입법례

경영판단원칙은 1742년 영국의 Charitable Corp. v. Sutton 사건에서 그 기원을 찾을 수 있다고 한다.[175] 그 후 주로 미국의 판례법을 통하여 그 개념과 내용이 확립되어 왔고, 1994년경 미국법률가협회(American Law Institute, 이하 ALI라고만 함)는 그 동안 미국 판례법상 나타난 이 원칙의 내용을 정리하여 「회사지배의 원칙 : 분석과 권고(Principles of Corporate Governance : Analysis and Recommendations, 이하 ALI원칙이라고만 함)」란 제목으로 발표하였다. 이에 따라 미국 대다수 주(state)가 이를 주 회사법 등 입법이나 판례에 반영하고 있다.

이러한 영미법의 영향으로 독일도 2004년 주식법(Aktiengesetz) 개정시 경영판단원칙을 입법에 반영하여 "이사가 경영판단을 하는 경우에 적절한 정보에 근거하고 회사의 최대이익을 위한 행위라고 합리적으로 믿은 경우에는 임무위

175) Henry R. Horsey, "The Duty of Care Component of the Delaware Business Judgment Rule", 19 Del. J. Corp. L. 971(1994), p. 975.

반이 없다"라는 규정을 두게 되었다(독일 주식법 제93조 제1항).

Ⅲ. 민사판례상 경영판단원칙의 내용

1. 미국 판례법상 경영판단원칙

가. 경영판단원칙의 내용

경영판단원칙의 내용은 주로 미국의 판례법을 통하여 확립되어 왔고, 현재도 계속 발전하고 있는 법리이므로, 그 내용을 일의적으로 단정할 수는 없지만,[176] 일반적으로 받아들이고 있는 ALI원칙과 미국 판례법에 따라 그 내용을 정리하면 아래와 같다.

이 원칙은 원래 회사의 이사, 집행임원 등 경영을 담당하는 자(이하 경영자라 함)가 준수하여야 할 주의의무(duty of care)의 대상에 경영판단까지 포함시키게 된 것과의 균형상, 단순한 경영판단상의 잘못으로 인한 경영자의 법적 책임을 제한하는 법리로 발달하게 된 것이다.[177] 따라서 원래 경영자가 준수하여야 할 주의의무의 내용부터 검토할 필요가 있다. 그 주의의무의 내용은 경영자는 보통의 신중한 사람(an ordinarily prudent person)에게 같은 위치와 상황에서(in a like position and under similar circumstances) 합리적으로 기대할 수 있는 주의로써, 기업에 최대이익이 되는 것(in the best interests of the corporation)이라고 합리적으로 믿는 대로, 성실하게(in good faith) 직무를 수행하여야 할 주의의무(duty of care)가 있다. 다만, 경영판단원칙이 적용될 경우에는 이러한 주의의무의 기준은 경영판단원칙에 관한 규정에 따른다.[178]

경영판단원칙에 관한 규정에 따르면, 경영자가 경영판단을 함에 있어서는 이해관계 없이(is not interested) 자신의 상황에서 적절하다고 합리적으로 믿을 수 있는 정도로 정보를 수집하였고(is informed with respect to the subject of his

---

176) 원동욱, "경영판단 원칙의 최근 동향과 향후 전망 -미국의 사례를 중심으로-,"「상사법연구」 제29권 제3호(한국상사법학회, 2010. 11.), 86~87면.

177) Henry R. Horsey, supra p. 975.

178) ALI의 원칙 §4.01 (a); 이러한 주의의무의 내용은 현재 미국의 모범사업회사법(Model Business Corporation Act) §8.30 (a) 규정, 미국 대부분 주(州) 회사법이나 판례의 입장과 유사하다. 이영봉, "經營判斷의 法則에 관한 硏究", 성균관대학교 대학원 박사학위청구논문 (1999) 23면. 김건식, "은행이사의 선관주의의무와 경영판단원칙",「민사판례연구」 제26권 (박영사, 2004. 2.) 419면 각주 18도 같은 취지임.

business judgement to the extent he reasonably believes to be appropriate under the circumstances), 기업에 최대이익이 되는 것이라고 합리적으로 믿는 대로, 성실하게 판단한 경우라면, 그 주의의무를 이행한 것으로 본다.[179] 그리고 경영판단을 존중하여 이러한 요건은 갖추어진 것으로 추정된다. 즉 경영판단은 일단 이해관계 없이 적절한 정보를 수집한 상태에서 기업에 최대이익이 되는 판단이라고 합리적으로 믿고 성실하게 판단한 것으로 추정되므로, 경영자의 주의의무 위반 책임을 주장하는 자가 그 중 하나라도 충족되지 아니한 사실을 증명하여야 하고, 그러한 증명이 있으면 위와 같은 추정은 번복된다.[180] 또한 경영자의 주의의무위반 책임을 주장하는 자가 위와 같은 추정을 의심할 만한 사실, 즉 경영자가 독립적 판단을 할 수 없었다거나,[181] 판단과정에 경영자의 기망(fraudulently) 또는 불법(illegally)이 있었음을 증명하는 경우에도 위와 같은 추정은 번복될 수 있다.[182]

미국 판례들에 따르면, 위와 같은 증명으로 추정이 번복되는 경우에도 바로 경영자의 주의의무위반이 인정되는 것이 아니라, 경영자로 하여금 자신의 경영판단이 충분히 공정하게(entire fairness) 이루어진 사실을 증명하게 함으로써 주의의무에 위반하지 아니하였음을 증명할 기회를 주고 있다.[183] 위 '충분한 공정성(entire fairness)'의 개념이 명확한 것은 아니지만 주로 거래의 공정성(fair dealing)을 의미하고, 회사합병 등 거래가격이 문제되는 경우에는 거래가격의 공

---

179) ALI의 원칙 §4.01 (c); Regina A. Iorii, "Defensive Strategies and the Business Judgement Rule : Does Almost Anything Go in Delaware", 11 Del. J. Corp. L. (1986) p. 535; 이영봉, 전게논문 157면.

180) ALI의 원칙 §4.01 (d); David M. Madden, "The Limits of Limited Liability for Corporate Officers, Directors, and Shareholders : Eleven Things You Need to Know", 21 DCBABR 12 (2009); 이에 관한 대표적 판례로는 Aronson v. Lewis, 473 A.2d 805 (Del. 1984); 이영봉, 전게논문 184~185면; 곽병훈, "미국 회사법의 경영판단원칙",「재판자료」제98집 (법원행정처, 2002. 12.) 129면; 미국의 주에 따라서는 그 입증시 중과실(gross negligence)을 요구하기도 한다{김재범, "대출결정시 금융기관 이사의 주의의무와 경영판단의 원칙",「상사판례연구」(한국상사판례학회, 2008. 3.), 16면; 손창일, "미국법상 경영판단의 원칙에 관한 비판적 소고 -주주와 회사 이익 보호의 관점에서-",「상사판례연구」(한국상사판례학회, 2009. 12.), 13, 14면}.

181) Lewis 473 A.2d 805, 815; Melvin A. Eisenberg, "An Overview of the Priciples of Corporate Governance", 48 Bus. Law 1271 (1993).

182) David M. Madden, supra; Edward Brodsky and M. Patricia Adamsky, supra.

183) Edward Brodsky and M. Patricia Adamsky, supra; Weinberger v. UOP, Inc., 457 A.2d 701 (Del. 1983); Smith v. Van Gorkom, 488 A.2d 858 (Del. Sup. Ct. 1985); Kahn v. Lynch Communication Systems, Inc., 638 A.2d 1110, 1115 (Del. Supr. 1994); 이철송, 전게「회사법강의」, 752면.

정성(fair price)도 충족하여야 함을 뜻한다고 한다.[184]

나. 경영판단원칙의 법적 성격 및 기능

이러한 미국 판례법상 경영판단원칙의 법적 성격과 기능에 관하여는, 경영자가 준수하여야 할 주의의무에 관하여 훨씬 완화된 사법적 심사기준을 정한 것이라는 견해,[185] 추상적인 주의의무의 기준에 관하여 경영자에 대한 구체적 내용을 정한 것일 뿐 주의의무의 수준을 완화한 것은 아니라는 견해,[186] 경영자가 선의로 기업을 위하여 경영판단을 한 것이라고 추정함으로써 경영자의 책임을 추궁하는 자에게 증명책임을 전환한 것이라고 보는 견해[187] 등이 있다.

생각하건대 이 원칙은 경영판단의 속성상 경영자가 경영판단시 부담하는 주의의무의 대상을 가급적 사법심사가 가능한 절차적 주관적 요소로 제한하고, 증명책임을 탄력적으로 분배함으로써, 결과적으로 경영판단시 주의의무위반 여부에 관한 사법적 심사기준을 크게 완화하는 법리라고 평가할 수 있겠다.

원래 미국에서는 회사제도가 발달하면서, 주주 등 기업의 소유자가 기업의 업무를 타인인 경영자에게 위임함으로써 발생하게 되는 이른바 대리인문제(agency problem)를 해결하기 위하여 경영자에게 수탁자의 의무와 유사한 신

---

184) Cinerama, Inc. v. Technicolor, Inc. 663 A.2d 1138~1180 (Del. Supr. 1995); Nixon v. Blackwell, 626 A.2d 1366, 1381 (Del. Supr. 1993); 곽병훈, 전게논문, 140~146면; 한석훈, "경영진의 손해배상책임과 경영판단 원칙", 「상사법연구」 (한국상사법학회, 2009. 2.) 131면; 위 Cinerama, Inc. v. Technicolor, Inc. 사건 판결은 회사합병 승인 결의시의 주식 평가액이 문제된 사안에서 이사회의 합병승인 결의 당시 이사들에게 충분한 정보가 제공되지 아니한 사실이 입증되어 경영판단원칙상 주의의무 준수의 추정이 번복되었으나, '충분한 공정성'이 입증되어 결국 경영자의 주의의무 이행이 인정된 사안이다. 이 판례에서 델라웨어 주 대법원은 '충분한 공정성'을 거래의 공정성과 거래가격의 공정성으로 보았다. 거래의 공정성을 판단함에 있어서는 거래시한의 제한 여부, 거래착수 경위, 교섭의 독립성, 선택의 개방성, 이사들에 대한 정보제공 여부, 이사회 승인 여부, 주주들에 대한 공개의무 준수 여부, 다수 주주들의 거래승인 여부를 감안하였다. 또한 거래가격의 공정성을 판단함에 있어서는 경영자가 합병교섭 과정에서 주가가 높게 평가될 수 있도록 지속적으로 노력한 점, 그 결과 주식 평가액이 합병교섭 이전의 시가나 교섭기간 중의 경쟁적인 가격보다 훨씬 높은 109%의 프리미엄을 가산하여 결정된 점, 고위 경영자도 같은 주식 평가액으로 합병 매수청구에 응하고 합병되는 주식에 대한 경쟁적 매수를 하지 않은 점, 대주주들도 같은 주식 평가액으로 주식을 매도한 점, 골드먼삭스社 등 신뢰할 수 있는 금융전문회사 등이 위 주식 평가액이 공정하다고 평가한 점 등에 비추어 거래가격도 공정한 것으로 판단하였다.

185) 곽병훈, 전게논문, 127면; 이영봉, 전게논문, 192~193면; 오성근, "경영판단원칙의 적용기준의 법리에 관한 검토", 「기업법연구」 (한국기업법학회, 2006), 28면.

186) 김건식, 전게논문, 422~423면.

187) 권재열, 전게논문, 36면.

임의무(fiduciary duty)를 부과하고, 그 내용을 점차 강화하여 왔다. 신임의무의 내용 중 충실의무(duty of royalty)는 주로 경영자와 회사와의 이해관계가 충돌하는 경우에 기업의 최대이익을 위하여 전력을 다하여야 할 의무이므로 그 성질상 경영판단원칙으로 경영자를 보호할 필요가 없겠지만, 신임의무 중 주의의무(duty of care)는 경영자의 직무수행시 기울여야 할 의무이므로 그 주의의무의 내용을 강화하여 오면서 필요하게 된 법원칙이 경영판단원칙이다.[188] 주의의무의 대상이 경영판단에까지 확대되면서 항상 위험이 따르고 결과를 예측할 수 없으며 전문성을 요하는 경영판단 행위의 속성상 적극적 경영활동의 보장과 공평의 견지에서 경영자가 준수하여야 할 주의의무의 내용을 절차적·주관적 요소 등 사법심사에 적합한 내용으로 제한하고 증명책임을 탄력적으로 분배하게 된 것이다.

미국에서도 이 원칙에 대하여 경영자의 임무해태 여부를 정보수집 등 절차적 요소에 치중함으로써 경영자의 면죄부로 악용될 우려가 있다는 비판은 있으나,[189] 현재까지 미국 판례법상 경영판단에 관한 지배적 원칙으로 적용하고 있다.

다. 경영판단원칙의 분석

이 원칙의 내용을 분석해 보자면, 경영자가 기업을 경영함에 있어 기울여야 할 주의의무의 일반적 기준은 보통의 신중한 경영자에게 같은 위치와 상황에서 합리적으로 기대할 수 있는 주의로써 기업에 최대이익이 되는 판단이라고 합리적으로 믿는 대로 성실하게 직무를 수행하는 것이다. 그런데 경영판단 문제의 경우에는 '보통의 신중한 경영자에게 합리적으로 기대할 수 있는 주의의무'의 구체적 내용을 절차적 주관적 요소로 제한하여 경영자가 자신의 상황에서 적절하다고 합리적으로 믿을 수 있는 정도로 정보를 수집하여 기업에 최대이익이 되는 것이라고 합리적으로 믿는 대로 성실하게 판단하면 되는 것이다. 이러한 점에서 이 원칙은 경영자가 기울여야 할 주의의무의 정도를 완화하는 것이 아니라 주의의무의 판단대상을 제한하는 것일 뿐이다.

---

188) Edward D. Welch / Andrew J. Turezyn, "Folk on the Delaware General Corporation Law : Fundamentals", Little Brown & Co. (1996) p. 95; 강희갑, "미국법상 이사의 충실의무와 이사의 자기거래", 「기업법연구」(한국기업법학회, 2000), 337면; 김광록, "미국의 최근 판례를 통해 본 경영판단의 원칙" 「법학연구」(한국법학회, 2008), 262면.

189) 미국 델라웨어 주의 경영판단원칙에 대한 비판내용에 관하여는 손창일, 전게논문, 22~32면에서 자세히 소개하고 있다.

그리고 경영자의 경영판단을 존중하여, 경영자는 이러한 절차적·주관적 내용을 갖추어 경영판단을 한 것으로 추정된다. 즉 경영자는 적절하게 정보를 수집한 상태에서 기업에 최대이익이 되는 판단이라고 합리적으로 믿는 대로 성실하게 판단한 것으로 추정한다. 그러므로 경영자의 책임을 주장하는 자는 이러한 추정을 의심하거나 번복할 만한 사유, 즉 경영자가 판단에 필요한 정보를 합리적으로 적절하다고 볼 수 있는 정도로 수집하지 않았다거나(이하 '판단준비적 요소'라 함), 기업에 최대이익이 되는 판단이라고 합리적으로 믿고 성실하게 판단한 것이 아니라거나(이하 '주관적 요소'라 함), 경영자가 경영판단 대상과 이해관계가 있었다거나(이하 '관계적 요소'라 함), 독립적 판단이 아니라거나(이하 '의존적 요소'라 함), 경영자의 사기(이하 '기망적 요소'라 함) 또는 불법(이하 '불법적 요소'라 함)이 있었다는 사실 중 하나라도 증명하면 위 추정은 번복된다.[190]

만일 경영자의 책임을 주장하는 자가 그 중 '주관적 요소', 즉 경영자가 기업에 최대이익이 되는 판단이라고 합리적으로 믿고 성실하게 판단한 것이 아니라는 사실을 증명하면 바로 주의의무 위반, 즉 임무해태가 인정된다. 그러나 경영자의 책임을 주장하는 자가 나머지 추정번복 요소 가운데 하나라도 증명하면, 이번에는 경영자가 그럼에도 불구하고 충분히 공정하게 판단하였음(이하 '충분한 공정성'이라 함)을 증명하여 주의의무 위반이 없었음을 증명하여야 한다.

이 경우에 '충분한 공정성'이란 주로 '거래의 공정성'을 증명하면 되는 것이고, 회사합병시의 주식가격처럼 객관적 사법심사에 적합한 범위 안에서는 거래가격의 결정 등 판단내용도 사법심사의 대상이 될 수 있으나, 이 경우에도 가격결정과정 등을 감안한 '거래가격의 공정성'을 증명하면 된다. 즉 '충분한 공정성'도 주로 절차적 측면인 판단과정의 합리성이라고 할 수 있고, 이 때 위 '판단준비적 요소' 등 각 요소들도 주요 판단자료가 된다.

요컨대 미국 판례법상 확립되어 온 경영판단원칙은 경영자가 준수하여야 할 주의의무의 내용을 가급적 절차적 주관적 요소로 제한하고, 증명책임을 쌍방에게 탄력적·합리적으로 분배함을 핵심내용으로 하는 것이다.

---

190) 한석훈, 전게 "경영진의 손해배상책임과 경영판단 원칙", 135~136면.

2. 경영판단원칙의 민사상 도입론

우리나라의 경우에 주식회사의 이사, 집행임원 및 유한회사의 이사 등 경영자가 회사를 운영함에 있어서는 선량한 관리자로서의 주의의무를 다하여야 하고, 고의나 과실로 그 임무를 게을리하거나 법령 또는 정관을 위반하여 회사에 손해를 야기하거나, 고의 또는 중대한 과실로 그 임무를 게을리하여 제3자에 대한 손해를 야기한 경우에는 그 손해배상 책임이 있다(상법 제399조, 제401조, 제408조의8,9). 업무집행지시자 등 실질상 이사의 경우에는 원래 회사에 대한 선관주의의무를 부담하는 자는 아니지만 상법 규정에 따라 손해배상 책임에 관하여는 이사와 마찬가지로 취급된다(상법 제401조의 2).이러한 이사 등의 손해배상 책임을 논함에 있어서 경영판단원칙을 도입할 것인지 여부에 관하여는 학설의 대립이 있다.

다수설인 도입긍정설은 경영인의 경영판단을 존중하여 유능한 경영인의 적극적 기업활동을 지원하기 위하여 경영인의 주의의무를 경감시키거나 사법심사기준을 완화하는 이 원칙을 도입할 필요가 있다고 주장한다.[191]

이에 반하여 도입부정설은 폐쇄회사적 성격이 강한 기업이 많고 시장기능에 의한 경영 견제기능이 약한 우리나라에서는 소액주주 등 회사의 이해관련자를 보호하기 위하여, 경영인의 책임을 완화하게 되는 이 원칙을 도입할 필요가 없다고 주장하거나,[192] 이 원칙에 의한 책임면제 효과는 경영인의 주의의무 내용에 관한 해석론으로도 해결할 수 있으므로 도입할 필요가 없다고 주장한다.[193]

우리나라의 대법원 판례는 2002년경부터 경영자에 대한 손해배상 청구 소송에 관한 민사판결에서 미국 판례법상 경영판단원칙에서 언급하는 판단기준을 일부 원용하고 '경영판단원칙'이라는 용어도 사용하고 있다.[194] 그 중 대표적

191) 이영봉, 전게논문 213~215면; 윤보옥, "미국회사법에서의 이사의 의무와 경영판단의 법칙", 「비교사법」(한국비교사법학회, 2000), 374면; 송인방, "경영판단원칙의 도입가능성에 관한 검토", 「법학연구」(충남대학교 법학연구소, 2003. 12.), 330~331면; 고재종, "회사경영상 책임과 이사의 구제제도에 관한 고찰", 「기업법연구」(한국기업법학회, 2003. 9.), 286면; 고재종, "경영판단의 원칙의 도입 여부에 관한 비교법적 고찰", 「비교법학연구」(한국비교법학회, 2003), 57면.

192) 권재열, 전게논문, 30~34면.

193) 최준선, 전게「회사법」, 503면; 김건식, 전게논문, 423면

194) 대법원 2008. 7. 10. 2006다39935; 2007. 10. 11. 2006다33333; 2007. 7. 26. 2006다33685; 2005. 10. 28. 2003다69638; 2005. 7. 15. 2004다34929; 2002. 6. 14. 2001다52407.

판결인 대법원 2007. 10. 11. 선고 2006다33333 판결은 피고들이 회사의 대표이사 또는 이사로서 해외에 있는 관계회사에 아무런 채권회수조치 없이 미화 1억 9,282만 달러를 대여하거나 그 회사가 발행한 신주를 인수하는 등의 방식으로 지원함으로써 자신의 회사에 손해를 입힌 사안에서, "회사의 이사가 합리적으로 이용가능한 범위 내에서 필요한 정보를 충분히 수집·조사하고 검토하는 절차를 거친 다음, 이를 근거로 회사의 최대이익에 부합한다고 합리적으로 신뢰하고 신의성실에 따라 경영상의 판단을 내렸고, 그 내용이 현저히 불합리하지 않은 것으로서 통상의 이사를 기준으로 할 때 합리적으로 선택할 수 있는 범위 안에 있는 것이라면, 비록 사후에 회사가 손해를 입게 되는 결과가 발생하였다 하더라도 그 이사의 행위는 허용되는 경영판단의 재량범위 내에 있는 것이어서 회사에 대하여 손해배상 책임을 부담한다고 할 수 없다."라고 판시하면서, 이러한 과정을 거치지 않은 지금지원을 임무해태행위로 보아 피고들의 손해배상책임을 인정하였다.

이러한 민사판례에서 언급하는 경영판단원칙이 미국 판례법상의 경영판단원칙을 도입한 것인지 여부에 관하여 논란은 있으나, 미국 판례법상 경영판단원칙의 주요내용인 증명책임의 탄력적 분배제도가 없는 점, 판단내용의 현저한 불합리성 여부까지 주의의무위반 여부의 심사대상으로 삼는다는 점 등에 비추어 볼 때, 경영판단의 내용에 대한 사법적 심사를 자제하고자 하는 미국 판례법상 경영판단원칙을 그대로 도입한 것이라고 말할 수는 없다고 본다.[195] 다만, 임무해태 여부, 즉 선관주의의무 이행 여부 판단시 절차적·주관적 요소를 중시하고 있다는 점에서 경영판단원칙의 법리를 일부 차용하고 있을 뿐이라고 평가할 수 있다.[196]

Ⅳ. 경영판단원칙의 형사상 도입론

1. 학 설

원래 경영판단원칙은 경영자에 대한 민사상 손해배상책임에 관한 주의의무의

195) 한석훈, 전게논문, 149면; 최준선, 전게서, 510면에서도 "우리나라의 판결은 경영상 판단의 내용까지 심사하면서, 경영판단을 위한 법률정책이나 사상에 의한 기초 없이 단지 소송활동의 과정에서 간간히 경영판단의 원칙이 원용되고 있을 뿐이다"라고 언급하고 있다.

196) 최준선, 전게 "상법상 특별배임죄규정의 개정방향", 109면.

내용으로 논의된 법리이기는 하지만, 배임죄가 임무위배행위를 처벌하는 규정이고, 임무위배행위 여부를 가림에 있어서는 경영자에게 부과된 주의의무의 내용이 문제되기 때문에 주의의무의 내용과 관련된 이 원칙의 도입 논의는 형사학계에서도 이어질 수밖에 없다.

이 원칙의 형사상 도입을 긍정하는 견해로는, 위험이 상존하는 경영판단 영역에 대한 국가 형벌권의 과도한 개입을 막아 적극적 경영활동을 보장하기 위하여는 이 원칙을 적용함으로써 배임죄의 처벌범위를 줄일 필요가 있다고 보는 형사정책적 입장과,[197] 경영판단과 법적판단의 성질상 차이를 근거로 그 도입을 긍정하는 견해가 있다.[198]

이에 대하여 이를 도입할 필요가 없다는 견해로는, 소유와 경영의 분리가 잘 이루어져 전문경영인에 의한 경영판단이 행하여지는 미국과는 달리, 지배주주에 의한 폐쇄기업이 대부분인 우리나라에 이를 도입하여 경영자의 형사책임을 완화할 경우에는 경영실패로부터 소액주주나 회사 채권자를 보호하기 어렵다는 논거를 드는 형사정책적 입장과,[199] 배임죄의 구성요건인 '임무위배행위'나 '재산상 이익', '고의' 등을 합리적으로 해석하면 배임죄의 불명확성으로 인한 적용확대를 해소할 수 있으므로 굳이 이 원칙을 도입할 필요가 없다는 견해와,[200] 위 두 가지 논거를 모두 들고 있는 견해가 있다.[201]

우리나라의 기업은 중소기업이나 폐쇄회사가 많으므로 이 원칙을 도입하면 경영자에게 과도한 면책을 줄 우려가 있다는 형사정책적 주장은, 미국에서는 배임죄로 형사처벌함이 없이 주로 민사책임만 인정됨에도 불구하고 이 원칙이 활발하게 적용되어 왔다는 점에 비추어 설득력이 약하다. 따라서 이 원칙의 형

---

197) 이규훈, "업무상 배임죄와 경영판단", 「형사판례연구(13)」(형사판례연구회, 2005), 328면; 이경렬, 전게논문, 156면.

198) 위험감수원칙이 지배하는 사전적 목적합리적 경영판단과 위험회피원칙이 지배하는 사후적 가치합리적 법적판단의 본질적 차이를 근거로 그 간극을 메우기 위하여 이 원칙의 도입을 주장하는 견해{이상돈, "경영실패와 경영진의 형사책임", 「법조」(법조협회, 2003. 5.), 88~98면; 이정민, "경영판단원칙과 업무상 배임죄", 「형사정책연구」(한국형사정책연구원, 2007. 겨울), 166면}.

199) 김기섭, "법인대표의 경영상의 판단과 업무상배임죄", 「판례연구」(서울지방변호사회, 2005. 1.), 10면.

200) 조기영, "배임죄의 제한해석과 경영판단의 원칙 -경영판단 원칙 도입론 비판-", 「형사법연구」(한국형사법학회, 2007.봄), 106~107면; 노명선, "회사범죄에 관한 연구-주식회사 임·직원의 형사책임을 중심으로-", 「법조」(법조협회, 1999), 155~156면.

201) 조국, "기업범죄 통제에 있어서 형법의 역할과 한계 -업무상 배임죄 배제론에 대한 응답-", 「형사법연구」(한국형사법학회, 2007. 가을), 184면.

사상 도입 여부는 우리나라에서 인정하는 배임죄의 성립요건과 경영판단의 속성에 비추어 검토할 필요가 있다.

이에 관하여 우리나라의 형법이 독일이나 일본과는 달리 반드시 '자기나 제3자의 재산상 이익취득'을 범죄구성요건으로 하고 있고, 이 구성요건에 해당한다면 상법상 충실의무에 위반하는 행위로서 경영판단원칙이 적용되지 않으므로 이 원칙을 도입할 필요가 없다고 주장하는 견해가 있다.[202] 그러나 기업의 이익을 위한 경영판단이 결과적으로 경영자나 제3자의 이익이 되는 경우도 얼마든지 있을 수 있으므로, '자기나 제3자의 재산상 이익취득' 요건에 해당한다고 하여 반드시 충실의무 위반 문제가 되는 것은 아니다.

생각하건대 배임죄의 성립요건 중 임무위배행위 요건은 경영자가 기울여야 할 주의의무의 내용과 관련하여 판단할 수 있는 것인데, 경영판단원칙은 그 주의의무의 대상이나 범위를 정하는 것이므로 배임죄의 성립 여부를 판단함에 있어서도 이 원칙을 도입할 필요가 있다고 본다. 특히 앞에서 살펴본 바와 같이 위험성・불가측성・전문성을 지닌 경영판단의 내용에는 법관의 사법심사 대상으로 하기에는 부적합한 부분이 존재한다. 그러므로 경영판단의 임무위배 여부 판단을 사법심사가 가능한 절차적・주관적 요소로 제한하려는 이 원칙을 도입하는 것이 합리적이라고 본다.

따라서 이 원칙을 적용한다면 후술하는 바와 같이 임무위배행위라는 범죄구성요건 자체에 해당하지 않아 면책되는 범위가 그 만큼 넓어질 수도 있을 것이다. 한편 이 원칙의 도입을 반대하는 입장에서 임무위배행위를 중대한 임무위배로 축소해석하자는 견해도 있으나,[203] 이러한 법문에 반하는 무리한 해석론보다 위와 같이 경영상 판단의 속성상 임무위배행위를 합리적으로 해석하는 입장이 보다 합리적이라고 본다.

2. 형사판례[204]

대법원은 경영인의 배임 여부가 문제된 형사판결에서는 민사판결처럼 '경영

---

202) 조기영, 전게논문, 98면.
203) 조국, 전게논문, 172면.
204) 한석훈, "형사책임에 대한 경영판단원칙의 적용", 「성균관법학」(성균관대학교 법학연구소, 2010. 8.), 359~369면 재인용.

판단원칙'이라는 용어를 사용하지는 않고 있으나,[205] 대법원 2004. 7. 22. 선고 2002도4229 판결(후술하는 제1판례)에서 '경영상 판단'에 관한 법리를 처음으로 밝힌 이래 계속하여 같은 취지의 판시를 하고 있다. 즉, 위 판례에서 "기업의 경영에는 원천적으로 위험이 내재하여 있어서 경영자가 아무런 개인적 이익을 취할 의도 없이 선의에 기하여 가능한 범위 내에서 수집된 정보를 바탕으로 기업의 이익에 합치된다는 믿음을 가지고 신중하게 결정을 내렸다 하더라도 그 예측이 빗나가 기업에 손해가 발생하는 경우가 있을 수 있는 바, 이러한 경우에까지 고의에 관한 해석기준을 완화하여 업무상배임죄의 형사책임을 묻고자 한다면, 이는 죄형법정주의의 원칙에 위배되는 것은 물론이고 정책적인 차원에서 볼 때에도 영업이익의 원천인 기업가 정신을 위축시키는 결과를 낳게 되어 당해 기업뿐만 아니라 사회적으로도 큰 손실이 될 것이므로, …문제된 경영상 판단에 이르게 된 경위와 동기, 판단대상인 사업의 내용, 기업이 처한 경제적 상황, 손실발생의 개연성과 이익획득의 개연성 등 제반 사정에 비추어, 자기 또는 제3자가 재산상 이익을 취득한다는 인식과 회사에게 손해를 가한다는 인식(미필적 인식을 포함) 아래의 의도적 행위임이 인정되는 경우에 한하여 배임죄의 고의를 인정하는 엄격한 해석기준은 유지되어야 할 것이고, 그러한 인식이 없는데 단순히 본인에게 손해가 발생하였다는 결과만으로 책임을 묻거나 주의의무를 소홀히 한 과실이 있다는 이유로 책임을 물을 수는 없다."라고 판시하였고, 그 이후 후술하는 제2, 3판례 등 현재까지 경영상 판단이 문제가 된 사안에서는 대체로 같은 취지의 판결내용을 원용하고 있다.[206]

참고로, 우리나라와 유사한 배임죄 처벌규정을 두고 있는 일본의 경우에[207] 일본 판례는 경영상 판단과 관련하여 배임 여부를 판단함에 있어서는 그 판단에 '현저히 합리성을 결여한 것인지' 여부를 기준으로 삼고 있다. 일본 최고재

---

205) 대법원 2012. 6. 14. 2012도1283; 2011. 7. 28. 2008도5399 등.

206) 대법원 2010. 4. 29. 2009도13868; 2010. 1. 14. 2007도10415.

207) 배임죄에 관한 일본 刑法 제247조는 "타인의 사무를 처리하는 자가 자기 또는 제3자의 이익을 도모하거나 본인에게 손해를 가할 목적으로 그 임무에 위배하는 행위를 하여 본인에게 재산상 손해를 가한 때에는 5년 이하의 징역 또는 510만 엔 이하의 벌금에 처한다"라고 규정하고, 일본 會社法 제960조(구 商法 제486조)는 발기인, 이사, 지배인 등이 "자기 또는 제3자의 이익을 도모하거나 주식회사에 손해를 가할 목적으로 그 임무에 위배하는 행위를 하여 그 주식회사에 재산상 손해를 가한 때에는 10년 이하의 징역 또는 1,000만 엔 이하의 벌금에 처한다"라고 규정하여, 자기 또는 제3자의 이익이나 본인에 대한 가해의 목적을 요구하고 있는 점이 우리나라의 경우와 다르다.

판소 2009. 11. 9.자 결정에서도 은행의 대표이사가 실질상 도산 상태에 있는 회사들에게 적자보전 자금 등을 무담보로 추가 융자해 준 행위가 구 상법(商法) 상 특별배임죄에 해당되는지 여부가 문제된 사안에서, 피고인측은 경영판단원칙을 주장하였으나 다음과 같은 이유로 이를 배척하였다. 그 결정이유에서 "은행의 이사가 융자업무를 취급함에 있어서 요구되는 주의의무의 정도는 일반 주식회사 이사의 경우에 비하여 높은 수준이므로 경영판단원칙이 적용될 여지는 그만큼 제한된다. …객관적인 회사 재건·정리계획도 없고 기존 대출금을 보다 많이 회수하여 은행의 손실을 최소화하려는 목적도 명확하다고 할 수 없는 상태에서 적자보전 자금 등을 사실상 무담보로 추가 융자한 것은 그 판단에 현저히 합리성을 결여하여 은행 이사로서 융자시 요구되는 채권보전의무를 위반함으로써 이사로서의 임무위배에 해당된다."라고 판시하여 특별배임죄로 의율하였다.[208] 이와 같이 일본에서는 경영판단시 절차적 주관적 요소를 중시하는 미국 판례법상의 경영판단원칙을 형사책임에 도입하고 있다고 볼 수는 없다.

위와 같은 우리나라 판례의 입장은 그것이 미국 판례법상의 경영판단원칙과 차이가 있는지 여부를 불문하고 경영상 판단의 형사책임에 있어서 일관된 법리를 표명하고 있으므로, 이를 분석·평가할 필요가 있다. 이러한 대법원 판례 중 대표적인 3개 판결의 배임 관련 사실관계 및 판결요지는 아래와 같다.

가. 제1판례 : 대법원 2004. 7. 22. 2002도4229

《사실관계》

① 피고인 A는 보증보험주식회사(이하 보험회사로 약칭)의 대표이사로서 H회사 등 7개 업체의 기술개발융자금 69억 6,700만 원에 대한 지급보증 보험계약을 체결하였다. 그런데 당시 그 연대보증인인 D회사가 신용도 취약업체임에도 불구하고, 농수산부장관 등을 역임한 그 대표이사 J로부터 D회사가 한국 최초로 중국에서 추진하는 대규모 농장개발사업에 대한 사업내용·진행상황·사업전망 등을 듣고, 절차를 거쳐 D회사를 우대기업(C군)으로 선정한 후 위와 같이 지급보증하였다. 그 후 보증의뢰 업체나 D회사가 모두 부도처리 되었다.

208) 日 最高裁 2009. 11. 9. 平18(あ)2057号, 「判例タイムズ」 1317号, 142面; 青水眞·阿南剛, "取締役の責任に關する上級審判例と經營判斷の原則(3)", 「旬刊商事法務」 1897号(商事法務研究會, 2010. 4. 25.), 25~31面; 弥永眞生, "會社法判例速報 特別背任と經營判斷原則", 「ジュリスト」 1392号(有斐閣, 2010. 1. 1.), 178~179面.

(이하 사안 ①로 약칭)

② 피고인 A는 SJ회사의 회사채 78억 4,700만 원에 대한 지급보증 보험계약을 체결하였다. 그런데 당시 그 회사의 재무구조는 3년 연속 누적된 적자로 인하여 부채비율이 878%에 달하고, 3년 전에 우대업체 선정이 취소되었으며, 과다계약자로서 청약접수 비대상업체로 분류되고 심사등급 C급에 해당하였다. 그럼에도 불구하고 그 회사를 우대업체(B군)로 재선정하여 심사등급을 상향조정하고, 자금사정 및 신용사정의 악화로 우대업체 선정이 취소된 S회사를 연대보증인으로 하여 지급보증하였으나, SJ회사나 S회사가 모두 부도처리 되었다.(이하 사안 ②로 약칭)

③ 피고인 B는 보험회사의 대표이사로서 HB회사의 회사채 399억 원에 대한 지급보증 보험계약을 체결하였다. 그런데 당시 HB회사의 영업실적은 급격히 악화되고 과다차입금으로 인한 금융이자 부담으로 부채비율이 845%에 달하는 등 심사등급 B급에 해당하였다. 그럼에도 불구하고 보험회사의 영업지침상 우대업체 A군인 경우에는 심사등급을 완화할 수 있도록 되어 있고 HB회사는 이미 우대업체 A군으로 선정되어 있어서, 그 심사등급을 A급으로 상향조정한 후, 전환권 행사시의 주가가 340억 원 상당인 HB회사의 무보증 전환사채만을 담보로 제공받아 지급보증하였으나, HB회사는 부도처리 되었다.(이하 사안 ③으로 약칭)

《판결요지》

위 사안 ①에 대하여, 원래 보증보험은 보험사고의 발생위험을 전제로 신용위주로 하는 사업이고, 피고인 A는 연대보증인인 D회사의 사업전망이 있다고 판단한 것이며, 적법한 내부절차를 거쳤고, D회사를 우대업체로 선정한 후에는 반대한 실무자도 없었으며, 피고인 A와 J는 같은 재무부 출신이라는 점 외에는 별다른 친분관계가 없었고, 피고인 A가 금품 기타 개인적 이익을 얻은 바 없는 점 등에 비추어, 그 지급보증이 임무위배행위에 해당한다거나 배임의 고의가 있었다고 단정하기 어렵다고 판시하였다.

위 사안 ②에 대하여는 위와 같은 보증보험 사업의 성격 외에 다음과 같은 이유로 그 지급보증이 임무위배 행위에 해당하거나 배임의 고의가 있었다고 단정하기 어렵다고 판시하였다. 위 SJ회사 및 S회사는 S그룹 산하 업체로서 피고인 A는 재정상태가 좋지 아니한 S그룹 산하 업체에 대한 지급보증 잔액을 매년 감소시켜 오던 중 그 보증잔액이 580억 원인 상황에서, 같은 S그룹 산하 SG회사에 대한 회사채 보증액 54억 4,000만 원이 만기 도래하여 그 상환자금을 마련하도록 지원할 필요가 있었다. 그런데 SJ회사는 이 사건 지급보증을 받아 회사채를 발행하면 위 54억 4,000만 원의 회사채를 상환하고 과거에 지급보증 받은 전환사채 중 100억 원 상당을 주식으로 전환하기로 하였기 때문에, 결과적으로 S그룹 전체의 보증잔액은 73억 원 정도 감소되어 오히려 보험회사로서는 손해가 아니라 이득이 발생한 것이다. 이러한 종전 회사채의 상환과 전환사채의 주식전환을 조건으로 업무처리하기로 한 후에는 반대한 내부직원이 없었다. 그리고 SJ회사는 세계 3대 규모의 특수강 제조업체로서 규모 면에서는 특별우대업체에 해당하고, 북미 현지법인 인수로 인하여 일시적 자금난을 겪고 있었지만 시설투자가 일단락되어 향후 금융비용의 절감이 예상되었고, 우대업체 자격 취소 후 매출액과 영업이익이 지속적으로 개선되고 있었다. 당시 SJ회사의 재무상황과 비재무상황을 면밀히 검토하여 영업지침에 따라 우대업체(B군)로 재선정한 것이고, 우대업체로 선정되는 경우에는 청약접수 비대상업체에서도 제외되는 것이므로, 업무처리 과정에서 영업지침에 위배된 바 없었다. 그 외 피고인 A는 금품 기타 개인적 이익을 얻은 사실이 없었고, S그룹 회장과의 친분관계도 없었다.

위 사안 ③에 대하여도, 위와 같은 보증보험 사업의 성격 외에 다음과 같은 이유로 그 지급보증이 임무위배 행위에 해당한다거나 배임의 고의가 있었다고 단정하기 어렵다고 판시하였다. 피고인 B는 HB회사에 지속적으로 담보를 요구하여 당시 340억 원 상당의 가치가 있는 그 회사의 전환사채를 담보로 받았고, 자신의 회사에 보증보험료 7억 4,300만 원의 수입을 얻게 하였다. HB회사의 부채비율이 높았던 것은 제철소 건설을 위한 대규모 설비투자 때문이었는데, 그 건설공사의 준공을 2년 정도 앞둔 상황에서 총 투자비용의 78%인 3조 7,000억 원의 설비투자를 완료한 상태였고, 나머지 자금만 투자하여 완공하면 신제철공법으로 가격 및 품질 면에서 경쟁력이 있어서 이익창출이 예견되었다. 당시 국내 3대 신용평가기관 중 2곳의 신용평가는 'A3-'부터 'BBB-'까지의 수준을 유지하고 있었고, 다른 신용평가기관은 이와 달리 HB회사가 "영업정상화 단계까지 회사의 존속 여부도 불투명하다."는 보고서를 발간하였으나, 피고인 B가 그 평가내용을 알고 있었다고 볼 만한 자료가 없고, 입수된 정보에 의하면 HB회사의 주거래은행들은 위 제철소 완공 비용을 계속 지원할 것으로 예견되었다. HB회사에 대한 심사등급 상향조정은 영업지침에 따른 것으로서 내부 실무자들의 반대나 절차상 법령·영업지침 위반도 없었다. 그 외 피고인 B가 금품을 수수한 바가 없었고, HB회사 등과 개인적 친분이나 정실관계도 없었다.

나. 제2판례 : 대법원 2007. 3. 15. 2004도5742

《사실관계》

피고인 A는 G회사의 회장으로서 국회의원 등 정치인들로부터 그 지역 프로야구단의 인수 요청을 받고 재정적 부담으로 고심하던 중, 체육복표사업의 수탁사업자로 선정된 주권비상장법인인 P회사의 실질적 운영자 C로부터 그 소유의 P회사 주식 20만 주를 1주당 35,000원에 매수해 주면 P회사가 대신 위 야구단을 인수하도록 도울 수 있다는 제의를 받았다. 이에 따라 피고인 A는 G회사의 관리부문 부사장인 피고인 B 및 G회사 산하 자회사 또는 협력회사인 6개 업체의 대표이사들과 공모하여, 2001. 4. 18.부터 같은 달 21.까지 사이에 위 6개 업체로 하여금 할당된 수량에 따라 위 주식 20만 주를 1주당 35,000원에 매수하게 하여 적정가액인 1주당 20,000원과의 차액인 합계 30억 원 상당의 손해를 입게 하였다.

당시 위 6개 업체의 실무담당자들은 그 대표이사로부터 P회사의 사업내용, 사업전망 등을 검토하라는 지시를 받고, P회사 측이 제공한 주주현황, 삼일회계법인 작성 기업가치평가보고서 등을 입수하고, 인터넷검색 · 언론보도기사 · 전문가자문 등을 통하여 위 주식은 투자가치와 장래성이 충분한 것으로 평가하였다. 그 기업가치평가보고서에 의하면 2001. 1. 1. 당시 P회사의 기업가치를 1주당 184,212원으로 평가하였다. P회사는 체육복표 사업자로 선정되기 전인 2000. 5. 30. 1주당 30,000원에 유상증자하고, 이 사건 직후인 2001. 5. 4. 및 같은 해 6. 30. 각 1주당 40,000원에 유상증자한 바 있다. 위 6개 업체는 이사회 결의 등을 거쳐 위 주식 매수계약을 체결하였다.

《판결요지》

비상장주식의 시가는 객관적 교환가치가 적정하게 반영된 정상적인 거래실례가 있는 경우에는 그 거래가격을 시가로 평가하여야 할 것인데, 위 주식의 시세를 가장 잘 알고 있는 C는 이 사건 당시 P회사 주식의 적정 시가를 1주당 20,000원 정도라고 진술하고 있고, 실제로 당시 P회사의 주식 8만 주를 1주당 20,000원에 매수한 바 있다. 같은 시기에 Q회사도 P회사의 주식을 같은 가격에 매매한 바 있고, P회사의 주식 매물정보 확인자료에 의하면 2001. 4.경 거래시세가 1주당 19,000원에서 20,000원 사이에 형성되어 있었다. C는 이 사건 주식매매를 알선해 준 D에게 1주당 30,000원 이상으로 거래가 성사되면 알선료를 지급하겠다고 한 후 실제로 그 알선료로 무려 24억 원을 지급하였다.

삼일회계법인의 위 기업가치평가보고서는 P회사가 제공한 자료에 의하여 투자 유치를 위한 홍보 목적으로 작성된 것이다. 위 2001. 5. 4. 및 같은 해 6. 30. 각 유상증자시 그 주식 인수 회사들은 P회사와 제휴 등 특별관계에 있었다. 이러한 점 등에 비추어 보면, 이 사건 당시 P회사 주식의 적정 시가는 1주당 20,000원이라고 봄이 상당하다.

기업의 경영자가 문제된 행위를 함에 있어서 합리적으로 가능한 범위 내에서 수집한 정보를 근거로 하여 당해 기업이 처한 경제적 상황이나 그 행위로 인한 손실발생과 이익획득의 개연성 등의 제반 사정을 신중하게 검토하지 아니한 채, 당해 기업이나 경영자 개인이 정치적 이유 등으로 곤란함을 겪고 있는 상황에서 벗어나기 위해서는 비록 경제적인 관점에서 기업에 재산상 손해를 가하는 결과가 초래되더라도 이를 용인할 수밖에 없다는 인식하에 의도적으로 그와 같은 행위를 하였다면 업무상배임죄의 고의는 있었다고 봄이 상당하다. 그런데 피고인들은 P회사 주식의 객관적 가치나 거래시세 등을 전혀 검토하지 않은 상태에서 P회사가 곧 1주당 40,000원에 유상증자할 예정이고, 삼일회계법인의 평가에 따르면 장차 그 주식의 가치가 1주당 20만 원 이상 될 것이라는 C의 말만 듣고 이 사건 주식 매수를 권유한 것이다. 위와 같은 주식 매수의 동기 및 목적, 매매계약의 경위와 그 내용, 매매대금의 규모, 자회사 및 협력회사와의 관계 등 제반 사정에 비추어 보면, 피고인들은 기업의 경영자로서 위 6개 업체의 경제적 상황, P회사의 사업전망, 주식매수로 인한 손실발생 또는 이익획득의 개연성 등을 신중하게 검토한 후 경영상 판단에 이른 것이라고 하기 보다는, 정치적으로 난처한 상황에서 벗어나기 위하여 C가 요구하는 가격과 수량 그대로 이 사건 주식을 매수하게 한 것이다. 그러므로 피고인들로서는 이 사건 행위가 회사재산을 보호하여야 할 업무상 임무에 위배되고 나아가 이 사건 주식 매수로 인하여 위 6개 업체에게 현실적인 재산상 손해를 가하거나 적어도 재산상 실해발생의 위험을 초래한다는 것을 미필적으로나마 인식하고 있었다고 보아야 한다. 설령 피고인들에게 장차 위 주식의 가치가 상승하여 6개 업체가 이익을 얻게 될 수도 있다는 기대 내지 의사가 있었다고 하더라도 이는 부수적일 뿐이고 이 사건 주식매입으로 인하여 위 6개 업체에 재산상 손해를 가한다는 가해의 의사가 주된 것이었다고 봄이 상당하다.

다. 제3판례 : 대법원 2009. 6. 11. 2008도4910

《사실관계》

S자동차정비사업소 주식회사(이하 SR회사로 약칭)는 S자동차주식회사(이하 S회사로 약칭)로부터 건물, 부지 및 정비시설을 임차하고 자동차관리사업 등록을 제공받아 S회사로부터 위탁받는 정비용역만 제공하는 업무 외에는 다른 업체와 거래하지 않는 회사이다. 그런데 피고인은 SR회사의 1인 이사인 경영자로서 S회사로부터 SR회사가 정비업무 중 일부를 무단하청 주고 있다는 이유로 위 건물 등 임대차계약과 상호간 운영협약을 해지한다는 통보를 받고, 위 계약해지의 효력을 다투지 아니한 채 SR회사의 폐업신고를 하고 주요 영업재산인 정비업 허가를 S자동차의 다른 정비사업소에 양도하여 피해회사에 손해를 가하였다.

《판결요지》

경영상 판단과 관련하여 기업의 경영자에게 배임의 고의가 있었는지 여부를 판단함에 있어서도 일반적인 업무상배임죄에 있어서 고의의 입증방법과 마찬가지의 법리가 적용되어야 함은 물론이다. 그러나 기업경영에 내재된 속성을 고려하여, 문제된 경영상 판단에 이르게 된 경위와 동기, 판단대상인 사업의 내용, 기업이 처한 경제적 상황, 손실발생의 개연성과 이익획득의 개연성 등 제반 사정에 비추어 자기 또는 제3자가 재산상 이익을 취득한다는 인식과 본인에게 손해를 가한다는 인식(미필적 인식을 포함)하의 의도적 행위임이 인정되는 경우에 한하여 배임죄의 고의를 인정하는 엄격한 해석기준은 유지되어야 할 것이다. 그러한 인식이 없는데 단순히 본인에게 손해가 발생하였다는 결과만으로 책임을 묻거나 주의의무를 소홀히 한 과실이 있다는 이유로 책임을 물을 수는 없다.

SR회사는 S회사와의 영업관계가 유지될 수 없다면 존립할 수 없으므로 S회사와의 관계를 고려할 필요가 있었다. 그런데 S회사의 위 계약해지 통보의 적법 여부는 법률전문가의 신중한 검토를 거치더라도 명백하게 판단할 수 있는 것이 아니었으며, 위 계약해지를 다투는 소송을 제기한다 하더라도 그 소송 종료 전에는 아무런 업무도 할 수 없어서 종업원들도 실직할 수밖에 없고, 그 소송 종료 전에 위 계약상 사업권 보장기간의 도과가 거의 확실시되는 상황이었다. 그 외 이 사건 행위에 이르게 된 경위와 동기, SR회사의 S회사와의 관계, 이 사건 계약해지의 적법 여부, 그 법적 쟁송으로 인한 손익 등 여러 사정을 고려하면, 배임의 고의가 있었다고 단정하기 어렵다.

3. 판례의 평가

배임죄에 관한 우리나라의 판례는 경영상 판단이 문제되는 경우에 피고인 측의 경영판단원칙 주장을 위와 같이 배임의 고의나 임무위배행위 여부의 판단문제로 보고 있다.[209] 그런데 판례의 입장에 관하여는 경영인의 형사책임에 대하여도 경영판단원칙의 정신을 수용하여 경영판단의 속성을 고려한 엄격한 해석기준을 세운 것이라고 평가하는 견해가 일반적이다.[210]

그 중 다수의 학설은 판례가 경영상 판단과 관련된 업무상 배임죄의 성립에는 적어도 임무위배 행위에 대하여 미필적 고의를 넘는 의도성을 요구하는 것으로 보고 있다.[211] 위 제1판례와 제3판례에서는 "의도적 행위임이 인정되는 경우에 한하여 배임죄의 고의를 인정하는 엄격한 해석기준은 유지되어야 할 것이고"라고 표현하여, 마치 고의에 필요한 의욕적 요소[212] 중 '목표지향적인 확실한 의욕'이 포함된 의도적 고의나 '단순한 의욕'이 포함된 단순고의만을 의미하고 '용인 의사'가 포함된 미필적 고의는 제외하는 취지인 것처럼 보인다.

그러나 같은 판결에서 "경영상 판단과 관련하여 기업의 경영자에게 배임의 고의가 있었는지를 판단함에 있어서도 일반적인 업무상 배임죄에 있어서 고의의 증명방법과 마찬가지의 법리가 적용되어야 함"을 분명히 설시하고 있으므로, 판례가 경영판단 관련 임무위배행위에 대한 미필적 고의는 배임의 고의로서 불충분한 것으로 평가하고 있다고 볼 수는 없다. 같은 판결에서 "손해발생 결과나 주의의무를 소홀히 한 과실만으로 책임을 묻는다면 죄형법정주의 원칙에 위

---

209) 대대수 학설은 위 제1판례가 경영판단을 배임 고의 여부의 문제로 보는 것이라고 해석하고 있으나{이규훈, 전게논문, 344면; 구회근, "업무상 배임죄와 경영판단원칙 -대법원판례를 중심으로-"「법조」(법조협회, 2005), 104면; 이종상, "이사의 책임과 배임죄에 대한 비판적 고찰"「BFL」(서울대학교 금융법센터, 2006. 9.) 51면 등}, 앞에서 살펴본 바와 같이 위 제1판례는 "…등에 비추어 임무위배행위에 해당하거나 배임의 고의가 있었다고 단정하기 어렵다"고 설시하고 있음에 비추어 경영판단 문제를 배임의 고의뿐만 아니라 임무위배 행위의 문제로도 보고 있다. 위 제2판례, 제3판례 등 그 밖의 형사판례는 경영판단을 대부분 고의 여부의 문제로 취급하고 있다.

210) 김기섭, 전게논문, 4면; 이종상, 전게논문, 51면; 구회근, 전게논문, 75, 76면; 이규훈, 전게논문, 345면; 이경렬, 전게논문, 125면; 박미숙, "경영판단과 배임죄의 성부"「형사판례연구」(한국형사판례연구회, 2007), 207면.

211) 이규훈, 전게논문, 344면; 조기영, 전게논문, 95면; 이경렬, 전게논문, 140면.

212) 고의의 본질에 관하여는 인식설과 의사설의 대립이 있지만, 전술한 바와 같이 통설·판례인 의사설 입장에서는 인식적 요소 외에 의욕적 요소가 필요하다(김성돈, 전게「형법총론」, 189~190면).

배되는 것"이라고 부연하고 있는 점도 이러한 해석을 뒷받침한다. 그러므로 판례가 "의도적 행위임이 인정되는 경우에 한하여"라고 표현한 것은 전술한 판시 내용과 같이 단지 경영판단의 속성상 "경영자가 아무런 개인적 이익을 취할 의도가 없이 선의에 기하여 가능한 범위 내에서 수집된 정보를 바탕으로 기업의 이익에 합치된다는 믿음을 가지고 신중하게 결정을 내렸다면, 결과적으로 그 예측과 달리 기업에 손해가 발생하더라도 배임의 형사책임을 물을 수 없음"을 강조하고자 하는 취지라고 보아야 한다. 즉, 경영판단의 경우에 앞에서 경영판단원칙의 내용으로 언급한 '관계적 요소', '주관적 요소', '판단준비적 요소'를 갖추었다면 형사책임을 물을 수 없다는 뜻일 뿐이다.

우리나라의 형사판례는 미국 판례법상 경영판단원칙의 내용 중 증명책임의 탄력적 분배제도만 제외하고, 경영자가 부담하는 주의의무 위반, 즉 임무위배 여부를 사법심사에 적합한 절차적 주관적 요소로 제한하고자 하는 제도내용을 도입함으로써 적극적 경영활동을 보호하겠다는 원칙을 천명한 것으로 평가할 수 있겠다. 그러나 실제 판결을 함에는 경영판단원칙을 임무위배행위의 판단문제로 보는 것인지 고의의 판단문제로 보는 것인지 여부가 불분명하고, 판결내용도 경영판단원칙에 충실하지 못한 설시를 하고 있는 등 미국 판례법상의 경영판단원칙을 도입한 것으로 보기에는 여러모로 미흡하다.

구체적으로 살펴보면, 지급보증행위가 문제된 위 제1판례에서는 피고인들이 각 지급보증으로 인하여 자신의 보험회사에 손해가 없거나 이득이 있을 것으로 예측하였고(위 사안 ①에서 D회사의 사업전망이 있다고 판단한 점, 위 사안 ②에서 보험회사로서는 이득이 발생한 것이라고 설시한 점, 위 사안 ③에서 전환사채를 담보로 받았고 보증보험료의 수입을 얻었으며 HB회사의 이익창출이 예견되었다고 설시한 점 등), 적법한 내부절차나 영업지침에 따른 것이며, 거래 대상자와의 친분관계나 금품수수 등 개인적 이익을 취득함이 없었다고 판시함으로써 '주관적 요소', '불법적 요소', '관계적 요소'에 흠결이 없다고 판단한 셈이다. 이어서 이러한 지급보증행위는 임무위배행위에 해당하지 않고 배임의 고의도 인정할 수 없다고 판시하고 있으나, 피고인들이 판단에 필요한 정보를 적절하게 수집한 것인지 여부 즉 '판단준비적 요소'에 대한 판단은 누락하고 있다.

주식매수행위가 문제된 위 제2판례에서는 피고인 등이 주식의 객관적 가치나 거래시세 등을 전혀 검토하지 않았고, 피고인 A가 정치적으로 난처한 상황에서 벗어나기 위하여 주식을 매수하게 한 행위였다고 판시하고 있으므로 '판단준비적 요소', '관계적 요소', '주관적 요소'를 흠결하였다고 본 셈이고, 주식의 시가 즉 '거래가격의 공정성'도 없었다고 평가한 것이므로 일응 경영판단원칙에 따른 판결로 볼 수 있다. 그리고 이러한 흠결로 인한 주식매수행위는 임무위배행위에 해당함을 전제로 임무위배행위의 고의와 적어도 재산상 가해사실에 관한 미필적 고의가 인정된다고 판시하고 있다.

주거래 회사인 S회사로부터의 계약해지 통보의 효력을 다투지 아니한 채 SR회사의 폐업신고와 영업허가를 양도한 행위가 문제된 위 제3판례에서는 피고인이 S회사와의 관계상 위 계약해지의 효력을 다투는 소송을 제기하더라도 종업원의 실직을 피할 수 없는 점 등 다툴 실익이 없는 상황에서 SR회사의 이익을 위하여 한 행위라고 본 것이므로, '주관적 요소'의 흠결이 없었다고 판단한 셈이다. 따라서 이러한 피고인의 행위는 임무위배행위에 해당하지 아니함을 전제로 배임의 고의를 단정하기 어렵다고 판시하고 있으나, 그 외 '판단준비적 요소'나 '관계적 요소'에 대한 판단은 누락하였다.

4. 경영판단원칙의 구체적 적용에 관한 제안

가. 범죄체계상 위치

경영판단원칙을 형사책임에 도입할 경우에는 우선 이를 배임죄의 범죄체계상 어떠한 요건에 관한 문제로 볼 것인지를 검토하여야 한다.

이에 관하여 다수의 학설과 판례는 이 원칙을 주장하는 것은 배임의 고의를 부인하는 주장으로 보고 있다.[213] 그 논거가 분명하지는 않으나 아마도 이 원칙의 내용 중 회사에 최대이익이 되는 판단이라고 합리적으로 믿고 성실하게 판단하였다는 '주관적 요소'를 고려하였기 때문인 것으로 생각한다. 이렇게 경영판단원칙을 고의 여부 판단문제로 보는 입장 가운데에는 이 원칙의 도입에 따라 임무위배 행위에 대하여 미필적 고의를 넘는 확정적 고의가 필요하다는 주장을 하기도 한다.[214]

---

213) 이규훈, 전게논문, 343면; 최승재, "경영판단의 항변과 기업경영진의 배임죄의 성부", 법률신문 3308호 (2004. 10. 21.) 15면; 이경렬, 전게 논문, 142면.

214) 안경옥, "경영판단행위에 대한 배임죄처벌의 가능성"「경희법학」(경희법학연구소, 2006), 427면.

한편 모험적 거래와 관련하여 사회통념에 따른 업무집행 범위를 초과하지 않는 경우에는 임무위배행위가 되지 않는다고 주장하는 견해[215]는 임무위배행위의 판단문제로 보는 입장으로 볼 수 있다. 그리고 주의의무위반, 즉 임무위배행위 여부가 배임의 고의 판단에서 함께 이루어진다고 주장하는 견해도 있다.[216]

고의에 필요한 인식적 요소는 구성요건을 구성하는 모든 객관적 사실에 대한 인식을 의미하므로, 고의는 구성요건의 객관적 사실이 존재하는 것을 논리적 전제로 한다. 배임죄를 구성하는 객관적 사실의 기본적 내용은 타인의 사무를 처리하는 자가 그 임무에 위배하는 행위로써 재산상의 이익을 취득하거나 제3자로 하여금 이를 취득하게 하여 본인에게 손해를 가한 사실이다(형법 제355조 제2항 등). 따라서 배임의 고의가 인정된다는 것은 그 대상인 객관적 구성요건요소인 임무위배행위가 인정됨을 전제로 한다. 임무위배행위란 전술한 바와 같이 사무의 내용 등 구체적 상황에서 법률・계약・신의칙상 임무에 위배하는 행위로서 본인과의 신임관계를 위배하는 일체의 행위를 말하는 것이므로(통설・판례)[217] 경영판단사항에 관한 임무위배 여부는 경영자로서의 주의의무 위반을 전제로 한다. 그런데 원래 경영판단원칙은 경영자가 그 임무를 수행함에 있어 준수하여야 할 주의의무의 내용에 관한 이론이므로, 배임죄의 경우에 이 원칙을 주장한다는 것은 임무위배행위 여부에 관한 주장이라고 봄이 타당하다.[218]

바꾸어 말하면, 경영판단원칙의 적용으로 경영자의 상법상 주의의무위반이 인정되지 아니하여 임무해태행위(상법 제399조 제1항)로 볼 수 없는 것은 형사상 임무위배행위도 구성할 수 없는 것이라고 보아야 한다. 이렇게 파악할 때 과실범이 문제되지 아니하는 배임죄에 주의의무위반 여부에 관한 이 원칙을 적용함에 무리가 없게 된다. 다만 경영자가 회사에 최대이익이 되는 판단이라고 합리적으로 믿고 성실하게 판단하였는지 여부에 관한 '주관적 요소'의 흠결이 인정

---

215) 정성근・박광민, 전게서, 469면; 김성돈, 전게「형법각론」, 417~418면.

216) 김병연, "차입매수(Leveraged Buyout)와 배임죄의 적용 - 신한LBO 및 한일합섬LBO 사례와 관련하여-"「상사법연구」(한국상사법학회, 2010. 5.), 230면.

217) 김성돈, 전게「형법각론」, 415면; 대법원 2002. 7. 22. 2002도1696.

218) 최준선, 전게논문, 115, 116면에서는 상법의 입법론으로서 상법 제382조 제2항(이사와 회사의 관계)에 "이사가 충분한 정보를 바탕으로 회사의 이익을 위하여 합리적으로 경영상의 판단을 한 경우에는 의무의 위반으로 보지 않는다"고 경영판단원칙을 명시하고, 상법 제622조 제1항(임원등의 특별배임죄)에 "다만, 경영상의 판단에 대하여는 벌하지 아니한다"는 규정을 명시하자고 주장하고 있는데, 이러한 견해도 경영판단원칙을 임원 등의 임무위배 여부를 판단하는 법리로 파악하는 것을 전제로 하는 입장이라고 본다.

되지 않는 경우에 이 원칙의 적용으로 임무위배행위가 인정되지 않는 경우라면, 임무위배행위에 관한 고의도 인정되지 않는 것일 뿐이다. 그렇기 때문에 위 제1판례도 절차적 주관적 요소에 대한 판단에 이어서 "그 지급보증이 임무위배행위에 해당한다거나 배임의 고의가 있었다고 단정하기 어렵다"라고 설시하고 있는 것으로 보인다.

경영판단원칙의 주장을 단순히 배임 고의의 부인으로만 보는 다수설은 이 원칙이 원래 경영자의 주의의무 내용에 관한 문제라는 점, 경영자가 준수하여야 할 주의의무의 내용에는 위 '주관적 요소' 외의 객관적 요소도 포함되어 있다는 점, 임무위배행위의 고의는 임무위배 행위의 성립을 그 논리적 전제로 한다는 점 등을 간과하고 있는 것으로 보인다.

한편 경영판단원칙의 주장을 경영자의 업무행위로서 위법성조각사유인 정당행위에 해당한다고 볼 수 있다는 견해가 있다.[219] 그러나 위법성조각사유는 구성요건해당성을 전제로 논할 실익이 있는 것이므로, 위와 같이 이 원칙을 구성요건 사실인 임무위배행위의 판단문제로 보는 이상, 이 원칙의 적용으로 임무위배행위가 되지 아니하는 경우에는 나아가 이를 위법성조각사유로 다시 검토할 필요도 없게 될 것이다.

위와 같이 경영판단원칙을 임무위배행위 여부 판단의 문제로 보는 입장에 대하여는, "적법한 경영판단은 임무위배행위에 해당하지 않는 경우가 대부분일 것으로 예상되기 때문에" 임무위배행위를 적절히 해석함으로써 충분하고 별도로 경영판단원칙을 도입할 필요가 없다고 보는 견해[220]가 있다. 그러나 경영판단원칙은 임무위배여부를 절차적 주관적 요소를 중심으로 판단하는 법리이다. 따라서 이를 적용할 경우에는 경영상 판단에 관한 임무위배 판단의 구체적 기준을 제시할 수 있고, 그 심사대상을 판단내용의 당부(當否)가 아니라 판단의 절차적 주관적 요소로 제한하게 되므로 여전히 그 적용 실익이 있다.

나. 경영판단원칙의 적용

앞에서 살펴본 미국 판례법상의 경영판단원칙은 s위험성·불가측성·전문성을 지닌 경영판단의 속성상 경영자가 준수하여야 할 주의의무의 내용을 앞에서

---

219) 이정민, 전게논문, 172면.
220) 조기영, 전게논문, 97면.

언급한 '주관적 요소', '판단준비적 요소', '기망적 요소', '불법적 요소', '관계적 요소', '의존적 요소' 또는 '충분한 공정성' 등 절차적 주관적 요소로 제한하고, 당사자 사이의 공평을 기하기 위하여 그 증명책임을 탄력적으로 분배하는 것을 그 핵심적 내용으로 한다고 말할 수 있다.

그런데 우리나라의 형사절차에서는 임무위배행위의 증명책임은 경영자의 형사책임을 주장하는 검사가 모두 부담하는 것이므로, 해석론만으로 증명책임을 검사와 피고인에게 탄력적으로 분배할 수는 없다. 따라서 경영판단원칙을 형사책임에 적용할 경우에는 경영자가 준수하여야 할 주의의무의 내용을 절차적 주관적 요소로 제한하는 나머지 내용만 도입할 수밖에 없다.

이러한 입장에서 경영판단원칙을 검사가 범죄의 성립요건에 대한 일체의 증명책임을 부담하는 우리나라의 법제에 맞게 변용하여 배임죄에 관한 형사책임에 적용해 본다면 다음과 같이 정리할 수 있다.

경영판단원칙은 경영자의 임무위배행위를 인정하기 위한 주의의무위반 여부를 판단할 때 적용되는데, 경영판단시 준수하여야 할 주의의무의 일반적 기준은 경영자가 기업에 최대이익이 되는 판단이라고 합리적으로 믿고 성실하게 판단하되('주관적 요소'), 보통의 신중한 경영자에게 같은 위치와 상황에서 합리적으로 기대할 수 있는 주의로써 하여야 한다. 그 중 경영판단 사항의 경우에 '보통의 신중한 경영자에게 같은 위치와 상황에서 합리적으로 기대할 수 있는 주의'로 직무를 수행한다는 것의 구체적 내용은 경영자가 ① 판단에 필요한 정보를 합리적으로 적절하다고 볼 수 있는 정도로 수집하고('판단준비적 요소'), 판단과정에 경영자의 기망('기망적 요소')이나 불법('불법적 요소')이 없으며, 자신과 이해관계 없이('관계적 요소'), 누구의 간섭도 없이 독립적으로 판단한('의존적 요소') 경우이거나,[221] 아니면 ② 충분히 공정하게 판단한('충분한 공정성') 경우이다. 따라서 경영판단시 주의의무위반이 없는 경우란 위 '주관적 요소'와 위 ① 부분에서 열거한 각 요소를 모두 충족한 경우이거나, 또는 위 '주관적 요소'와 위 ② 부분에서 언급한 '충분한 공정성'이 인정되는 경우를 말하게 된다.

그러므로 경영자의 임무위배행위를 주장하는 검사는 위 '주관적 요소'의 흠결을 증명하거나, 위 ①부분에서 열거한 '판단준비적 요소', '기망적 요소', '불법적

---

221) 이는 현재까지의 미국 판례법상 정립되어 온 요소이고, 향후의 판례나 연구결과에 따라서는 그 밖의 절차적 주관적 요소도 검토할 수 있을 것이다.

요소'[222], '관계적 요소', '의존적 요소' 중 하나라도 흠결된 사실이 있고, 또한 위 ②부분에서 언급한 '충분한 공정성'이 흠결된 사실을 증명하여야 한다. 이 경우 '충분한 공정성'이란 판단과정의 합리성인 '거래의 공정성' 또는 '거래가격의 공정성' 등을 의미하고, 위 ①부분에서 열거한 각 요소에 관한 자료가 주요 판단자료가 될 것이다.

그리고 그 증명이 성공하더라도 형사상 임무위배행위로 인정되기 위하여는 나아가 그것이 본인과의 신임관계를 침해한 것이라는 점까지 인정되어야 할 것이지만(배임죄의 본질에 관한 배신설 입장), 특별한 사정이 없는 한 형사상 임무위배행위가 인정될 수 있을 것이다.

반대로 위 '주관적 요소'의 흠결이 인정되지 않을 뿐더러, 또한 위 ①부분에서 열거한 각 요소의 흠결이 인정되지 않거나, 위 ②부분에서 언급한 '충분한 공정성'이 인정된다면, 임무위배 행위는 인정되지 않는다.

위 각 요소 가운데, '주관적 요소' 즉 경영자가 기업의 최대이익을 위하여 성실하게 판단하였는지 여부는 마치 배임의 고의에 대한 판단처럼 경영자가 이를 자인하기 전에는 사물의 성질상 상당한 관련성이 있는 간접사실을 증명하는 방법에 의하여 증명할 수밖에 없으므로[223] 그 성질상 쉽게 판단할 수 있는 요소가 아니다. 따라서 검사는 나머지 요소들, 즉 위 ①부분에서 열거한 각 요소인, 경영자가 경영판단에 필요한 정보를 합리적으로 적절하다고 볼 수 있는 정도로 수집하였는지, 판단과정에 경영자의 기망행위나 절차상 불법은 없었는지, 경영판단과 관련하여 개인적 이해관계가 없었는지, 독립적으로 판단한 것인지 여부와, 위 ②부분에서 언급한 '충분한 공정성'의 요소인, 거래과정이 공정하였는지 또는 거래가격은 공정하였는지 여부 등의 흠결을 주로 증명하게 될 것이다. 위와 같은 증명대상의 특징은 위험성·불가측성·전문성을 지닌 경영판단행위의 속성상 판단내용의 당부(當否)가 아니라 사법심사에 적합한 경영판단의 절차와 경영자의 주관적 상태를 대상으로 한다는 점이다.

---

222) 종전에는 법령·정관을 위반한 경우에는 상법 제399조 제1항의 규정상 고의·과실을 불문하고 그 자체가 회사에 대한 채무불이행이 되어 임무해태 여부 판단시 문제되는 경영판단원칙은 적용될 수 없다고 보았으나(대법원 2005. 7. 15. 2004다34929), 2011년 상법개정으로 이 경우에도 고의 또는 과실을 요하므로(상법 제399조 제1항 전단) 경영판단원칙이 적용될 수 있을 것이다.

223) 배임죄의 고의(故意) 판단에 관한 대법원 2001. 2. 9. 2000도5000 판결 참조.

위와 같은 과정을 거쳐 임무위배행위가 인정되면, 그에 대한 고의 등 나머지 범죄구성요건요소와[224] 위법성, 책임성까지 인정되는 경우에 비로소 배임죄의 형사책임을 인정하게 된다. 물론 임무위배행위 여부 판단에 앞서 다른 구성요건 요소 등 범죄성립요건의 흠결이 인정되는 경우에는 임무위배 여부를 판단할 필요도 없이 불기소 결정 또는 무죄 선고를 하게 될 것이다.

앞에서 살펴본 바와 같이 우리나라의 형사판례는 이미 경영판단원칙의 법리 중 경영판단의 절차적 주관적 요소를 중심으로 경영자의 형사책임을 판단하고자 하는 원칙을 천명하고 있고, 그 이론적 근거를 "기업경영에 내재된 속성"에서 찾고 있으므로(위 제3판결의 판결이유 참조), 이러한 실무처리가 충분히 가능하다고 본다.

특히, 배임죄의 무죄선고율이 다른 범죄보다 비교적 높은 반면,[225] 경영판단과 관련하여 행하여 지는 기업체에 대한 수사 자체가 기업경영에 미치는 영향이 중대한 점에 비추어 볼 때, 경영판단에 관한 배임 혐의 수사에 있어서는 위와 같은 경영판단원칙에 따라 그 판단대상을 절차적 주관적 요소로 제한하는 내규를 제정할 필요가 있다고 본다.

종전 배임죄의 법리에 의하면, 개념의 내용이 불확정적인 이른바 비전형적 구성요건표지로 보는[226] '임무위배' 행위의 해석에 관한 구체적 기준이 없었기 때문에, 경영상 판단의 임무위배행위 여부를 판단함에 있어서 경영판단의 내용까지 무제한적으로 심사하게 됨으로써 임무위배행위의 범위를 지나치게 확대할 가능성이 있었다. 특히 경영판단이 실패로 끝난 경우에는 경영판단의 내용상 잘못은 분명해지는 것이므로, 임무위배행위로 인정될 가능성도 그 만큼 높아지게 되는 것이다. 경영판단원칙은 위와 같이 임무위배행위의 심사대상을 가급적 절차적 주관적 요소로 제한하고 그 구체적 심사기준을 제시하고 있으므로, 임무위배행위의 인정범위를 합리적으로 제한할 수 있고, 배임죄의 성립 여부에 관한 예측가능성을 부여하게 되는 장점이 있다.

---

224) 나머지 구성요건 요소에는 전술한 바와 같이 타인의 사무를 처리하는 자가 그 임무위배 행위로 인하여 자기나 제3자에게 재산상 이익을 취득하게 하고 본인(회사)에게 손해를 가한 사실, 이러한 모든 객관적 요소에 대한 고의와 불법이득의사가 있다.

225) 최준선, 전게논문, 90면에 따르면 2005년도부터 4년간 형법상 배임죄의 무죄율은 전체 형사범죄의 5배에 달하고, 특경법위반(배임)죄의 무죄율은 전체 형사범죄의 11배에 달하는 것으로 분석하고 있다.

226) 조기영, 전게논문, 89면.

요컨대 이 원칙의 형사책임에의 적용은 경영상 판단의 경우에 그 임무위배 여부의 심사대상을 절차적 주관적 요소로 제한함으로써 경영실패에 대한 배임죄의 의율을 합리적으로 제한하고, 경영상 임무위배의 구체적 심사기준을 제시하게 되어 형사처벌의 예측가능성을 확보할 수 있다고 본다.

제7절 유상증자와 배임

Ⅰ. 주식회사의 자본거래

주식회사의 자본조달 방법으로는 사채(社債)를 발행하거나 대출을 받는 등 외부자본을 조달할 수도 있지만, 금리부담이 없는 자본조달 방법으로 주식회사의 자본금을 증액하는 내부자본 조달방법을 이용할 수 있다.

주식회사의 자본금은 액면주식을 발행하는 경우에는 원칙적으로 발행주식의 액면총액이다(상법 제451조 제1항). 무액면주식을 발행하는 경우에도 무액면주식 발행가액 2분의 1 이상의 금액 중 이사회나 주주총회가 자본금으로 계상하는 금액이다(상법 제451조 제2항). 따라서 주식회사는 자본금을 증액하기 위하여 주로 신주를 발행하거나 전환사채나 신주인수권부사채 등을 발행하게 된다.[227]

이러한 광의의 유상증자를 하는 경우에 주식회사의 대표이사 등 경영자가 신주의 발행가액이나 전환가액을 시가 등 적정가격보다 저가로 발행하는 것이 회사나 기존 주주들에게 손해를 가하는 임무위배행위가 되어 배임죄를 구성하는 것인지 여부가 문제된다. 아울러 신주의 적정가격을 어떻게 평가할 것인지 여부의 문제도 뒤따른다.

자본의 증감을 목적으로 하는 자본거래에는 위와 같은 유상증자의 경우 외에도 자기주식의 취득 및 소각, 주식배당, 상환주식의 상환, 자본감소, 회사합병, 주식회사의 분할·분할합병, 주식의 포괄적 교환 및 포괄적 이전 등의 경우가 있다.

그 중 자기주식의 취득 및 소각의 경우에는 이사회 결의만으로 자기주식의

227) 그 밖의 내부자본 조달방법으로 법정준비금의 자본전입, 주식배당, 주식분할, 주식병합, 회사의 합병·분할·분할합병, 주식의 포괄적 교환 및 포괄적 이전 등을 들 수 있지만, 이는 자금조달 외의 특수목적을 위한 것임. 전환사채나 신주인수권부사채는 사채의 일종이기는 하나 주식으로 전환할 수 있는 전환권이 있거나 사채권자에게 신주발행청구권이 부여된 사채이므로 우회적 유상증자의 방법으로 이용되고 있다.

취득가액 및 처분가액이 결정될 수 있기 때문에[228] 자기주식의 취득가액을 적정가격보다 고가로 취득하는 경우에는 마찬가지의 문제가 발생할 수 있지만, 그 법리는 유상증자의 경우와 같을 것이기 때문에 별도로 논할 필요가 없다. 그 밖에 주식배당의 경우에는 주주총회의 결의에 따라 기존 주주들에 대하여 이루어지는 것이고, 신주의 발행가액은 주식의 권면액으로 하도록 법정되어 있으므로(상법 제462조의2), 신주의 발행가액과 관련하여 배임문제는 발생할 여지가 없다. 상환주식의 상환도 그 상환가액을 정관 규정에 따르도록 법정되어 있으므로(상법 제345조 제1,3항) 마찬가지이다. 그 밖에 자본감소, 회사합병, 주식회사의 분할·분할합병, 주식의 포괄적 교환·이전의 경우에는 주주총회의 특별결의 등 엄격한 내부절차를 거치게 되는 것이므로, 주식의 가액평가와 관련한 배임문제가 발생할 여지가 적다고 말할 수 있다.

따라서 자본거래시 주식의 가액평가와 관련한 배임문제가 발생하는 것은 주로 광의의 유상증자인 경우이므로, 유상증자의 경우를 중심으로 검토해 보기로 한다.

이러한 문제들을 검토하기 위하여는 우선 자본금 증가를 위한 신주발행이나 전환사채 및 신주인수권부사채의 각 발행절차 등 자본조달 절차를 검토할 필요가 있다.

Ⅱ. 자본조달 절차

1. 자본금 증가를 위한 신주 발행

가. 신주발행사항의 결정

주식회사가 자본금 증가를 위한 신주를 발행하기 위하여는 정관에 규정된 발행할 주식 총수 범위 내에서 이사회(정관 규정이 있는 경우에는 주주총회)가 신주의 종류와 수, 발행가액과 납입기일, 신주의 인수방법, 무액면주식의 발행가액 중 자본금으로 계상하는 금액 등을 결정한다(상법 제416조). 이 때 발행가액은 주금액보다 하회할 수 없음이 원칙이지만, 회사성립 후 2년을 경과하고 최저발행가액에 관한 주주총회의 특별결의와 법원의 인가를 받은 경우에는 주금액에

228) 2011년 상법개정에 따라 상법 제341조, 제342조에 의하면 자기주식취득을 원칙적으로 허용하되, 배당가능이익의 한도 내에서 회사의 명의와 계산으로 주주총회의 결의 또는 정관 규정에 따른 이사회 결의에 따라 자기주식을 취득할 수 있고, 이사회 결의에 따라 자기주식을 처분할 수 있다.

미달하는 이른바 할인발행을 할 수도 있다(상법 제417조).

나. 신주인수권

신주는 기존 주주의 이익보호를 위하여 기존 주주에게 그가 가진 주식수에 따라 배정함이 원칙이지만(이러한 우선적 인수권을 신주인수권이라 함), 신기술의 도입 및 재무구조 개선 등 회사의 경영상 목적을 달성하기 위하여 필요한 경우에는 정관 규정에 따라 주주 외의 제3자에게 신주인수권을 부여할 수도 있다(상법 제418조 제1, 2항). 전자를 주주배정 방식이라 하고 후자를 제3자배정 방식이라고 한다. 이러한 각 방식은 주주나 제3자에게 신주의 우선적 인수기회를 부여하였는지 여부에 따른 구분일 뿐이다. 따라서 주주배정 방식의 경우에 실제로 주주가 그 인수권을 포기하여 결과적으로 제3자에게 신주가 배정되었다고 하더라도 주주배정 방식으로 보아야 한다는 것이 판례의 입장이다.[229]

다만 주권상장법인의 경우에는 정관 규정 및 이사회 결의에 따라 주주의 신주인수권을 배제하고 불특정 다수인을 상대방으로 한 일반공모증자 방식으로 신주를 발행할 수 있고, 이 때 신주의 발행가액은 청약일 전 제3거래일부터 제5거래일까지의 가중산술평균주가(그 기간 동안 증권시장에서 거래된 해당 종목의 총거래금액을 총거래량으로 나눈 가격)의 100분의 70 이상으로서 금융위원회가 정하여 고시하는 가격 이상이어야 한다{자본시장법 제165조의6, 자본시장과 금융투자업에 관한 법률 시행령(이하 자본시장령이라 함) 제176조의8}.

다. 신주발행절차

회사는 이사회(또는 주주총회)의 위와 같은 신주발행사항 결정에 따라 신주배정일을 정하여 그 날 주주명부에 기재된 주주가 신주인수권을 가진다는 뜻과 신주인수권의 양도가 가능한 경우에는 그 뜻을 신주배정일 또는 주주명부 폐쇄기간의 초일 2주간 전에 공고하여야 한다(상법 제418조).

그리고 신주인수권자에 대하여 그 인수권을 가지는 주식의 종류와 수, 일정한 청약기일까지 신주인수의 청약을 하지 아니하면 신주인수권을 상실한다는 뜻과 신주인수권 양도가 가능한 경우의 그 내용을 기명주주에게 청약기일 2주간 전에 통지하고 무기명주주에 대하여 공고하여야 한다. 만약 청약기일까지

229) 대법원 2009. 5. 29. 2007도4949.

신주인수의 청약을 하지 아니한 때에는 신주인수권을 상실한다(상법 제419조).

회사는 신주인수권을 상실한 실권주(失權株)나 단주(端株)[230]에 대하여는 이사회에서 정한 신주 인수방법의 범위 안에서 임의로 일반인으로부터 공모하거나 제3자에게 배정할 수 있다.

이러한 절차를 거쳐 신주에 대한 주식인수의 청약과 배정을 한 후, 신주인수인이 납입기일에 납입을 한 때에는 그 납입기일 다음 날로부터 주주가 된다(상법 제423조 제1항).

라. 불공정 신주발행

회사가 신주를 발행함에 있어서 신주의 발행가액을 현저히 저가로 발행하는 등 불공정하게 발행하는 경우에는 그로 인하여 현저한 불이익을 받을 염려가 있는 주주는 회사에 대하여 그 발행을 유지할 것을 청구할 수 있다(상법 제424조). 또한 회사의 이사와 통모한 주식인수인은 공정한 발행가액과의 차액에 상당하는 금액을 회사에 지급하여야 할 의무가 있으며, 그 이사도 회사나 주주에 대하여 그로 인한 손해를 배상하여야 한다(상법 제424조의2 제1,3항). 발행주식총수의 100분의 1 이상의 주식을 가진 주주(주권상장법인의 경우에는 6개월 전부터 계속하여 발행주식총수의 1만분의 1 이상에 해당하는 주식을 보유하는 자)는 이러한 통모 주식인수인이나 이사의 책임을 추궁하기 위한 대표소송을 제기할 수 있다(상법 제424조의2 제2항, 제403조, 제542조의6 제6항).

신주발행에 있어서 "법령이나 정관의 중대한 위반 또는 현저한 불공정이 있어 그것이 주식회사의 본질이나 회사법의 기본원칙에 반하거나 기존 주주들의 이익과 회사의 경영권 내지 지배권에 중대한 영향을 미치는 경우로서 신주와 관련된 거래의 안전, 주주 기타 이해관계인의 이익 등을 고려하더라도 도저히 묵과할 수 없는 정도라고 평가되는 경우에 한하여"[231] 주주·이사·감사가 신주발행일로부터 6월 내에 신주발행무효의 소를 제기할 수 있다(상법 제429조). 그리고 판례에 의하면 신주발행의 하자가 극히 중대하여 신주발행이 존재하지 아니하는 정도에 이르는 등의 특별한 사정이 있는 경우에는 위와 같은 제소권자나 제소기간의 제한을 받지 아니하는 신주발행부존재 확인의 소도 인정된다.[232]

---

230) 1주 미만으로 배정된 주식.
231) 대법원 2010. 4. 29. 2008다65860.

2. 전환사채의 발행

가. 전환사채의 의의

주식회사는 채권(債券) 발행의 방식으로 불특정다수인을 상대방으로 하여 집단적 정형적으로 채권자를 모집할 수 있는데, 이 때 그로 인하여 회사가 부담하게 되는 채무를 사채(社債)라고 한다. 그 중 주식으로 전환할 수 있는 권리(전환권)가 인정되는 사채를 전환사채(CB)라 한다.

나. 전환사채 발행사항의 결정

전환사채를 발행하는 경우에는 이사회(정관 규정이 있는 경우에는 주주총회)가 전환사채의 총액, 전환조건, 전환으로 인하여 발행할 주식의 내용, 전환기간, 주주에게 전환사채 인수권을 준다는 뜻과 그 전환사채액, 주주 외의 자에게 전환사채를 발행하는 것과 그 전환사채액 중 정관 규정에 없는 사항을 결정한다(상법 제513조 제1, 2항). 그 밖에도 이사회는 일반적 사채발행의 경우처럼 사채의 이율 및 발행가액 등 사채의 주요내용을 정하여야 한다.

다. 전환사채인수권

전환사채의 발행은 주주의 주식보유비율이나 주식가치에 영향을 미칠 수 있기 때문에 기존 주주는 그가 가진 주식수에 따라 전환사채를 우선적으로 인수할 권리가 있다(상법 제513조의2 제1항 본문).

다만, 신기술의 도입 및 재무구조 개선 등 회사의 경영상 목적을 달성하기 위하여 필요한 경우에는 정관 규정이나 주주총회의 특별결의에 따라 주주 외의 제3자에게 전환사채를 발행할 수도 있다. 제3자에게 전환사채를 발행할 경우에는 그 발행할 수 있는 전환사채액, 전환조건, 전환으로 인하여 발행할 주식의 내용 및 전환기간을 정관이나 주주총회의 특별결의로 정하여야 한다(상법 제513조 제3항, 제418조 제2항 단서).

라. 전환사채의 발행절차

주주에게 전환사채인수권이 있는 경우에는 신주발행의 경우처럼 회사는 이사

---

232) 대법원 1989. 7. 25. 87다카2316.

회(또는 주주총회)의 위와 같은 사채발행사항 결정에 따라 전환사채 배정일을 정하여 그 날 주주명부에 기재된 주주가 전환사채인수권을 가진다는 뜻과 전환사채인수권의 양도가 가능한 경우에는 그 뜻을 그 배정일 또는 주주명부 폐쇄기간의 초일 2주간 전에 공고하여야 한다(상법 제513조의2 제2항, 제418조 제3항). 또한 각 주주에 대하여 그 인수권을 가지는 전환사채액, 발행가액, 전환조건, 전환으로 인하여 발행할 주식의 내용, 전환기간과 일정한 청약기일까지 전환사채의 청약을 하지 아니하면 그 인수권을 상실한다는 뜻을 기명주주에게 청약기일 2주간 전에 통지하고 무기명주주에 대하여는 공고하여야 한다. 만약 청약기일까지 전환사채의 청약을 하지 아니한 때에는 전환사채인수권을 상실한다(상법 제513조의3, 제419조 제2, 3, 4항).

회사는 주주가 배정받지 아니하거나 단수에 해당하는 전환사채에 대하여는 임의로 일반인으로부터 공모하거나 제3자에게 배정할 수 있다.

이러한 절차를 거쳐 전환사채의 청약과 배정을 함으로써 사채모집이 끝나면, 기채회사나 사채모집의 위탁을 받은 회사가 지체없이 전환사채 인수인에 대하여 각 사채의 전액 또는 제1회의 납입을 시켜야 함은 일반적 사채모집의 경우와 같다(상법 제476조). 기채회사는 그 납입 완료일로부터 2주간 내에 본점 소재지에서 전환사채의 총액, 각 전환사채액, 각 전환사채의 납입금액, 사채를 주식으로 전환할 수 있다는 뜻, 전환조건, 전환으로 인하여 발행할 주식의 내용, 전환기간, 주식의 양도에 관하여 이사회의 승인을 받도록 정한 때에는 그 규정을 등기하여야 한다(상법 제514조의2).

마. 전환청구

전환사채권자는 전환기간 내에 전환청구서에 채권 또는 전자등록된 채권의 증명자료를 첨부하여 전환을 청구할 수 있고, 그 전환청구시 전환된 신주의 발행 효력이 생긴다(상법 제515조, 제516조 제2항, 제350조 제1항). 이 때 전환 전 전환사채의 발행가액을 전환된 신주의 발행가액으로 한다(상법 제516조 제2항, 제348조). 따라서 전환사채의 발행가액과 전환조건(즉, 전환으로 발행되는 신주의 수를 의미하는 전환비율) 여하에 따라 전환된 신주 1주의 발행가액(즉, 전환가액)이 정하여 지고,[233] 그 신주 발행가액의 적정성이 문제될 수 있다.

---

233) 실제로는 전환사채총액과 전환가액을 먼저 정한 후 전환사채총액을 전환가액으로 나누어 전

바. 전환사채의 불공정 발행

회사가 전환사채를 발행함에 있어서 전환사채의 발행가액과 전환조건에 비추어 신주의 발행가액을 현저히 저가로 발행하는 등 현저히 불공정하게 발행하는 경우에는, 신주발행의 경우처럼 그로 인하여 불이익을 받을 염려가 있는 주주는 회사에 대하여 그 발행을 유지할 것을 청구할 수 있다(상법 제516조 제1항, 제424조).

또한 회사의 이사와 통모한 전환사채권자는 공정한 발행가액과의 차액에 상당하는 금액을 회사에 지급하여야 할 의무가 있고, 그 이사도 회사나 주주에 대하여 그로 인한 손해를 배상하여야 한다(상법 제516조 제1항, 제424조의2).

발행주식총수의 100분의 1 이상의 주식을 가진 주주(주권상장법인의 경우에는 6개월 전부터 계속하여 발행주식총수의 1만분의 1 이상에 해당하는 주식을 보유하는 자)는 이러한 통모 전환사채권자나 이사의 책임 추궁을 위한 대표소송을 제기할 수 있다(상법 제516조 제1항, 제424조의2, 제403조).

상법은 전환사채발행무효의 소에 관하여는 아무런 규정을 두고 있지 않지만, 전환사채는 장래에 전환권의 행사에 따라 주식으로 전환될 수 있는 권리가 부여된 사채이다. 그러므로 전환사채의 위법 또는 불공정한 발행은 주식회사의 물적 기초나 기존 주주들의 이해관계에 중대한 영향을 미칠 수 있다는 점에서 사실상 신주를 발행하는 것과 마찬가지이다. 따라서 신주발행무효의 소에 관한 상법 제429조가 유추적용되어 전환사채발행무효의 소도 인정된다는 것이 통설·판례이다.[234] 그리고 마찬가지 이유로 전환사채 발행의 하자가 극히 중대하여 전환사채의 발행이 존재하지 아니하는 정도에 이르는 등의 특별한 사정이 있는 경우에는 제소권자나 제소기간의 제한을 받지 아니하는 전환사채발행부존재 확인의 소도 인정된다고 보아야 할 것이다(판례).[235]

환으로 발행할 주식수를 산정하는 사례가 많다.

234) 최준선, 전게서, 612면; 이철송, 전게서, 1,012면; 대법원 2004. 8. 20. 2003다20060; 2004. 6. 25. 2000다37326.

235) 대법원 2004. 8. 20. 2003다20060.

3. 신주인수권부사채의 발행

가. 신주인수권부사채의 의의

신주인수권부사채(BW)란 사채권자에게 신주발행청구권인 신주인수권이 부여된 사채이다. 신주인수권부사채의 신주인수권이란 사채권자의 일방적 의사표시로 회사가 신주발행의 의무를 부담하게 되는 형성권이라는 점에서 자본금 증가를 위한 신주 발행의 경우에 주주나 제3자가 신주를 우선적으로 배정받을 지위를 의미하는 신주인수권과는 그 개념이 다르다.

나. 신주인수권부사채 발행사항의 결정

신주인수권부사채를 발행하는 경우에는 채권과 신주인수권이 결합되어 있는 비분리형으로 발행하는 것이 원칙이지만, 신주인수권만을 양도할 수 있도록 하는 발행사항 결정이 있는 경우에는 채권과 별도로 신주인수권증권을 동시에 발행하는 분리형 신주인수권부사채도 허용된다(상법 제516의2 제2항 제4호, 제516의5 제1항).

신주인수권부사채를 발행하는 경우에는 이사회(정관 규정이 있는 경우에는 주주총회)가 신주인수권부사채의 총액, 각 사채에 부여된 신주인수권의 내용(즉, 각 사채에 대한 신주인수권의 부여비율, 신주인수권의 행사로 발행할 주식의 종류·발행가액 등), 신주인수권 행사기간, 신주인수권만을 양도할 수 있는 것에 관한 사항, 신주인수권을 행사하려는 자의 청구가 있는 때에는 사채의 상환에 갈음하여 사채의 발행가액으로 신주의 발행가액 납입이 있는 것으로 본다는 대용납입에 관한 사항, 주주에게 신주인수권부사채의 인수권을 준다는 뜻과 인수권의 목적인 신주인수권부사채액, 주주 외의 자에게 신주인수권부사채를 발행하는 것과 이에 대하여 발행할 신주인수권부사채액 중 정관 규정에 없는 사항을 결정한다(상법 제516조의2 제2항).

그리고 각 신주인수권부사채에 부여된 신주인수권의 행사로 인하여 발행할 신주의 발행가액 합계액은 각 신주인수권부사채액을 초과할 수 없도록 제한하고 있다(상법 제516조의2 제3항).[236] 이는 신주인수권의 남발을 방지하여 주주의

---

236) 2011년 상법개정으로 사채권면액에 관한 종전 상법 제472조가 폐지되어 사채의 권면액은 불필요하므로, 상법 제516조의2 제3항의 '신주인수권부사채의 금액'도 '신주인수권부사채액'으로 해석함이 타당함.

이익을 보호할 필요가 있기 때문이다.

다. 신주인수권부사채인수권

신주인수권부사채의 발행도 전환사채의 경우처럼 주주의 주식보유비율이나 주식가치에 영향을 미칠 수 있기 때문에, 기존 주주는 그가 가진 주식수에 따라 전환사채를 우선적으로 인수할 권리가 있다(상법 제516조의11, 제513조의2).

또한 신기술의 도입 및 재무구조 개선 등 회사의 경영상 목적을 달성하기 위하여 필요한 경우에는 정관 규정이나 주주총회의 특별결의에 따라 주주 외의 제3자에게 신주인수권부사채를 발행할 수도 있다. 제3자에게 신주인수권부사채를 발행할 경우에는 그 발행할 수 있는 신주인수권부사채액, 신주인수권의 내용, 신주인수권 행사기간을 정관이나 주주총회의 특별결의로 정하여야 한다(상법 제516조의2 제4항, 제418조 제2항 단서).

라. 신주인수권부사채의 발행절차

주주에게 신주인수권부사채의 인수권이 있는 경우에는, 회사는 이사회(또는 주주총회)의 위와 같은 사채발행사항 결정에 따라 각 주주에 대하여 인수권을 가지는 신주인수권부사채액, 사채의 발행가액, 신주인수권의 내용, 신주인수권 행사기간, 신주인수권만을 양도할 수 있는 것에 관한 사항, 신주인수권을 행사하려는 자의 청구가 있는 경우의 대용납입에 관한 사항과 일정한 청약기일까지 신주인수권부사채의 청약을 하지 아니하면 그 인수권을 상실한다는 뜻을 기명주주에게 청약기일 2주간 전에 통지하고 무기명주주에 대하여는 공고하여야 한다. 만일 청약기일까지 신주인수권부사채의 청약을 하지 아니한 때에는 신주인수권부사채의 인수권을 상실한다(상법 제516조의3, 제419조의 제2, 3, 4항).

회사는 주주가 배정받지 아니하거나 단수에 해당하는 신주인수권부사채에 대하여는 임의로 일반인으로부터 공모하거나 제3자에게 배정할 수 있다.

이러한 절차를 거쳐 신주인수권부사채의 청약과 배정을 함으로써 사채모집이 끝나면, 기채회사나 사채모집의 위탁을 받은 회사가 지체없이 신주인수권부사채 인수인에 대하여 각 사채의 전액 또는 제1회의 납입을 시켜야 함은 일반적 사채모집의 경우와 같다(상법 제476조).

기채회사는 그 납입 완료일로부터 2주간 내에 본점 소재지에서 신주인수권부사채라는 뜻, 신주인수권의 행사로 인하여 발행할 주식의 발행가액 총액, 각 신주인수권부사채액, 각 신주인수권부사채의 납입금액, 신주인수권부사채의 총액, 각 신주인수권부사채에 부여된 신주인수권의 내용, 신주인수권의 행사기간을 등기하여야 한다(상법 제516조의8).

신주인수권부사채권자는 행사기간 중 언제든지 신주의 발행가액 전액을 납입하여 신주인수권을 행사할 수 있다. 이때에는 신주발행청구서에 채권(비분리형인 경우)이나 신주인수권증권(분리형인 경우) 또는 전자등록된 채권이나 신주인수권증권의 증명자료를 첨부하여야 한다(상법 제516조의9). 대용납입의 경우에는 신주인수권을 행사하려는 자가 대용납입 청구를 한 때에 신주인수권부사채의 상환에 갈음하여 그 신주 발행가액의 납입이 있는 것으로 보게 된다. 신주인수권을 행사한 자는 그 발행가액의 납입을 한 때에 신주발행의 효력이 발생하여 주주가 된다(상법 제516조의 10).

신주의 발행가액은 신주인수권부사채의 발행 당시 그 발행사항 중 '신주인수권의 내용'으로 정하여지는 것인데, 그 신주 발행가액의 적정성이 문제될 수 있다.

마. 신주인수권부사채의 불공정 발행

전환사채의 경우처럼 회사가 신주인수권부사채를 발행함에 있어서 신주의 발행가액을 현저히 저가로 발행하는 등 현저히 불공정하게 발행하는 경우에는, 그로 인하여 불이익을 받을 염려가 있는 주주는 회사에 대하여 그 발행을 유지할 것을 청구할 수 있다(상법 제516조의11, 제516조 제1항, 제424조).

또한 회사의 이사와 통모한 신주인수권부사채권자는 공정한 발행가액과의 차액에 상당하는 금액을 회사에 지급하여야 할 의무가 있고, 그 이사도 회사나 주주에 대하여 그로 인한 손해를 배상하여야 한다(상법 제516조의11, 제516조 제1항, 제424조의2).

전환사채와 마찬가지로 발행주식총수의 100분의 1 이상의 주식을 가진 주주(주권상장법인의 경우에는 6개월 전부터 계속하여 발행주식총수의 1만분의 1 이상에 해당하는 주식을 보유하는 자)는 이러한 통모 신주인수권부사채권자나 이사의 책임 추궁을 위한 대표소송을 제기할 수 있다(상법 제516조의11, 제516조 제1항, 제424조의2, 제403조).

신주인수권부사채권의 경우에도 신주인수권부사채발행의 무효확인이나 부존재확인의 소에 관하여 아무런 규정이 없지만, 전환사채의 경우와 같은 이유로 신주발행무효의 소에 관한 상법 제429조가 유추적용되어 신주인수권부사채발행무효의 소가 인정되고, 신주인수권부사채발행부존재 확인의 소도 인정될 수 있다고 본다.

Ⅲ. 배임죄의 성립 여부

1. 서 설

만일 회사의 대표이사 등 경영자가 회사 소유의 자사주(自社株)를 타인에게 시가 등 적정가격보다 저가로 양도하는 경우에는 그 임무에 위배한 행위로 회사에 손해를 가한 것이라고 인정하는 데에 어려움이 없을 것이다.[237] 그런데 경영자가 자본금 증가를 위한 신주 발행시 신주의 발행가액, 전환사채 발행시 전환사채의 전환가액 또는 신주인수권부사채의 발행시 신주인수권의 행사가격(즉, 신주의 발행가액)을 시가 등 적정가격 보다 저가로 발행하는 경우에는 회사 법인격 인정의 의미나 자본의 본질을 어떻게 볼 것인지 여부에 따라 회사의 손해발생 여부나 경영자의 임무위배 여부가 달라질 수 있다.

신주, 전환사채 및 신주인수권부사채(이하 신주 등이라고만 함)의 발행, 즉 광의의 유상증자(이하 유상증자라고만 함)의 경우에 신주 등의 발행가액 또는 전환가액을 저가로 발행한 경우에는 적정가격과의 차액에 상당하는 손해가 회사나 기존 주주들에게 발생하는 것인지 여부와, 이러한 경영자의 자본거래 행위가 임무위배행위인지 여부에 따라 배임죄의 의율 여부가 달라진다.

---

237) 대법원 2008. 5. 15. 2005도7911 판결에서는 상장회사의 대표이사 등 경영진이 회사 소유의 자사주를 발행주식총수의 2.77% 보유 주주인 그룹 회장에게 전일 종가인 가격으로 양도하였으나, 그 대금 중 10%만 받아 명의개서까지 해 주고 나머지 90%는 2년에 걸쳐 변제하는 조건으로 매도하여 그룹 회장으로 하여금 35.03% 소유 대주주가 되게 함으로써 회사의 지배구조에 상당한 영향력을 행사할 수 있게 한 사안에서, "그룹 회장이 위 자사주를 거래소 시장에서 취득하는 데에 소요되는 비용 또는 회사가 제3자에게 위 자사주를 매각하였을 때에 얻을 수 있었을 것으로 기대되는 경영권 프리미엄 등이 매도 가격에 반영되지 아니하고, 매매대금 90%의 지급을 담보하기 위한 아무런 담보도 제공받지 아니한 손해를 회사에 가한 점을 인정하여 배임죄가 성립된다"고 판시하였다.

2. 손해발생 여부

가. 회사의 손해 여부

유상증자시 신주의 발행가액을 적정가격보다 저가로 정한 경우에는, 회사가 그 차액 상당을 받지 못하는 소극적 손해를 입게 된 것인지, 아니면 기존 주주들이 고가의 구주와 저가의 신주가 동등하게 평가됨으로써 발생하는 이른바 주가의 희석화[238] 현상으로 인한 주가하락의 손해를 입게 되었을 뿐인지 여부가 문제된다.

1) 주주손해설

유상증자 등 자본거래의 경우에는 회사로서는 재산이 증가하는 것일 뿐이므로 손해가 있을 수 없고 단지 기존 주주들의 손해만 인정할 수 있다는 견해가 있다(주주손해설/자본거래설). 그 논거로서 회사란 주주의 이윤추구를 위한 사업의 법적 형태이고, 자본이란 그 사업을 위한 물적 기초를 구축하기 위하여 주주가 출연하는 재산에 불과하므로, 주식을 몇 주로 하고 자본금을 얼마나 증가시킬 것인지 여부를 판단하는 자본거래의 문제는 기존 주주들의 투자판단에 불과할 뿐 회사로서는 손익을 따질 문제가 아니라는 것이다.[239]

2) 회사손해설

회사는 독립된 법인격이 있기 때문에 권리·의무의 주체로서 재산상 손해를 입을 수 있고, 주주배정 방식이건 제3자배정 방식이건 신주 등의 저가발행은 적정가격과 발행가액과의 차액만큼 회사에 들어올 수입이 감소된 만큼 직접적으로 회사에 소극적 손해를 발생시킨 것이라는 견해[240]가 있다(회사손해설/차액설).

---

238) 주식 1주의 가치는 회사가 보유하는 순자산을 보유 주식수로 나눈 것이므로, 저가 발행된 주식의 적정가격과의 차액만큼 구 주식의 가치가 하향되는 현상을 주가의 희석화라 할 수 있다.

239) 이철송, "자본거래와 임원의 형사책임", 「인권과 정의」 (대한변호사협회, 2006. 7.), 12~13면. 이 논문은 회사의 본질에 관하여 "회사란 법적 편의성을 위해 인격의 주체로 의제된 데 지나지 않고, 실질적으로는 주주의 소유재산으로서 회사와 주주는 이해의 동질성을 갖는 바이니 형식적인 법인격론만으로 회사의 독립적인 보호법익을 인정하기 어렵다"고 하면서(이는 법인의제설 입장으로 보임), 다만 "주주의 유한책임제로 인해 회사재산은 회사채권자를 위한 유일한 책임재산을 이루므로 … 배임행위로 문의된 행위에 의해 주주나 회사채권자 중 아무에게도 피해가 없다면 이를 과연 회사의 손실로 보아야 할 것이냐는 의문이 제기될 수 있다"고 설명하고 있다.

240) 장덕조, "전환사채의 저가발행과 회사의 손해", 「법조」 (법조협회, 2006. 10.), 20, 24면; 이상돈, "전환사채의 저가발행을 통한 경영권 승계의 배임성", 「형사정책연구」 제23권 제2호(한

3) 구분설

절충적 견해로서 주주배정 방식 신주 등 발행의 경우에는 자본거래의 본질상 회사의 손해를 인정할 수 없으나, 제3자배정 방식의 신주 등 저가발행의 경우에는 적정가격과 발행가액 또는 전환가액과의 차액만큼 회사에 들어올 수입이 감소된 소극적 손해를 회사에 발생시킨 것이라는 견해가 있다(판례).[241] 주주에게 추가출자의무가 없고, 준비금의 자본전입이나 주식배당의 경우에는 무상으로 주주에게 신주를 발행하기도 하는 점, 제3자 배정의 경우에는 이사와 통모하여 현저하게 불공정한 발행가액으로 신주 등을 인수한 제3자에 대하여 공정한 발행가액과의 차액반환 의무를 인정하고 있는 상법규정(상법 제424조의 2 등) 등을 논거로 들기도 한다(판례). 한편, 기본적으로는 이 견해와 같은 입장을 취하면서도 "주주배정 방식으로 신주 등을 발행하는 경우 중 경영권 방어, 회사지배권 이전 등의 목적으로 하는 경우에는 자금조달 등 재무적 목적으로 하는 경우처럼 이사가 회사의 자금조달, 투자자 수요 등을 고려하여 유연하게 발행할 수 있다는 논거는 더 이상 유효할 수 없는 점 등을 논거로 이사는 시가 등 공정한 가액으로 발행가액을 정할 의무가 있다"고 보는 견해[242]도 있다.

4) 결　어

이러한 견해의 대립은 회사의 본질과 회사에 법인격을 인정하는 의미에 관한 시각 차이에서 비롯된 것이라고 볼 수 있다. 회사의 본질, 즉 회사는 누구의 이익을 위하여 존재하며 경영자는 누구의 이익을 위하여 권한을 행사하여야 하고 누구에 대하여 의무를 부담하는 것인가 하는 문제에 관한 주주지상주의와 이해관계자주의의 대립과 그 논거에 관하여는 전술한 바와 같다.

회사의 본질에 관한 주주지상주의 입장[243]에서는 회사의 이익이나 손해란 개념을 인정할 수 없기 때문에 주주손해설을 취하게 되고, 이해관계자주의 입장[244]에서는 이해관계자들의 모든 이익의 총체로서의 회사의 이익이나 손

국형사정책연구원, 2012), 31면에서는 "배임죄는 권리나 처분의 자유를 보호하는 데 중점이 있지 않고, 재산상태의 보호, 바꿔 말해 전체재산으로서의 경제적 가치의 총량의 감소를 막는 데 중점이 있다"는 경제적 손해개념설을 논거로 같은 결론을 내리고 있다.

241) 대법원 2009. 5. 29. 2007도4949 전원합의체; 2009. 5. 29. 2008도9436.

242) 김홍기, "현행 주식가치평가의 법적 쟁점과 '공정한 가액'에 관한 연구", 「상사법연구」(한국상사법학회, 2011. 5.), 192~193면.

243) 이철송, 전게논문, 106면; 이상훈, 전게논문, 21~23면; 최문희, 전게논문, 34, 37면; 최민용, 전게논문, 336~337면.

해를 인정할 수 있으므로 회사손해설을 취하거나, 자본거래의 본질을 감안하여 구분설을 취하게 되는 것이라고 본다.

생각하건대 회사는 비록 주주들에 의하여 설립되고 경영자의 임면도 주주들의 의사에 따르는 것이지만, 그 존속과 성장에는 주주 외에도 사채권자 등 채권자, 근로자, 경영진, 지역사회나 국가정책의 지원 등이 기여하게 된다. 또한 오늘날 회사는 경제활동주체의 상당 부분을 차지하면서 국가경제의 중추를 형성하고 있으므로 그 소멸이 위와 같은 여러 이해관계자들에게 미치는 영향은 결코 가볍지 않다. 그것을 단순히 계약관계에 의하여 처리할 문제로 보는 것은 사회적 존재인 회사의 이러한 사회적 위치나 기능을 도외시하는 것이다.

그리고 합명회사 등 인적회사는 별론으로 하고[245] 주식회사 등 물적회사의 경우에는 그 사단성(社團性)[246]에 비추어 보더라도 구성원과 독립된 회사의 이익을 인정할 수 있다고 본다. 그렇기 때문에 현행 상법도 주식회사 이사 또는 집행임원의 선관의무나 충실의무, 유한회사 이사의 선관의무를 회사에 대한 의무로 규정하고 있고(상법 제382조 제2항, 제382조의3, 제408조의2 제2항, 제408조의9, 제567조), 판례도 1인 주주의 회사에 대한 배임죄나 횡령죄를 인정하고 있는 것이다.

따라서 오늘날 주식회사 등 물적회사는 그 사회적 위치나 기능에 비추어 주주들을 포함한 여러 이해관계자들의 이익을 위하여 존재하는 것으로 보아야 할 것이다(이해관계자주의). 이러한 입장에서는 (물적)회사란 독립된 법인격을 통하여 주주, 채권자, 회사와의 거래자 등 회사재산과 이해관계를 갖는 자들의 책임재산을 확보하는 제도적 의미를 갖는 것으로 보아야 할 것이다. 그렇다면 회사가 장래 취득할 수 있었을 이익을 취득하지 못함으로 인하여 발생하는 회사의 소극적 손해의 발생도 인정할 수 있게 된다.

---

244) 김건식, "회사법상 충실의무법리의 재검토", 「21세기 한국상사법학의 과제와 전망」(심당 송상현 선생 화갑기념 논문집, 2002), 163면; 장덕조, "전환사채의 저가발행과 회사의 손해, 그리고 주주의 손해", 「법조」(법조협회, 2009. 5.), 90~93, 98~99면.

245) 2011. 4. 14.자 개정 상법(법률 제10600호) 169조에서는 회사 모두를 '사단'이라고 정의한 부분을 삭제하였다.

246) 2011년 상법개정시 모든 회사를 사단으로 규정한 종전 상법 제169조를 비판하는 견해를 수용하여, 같은 규정 중 '사단' 부분을 삭제하여 회사의 개념을 정하고 있으나, 그렇다고 하더라도 물적회사까지 사단이 아니라고 볼 수는 없을 것이다{같은 취지: 송옥렬, 「상법강의」 제2판(홍문사, 2012), 694면}.

그러나 유상증자는 주주들이 출자하는 자본액을 증가하는 문제이므로, 기존 주주들의 투자판단 문제인 유상증자의 본질상 회사의 손해 여부는 주주배정 방식인지 제3자배정 방식인지 여부에 따라 구분하여 고찰할 필요가 있다고 본다(구분설).

기존 주주들에게 신주를 우선 배정하는 주주배정 방식의 경우에는, 신주의 발행가액을 얼마로 할 것인지 여부는 기존 주주들의 투자판단에 속하는 것이므로 회사의 독립된 사단법인성(社團法人性)을 인정하더라도 회사의 손해를 인정할 수는 없다. 구체적으로 살펴본다면, 경영자의 신주 발행가액 결정에 대하여 신주를 인수하는 주주들은 그 발행가액에 동의하였다고 볼 수 있고, 이러한 경우 회사의 다른 이해관계자들은 주주들의 투자판단을 존중할 수밖에 없다.

그러나 기존 주주들이 아닌 제3자에게 신주인수권을 부여하는 제3자배정 방식의 경우에는 구체적인 신주 발행가액에 기존 주주들의 동의를 받는 과정이 없는 만큼 이를 기존 주주들의 투자판단으로 볼 수는 없으므로, 기존 주주들의 주가가 희석화되는 손해가 발생하는 것 외에도 회사에 유입될 수 있었던 자본금이 덜 유입된 만큼 회사의 소극적 손해 발생도 인정할 수 있을 것이다(판례의 입장).

나. 주주배정 방식과 제3자배정 방식의 구별기준 및 발행조건의 변경 여부

주주배정 방식과 제3자배정 방식을 구별하는 기준은 회사가 주주들에게 그 지분비율에 따라 신주 등을 우선적으로 인수할 기회를 부여하였는지 여부에 따라 객관적으로 결정되어야 할 것이지, 주주들이 그 인수권을 실제로 행사하여 신주 등을 배정받았는지 여부에 좌우되는 것은 아니라는 것이 판례의 입장이다.

또한, 판례는 주주배정 방식의 경우에 주주가 청약일까지 신주 등의 인수청약을 하지 아니하여 신주인수권을 상실하면 이사회 결의로 자유로이 신주 등을 제3자에게 처분할 수 있는데, 이 경우 주식이나 사채의 유통성·공중성·집단성 등의 성질이나 주주평등 원칙이나 사채권자평등 원칙에 비추어 단일 기회에 발행되는 주식이나 사채의 발행조건은 동일하여야 하므로, 실권되어 제3자에게 발행하는 신주 등의 발행가액이나 전환사채의 전환가액 등 발행조건을 변경할 수는 없다는 입장이다.[247]

이에 반하여, 주주배정 방식으로 신주 등을 발행하였으나 주주가 인수하지

---

247) 대법원 2009. 5. 29. 2007도4949 전원합의체.

아니함으로써 실권되어 제3자에게 배정되는 신주 등은 다시 이사회 결의를 거쳐야 하는 것이므로, 당초의 발행과 동일한 기회에 발행하는 것이 아니므로 발행가액, 전환가액 등 발행조건을 변경할 수 있다고 하는 견해(같은 판례의 소수의견)도 있다.

또한 주주배정 방식으로 신주 등을 발행하였으나 대량으로 실권된 부분은 신주 등의 제3자배정에 관한 상법규정을 준용하여 주주총회의 특별결의를 거쳐야 하는 것으로 해석하여야 하고, 이를 위반한 경우에는 임무위배 행위를 구성하는 것으로 보아야 한다고 주장하는 견해[248]도 있다.

생각하건대 신주 등 인수권이란 신주 등을 우선 배정받을 수 있는 권리를 말하는 것이고(상법 제418조 제1항, 제513조의2 제1항, 제516조의2 제2항 제7호), 그 신주인수권을 부여받은 자가 주주인지 제3자인지 여부에 따라 주주배정 방식과 제3자배정 방식을 구별하여야 할 것이므로, 주주에게 배정된 신주 등을 주주가 포기하여 제3자에게 배정하게 되더라도 주주배정 방식의 발행으로 보아야 할 것이다. 따라서 신주를 배정받은 주주가 청약기일까지 청약하지 아니한 실권주 등에 대하여는 이사회 결의만으로 제3자에게 신주 등을 배정할 수 있다고 해석하여야 할 것이다. 이 부분을 전술한 판례의 입장이 타당하다고 본다.

그러나 이러한 경우에는 다시 이사회 결의를 거쳐 주주가 아닌 제3자에게 배정하는 것이므로 주식이나 사채의 발행·유통에 영향이 없는 한 발행가액, 전환가액 등 발행조건은 변경할 수 있다고 보아야 할 것이다. 단일 기회에 발행되는 주식이나 사채는 공중에 대한 유통을 위하여 액면금, 상환조건 등을 달리 할 수는 없지만 발행가액은 달리 정하더라도 그 발행·유통에 지장을 주는 것이 아니며, 주주평등 원칙이나 사채권자평등 원칙은 아직 주주나 사채권자가 되기 전부터 적용할 것은 아니기 때문이다.

그러므로 주주가 아닌 제3자에게 배정하는 이상 발행가액 등 발행조건을 정함에 있어서는 제3자배정 방식의 경우와 마찬가지로 기존 주주들의 투자판단으로 볼 수 없으므로, 회사에 대한 선관주의의무가 있는 이사들로서는 회사의 이익을 위하여 적정한 발행가액 등으로 발행조건을 정하여야 할 임무가 있다. 주주들이 신주 등의 인수를 포기하였다 하더라도 이는 주주 자신의 신주 등 인수

---

248) 이상돈, 전게논문, 25, 26, 29면.

권을 포기하는 의사표시에 불과하므로, 이러한 이사들의 임무에는 아무런 영향이 없다고 본다. 따라서 주주배정 방식의 경우에도 실권주 등의 발행가액 기타 발행조건을 적정한 가액보다 현저하게 저가로 발행하는 경우에는 회사에 유입될 수 있었던 자본금이 덜 유입된 만큼 회사의 소극적 손해발생을 인정할 수 있을 것이다.

다. 적정가격과 공정가격

판례는 회사의 손해발생을 인정하더라도 구체적인 손해액을 산정함에 있어서는 후술하는 제1, 2판례와 같이 적정가격과 공정가격의 개념을 분리하여 판단하고 있다. 즉, 유상증자시 신주의 발행가액, 전환사채의 전환가액, 신주인수권부사채의 행사가격을 현저하게[249] 낮은 가액으로 발행함으로써 회사가 입은 손해액은 1주당 공정한 가격과 실제 가격의 차액에 유상증자로 인하여 발행하거나 발행하게 될 주식수를 곱하여 산출된 액수에 의하여 산정하여야 할 것이라고 한다.

이 경우 공정한 가격이라 함은 기존 주식의 시가 또는 주식의 실질가액을 반영하는 적정가격과 더불어 회사의 재무구조 및 영업전망과 그에 대한 시장의 평가, 금융시장의 상황, 신주의 인수가능성 등 여러 사정을 종합적으로 고려하여 합리적으로 인정되는 가격을 의미한다는 것이다(판례).[250]

그리고 위와 같은 방법으로 공정한 가격이 산정되더라도, 판례는 위와 같이 그 가격이 실제 가격보다 현저히 저가인 경우에만 경영진의 임무위배를 인정할 수 있는데, 그 현저한 저가의 범위에 관하여 후술하는 제2판례의 파기환송심인 서울고등법원의 판례는 특별한 사정이 없는 한 실제 가격이 공정한 가격의 2/3 미만에 불과한 경우로 보고 있다.[251]

3. 임무위배 여부

앞에서 살펴 본 손해발생 여부에 관한 입장에 따라 회사의 손해발생을 인정할 수 있는 경우에만 배임죄의 구성요건인 임무위배, 즉 회사재산의 보호의무

249) 판례는 후술하는 바와 같이 상법 제424조의2 등 규정을 근거로 현저하게 저가로 발행한 경우에만 경영진의 임무위배를 인정하고 있다.
250) 대법원 2009. 5. 29. 2008도9436.
251) 서울고등법원 2009. 8. 14. 2009노1422.

를 위반하였다고 평가할 수 있을 것이다.

위 구분설의 입장에 따라 신주 등의 발행가액 또는 전환가액을 공정가격보다 저가로 정한 유상증자의 경우에 제3자배정의 경우에만 회사의 소극적 손해 발생을 인정할 수 있다고 하더라도, 대표이사 등 경영자의 배임죄를 인정하기 위하여는 경영자가 유상증자시 공정가격으로 신주의 발행가액 또는 전환가액을 정할 임무가 있음에도 불구하고 그 임무에 위배하였음을 인정할 수 있어야만 할 것이다.

이사・집행임원 등 경영자는 회사와는 위임관계에 있으므로(상법 제382조 제2항, 제408조의2 제2항) 회사에 대하여 선량한 관리자로서의 주의의무가 있다. 그 선관주의의무의 내용으로서 경영자는 경영판단을 함에 있어서도 회사의 최대이익을 위하여 성실하게 판단하여야 할 임무가 있음은 앞에서 살펴본 바와 같다. 따라서 신주 등의 발행가액 또는 전환가액에 대하여도 경영자는 회사가 최대이익을 취득할 수 있도록 공정가격으로 신주를 발행하여야 할 임무가 있다고 말할 수 있을 것이다.

이에 반하여, 제3자 배정의 유상증자인 경우에도 자본이란 주주가 출연하는 책임재산을 의미할 뿐이므로 그 발행가액을 얼마로 할 것인지 여부는 주주의 경영정책적 투자판단에 속하는 문제이고, 이사에게 최대한 높은 발행가액을 정할 의무를 부여할 수는 없다는 견해[252]가 있다. 이러한 견해는 회사설립시 처음 주식을 발행하거나 주주배정 방식의 유상증자시 주주가 신주 등을 인수하는 경우에는 타당할 수 있다. 그러나 제3자배정 방식의 유상증자인 경우 또는 전술한 바와 같이 주주배정 방식의 유상증자시 실권주 등에 대하여 제3자에게 실권주 등을 배정하는 경우에는 이를 주주들의 투자판단으로 볼 수가 없다는 점을 간과하고 있다. 또한 회사의 본질에 관한 이해관계자주의의 입장을 따르거나 현행 상법 규정(상법 제382조 제2항)에 따르면[253] 이사의 선관주의의무는 주주를 비롯한 이해관계자들의 모든 이익을 포괄하는 회사에 대한 의무이지 주주들에 대한 의무라고 볼 수도 없으므로, 이사 등 경영자에게 제3자 배정 유상증자시 회사를 위해 최대한 높은 발행가액을 정하여야 할 의무를 인정할 수 있다

252) 이철송, 전게논문, 20면.
253) 이사의 선관주의의무에 관한 상법 제382조 제2항은 “회사와 이사의 관계”라고 명시하고 있고, 한편 이사의 충실의무에 관한 상법 제382조의3도 “회사를 위하여”라고 명시하고 있다.

고 본다.

그리고 판례는 상법규정에 따르면 회사의 이사가 주식인수인과 통모하여 현저하게 불공정한 발행가액으로 신주 등을 인수하게 한 경우에는 통모인수인이 공정한 발행가액과의 차액을 회사에 지급할 의무가 있음은 물론, 이사도 회사나 주주에 대하여 그로 인한 손해를 배상할 책임이 있음을 근거로(상법 제424조의2, 제516조 제1항, 제516조의10) 더욱 완화된 해석을 하고 있다. 즉, 이러한 민사책임에 관한 상법 규정에 비추어 볼 때, 이사 등 경영자는 신주 등의 발행시 적어도 현저히 불공정한 발행가액으로 발행하여서는 안 될 임무가 있다고 할 수 있고, 이를 위배한 경우에만 임무위배 행위를 한 것이라고 평가할 수 있다는 것이 판례의 입장이다.[254)]

위 상법 제424조의2 등 통모인수인의 차액반환의무 규정과 관련하여, 이 규정은 신주의 저가 발행으로 인하여 기존 주식의 희석화로 입게 되는 기존 주주들의 손해와 통모 주식 등 인수인 사이의 법률관계를 해결하기 위한 규정임을 이유로, 이를 제3자배정 방식 유상증자의 경우 회사에 대한 경영자의 임무위배를 인정하는 논거로 드는 것은 부당하다는 견해가 있다.[255)] 그러나 위 규정은 주주의 이익보호뿐만 아니라 회사의 자본충실을 기하기 위한 것이므로 회사에 대한 이사 등 경영자의 임무위배의 근거규정이 될 수는 있다고 본다. 다만, 위 규정에서 공정가액과의 차액반환 의무를 '현저하게 불공정한 발행가액'의 경우로 제한한 것은 신주 등 인수인에 대하여 이례적인 차액반환 책임을 부과하는 요건을 엄격히 하기 위한 취지일 뿐이므로, 이사 등 경영자의 임무위배를 판단함에 있어서 판례와 같이 완화해석할 근거로 삼을 수는 없다고 보아야 할 것이다.

4. 판례의 입장

가. 제1판례 : 대법원 2009. 5. 29. 2007도4949 전원합의체 판결

《사실관계》

S그룹의 계열사로서 관광객 이용 시설업 등을 목적으로 하는 비상장 주식회

254) 대법원 2009. 5. 29. 2007도4949 전원합의체; 2009. 5. 29. 2008도9436.

255) 최문희, "주식회사의 법인격의 별개성 再論 -'에버랜드 판결'에 대한 비판적 고찰을 통하여-",「한양법학」(한양법학회, 2009. 11.), 24면; 후술하는 제1판례의 소수의견 중 별개의견의 논거.

사인 E社(1996년말 현재 자본금 35억 3,600만 원, 자산총액 8,387억 원, 발행주식총수 707,200주)는 1996. 10. 30. 이사회에서 총 17명 이사 중 8명이 참석하여(정족수 미달) 전환사채의 발행을 결의하였다. 결의내용은 주주(우선)배정방식으로 하되, 전환조건은 전환사채 총액(99억 5,459만 원)을 전환가액으로 나눈 주식수를 기명식 보통주식으로 발행하고 전환가액은 1주당 7,700원으로 하였다.

주주들 중 2.94%의 지분을 가진 J社만 전환사채의 인수청약을 하였고, 나머지 주주들(S그룹의 다른 계열사이거나 계열사로 있다가 분리된 회사 및 재단법인, S그룹 계열사의 전·현직 임원들임)은 청약일인 1996. 12. 3.까지 인수청약을 하지 아니하였다.

그러자 E社는 같은 날 이사회를 개최하여 실권한 전환사채(96억 6,181만 원 상당)를 S그룹 회장의 자녀 등 4인에게 배정하기로 결의하였다.

그에 따라 위 4인은 같은 날 17:00경 인수청약 및 인수대금 납입을 완료하였고, 1996. 12. 17. 각 전환권을 행사하여(신주발행총수 1,254,777주, 발행주식총수의 64%) E社의 주주가 되었다.

위 신주 1주의 발행가액은 7,700원임에 반하여, 당시 1주당 85,000원 내지 89,290원의 주식거래 실례가 있었고, 상속세법상 보충적 주식평가방법에 따르면 1주당 127,755원임에도 불구하고, 적정 전환가액 산정을 위한 평가절차는 없었다.

따라서 E社의 대표이사와 상무이사(경영지원실장으로서 자금조달계획을 수립·집행)는 공모하여, 업무상 임무에 위배하여 위 4인으로 하여금 주식의 실제가치(주식거래실례 중 최소액 85,000원)와 전환가액(7,700원)의 차액에 전환으로 취득한 신주(1,254,777주)를 곱하여 산정된 총 969억 94,262,100원 상당의 재산상 이익을 취득하게 하고 E社에 같은 금액 상당의 손해를 가하였다는 것이 이 사건 공소사실의 요지이다{특정경제범죄 가중처벌 등에 관한 법률위반(배임)}.

《판결요지》

주주(우선)배정 방식으로 유상으로 신주, 전환사채, 신주인수권부사채(이하 신주 등이라고만 함)을 발행하는 경우에는, 회사로서는 그 인수대금만큼 자본 및 자산이 증가하지만 주주들의 지분비율에는 영향이 없이 보유주식수만 늘어나는 것이므로, 실질적으로는 기존 주식의 분할과 주주들의 추가출자가 동시에 이루어지는 셈이다.

그런데 주주에게 추가출자의무가 없고 준비금의 자본전입이나 주식배당의 경우에는 무상으로 신주를 발행하기도 하는 점 등에 비추어, 주주배정 방식으로 신주 등을 발행하는 경우에는 발행가액을 반드시 시가에 의하여야 하는 것은 아니다. 그러므로 이사가 주주배정 방식으로 신주 등을 발행하는 경우에는 원칙적으로 액면가를 하회하여서는 아니 된다는 제약 외에는 주주 전체의 이익과 회사의 자금조달의 필요성과 급박성 등을 감안하여 경영판단에 따라 자유로이 발행조건을 정할 수 있다.[256]

그러나 제3자배정 방식의 경우에는, 제3자는 신주 등을 인수함으로써 회사의 지분을 새로 취득하게 되므로, 제3자에게 시가보다 현저하게 낮은 가액으로 신주 등을 발행하는 경우에는 회사에게 적정가격과의 차액(즉, 회사법상 공정한 발행가액과 실제 발행가액과의 차액에 발행주식수를 곱하여 산출된 금액) 상당의 회사자산을 증가시키지 못하게 하는 손해를 가한 것으로 보아야 한다.[257] 그렇기 때문에 상법은 신주 등 발행의 경우에 제3자가 이사와 통모하여 현저하게 불공정한 가액으로 주식을 인수한 경우 회사에 대하여 공정한 발행가액과의 차액에 상당한 금액을 지급할 책임을 인정하고 있다(상법 제424조의2 제1항, 제516조 제1항, 제516조의10).

그러므로 현저하게 불공정한 가액으로(회사의 재무구조, 영업전망과 그에 대한 시장의 평가, 주식의 실질가액, 금융시장의 상황, 신주의 인수가능성 등 여러 사정을 종합적으로 고려하여 판단) 제3자배정 방식에 의하여 신주 등을 발행하는 행위는 이사의 임무위배행위에 해당한다.[258]

---

256) 제1판례의 소수의견(반대의견)은 "주식회사 설립의 경우에 1주의 금액과, 액면 이상 주식 발행시의 그 발행가액을 정관이나 발기인들이 정하여야 하고, 신주발행의 경우에도 1주의 발행가액을 정하여야 하는 점 등에 비추어, 신주 등 발행의 경우에 신주 1주의 발행가액도 기본적으로는 주주들이 결정할 문제라는 점"을 논거로 들면서 같은 결론을 내리고 있다.

257) 제1판례의 소수의견(반대의견)은 이 점에 관하여 "신주 등 1주의 적정한 발행가액은 이를 인수하는 제3자가 기존 주주와 동등한 권리와 지위를 취득하는 데 대한 대가로서의 성질을 가지는 것이라는 점에 비추어 기존 주식의 시가 상당액이어야 함이 원칙이고, 다만 회사의 재무구조, 영업전망과 그에 대한 시장의 평가, 금융시장의 상황, 신주의 인수가능성 등 여러 사정을 종합적으로 고려한 경영판단에 따라 합리적이라고 인정되는 범위 내에서 상당한 정도로 감액하여 정할 수 있다"라고 설명하고 있다.

258) 대법원 2001. 9. 28. 2001도3191 판결도 같은 취지; 그러나 제1판례의 소수의견(별개의견)은 주주배정 방식이든 제3자배정 방식이든 배임죄는 성립하지 않는다고 결론을 내리면서, 그 논거로 "신주 등의 발행은 자금조달의 한 수단으로서, 이사는 회사에 필요한 만큼의 자금을 형성하면 될 뿐, 그 이상 가능한 한 많은 자금을 형성하여야 할 의무를 지는 것은 아니고, 또 회사에 어느 정도 규모의 자금이 필요한지 어떠한 방법으로 이를 형성할 것인지는 원칙적으로 이사의 경영판단에 속하는 사항이며, 제3자배정 방식의 경우에도 기존 주식가치의 희석화로 말미암아 기존 주주에게 손해가 발생하더라도 상법상 회사와 주주는 서로 독립되어 있어

주주배정 방식과 제3자배정 방식을 구별하는 기준은 회사가 주주들에게 그 지분비율에 따라 신주 등을 우선적으로 인수할 기회를 부여하였는지 여부에 따라 객관적으로 결정되어야 할 것이지, 주주들이 그 인수권을 실제로 행사하여 신주 등을 배정받았는지 여부에 좌우되는 것은 아니다. 이 사건의 경우와 같이 주주배정 방식인 경우에 주주가 인수를 포기한 신주 등을 회사가 제3자에게 배정함으로써 기존 주식의 가치가 희석되더라도 이는 기존 주주 자신의 선택에 의한 것이고, 회사에 유입되는 자금의 규모에는 아무런 차이가 없으므로 회사에 대한 임무위배나 손해발생이 있었다고 볼 수도 없다.

주주배정 방식에 의하여 전환사채를 발행하는 경우에, 주주가 청약일까지 인수청약을 하지 아니하여 그 인수권을 상실하면 이사회 결의로 자유로이 전환사채를 제3자에게 처분할 수 있는 것인데, 사채의 유통성·공중성·집단성 등의 성질이나 사채권자평등의 원칙에 비추어 단일 기회에 발행되는 전환사채의 발행조건은 동일하여야 하므로 실권되어 제3자에게 발행하는 전환사채의 전환가액 등 발행조건을 변경할 수는 없다.

배임죄에 있어서 임무위배행위란 형식적으로 법령을 위반한 모든 경우를 의미하는 것이 아니라, 구체적 행위유형 또는 거래유형 및 보호법익 등을 종합적으로 고려하여 경제적 실질적 관점에서 본인에게 재산상 손해가 발생할 위험이 있는 행위를 의미한다.[259] 이러한 법리에 비추어 보면, 이 사건 전환사채 발행에 관한 이사회 결의에 정족수 미달의 흠이 있다거나 그 결의가 없었다고

회사의 이익과 주주의 이익이 엄격히 구별되는 것이므로, 이사가 주주의 사무를 처리하는 지위에 있지 아니한 이상 배임죄의 임무위배가 있다고 볼 수 없다"는 취지로 설명하고 있다.

259) 대법원 2008. 6. 19. 2006도4876 전원합의체 판결은 "새마을금고의 동일인 대출한도 제한규정은 새마을금고 자체의 적정한 운영을 위하여 마련된 것이지 대출채무자의 신용도를 평가해서 대출채권의 회수가능성을 직접적으로 고려하여 만들어진 것은 아니므로 동일인 대출한도를 초과하였다는 사실만으로 곧바로 대출채권을 회수하지 못하게 될 위험이 생겼다고 볼 수 없고, 구 새마을금고법(2007. 5. 25. 법률 제8485호로 개정되기 전의 것) 제26조의2, 제27조에 비추어 보면 동일인 대출한도를 초과하였다는 사정만으로는 다른 회원들에 대한 대출을 곤란하게 하여 새마을금고의 적정한 자산운용에 장애를 초래한다는 등 어떠한 위험이 발생하였다고 단정할 수도 없다. 따라서 동일인 대출한도를 초과하여 대출함으로써 구 새마을금고법을 위반하였다고 하더라도, 대출한도 제한규정 위반으로 처벌함은 별론으로 하고, 그 사실만으로 특별한 사정이 없는 한 업무상배임죄가 성립한다고 할 수 없고, 일반적으로 이러한 동일인 대출한도 초과대출이라는 임무위배의 점에 더하여 대출 당시의 대출채무자의 재무상태, 다른 금융기관으로부터의 차입금, 기타 채무를 포함한 전반적인 금융거래상황, 사업현황 및 전망과 대출금의 용도, 소요기간 등에 비추어 볼 때 채무상환능력이 부족하거나 제공된 담보의 경제적 가치가 부실해서 대출채권의 회수에 문제가 있는 것으로 판단되는 경우에 재산상 손해가 발생하였다고 보아 업무상배임죄가 성립한다고 해야 한다."라고 손해발생 여부의 문제로 판시.

하더라도, 이사회 결의는 회사의 내부적 의사결정에 불과하므로 신주발행의 효력에는 영향이 없는 점,[260] 주주배정 방식인 이상 회사에 손해가 생겼다고 보기 어려운 점, 그 후 실권된 전환사채의 제3자배정에 관한 1996. 12. 3.자 이사회 결의에 흠이 있다고 인정할 자료가 없는 점 등을 종합하여 보면, 전환사채의 발행을 중단하지 않고 진행한 점에 임무위배행위가 있었다고 볼 수도 없다.[261]

이사가 신주 등의 발행사무를 처리함에 있어서 기존 주주의 의사에 반하여 주식회사의 지배권을 제3자에게 이전하게 하였더라도, 이는 기존 주주의 이익을 침해하는 것일 뿐, 지배권의 객체인 주식회사의 이익을 침해하는 것은 아니다. 또한 주식회사의 이사는 회사의 사무를 처리하는 자의 지위에 있을 뿐, 회사와 별개인 주주들에 대한 관계에서 직접 주주들의 사무를 처리하는 자의 지위에 있는 것도 아니다. 따라서 회사 지분 비율의 변화가 기존 주주 스스로의 선택에 기인한 것이라면, 이사에게 지배권 이전과 관련하여 임무위배가 있다고 할 수 없다.

다수의견은 이상과 같은 이유로 이 사건의 경우에는 이사로서의 임무위배나 회사의 손해발생을 인정할 수 없다고 보고, 이와 달리 피고인들을 유죄로 인정한 원심 판결은 배임죄의 임무위배에 관한 법리오해가 있다는 이유로 파기하여 원심법원으로 환송하였다.

나. 제2판례 : 대법원 2009. 5. 29. 2008도9436[262]

《사실관계》

S그룹의 계열사로서 컴퓨터 시스템 통합구축 서비스의 판매, 컴퓨터를 이용

---

260) 대법원 2007. 2. 22. 2005다77060, 77077 판결도 같은 취지.

261) 이에 대한 제1판례의 소수의견(반대의견)에 따르면, 주주배정 방식으로 발행되는 것을 전제로 신주 등의 발행가액을 시가보다 현저히 저가로 발행하였으나 그 신주 등의 상당 부분이 주주에 의한 인수가 없어 실권된 특별한 사정이 있는 경우에는, 이사로서는 선관의무상 그 발행을 중단하고 추후 그 실권주 부분에 대하여 새로이 제3자배정 방식에 의한 발행을 모색하거나, 그 실권주를 처음부터 제3자배정 방식으로 발행하였을 경우와 마찬가지로 취급하여 발행가액을 시가로 변경할 의무가 있으며, 후자의 경우에 실권된 부분의 제3자배정에 관하여 다시 이사회 결의를 거치는 것이므로 당초의 발행결의와는 동일한 기회로 볼 수 없다는 것이다. 따라서 배임행위 및 회사의 손해발생을 인정한 원심판결은 정당하다는 결론을 내리고 있다.

262) 이 판례의 공소사실 중에는 S그룹의 회장과 회장비서실의 실장, 차장, 재무팀장, 재무팀 부장이 제1판례의 전환사채 발행에 공모가담한 사실이 포함되어 있으나, 같은 날 선고된 제1판례의 판결이유를 그대로 원용하고 있고, 그 외 특정가중처벌 등에 관한 법률위반(조세)의 점은 논의의 대상이 아니므로, 여기에서는 신주인수권부사채의 발행 관련 공소사실에 관하여서만 언급하기로 한다.

한 정보처리 및 정보통신 서비스의 제공 등을 목적으로 하는 비상장 주식회사인 S社(1998년말 현재 자본금 600억 원, 발행주식총수 1,200만 주)는 1999. 2. 25. 이사회에서 신주인수권부사채의 발행을 결의하였다. 결의내용은 권면액 230억 원의 무보증 분리형 신주인수권부사채를 연 8%의 이자율로 사모방법으로 발행하되 주주가 아닌 K증권주식회사(이하 K社라고만 함)가 총액인수하게 하고, 신주인수권의 행사가격은 사채전액에 대하여 기명식 보통주식 1주당 7,150원, 신주인수권의 행사기간은 사채발행 1년 후부터 상환기일 전일까지로 정하여 발행하기로 하였다.

K社는 다음날 위와 같이 발행된 권면액 합계 230억 원의 신주인수권부사채를 총액 인수한 후 사채권과 신주인수권증권을 분리하여, 사채권은 218억 2,010만 원에 중간인수자로 예정되어 있던 M증권주식회사(이하 M社라고만 함)에 매도하였고, M社는 같은 날 이를 수수료 없이 같은 값으로 S그룹 회장의 자녀 4인을 포함한 6인(나머지 2인은 이 사건 피고인임, 이하 이 사건 6인이라고만 함)에게 양도하였으며, 신주인수권증권은 K社가 직접 이 사건 6인에게 합계 11억 7,990만 원에 양도하였다.

그 후 이 사건 6인은 신주인수권을 행사하여 S社의 주식 3,216,780주(총 발행주식의 21.1%)를 1주당 7,150원에 취득한 결과, 그 중 S그룹 회장의 자녀 4인의 주식지분 합계만 하더라도 종전 보유 주식지분 14.8%와 합하면 총 발행주식의 25.4%(나머지 피고인 2인이 취득한 주식지분까지 합하면 32.9%)가 되어 제1대주주로 부상하게 함으로써 경영지배권을 확보하게 하였다.

위 신주인수권부사채 발행 당시 S社의 재무상황은 매우 양호하여 통상적 자금수요 외의 긴급자금이 필요한 상황은 아니었다.

이 사건 공소사실에 따르면, 위 신주인수권의 행사가격(신주 1주의 발행가액)을 7,150원으로 정함에 있어서, 정상적인 주식거래 사례가 있는지, 그 거래사례에 나타난 가격이 정상적인 교환가치를 적정하게 반영하고 있는지 등은 고려하지 않은 채, 당시 시행중인 상속세 및 증여세법이 정한 보충적 주식평가방법에 따라 1999. 1. 1. 현재를 기준으로 평가한 가액에 약간의 지배주주 프리미엄을 얹어 결정하였다.

그런데 S社의 주가는 사채발행일에 근접한 1999. 2. 10. 경부터 1999. 3. 15. 경까지의 기간 동안 1주당 53,000원 내지 60,000원 범위 내에서 안정되어 있었고, 그 후에도 거래가격이 지속적으로 상승하였으며, 특히 이 사건 사채발행일인 1999. 2. 26.에는 S社 주식 303주가 1주당 55,000원에 거래된 적도 있는바,

이 가격은 1999. 2. 당시 S社 주식의 객관적 교환가치가 적정하게 반영된 정상적 거래에 의한 가격이었다는 것이다.

따라서 S社의 대표이사, 이사(동시에 S그룹의 회장), 감사(동시에 S그룹의 기업구조조정본부장) 및 S그룹의 기업구조조정본부 재무팀장과 S社의 경영지원실장은 공모하여, 업무상 임무에 위배하여 이 사건 6인에게 S社의 신주인수권부사채를 적정가격에 현저히 미치지 못하는 가격으로 넘겨줌으로써 그들에게 S社의 주식 3,216,780주를 1주당 7,150원에 취득할 수 있는 권리를 부여한 결과, 1주당 적정가격인 55,000원과 위 신주인수권 행사가격인 7,150원의 차액에 위 3,216,780주를 곱하여 산정된 총 1,539억 22,923,000원 상당의 재산상 이익을 취득하게 하고 S社에 같은 금액 상당의 손해를 가하였다는 것이 이 사건 공소사실의 요지이다{특정경제범죄 가중처벌 등에 관한 법률위반(배임)}.

《판결요지》

이 사건과 같은 날 선고된 제1판례의 위 법리를 원용하여, 이 사건 신주인수권부사채의 발행은 제3자배정 방식에 의한 것임이 분명하므로, 만약 이 사건 신주인수권의 행사가격인 1주당 7,150원이 시가보다 현저하게 낮은 경우에 해당한다면 배임죄를 인정할 수 있음에도 불구하고, 이와 달리 피고인들을 무죄로 인정한 원심 판결은 배임죄의 임무위배 및 손해에 관한 법리오해가 있다는 이유로 파기하여 원심법원으로 환송하였다.

나아가 신주인수권부사채의 저가 발행으로 인하여 회사가 입은 손해액의 산정에 관한 판결내용은 다음과 같다. 배임죄에서 요구하는 '재산상 손해'에는 객관적으로 보아 취득할 것이 충분히 기대되는 데도 임무위배행위로 말미암아 이익을 얻지 못한 소극적 손해를 야기한 경우도 포함되는데, 이러한 소극적 손해는 재산증가를 객관적·개연적으로 기대할 수 있음에도 임무위배 행위로 이러한 재산증가가 이루어지지 않은 경우를 의미하는 것이므로, 임무위배 행위가 없었다면 실현되었을 재산상태와 임무위배 행위로 말미암아 현실적으로 실현된 재산상태를 비교하여 그 유무 및 범위를 산정하여야 할 것이다.

따라서 이 사건 신주인수권부사채를 현저하게 낮은 가액으로 발행함으로써 회사가 입은 손해는 신주인수권부사채의 공정한 신주인수권 행사가격과 실제 신주인수권 행사가격의 차액에 신주인수권 행사에 따라 발행할 주식수를 곱하여 산출된 액수에 의하여 산정하여야 할 것이고, 이 경우 공정한 신주인수권 행사가격이라 함은 기존 주식의 시가 또는 주식의 실질가액을 반영하는 적정가격과 더불어 회사의 재무구조, 영업전망과 그에 대한 시장의 평가, 금융시장의 상황, 신주의 인수가능성 등 여러 사정을 종합적으로 고려하여 합리적으로 인정되는 가격을 의미한다.

그런데 원심은 위 공소사실에 기재된 가격에 신주인수권부사채를 발행하여 인수되었을 개연성을 인정하기 어렵다는 이유만으로 신주인수권부사채의 공정한 신주인수권 행사가격이 얼마인지에 관하여 심리·판단하지 아니한 채 신주인수권부사채의 저가발행과 관련하여 손해가 발생하지 않았다고 단정한 것은 배임죄에서의 손해산정에 관한 법리오해가 있다고 판시하였다.

Ⅳ. 배임 대상 주식의 적정가격 평가 문제

1. 서 설

신주발행, 전환사채 또는 신주인수권부사채의 발행 등 유상증자시 경영자의 임무위배행위가 인정되더라도 그로 인한 피고인 또는 제3자의 재산상 이익 취득 및 회사의 손해발생이 인정되어야만 배임죄를 인정할 수 있는데, 그 재산상 이득 및 회사의 손해발생 여부나 그 이득액이 얼마인지 여부를 인정하기 위하여는[263] 유상증자로 인하여 발행되거나 전환되는 신주의 적정가격을 어떻게 평가할 것인지 여부의 문제가 따른다.

전술한 바와 같이 판례에 따르면, 배임행위로 인한 재산상 이득액이나 회사의 손해액은 발행되거나 전환되는 신주 1주의 공정한 가격(이하 공정가격이라 함)과 실제 발행가액의 차액에 유상증자로 인하여 발행되거나 전환되는 주식수를 곱하여 산출된 액수에 의하여 산정하여야 한다.

이 경우 공정가격이라 함은 기존 주식의 시가 또는 주식의 실질가액을 반영하는 적정가격과 더불어 회사의 재무구조, 영업전망과 그에 대한 시장의 평가, 금융시장의 상황, 신주의 인수가능성 등 여러 사정을 종합적으로 고려하여 합리적으로 인정되는 가격을 의미하게 된다.

그러므로 위 적정가격을 산정하기 위한 기초자료로 주식의 시가나 실질가액을 어떻게 평가할 것인가 하는 점이 선결문제인데, 상장주식의 경우에는 그 객관적 교환가치가 반영된 시가가 형성되어 있고 후술하는 바와 같이 자본시장법령상 명문규정이 있으므로 특별한 사정이 없는 한 이에 따르면 될 것이지만,[264]

263) 전술한 바와 같이 배임행위로 인한 재산상 이득액이 5억 원을 초과하는 경우에는 특정경제범죄 가중처벌 등에 관한 법률 제3조 위반 행위가 되어 가중처벌된다.

비상장주식의 경우에는 어떠한 평가방법을 사용하여 어떻게 주식의 적정가격을 평가할 것인지 여부에 관한 어려운 문제가 따른다.

2. 비상장주식의 평가방법에 관한 판례의 입장

판례에 따르면, 주권비상장법인의 주가를 평가함에 있어서 회사의 주식에 관한 객관적 교환가치가 적정하게 반영된 정상적인 거래사례가 있는 경우에는 그 거래가격을 시가로 보아 주식의 가액을 평가하여야 한다(시장가치법의 입장).[265]

만일 그러한 거래사례가 없는 경우에는 보편적으로 인정되는 여러 평가방법들을 고려하되, 이러한 평가방법을 규정한 관련 법규들은 각 그 제정목적에 따라 서로 상이한 기준을 적용하고 있음을 감안할 때 어느 한 가지 평가방법이 항상 적용되어야 한다고 단정할 수는 없고, 당해 유상증자의 신주 등 발행목적, 발행 당시 회사나 거래당사자의 상황, 회사 업종의 특성 등 제반 사정을 종합적으로 검토하여 적정하게 산정하여야 한다.[266] 그런데 구체적인 경우에 어떠한 평가방법을 적용하여 어떻게 평가할 것인지를 판단하는 일은 쉽지 아니하다.

이 점에 관하여, 위 제2판례의 파기환송심인 서울고등법원 판례(이하 환송심판례라고만 함)[267]는 비상장주식의 평가방법을 다음과 같이 비교하고 있다.

---

264) 구체적인 발행가액의 산정방법은 자본시장법 제165조의6 제2항, 제165조의8 제2항, 자본시장령 제176조의8 제2항, 제176조의10, 증권의 발행 및 공시 등에 관한 규정 5-18조, 5-22조, 5-23조, 5-23조의2, 5-24조 등에 규정되어 있다.

265) 이는 비상장주식의 경우에도 객관적인 시장가치가 형성되어 있으면 시장가치에 따르는 것을 원칙으로 한다는 취지로 해석된다. 시장가치법에 대하여는 시장가치도 투기적 요인이나 주가조작 등에 의한 영향을 받을 수 있고 매매당사자의 기업에 대한 정보부족으로 왜곡될 여지도 있다는 비판이 있다{권기범,"현행 주식매수청구권제도의 개선방향",「상장협」(한국상장회사협의회, 2000. 3.), 24면}.

266) 이는 종전 대법원 판례의 일관된 입장임: 대법원 2008. 5. 15. 2005도7911; 2005. 4. 29. 2005도856{이 판례에서는 "배임죄에서 재산상의 손해를 가한 때라 함은 총체적으로 보아 본인의 재산 상태에 손해를 가한 경우를 의미하므로 회사의 대표이사 등이 그 임무에 위배하여 회사로 하여금 다른 회사의 주식을 고가로 매수하게 한 경우 회사에 가한 손해액은 통상 그 주식의 매매대금과 적정가액으로서의 시가 사이의 차액 상당이라고 봄이 상당하며, 비상장주식을 거래한 경우에 있어서 그 시가는 그에 관한 객관적 교환가치가 적정하게 반영된 정상적인 거래의 실례가 있는 경우에는 그 거래가격을 시가로 보아 주식의 가액을 평가하여야 할 것이나, 만약 그러한 거래사례가 없는 경우에는 보편적으로 인정되는 여러 가지 평가방법들을 고려하되 그러한 평가방법을 규정한 관련 법규들은 각 그 제정 목적에 따라 서로 상이한 기준을 적용하고 있음을 감안할 때 어느 한 가지 평가방법(예컨대, 상속세 및 증여세법 시행령 54조의 평가방법)이 항상 적용되어야 한다고 단정할 수는 없고, 거래 당시 당해 비상장법인 및 거래당사자의 상황, 당해 업종의 특성 등을 종합적으로 고려하여 합리적으로 판단하여야 할 것이다"라고 판시}.

우선, 주식의 평가방법에는 그 평가목적에 따라 여러 가지가 있고, 주권비상장법인의 가치를 분석하는 방법에도 분석에 고려해야 할 사항에 따라 다양한 방법이 있다. 비상장주식의 적정가격을 산정하기 위해서는 이러한 다양한 주식평가 방법과 기업가치분석 방법 등을 고려하고 그 각 방법들이 실정법에서 실제로 적용되는 실태를 참작하여 합리적으로 판단하여야 한다.

비상장주식의 가치를 평가하는 방법, 즉 기업가치분석 방법으로는 위 시장가치법 외에도 자산가치법, 수익가치법, 비교가치법 등이 일반적이다.

자산가치법은 기업의 순자산(총자산 - 총부채)을 발행주식총수로 나누어 주식가치를 평가하는 방법이다. 이 방법은 현재의 자산가치를 기준으로 평가하는 것이기 때문에 기업의 미래가치 또는 위험성이나 시장의 기업에 대한 실제 선호도를 반영하지는 못하지만 객관적 평가가 가능하고 평가방법이 비교적 단순하므로 유형자산이 대부분인 회사나 도산기업의 가치평가에 유용하다.[268]

수익가치법은 미래의 순수익가치를 기초로 현재의 주식가치를 평가하는 방법이다. 이 방법은 구체적으로 장래 기대되는 배당금액(순이익)을 환원율로 환원하여 산정하는 배당환원 방식, 장래 기대되는 영업이익을 환원율로 환원하여 산정하는 영업이익환원 방식, 기업의 영업활동 결과 장래에 얻을 수 있는 잉여현금흐름의 가치를 기업의 기대수익률(기업이 필요한 자금을 동원하는 데 소요되는 기회비용인 가중평균 자본비용)로 할인하는 현금흐름 방식, 또는 이들 방식을 혼합하는 방식이 있다. 수익가치법은 미래에 기대되는 배당액이나 현금흐름의 수익가치를 기준으로 평가하는 것이기 때문에 계속기업의 가치를 평가하는 데에는 적절하다. 그러나 미래의 배당액, 현금흐름을 추정하거나 그 환원율 등 할인율을 산정함에 있어서 객관적 평가가 어렵고 평가가 복잡하다는 단점이 있다.[269] 그 중 배당환원 방식은 기업의 배당성향이 투자수익과 무관한 경우에는

---

267) 서울고등법원 2009. 8. 14. 2009노1422(이 판결은 상고제기가 없어서 그대로 확정되었음).

268) 수익가치를 무시하고 자산가치만으로 비상장주식의 주가를 평가한 것이 부당하다는 사례로 대법원 2008. 5. 15. 2005도7911 판결을 들 수 있다. 이 판결은 골프장을 건설중인 골프장사업체인 비상장회사의 주식을 그 회사가 자본잠식 상태임을 이유로 1주당 1원에 매도한 사안에서, 회원권이 분양되기 전에는 수입을 기대할 수 없는 골프장 사업의 특성상 채무초과 상태는 당연하고 골프장 건설 및 운영에 관한 사업계획의 실현에 따라서는 미래에 수익가치를 기대할 수 있음에도 불구하고, 그 평가를 누락하는 손해를 가하였다는 취지로 판시하였다.

269) 따라서 객관적 평가를 보완하기 위한 방법으로 현행법에서는 보통 과거의 수익이 미래에도 그대로 유지될 것으로 추정하는 등 보다 단순화된 기준을 채용하고 있다는 견해가 일반적이다(송옥렬, "회사법상 비상장주식 평가의 쟁점과 대안", 「서울대학교 법학」(서울대학교 법

적용하기 어려우나, 거래당사자가 배당만을 기대하는 일반투자자인 경우에는 가장 합리적인 방식이다. 또한 현금흐름 방식은 미래의 현금흐름과 이를 현재가치화하기 위한 할인율을 산정함에 있어서 평가자의 주관이 개입될 위험이 있으나, 급속히 발전할 것으로 전망되는 정보기술산업 등의 주식가치 평가에 적합하다.

비교가치법은 평가대상 기업과 유사한 비교기준 기업으로서 동일 업종의 유사 주권상장법인이나 인수합병 사례 기업을 선택하여, 그 재무수치 등과 평가대상 기업의 동일한 재무수치를 비교하여 평가대상 기업의 가치를 측정하는 방법이다. 이 방법은 평가대상 기업과 유사한 비교기준 기업을 찾기 어렵다는 단점이 있다.

환송심 판례는 위와 같이 판시하면서 당시 기업회계기준[270]에서는 자산가치법을 따르고 있다고 판시하였다. 그러나 현행 기업회계기준에서는 거래가격 또는 시장가격에 따른 평가(즉, 시장가치법)를 원칙으로 하며, 시장가격이 없는 경우에는 평가기법을 사용하여야 하되, 그 평가기법에는 ① 합리적인 판단력과 거래의사가 있는 독립된 당사자 사이의 최근 거래를 사용하는 방법, ② 실질적으로 동일한 다른 금융상품의 현행 공정가치를 이용할 수 있다면 이를 참조하는 방법(즉, 비교가치법), ③ 현금흐름할인방법과 옵션가격결정모형(즉, 현금흐름 방식 수익가치법 등)이 있다고 한다. 또한 ④ 금융상품의 가격을 결정하는 데 시장참여자가 일반적으로 사용하는 평가기법이 있고, 그 평가기법이 실제 시장거래가격에 대해 신뢰할 만한 추정치를 제공한다는 사실을 제시할 수 있다면, 그 평가기법을 사용한다고 규정하고 있다.[271]

참고로, 상속세 및 증여세법에서는 원칙적으로 거래 시가에 따르되(즉, 시장가치법) 보충적으로 자산가치와 수익가치의 합계액을 단순평균(현재는 가중평균)한[272] 가액(즉, 자산가치법과 과거 자료를 기초로 한 수익가치법의 혼용 방식)을 과

학연구소, 2011. 9.), 315~316면; 김홍기, 앞의 논문, 165면}.

270) 기업회계기준은 주식회사의 외부감사에 관한 법률 제13조 제1, 3항에 따라 금융위원회가 제정하도록 되어 있으나, 실제로는 금융위원회의 위탁을 받은 사단법인 한국회계기준원이 제정하고 있음.

271) 일반기업회계기준 6장 1절 6.13, 6.15, 2절 6.30 등.

272) 현행 상속세 및 증여세법 제60조 제3항, 제63조 제1항 제1호 다.목에 따른 상속세 및 증여세법 시행령 제54조 제1, 2항에 따르면, 비상장주식은 1주당 순손익가치{1주당 가액 = 1주당 최근 3년간 순손익액의 가중평균액 ÷ 금융기관이 보증한 3년 만기 회사채의 유통수익률을

세표준으로 하고 있다.

또한, 위 제2판례의 신주인수권부사채 발행 당시 시행되던 증권거래법 및 그에 따른 유가증권 인수업무에 관한 규정 및 그 시행세칙에서는 기업공개 등을 위한 유가증권의 분석기준으로서 자산가치와 수익가치(향후 2사업연도의 추정 재무제표를 기준으로 주당 추정이익을 구한 후 이를 자본환원율로 나눈 값)를 1:1.5의 비율로 가중평균한 가액을 주식의 본질가치로 보았다.

그런데 환송심 판례는 주로 친족 간에 이루어지는 상속과 증여에 대한 과세를 목적으로 매우 보수적이고 엄격한 기준에 서게 되는 상속세 및 증여세법의 평가규정은 영리법인이 최저 비용으로 최대 자본을 확충하기 위해 신주인수권부사채를 발행하는 경우의 신주인수권 행사가격의 평가방법으로는 부적합하다고 보았다. 반면, ① 제3자배정 방식의 신주인수권부사채 발행시의 주식평가는 기존 주주 외의 제3자인 일반인을 상대로 대량으로 자본을 확충한다는 점에서 기업공개시의 주식평가와 그 기능이 비슷한 점, ② 정보기술산업에 속하는 S社의 주식 가치평가에는 수익가치를 더 중요시하여야 하는 측면이 있는 점, ③ 위 유가증권 인수업무에 관한 규정 및 그 시행세칙에 따른 평가방법은 일반투자자들의 이익보호를 위하여 유가증권의 가치를 되도록 보수적으로 낮게 분석·평가하고 있는 점에 비추어, 위 유가증권 인수업무에 관한 규정 및 그 시행세칙을 준용하여 평가하는 것이 가장 합당하다고 판시하였다.

위 유가증권 인수업무에 관한 규정 및 그 시행세칙에 따르면, 수익가치에 관하여 추정 재무제표를 기준으로 주당 추정이익을 산정하도록 규정되어 있다. 그러나 추정 재무제표의 작성이 용이하지 아니할 뿐만 아니라, 미래의 추정이익은 그 기준시점 당시 당해 기업이 영위하는 산업의 현황 및 전망, 거시경제 전망, 당해 기업의 내부 경영상황, 사업계획 또는 경영계획 등을 종합적으로 고려하여 산정할 수 있으므로,[273] S社의 1996년부터 1998년까지 순이익증가율의

감안하여 기획재정부장관이 정하여 고시하는 이자율('순손익가치환원율')}와 1주당 순자산가치(1주당 가액 = 당해법인의 순자산가액 ÷ 발행주식총수)를 각각 3과 2의 비율로 가중평균한 가액으로 한다. 다만, 부동산과다보유법인(소득세법 시행령 제158조 제1항 제1호 가.목에 해당하는 법인)의 경우에는 1주당 순손익가치와 순자산가치의 비율을 각각 2와 3으로 한다.

273) 대법원 2005. 6. 9. 2004두7153 판결도 비상장주식의 양도가 현저히 유리한 조건의 거래로서 부당지원행위에 해당하는지 여부에 관하여 판단함에 있어서, "급속히 발전할 것으로 전망되는 정보통신 관련 사업을 영위하면서 장래에도 계속 성장할 것으로 예상되는 기업의 주식가격은 기준시점 당시 당해 기업의 순자산가치 또는 과거의 순손익가치를 기준으로 하여 산정

평균, S社의 경영실태와 영업전망, 경영진이 예상한 1999년도 성장 전망, 매출액 성장률 등 제반 사정을 고려하여 1999년도 이후의 순이익증가율은 적어도 30%를 상회할 것으로 예상된다고 판시하였다.[274)]

따라서 유가증권 인수업무에 관한 규정 및 그 시행세칙에 따라 기업회계기준에 의한 1998년도의 주당 순이익 1,669원을 기준으로 계산하여 1999. 1. 1. 당시의 1주당 순이익가치는 18,829원으로 한 것이다.[275)]

한편, S社의 1주당 순자산가치는 7,332원이므로,[276)] 유가증권 인수업무에 관한 규정 및 그 시행세칙이 정하는 바에 따라 순자산가치와 순이익가치를 1:1.5의 비율로 가중평균하여 산정한 1주당 14,230원{(7,332원×1+18,829원×1.5)÷2.5}이 S社의 1주당 가치가 된다고 판시하였다. 이러한 평가방법은 수익가치법(그 중 배당환원방식)의 비중을 높여 자산가치법과 혼합한 유형이라고 할 수 있다.

환송심 판례는 이러한 과정을 거쳐 산정된 적정가격인 1주당 14,230원은 신주인수권부사채의 발행 당시 S社에 긴급한 자금수요가 없었고 필요자금 조달에 어려움이 없었던 점 등에 비추어 그대로 공정한 신주인수권 행사가격이라고 볼

하는 방법보다는 당해 기업의 미래의 추정이익을 기준으로 하여 산정하는 방법이 그 주식의 객관적인 가치를 반영할 수 있는 보다 적절한 방법이라고 할 것이고, 또한 당해 기업의 미래의 추정이익을 기준으로 주식가격을 산정하고자 할 경우 미래의 추정이익은 그 기준시점 당시 당해 기업이 영위하는 산업의 현황 및 전망, 거시경제전망, 당해 기업의 내부 경영상황, 사업계획 또는 경영계획 등을 종합적으로 고려하여 산정하여야 한다."고 판시하였다.

274) 당시 삼일회계법인의 주식평가보고서상 상속세 및 증여세법에 의하면 46.1%, 유가증권 인수업무에 관한 규정 및 그 시행세칙이 따르는 기업회계기준에 의하면 80.4%, S社의 1998년도 사업보고서에 의하면 S社의 경영진도 30.5%의 성장세를 이어갈 것으로 예상하고 있었으며, 1986년 내지 2004년의 재무제표 및 주요 재무비율지수, 경영진단의견서 등을 종합하면 S社는 1997년 이후부터 사업이 안정화되고 공공기관 등의 수요가 급증함에 따라 매출액증가율, 영업이익률, 경상이익률, 순이익률, 총자본순이익률 등이 모두 증가하였고, 1999년의 실제 매출액은 1998년보다 23% 이상 증가하였고, 1999년의 실제 당기순이익은 1998년보다 100% 넘게 증가하였음.

275) 1999년도 추정 주당 순이익은 2,169원(1,669원×1.3)이고, 2000년도 추정 주당 순이익은 2,819원(2,169원×1.3)이므로, 이를 1.5 : 1의 비율로 가중평균하면 2,429원{(2,169×1.5+2,819×1)÷2.5}이고, 이에 유가증권 인수업무에 관한 규정 시행세칙이 정하고 있는 이 사건 신주인수권부사채 발행 당시의 자본환원율(5개 시중은행의 1년 만기 정기예금 최저이율 평균치의 1.5배) 12.9%를 적용하면 S社의 1999. 1. 1. 당시의 순이익가치는 18,829원(2,429원÷0.129)이 됨.

276) 1999. 1. 1. 당시의 순자산 92,725,039,812원(총자산 500,266,892,145원-총부채 407,541,852,333원)에서 본래 비용이지만 실질가치 없이 이연자산으로 계상되었던 신주발행비 7,236,607원, 사채발행비 184,181,906원, 환율조정차 4,488,699,777원 및 실질가치 없이 무형고정자산으로 계상되었던 49,200,000원을 공제한 금액을 발행주식총수 1,200만 주로 나누면 7,332원(원 미만 버림)이 된다. 그 후 1999. 8. 12.자 개정 유가증권 인수업무에 관한 규정 시행세칙은 자산가치의 산정시 이연자산을 차감하지는 않는다.

수 있으며, 실제 행사가격인 7,150원의 1.99배에 이르므로(실제 가격이 공정한 가격보다 2/3 미만), 현저히 불공정한 가액으로 발행한 경우에 해당한다고 판시하였다.

이러한 위 제2판례 및 그 환송심 판례의 취지에 비추어 보면 유상증자시 신주 등의 적정가격을 평가함에 있어서는 증권거래법의 후신인 자본시장법상 평가방법이 중요하다고 할 수 있으므로 다음은 이에 관하여 검토하여 본다.

3. 현행 자본시장법령상 적정가격 산정방법

가. 주권상장법인의 경우

주권상장법인의 신주발행, 전환사채 및 신주인수권부사채 발행시의 주식가격 산정방식에 관하여는 증권시장에 형성되어 있는 시가를 기준으로 하는 구체적인 명문 규정이 있다.

1) 신주발행의 경우

주권상장법인은 정관이 정하는 바에 따라 이사회의 결의로 주주의 신주인수권을 배제하고 불특정 다수인을 상대로 신주를 모집하는 일반공모증자 방식으로 신주를 발행할 수 있다(자본시장법 제165조의6 제1항, 자본시장령 제176조의8 제1항). 이러한 일반공모증자 또는 제3자배정 방식으로 증자하는 경우의 신주발행가액은 청약일 전 제3거래일부터 제5거래일까지의 가중산술평균주가(그 기간 동안 증권시장에서 거래된 해당 종목의 총 거래금액을 총 거래량으로 나눈 가격)를 기준주가로 하여 주권상장법인이 정하는 할인율을 적용하여 산정한다. 그 할인율은 일반공모증자 방식의 경우에는 100분의 30 이내, 제3자배정증자 방식의 경우에는 100분의 10 이내로 정하여야 한다.[277]

---

277) 이러한 자본시장법령의 할인율 규제에 대하여는, 발행가액 평가는 매우 기술적·주관적 문제이고 이러한 세밀한 할인율 규제가 악용될 소지도 있다는 이유로, 이사가 시장상황, 발행수요 등을 감안하여 자율적으로 발행가액을 정할 수 있도록 하되 이사의 주의의무 위반 등이 문제되는 경우에만 처벌하도록 하는 방향이 바람직하다는 입법론이 있으나(김홍기, 전게논문, 197면 각주 100), 이러한 할인율은 시가 등 적정가격에 기업의 주관적 사정이나 시장상황 등을 반영하여 산정하는 공정한 가액의 하한선 규제라고 볼 수 있는데, 일반적으로 거래소의 주가는 객관적 교환가치가 정상적으로 반영된 가격으로 보아야 하므로 기업의 주관적 사정을 반영하는 것도 어느 정도 한계가 있어야 하고, 이사의 주의의무와 관련하여 주식의 공정한 가액에 대한 예측가능성을 부여할 현실적 필요도 있는 점 등을 감안하면, 현행 법령의 규제는 적절한 것으로 보인다.

다만, 제3자배정증자 방식의 경우에는 신주 전체에 대하여 증권 발행 후 지체없이 한국예탁결제원에 예탁(공사채등록법에 따른 등록 포함)하고 그 예탁일부터 1년간 그 증권(증권에 부여된 권리의 행사로 취득하는 증권 포함)을 인출하거나 매각하지 않기로 하는 내용의 예탁계약을 체결하고 이를 이행하는 조건인 경우에는 유상증자를 위한 이사회결의일(발행가액을 결정한 이사회결의가 이미 있는 경우에는 그 이사회결의일로 할 수 있음) 전일을 기산일로 하여 과거 1개월간, 1주일간 및 최근일의 각 가중산술평균주가를 산술평균한 가격과, 최근일 가중산술평균주가 중 낮은 가격을 기준주가로 하여 주권상장법인이 정하는 할인율을 적용하여 산정할 수 있다(자본시장법 제165조의6 제2항, 자본시장령 제176조의8 제2항, 증권의 발행 및 공시 등에 관한 규정 제5-18조①②). 이러한 방법은 기준주가의 산정에 있어서 시장가치법에 따라 시장가격의 가중평균 방법에 의한 주식의 가격평가로 볼 수 있다.[278]

만일 주권상장법인이 증권시장에서 시가가 형성되어 있지 않은 종목의 신주를 발행하고자 하는 경우에는 권리내용이 유사한 다른 주권상장법인 주식의 시가 및 시장상황을 고려하여 이를 산정한다(같은 규정 5-18조③). 이는 일종의 비교가치법에 의한 주식의 가격평가로 볼 수 있다.

2) 전환사채 또는 신주인수권부사채 발행의 경우

주권상장법인이 전환사채나 신주인수권부사채를 발행하는 경우에 그 전환가액 또는 행사가격은 사채 발행을 위한 이사회결의일 전일을 기산일로 하여 과거 1개월간, 1주일간 및 최근일의 각 가중산술평균주가를 산술평균한 가격과, 최근일 가중산술평균주가와, 청약일(청약일이 없는 경우에는 납입일) 전 제3거래일 가중산술평균주가 중 높은 가액(일반공모증자 방식으로 사채를 모집하는 경우에는 낮은 가액) 이상으로 한다.

만일 전환 또는 신주인수권 행사에 따라 발행할 주식이 증권시장에서 시가가 형성되어 있지 않은 경우에는 권리내용이 유사한 다른 주권상장법인 주식의 시가 및 시장상황을 고려하여 이를 산정한다(같은 규정 5-22조①, 5-18조③,

278) 주권상장법인의 주식가격은 시장가치법에 따라 거래소의 주가를 기준으로 산정하는 것이 자본시장법의 입장이지만, 거래소의 주가가 투기적 거래나 내부자 거래 또는 주가조작 등으로 객관적 교환가치가 정상적으로 반영된 정상적이 거래의 실례로 볼 수 없는 경우에는 주권비상장법인 주식의 가격평가 문제와 같이 자산가치법, 수익가치법 등도 병용하여 공정한 가액을 산정할 수 밖에 없을 것으로 보인다(김홍기, 전게논문, 181~185면 참조).

5-24조①).[279]

다만, 전환사채의 경우에는 전환사채의 신용평가등급이 투기등급(BB+이하)인 경우, 전환사채를 자산유동화에 관한 법률에 따라 발행하는 유동화증권의 기초자산으로 하는 경우에는 위와 같이 산정한 가액의 100분의 90 이상으로 할 수 있다(같은 규정 5-22조②).

그 밖에 증자·주식배당·시가변동 등의 사유로 인하여 사채의 가격을 하향조정하거나, 감자·주식병합 등의 사유로 인하여 사채의 가격을 상향조정하는 경우의 특칙이 있다(같은 규정 5-23조, 5-23조의2, 5-24조①).

자본시장법이 2009. 2. 4.부터 시행되고 기존 증권거래법이 폐지됨에 따라 증권거래법의 시행을 위한 기존 '유가증권의 발행 및 공시 등에 관한 규정'은 '증권의 발행 및 공시 등에 관한 규정'으로 전면개편되었다. 이 '증권의 발행 및 공시 등에 관한 규정'에서는 위에서 살펴본 바와 같이 일반공모 방식이나 제3자배정 방식인 유상증자의 경우에 신주 등의 발행가액 산정절차만을 규정하였을 뿐이므로, 주주배정 방식 또는 주주우선공모 방식 유상증자시의 주식가격 산정절차는 폐지한 셈인데, 이는 유상증자시 회사의 손해발생 및 임무위배 여부에 관한 위 구분설의 입장을 따른 것으로 보인다.

나. 주권비상장법인의 경우

위 환송심 판례에서 원용하는 '유가증권 인수업무에 관한 규정'은 2000. 12. 29. 폐지되어 '유가증권의 발행 및 공시 등에 관한 규정'으로 전면 개편되었고, 이 규정 또한 위와 같이 2009. 2. 4. 폐지되어 '증권의 발행 및 공시 등에 관한 규정'(금융위원회 고시 제2009-14호)으로 전면 개편되었다. 따라서 현재는 위 '증권의 발행 및 공시 등에 관한 규정' 및 그 시행세칙(금융감독원 2009. 1. 29. 제정)에 따르게 된다.

참고로, 현행 자본시장법령 및 위 '증권의 발행 및 공시 등에 관한 규정' 및 그 시행세칙에는 주권비상장법인 주식의 시가평가에 관한 규정으로는 합병·분

279) 전환사채 발행의 경우에는, 기업구조조정 촉진을 위한 금융기관협약에 의하여 기업개선작업을 추진 중인 주권상장법인, 또는 금융기관이 공동으로 경영정상화를 추진 중 경영정상화계획에서 정한 자를 대상으로 사채를 발행하는 주권상장법인이 금융기관의 대출금 또는 사채를 상환하기 위하여 전환사채를 발행하는 경우에는 이러한 가격제한 규정을 적용하지 아니할 수 있다(증권의 발행 및 공시 등에 관한 규정 5-22조③).

할합병, 주식의 포괄적 교환·이전의 경우에 관한 규정(자본시장법 제165조의4, 자본시장령 제176조의5 제1항 제2호 나.목, 제2항, 제176조의6 제2항, 증권의 발행 및 공시 등에 관한 규정 5-13조, 증권의 발행 및 공시 등에 관한 규정 시행세칙 4 내지 7조)이 있을 뿐이다.

이 규정들에 따르면, 주권비상장법인의 주식의 평가는 자산가치와 수익가치를 가중산술평균한 가액과 상대가치의 가액을 산술평균한 가액(다만, 상대가치를 산출할 수 없는 경우에는 자산가치와 수익가치를 가중산술평균한 가액)으로 하여야 한다.

자산가치와 수익가치를 가중산술평균한 가액의 산출방법은 자산가치(순자산÷발행주식총수)와 수익가치(향후 2사업연도의 추정 재무제표를 기준으로 주당 추정이익을 구한 후 이를 자본환원율로 나눈 값)를 1:1.5의 비율로 가중산술평균한 가액이다.

상대가치의 가액 산출방법은 평가대상회사와 유사한 회사(한국거래소 업종분류에 따른 소분류 업종이 동일한 주권상장법인)의 주가를 기준으로 산출한 유사회사별 비교가치{유사회사의 주가 × (평가대상회사의 주당 법인세비용 차감 전 계속사업이익 ÷ 유사회사의 주당 법인세비용 차감 전 계속사업이익 + 평가대상회사의 주당 순자산 ÷ 유사회사의 주당 순자산)÷2}를 평균한 가액의 30% 이상을 할인한 가액(다만, 유사회사가 3사 미만인 경우에는 유사회사별 비교가치를 산출하지 아니함)과, 분석기준일 이전 1년 이내의 유상증자·전환사채·신주인수권부사채 발행가액 또는 행사가액 중 최근가액을 100분의 10 이내로 할인 또는 할증한 가액(다만, 이 가액을 산출할 수 없거나, 이 가액이 유사회사별 비교가치를 평균한 가액의 30% 이상을 할인한 가액보다 큰 경우에는 유사회사별 비교가치를 평균한 가액의 30% 이상을 할인한 가액으로 함)을 산술평균하여 산정한다. 이렇게 산정한 상대가치의 가액이 유사회사 주가의 평균치를 초과하는 경우에는 유사회사 주가의 평균치를 상대가치로 한다.

그 밖에 기업인수목적회사(SPAC)가 주권비상장법인과 합병하는 경우에는 비상장기업의 가치평가의 자율성을 제고하는 특칙이 있다(증권의 발행 및 공시 등에 관한 규정 5-13③④).

이러한 자본시장법령상 평가방법은 수익가치법(그 중 배당환원방식)의 비중을 높여 자산가치법 및 비교가치법과 혼합한 유형이라고 할 수 있다.

4. 결 어

앞에서 살펴본 바와 같이 주권비상장법인의 경우에는 유상증자시 신주 등의 발행가액에 관한 명문규정이 없으므로, 위 제2판례 및 그 환송심 판례에서 보는 바와 같이 기업의 업태, 평가의 목적 등을 감안하여 현행 법령상의 적절한 평가방법을 선택하고 이를 사안에 적합하게 해석·적용할 수밖에 없다. 그 평가방법의 종류나 현행 법령상 평가제도에 관하여는 앞에서 살펴 본 바와 같다.

이렇게 현행 법령상의 평가방법은 여러 가지 평가방법을 혼용하고 있고, 주관적 요소가 많은 수익가치법에 따른 평가를 하더라도 가급적 그 객관성을 보장하기 위하여 과거나 현재의 재무제표 등 자료를 기초로 평가하고 있는 것이 특색이다.

이에 대하여, 주가의 평가를 위하여는 미국에서 재무이론으로 발달하여 우리나라의 회계법인들이 주로 사용하는 현금흐름 방식의 수익가치법인 DCF(discounted cash-flow method) 방식이[280] 가장 정확한 방법이라는 견해가 있다. 이 방식에서는 미래의 현금흐름을 여러 가지 통계학적 방법으로 추정한 자료를 기초로 하기 때문에 투자자들의 투자 동기에 가장 부합하다는 것이다.[281]

그러나 미래의 전망에 기초하는 이러한 순수한 수익가치법은 평가자에 따라 그 결과가 크게 달라질 수 있다는 점에서 우리나라의 판례에서도 아직 쉽게 채택하지 못하고 있는 실정이다.[282]

결국 비상장주식의 적정가격 평가에 관하여는 어느 한 가지 평가방법만이 가장 정확하다고 고수할 수는 없는 형편이고, 현행 법령상 채택하고 있는 평가방법도 여러 가지 유형이 혼용되어 있다. 실제로 법원도 비상장주식의 적정가격 평가에 있어서 객관적 교환가치가 적정하게 반영된 정상적인 거래사례가 있는 경우에는 그 거래가격을 시가(시장가치)로 보아 주식의 가액을 평가함이 원칙이

---

280) 미국에서는 1983년 이전에는 주식의 순자산가치, 시장가치, 수익가치를 가중평균하여 산정하는 델라웨어 가중평균 방식(Delaware Block Method)을 대부분 사용하여 왔으나, 1983년 Weinberger 판결 이후에는 델라웨어 가중평균 방식 외에도 DCF 방식 등 금융계에서 일반적으로 인정되는 모든 평가방법을 고려할 수 있는 것으로 변경한 것이라고 보고, 법원이 여러 요소를 종합적으로 고려하여 판단하는 입장이라는 점에서는 현재 우리나라 법원의 태도와 같다고 보는 견해가 있다(송옥렬, 전게논문, 322~323면).

281) 송옥렬, 전게논문, 320면.

282) 송옥렬, 전게논문, 317~318면.

나, 그러한 거래사례가 없는 경우에는 당해 유상증자의 신주 등 발행목적, 발행 당시 회사나 거래당사자의 상황, 회사 업종의 특성 등 제반 사정을 종합적으로 검토하여 적정하게 산정하여야 한다고 보는 입장임은 앞에서 살펴본 바와 같다.

그런데 주가의 평가방법에는 위와 같이 다양한 평가방법과 기업분석방법이 존재하고 기업의 업태나 실태도 다양하므로, 구체적으로 그 중 어떠한 평가방법을 선택하여 어떻게 평가하는 것이 적정한 것인지 여부를 판단하는 것은 쉽지 아니하다. 따라서 다른 범죄구성요건 요소보다 예측가능성이 현저히 떨어지는 주식가격 평가에 관한 한, 사후에 그 평가가 부적절하였음을 이유로 배임죄로 처벌하는 경우에는 죄형법정주의에 반하는 결과가 될 소지가 많다. 그러므로 비상장주식의 유상증자시 주식의 가액평가 부분에 있어서는 경영판단원칙을 적용하여 경영진의 경영판단을 존중할 필요가 상대적으로 높다고 하겠다.

제8절 차입매수(LBO) 방식의 기업인수와 배임

Ⅰ. 의 의

차입매수(Leveraged Buyout : LBO) 방식 기업인수(이하 차입매수라고만 함)란 타인으로부터 인수자금을 차입하여 기업을 인수하면서(인수 대상 기업이 회사인 경우에는 그 주식 매수로 인하여 경영권 취득) 인수 대상 기업(이하 대상회사라고만 함)으로 하여금 그 차입금 채무의 담보를 제공하게 하거나 그 채무를 부담하게 하는 것을 뜻한다.

이러한 차입매수는 대상회사의 부채비율(자기자본에 대한 부채의 비율)을 증가시키고 그 차입금에 대한 이자는 법인세법상 손비로 처리되어 그 만큼 법인세가 감소하고 세후 순이익이 증가하는 지렛대 역할을 하게 된다(재무 레버리지 효과 - Financial Leverage Effect).[283] 인수인은 대상회사의 가치와 자신의 신용을 활용하여 조달한 자금으로 대상회사의 경영권을 취득함으로써 경영성과로 차입금을 상환하기 위하여 대상회사에 대한 구조조정 등 효율성 증대와 재무구조 및 경영의 개선을 위하여 노력하게 되는 순기능을 갖게 된다. 반면, 대상회

283) 최민용, 전게논문, 321면.

사의 부채비율이 지나치게 과다할 경우에는 대상회사를 파산에 이르게 할 수도 있고, 인수인의 투기행위 등 개인적 이득을 위하여 차입매수를 남용하는 역기능도 예상할 수 있다.

이처럼 차입매수는 부채를 지렛대로 하여 결국 부실기업의 경쟁력을 회복하고 기업의 효율성을 제고시키는 유용한 기능이 있는 반면, 그 남·오용의 가능성과 그로 인한 피해규모도 크기 때문에, 그 유형에 따라 미국 등 외국의 규제 및 대응방식도 다양하고[284] 우리나라에서도 실무 및 학계에서 논란이 되고 있다.

차입매수는 실질적으로 인수인이 인수자금을 조달하는 것이 아니라 대상회사의 자산이나 가치를 담보로 인수자금을 조달하는 것이므로, 이에 응하는 대상회사의 경영자가 인수인 측으로 하여금 그 만큼 이익을 취득하게 하고 대상회사에 손해를 가하는 배임행위를 하는 것인지 여부가 문제된다. 특히 위와 같은 차입매수의 순기능에도 불구하고 차입매수로 인하여 대상회사에 손해 또는 손해발생 위험이 있는 것인지 여부가 주요 쟁점이 된다.

또한 차입매수는 인수인이 대상회사의 기존 주주들과의 합의 아래 이루어지는 경우가 많으므로, 대상회사의 주주들을 배임죄의 피해자로 볼 수 있는지 여부에 따라 그 범죄성립 여부가 달라지게 된다.

Ⅱ. 차입매수(LBO) 방식 기업인수의 유형

차입매수의 구체적인 유형은 매우 다양할 수 있지만, 크게 담보제공형, 합병형 및 환급형으로 분류할 수 있다.

1. 담보제공형

담보제공형은 인수인 또는 인수인이 설립한 특수목적회사(Special Purpose Company, 이하 SPC라 함)가 인수자금을 차입하여 대상회사의 주식 취득을 통하여 경영권을 취득하고 대상회사의 자산을 그 차입금의 담보로 제공하거나 대상회사로 하여금 보증하게 하는 유형이다.

---

284) 미국과 유럽의 규제 및 대응방식에 관하여는 송종준, "LBO 규제체계의 비교분석과 합리적 규제방안의 모색 —유럽·미국법상 회사의 금융지원규제를 중심으로—," 「선진상사법률연구」(법무부, 2011. 10.), 93~112면.

2. 합병형

합병형은 인수인이 대상회사 주주들과의 기업인수 합의를 거쳐 SPC를 설립한 후 SPC로 하여금 인수자금을 차입하여 대상회사의 주식이나 채권을 취득하게 하고 그 주식이나 채권을 차입금의 담보로 제공하며, 그 후 대상회사를 합병함으로써(역으로 대상회사가 SPC를 합병하는 경우도 있다) 실질적으로 대상회사도 차입금 채무를 부담하게 하는 유형이다.[285)]

3. 환급형

환급형은 인수인 또는 인수인이 설립한 SPC가 인수자금을 차입하여 대상회사의 주식 취득을 통하여 경영권을 취득하고 대상회사로 하여금 유상감자나 이익배당을 실시하게 하여 차입금을 상환하는 유형이다.[286)]

차입매수는 인수인의 신용 등 역량을 활용하여 자금을 차입하는 것이므로, 위 각 유형의 경우에 인수인도 차입금 채무를 부담하거나 그 채무에 대한 보증을 하는 경우도 있다.

Ⅲ. 배임죄의 성립 여부

1. 담보제공형 차입매수의 경우

담보제공형 차입매수의 경우에 대상회사가 아무런 반대급부 없이 회사의 자산을 담보로 제공하는 것이 인수인이나 SPC에게는 재산상 이익을 취득하게 하고 대상회사에 대하여는 손해 또는 손해발생의 위험을 초래하는 것인지 여부에 따라 배임죄의 성립 여부가 좌우된다.

가. 적극설

판례는 손해발생의 위험을 초래한 경우도 배임죄의 성립요건인 '손해를 가한 때'에 포함된다는 입장에서, 후술하는 제1판례에서 설시하는 바와 같이 인수인

---

285) 이상훈, "LBO와 배임죄(상),"「법조」(법조협회, 2008. 4.), 2면; 김병연, 전게논문, 220면; 최민용, 전게논문, 320면.

286) 부산고등법원 2010. 12. 29. 2010노669.

등이 대상회사의 담보제공으로 인한 위험부담에 상응하는 반대급부를 제공하여 손해방지 조치를 취하지 아니한 이상 그 담보제공시 담보가치에 상응하는 재산상 손해발생의 위험을 가한 것이라고 판시함으로써(이른바 '신한 LBO 사건')[287] 배임죄의 성립을 긍정하고 있다. 만일 인수인 등이 차입금이 상환될 때까지 인수 주식·채권 등을 대출 금융기관이나 대상회사에 별도의 담보로 제공한 경우라 하더라도 마찬가지이다.[288]

이 경우 대상회사의 대표이사가 한 담보제공 행위는 대상회사와는 이해충돌이 되는 자기거래이므로 엄격한 공정성이 요구되는데, 담보제공과 등가성 있는 반대급부가 제공되지 아니한 이상 공정성이 없어 이사로서의 충실의무에 위배된 것이라는 이유로 판례 입장을 지지하는 견해[289]가 있다.

나. 소극설

다수설은 우선 배임죄를 위험범으로 보는 판례의 입장을 비판하면서, 죄형법정주의 원칙에 비추어 법률상 명문 규정이 없음에도 불구하고 손해발생의 위험만으로 배임죄가 성립하는 것으로 해석할 수는 없는 점, 배임죄에 미수범 처벌규정이 있는 점 등을 이유로 배임죄는 침해범으로 보아야 한다고 주장한다.[290] 따라서 기업인수 자금의 차입금에 대하여 대상회사의 자산을 담보로 제공하여 그 담보실행으로 인한 손해발생의 위험을 초래하였더라도 그 담보제공 등 행위를 배임행위로 평가할 수 없는 한 배임죄나 그 미수죄가 성립할 수 없다는 결론이 된다. 즉, 배임죄를 침해범으로 보는 입장에서는 손해발생 및 배임행위 여부의 문제로 다루게 되는 것이므로, 손해발생의 위험만으로써 배임죄가 성립할 수 있다는 위험범설보다 배임죄의 성립범위를 줄일 수 있게 된다고 한다.

그리고 다수설에 따르면 차입매수시 대상회사가 그 자산을 차입금의 담보로 제공하는 경우(담보제공형)는 물론 나아가 그 대출채무를 부담하는 경우(합병형의 경우도 포함)에도 다음과 같은 논거로 그것만으로는 대상회사에 손해를 발생

---

287) 대법원 2006. 11. 9. 2004도7027; 2012. 6. 14. 2012도1283 등 그 후에도 일관된 판결을 하고 있음.

288) 대법원 2008. 2. 28. 2007도5987(이 판결은 위 대법원 2006. 11. 9. 2004도7027 판결의 파기환송심 판결에 대한 상고심 판결임).

289) 송종준, "회사법상 LBO의 배임죄 성부와 입법과제,"「증권법연구」(한국증권법학회, 2009), 344~345면.

290) 김병연, 전게논문, 240면; 이상돈, 전게「경영과 형법」, 20~21면.

시키는 배임행위로 볼 수 없다는 것이다.

첫째, 차입매수로 인하여 대상회사의 부채가 증가하더라도 그 차입금이 주식매수대금으로 사용되어 주식의 실질가치가 그 만큼 감소한 것이므로, 마치 주주에게 유상감자·배당·자사주취득 등 출자환급을 한 경우와 같다는 것이다.[291] 이러한 경우에는 회사의 자산이 유출될 수 있지만 주주에게는 손해가 없기 때문에, 앞에서 유상증자와 배임죄의 성립 여부에서 살펴본 바와 같은 회사의 본질론에 따라 그 결론을 달리하게 된다. 따라서 이해관계자주의 또는 법인이익독립론에 의하면 차입매수로 인하여 회사자산의 유출이라는 손해가 발생하므로, 차입매수는 배임행위가 된다고 볼 수도 있을 것이다. 그러나 주주지상주의에 따르면 회사는 주주의 이익을 위하여 존재하고 경영진은 전체 주주의 이익을 위해서 활동하여야 하는 것이므로, 차입매수로 인한 대상회사의 담보제공이나 채무부담만으로는 주주에게 손해가 발생하지 않는 이상 배임행위가 될 수 없다는 결론에 이르게 된다.[292]

둘째, 주주지상주의 입장에서는 물론 이해관계자주의 또는 법인이익독립론에 따르더라도, 담보제공행위나 합병으로 인한 대상회사의 채무부담 행위는 차입매수의 한 과정일 뿐이므로 일련의 차입매수 행위 전체를 하나의 행위로 검토하여 손해발생 여부나 배임행위 여부를 검토하여야 한다는 것이다. 즉, 담보제공이나 채무부담을 포함하여 그 후 전과정에 걸쳐 대상회사의 재무적 분석, 거래계획, 채무변제, 자산 재분배나 구조조정 등을 통한 경영정상화 과정, 수익창출 여부와 그 사용내역, 인수인의 경영능력 등의 상황을 감안하여 반대급부의 유무 및 정도를 살펴 손해발생이나 배임행위 여부를 판단하여야 한다는 것이다(전과정 평가설).[293] 그러므로 차입매수시의 담보제공이나 채무부담만으로 손해발생이나 배임행위가 된다고 평가하려면, 차입매수로 인하여 적어도 지급불능 상태에 빠진 정도가 되어야 한다는 것이다.[294]

---

291) 이상훈, 전게 "LBO와 배임죄(상)", 12~14면; 이상훈, "LBO에 대한 개정상법의 영향과 바람직한 규제의 방향,"「증권법연구」(한국증권법학회, 2012), 67~68면.

292) 다만, 이상훈, 전게 "LBO와 배임죄(상)", 23~25면에서는 부채비율이 과다하면 파산위험이 증가하여 기업가치가 저하되거나 영업력이 감소되는 등의 손해가 발생할 수는 있다고 한다.

293) 김병연, 전게논문, 239~241면; 김홍식, "차입매수(Leveraged Buyout)의 법적 논점에 관한 고찰,"「상사판례연구」(한국상사판례학회, 2007), 254면; 이상돈, 전게「경영과 형법」, 347~348면; 김진욱, "차입매수(LBO/MBO)거래의 규제와 패러다임의 변화 — 상장회사에 적용되는 규제의 문제점과 함께 —,"「상사판례연구」(한국상사판례학회, 2012), 285~286면; 최민용, 전게논문, 341면.

다. 결 어

생각하건대, 배임죄를 위험범으로 본다고 할지라도 차입매수의 경우에는 기업인수 합의에서부터 경영정상화에 이르기까지 재무구조 및 경영의 개선이라는 하나의 목적을 위한 일련의 행위를 하는 것이라는 특수성에 비추어 보면 대상회사의 담보제공이나 채무부담만으로 손해발생의 위험성이 있다고 속단할 수는 없는 것이고, 일련의 차입매수 과정 전체를 평가하여 그 손해발생의 위험이나 배임행위 여부를 판단하는 것이 타당한 것으로 보인다(전과정 평가설).

이러한 입장에서는 차입매수의 전과정을 검토하여 볼 때 반대급부가 어느 정도 있으면 손해발생이나 배임행위가 된다고 볼 수 없는 것인지 여부가 문제된다. 이는 구체적 사안에 따라 개별적으로 판단할 문제로서 일의적인 기준을 제시할 수는 없으므로,[295] 판례별로 검토해 볼 필요가 있다.

2. 합병형 차입매수의 경우

가. 소극설

합병형 차입매수의 경우에 판례(후술하는 제2판례)의 입장은 다음과 같다. 즉, 합병의 본질 및 효력상 합병으로 인하여 대상회사는 인수기업(SPC)과 인격적으로 합일하여 일체가 되는 것이고 그 후에는 대상회사가 합병 후 존속회사와 별도로 존재하는 것이 아니므로, 원래 대상회사가 보유하였던 자산으로 차입금채무를 부담하게 하더라도 대상회사의 손해라는 관념이 성립될 수 없다. 이러한 경우에는 인수기업(SPC)의 재무구조가 매우 열악하여 합병을 하게 되면 대상회사의 재산잠식이 명백히 예상됨에도 합병을 실행하여 그로 인한 재산잠식 등의 재산상 손해가 발생한 경우이거나, 합병비율이 부당하다거나, 그 밖에 합병의 실질이나 절차상 하자가 있는 경우에는 그 합병행위를 배임행위로 의율할 수 있을 뿐이라는 입장이다.[296]

---

294) 최민용, 전게논문, 343면.
295) 김병연, 전게논문, 243면.
296) 대법원 2010. 4. 15. 2009도6634(후술하는 제2판례) 판결 및 그 원심판결에서 인용된 1심판결인 부산지방법원 2009. 2. 10. 2008고합482.

나. 적극설

합병형 차입매수가 담보제공형 차입매수와는 그 형식이나 절차상 차이가 있을 뿐 실질적으로 차입금 채무의 변제를 위하여 대상회사의 자산을 이용하는 점에서는 차이가 없다고 보는 견해[297]도 있다. 이러한 입장에서는 앞의 담보제공형 차입매수의 경우와 같은 주장이 가능하다.

다. 결 어

합병의 법률적 효력을 차입매수 등 합병의 동기에 따라 달리 해석하는 것은 법해석의 한계를 넘는 일이므로, 합병의 본질 및 효력에 따라 해석하는 위 판례(후술하는 제2판례)의 입장이 타당한 것으로 보인다.[298]

3. 환급형 차입매수의 경우

환급형 차입매수의 경우에 하급심 판례(후술하는 제3판례)[299]는 다음과 같은 입장이다.

유상감자로 인하여 회사재산이 감소한다고 하더라도 동시에 주주의 회사에 대한 지분의 가치 내지 주주에 대한 회사의 투하자본 환급의무도 함께 감소하게 되므로, 유상 소각되는 주식의 가치를 실질상의 그것보다 높게 평가하여 감자 환급금을 지급하는 등으로 주주에게 부당한 이익을 취득하게 함으로써 결국 회사에도 손해를 입히는 등의 특별한 사정이 인정되어야 배임죄를 인정할 수 있다.

또한 주주가 법령과 정관에서 정한 바에 따라 이익배당이나 중간배당을 받는 것도 주식회사에서 주주가 투하자본을 회수할 수 있는 정당한 권리이므로, 이익배당이나 중간배당이 법령과 정관에 위반하여 이루어지는 위법배당에 해당하여 주주에게 부당한 이익을 취득하게 함으로써 결국 회사에도 손해를 입히는 등의 특별한 사정이 인정되어야 배임죄를 인정할 수 있다는 것이다.

그리고 환급형 차입매수의 경우에는 자본의 환급이나 이익배당을 한 경우이

297) 송종준, 전게논문, 345~346면.
298) 같은 취지 : 김병연, 전게논문, 233면.
299) 부산고등법원 2010. 12. 29. 2010노669(이 하급심판결에 대하여는 상고제기되었음).

므로 담보제공형 차입매수와는 달리 손해발생의 위험만으로 배임죄가 성립하는지 여부나 차입매수의 전과정을 평가하여야 하는지 여부는 별로 문제되지 않지만, 그 밖에는 담보제공형 차입매수의 경우와 같은 문제가 있을 수 있다. 즉, 이러한 경우에는 회사의 자산이 유출되지만 주주들에게는 손해가 없기 때문에, 회사의 본질론에 따라 그 결론을 달리하게 된다. 따라서 이해관계자주의 또는 법인이익독립론에 의하면 차입매수로 인하여 회사자산의 유출이라는 손해가 발생하였으므로, 위와 같은 차입매수는 배임행위가 될 수도 있게 된다. 후술하는 제3판례는 이러한 입장에서 유상감자나 이익배당이 위법·부당한 경우에만 손해발생 및 배임행위를 인정할 수 있다는 입장이다.

그러나 주주지상주의에 따르면 회사는 주주의 이익을 위하여 존재하고 경영자는 전체 주주의 이익을 위해서 활동하여야 하는 것이므로, 감자나 이익배당으로 인하여 주주에게 손해가 발생하지 않는 이상 손해발생이나 배임행위를 인정할 수 없다는 결론에 이르게 된다.

이해관계자주의의 입장에서 위와 같은 판례의 태도가 타당하다고 본다.

4. 판례의 입장

가. 제1판례 : 대법원 2006. 11. 9. 2004도7027(담보제공형 차입매수)[300]

《사실관계》

피고인은 회사정리절차(현재의 회생절차)가 진행 중인 건설업체 S社를 인수하기 위하여 2001. 5. 23. SPC를 설립하고, 그 대표이사로서 2001. 6. 4. 종합금융회사인 D社로부터 350억 원을 대출받았다. 당시 그 차입금의 담보로는 일단 SPC가 S社의 유상증자시 취득하게 될 신주 520만 주(주금액 5,000원, 합계 260억 원 상당)에 근질권을 설정해 주었다가, 나중에 S社를 인수하면 S社 소유의 부동산에 근저당권을 설정해 주기로 약정하였다.

또한 SPC는 2001. 6. 5. H은행으로부터 320억 원을 대출받으면서 그 담보로 일단 SPC가 S社의 정리채권자(현재의 회생채권자)들로부터 양수하기로 한 정리채권(현재의 회생채권) 원금 합계 620억 원 상당을 담보로 제공하였다가, 나중에 S社를 인수하면 S社가 보유하고 있는 현금 320억 원을 H은행에 예금하고 그 예금에 질권을 설정하면서 위 정리채권에 대한 담보는 해지하여 주기

300) 이른바 '신한LBO 사건'으로 지칭되고 있는 판례임.

로 약정하였다.

그 후 위 각 약정에 따라 SPC는 위 D社로부터의 차입금 350억 원 및 H은행으로부터의 차입금 320억 원으로 S社의 신주 520만 주를 260억 원에 인수하고 정리채권자들이 보유하고 있던 S社의 주식 511만 6,933주를 99억 3,676,000원에, 정리채권(원리금 합계 665억 9,969,049원 상당)을 그 당시 현재가치인 283억 24,818,324원에 각 인수하고 D社 등 금융기관에 대한 여신취급수수료 등 명목으로 23억 2,800만 원을 지급하는 등 위 차입금 합계 670억 원 중 665억 5,700만 원 상당을 S社의 전체 주식 중 66.2% 및 정리채권의 인수자금으로 사용하였다.

그리하여 2001. 6. 7. S社의 대표이사로 취임한 피고인은 그 다음날 회사정리절차 종결 결정을 받았고, 위 각 약정대로 S社의 부동산과 예금을 각 차입금의 담보로 제공하고, 종전에 담보로 제공하였던 SPC 소유의 신주나 정리채권에 대한 담보설정은 해지하였다. 원래 위와 같이 담보로 제공한 부동산에는 원래 254억 원 상당의 근저당권 및 300억 원 상당의 전세권이 설정되어 있었고 가처분등기까지 경료되어 있었는데, SPC의 S社 인수로 인하여 그 근저당권 및 전세권 및 가처분등기가 모두 말소되었다.

또한 그 후 SPC가 위 부동산을 담보로 한 D社로부터의 차입금 중 250억 원을 변제함으로써 그 중 6건의 부동산에 대한 근저당권이 해지되었다.

S社는 2001. 6. 8. 위 유상증자받은 자금 260억 원 중 161억 13,846,224원으로 회사채무 원리금 230억 22,856,481원 상당을 변제하는 등 경영정상화 노력을 한 결과, 회사채무가 종전 1,034억 81,934,000원에서 2002. 12. 31.경에는 737억 44,954,000원으로 감소하고, 각종 공사를 수주함으로써 국내 건설업계 도급순위가 2001. 6.경 당시 55위였던 것을 2003년에는 47위로 상승하고, 회사의 순자산가치(자산 - 부채)도 2001. 3.경 888억 원 정도인 것을 2003. 6. 30.경 1,262억 원으로 증가하고, 2003년 상반기에는 우리나라 전체 상장법인 중 매출 증가율 8위를 기록하는 등 비약적인 성장을 하였다.[301]

301) 이 사건 공소사실 중에는 그 밖에도 피고인이 S社의 대표이사로서 2001. 12. 21.부터 2002. 12. 30.까지 사이에 4회에 걸쳐 SPC가 보유하고 있는 S社에 대한 정리채권을 담보로 S社의 자금 310억 원을 SPC에 변제기 약정 없이 이자도 원금상환시 일괄 지급하는 조건으로 대여한 행위와, 2002. 1. 18.경 위 SPC의 D社에 대한 차입금 채무의 담보로 S社의 D社에 대한 예탁금 50억 원에 근질권을 추가 설정한 행위가 각 배임죄에 해당한다는 부분이 있으나, 이는 배임죄의 일반이론이 문제되는 것일 뿐 차입매수의 특수한 문제가 아니므로 여기에서는 논외로 한다.

《판결요지》

배임죄에서 '손해를 가한 때'라 함은 현실적인 재산상 손해를 가한 경우뿐만 아니라 재산상 손해발생의 위험을 초래한 경우도 포함되고, 일단 손해의 위험을 발생시킨 이상 나중에 피해가 회복되었다고 하여도 배임죄의 성립에 영향을 주는 것은 아니다.

또한 주식회사 상호간 및 주식회사와 주주는 별개의 법인격을 가진 존재로서 동일인이라 할 수 없으므로, 1인 주주나 대주주라 하여도 그 본인인 주식회사에 손해를 주는 임무위배행위가 있는 경우에는 배임죄가 성립하고, 회사의 임원이 사실상 주주의 양해를 얻고 그러한 행위를 하였다 하더라도 마찬가지이다.

기업인수에 필요한 자금을 마련하기 위하여 그 인수인이 금융기관으로부터 대출을 받고 나중에 대상회사(피인수회사)의 자산을 담보로 제공하는 이른바 LBO방식을 사용하는 경우에, 대상회사로서는 주채무가 변제되지 아니할 경우에는 담보로 제공되는 자산을 잃게 되는 위험을 부담하게 된다.

그러므로 인수인이 대상회사의 위와 같은 담보제공으로 인한 위험부담에 상응하는 대가를 지급하는 등의 반대급부를 제공하는 경우에 한하여 허용될 수 있다. 그렇지 아니한 경우에는 인수인 또는 제3자에게 담보가치에 상응하는 재산상 이익을 취득하게 하고 대상회사에게 그 재산상 손해를 가하였다고 봄이 상당하다.

부도로 인하여 회사정리절차가 진행 중인 주식회사의 경우에도 그 회사의 주주나 채권자들의 잠재적 이익은 여전히 보호되어야 하므로, 대상회사가 회사정리절차를 밟고 있는 기업이라고 하더라도 위와 같은 결론에는 아무런 영향이 없다.

업무상배임죄의 고의가 인정되려면, 업무상 타인의 사무를 처리하는 자가 본인에게 재산상 손해를 가한다는 의사와 자기 또는 제3자에게 재산상 이득을 주려는 의사가 있어야 할 뿐만 아니라, 그의 행위가 임무에 위배된다는 인식이 있어야 할 것인바, 피고인이 패해자 본인의 이익을 위한다는 의사를 가지고 있었다 하더라도 이는 부수적일 뿐이고 이득 또는 가해의 의사가 주된 것임이 판명되면 배임죄의 고의가 인정된다.

피고인은 서류상 회사인 SPC가 S社의 주식 및 S社에 대한 정리채권 등을 인수하기 위한 금융기관 대출금의 담보로 S社의 자산을 제공하였으면서도 그 담보제공 부담에 상응하는 반대급부를 제공하거나 최소한 그 대출금이 상환될 때까지 SPC가 인수한 주식, 채권 등이 임의로 처분되지 못하도록 S社 또는 금융기관에 담보로 제공하는 등의 조치를 취하지 아니하였다.

피고인이 위 대출금을 모두 S社의 채권자들에 대한 채무변제에 사용하였고, 위 담보제공 후 S社의 경영 정상화를 위하여 노력하였다 하더라도,[302] 위 대출은 기본적으로 SPC의 S社 경영권 인수자금을 마련하기 위하여 이루어진 것이므로 그 대출로 인한 직접적 이득은 S社에 귀속된다 할 수 없고 SPC의 이익을 위한 행위라고 보아야 한다. 그리고 피고인이 그 대출을 위하여 정당한 반대급부 등을 제공하지 아니하고 S社의 자산을 담보로 제공한 것 역시 실질적으로 피고인 또는 SPC가 S社의 주주로서의 지위 또는 경영권을 취득하려는 개인적인 이익을 위한 행위이므로, 피고인에게는 자신이나 SPC의 이익을 위하여 S社에게 손해를 가한다는 배임의 고의가 있었음이 인정된다.

따라서 피고인은 S社의 대표이사로서 그 임무에 위배하여 피고인 또는 제3자(즉, SPC)에게 재산상 이익을 취득하게 하고 S社에게 재산상 손해를 가하는 배임죄를 범한 것이라고 보면서 무죄를 선고한 원심을 파기환송하였다.

나. 제2판례 : 대법원 2010. 4. 15. 2009도6634(합병형 차입매수)

《사실관계》

피고인 甲은 D그룹의 회장으로서 D그룹 지주회사인 DM社의 이사이고, 피고인 乙은 D그룹의 구조조정본부장이다. 甲, 乙은 회사정리절차가 진행 중인 H社가 공개매각될 예정인데 H社에는 즉시 활용할 수 있는 약 1,700억 원 상당의 현금성 자산과 할용 가능한 많은 부동산이 있고 건설사업 등 일부 사업은 DM社의 사업과도 연관성이 있어 시너지 효과가 있다는 사실을 알고, 이를 인수하기로 결정하였다.

이를 위하여 DM社는 2006. 12. 13. 5,000만 원을 출자하여 서류상 회사인 SPC를 설립하였고, 乙은 그 대표이사로 취임하였다.

---

302) 원심은 "피고인이 위 각 금융기관들로부터 대출받은 금원을 궁극적으로 모두 S社의 채권자들에 대한 채무변제 등의 용도에 사용・집행하고 이를 통하여 피고인이 개인적인 이득을 취한 바가 전혀 없으며, 결과적으로 이는 S社의 재무구조 개선에 기여하게 된 것인 점 등을 종합하여 보면, 피고인은 회사정리절차가 진행중인 S社를 인수하여 자신의 노력에 따라 충분히 경영을 정상화시킬 수 있다는 나름대로의 합리적인 계산 아래 어디까지나 S社의 이익을 도모한다는 의사로 그 인수자금의 조달을 위하여 이 사건 담보제공에 이른 것으로 볼 여지가 크며, 단지 피고인이 S社의 인수를 위하여 피인수기업인 S社의 자산을 위 금융기관들에 담보로 제공하였다고 하여 그와 같은 사실을 들어 곧바로 피고인에게 S社에 손해를 가하려는 의사가 있었던 것이라고 단정할 수는 없다."고 판시하면서 배임죄의 성립을 부인하였다(서울고등법원 2004. 10. 6. 2003노3322).

D그룹(컨소시엄)은 2006. 12. 26. H社와 H社의 신주 및 회사채를 약 5,002억 원에 인수함으로써 H社를 인수하기로 하는 양해각서를 체결하였다. 그 인수자금을 마련하기 위하여 乙은 2007. 1. 30. SPC의 대표이사로서 금융기관으로부터 인수자금 4,667억 원을 차입하면서, 그 대출금의 담보로 DM社가 보유하는 계열사 주식 200만 주(주금액 5,000원, 액면가 합계 1,000억 원) 및 SPC 및 계열사 등이 추후 인수하게 될 H社 신주(1주당 발행가액 17,050원)에 대한 근질권설정계약과 SPC가 추후 인수하게 될 H社 사채 2,000억 원 상당 등에 대한 양도담보계약을 각 체결하였고, DM社의 연대보증 취지 약정도 하였다.

SPC는 2007. 1. 말경 DM社 등 D그룹 계열사들로부터 회사채 발행 등을 통하여 추가로 약 1,002억 원을 투자받았다. SPC는 2007. 1. 31. 위 차입금으로 신주인수를 통하여 H社 발행 주식 중 56.62%를 취득하였고, 그 밖에 공개매수 등을 통하여 매수한 주식 등을 포함하면 H社 발행주식총수 중 실질적으로 91.5%를 취득하였다. 또한 SPC는 같은 날 위 차입금으로 H社의 회사채 2,000억 원 상당을 인수하였다.

결국 DM社 등 D그룹은 DM社 등 일부 계열사들의 자산을 담보로 제공하여 마련한 대출금 4,667억 원과 DM社 등 D그룹 일부 계열사들이 투자한 1,302억 원을 인수자금으로 사용하여 SPC가 H社를 인수하게 한 것이다.

H社는 2007. 2. 6. 乙을 이사로 선임하였고, 2007. 2. 7. 법원의 회사정리절차 종결 결정을 받았으며, 2007. 2. 15. SPC에게 위 인수 회사채 대금 2,000억 원을 상환하였는데, SPC는 그 돈을 위 차입금 변제에 사용하였다.

각 회사의 이사회·주주총회 등 내부절차를 거쳐 DM社는 2008. 2. 29. SPC와 합병한 후 2008. 5. 13. H社를 합병하였고, 같은 날 H社가 보유하고 있던 현금 1,800억 원과 DM社가 보유하고 있던 현금 867억 원 합계 2,667억 원으로 남아있던 차입금 채무를 모두 변제하였다.

이 사건 공소사실의 요지를 정리하면, 甲은 H社 이사·대표이사 등의 선임 등을 통하여 H社의 경영권을 장악하고 실질적 영향력을 행사하는 자, 乙은 H社의 이사로서 H社의 다른 이사·대표이사들과 공모하여, 일단 외부 차입금으로 H社를 인수한 후 H社의 현금성 자산으로 그 차입금 중 상당부분을 상환하기 위하여, 재무구조가 비교적 견실한 H社(합병 당시 자산 4,668억 원, 부채 331억 원, 자본 4,357억 원)와 그에 비하여 재무구조가 부실한 DM社(합병 당시 자산 1조 670억 원, 부채 7,350억 원, 자본 3,320억 원)를 합병시킴으로써, DM社로 하여금 위 차입금 상환자금으로 사용된 1,800억 원 및 H社 법인격 소멸에 따른 현금유동성을 취득하게 함으로 인한 액수 미상의 재산상 이익을 취득하게 하고, H社에 그에 상응하는 재산상 손해를 가하여 배임죄를 범하였다는 취지이다.[303)]

《판결요지》

대법원 판결은 원심(부산고등법원 2009. 6. 25. 2009노184)의 판단이 정당하다고 판시하였고, 원심은 1심{부산지방법원 2009. 2. 10. 2008고합482, 516(병합), 656(병합)}의 판단을 보완하여 판결하고 있는바, 그 판결요지를 종합하면 다음과 같은 이유로 배임죄의 성립을 부인하였다.

D그룹은 경영상 이유 외에도 H社를 인수하기 전부터 H社의 현금성 자산 1,700억 원 상당을 인수자금 마련을 위한 차입금채무의 변제에 사용할 생각이 었던 것은 사실로 보인다.

그러나 기업의 인수·합병 동기에 합병 후 대상회사의 자산으로 인수차입금채무를 변제하겠다는 의도가 포함되어 있다고 하여, 합병의 법률적·경제적 효과를 전혀 무시한 채 이를 대상회사에 대한 배임행위라고 단정하기는 어렵다. 합병으로 인해 인수기업과 대상회사는 인격적으로 합일하여 일체가 되고, 그 효과에 의하여 합병 이후 인수기업과 대상회사의 재산은 혼연일체가 되어 구분할 수 없게 되므로, 합병 이후에 원래는 대상회사가 보유했던 자산으로 인수기업이 원래 부담하고 있던 채무의 변제에 사용하는 것은 기업의 내부적·자율적 자금운용행위와 특별히 구분된다거나 다른 성질의 것이라 보기 어렵기 때문이다.

합병은 두 법인이 합일되는 것이므로 합병 이후에는 일방의 손해와 일방의 이익을 관념할 수 없고, 소멸된 회사, 주주, 채권자 등의 권리침해도 관념할 수 없다. 합병이 관계 법령에 의하여 유효한 이상, 합병과 동시에 피합병회사의 자산이었던 예금 등으로 존속회사의 채무금을 변제하는 것은 존속회사의 자율적 경영판단 영역에 속하는 것이라 하지 않을 수 없다.

따라서 이 사건 합병의 효과로 인하여, 합병 이후에 원래 DM社 소유였던 재산으로 채무를 변제하는 것과 H社 소유였던 재산으로 채무를 변제하는 것은 법률적·경제적으로 완전히 동일한 것이다.

또한 검찰의 주장대로 이 사건 합병이 오직 H社의 현금성 자산을 이용하기 위한 것이라고 하더라도, 우리 법제 아래에서는 관계 법령상 유효한 합병인 이

303) 이 사건 공소사실 중에는 그 밖에도 배임수재, 배임증재 및 업무상횡령 부분도 포함되어 있으나, 여기에서는 논외로 한다.

상 합병의 목적이 불순하다거나 경제관념에 반한다거나 하는 동기에 대한 규범적 평가만으로 피합병기업에게 손해가 있다고 할 수는 없는 것이므로, 현실적으로 피합병기업(회사, 주주, 채권자)에게 재산상 손해 또는 손해발생의 위험이 있는지를 따져 보아야 할 것이다.

만일 합병대상인 회사의 재무구조가 매우 열악하여 합병을 하게 되면 일방의 재산잠식이 명백히 예상됨에도 합병을 실행하여 그로 인해 재산잠식 등의 재산상 손해가 발생한 경우에는 합병을 주도한 이사들의 배임 여부가 문제될 수도 있다고 할 것이다.

그러나 DM社는 D그룹의 지주회사로서 H社와 비교하여 경제력이 우월하므로 위 합병이 H社에게 경제적으로 심히 불리한 것이라고 보기는 매우 어렵고, 이 사건은 합병으로 인하여 H社에게 재산잠식이 발생한 경우도 아니다.

H社가 DM社에 합병된 결과 얻게 되는 법제상·경영상의 이익은 전혀 감안하지 않은 채, 단순히 DM社가 인출하여 사용한 H社가 보유하였던 현금성 자산만이 손해라고 하는 것은 합당하다고 보기 어렵다. 더욱이 DM社 등 D그룹 일부 계열사들은 H社 인수자금 중 1,302억 원을 투자하였고, 나머지 인수자금 차입 당시에도 그 회사자산을 담보로 제공한 점, 합병의 요건이나 절차상 합병무효사유가 있다고 보기도 어려운 점 등에 비추어 이 사건 합병으로 H社에 1,800억 원 상당 내지 법인격 소멸에 따른 현금유동성 상실이라는 손해를 입게 하였다고 볼 수는 없다.

한편, SPC와 H社의 합병 당시 만약 SPC가 사실상 자본금이 거의 없는 형식적인 회사에 불과하였다면 H社로서는 실질적인 자산의 증가는 없이 오직 SPC의 대출금채무만을 부담하게 되는 결과 배임이 성립할 여지는 있다. 그러나 이 사건의 경우에 2007. 1.경 DM社 등이 1,000억 원 이상을 SPC에 투자하였으므로 H社에게 아무런 자산의 증가가 없었다고 보기도 어려울 뿐만 아니라, SPC는 DM社, 즉 D그룹에서 H社를 인수하기 위한 필요에 의하여 설립된 회사로서 실질적인 인수자가 D그룹이라는 점 및 앞서 살펴본 바와 같은 합병으로 인한 법률적·경제적 효과 등을 감안하여 보면 SPC와 H社의 합병도 배임죄가 성립하기는 어렵다.

다. 제3판례 : 부산고등법원 2010. 12. 29. 2010노669(환급형 차입매수)

《사실관계》

피고인 甲은 사모투자전문회사(PEF)의 자금을 운용하는 자산운용회사인 K

社의 대표이사이고, 동시에 2008. 4. 초순경부터 현재까지 주식회사 DS社의 이사이다. 피고인 乙은 K社가 2007. 8. 중순경부터 DS社를 인수하는 과정에서 그 재무상황을 감독하고 각종 업무현황을 조율하기 위하여 DS社에 재무관리 책임자(CFO)로 보낸 사람으로서 DS社의 이사이다.

甲은 K社 등 사모투자전문회사를 통한 펀드자금과 외부 차입금 합계 3,600억 원으로 DS社를 인수하기 위하여 2007. 5.경 SPC를 설립하고 그 대표이사로서 2,500억 원을 차입하여 DS社 주식 98.97%를 인수하였다.

甲, 乙은 DS社의 이사로서 위 SPC의 차입금채무 원리금을 상환하기 위하여 2008. 9. 30. DS社의 발행주식을 800,000주에서 16,000주로 50:1의 비율로 유상감자하는 방법으로 284억 5,500만 원을(소주주들에게 지급된 감자대금 11억 원 포함), 2008년도 결산 배당의 방법으로 2009. 4. 3. 100억 원 및 2009. 5. 12. 49억 8,900만 원을 각 지급하게 하고, DS社의 정관까지 개정하면서 중간배당하는 방법으로 2009. 10. 1. 153억 원, 2009. 12. 11. 27억 원을 각 지급하게 하였다.

이 사건 공소사실은 피고인들의 이러한 행위는 DS社의 이사로서의 업무상 임무에 위배하여 SPC에게 합계 614억 4,400만 원 상당의 재산상 이익을 취득하게 하고, DS社에 같은 금액 상당의 재산상 손해를 가하였다는 것이다.

《판결요지》

주식회사의 이사는 주식회사의 사무를 처리하는 자의 지위에 있지만 주식회사와는 별개의 법인격인 주주나 회사채권자들에 대한 관계에서 직접 그들의 사무를 처리하는 자의 지위에 있다고 볼 수는 없으므로,[304] 주식회사의 이사가 회사에 대한 신임관계를 저버리는 행위를 함이 없이 주주나 회사채권자의 이익만을 해치는 행위를 한 경우에는 그로 인하여 회사가 주주나 회사채권자에게 별도의 손해배상책임을 부담하게 되었다는 등의 특별한 사정이 없는 이상 주주 또는 회사채권자에 대한 배임행위는 물론 회사에 대한 배임행위도 성립할 수 없다.

유상감자는 상법에 의해서 보호되는 주주의 투하자본 반환수단으로서 개인의 처분행위와는 명백히 구별될 뿐만 아니라, 유상감자를 통하여 회사재산이 감소한다고 하더라도 동시에 주주의 회사에 대한 지분의 가치 내지 주주에 대

304) 판례는 이사의 선관주의의무의 대상은 회사이지만, 이사는 주주뿐만 아니라 채권자에게도 손해가 발생하지 않도록 주의할 의무가 있다는 취지로 판시하고 있다(대법원 2000. 5. 26. 99도2781).

한 회사의 투하자본 환급의무도 함께 감소하게 된다.

그러므로 이로 인해 주주가 부당한 이익을 얻고 회사가 손해를 입었다고 하기 위해서는, 단순히 회사의 재무구조상의 필요가 없음에도 이를 하였다는 점만으로는 부족하고, 유상소각되는 주식의 가치를 실질상의 그것보다 높게 평가하여 감자 환급금을 지급하는 등으로 주주에게 부당한 이익을 취득하게 함으로써 결국 회사에도 손해를 입히는 등의 특별한 사정이 인정되어야 한다.

이 사건의 경우에 대주주의 경우 1주당 35,000원으로, 소수주주의 경우 1주당 454,694원(SPC의 종전 취득가액)으로 주당 환급금을 산정하였는데, 전체 유상감자 환급금을 주당 평균하더라도 검사가 제시하는 1주당 실거래가 40,000원 내지 80,000원에 훨씬 못 미치고, 대주주가 자신의 환급금을 낮추는 대신 자신의 몫의 일부를 떼어 소수주주들에게 나누어 주는 것은 주주평등의 원칙에 반하지 않으며, 달리 이 사건 유상감자 환급금의 수준이 DS社 주식의 실질가치보다 과대하게 평가되었음을 인정할 아무런 증거도 없으므로, 유상감자로 인하여 주주에게 부당한 이익을 취득하게 하였다고 볼 수 없다.

또한 주주가 유상감자를 통해 투자한 자본을 회수한 뒤 이를 어디에 사용하는지에 관하여는 법령상 아무런 제한이 없으므로 피고인들이 SPC의 DS社 인수자금을 상환하기 위하여 이 사건 유상감자를 실시하였다고 하여 이를 위법하다고 할 수는 없다.

이 사건의 경우에 유상감자 절차에서 일부 채권자에 대한 통지절차가 누락되었고, 법원의 허가 없이 상법에 규정되지 않은 방법으로 단주를 처리한 위법은 있으나, 당시 DS社의 영업이익이나 자산규모 등에 비추어 채권자들이 이의를 제기할 경우 변제 또는 담보제공 등을 할 수 있었을 것으로 보이고, 이에 대하여 이의를 제기한 채권자가 아무도 없었으며, 이후 채권자들에게 채권이 모두 변제되었고, 주주나 채권자 등이 자본감소로 인한 변경등기가 있은 날로부터 6개월 이내에 자본감소무효의 소를 제기하지 아니하였으므로(설령 소송이 제기되었더라도 당시 DS社의 영업이익이나 자산규모 등에 비추어 하자가 즉시 보완될 수 있었을 것으로 보인다), DS社의 채권자들에게 손해를 입혔다고 볼 수도 없다.

그리고 주주가 법령과 정관에서 정한 바에 따라 이익배당이나 중간배당을 받는 것은 주식회사에서 주주가 투하자본을 회수할 수 있는 정당한 권리이므로, 이로 인해 주주가 부당한 이익을 얻고 회사가 손해를 입었다고 하기 위해서는, 전례나 영업이익의 규모, 현금자산 등에 비추어 이익배당이나 중간배당이 과다하다는 점만으로는 부족하고, 이익배당이나 중간배당이 법령과 정관에 위반하여 이루어지는 위법배당에 해당하여 주주에게 부당한 이익을 취득하게 함으로써 결국 회사에도 손해를 입히는 등의 특별한 사정이 인정되어야 한다.

이 사건 이익배당과 중간배당은 배당가능이익이 2009. 8. 31. 기준으로 54,755,875,751원, 2009. 9. 30. 기준으로 37,295,386,510원에 이르는 등 위 각 배당액을 훨씬 상회하여 모두 상법이 규정하는 제한범위 내에서 이루어졌고, 달리 이익배당이나 중간배당이 그와 관련한 법령이나 정관을 위반하였음을 인정할 아무런 증거도 없으므로, 이익배당이나 중간배당으로 인하여 주주에게 부당한 이익을 취득하게 하였다고 볼 수 없다.

결국, 피고인들이 DS社의 이사로서 수행한 유상감자, 이익배당 및 중간배당으로 인하여 회사의 적극재산이 감소하였다고 하더라도 이는 우리 헌법과 상법이 보장하는 사유재산제도, 사적자치의 원리에 따라 주주가 가지는 권리행사에 따르는 당연한 결과에 불과하여, 이를 두고 주주에게 부당한 이익을 취득하게 함으로써 DS社에 손해를 입혔다고 볼 수 없으므로, 피고인들이 업무상배임죄를 저질렀다고 볼 수 없다.

라. 판례의 검토

제1판례는 전형적인 담보제공형 차입매수이고, 제2판례는 합병형 차입매수의 사례이며, 제3판례는 환급형 차입매수의 사례이다.

1) 제1판례

앞에서 살펴본 바와 같이 담보제공형 차입매수의 경우에 판례는 배임죄의 일반법리에 따라 대상회사의 담보제공에 대한 인수인의 반대급부 제공 여부에 따라 그로 인한 손해 또는 손해발생의 위험을 평가하고 있다.

그런데 그 반대급부 여부를 판단함에 있어서 판례는 일련의 과정으로 이루어지는 차입매수의 경영상 특수성은 감안하지 않고 담보제공 당시의 재산적 대가관계만으로 이를 평가하고 있어서 부당하다.

대상회사의 담보제공이나 채무부담 당시를 기준으로 그 반대급부 여부를 평가할 것이 아니라 일련의 차입매수 과정 전체를 평가하여 그 손해발생의 위험이나 배임행위 여부를 판단하여야 한다는 입장(전과정 평가설)에서는 제1판례의 사안을 다음과 같이 평가할 수 있을 것이다.

피고인은 SPC의 차입금 합계 670억 원 중 대부분인 665억 5,700만 원을 인수 대상회사 S社의 신주인수나 정리채권 매수 등 인수자금으로 사용하였는데,

신주인수로 인한 S社의 유상증자금 260억 원은 물론이고 정리채권 약 660억 원 상당을 S社의 경영권을 가지는 SPC가 인수함으로써 그 상환압박을 덜 받게 된 것은 S社의 이득이라고 보아야 할 것이다. 이 경우 비록 S社가 그 차입금에 대하여 담보제공을 하게 되었다 하더라도, 피고인이 막대한 차입금을 융통함으로써 현금유동성을 창출한 것 자체가 반대급부의 일부를 이룬다고 보아야 할 것이다.

그리고 위와 같이 D社로부터의 차입금 350억 원의 담보로 제공한 부동산에는 원래 254억 원 상당의 근저당권 및 300억 원 상당의 전세권이 설정되어 있었고 가처분등기까지 경료되어 있었는데, S社는 SPC의 S社 인수로 인하여 납입된 신주인수대금 등으로 그 근저당권 및 전세권 및 가처분등기를 모두 말소하였다.[305]

또한 나중에 SPC가 위 D社로부터의 차입금 중 250억 원을 변제함으로써 그 담보 부동산들 중 6건의 부동산에 대한 근저당권이 해지되기도 하였다. 그리고 S社의 대표이사로 취임한 피고인은 법원으로부터 그 때까지 진행되어 오던 S社의 회사정리절차 종결 결정을 받았다. 비록 S社 인수자금 마련을 위한 각 차입 당시 약정한 대로 S社의 부동산과 예금을 각 차입금의 담보로 제공하고, 종전에 담보로 제공하였던 SPC 소유의 신주나 정리채권에 대한 담보설정은 해지하게 하였지만, 그 후 S社는 SPC로부터 유상증자받은 260억 원 중 약 161억 원에 회사자금을 더하여 회사채무 원리금 약 230억 원 상당을 변제하고 나머지 99억 원은 회사 운영자금으로 사용하는 등 경영정상화 노력을 한 결과, 회사채무가 종전 1,034억 원 상당에서 차입매수 1년 6개월 후인 2002. 12. 31.경에는 737억 원 상당으로 감소하고, 각종 공사를 수주함으로써 국내 건설업계 도급순위가 8위나 상승하였고, 회사의 순자산가치(자산-부채)도 차입매수 전인 2001. 3.경 888억 원 정도인 것을 2003. 6. 30.경 1,262억 원으로 증가하고, 2003년 상반기에는 우리나라 전체 상장법인 중 매출 증가율 8위를 기록하는 등 비약적인 성장을 하였다.

따라서 이러한 일련의 경영상의 이익은 차입매수의 결과로 보아야 할 터인

305) 이 점에 관하여 대법원은 제1판례에서 SPC의 신주인수로 S社에 납입된 신주인수대금은 일단 S社의 소유이므로 S社의 자금으로 종전의 담보 등을 말소한 것일 뿐이라는 취지로 설시하고 있으나, 이러한 견해야말로 차입매수의 경영상 기능을 외면하고 반대급부의 개념을 지나치게 좁게 해석하는 단적인 사례라고 할 수 있다.

데, 이를 전혀 감안하지 않은 채 단순히 S社의 자산을 위 차입금의 담보로 제공하게 한 행위만을 손해라고 하는 것은 합당하다고 보기 어렵다.

2) 제2판례

합병형 차입매수의 경우에는 합병의 동기가 차입매수에 있다고 하더라도 합병의 본질 및 효력상 합병 후의 채무부담 관계는 합병된 대상회사의 손익으로 따질 수 없는 문제이므로, 합병행위 자체에 실체적 또는 절차적 하자가 있어서 대상회사에 손해나 손해발생의 위험을 입게 한 경우에만 배임으로 의율할 수 있다고 보는 판례의 입장은 타당한 것으로 보인다. 이 경우에 합병행위 자체로 인한 손해 여부를 판단함에 있어서도 차입매수의 경영상 특성을 반영하여 평가하여야 할 것이다.

위 제2판례에서 법원은 DM社와 H社의 합병에 관하여, DM社는 D그룹의 지주회사로서 H社와 비교하여 경제력이 우월하므로 위 합병이 H社에게 경제적으로 심히 불리한 것이라고 보기 어렵다는 점, 그 합병으로 인하여 H社에게 재산잠식이 발생한 경우도 아니라는 점, 그 밖에 합병의 요건이나 절차상 합병무효사유가 있다고 보기도 어려운 점 등에 비추어 이 사건 합병으로 H社에 손해를 입게 하였다고 볼 수 없다고 판시하였다.

그 밖에 DM社 등 D그룹 일부 계열사들이 H社 인수자금 중 1,302억 원을 투자하였고, 나머지 인수자금 차입 당시에도 그 회사자산을 담보로 제공한 점도 논거로 거시하고는 있으나, 위와 같이 합병에 실체적 또는 절차적 하자가 없는 이상 이는 주된 논거가 아니라고 본다.

한편, SPC와 H社의 합병에 관하여도, 당시 만약 SPC가 사실상 자본금이 거의 없는 형식적인 회사에 불과하였다면 H社로서는 실질적인 자산의 증가는 없이 오직 SPC의 대출금채무만을 부담하게 되는 결과 배임이 성립할 여지가 있을 수 있다.그러나 DM社 등은 1,000억 원 이상을 SPC에 투자하였으므로 위 합병으로 인하여 H社에게 아무런 자산의 증가가 없었다고 보기도 어려울 뿐만 아니라, SPC는 DM社 즉 D그룹에서 H社를 인수하기 위한 필요에 의하여 설립된 회사로서 실질적인 인수자가 D그룹이라는 점을 감안하여 보면 SPC와 H社의 합병으로 H社에 손해를 입게 하였다고 볼 수는 없다고 판시한 것도 타당하다고 본다.

이러한 판례의 입장은 합병행위 자체로 인한 손해 여부를 판단함에 있어서 위 제1판례와는 달리 차입매수의 경영상 특성을 반영하여 신축성 있게 평가하는 입장인 것으로 볼 수 있다.

3) 제3판례

환급형 차입매수의 경우에는 회사의 본질론 중 이해관계자주의 또는 법인이익독립론의 입장에 따라 비록 차입매수로 인하여 회사자산의 유출이 있었더라도 유상감자나 이익배당이 위법·부당하지 아니한 이상 대상회사의 손해발생이나 배임행위를 인정할 수 없다고 보아야 하고, 주주지상주의에 의하더라도 감자나 이익배당으로 인하여 주주에게 손해가 발생하지 않는 이상 배임죄가 성립하지 않는다.

따라서 위 제3판례의 사안은 어느 학설의 입장에서도 같은 결론을 내릴 수 있다고 본다.

04 Chapter 횡령에 관한 죄

제1절 서　　설

Ⅰ. 의　　의

형법에서는 타인의 재물을 보관하는 자가 그 재물을 횡령하거나 반환을 거부한 때에는 5년 이하의 징역 또는 1,500만 원 이하의 벌금에 처하고(형법상 횡령죄-형법 제355조 제1항), 업무상의 임무에 위배하여 그러한 행위를 한 때에는 10년 이하의 징역 또는 3,000만 원 이하의 벌금에 처한다(업무상횡령죄-같은 조 제2항). 횡령죄와 업무상횡령죄를 광의의 횡령죄라 할 수 있다(이하 횡령죄라 함은 광의의 횡령죄를 뜻함).

타인 재물의 소유권을 침해하는 영득죄라는 점에서는 절도죄와 유사하지만, 타인의 점유를 침탈하는 죄가 아니라는 점에서는 절도죄와 다르다. 타인의 신임관계를 배반하는 배신성을 지닌다는 점에서는 배임죄와 유사하므로,[1] 형법은 배임죄와 같은 장 같은 조문에서 함께 규정하고 있고 그 처벌도 동일한 법정형으로 규정하고 있는 것이 원칙이다.

횡령죄는 행위주체가 타인의 재물을 보관하는 자이거나 업무상 보관자의 지위에 있는 자라야만 하는 신분범이다. 기업적 생활관계에서는 업무상 기업의 재물을 임·직원이 보관한다거나 어느 기업이 다른 기업의 재물을 보관하는 등 보관자의 신분에 있는 경우가 빈번하므로, 기업범죄에 있어서 횡령죄가 문제되는 경우가 많다.

---

1) 배종대, 전게서, 516면.

Ⅱ. 보호법익

횡령죄의 보호법익은 재물에 대한 타인의 소유권으로 보는 것이 통설·판례이다.[2] 이에 대하여 그 보호법익은 민법상 간접점유의 '점유매개관계로 나타난 소유권의 향유'라고 하거나,[3] '사실상의 소유상태 및 위탁자의 신뢰'라고 하는 견해[4]가 있다. 어느 견해에 따르더라도 횡령죄를 타인의 소유권을 침해하려는 죄로 보는 점에서는 같으므로 통설과 같이 이해하더라도 무방하다고 본다.

그 보호의 정도에 관하여는 위험범(위태범)설과 침해범설이 대립하고 있다. 위험범설은 피해자의 소유권이 침해될 위험성만 있더라도 횡령죄가 성립할 수 있다는 견해[5]인데, 그 이유는 보관자가 횡령물의 소유권을 취득하지 않더라도 횡령물에 대한 영득의사를 외부적으로 표출한 때 이 죄는 기수가 되기 때문이라고 한다.[6] 이에 대하여 침해범설은 실제로 소유권이 침해된 때에 비로소 횡령죄가 성립할 수 있다고 보는 견해인데, 사실상의 소유상태나 소유권의 내용인 사용·수익·처분권이 침해될 수 있고 미수범 처벌규정도 존재함을 논거로 한다.[7] 한편, 위와 같이 횡령죄의 보호법익을 '민법상 간접점유의 점유매개관계로 나타난 소유권의 향유'라고 하거나 '사실상의 소유상태 및 위탁자의 신뢰'라고 하는 입장에서는 당연히 침해범으로 파악하게 된다.[8]

판례는 "횡령죄는 다른 사람의 재물에 관한 소유권 등 본권을 그 보호법익으로 하고, 본권이 침해될 위험성이 있으면 그 침해의 결과가 발생되지 아니하더라도 성립하는 이른바 위태범이므로, 다른 사람의 재물을 보관하는 사람이 그 사람의 동의 없이 함부로 이를 담보로 제공하는 행위는 불법영득의 의사를 표현하는 횡령행위로서, 사법(私法)상 그 담보제공행위가 무효이거나 그 재물에 대한 소유권이 침해되는 결과가 발생하는지 여부에 관계없이 횡령죄를 구성한다"고 판시하고 있으므로[9] 위험범설의 입장이다.

---

2) 이재상, 전게서, 386~387면; 김일수·서보학, 전게서, 350면; 정성근·박광민, 전게서, 420면; 김성돈, 전게서, 376면; 대법원 2009. 2. 12. 2008도10971; 2002. 11. 13. 2002도2219.
3) 배종대, 전게서, 516~517면.
4) 오영근, 전게서, 451면.
5) 이재상, 전게서, 387면; 손동권, 전게서, 410면.
6) 박상기, 전게서, 362면.
7) 정성근·박광민, 전게서, 421면; 김성돈, 전게서, 376면; 김일수·서보학, 전게서, 350~351면.
8) 배종대, 전게서, 517면; 오영근, 전게서, 451면.

횡령죄의 보호법익을 재물에 대한 타인의 소유권으로 본다면, 횡령행위로 인하여 사법(私法)상 타인의 소유권이 변동하는 효력까지는 발생하지 않았더라도 그 소유권 침해의 구체적 위험성만 있다면 범죄는 성립하였다고 보아야 할 것이므로 구체적 위험범으로 보아야 할 것이다. 구체적 위험범으로 파악하더라도 미수범의 성립은 가능하다.

Ⅲ. 본 질

1. 횡령죄의 본질

횡령죄의 본질이란 횡령죄의 '횡령'이나 '반환거부'라는 횡령행위의 내용을 어떻게 파악할 것인가 하는 문제이다.

가. 영득행위설

통설인 영득행위설은 횡령행위란 보관하고 있는 타인 소유 재물을 그 보관·위탁 취지에 반하여 위법하게 취득함으로써 그 소유권을 침해하는 행위라고 한다. 그러므로 주관적 범죄구성요건으로서 고의 외에 타인의 소유권을 배제하려는 의사인 불법영득의사가 필요하다고 하고, 횡령행위는 이러한 불법영득의사의 외부적 표현행위인 영득행위이며, 불법영득의사가 없는 일시사용·손괴·은닉행위나 위탁자를 위한 처분행위는 횡령행위가 될 수 없다고 한다.[10)]

이 견해의 논거로는 횡령죄의 보호법익이 타인의 소유권이라는 점, 후술하는 월권행위설을 따르면 자기가 점유하는 타인의 재물을 손괴한 경우에도 횡령죄가 적용되므로 타인이 점유하는 타인의 재물을 손괴한 손괴죄보다도 무겁게 처벌되어 부당하다는 점을 들고 있다.[11)]

이에 대하여 횡령행위란 위탁자의 신임을 배반하는 배신행위로써 타인의 재물을 불법으로 영득하는 행위라는 견해(절충설)[12)]가 있다. 그러나 절충설은 불법영득의사가 없는 배신행위만으로는 횡령행위로 보지 아니하고, 영득행위설도 단순

---

9) 대법원 2009. 2. 12. 2008도10971; 2002. 11. 13. 2002도2219.

10) 김일수·서보학, 전게서, 351면; 김성돈, 전게서, 377면; 박재윤 편, 「주석 형법 [각칙(6)]」 제4판(한국사법행정학회, 2006, 이하 「주석 형법각칙」이라 함), 321면.

11) 이재상, 전게서, 388면; 손동권, 전게서, 411면.

12) 배종대, 전게서, 517~518면.

한 소유권 침해행위가 아니라 보관하고 있는 타인 소유 재물을 그 보관위탁 취지에 반하여 불법으로(위법하게) 취득하여 소유권을 침해하는 행위를 횡령행위로 보는 것이므로 반드시 타인의 신임을 배신하는 배신성을 수반하게 되는 것이다. 따라서 절충설은 영득행위설과 다를 바 없는 견해로 보아도 무방할 것이다.[13)]

나. 월권행위설

월권행위설(불법처분설)은 횡령행위란 보관물에 대하여 위탁받은 권한을 넘는 배신적 처분행위라고 본다. 따라서 월권행위설의 입장에서는 고의를 초과하는 불법영득의사를 요구하지 아니하므로 영득행위설과는 달리 보관물을 그 위탁 취지에 반하여 일시사용·손괴·은닉행위를 하더라도 권한을 넘어 배신적 처분행위가 되는 경우에는 횡령행위가 될 수 있다고 보아야 할 것이다.

그러나 현재는 월권행위설에 따르더라도 범죄구성요건인 '횡령'은 그 자체에 '영득'의 의미가 내포되어 있으므로 '횡령'이란 위탁받은 권한을 넘는 배신적 처분에 의한 '영득'을 뜻한다고 한다. 따라서 보관물의 단순한 손괴는 '영득'이라 할 수 없으므로 횡령행위가 될 수 없으나, 보관물을 은닉한 경우에는 '반환거부'에 해당하여 횡령행위가 된다고 주장한다(수정 월권행위설).[14)]

다. 이원설

횡령죄의 범죄구성요건 중 '횡령' 행위의 경우에는 '영득'이 포함되어 있으므로 영득행위설이 타당하지만, 이 경우에 영득에 대한 고의의 내용에는 불법영득의사도 포함되어 있으므로 불법영득의사는 고의를 초과하는 주관적 구성요건이라 할 수는 없으며, '반환을 거부한' 행위의 경우에는 영득행위가 될 수도 있고 안될 수도 있으므로 월권행위설이 타당하다고 보는 견해(二元說)[15)]도 있다.

라. 판례의 입장

판례는 "횡령행위란 불법영득의사를 실현하는 일체의 행위를 말하는 것으로서 불법영득의사가 외부에 인식될 수 있는 객관적 행위가 있을 때 횡령죄가 성립한다."고 판시하고 있다.[16)] 또한 횡령죄에 있어서 불법영득의사란 "타인의 재

---

13) 같은 취지 : 정성근·박광민, 전게서, 418~419면.
14) 정성근·박광민, 전게서, 420면.
15) 오영근, 전게서, 453면.

물을 보관하는 자가 위탁의 취지에 반하여 자기 또는 제3자의 이익을 위하여 권한 없이 그 재물을 자기의 소유인 것 같이 처분하는 의사를 의미하는 것으로서, 반드시 자기 스스로 영득하여야만 횡령죄가 성립하는 것은 아니다"라고 판시하고 있다.[17)]

이러한 판례의 입장은 횡령행위에 불법영득의사를 요구하고 있다는 점에서 영득행위설에 가까운 견해로 볼 수 있다.

마. 결 어

영득행위설, 월권행위설, 이원설 모두 횡령행위를 타인의 재물을 보관하는 자가 그 위탁받은 취지를 배반한 배신적 처분행위라고 보는 점은 같으나, 범죄의 주관적 구성요건요소로서 고의 외에 불법영득의사도 필요한 것인지 여부, '영득'의 개념을 어떻게 파악하여야 할 것인지 여부가 다를 뿐이다.

수정 월권행위설에 따르면 '횡령'의 경우에는 '횡령'에 '영득'의 개념도 내포되어 있는데, '영득'의 개념에 손괴행위는 포함되지 않지만 일시사용이나 은닉행위는 포함되므로 횡령죄가 될 수 있고,[18)] '반환거부' 행위에는 불법영득의사가 없는 손괴·일시사용·은닉을 위한 반환거부일지라도 배신적 처분으로 볼 수 있다면 횡령죄가 될 수 있다고 보게 될 것이다.

이원설에 따르면 '횡령'의 경우에는 영득행위설과 같이 불법영득의사가 필요하므로 영득의사가 없는 손괴·일시사용·은닉행위는 횡령죄가 될 수 없지만, '반환거부' 행위의 경우에는 불법영득의사가 불필요하므로 위 수정 월권행위설과 같은 결론을 보이게 된다.

생각하건대 횡령죄의 보호법익을 재물에 대한 타인의 소유권으로 파악한다면, '영득'의 개념은 타인의 소유권을 배제하는 행위로 파악하여야 할 것이지 손괴는 물론 일시사용이나 은닉행위까지 포함할 수는 없다고 보아야 할 것이다. 또한, 그러한 불법영득의 의사는 '횡령' 뿐만 아니라 '반환거부'의 경우에도 필요하

---

16) 대법원 2010. 6. 24. 2008도6756; 2004. 12. 9. 2004도5904.

17) 대법원 2004. 10. 27. 2003도6738; 2004. 3. 12. 2004도134; 1996. 9. 6. 95도2551; 1989. 9. 12. 89도382.

18) 정성근·박광민, 전게서, 420면에서는 "보관물의 은닉행위는 반환거부에 해당하므로 횡령죄가 될 수 있다"고 주장하나, 은닉행위가 반환거부에 이르기 전에도 문제가 될 수 있다고 보아야 할 것이다.

다고 본다. 따라서 횡령죄가 성립하려면 불법영득의사에 따른 횡령 또는 반환거부 행위가 필요하다.

이 경우 범죄구성요건 중 '횡령'의 경우에는 '횡령'의 개념에 '영득'도 포함되므로 불법영득의사란 '횡령'에 대한 고의의 내용에 포함되고 고의를 초과하는 주관적 구성요건요소로 볼 수는 없을 것이다.[19] 그리고 '반환거부'도 후술하는 바와 같이 횡령행위의 한 유형으로서 보관물에 대한 소유자의 권리를 배제하는 의사표시로 본다면 불법영득의사가 '반환거부'의 고의에 당연히 포함되는 것이므로 고의를 초과하는 초과주관적 구성요건요소로 볼 것은 아니다.

2. 배임죄와 횡령죄의 구별기준

배임죄의 본질에 관한 통설·판례의 입장인 배신설에서는 업무상횡령죄(또는 횡령죄)의 객체는 재물이고 특별배임죄(또는 업무상배임죄나 배임죄)의 객체는 재물을 포함한 재산상 이익으로서 양 죄는 특별법과 일반법 관계에 있다고 설명한다.[20] 이러한 배신설에 따르면 배임행위나 횡령행위가 모두 타인의 신뢰를 배반한다는 점에서는 그 본질이 같으나, 횡령행위는 그 중에서도 재물에 관한 배신행위이고 배임행위는 재물을 포함하여 재산상 이익에 관한 배신행위라는 점에서 구분된다고 한다. 따라서 양자는 특별법규와 일반법규의 관계에 있으므로, 횡령죄는 재물죄, 배임죄는 이득죄가 된다는 것이다.[21]

이에 반하여, 권한남용설에 따르면 배임행위는 법률행위로 한정되므로 법익침해행위의 성질에 따라 배임행위는 법률행위에 의한 침해이고 횡령행위는 사실행위에 의한 침해라는 점에서 구분된다고 한다.[22]

형법 제355조 제2항 등 배임죄의 구성요건 규정상 사실행위에 의한 배임죄의 성립을 제한할 근거가 없다는 점에 비추어 배신설이 타당하다고 본다.

배신설을 따르면 배임죄와 횡령죄(또는 업무상횡령죄, 이하 횡령죄라 함)는 회사 등 타인과의 신임관계를 침해하는 범죄라는 점에서 유사한 범죄이다. 어떠한 행위가 양 죄에 모두 해당할 수 있는 경우에도 특별법규에 해당하는 횡령죄

---

19) 김성돈, 전게서, 394면.
20) 이재상, 전게서, 419면.
21) 이재상, 전게서, 426면.
22) 이재상, 전게서, 410면.

만 성립하는 것으로 보는 점에는 이론(異論)이 없다.[23] 즉, 양 죄는 법조경합관계에 있으므로 배임죄는 별도로 성립하지 않는 것으로 보아야 한다.[24] 그러나 어떠한 행위가 배임에 그치지 않고 횡령죄를 구성하는 것인지 여부는 행위객체가 재물인지 여부만으로 명확히 가릴 수 있는 것은 아니다.

생각하건대 행위객체가 재물인지 여부가 일응의 기준은 될 수 있겠지만, 배임행위의 객체에 재물도 포함되는 이상 횡령행위를 인정하기 위하여는 또 다른 구분기준이 필요하다고 보아야 할 것이다. 배임은 타인의 신뢰를 배반하는 점에 그 본질이 있으므로 신임관계를 생기게 하는 사무의 권한범위 내 남용행위인 반면, 횡령은 타인 소유 재물의 소유권을 보호법익으로 하고 영득의사를 실현하는 행위이므로 위탁된 사무와 무관하거나 그 사무의 권한범위를 일탈하여 재물을 처분하는 경우에 성립하는 것으로 구분할 수 있을 것이다.[25] 이러한 입장에서는 행위의 객체가 타인의 재물인 경우 중 타인으로부터 위탁된 사무와 무관하거나 그 사무의 권한범위를 일탈하여 재물을 처분하는 경우에만 횡령죄가 성립하고 행위의 객체가 재산상 이익이거나 재물일지라도 신임관계를 생기게 하는 사무의 권한범위 내 남용행위인 경우에는 배임죄가 성립하는 것으로 보아야 한다. 예컨대 은행 지점장이 은행지점이 보유하는 현금을 개인적 용도로 소비하였다면 횡령죄가 되지만 대출업무의 일환으로서 담보없이 부실대출을 해준 것이라면 배임죄가 성립하는 것이다.

제2절 구　　조

형법에는 횡령죄의 기본적 범죄유형으로서 전술한 단순횡령죄(형법 제355조 제1항)가 있고, 단순횡령죄와는 범죄의 행위주체와 법정형만을 달리하고 있는 특별범죄유형으로서 업무상횡령죄(형법 제356조)가 있다. 따라서 업무상횡령죄는 행위주체의 신분에 따라 책임이 가중되는 부진정신분범이다.

위 각 범죄로 인하여 취득한 재물이나 재산상 이익의 가액(이하 이득액이라

---

23) 같은 취지 : 芝原邦爾,「経済刑法」(岩波新書, 2007), 16面.
24) 이재상, 전게서, 435면.
25) 같은 취지 : 前田信二郎, 前揭書, 36-40面.

함)이 5억 원 이상인 경우의 가중처벌유형으로서 특정경제범죄 가중처벌 등에 관한 법률(이하 특경법이라 함)위반(횡령)죄가 있다. 이 죄는 형법상 횡령죄나 업무상횡령죄를 범한 경우에 그 이득액이 5억 원 이상 50억 원 미만인 때에는 3년 이상의 유기징역(특경법 제3조 제1항 제1호), 이득액이 50억 원 이상인 때에는 무기 또는 5년 이상의 징역으로(특경법 제3조 제1항 제2호) 법정형을 가중하고 있고, 위 각 경우에 이득액 이하에 상당하는 벌금을 병과할 수도 있다(특경법 제3조 제2항).

특경법위반(횡령)죄를 범하여 유죄판결을 받은 자는 일정기간 동안 특경법 제2조 제1호에 정한 금융회사등, 국가·지방자치단체가 자본금의 전부 또는 일부를 출자한 기관 및 그 출연(出捐)이나 보조를 받는 기관과 유죄판결된 범죄행위와 밀접한 관련이 있는 기업체에 취업할 수 없다(다만, 대통령령으로 정하는 바에 따라 법무부장관의 승인을 받은 경우에는 그러하지 아니함)(특경법 제14조 제1항). 또한 특경법위반(횡령)죄를 범하여 유죄판결을 받은 자 또는 그를 대표자나 임원으로 하는 기업체는 같은 기간 동안 대통령령으로 정하는 관허업(官許業)의 허가·인가·면허·등록·지정 등을 받을 수 없다(다만, 대통령령으로 정하는 바에 따라 법무부장관의 승인을 받은 경우에는 그러하지 아니함)(특경법 제14조 제2항). 법무부장관은 이를 위반한 사람이 있을 때에는 그 사람이 취업하고 있는 기관이나 기업체의 장 또는 허가 등을 한 행정기관의 장에게 그의 해임(解任)이나 허가 등의 취소를 요구하여야 한다(특경법 제14조 제4항). 그 해임 요구를 받은 기관이나 기업체의 장은 지체 없이 그 요구에 따라야 한다(특경법 제14조 제5항). 위 취업제한 및 인·허가등 금지규정을 위반한 자나 법무부장관의 해임요구에 불응한 자는 1년 이하의 징역 또는 500만 원 이하의 벌금에 처한다(특경법 제14조 제6항).

형법 제360조에는 점유이탈물횡령죄가 규정되어 있으나, 이 죄는 배신성을 요건으로 하지 않는 범죄로서 횡령죄와는 법적 성질이 다르다고 보는 견해가 통설이고,[26] 기업적 생활관계에 특유한 문제도 없으므로 여기에서는 다루지 않기로 한다.

---

26) 이재상, 전게서, 389면; 오영근, 전게서, 454면; 전게 「주석 형법각칙」, 319면.

제3절 범죄구성요건

Ⅰ. 행위의 주체와 객체

단순횡령죄의 주체는 타인의 재물을 보관하는 자(진정신분범)이고, 업무상횡령죄의 주체는 업무상 타인의 재물을 보관하는 자(부진정신분범)이다. 각 행위의 객체는 타인의 재물이다. 각 개념요소를 분석하면 아래와 같다.

1. 재물의 개념

횡령죄는 신임관계를 배반하는 범죄라는 점에서는 배임죄와 범죄의 성격이 같으나, 재물을 영득하는 재물죄라는 점에서 재물을 포함하여 재산상 이익을 행위의 객체로 하는 이득죄인 배임죄와 구별할 수 있다.

횡령죄의 객체인 재물에는 재물죄로서의 성격상 물리적 또는 물질적으로 관리할 수 있는 것이어야만 한다. 그러므로 동산(動産) 및 관리할 수 있는 동력(형법 제361조, 346조)뿐만 아니라 부동산[27]이나 주권 등 유가증권도 포함되지만, 사무적으로 관리할 수 있을 뿐인 채권이나 광업권 등 권리는 포함되지 않는다.[28] 매매계약서처럼 증거증권에 불과한 채권증서는 그 증서상 권리행사가 문제될 때에는 재물에 해당하지 않지만 채권증서의 점유관계가 문제될 때에는 동산인 재물에 해당할 수 있다.

전기를 무단으로 사용하는 경우에, 전기는 관리할 수 있는 동력에 해당하므로 재물에 해당한다.[29] 그런데 타인의 전화기를 무단 사용하여 전화통화를 한 경우에, 이는 전기통신사업자가 갖추고 있는 통신선로, 전화교환기 등 전기통신설비를 이용하고 전기의 성질을 과학적으로 응용한 기술을 사용하여 전화가입자에게 음향의 송·수신이 가능하도록 하여 줌으로써 상대방과의 통신을 매개하여 주는 전기통신사업자의 역무, 즉 전기통신사업자에 의하여 가능하게 된

---

27) 독일 형법 제246조의 경우에는 횡령죄의 객체를 동산으로 명시하고 있지만, 우리나라 형법에서는 횡령죄의 객체를 '재물'로 기재하고 있을 뿐이므로 부동산을 제외할 이유가 없다.

28) 김성돈, 전게서, 382면; 대법원 1994. 3. 8. 93도2272.

29) 대법원 1958. 10. 31. 4291형상361.

전화기의 음향 송·수신 기능을 부당하게 이용하는 것일 뿐이다. 따라서 이러한 내용의 역무는 무형적 이익에 불과하고 물리적 관리의 대상이 될 수 없으므로 재물이 아니다(판례).[30]

주식(株式)은 자본구성의 단위 또는 주주의 지위를 뜻하고, 주주권을 표창하는 유가증권인 주권(株券)과는 구분이 되는바, 주권은 유가증권으로서 재물에 해당되므로 횡령죄의 객체가 될 수 있으나, 자본의 구성단위 또는 주주의 지위를 의미하는 주식은 재물이 아니므로 횡령죄의 객체가 될 수 없다.[31] 그러나 한국예탁결제원에 예탁되어 증권예탁결제제도를 이용하여 계좌간 대체기재 방식으로 양도되는 주권도 횡령죄의 객체인 재물에 해당한다.[32]

이 죄의 행위객체인 '재물'로 인정되려면 특정성이 인정되어야만 한다.[33] 처음부터 대상 물건이 구체적으로 특정되어 있지 않다거나, 특정되었더라도 대체보관을 허용하고 있는 경우에는 횡령죄의 객체가 될 수 없는 것이 원칙이다.

2. 재물의 소유관계

가. 일반론

'타인의' 재물이란 타인이 소유하는 재물이라는 뜻이다. 횡령죄의 객체는 타인 소유의 재물이고, 그 소유관계는 민법·상법 등 사법(私法)관계에 따라 결정되는 것이 원칙이다.

1) 1인회사의 경우

회사는 그 주주(株主)나 지분권자인 사원과는 별개의 법인격을 갖고 있는 것이므로, 주주나 사원이 1인뿐인 이른바 1인회사의 경우에도 회사 소유의 재물은 1인 주주(사원)로서는 타인의 소유물이 된다. 따라서 1인회사의 주주(사원)가 회사의 자금을 임의로 처분하였다면 횡령죄가 성립할 수 있다는 것이 판례의 입장이다. 회사의 본질에 관한 이해관계자주의의 입장에서 타당한 결론으로 보인다(판례).[34]

---

30) 대법원 1998. 6. 23. 98도700(이 판례는 절도죄의 객체로서의 재물 여부에 관한 판단이지만, 횡령죄의 경우에도 해당된다).

31) 대법원 2005. 2. 18. 2002도2822.

32) 대법원 2007. 10. 11. 2007도6406(피고인은 피해자로부터 주식 약 70만 주를 피고인의 ○○증권 삼일로지점 계좌로 이체받아 피해자를 위하여 보관하던 중 그 예탁주식의 반환을 거부한 사안).

33) 박상기, 전게서, 369면.

2) 법인격남용의 경우

현재 판례는 회사가 외형상으로는 법인의 형식을 갖추고 있으나 실질적으로는 그 배후에 있는 개인의 개인기업에 불과하거나 배후인에 대한 법률적용을 회피하기 위한 수단으로 회사의 법인격을 이용하는 이른바 법인격남용의 경우에는 신의성실원칙이나 권리남용금지의 법리에 따라 회사의 행위에 대한 민사책임을 그 배후인에게도 물을 수 있다는 입장이다.[35]

이러한 법인격부인론의 적용되는 경우에는 '의심스러운 경우에는 피고인의 이익을 위하여' 판단하여야 하는 원칙에 따라 배후인이 법인인 회사의 자금을 임의처분하더라도 타인의 재물을 처분한 것이 아니므로 횡령죄가 성립하지 않는다고 하는 견해[36]가 있다.

그러나 법인격부인론은 회사의 법인격을 일반적으로 부인하는 것이 아니라 특정 사안에서 법인격을 남용한 배후인의 민사책임을 묻기 위한 이론일 뿐이므로, 법인격부인론이 적용되는 상황이라는 이유로 배후인의 형사책임을 면하게 할 근거가 되는 것은 아니라고 본다. 회사에는 주주(또는 사원) 외에도 회사의 채권자, 종업원, 거래처, 소비자, 지역사회 등 여러 이해관계자들이 있고 이들을 보호할 필요도 있으므로, 법인격을 남용하여 회사자금을 함부로 사용하는 배후의 주주(또는 사원)에 대하여는 오히려 엄격한 형사책임을 물을 필요가 있다고 본다. 따라서 법인격남용론을 근거로 회사 소유 재물의 타인성이나 그 횡령죄의 성립을 부인하는 것은 부당하다고 본다.

3) 공동소유물

공동소유물도 타인의 재물에 포함된다. 법인 아닌 사단의 총유물(민법 제275조)인 경우에는 물론, 공유물(민법 제262조) 또는 조합의 합유물(민법 제271조)인 경우에도 그 분할이나 재산분배 전까지는 공동소유물이므로, 각 공유자나 조합원에게는 타인 소유의 재물이 된다.

---

34) 박상기, 전게서, 384면; 대법원 2007. 6. 1. 2005도5772; 1989. 5. 23. 89도570.

35) 대법원 2008. 9. 11. 2007다90982.

36) 배종대, 전게서, 536면.

4) 위임사무처리상 수령한 재물

금전의 수수를 수반하는 사무처리를 위임받은 자가 그 위임사무 처리 행위에 기하여 위임자를 위하여 제3자로부터 수령한 금전은, 목적이나 용도를 한정하여 위탁된 금전과 마찬가지로 특별한 사정이 없는 한 그 수령과 동시에 위임자의 소유에 속하므로, 수임자는 이를 위임자를 위하여 보관하는 관계에 있다(판례).[37] 금전 외 재물의 경우도 마찬가지로 보아야 할 것이다. 이 경우에 수령한 금전 등이 사무처리의 위임에 따라 위임자를 위하여 수령한 것인지 여부는 수령의 원인이 된 법률관계의 성질과 당사자의 의사에 의하여 판단되어야 한다.

만일 당사자 사이에 그 사무처리와 관련하여 별도의 채권·채무 등 계산관계가 존재하고, 수령한 금전에 관한 정산절차가 남아 있는 등 위임자에게 반환하여야 할 금액을 쉽게 확정할 수 없는 사정이 있다면, 이러한 경우에는 수령한 금전의 소유권을 바로 위임자의 소유로 귀속시키기로 하는 약정이 있었다고 쉽사리 단정할 수 없을 것이다(판례).[38]

5) 공유물의 매각대금

공유물의 매각대금도 정산하기까지는 각 공유자의 공유에 귀속하므로 공유자 1인이 그 매각대금을 임의로 소비하였다면 그 전액에 대한 횡령죄가 성립한다.[39]

그런데 공유물의 공유자 사이에 공유물의 사용·수익으로 인한 수익금의 소유권 귀속관계에 관하여는 그 공유물 관리에 관한 사항의 결정권자에 의한 적법한 사용·수익방법을 감안하여 판단하지 않으면 안된다. 판례에 따르면, 건물의 공유지분 과반수를 보유하고 있는 자는 공유물의 관리에 관한 사항을 단독으로 결정할 수 있으므로(민법 제265조), 공유지분 과반수 보유자가 공유물인 건물의 임대수익을 보유지분이 미미한 자를 제외하고 나머지 공유지분권자들에게만 분배하였다 하더라도, 이는 공유물 관리에 관한 사항의 결정권자에 의한 적법한 사용·수익방법에 따른 것으로서, 그 중 분배에서 제외된 자의 지분 상당액은

---

37) 대법원 2009. 6. 11. 2009도2461; 2004. 4. 9. 2004도671; 2004. 3. 12. 2004도134(피고인이 금전의 수수를 수반하는 부동산의 매도에 관한 사무의 위임의 취지에 반하여, 부동산의 매매계약금으로 수령한 돈을 자신의 피해자에 대한 채권의 변제에 충당한다는 명목으로 그 반환을 거부하면서 자기의 소유인 것 같이 이를 처분하였다면 피고인이 위 매매계약금의 반환을 거부한 데에는 정당한 사유가 있다고 할 수 없어 불법영득의 의사가 인정된다고 한 사안); 1995. 11. 24. 95도1923.

38) 대법원 2009. 6. 11. 2009도2461; 2005. 11. 10. 2005도3627.

39) 대법원 1983. 8. 23. 80도1161.

위 방법에 따라 분배받은 다른 공유자들에게 귀속된 것이라고 판시하여, 이를 횡령죄의 객체인 타인(분배에서 제외된 공유자) 소유의 재물로 보지 않았다.[40]

6) 조합의 경우

민법상 조합의 경우, 예컨대 동업조합의 경우에도 손익분배의 정산이 되지 아니하였다면 동업자인 조합원 한 사람이 임의로 동업자들의 합유에 속하는 동업재산을 처분할 권한이 없는 것이므로, 동업자 중 한 사람이 동업재산을 보관 중 임의로 처분하였다면 지분비율에 관계없이 처분한 금액 전부에 대하여 횡령죄가 성립한다(판례).[41]

7) 대체물의 경우

목적이나 용도를 정하여 위탁한 금전·유가증권 기타 대체물이 횡령죄의 객체인 타인 소유의 재물이 될 수 있는지 여부에 관하여는 구분하여 살펴볼 필요가 있다.

우선, 대체물이더라도 봉함물·공탁물 등 위탁자의 의사표시에 따라 특정물로 위탁된 경우라면, 보관자는 그 대체물을 반환하기까지 선량한 관리자의 주의로 보존하여야 하고(민법 제374조) 그 소유관계에 변동은 없으므로 그 대체물은 타인 소유의 재물인 점에 이론(異論)이 없다.[42]

다만, 봉함물을 위탁받아 소지하고 있는 경우에는 그 내용물인 금전 기타 대체물의 점유가 위탁자에게 남아있다고 볼 것인지 여부에 따라 절도죄인지 횡령죄인지 여부가 결정될 것이다.[43] 판례는 봉함물의 포장물은 수탁자가 점유하지만 그 안에 들어있는 내용물은 위탁자가 점유하고 있다고 보아 내용물을 취거한 경우에 절도죄가 성립한다고 한다.[44] 이에 대하여 봉함물 전체가 위탁자의 점유 아래 있다고 보는 견해도 있다.[45] 그러나 구체적인 위탁관계를 실질적으로 평가할 문제이긴 하지만 봉함물을 건네받아 소지하고 있는 경우에, 횡령죄에서의 보관 개념을 후술하는 바와 같이 사실상 지배·관리하거나 법률상 지배·처분할 수 있는 상태에 있는 것으로 파악하는 이상 내용물에 대하여도 수

40) 대법원 2009. 6. 11. 선고 2009도2461.
41) 대법원 2000. 11. 10. 2000도3013; 대법원 1996. 3. 22. 95도2824.
42) 이재상 전게서, 402면; 박상기, 전게서, 376면; 김성돈, 전게서, 384면.
43) 김성돈, 전게서, 384면.
44) 대법원 1956. 1. 27. 4288형상375.
45) 정성근·박광민, 전게서, 294면.

탁자가 사실상 지배·관리하고 있는 것으로 보아야 할 것이다. 따라서 판례와 같이 구분하는 것은 부당하고 수탁자가 봉함물 전체를 점유한다고 보아 내용물을 임의처분한 경우에도 횡령죄가 성립한다고 본다.[46]

금전을 보관자 명의로 금융기관에 예탁하여 보관하도록 보관방법을 특정하여 대체물의 보관을 위탁받은 경우에는 위탁자와 보관자 사이에는 그 금전이나 나중의 예금 인출금의 소유권이 위탁자에게 귀속되는 관계로 보아야 할 것이므로, 타인 소유의 재물을 보관하는 경우로 보아야 할 것이다.[47]

반면, 보관자가 대체물을 소비할 수 있는 소비임치 계약을 한 경우(민법 제702조)에는, 대체물의 소유권이 보관자에게 이전되므로 타인 소유의 재물이라 할 수 없다. 통상 금전 기타 대체물을 용도나 목적을 지정함이 없이 단순히 맡기는 경우에는 이러한 소비임치의 경우로 보아야 할 것이다.[48]

그런데 특정물은 아니지만 구체적 용도나 목적이 지정되어 금전 등 대체물을 위탁받은 경우에는 문제이다. 이러한 경우에 대체물, 특히 금전은 고도의 유통성·대체성으로 인하여 재물보다는 재산상 이익으로서의 성격이 강하고, 위탁된 금전이 중요한 것이 아니라 위탁의 용도가 의미를 가질 뿐임을 이유로 타인 소유의 재물로 볼 수 없고 그 보관자는 타인의 사무를 처리하는 자로서 배임죄의 행위주체가 될 수 있을 뿐이라고 주장하는 견해[49]가 있다(배임죄설).

이에 반하여, 용도나 목적이 지정된 대체물의 경우에는 그 위탁자에게 소유권이 유보되어 있다고 보아야 할 것이므로 타인 소유의 재물을 보관하는 경우로 보아야 한다고 주장하는 견해[50]가 있다(횡령죄설).

판례는 "목적과 용도를 정하여 위탁한 금전은 정해진 목적과 용도에 사용할 때까지는 이에 대한 소유권이 위탁자에게 유보되어 있다고 보아야 할 것이나, 특별히 그 금전의 특정성이 요구되지 않는 경우 수탁자가 위탁의 취지에 반하

---

46) 같은 취지 : 손동권, 전게서, 275면; 배종대, 전게서, 371면; 박상기, 전게서, 254면; 이재상, 전게서, 266~267면.

47) 대법원 1984. 2. 14. 83도3207(협회의 임원이 협회의 공금을 협회장의 승인 아래 피고인 개인구좌에 입금시킨 후 위 돈을 수시로 인출하여 개인적 용도에 소비한 사안에서, 위와 같이 자기명의로 예금하여 보관중인 타인의 금원을 인출하여 소비한 행위는 횡령죄에 해당하는 것이며 그만한 돈을 별도로 현금 또는 수표로 보관중이었다 하여 예금에 대한 불법영득의 의사가 없다고 볼 수는 없다고 판시).

48) 손동권, 전게서, 414면.

49) 이재상, 전게서, 403~404면; 오영근, 전게서, 464면; 배종대, 전게서, 529면.

50) 박상기, 전게서, 376면.

지 않고 필요한 시기에 다른 금전으로 대체시킬 수 있는 상태에 있는 한 이를 일시 사용하더라도 횡령죄를 구성한다고 할 수 없고, 수탁자가 그 위탁의 취지에 반하여 다른 용도에 소비할 때 비로소 횡령죄를 구성한다"고 판시하여, 횡령죄설의 입장이지만 특별히 금전 기타 대체물의 보관상의 특정성이 요구되지 않는 경우에는 위탁자가 보관자의 그 일시적 사용을 허용한 취지로 해석하는 입장으로 평가할 수 있다.[51]

생각하건대 용도가 지정된 금전 기타 대체물의 임의적 처분을 허용한다면 위탁자의 용도대로 사용하지 못할 위험이 발생하는 것이므로, 당사자 사이에 특약이 없는 이상 그 대체물은 위탁자의 소유로 남겨둔 것이라고 위탁자의 의사를 해석하여야 할 것이고, 보관자가 이를 다른 용도로 임의사용하는 경우에는 횡령죄가 성립할 수 있다고 보아야 할 것이다. 다만, 그 보관상의 특정성이 요구되지 않고 다른 용도로의 사용이 예상되는 경우에는 특약이 없는 한 위탁자가 그 일시적 사용을 허용한 것일 뿐 여전히 동종·동량 대체물의 소유권은 위탁자에게 유보하기로 한 취지로 해석할 수 있을 것이다.

금전의 경우에는 특정물이 아닌 이상 그 점유가 있는 곳에 소유권이 있는 것이 민법의 법리인데(민 250조 단서 참조),[52] 이는 금전이 일정액의 가치만을 표상하는 것으로서 고도의 유통성을 확보하기 위하여 동적 거래안전이 중시되는 재화라는 특수성이 있기 때문이다. 그러나 권리자의 정적 거래안전이 중시되는 형사법 분야에서는 일반 대체물과 같이 다루는 것이 타당하다고 본다.

51) 대법원 2008. 3. 14. 2007도7568(피고인은 골프회원권 등 매매중개업체인 주식회사를 운영하는 자로서, 피해자로부터 골프회원권을 4억 원에 매입하여 달라는 위임을 받고 4억 원을 위 회사 명의의 예금통장으로 입금받아 이를 보관하던 중, 다른 골프회원권 매입대금 등으로 임의로 소비한 사안에서, 회원권 매입 명목으로 받은 4억 원은 그 목적과 용도를 정하여 위탁된 금전으로서 골프회원권 매입시까지 일응 그 소유권이 위탁자인 피해자에게 유보되어 있는 것이기는 하나, 위 회사에는 30여 명의 딜러가 각기 사업자등록을 하고 각자의 책임하에 골프회원권 매매를 중개하고 4명의 팀장과 1명의 본부장이 딜러들을 관리하며, 각 딜러들이 골프회원권 매입대금으로 받은 돈을 회사의 법인 통장에 입금하면 법인 통장에 입금된 돈을 회사가 그때 그때마다 필요한 곳에 공동으로 사용하는 방식으로 운영되고 있는 점에 비추어, 위 4억 원이 회사자금의 공동관리를 위하여 만들어진 회사의 법인통장에 입금되어 다른 회사자금과 함께 보관된 이상 그 특정성을 계속 인정하기는 어렵다고 할 것이며, 나아가 피해자에게 회원권을 매입하여 주기로 한 시기까지 회사 법인통장에 적어도 4억 원 이상의 잔고가 있었던 이상, 비록 골프회원권의 시세 상승 등 외부적 요인으로 피고인이 약정한 기한까지 골프회원권을 매입하여 주지 못하고 그 대금도 반환하지 못하였다고 하더라도, 피고인이 그로부터 2달여 후에 위 매매대금을 전액 반환한 사정 등을 함께 고려한다면, 그러한 사정만으로 바로 피고인의 불법영득의사를 추단할 수는 없다고 판시); 2002. 10. 11. 2002도2939; 1995. 10. 12. 94도2076.

52) 백태승, 「민법총칙」(법문사, 2009), 370면.

8) 채권양도의 경우

지명채권을 양도한 양도인이 채무자에게 채권양도 통지를 하기 전에 그 채무자로부터 채권 변제금을 수령한 경우, 그 변제금의 소유권이 양도인과 양수인 중 누구에게 귀속되는지 여부가 문제된다. 만일 양도인이 그 채권 변제금을 양수인에게의 반환을 거부하거나 임의처분하는 경우에, 채권 변제금의 소유권이 양수인에게 귀속된다면 횡령죄가 성립할 수 있고, 그 소유권이 양도인에게 귀속된다면 배임죄가 성립할 수 있다.

이에 대하여, 채권양도는 그 합의시 유효하게 성립하고 채무자에 대한 채권양도 통지는 채무자에 대한 대항요건에 불과하며, 채권 변제금의 소유권은 특별한 사정이 없는 한 그 채권자에게 귀속된다는 이유로 채권 변제금의 소유권은 양수인에게 귀속된다고 하는 견해[53]가 있다(횡령죄설).

이에 반하여, 민법원칙에 따르면 채권 변제금을 양수인에게 귀속시킨다는 특약이 있다거나 목적이나 용도를 정한 금전 수수로 볼 수 없는 이상 변제금의 소유권은 그 수령인인 양도인에게 귀속되는 것이 원칙이라는 이유로 채권 변제금의 소유권은 양도인에게 귀속된다고 하는 견해가 있다(배임죄설).[54] 이러한 입장에서는 채권 변제금의 소유권은 채권양도인에게 귀속되므로 횡령죄는 성립하지 않으나, 채권양도인은 채권양수인을 위하여 양수채권 보전에 관한 재산상 사무를 처리하는 자로서 그 변제금도 양수인이 원만히 수령할 수 있도록 하여야 할 임무가 있다고 보아서, 그러한 자신의 임무에 위배한 행위에 대한 배임죄의 성립을 인정한다.

판례는 "아직 채권양도의 대항요건을 갖추지 아니한 이상 채무자가 양도인에 대하여 한 변제는 유효하고, 그 결과 양수인에게 귀속되었던 채권은 소멸한다. 그러나 양도인과 양수인 사이의 채권양도로 채권 자체가 그 동일성을 잃지 아니한 채 양도인으로부터 양수인에게로 바로 이전된 것이므로, 양도인이 위와 같이 수령한 금전은 이미 그 채권에 관한 한 아무런 권한도 갖지 아니하는 양도인이 양수인에게 귀속된 채권에 대한 변제로서 수령한 것이 된다. 따라서 채권양도의 당연한 귀결로서 양도인은 그 금전을 자신에게 귀속시키기 위하여 수령할 수는 없는 것이고, 오로지 양수인에게 전달해 주기 위하여서만 수령할 수

53) 손동권, 전게서, 423면; 정성근 · 박광민, 전게서, 435면.
54) 오영근, 전게서, 464~465면; 김성돈, 전게서, 386면.

있을 뿐이다. 그러므로 양도인이 수령한 금전은 양도인과 양수인 사이에서는 양수인의 소유에 속하고, 한편 양도인은 양수인을 위하여 채권양도 통지 등 그 채권보전에 관한 사무를 처리하는 지위에 있다는 것을 고려하면, 양도인은 이를 양수인을 위하여 보관하는 관계에 있으므로 횡령죄가 성립할 수 있다"고 설시하여 횡령죄설의 입장을 취하고 있다.[55)]

생각하건대 민사법적 해석상으로는 배임죄설의 논거가 타당하다고 본다. 그러나 형사법 분야에서는 목적이나 용도를 정하여 위탁한 금전 등 대체물의 소유권은 당사자의 의사에 따라 위탁자에게 있다고 보고 있음에 비추어 볼 때, 채권양도인이 수령한 채권 변제금은 채무변제 용도로 수수된 금전이므로, 특약이 없는 한 채권양도인이 이를 채권양수인에게 전달해 주기 위한 용도로 위탁받은 것으로 당사자의 의사를 해석할 수 있다고 보아 횡령죄설의 입장이 타당하다고 본다.

나. 위탁매매의 경우

상법상 위탁매매인은 위탁자를 위한 매매로 인하여 상대방에 대하여 직접 권리를 취득하고 의무를 부담하지만(상법 제102조), 위탁매매인이 위탁자로부터 받은 물건 또는 유가증권이나 위탁매매로 인하여 취득한 물건 또는 유가증권은 위탁자와 위탁매매인 사이에는 이를 위탁자의 소유로 보게 된다(상법 제103조). 이는 그 위탁물이나 취득물이 금전일지라도 다른 특약 기타 특별한 사정이 없는 한 마찬가지로 보아야 할 것이므로, 위탁매매인이 이를 임의로 처분한 경우에는 횡령죄가 될 수 있다.[56)]

---

55) 대법원 1999. 4. 15. 97도666 전원합의체 판결. 한편, 이 판결 중 반대의견은 "채무자는 그의 채권자(채권양도인)에게 변제할 의사로 금전을 교부하였다고 할 것이고, 채권자는 이를 자신이 취득할 의사로 교부받았다고 할 것이므로(채권자가 채권양도의 통지를 하지 아니한 채 이를 수령한 것이 신의에 반한다고 하더라도), 채무자가 채권자에게 채무의 변제로서 교부한 금전의 소유권은 채권자에게 귀속하는 것이고, 위와 같은 경우 채무자가 채권자에게 교부한 금전이 채권양도인과 채권양수인 사이에서는 채권양수인의 소유에 속한다고 볼 수 있는 법률상의 근거가 없으며, 재물을 보관하는 관계가 신의칙이나 조리에 따라 성립될 수 있다고 하더라도 재물의 소유권의 귀속은 민사법에 따라야 할 것이고 형사법에서 그 이론을 달리할 수 있는 것이 아니고, 채권양도인과 채권양수인과의 사이에 채무자가 채권양도인에게 채무의 변제로서 금전을 교부하는 경우, 이를 채권양수인에게 귀속하는 것으로 하기로 특약을 하는 것과 같은 특별한 사정이 없는 한, 채권양도인이 채무자로부터 교부받은 금전을 그대로 채권양수인에게 넘겨야 하거나 채권양수인의 지시에 따라 처리하여야 할 의무가 있다고 볼 근거도 없으므로, 채권양도인이 위 금전을 채권양수인을 위하여 보관하는 지위에 있다고 볼 수도 없다."고 주장하였는데, 이는 바로 배임죄설의 논거가 된다.

그러나 위탁매매인과 위탁자간에 위탁물의 판매대금에서 각종 비용이나 수수료 등을 공제한 이익을 분배하기로 하는 등 그 대금처분에 관하여 특약 기타 정산관계가 있는 경우에는, 그 정산관계가 밝혀지지 않는 한 위탁물의 판매대금을 소비하거나 위탁자에 대한 인도를 거절하였다고 하여 곧바로 횡령죄가 성립한다고 할 수는 없다(판례).[57]

다. 익명조합의 경우

익명조합원이 영업을 위하여 출자한 금전 기타 재산은 상대방인 영업자의 재산으로 의제되고(상법 제79조), 영업자의 영업상 행위로 인한 제3자와의 권리나 의무는 영업자에게만 귀속되고 익명조합원에게 발생하는 것은 아니다(상법 제80조). 그러므로 익명조합의 영업자가 익명조합에 출자한 금전 기타 재산은 물론 그 영업으로 인한 이익금을 함부로 개인 용도에 소비하였더라도 횡령죄가 되지 아니한다.[58]

【 익명조합에 관한 판례 : 대법원 2011. 11. 24. 2010도5014 】

《사실관계》

A와 B가 특정 토지를 매수하여 전매한 후 전매이익금을 정산하기로 약정한 다음, A가 B로부터 조달받은 돈 등을 합하여 토지를 매수하고 소유권이전등기는 A명의로 마친 후, 위 토지를 제3자에게 임의로 매도한 후 B에게 전매이익금 반환을 거부함으로써 이를 횡령하였다는 혐의로 기소된 사안

《판결요지》

비록 B가 토지의 전매차익을 얻을 목적으로 일정 금원을 출자하였더라도, 이후 업무감시권 등에 근거하여 업무집행에 관여한 적이 전혀 없고, B가 토지의 매수 및 전매를 A에게 전적으로 일임하고 그 과정에 전혀 관여하지 아니하였으며, A가 아무런 제한 없이 재산을 처분한 점 등에 비추어, A와 B 사이의 약정은 조합 또는 내적 조합에 해당하는 것이 아니라 '익명조합과 유사한 무명계약'에 해당한다고 보아야 한다. 따라서 A는 B의 재물을 보관하는 자의 지위에 있지 아니하므로 횡령죄는 성립하지 아니한다.

---

56) 이재상, 전게서, 397면; 대법원 1986. 6. 24. 86도1000; 1982. 2. 23. 81도2619.
57) 배종대, 전게서, 535면; 대법원 1990. 3. 27. 89도813; 1982. 11. 23. 82도1887.
58) 이재상, 전게서, 396면; 대법원 2011. 11. 24. 2010도5014; 1971. 12. 28. 71도2032.

라. 지입차량의 경우

회사가 그 명의로 자동차를 소유하고 화물운송업을 경영하면서 실제로는 지입차주가 회사와 별도로 사업자등록을 한 후 회사에는 매월 지입료만 내고 자기의 계산 아래 위 차량을 이용하여 독자적으로 영업활동을 하는 경우에, 회사가 지입차주로부터 받은 지입료를 임의처분하는 경우에 횡령죄가 성립할 것인지 여부가 문제된다.

이러한 지입관계는 회사와 차주 사이의 합의에 의한 내부적 사항에 불과한 것으로서 대외적인 관계에 있어서는 회사가 위 자동차를 소유하고 이를 운영하는 경영주체라고 보는 것이 판례[59]의 입장이다. 따라서 다른 특별한 사정이 없는 한 지입차주들이 납부하는 지입료도 회사의 소유가 되어 횡령죄가 성립하지 않는다.[60] 판례도 "지입차주들이 차량위탁관리료와 산업재해보상보험료 및 제세공과금을 합한 일정 금액을 일괄하여 납입하는 지입료는 일단 지입회사의 소유로 되어 회사가 그 지입료 등을 가지고 그 운영비와 전체 차량의 제세공과금 및 보험료에 충당할 수 있는 것이므로 지입차주들이 낸 보험료나 세금을 회사가 항목유용하였다 하더라도 횡령죄가 되지 아니한다."고 판시하였다.[61]

마. 가맹계약(franchise agreement)의 경우

가맹계약(franchise agreement), 이른바 프랜차이즈계약은 독립된 상인인 가맹상(프랜차이즈이용자)이 가맹업자(프랜차이즈회사)의 상호·상표 등 영업표지의 사용허락을 받고 가맹업자가 지정하는 품질기준이나 영업방식에 따라 영업을 하며 이에 대한 사용료를 가맹업자에게 지급하기로 하는 특수한 계약이다(상법 제162조의6). 가맹계약 관계에서 가맹상이 판매대금을 임의로 사용할 수 있는지 여부가 문제된다.

가맹계약의 기본적 성격은 각 독립된 상인간의 계속적인 물품 등 공급계약이다. 가맹업자의 경우 실제로는 가맹상의 영업활동에 관여함이 없이 경영·기술지도, 상품대여의 대가로 매출액의 일정 비율을 보장받는 등 그 대가를 지급받는 것에 지나지 아니하여, 가맹업자와 가맹상이 공동경영하고 그 사이에서 손

59) 대법원 1992. 4. 28. 90도2415.
60) 이재상, 전게서, 396면; 오영근, 전게서, 465면.
61) 대법원 1997. 9. 5. 97도1592.

익분배가 공동으로 이루어진다고 할 수 없으므로, 이러한 가맹계약을 동업계약 관계로는 볼 수 없다.

따라서 가맹상이 판매하여 보관 중인 물품판매대금은 가맹상의 소유라 할 것이어서 이를 임의 소비한 행위는 가맹계약상의 채무불이행에 지나지 아니하므로, 횡령죄는 성립하지 아니한다(판례).[62]

3. 보 관

가. 일반론

'보관'이란 법률상 또는 사실상의 위탁관계에 의하여 재물을 점유하는 것,[63] 즉, 타인이 위탁한 재물을 사실상 지배·관리하거나 법률상 지배·처분할 수 있는 상태에 있는 것을 말한다.

재물을 사실상 지배·관리할 수 있는 상태란 민법상의 점유 개념과 일치하는 것은 아니다.[64] 간접점유 관계에 있어서의 직접점유자(점유매개자)는 물론이고, 민법상의 점유보조자(민법 제195조)도 형법상으로는 사실상 지배·관리자라면 보관자의 지위를 가질 수 있다.[65]

타인의 금전을 위탁받아 보관하는 자는 이를 은행 등 금융기관에 예치한 경우에도 법률상 지배·처분할 수 있는 상태에 있는 자이므로 보관자로서의 지위를 갖는다.[66]

---

62) 김일수·서보학, 전게서, 375면; 이재상, 전게서, 396면; 오영근, 전게서, 465면; 대법원 1998. 4. 14. 98도292; 1996. 2. 23. 95도2608.

63) 대법원 2010. 6. 24. 2009도9242.

64) 이재상, 전게서, 390면; 박상기, 전게서, 367면; 전게 「주석 형법각칙」, 324면.

65) 대법원 1986. 8. 19. 86도1093(다방 주인 소유의 오토바이를 점유하고 있는 주방장으로부터 심부름을 다녀오라고 하면서 건네받은 오토바이를 타고 가다가 마음이 변하여 이를 반환하지 아니한 채 그대로 타고 가버렸다면 횡령죄를 구성함은 별론으로 하고 적어도 절도죄를 구성하지는 아니한다고 판시).

66) 이재상, 전게서, 392면; 대법원 2000. 8. 18. 2000도1856. 또한 이 판례는 "타인의 금전을 위탁받아 보관하는 자가 보관방법으로 금융기관에 자신의 명의로 예치한 경우, 금융실명거래 및 비밀보장에 관한 긴급재정경제명령이 시행된 이후 금융기관으로서는 특별한 사정이 없는 한 실명확인을 한 예금명의자만을 예금주로 인정할 수밖에 없으므로, 수탁자 명의의 예금에 입금된 금전은 수탁자만이 법률상 지배·처분할 수 있을 뿐이고 위탁자로서는 위 예금의 예금주가 자신이라고 주장할 수는 없으나, 그렇다고 하여 보관을 위탁받은 위 금전이 수탁자 소유로 된다거나 위탁자가 위 금전의 반환을 구할 수 없는 것은 아니므로 수탁자가 이를 함부로 인출하여 소비하거나 또는 위탁자로부터 반환요구를 받았음에도 이를 영득할 의사로 반환을 거부하는 경우에는 횡령죄가 성립한다."고 판시하였다.

횡령죄는 타인의 재물을 보관하는 자가 신임관계에 반하여 이를 횡령하거나 반환을 거부함으로써 성립하는 범죄이므로 보관은 반드시 법률상 또는 사실상의 위탁관계에 따른 보관이어야만 한다.[67] 그러므로 위탁관계가 없는 유실물 등에 대하여는 점유이탈물횡령죄가 성립할 수 있을 뿐이다.

위탁관계는 법규나 사용대차, 임대차, 위임, 임치, 고용 등의 계약에 의하여 설정되는 경우도 있고 사무관리, 관습, 조리 또는 신의칙에 의하여 성립될 수도 있다.[68]

나. 유가증권의 경우

유가증권은 재산권을 표창하는 증권으로서 그 자체가 재물로 취급되는 것이므로 유가증권 자체를 보관받은 자는 타인의 재물을 보관하는 자로서 횡령죄의 주체가 될 수 있다.

또한 화물상환증, 선하증권, 창고증권과 같은 물건인도청구권을 표창하는 유가증권을 보관하는 경우에 증권의 소지자는 그 증권으로써 표창하는 물건에 관한 처분을 할 수 있으므로(상법 제132조, 제139조, 제157조, 제861조) 그 물건에 관하여 법률상 지배·처분할 수 있는 상태에 있게 된다. 그러므로 위와 같은 유가증권의 보관자는 그 표창하는 물건에 관하여도 보관자의 지위에 있게 된다.[69]

금전청구권을 표창하는 어음이나 수표가 원인관계상 채권의 지급을 담보하기 위하여 그 채권자에게 교부된 경우에는 어음·수표의 무인증권성에 비추어 채권자와 채무자 사이의 어음·수표 반환에 관한 약정은 원인관계상의 인적항변 사유에 불과하고 채권자는 그 어음·수표상 권리를 취득하는 것이므로 횡령죄의 주체인 타인의 재물을 보관하는 자라 할 수 없다.[70]

다. 부동산의 경우

부동산의 경우 보관자의 지위는 '점유'를 기준으로 할 것이 아니라 그 부동산을 제3자에게 유효하게 처분할 수 있는 권능이 있는지 여부를 기준으로 판단하

---

67) 김일수·서보학, 전게서, 353면; 이재상, 전게서, 392면; 박상기, 전게서, 368면; 김성돈, 전게서, 378면; 대법원 1994. 11. 25. 93도2404; 대법원 1987.10.13. 선고 87도1778.

68) 김일수·서보학, 전게서, 354면; 이재상, 전게서, 393면; 대법원 1987. 10. 13. 87도1778.

69) 손동권, 전게서, 414면; 김성돈, 전게서, 379면.

70) 대법원 2000. 2. 11. 99도4979.

여야 한다는 것이 판례의 입장이다.[71] 부동산 등기의 공신력이 인정되지 않는 우리 법제 아래에서는 그러한 처분권능자만이 법률상 지배·처분할 수 있는 상태에 있는 자이기 때문이다. 따라서 원인무효인 소유권이전등기의 명의자는 횡령죄의 주체인 타인의 재물을 보관하는 자로 볼 수 없다.[72]

판례는 임야의 진정한 소유자와는 전혀 무관하게 명의신탁자로부터 임야 지분을 명의신탁받아 지분이전등기를 경료한 명의수탁자가 신탁받은 지분을 임의로 처분한 사안에서, "소유자와 명의수탁자 사이에 위 임야 지분에 관한 법률상 또는 사실상의 위탁신임관계가 성립하였다고 할 수 없고, 또한 어차피 원인무효인 소유권이전등기의 명의자에 불과하여 위 임야 지분을 제3자에게 유효하게 처분할 수 있는 권능을 갖지 아니한 수탁자로서는 위 임야 지분을 보관하는 자의 지위에 있다고도 할 수 없으므로, 그 처분행위가 명의신탁자에 대해서나 또는 소유자에 대하여 위 임야 지분을 횡령한 것으로 된다고 할 수 없다"고 판시하였다.[73]

그러므로 부동산의 단순점유자나 부동산 이전등기서류의 단순 보관자는 그것만으로는 여기의 보관자에 해당하지 않으며, 부동산의 진정한 소유자로부터 그 등기명의를 신탁받은 명의수탁자라든가, 소유권보존등기가 되어있지 아니한 신축건물의 건축허가명의를 신탁받은 자는 여기의 보관자에 해당할 것이다.[74]

부동산의 공유자 중 1인이 다른 공유자의 지분을 임의로 처분하더라도 그에게는 그 처분권능이 없어 횡령죄가 성립하지 아니한다.[75]

학설 중에는 부동산을 사실상 지배하고 있는 자도 등기명의 여부를 불문하고 그 부동산의 보관자라고 하는 견해[76]가 있으나, 부동산에 대한 선의취득이 인

71) 대법원 2010. 6. 24. 2009도9242; 2007. 5. 31. 2007도1082.

72) 대법원 2010. 6. 24. 2009도9242.

73) 대법원 2007. 5. 31. 2007도1082.

74) 이재상, 전게서, 391면; 대법원 1990. 3. 23. 89도1911.

75) 대법원 2000. 4. 11. 2000도565; 2004. 5. 27. 2003도6988(이 판례는 구분소유자 전원의 공유에 속하는 공용부분인 지하주차장 일부를 일부 공유자가 독점 임대하였더라도 그 피고인이 그 공용부분을 다른 구분소유자들을 위하여 보관하는 지위에 있는 것은 아니므로 위 공용부분을 임대하고 수령한 임차료 역시 다른 구분소유자들을 위하여 보관하는 것은 아니라고 할 것이어서 그 돈을 임의로 소비하였어도 횡령죄가 성립하지 아니한다고 판시하면서, 그 논거로 부동산의 일부 공유자에게 다른 공유자의 지분에 대한 처분권능이 없음을 들고 있으나 의문이다. 공유물을 임대하고 받은 금전은 부동산에 관한 횡령이 아니라 금전 횡령의 문제이므로 공유물 분할 전까지는 공동소유물로서 타인의 재물에 속하므로 횡령죄가 성립할 수 있다고 본다.)

76) 이재상, 전게서, 390면.

정되지 않는 우리 법제 아래에서는 그러한 경우에 소유권을 보호법익으로 하는 횡령죄의 적용대상인 사실상의 지배·관리자로 보기는 어렵다고 생각한다.

4. 업무상 보관자

업무상횡령죄의 행위주체는 타인이 업무상 위탁한 재물을 보관하는 자로서, 위탁관계가 업무에 따른 것으로서 계속적인 업무상 신뢰관계를 배반한 점에서 비난가능성이 높아 가중처벌되는 범죄이다.

여기서 '업무'란 법규·계약에 의하거나 관례에 따르거나 사실상이거나를 묻지 않고 같은 행위를 계속하거나 반복할 사회생활상 지위에 따른 사무를 의미한다.[77] 그 업무의 내용에 타인의 재물을 보관하는 것을 포함하는 경우라야만 할 것이다.[78] 사임한 주식회사의 대표이사가 사실상 계속 대표이사 직무를 맡고 있는 경우에도 업무상 위탁관계가 성립할 수 있다.[79]

다만 사회질서나 강행법규에 반하는 업무는 위 업무로서 인정할 수 없다고 보는 것이 통설이다.[80]

5. 관련문제

가. 불법원인급여와 횡령

민법상 불법의 원인으로 인하여 금전 기타 재물을 급여한 경우에는, 불법원인이 수익자에게만 있거나, 수익자의 불법성이 급여자의 불법성보다 현저히 큰 반면 급여자의 불법성은 미약한 경우가 아닌 한 그 반환을 청구하지 못한다(민법 제746조).[81] 이와 같이 불법원인급여로 인하여 급여자의 민사상 반환청구권이 상실되는 급여물을 수익자가 임의로 처분하는 경우에 횡령죄의 성립 여부가 문제된다.

이러한 경우는 위탁형 불법원인급여와 이전형 불법원인급여의 두 가지 유형으로 구분해 볼 수 있다.

위탁형 불법원인급여는 어떠한 불법행위를 위탁하면서 그에 필요한 재물을

77) 박상기, 전게서, 391면; 대법원 2006. 4. 27. 2003도135; 대법원 1982. 1. 12. 80도1970.
78) 손동권, 전게서, 441면.
79) 대법원 1982. 1. 12. 80도1970.
80) 김성돈, 전게서, 404면.
81) 대법원 1999. 9. 17. 98도2036; 대법원 1997. 10. 24. 95다49530.

급여하는 경우로서 '불법원인기탁' 또는 '불법원인위탁'이라고도 한다.[82] 예컨대 뇌물수수나 도박자금 전달 등 불법원인으로 금전 기타 재물을 위탁받은 수탁자가 이를 임의로 처분한 경우에 횡령죄가 성립할 수 있는가 하는 문제이다.

이전형 불법원인급여란 어떠한 불법행위의 대가이거나 불법한 원인으로 재물을 양도하는 경우로서 '불법원인급여'라고 지칭하기도 한다.[83] 예컨대 뇌물전달 기타 불법행위의 댓가로 금전 기타 재물을 양도하였는데, 약속대로 불법행위를 하지 아니하여 반환하여야 함에도 불구하고 반환을 거부한 경우에 횡령죄가 성립할 수 있는가 하는 문제이다.

1) 부정설

횡령죄 부정설은 ① 불법원인 급여를 한 사람은 그 원인행위가 법률상 무효임을 내세워 상대방에게 부당이득반환청구를 할 수 없고, 또 급여한 물건의 소유권이 자기에게 있다고 하여 소유권에 기한 반환청구도 할 수 없어서 결국 급여한 물건의 소유권은 수탁자에게 귀속되므로 수탁자가 받은 급여물은 타인의 소유라고 할 수 없다는 점, ② 이와 같이 위탁자가 급여물의 반환청구권을 상실한 결과 수탁자는 그 반환의무가 없음에도 불구하고 형사상 그 반환을 강제하는 것은 법질서 전체의 통일을 깨뜨리게 되어 허용할 수 없다는 점, ③ 횡령죄 긍정설이 논거로 드는 위탁자와 수탁자 사이의 신임관계란 범죄적 내용이므로 형법이 보호할 가치가 없다는 점을 논거로 횡령죄의 성립을 부정한다(통설).[84]

판례도 위 ① 기재와 같은 논거로 부정설 입장으로 일관하고 있다.[85]

부정설 중에는 급여자에게 소유권이전 의사가 있는 이전형 불법원인급여의 경우에는 수익자에게 급여물의 소유권이 귀속되어 타인 소유의 재물이라 할 수 없으므로 횡령죄의 객체가 될 수 없고, 소유권이전 의사가 없는 위탁형 불법원인급여의 경우에는 소유권은 위탁자에게 남아있으나 형법적 보호가치가 없다는 이유로 횡령죄가 성립하지 않는다고 하는 견해도 있다.[86] 그러나 이전형 불법원인급여의 경우에도 급여가 어떠한 불법행위의 대가이거나 불법한 원인으로

82) 박상기, 전게서, 383면; 오영근, 전게서, 457면.
83) 박상기, 전게서, 381면; 오영근, 전게서, 456면.
84) 이재상, 전게서, 395면; 박상기, 전게서, 383면; 손동권, 전게서, 418면; 정성근・박광민, 전게서, 430~431면; 배종대, 전게서, 524면; 오영근, 전게서, 457~458면; 김성돈, 전게서, 390면.
85) 대법원 1999. 6. 11. 99도275; 1988. 9. 20. 86도628.
86) 강동범, "불법원인에 의한 위탁과 횡령죄의 성부", 현대형법사론, 1996, 36면.

재물을 양도하는 경우로서 그 원인이 되는 불법행위가 성취될 것을 정지조건으로 한 소유권이전으로 당사자의 의사를 해석하여야 할 것이므로 위탁형 불법원인급여와 구분하여 검토할 필요가 없다고 본다.

2) 긍정설

횡령죄 긍정설은 ① 범죄성립 여부는 민사상 급여물 반환청구권 유무와는 관계없이 독자적으로 판단하여야 하고, ② 불법원인급여물에 대하여도 위탁자와 수탁자 상호간에 신임관계를 인정할 수 있으며, ③ 민법상 급여물의 반환청구권을 인정하지 못하더라도 그 소유권을 상실하지 아니하므로 급여물은 수탁자에게는 타인 소유물이라는 논거를 들고 있다.[87]

3) 절충설

절충설은 이전형 불법원인급여의 경우는 수익자에게 그 소유권이 귀속되어 그 급여물은 타인 소유의 재물이라 할 수 없으므로 횡령죄의 객체가 될 수 없고, 위탁형 불법원인급여의 경우에는 소유권은 위탁자에게 남아있고, 순객관적으로는 보호할 가치가 없는 신임관계의 파괴이지만 수탁자가 횡령죄의 불법을 저지르기 위하여 실행에 나아간 경우이므로 횡령죄의 불능미수가 된다고 한다.[88]

4) 결 어

범죄성립 여부는 민사법리와 달리 판단할 수 있다 하더라도, 횡령죄의 범죄구성요건 중 재물의 타인 소유 여부는 민법·상법 등 사법(私法)관계에 따라 결정되는 것이 원칙이다.

그런데 위탁형이든 이전형이든 불문하고 불법원인급여의 경우에 불법원인급여물의 소유권이 수익자에게 귀속된다는 것은 판례의 확고한 입장이다.[89] 그리고 불법원인급여의 경우에 위탁자(급여자)와 수탁자(수익자) 사이의 신임관계는 형사상 보호가치 있는 것으로 보기도 어렵다. 따라서 부정설의 논거가 타당하다고 본다.

절충설 중 이전형 불법원인급여에 관한 부분은 전술한 바와 같이 위탁형 불법원인급여와 구분할 필요가 없고, 위탁형 불법원인급여에 관한 설명 부분은

87) 임웅, 「형법각론」(법문사, 2005), 422~423면.
88) 김일수·서보학, 전게서, 357면.
89) 대법원 1979. 11. 13. 79다483 전원합의체 판결.

재물의 타인 소유를 인정할 수 없는 경우임에도 실행의 착수에 이른 것으로 본다는 점에서 부당하다.

5) 구체적 검토

민법 제746조 규정에 의하면, 불법원인급여의 경우에 그 불법원인이 급여자에게 있는 경우에는 수익자에게 불법원인이 있는지 여부, 수익자의 불법원인의 정도, 그 불법성이 급여자의 불법성보다 큰지 여부를 불문하고 급여자는 위와 같이 불법원인급여의 반환을 구할 수 없는 것이 원칙이지만, 수익자의 불법성이 급여자의 그것보다 현저히 큰 데 반하여 급여자의 불법성은 미약한 경우에는 판례가 달리 해석하고 있다. 즉, 이러한 경우에 급여자의 반환청구가 허용되지 않는다면 공평에 반하고 신의성실 원칙에도 어긋난다는 이유로, 이러한 경우에는 민법 제746조 본문의 적용이 배제되어 급여자의 반환청구는 허용된다고 해석한다.[90] 그러므로 불법원인급여의 수익자의 불법성이 급여자의 그것보다 현저히 큰 데 반하여 급여자의 불법성은 미약한 경우에는 횡령죄의 성립이 인정된다.[91]

이와 관련하여, 불법원인급여 중 '불법'의 개념에 관하여도 학설이 대립한다. 반사회질서설(공서양속설)은 강행법규 위반은 제외하고 선량한 풍속 기타 사회질서에 위반하는 경우(민법 제103조)라는 견해로서 다음과 같은 논거를 들고 있다(다수설).[92] ① 민법 제746조는 민법 제103조에 대응하는 규정이므로 '불법'의 내용도 민법 제103조의 위반내용으로 보아야 한다. ② 강행법규는 국가정책에 따르는 것이지 시대의 윤리사상에 바탕을 두는 것이 아니므로 민법 제746조의 입법취지에 비추어 그 '불법'에 강행법규는 포함되지 않는다. ③ 강행법규 위반을 포함하여 급여물의 반환청구권을 인정하지 않는다면 강행법규에 의하여 그 실현을 막으려고 한 취지에 반하게 된다는 것이다.

---

90) 대법원 1997. 10. 24. 95다49530.

91) 대법원 1999. 9. 17. 98도2036(전직 경찰관으로서 행정사 업무에도 종사하는 포주가 다방 종업원에게 찾아가 자신의 윤락업소에서 윤락행위를 해 줄 것을 적극 권유하여 그녀가 그 업소에서의 윤락행위로 받은 화대를 포주가 보관하였다가 절반씩 분배하기로 약정하였음에도, 포주가 그녀의 윤락행위로 받아 보관중인 화대를 임의로 소비한 경우에, 포주와 윤락녀의 사회적 지위, 약정에 이르게 된 경위와 약정의 구체적 내용, 급여의 성격 등을 종합해 볼 때 포주의 불법성이 윤락녀의 불법성보다 현저히 크므로 화대의 소유권이 여전히 윤락녀에게 속한다는 이유로 횡령죄가 성립한다고 판시).

92) 곽윤직, 「채권각론」(박영사, 2012), 364면.

이에 대하여, 선량한 풍속 위반설은 가장 좁은 의미로 해석하여 선량한 풍속 위반의 경우만을 의미한다고 하는 견해이다.[93] 이 견해는 불법원인급여에 해당하면 부당한 결과를 묵인·방치하는 결과가 되므로 그 적용범위는 입법취지를 살리는 범위에서 최소한으로 그쳐야 한다고 주장한다. 따라서 사회질서 중 국민이 반드시 지켜야 할 최소한도의 도덕률인 선량한 풍속을 위반한 것만을 불법으로 파악하여야 한다는 것이다.

이에 반하여, 강행법규 위반 포함설은 선량한 풍속 기타 사회질서에 위반하는 경우는 물론 강행법규[94] 위반의 경우도 포함한다고 보는 견해이다. 이 학설의 논거는 급여물의 반환청구권을 인정하지 않음으로써 오히려 그 실현을 막으려고 한 취지에 반함은 선량한 풍속 기타 반사회질서의 경우에도 마찬가지이므로 불법원인에 강행법규 위반의 경우를 배제할 이유는 될 수 없다는 것이다.[95]

판례는 "민법 제746조의 불법원인이라 함은 선량한 풍속 기타 사회질서에 위반하는 것을 말하는 것이며, 강행법규에 위반하는 무효의 행위에 의하여 급부한 것이라 하더라도 그 행위가 선량한 풍속 기타 사회질서를 해치는 것이라 볼 수 없는 때에는 부당이득이나 불법행위의 원칙에 의하여 그 이익의 반환 또는 손해배상을 구할 수 있다."라고 판시하고 있으므로 반사회질서설의 입장이다.[96] 또한 판례에 따르면 '불법원인'이라 함은 그 원인되는 행위가 선량한 풍속 기타 사회질서에 위반하는 경우를 말하는 것으로, 법률행위의 목적인 권리·의무의 내용이 선량한 풍속 기타 사회질서에 위반되는 경우뿐만 아니라, 그 내용 자체는 반사회질서적인 것이 아니라 하더라도 법률적으로 이를 강제하거나 그 법률행위에 반사회질서적인 조건 또는 금전적 대가가 결부됨으로써 반사회질서적 성질을 띄게 되는 경우 및 표시되거나 상대방에게 알려진 법률행위의 동기가 반사회질서적인 경우에도 불법원인급여에 해당될 수 있다고 판시하고 있으므로[97] 반사회질서의 범위를 넓게 해석하는 입장이라고 할 수 있다.

---

93) 송덕수, 「신민법강의」(박영사, 2012), 1621면.

94) 강행법규란 당사자의 의사에 의하여 그 적용을 배제할 수 없는 규정으로서 강행법규 위반시 그 사법상 효력도 부정하게 되는 효력규정과 그 위반에 대한 형사상·행정상 제재는 받더라도 그 사법상 효력은 유효한 단속규정으로 구분된다(다수설·판례).

95) 류석준, "기업의 비자금조성행위에 대한 형사처벌 가능성 검토", 「형사법연구」 제19권 제3호(하)(한국형사법학회, 2007년 가을), 670면.

96) 대법원 2003. 11. 27. 2003다41722; 1969. 11. 11. 69다925.

97) 대법원 2008. 10. 9. 2007도2511; 2002. 4. 12. 2002도53; 1999. 6. 11. 99도275.

불법원인급여에 관한 민법 제746조 규정은 선량한 풍속 기타 사회질서에 위반한 사항을 내용으로 하는 법률행위를 무효로 하는 민법 제103조와 표리를 이루어, 법은 사회적 타당성이 없는 행위를 한 사람을 보호할 수 없다는 이념을 실현하려고 하는 것이다(판례).[98] 그리고 강행법규 중에는 선량한 풍속 기타 사회질서와 관계되어 그 위반시 사법상 효력을 부정하는 규정도 있지만, 그 밖에 경제통제 법령과 같이 선량한 풍속이나 사회질서와 관계되지는 않지만 행정목적이나 정책목적상 일정한 행위를 강제하거나 금지하기 때문에 그 위반시 사법상 효력을 부정하게 되는 규정도 있다.[99] 따라서 불법원인급여의 '불법원인'이란 그 입법취지에 비추어 강행법규 위반 여부를 불문하고 선량한 풍속, 기타 사회질서에 위반하는 경우만을 의미하는 것으로 보는 다수설 및 판례의 입장이 타당하다고 본다.

나. 부동산 명의신탁의 경우

횡령죄의 객체인 타인 소유의 재물인지 여부가 문제되는 경우로서 부동산 명의신탁의 경우가 있다. 명의신탁이란 부동산·자동차·선박 등의 등기·등록 명의에 관한 신탁계약에 의하여 명의신탁자가 내부적으로는 그 물건의 소유권 등 물권을 보유하고 관리·수익하면서 그 소유권 등 물권을 표상하는 등기·등록 명의만은 실체적인 거래관계가 없이 명의수탁자 명의로 이전하여 두는 것을 말한다.

종전 판례는 이러한 명의신탁의 경우에 명의수탁자와 제3자 사이의 외부관계에 있어서는 명의수탁자에게 소유권 등 물권이 있으나, 명의신탁자와 명의수탁자 사이의 내부관계에 있어서는 명의신탁자가 그 신탁계약에 기하여 등기·등록 명의인인 명의수탁자에게 그 물건에 대한 실질적인 소유권 등 물권을 주장할 수 있다고 하는 이른바 상대적 권리이전설을 취하고 있다.[100] 이에 따라 판례는 부동산의 소유권에 관한 명의신탁의 경우에 명의수탁자가 명의신탁 부동산을 임의로 처분하는 것은 자신이 보관하는 명의신탁자 소유의 부동산을 횡령하는 행위로 보고 있었다.[101]

---

98) 대법원 1979. 11. 13. 79다483 전원합의체 판결.
99) 지원림, 「민법강의」(홍문사, 2012), 190면.
100) 대법원 1982. 11. 23. 81다372.
101) 대법원 1971. 6. 22. 71도740 전원합의체 판결.

그런데 이러한 부동산 명의신탁 제도를 악용한 투기·탈세·탈법행위 등 반사회적 행위가 성행하게 되자, 이를 방지하기 위하여 1995. 7. 1.부터 시행된 부동산 실권리자명의 등기에 관한 법률(이하 부동산실명법으로 약칭함)이 제정되었다. 부동산실명법 제4조는 부동산의 소유권 기타 물권에 관한 명의신탁약정이나 그 명의신탁약정에 따라 행하여진 등기에 의한 물권변동은 무효로 하되, 부동산에 관한 물권을 취득하기 위한 계약에서 명의수탁자의 상대방 당사자가 명의신탁약정이 있다는 사실을 알지 못한 경우에는 그러하지 아니한 것으로 규정하고 있다.

한편, 부동산 실권리자명의 등기에 관한 법률 제8조 규정에 따르면 종중이 보유하는 부동산을 종중 외의 자 명의로 등기하는 경우나 배우자 명의로 물권을 등기한 부동산의 경우 중 조세포탈, 강제집행면탈 또는 법령상 제한의 회피를 목적으로 하지 아니한 때에는 위 부동산실명법 규정이 적용되지 아니하므로, 이러한 경우나 부동산실명법의 적용범위 밖인 부동산 외의 자동차·선박·건설기계 등의 경우에는 종전의 판례상 명의신탁 법리가 현재도 그대로 적용된다고 보는 것이 통설이다.[102]

그런데 위 부동산실명법 제4조 규정에 따라 부동산 명의신탁약정 및 그로 인한 물권변동의 효력이 달라지게 된 결과, 명의수탁자가 명의신탁 부동산을 명의신탁자의 동의 없이 임의로 처분한 경우에 횡령죄를 구성하는지 여부는 구체적인 유형별로 그 부동산이 타인 소유의 재물인지와 그 보관관계 여부를 가려서 검토하지 않으면 안 되게 되었다.[103]

부동산 명의신탁의 유형으로는 부동산의 등기명의만 명의수탁자에게 신탁할 뿐 부동산 취득의 원인이 되는 계약에는 명의수탁자가 관여하지 아니하는 등기명의신탁과, 부동산을 취득하려고 하는 명의신탁자가 명의수탁자에게 그 등기명의뿐만 아니라 원인계약의 체결도 신탁하는 계약명의신탁이 있다.[104] 그리고 등기명의신탁은 부동산의 소유자인 명의신탁자와 명의수탁자 사이에 다른 원인

102) 이재상, 전게서, 399면; 김성돈, 전게서, 398면.

103) 부동산실명법 제3조 제1항에 따르면 부동산에 관한 물권을 명의신탁약정에 따라 명의수탁자 명의로 등기하는 것을 금지하고 부동산실명법 제7조에 따라 이를 위반한 명의신탁자와 명의수탁자를 형사처벌하고 있는데, 이러한 부동산 실권리자명의 등기에 관한 법률위반죄로 처벌하는 것은 횡령죄의 성립 여부와는 별개의 문제이고, 양 범죄는 별개의 행위이므로 실체적 경합범 관계에 있다(정성근·박광민, 전게서, 445면).

104) 지원림, 전게서, 653면; 송덕수, 전게서, 591~593면.

관계 없이 그 이전등기만 경료하는 양자간 등기명의신탁 유형과, 명의신탁자가 양도인으로부터 부동산을 양수하는 원인계약을 체결하면서 그 소유권이전등기는 양도인이 직접 명의수탁자 앞으로 경료하게 하는 3자간 등기명의신탁(중간생략등기형 명의신탁) 유형이 있다.[105)]

판례에 따르면, 3자간 등기명의신탁인지 아니면 계약명의신탁인지를 구분하는 문제는 원인계약의 당사자가 누구인가를 확정하는 문제인데, 계약명의자가 명의수탁자로 되어 있다 하더라도 계약당사자를 명의신탁자로 볼 수 있다면 이는 등기명의신탁이 된다고 한다. 따라서 계약명의자인 명의수탁자가 아니라 명의신탁자에게 계약에 따른 법률효과를 직접 귀속시킬 의도로 계약을 체결한 사정이 인정된다면 명의신탁자가 계약당사자라고 할 것이므로, 이 경우의 명의신탁관계는 3자간 등기명의신탁으로 보아야 한다고 판시하였다.[106)]

1) 양자간 등기명의신탁

부동산실명법 제4조 제2항 본문 규정에 따르면 명의신탁약정에 따라 행하여진 등기에 의한 물권변동은 무효이므로, 부동산의 소유권은 명의신탁자에게 남게 된다. 따라서 명의수탁자는 명의신탁자의 소유권에 기한 등기말소 청구나 진정명의 회복을 원인으로 한 소유권이전등기 청구에 따라야 할 의무가 있는데, 명의신탁 부동산을 임의처분하면 자신이 보관중인 명의신탁자의 부동산을 횡령한 경우에 해당하므로 명의신탁자에 대한 횡령죄를 구성한다고 보는 견해가 통설·판례의 입장이다(횡령죄 긍정설).[107)]

이에 대하여, 횡령죄의 성립을 부정하는 횡령죄 부정설의 논거는 다음과 같다.[108)] ① 이 경우 명의신탁 등기는 부동산실명법을 위반한 불법원인급여에 해당하므로 불법원인급여물에 대한 임의처분이 횡령죄가 되지 아니하는 이상 횡령죄가 성립하지 않는다. ② 만일 부동산실명법을 위반한 등기임에도 불구하고

---

105) 송덕수, 전게서, 591면.

106) 대법원 2010. 10. 28. 2010다52799(A가 매매계약 당사자로서 계약 상대방으로부터 토지 지분을 매수하면서 그 중 1/2 지분에 관한 매매계약상 등기명의만을 B 명의로 하기로 한 사안으로, 그 매매계약에 따른 법률효과를 A에게 직접 귀속시킬 의도였던 사정이 인정되므로 A와 B의 명의신탁약정은 3자간 등기명의신탁에 해당한다고 판시).

107) 이재상, 전게서, 399면; 손동권, 전게서, 427면; 배종대, 전게서, 531면; 김성돈, 전게서, 399면; 김일수·서보학, 전게서, 369~370면; 정성근·박광민, 전게서, 445면; 대법원 2009. 8. 20. 2008도12009; 2000. 2. 22. 99도5227; 1999. 10. 12. 99도3170.

108) 박상기, 전게서, 378~379면; 오영근, 전게서, 470~471면.

그 부동산의 소유권이 명의신탁자에게 귀속된다면 명의신탁약정의 무효화를 통한 명의신탁의 악용방지라는 부동산실명법의 목적 달성이 어려워지는 난관에 봉착할 수 있다. ③ 명의신탁약정과 그에 기한 물권변동이 무효이므로 명의수탁자는 부동산의 보관자라 할 수 없다는 것이다.

판례는 명의신탁약정에 기한 이전등기가 불법원인급여가 되는지 여부에 관하여, "명의신탁약정에 기한 이전등기 자체로 선량한 풍속 기타 사회질서에 위반하는 경우에 해당한다고 단정할 수 없을 뿐만 아니라, 위 법률은 원칙적으로 명의신탁약정과 그 등기에 기한 물권변동만을 무효로 하고 명의신탁자가 다른 법률관계에 기하여 등기회복 등의 권리행사를 하는 것까지 금지하지는 않는 대신, 명의신탁자에 대하여 행정적 제재나 형벌을 부과함으로써 사적자치 및 재산권보장의 본질을 침해하지 않도록 규정하고 있으므로, 무효인 명의신탁약정에 기하여 타인 명의의 등기가 마쳐 졌다는 이유만으로 그것이 당연히 불법원인급여에 해당한다고 볼 수 없다."고 판시하고 있다.[109] 그 밖에도 부동산실명법 제6조는 부동산실명법을 위반한 명의신탁자에 대하여 그 물권을 자신의 명의로 등기하도록 강제하는 이행강제금 제도까지 두고 있는 점에 비추어 보면, 명의신탁약정에 기한 소유권이전을 불법원인급여로 보아 그 반환청구권을 부인하는 해석은 부동산실명법의 입법취지에도 배치된다.[110] 부동산실명법의 입법취지에 비추어 횡령죄 긍정설이 타당하다고 본다.

2) 3자간 등기명의신탁

3자간 등기명의신탁의 경우에는 부동산실명법 제4조 제1항, 제2항에 의거하여 명의신탁약정은 무효이고 그 약정에 따라 행하여진 등기에 의한 물권변동도 무효이므로, 부동산의 소유권은 양도인에게 남게 된다. 한편 양도인과 명의신탁자 사이의 원인계약은 유효하므로 양도인은 명의신탁자에 대하여 소유권이전등기 의무를 부담하게 된다. 이에 따라 명의신탁자는 원인계약에 기한 양도인에 대한 소유권이전등기청구권을 보전하기 위하여 양도인을 대위하여 명의수탁자에 대하여 무효인 소유권이전등기의 말소등기청구를 할 수 있고, 양도인에 대하여는 매매계약으로 인한 소유권이전등기 청구를 하여 부동산의 소유권을 이전받을 수 있다.[111] 그런데 명의수탁자가 명의신탁 부동산의 등기명의자임을

109) 대법원 2003. 11. 27. 2003다41722.
110) 정성근・박광민, 전게서, 444면.

기화로 그 부동산을 제3자에게 임의처분하는 경우에 명의신탁자나 양도인은 그 제3자에 대하여는 부동산실명법 제4조 제3항에 따라 제3자의 선·악의 여부를 불문하고 대항하지 못한다.[112] 그러므로 이러한 경우에 명의수탁자는 자신이 보관하는 타인의 재물에 대한 횡령죄를 범한 것으로 평가할 수 있는지, 그 피해자는 누구로 볼 것인지 여부가 문제된다.[113]

이 경우에 양도인은 매매대금을 수령한 이상 사실상 피해가 없는 반면, 명의신탁자는 매매대금을 지급하였으나 명의수탁자의 부동산 임의처분으로 인하여 그 소유권을 취득할 수 없는 실질적 피해자이고, 위와 같이 양도인을 대위하여 부동산의 소유권을 이전받을 수 있는 자이므로 명의신탁자를 피해자로 하는 횡령죄가 성립한다고 하는 견해가 있다.[114] 판례도 명의신탁자가 위와 같이 매도인을 대위하는 등의 방법으로 명의수탁자에 대하여 소유권이전등기를 청구할 수 있는 이상 명의신탁자와 명의수탁자 사이에 법률상 또는 사실상 위탁신임관계가 성립한다는 이유로 명의신탁자를 피해자로 하는 횡령죄가 성립하는 것으로 보고 있다.[115] 이 경우 명의수탁자의 사망으로 그 지위를 상속한 자도 피상속인의 지위를 포괄승계하여 명의신탁된 부동산을 유효하게 처분할 수 있는 보관자로서의 지위를 취득하는 것이므로, 그 제3자의 상속인이 명의신탁된 부동산을 임의로 처분한 경우에도 명의신탁자에 대한 횡령죄가 성립한다고 판시하고 있다.[116]

이에 반하여, 횡령죄의 보호법익은 재물의 소유권이고 부동산실명법에 따라 명의신탁약정이나 그로 인한 소유권이전이 무효인 이상, 명의신탁 부동산의 소유권이 양도인에게 귀속되므로 양도인에 대한 횡령죄가 성립한다고 보는 견해[117]가 있다.

---

111) 대법원 1999. 9. 17. 99다21738.

112) 이는 양자간 등기명의신탁이나 계약명의신탁의 경우에도 마찬가지이다(지원림, 전게서, 609면; 송덕수, 전게서, 597면; 대법원 2009. 3. 12. 2008다36022).; 이에 반하여, 악의의 제3자는 보호할 필요가 없으므로, 대항할 수 없는 제3자는 선의의 제3자에 한정된다고 보는 견해도 있다{곽윤직, 「물권법」(박영사, 2012), 96면}.

113) 이에 대하여, 명의신탁자에 대한 배임죄를 구성한다고 보는 견해(김일수·서보학, 전게서 371면)도 있으나, 타인 소유 재물에 대한 횡령죄가 성립한다면 배임죄를 논할 필요가 없을 것이다.

114) 김성돈, 전게서, 400면; 배종대, 전게서, 532면.

115) 대법원 2010. 6. 24. 2009도9242; 2008. 4. 10. 2008도1033; 2007. 6. 28. 2006다48632; 2001. 11. 27. 2000도3463.

116) 대법원 2007. 6. 28. 2006다48632; 1996. 1. 23. 95도784.

그리고 양도인은 소유권을 회복하여 명의신탁자에게 이전시켜 주지 못한 피해자이고, 명의신탁자는 매매대금을 모두 지급하였음에도 불구하고 소유권을 이전받지 못한 피해자이므로, 양도인과 명의신탁자 모두에 대한 횡령죄가 성립한다고 보는 견해[118]도 있다.

횡령죄의 피해자가 누구인지 여부를 가리는 것은 실무상 친족상도례(형법 제361조, 제328조)의 적용대상, 피해변제나 피해자와의 합의 여부 등을 가림에 있어서 중요한 문제이다. 앞에서 살펴본 바와 같이 횡령죄는 타인의 재물을 보관하는 자가 타인의 재물에 대한 소유권을 침해하는 죄이고, 여기서 보관이라 함은 위탁관계에 의하여 재물을 점유하는 것을 의미한다. 그러므로 횡령죄가 성립하기 위하여는 그 재물의 보관자가 재물의 소유자인 피해자와의 사이에 법률상 또는 사실상의 위탁신임관계가 존재하여야 한다.[119] 따라서 횡령죄의 객체는 단순한 타인의 소유물이 아니라 위탁받아 보관하고 있는 타인의 소유물이고, 횡령죄는 타인의 재물을 보관하는 자가 위탁이라는 신임관계에 반하여 이를 횡령하거나 반환을 거부함으로써 성립하는 것이다.

3자간 등기명의신탁의 경우에 전술한 바와 같이 명의신탁자는 원인계약에 기한 양도인에 대한 소유권이전등기청구권을 보전하기 위하여 양도인을 대위하여 명의수탁자에 대하여 무효인 소유권이전등기의 말소등기 청구를 할 수 있고, 양도인에 대하여는 매매계약으로 인한 소유권이전등기 청구를 할 수 있는 권리가 있으므로, 명의수탁자는 명의신탁자에 대하여 이러한 청구에 응하여야 할 사실상의 위탁신임관계를 인정할 수 있다고 본다. 또한 양도인으로서는 명의신탁자의 위와 같은 이전등기청구에 응하여야 할 의무가 있으므로 그 이행을 위하여 명의수탁자에 대하여 무효인 소유권이전등기의 말소등기 청구를 할 필요가 있고, 명의수탁자는 이에 응할 법률상 의무가 있으므로 그 범위에서 명의수탁자는 양도인에 대하여도 법률상 또는 사실상 위탁신임관계를 인정할 수 있다고 보아야 할 것이다.

그런데 통상적으로는 보관물의 소유자와 위탁자가 동일하겠지만, 그 소유자

---

117) 이재상, 전게서, 400면; 박상기, 전게서, 379면(다만, 명의신탁자가 양도인에게 명의신탁 부동산에 관한 소유권이전등기를 청구한 이후에 명의수탁자가 명의신탁 부동산을 임의처분하면 명의신탁자를 피해자로 하는 횡령죄가 된다고 주장하고 있다).

118) 손동권, 전게서, 428~429면.

119) 대법원 2007. 5. 31. 2007도1082.

와 위탁자가 다른 특별한 경우에는 그 소유자나 위탁자 모두를 횡령죄의 피해자로 보는 것이 횡령죄의 보호법익이나 본질에 충실한 해석이다. 부동산실명법의 강행규정으로 인하여 명의신탁 부동산의 소유권은 양도인에게 잔존하지만, 위와 같이 명의수탁자는 양도인 및 명의신탁자 모두와 위탁신임관계가 있으므로, 양도인 및 명의신탁자 모두를 피해자로 보는 견해가 타당하다.

횡령죄의 친족상도례에 관한 판례도 "횡령죄는 다른 사람의 재물에 관한 소유권 등 본권을 그 보호법익으로 하고, 위탁이라는 신임관계에 반하여 타인의 재물을 보관하는 자가 이를 횡령하거나 또는 반환을 거부함으로써 성립하는 것이므로, 범인이 위탁자가 소유자를 위해 보관하고 있는 물건을 위탁자로부터 보관받아 이를 횡령한 경우에 형법 제361조에 의하여 준용되는 제328조 제2항 소정의 친족간의 범행에 관한 조문은 범인과 피해물건의 소유자 및 위탁자 쌍방 사이에 같은 조문 소정의 친족관계가 있는 경우에만 적용되는 것이고, 단지 횡령범인과 피해물건의 소유자 사이에만 친족관계가 있거나 횡령범인과 피해물건의 위탁자 사이에만 친족관계가 있는 경우에는 그 적용이 없다고 보아야 한다."고 판시하고 있는 것도[120] 이러한 견해에 부합하는 해석이다.

전술한 바와 같이 판례는 명의신탁자에 대한 횡령죄가 성립한다고 판시하고 있으나, 양도인이 비록 명의신탁자로부터 이미 매매대금을 수령하였다고 할지라도 위와 같이 아직 명의신탁자에 대한 그 소유권이전등기 의무를 부담하고 있고, 명의수탁자의 제3자에 대한 임의처분으로 그 의무를 이행할 수 없게 된 이상 양도인에게 피해가 없다고 단정할 수는 없기 때문에, 양도인 및 명의신탁자에 대한 횡령죄가 성립한다고 보는 것이 타당하다.

따라서 친족상도례가 적용되기 위하여는 명의수탁자가 양도인 및 명의신탁자 쌍방 모두와 형법 제328조 소정의 친족관계가 있어야만 할 것이다. 그리고 명의신탁자나 양도인 어느 일방에게 부동산의 매매대금 등을 지급한 경우에는 피해변제가 있었다고 할 수 있으나, 피해자와의 합의(즉, 피해변제 및 피해자의 처벌불원 의사표시)가 있었다고 인정되기 위하여는 명의수탁자가 양도인 및 명의신탁자 쌍방 모두와 합의하여야만 할 것이다.

---

120) 대법원 2008. 7. 24. 2008도3438.

3) 계약명의신탁

명의수탁자가 원인계약의 당사자가 되는 계약명의신탁의 경우에도 부동산실명법 제4조 제1항에 의거하여 명의신탁자와 명의수탁자 사이의 명의신탁약정은 무효이다. 이 경우에는 등기명의신탁의 경우와는 달리 명의신탁자와 명의수탁자 사이에 명의신탁 약정 외에도 부동산매입의 위임 약정도 있게 되는데, 특별한 사정이 없는 한 일부무효의 법리(민법 제137조)에 따라 부동산매입의 위임 약정도 무효로 보아야 한다.[121] 그러나 그 약정에 따라 행하여진 등기에 의한 물권변동의 효력은 부동산실명법 제4조 제2항에 의하여 양도인이 계약명의신탁약정사실을 그 양도의 원인계약 체결당시 알고 있었으면(즉, 악의) 무효이지만 알지 못한 경우에는(즉, 선의) 유효하다. 분설하면 다음과 같다.

가) 양도인이 악의인 경우 – 양도인이 계약명의신탁 약정사실을 그 양도의 원인계약 체결당시 알고 있었으면 물권변동의 효력이 무효이므로 부동산의 소유권은 양도인에게 남아있게 된다. 이 경우에 양도인과 명의수탁자간 양도의 원인계약은 불능을 목적으로 하는 법률행위가 되어 무효이므로,[122] 양도인은 명의수탁자에 대하여 원인계약의 무효를 이유로 이전등기의 말소등기 청구를 하거나 진정명의 회복을 원인으로 한 이전등기 청구를 할 수 있다.

명의신탁자는 양도인과 새로운 약정을 하지 않는 한 아무런 법률관계도 없으므로 명의수탁자에 대하여 교부한 부동산 매수자금을 부당이득하였음을 이유로 그 반환을 청구할 수 있을 뿐, 양도인에 대하여는 특별한 사정이 없는 한 직접적으로는 어떠한 청구권도 없다.[123]

명의수탁자가 부동산의 등기명의자임을 기화로 그 부동산을 제3자에게 임의처분하는 경우에 양도인은 그 제3자에 대하여는 부동산실명법 제4조 제3항에 따라 전술한 바와 같이 제3자의 선·악의 여부를 불문하고 대항하지 못한다. 이러한 명의수탁자의 처분행위가 횡령죄가 되는지 아니면 배임죄가 되는지, 그 피해자는 누구인지 여부가 문제된다.

이에 대하여, 부동산의 소유권이 양도인에게 남아있게 되므로 양도인에 대한 횡령죄를 구성한다는 견해[124]가 있다.

121) 송덕수, 전게서, 593면; 대법원 2004. 4. 27. 2003도6994.
122) 송덕수, 전게서, 595면; 대법원 2003. 9. 5. 2001다32120.
123) 지원림, 전게서, 668면; 송덕수, 전게서, 595면.

또한, 3자간 등기명의신탁의 경우에 명의신탁자에 대한 횡령죄가 성립한다는 입장에서, 기본적인 법률관계가 3자간 등기명의신탁의 경우와 동일하다는 점을 논거로 실질적인 피해자인 명의신탁자에 대한 횡령죄가 성립한다는 견해[125]가 있다.

이에 대하여, 양도인이 명의신탁 사실을 알고 있었고 매매대금이 지급되어 이전등기까지 마친 이상 양도인에 대한 신임관계 위반은 인정할 수 없으며, 명의신탁자와 명의수탁자 사이에는 명의신탁약정의 무효와 무관하게 사실상의 신임관계가 존재하므로 그 신임관계에 기한 임무에 위배한 행위로서 명의신탁자에 대한 배임죄를 구성한다는 견해[126]가 있다.

반면, 이 경우에는 3자간 등기명의신탁의 경우와는 달리 명의신탁자가 자금을 부담하면서 명의수탁자로 하여금 양도인과 원인계약을 체결하게 한 구조이므로 명의신탁자와 명의수탁자 사이에 부동산 자체에 대한 사실상 위탁으로 보기 어렵고, 명의신탁자는 양도인과의 사이에 아무런 법률관계가 없어서 부동산에 관한 법률상 권리를 주장할 방법이 없다는 이유로 횡령죄나 배임죄 모두 성립하지 않는다고 주장하는 견해[127]도 있다.

이러한 유형은 3자간 등기명의신탁의 경우와 비교할 때 명의신탁약정이 무효이고 물권변동의 효력도 무효이므로 부동산의 소유권이 양도인에게 남아있게 되는 점은 동일하지만, 명의수탁자와 양도인 사이의 물권변동의 원인계약이 무효이고 명의신탁자와 양도인 사이에는 아무런 법률관계가 없다는 점에서 구조상 차이가 있다.

우선, 명의수탁자와 양도인 사이의 원인계약이 무효이므로 명의수탁자가 타인 소유 재물의 보관자인지 여부를 검토할 필요가 있다. 즉, 전술한 바와 같이 부동산의 경우에 보관자의 지위는 '점유'를 기준으로 할 것이 아니라 그 부동산을 제3자에게 유효하게 처분할 수 있는 권능의 유무를 기준으로 결정하여야 하므로, 원인무효인 소유권이전등기의 명의자는 횡령죄의 주체인 타인의 재물을 보관하는 자에 해당한다고 할 수 없음이 원칙이다.[128] 그러나 부동산 명의신탁

---

124) 박상기, 전게서, 380면.
125) 김성돈, 전게서, 402면.
126) 이재상, 전게서, 402면; 김일수 · 서보학, 전게서, 371면; 손동권, 전게서, 431면; 정성근 · 박광민, 전게서, 447면; 배종대, 전게서, 533~534면.
127) 전게「주석 형법각칙」, 361면.
128) 대법원 2010. 6. 24. 2009도9242; 대법원 2007. 5. 31. 2007도1082.

의 경우에는 위와 같이 부동산실명법 제4조 제3항에 따라 명의수탁자가 제3자에게 유효한 등기이전을 할 수 있게 된 결과, 명의수탁자는 양도인과의 원인계약이 무효임에도 불구하고 양도인 소유의 부동산을 제3자에게 유효하게 처분할 수 있는 권능은 있다.

그러나 횡령죄의 구성요건인 '보관'이란 사실상 또는 법률상 위탁관계에 의하여 재물을 점유하는 것인데, 원래 명의수탁자와 양도인 사이에는 위탁신임관계가 없다. 그리고 양도인은 명의신탁자와는 아무런 법률관계가 없으므로 명의신탁자에 대한 이전등기를 위하여 명의수탁자에 대하여 말소등기 청구를 하여야 할 필요는 없으므로 양도인과 명의수탁자 사이에는 이를 위한 법률상 또는 사실상의 위탁신임관계도 인정할 여지가 없다. 또한 명의신탁자는 명의수탁자에 대하여 양도인을 대위하더라도 부동산의 이전등기를 청구할 수 없기 때문에 부동산의 물권변동과 관련하여서는 명의신탁자와 명의수탁자 사이에 아무런 위탁신임관계도 인정할 수 없다.

따라서 명의수탁자는 양도인이나 명의신탁자 누구에 대하여도 위탁신임관계에 따라 부동산을 보관하는 자라 할 수 없으므로, 그 부동산의 임의처분으로 인하여 횡령죄나 배임죄가 성립하는 것은 아니라고 보아야 할 것이다. 다만, 명의신탁자는 명의수탁자에 대하여 교부한 부동산 매매대금에 관하여 부당이득금 반환청구만 할 수 있을 뿐이다.

나) 양도인이 선의인 경우 – 양도인이 계약명의신탁 약정사실을 그 양도의 원인계약 체결당시 모르고 있었으면 명의신탁 약정은 무효이지만 그에 기한 물권변동의 효력은 유효하므로 부동산의 소유권은 양도인뿐만 아니라 명의신탁자에 대하여도 명의수탁자에게 완전히 귀속된다. 명의신탁자는 명의수탁자에 대하여 교부한 부동산 매수자금을 부당이득하였음을 이유로 그 상당 금액의 반환을 청구할 수 있을 뿐이다.[129)]

---

129) 대법원 2005. 1. 28. 2002다66922; 다만, 판례에 따르면 "부동산실명법 시행 전에 위와 같은 명의신탁 약정과 그에 기한 물권변동이 이루어진 다음 같은 법 제11조에서 정한 유예기간 내에 실명등기 등을 하지 않고 그 기간을 경과한 때에도 같은 법 제12조 제1항에 의하여 제4조의 적용을 받게 되어 위 법리가 그대로 적용되는데, 이 경우 명의수탁자는 명의신탁 약정에 따라 명의신탁자가 제공한 비용을 매매대금으로 지급하고 당해 부동산에 관한 소유명의를 취득한 것이고, 위 유예기간이 경과하기 전까지는 명의신탁자는 언제라도 명의신탁 약정을 해지하고 그 부동산에 관한 소유권을 취득할 수 있었던 것이므로, 명의수탁자는 같은 법 시행에 따라 그 부동산에 관한 완전한 소유권을 취득함으로써 부동산 자체를 부당이득하였다고 보아야 할 것이고, 같은 법 제3조 및 제4조가 명의신탁자에게 소유권이 귀속되는 것

따라서 명의수탁자가 부동산을 임의처분하더라도 자신이 점유하는 자신의 소유물을 처분하는 것일 뿐 타인의 재물을 보관하는 지위에 있지 아니하므로 횡령죄가 성립하지 않는다는 것이 통설・판례이다.[130]

또한, 이러한 계약명의신탁의 법리는 명의수탁자가 명의신탁 부동산에 관한 등기를 이전받기 전에 양도인과 합의하여 매매계약을 해제한 후 반환받은 매매대금에도 마찬가지로 적용되어 명의수탁자가 그 매매대금을 명의신탁자를 위하여 보관・관리하는 자의 지위에 있지 아니하므로, 명의수탁자가 그 매매대금을 임의처분하거나 반환거부 하더라도 횡령죄가 성립하지 아니한다(판례).[131]

그러나 명의수탁자가 명의신탁 부동산을 임의처분하여 이익을 취득한 경우에 명의신탁자에 대한 관계에서 배임죄가 성립하는지 여부는 문제이다.

이에 대하여, 배임죄 부정설은 명의수탁자가 부동산실명법에 따라 명의신탁 부동산의 소유권을 적법하게 취득한 이상 그 재산에 관하여는 법적인 임무가 없음은 물론이고 사실상 보호해야 할 재산상 사무도 없으며, 그 부동산의 취득을 배임행위로 재산상 이익을 취득한 것으로 볼 수 없다는 논거로 배임죄도 성립하지 않는다고 한다.[132] 판례도 "명의수탁자가 명의신탁자에 대하여 부담하는 명의신탁 약정의 무효로 인한 부당이득반환 의무는 명의수탁자가 명의신탁자에 대하여 부담하는 통상의 채무에 불과할 뿐만 아니라, 명의신탁자와 명의수탁자 사이의 명의신탁 약정이 무효인 이상 특별한 사정이 없는 한 명의신탁자와 명의수탁자 사이에 명의신탁 약정과 함께 이루어진 부동산 매입의 위임 약정 역시 무효라고 볼 것이어서, 명의수탁자를 명의신탁자와의 신임관계에 기하여 명의신탁자를 위하여 신탁 부동산을 관리하면서 명의신탁자의 허락 없이는 이를 처분하여서는 아니되는 의무를 부담하는 등으로 명의신탁자의 재산을 보전・관리하는 지위에 있는 자에 해당한다고 볼 수 없다. 따라서 명의수탁자는 타인의 사무를 처리하는 자의 지위에 있지 아니하다."라는 논거로 명의수탁자의 명의신탁자에 대한 배임죄의 성립도 부인하고 있다.[133]

을 막는 취지의 규정은 아니므로 명의수탁자는 명의신탁자에게 자신이 취득한 부동산을 부당이득으로 반환할 의무가 있다."고 판시하였다(2002. 12. 26. 2000다21123).

130) 대법원 2009. 9. 10. 2009도4501; 2008. 3. 27. 2008도455; 2006. 9. 8. 2005도9733; 2000. 3. 24. 98도4347.

131) 대법원 2007. 3. 29. 2007도766.

132) 김성돈, 전게서, 360면; 박상기, 전게서, 380면; 손동권, 전게서, 429~430면; 김일수・서보학, 전게서, 372면; 전게 「주석 형법각칙」, 360면; 오영근, 전게서, 472면.

이에 반하여, 배임죄 긍정설은 명의신탁 약정이 비록 강행규정을 위반하여 무효일지라도 선량한 풍속 기타 사회질서에 위반하는 내용이 아닌 이상 명의신탁자와 명의수탁자 사이의 사실상의 신임관계까지 무효가 되는 것은 아니므로 명의수탁자의 명의신탁자에 대한 배임죄가 성립한다고 주장한다.[134]

생각하건대 부동산실명법이 명의신탁자와 명의수탁자 사이의 명의신탁 약정을 무효로 한 입법취지는 양 자 사이에 명의신탁 부동산의 보전・관리에 협력할 의무도 부인하고자 하는 취지로 보아야 할 것이므로, 명의수탁자는 명의신탁자의 사무를 처리하는 지위에 있다고 볼 수 없어 배임죄 부정설이 타당하다고 본다.

다. 양도담보의 경우

1) 양도담보의 의의 및 유형

민・상법에 규정된 담보권이 아니면서 의용상법 시대부터 판례에 의하여 발달하여 온 비전형담보제도로서 이른바 양도담보가 있다. 넓은 의미의 양도담보는 채무의 담보를 위하여 담보목적물의 소유권을 채권자에게 이전하는 형식을 취하는 것을 말한다. 그 중 신용의 수수(授受)를 매매 형식을 취하고 아울러 환매나 재매매 특약을 함으로써 형식상 채권・채무관계를 남기지 아니하여 채권자가 채권을 행사할 수 없는 경우를 '매도담보'라 하고, 형식적으로도 채권・채무관계가 발생하는 경우를 '좁은 의미의 양도담보'라 한다.[135]

종래에 판례는 양도담보의 법적 성질을 신탁적 양도로 보는 입장(신탁적 양도설)에서 양도담보의 유형을 담보목적물의 소유권 귀속을 기준으로 '강한 의미의 양도담보'와 '약한 의미의 양도담보'로 구분하여 왔다. 판례의 입장인 신탁적 양도설은 "양도담보계약은 일종의 신탁행위로서 채권담보의 목적으로 담보목적물의 소유권을 채권자에게 이전하여 그 채권담보의 목적 범위 안에서만 소유권을 행사케 하는 담보계약이므로 채무자는 채권자로 하여금 제3자에 대한 관계에서 소유자로서 권리를 실행시키기 위하여 그 목적물에 대한 이전등기 및 그 부수의무를 이행하여야 하고, 채권자는 채무자가 채무를 이행하지 아니할 때는 목

133) 대법원 2008. 3. 27. 2008도455; 2004. 4. 27. 2003도6994.
134) 배종대, 전게서, 534면; 이재상, 전게서, 401면; 정성근・박광민, 전게서, 447~448면.
135) 곽윤직, 전게서, 402면.

적물을 시가에 의하여 처분하여 피담보채무의 변제에 충당하되 잉여가 있으면 이를 반환하고 부족하면 다시 채무자에게 청구하는 관계"라고 한다.[136] 따라서 양도담보의 유형도 담보목적물의 소유권이전 형식에 따라, 채권자와 양도담보권 설정자 사이에(즉, 대내적으로)는 이전하지 않지만 제3자에 대하여(즉, 외부적으로)는 채권자에게 이전하는 유형을 '약한 의미의 양도담보'라 하고, 그 소유권이 대내외적으로 이전하는 유형을 '강한 의미의 양도담보'라고 하였다.

'강한 의미의 양도담보'의 경우에는 채권자와 양도담보권 설정자 사이에도 담보목적물의 소유권이 채권자에게 귀속되므로, 채권자의 담보목적물 처분은 횡령죄를 구성할 수 없고, 오히려 양도담보권 설정자가 이를 보관 중 임의처분하는 경우에는 채권자에 대한 횡령죄가 성립할 수 있을 것이다.[137] 반면, '약한 의미의 양도담보'의 경우에는 채권자와 양도담보권 설정자 사이에는 담보목적물의 소유권이 양도담보권 설정자에게 귀속되므로, 채권자의 담보목적물 처분은 횡령죄가 성립할 수 있고, 양도담보권 설정자의 담보목적물 처분은 횡령죄가 아닌 배임죄가 성립할 수 있을 뿐이다.

종래의 '매도담보'는 '강한 의미의 양도담보'로 파악할 수 있었고, '좁은 의미의 양도담보'는 계약내용에 따라 '강한 의미의 양도담보'이거나 '약한 의미의 양도담보'로 파악할 수 있었다.

2) 가등기담보 등에 관한 법률의 시행 및 양도담보의 법적 성질

그런데 1984. 1. 1.부터 가등기담보 등에 관한 법률(이하 가담법이라 함)이 시행되어 양도담보도 하나의 담보권으로 파악할 수 있게 되었고, 가담법이 적용되는 범위에서는 '매도담보'도 '좁은 의미의 양도담보'와 동일하게 규율하고 있으므로(가담법 제2조 제1호), 양도담보의 법적 성질부터 다시 검토하지 않으면

---

136) 대법원 1955. 3. 31. 4287민상124.

137) 김성돈, 전게서, 388면; 대법원 1992. 5. 26. 선고 92다84 판결에서도 강한 양도담보세 속하는 환매특약부 매매의 경우에는 내부적으로도 채권자에게 담보목적물의 소유권이 귀속됨을 전제로 "환매특약부 매매가 채권담보의 경제적 기능을 갖는 것은 사실이나, 그렇다고 하더라도 채권자(매수인)가 단순히 담보권만을 취득하는 것이 아니고 목적물의 소유권까지를 일단 취득하고 단지 채무자(매도인)가 환매기간 내에 환매할 수 있는 권리를 유보하는 부담을 갖는 데에 그치는 것이므로, 주식을 환매조건부로 취득하여 주주명부상의 명의개서까지 마친 매수인으로서는 주주로서의 의결권 기타의 공익권도 행사할 수 있고, 설사 주식의 양도가 양도담보의 의미로 이루어지고 양수인이 양도담보권자에 불과하더라도, 회사에 대한 관계에 있어서는 양도담보권자가 주주의 자격을 갖는 것이어서 의결권 기타의 공익권도 양도인에 대한 관계에서는 담보권자인 양수인에 귀속한다 할 것이다."라고 판시하고 있다.

안 되었다.

가담법은 환매·양도담보 등 명목 여하를 불문하고 차주가 차용물의 반환에 갈음하여 부동산이나 등기·등록할 수 있는 권리(질권·저당권·전세권 제외)를 이전할 것을 예약할 때, 그 예약 당시의 재산가액이 차용액 및 이자를 합산한 액수를 초과하는 경우에만 적용된다(가담법 제1조, 제2조 제1호, 18조). 그러므로 부동산 기타 등기·등록할 수 있는 권리에 관한 양도담보 중에도 소비대차로 인한 채권을 담보하기 위한 경우가 아닌 경우이거나, 예약당시의 부동산 가액이 차용액 및 이자를 합산한 액수를 초과하지 아니하는 경우, 그리고 그 밖의 동산, 유가증권 기타 재산의 양도담보의 경우에는 가담법이 적용되지 않는다.[138] 따라서 가담법 시행 이후로는 가담법이 적용되는 경우와 적용되지 않는 경우로 구분하여 그 법리를 검토할 필요가 있다.

가담법이 적용되는 양도담보의 법적 성질에 관하여, 통설·판례인 담보물권설은 가담법 제4조 제2항에 "채권자는 담보목적부동산에 관하여 이미 소유권이전등기를 마친 경우에는 청산기간이 지난 후 청산금을 채무자등에게 지급한 때에 담보목적부동산의 소유권을 취득하며"라고 규정되어 있고, 가담법은 양도담보도 포함하여 '담보권'으로 파악하고(가담법 제3조 등) 그 담보권 실행절차를 규정하고 있음에 비추어, 가담법이 적용되는 양도담보권은 새로운 담보물권이라고 한다(담보물권설).[139] 이 견해에 따르면 채권자는 양도담보권이라는 담보물권을 가질 뿐이고, 담보목적물의 소유권은 양도담보권 설정자에게 남아있게 된다.

이에 대하여, 가담법이 적용되는 양도담보의 법적 성질에 대하여도 종래의 신탁적 소유권이전으로 보는 견해(신탁적 양도설)도 있으나, 어느 견해에 따르더라도 담보목적물의 소유권이 대내적으로 양도담보권 설정자에게 남아 있는 점은 동일하다.

그러므로 가담법이 적용되는 양도담보의 경우에는 '매도담보'이든 '좁은 의미의 양도담보'이든 횡령죄의 성립 여부에 관하여는 담보목적물의 소유권이 양도담보권 설정자에게 있음을 전제로 판단하게 된다.

가담법이 적용되지 않는 양도담보의 경우에, 양도담보의 법적 성질에 관하여

---

138) 송덕수, 전게서, 903면; 대법원 2001. 1. 5. 2000다47682; 1995. 4. 21. 94다26080; 1992. 10. 27. 92다22879.

139) 곽윤직, 전게서, 408면; 송덕수, 전게서, 903면; 대법원 1991. 11. 8. 91다21770.

는, 가담법이 적용되지 않는 이상 종전처럼 신탁적 양도설에 따라야 한다는 견해(판례)[140]와, 같은 양도담보의 법적 성질을 달리 파악할 수 없다는 논거로 가담법이 적용되는 양도담보와 동일하게 새로운 담보물권으로 보아야 한다는 견해(담보물권설)[141]가 대립한다.

신탁적 양도설에 따르면 가담법이 적용되지 않는 동산 등의 양도담보에 관하여 채권자와 양도담보권 설정자 사이의 담보목적물의 소유권 귀속은 전술한 바와 같이 '강한 의미의 양도담보'와 '약한 의미의 양도담보'로 구분하여 판단할 수 있다. 그러나 신탁적 양도설 중에도 소유권의 귀속을 대내외 관계에서 달리 할 수 없다는 이유로 '강한 의미의 양도담보'만 인정하는 견해[142]도 있다.

판례는 신탁적 양도설 입장에서 약한 의미의 양도담보의 경우에 "금전채무를 담보하기 위하여 채무자가 그 소유의 동산을 채권자에게 양도하되 점유개정에 의하여 채무자가 이를 계속 점유하기로 한 경우, 특별한 사정이 없는 한 동산의 소유권은 신탁적으로 이전되고, 채권자와 채무자 사이에는 채무자가 그 소유권을 보유하나 제3자에 대하여는 채무자는 동산의 소유권을 이미 채권자에게 양도한 무권리자가 된다. 따라서 동산에 관하여 양도담보계약이 이루어지고 채권자가 점유개정의 방법으로 인도를 받았다면, 그 정산절차를 마치기 전이라도 양도담보권자인 채권자는 제3자에 대한 관계에 있어서는 담보목적물의 소유자로서 그 권리를 행사할 수 있다."라고 판시하였다.[143]

또한 판례에 따르면 채무불이행의 경우에 담보목적물을 확정적으로 채권자의 소유로 귀속시키고 정산할 필요가 없도록 약정한 이른바 '유담보형' 양도담보의 경우에는, 그 약정 당시의 담보목적물의 가액이 차용액 및 이자의 합산액을 넘는 경우에는 그 중 대물반환 예약 부분만 민법 제607조, 제608조에 저촉되어 무효일 뿐, 채무를 담보하는 양도담보로서의 효력은 남아있는 것이라고 한다.[144] 이 경우 양도담보는 특약이 없는 이상 '약한 의미의 양도담보'로 추정하고 있다.[145]

---

140) 송덕수, 전게서, 903면; 대법원 2005. 2. 18. 2004다37430(동산 양도담보 사안).
141) 곽윤직, 전게서, 408~409면.
142) 송덕수, 전게서, 904면.
143) 대법원 2008. 11. 27. 2006도4263; 2004. 6. 25. 2004도1751; 1994. 8. 26. 93다44739.
144) 대법원 1967. 3. 28. 67다61; 1966. 9. 20. 66다1114.
145) 대법원 1966. 9. 20. 66다1114; 1966. 4. 6. 66다218.

이상과 같은 양도담보의 기본 법리를 기초로 구체적인 경우를 분설하면 아래와 같다.

3) 가담법이 적용되는 양도담보의 경우

가등기담보법이 적용되는 양도담보의 경우에는 '매도담보'이건 '좁은 의미의 양도담보'이건 불문하고 채권자가 그 담보목적물의 소유권을 취득하려면, 그 피담보채권의 변제기 후에 청산금의 평가액을 채무자 등에게 통지하고 2개월의 청산기간이 지나야 한다(가담법 제3조). 이미 담보목적물의 소유권이전등기를 마친 경우에는 그 청산기간이 경과한 후 청산금을 지급한 때에 그 소유권을 취득하고, 위 이전등기를 마치지 아니한 경우에는 그 청산금의 지급과 동시이행으로 소유권이전등기 청구를 할 수 있다(가담법 제4조).

채권자와 양도담보권 설정자 사이에는 담보목적물의 소유권이 양도담보권 설정자에게 남아 있으므로, 채권자가 이미 그 소유권이전등기를 경료받았더라도 위와 같은 청산기간 경과 전에 자신이 보관 중인 담보목적물을 임의로 처분한 경우에는 타인인 양도담보권 설정자 소유의 재물을 횡령한 셈이 되어 횡령죄가 성립한다.[146)]

한편, 이 경우 채권자가 위 청산절차를 거쳐 담보목적물을 처분하여 청산금을 수령하였음에도 불구하고 청산을 하지 아니한 경우에는 그 청산금을 횡령한 횡령죄가 성립한다고 보는 견해[147)]가 있다. 이에 반하여, 청산금의 지급에 관하여는 채권자의 독자적 처분권이 인정되어 배임죄도 성립하지 않는다고 보는 것이 판례의 입장임을 논거로 횡령죄도 성립하지 않는다는 견해[148)]가 있다. 이 점은 가담법의 적용 여부나 담보목적물 소유권의 귀속 여부를 불문하고 양도담보권자의 담보목적물에 관한 청산사무가 자신의 사무인지 여부에 관한 문제인데, 양도담보권자의 청산사무는 자신의 담보권 실행을 위한 것이므로 양도담보권자 자신의 사무로 보아야 할 것이므로 후설이 타당하다고 본다.

이에 관하여, 판례도 종전에는 타인의 사무임을 전제로 배임죄의 성립을 인정하였다가 대법원 1985. 11. 26. 85도1493 전원합의체 판결 이후로는 양도담보

146) 김일수・서보학, 전게서, 366면; 박상기, 전게서, 373면; 전게「주석 형법각칙」, 365면; 이재상, 전게서, 398면.

147) 김일수・서보학, 전게서, 366면; 전게「주석 형법각칙」, 365면.

148) 손동권, 전게서, 426면.

권자 자신의 사무이므로 배임죄가 성립하지 아니한다는 입장이다. 즉, "양도담보가 처분정산형의 경우이건 귀속정산형의 경우이건 담보권자가 변제기 경과 후 양도담보권을 실행하여 그 환가대금 또는 평가액을 채권원리금과 담보권 실행비용 등의 변제에 충당하고 그 나머지가 있는 경우에 이를 양도담보 설정자에게 돌려주어야 할 의무는 담보계약에 따라 부담하는 자신의 정산의무이므로, 그 의무를 이행하는 사무는 채권자 자신의 사무처리에 속하는 것이라 할 것이고 이를 타인인 채무자의 사무처리에 속하는 것이라 할 수 없다. 그러므로 양도담보 채권자가 그 정산의무를 이행하지 아니한 것만으로는 배임죄를 구성하지 않는다."고 판시하였다.[149] 또한 "양도담보권자가 변제기 경과 후에 담보권을 실행하기 위하여 담보목적물을 처분하는 행위는 담보계약에 따라 담보권자에게 주어진 권능이어서 자기의 사무처리에 속하는 것이지 타인인 채무자의 사무처리에 속하는 것이라고 할 수 없으므로, 담보권자가 담보권을 실행하기 위하여 담보목적물을 처분함에 있어 시가에 따른 적절한 처분을 하여야 할 의무는 담보계약상의 민사채무일 뿐 그와 같은 형법상의 의무가 있는 것은 아니므로 그에 위반한 경우 배임죄가 성립한다고 할 수 없다."고 판시하였다.[150]

양도담보권 설정자는 담보권자인 채권자에 대하여는 담보목적물의 소유자이지만 채권자의 양도담보권 보전에 협력하여야 지위에 있으므로 담보목적물의 임의처분은 횡령죄가 되지는 아니하나, 그로 인하여 채권자에게 재산상 손해를 가한 경우에는 배임죄가 성립할 수 있다.[151]

---

149) 대법원 1986. 7. 8. 85도554; 1985. 11. 26. 85도1493 전원합의체(→ 종전 배임죄 긍정한 대법원 1983. 6. 28. 82도1151, 1975. 5. 13. 74도3125, 1971. 3. 9 71도189 등 폐기, 이에 대한 반대의견은 "정산형 양도담보의 담보목적물 소유권이전의 법률적 본질이 신탁적 양도임에 틀림이 없는 이상 양도담보권자는 수탁자로서 양도담보 채무자의 위탁(위임)에 의하여 위임된 사무를 성실하게 처리하여야 할 의무와 그 재산보전에 적극적·소극적으로 협력하여야 할 의무가 있으며, 그 사무의 처리는 법률행위는 물론 법률행위가 아닌 사실상 사무의 처리도 포함된다. 민법의 위임에 관한 규정들은 타인의 사무처리에 관한 법률관계의 통칙이므로, 그와 같은 규정들이 양도담보 관계에도 의당 적용되어야 하고 이에 기초를 둔 법리해석이 되어야함은 당연한 논리의 귀결이다. 양도담보권자가 변제기 경과 후에 그 담보권을 실행(법률행위 경유)하여 채권원리금과 담보권 실행비용 등에 충당하고 나머지가 있어 양도담보 채무자에게 반환할 의무는 사실상의 사무처리에 속하고, 타인인 양도담보 채무자의 사무로 볼 수 있으므로," 그 임무를 해태한 경우 배임죄가 성립한다고 주장).

150) 대법원 1997. 12. 23. 97도2430.

151) 김성돈, 전게서, 389면; 전게「주석 형법각칙」, 365면; 대법원 1997. 6. 24. 96도1218(피고인이 채권자와 부동산 양도담보설정계약을 체결한 후 그 소유권이전등기 경료 전에 임의로 기존의 근저당권자에게 지상권설정등기를 경료하여 준 경우, 그 지상권 설정이 새로운 채무부담행위에 기한 것이 아니라 기존 근저당권자가 가지는 채권을 근저당권과 함께 담보하는 의

4) 가담법이 적용되지 않는 양도담보의 경우

가담법이 적용되지 않는 경우의 양도담보의 법적 성질에 관하여, 판례와 같이 신탁적 양도설에 따르면 채권자와 양도담보권 설정자 사이의 담보목적물의 소유권 귀속은 전술한 바와 같이 '강한 의미의 양도담보'와 '약한 의미의 양도담보'로 구분하여 판단할 수 있다.

가) 강한 의미의 양도담보

'강한 의미의 양도담보'의 경우에는 채권자와 양도담보권 설정자 사이에도 담보목적물의 소유권이 채권자에게 귀속되므로, 채권자가 담보목적물을 임의처분하더라도 횡령죄가 성립하지 아니하고,[152] 양도담보권 설정자가 이를 임의처분하는 경우에는 채권자의 소유물이므로 횡령죄가 성립할 수 있다.[153]

나) 약한 의미의 양도담보

신탁적 양도설을 취하는 판례에 따르면 '약한 의미의 양도담보'의 경우에 담보목적물의 소유권은 신탁적으로 이전됨에 불과하여 채권자와 양도담보권 설정자 사이의 대내적 관계에서는 양도담보권 설정자가 소유권을 보유하나 제3자에 대한 대외적 관계에서 양도담보권 설정자는 동산의 소유권을 이미 채권자에게 양도한 무권리자가 되고 채권자가 그 소유권을 취득한다.

그러므로 채권자가 담보목적물을 임의처분한 경우에는 양도담보권 설정자 소유의 담보목적물을 횡령한 셈이 되어 횡령죄가 성립할 수 있고,[154] 양도담보권 설정자의 담보목적물 처분은 자기 소유물에 대한 처분이므로 횡령죄는 성립할 수 없으나[155] 후술하는 바와 같이 배임죄가 성립할 수 있다.[156]

양도담보권 설정자는 채권자의 담보권보전에 협력해야 할 지위에 있는 자로

미밖에 없다고 하더라도, 이로써 양도담보권자의 채권에 대한 담보능력 감소의 위험이 발생한 이상 배임죄가 성립한다고 판시).

152) 김성돈, 전게서, 388면.

153) 전게「주석 형법각칙」, 365면.

154) 대법원 1989. 4. 11. 88도906; 1980. 11. 11. 80도2097.

155) 대법원 2009. 2. 12. 2008도10971; 1980. 11. 11. 80도2097.

156) 대법원 1983. 3. 8. 선고 82도18("금전채무를 담보하기 위하여 채무자가 그 소유의 동산을 채권자에게 점유개정에 의하여 양도한 경우에는 이른바 약한 양도담보가 설정된 것이라고 볼 것이므로, 채무자는 채권자가 담보의 목적을 달성할 수 있도록 이를 보관할 의무를 지게 되어 채권자에 대하여 그의 사무를 처리하는 자의 지위에 있게 된다 할 것이니, 채무자가 양도담보된 동산을 처분하는 등 부당히 그 담보가치를 감소시키는 행위를 한 경우에는 배임죄가 성립된다"고 판시).

서 타인의 사무를 처리하는 자의 지위에 있으므로, 그가 양도담보로 제공한 물건을 다시 타인에 양도 기타 처분을 한 경우에는 배임죄가 성립할 수 있다.[157]

마찬가지로, 수입업자가 수입물품에 관하여 신용장개설은행(이하 개설은행이라고 함)과 수입거래 약정을 체결하면서 장래의 수입물품을 개설은행에 대한 신용장대금 채무이행을 위한 담보로서 양도한다는 약정을 하였고, 이에 따라 개설은행을 수하인, 수입업자를 통지처로 정한 항공화물운송계약에 따라 수입물품을 운송할 것을 조건으로 한 신용장이 개설되어 수출업자로부터 위 물품을 수입한 사안에서, 판례는 "특별한 사정이 없는 한 수입물품이 수입업자의 국내 공항에 도착하였을 때 개설은행이 민법 제190조 규정에 의하여 인도를 받은 것으로 되어 당사자 사이에 그 소유권이전이 순차로 이루어져, 위 수입거래약정과 별도로 양도담보계약을 체결하지 않았더라도 개설은행은 물품에 대한 양도담보권을 취득한 것"으로 보았다.[158] 그리고 물품이 통관을 위하여 영업용 보세장치장 설영인(이하 보세창고업자라 함)에게 입고되자 수입업자가 수입신고를 하여 통관절차를 마치고 보세창고업자에게 수입신고필증을 제시하여 물품을 인도받은 다음 그 수입물품을 임의로 처분한 사안에서 "수입업자는 신의칙상 양도담보권자인 개설은행이 담보의 목적을 달성할 수 있도록 개설은행에 대한 신용장대금 변제시까지 위 물품을 보관할 의무를 지게 되고, 이 의무는 개설은행에 대하여 타인의 사무에 해당한다고 할 것이므로 위 물품을 처분하는 등 부당하게 그 담보가치를 감소시키는 행위는 형법상 배임죄를 구성한다고 할 것이다"라고 판시하였다.[159]

채무를 담보하기 위하여 채무자가 그 소유의 동산을 채권자 A에게 양도하되 점유개정에 의하여 채무자가 이를 계속 점유하면서 다시 다른 채권자 B와 양도담보 설정계약을 체결하고 점유개정의 방법으로 인도한 경우에, 신탁적 양도설에 따르면 제3자에 대한 관계에서 채무자는 동산의 소유권을 이미 채권자에게 양도한 무권리자가 되는 것이므로 나중에 설정계약을 체결한 채권자 B는 선의취득이 인정되지 않는 한 양도담보권을 취득할 수 없다. 그런데 다수설·판례에 따르면 점유개정에 의한 선의취득은 인정되지 아니하므로,[160] 결국 채

157) 대법원 1983. 11. 8. 82도2119.
158) 대법원 1998. 11. 10. 98도2526.
159) 대법원 1998. 11. 10. 98도2526; 1989. 7. 25. 89도350; 1983. 3. 8. 82도1829.
160) 곽윤직, 전게서, 124~125면; 대법원 2000. 9. 8. 99다58471; 1978. 1. 17. 77다1872.

권자 B는 양도담보권을 취득할 수 없다.[161] 따라서 위와 같이 이중으로 양도담보제공이 된 것만으로는 처음의 양도담보권자 A에게 담보권의 상실이나 담보가치의 감소 등 손해가 발생하였다거나 재산상 손해의 위험이 발생하였다고 할 수 없으므로 A에 대한 배임죄는 성립하지 않는다.[162]

그리고 이와 같이 채무자가 그 소유의 동산에 대하여 점유개정 방식으로 채권자들에게 이중의 양도담보 설정계약을 체결한 후 담보목적물을 임의로 제3자에게 처분한 경우에, 양도담보권자인 A에 대하여는 배임죄가 성립할 수 있으나, 양도담보권자라 할 수 없는 채권자 B에 대하여는 채무자가 타인의 사무를 처리하는 자에 해당한다고 할 수 없으므로 배임죄가 성립하지 않는다.[163]

또한 위 사례에서 나중에 양도담보설정계약을 체결한 B는 선의취득이 인정되지 않는 한 적법하게 담보목적물을 취득할 수 없으므로, B가 임의로 담보목적물을 취거한 경우에는 절도죄가 성립할 수 있다. 판례도 돈사에서 대량으로 사육되는 돼지에 대한 이중의 양도담보설정계약이 체결된 사안에서,[164] "나중에 양도담보설정계약을 체결한 이중양수 채권자가 임의로 돼지를 반출한 행위는 절도죄를 구성한다."고 판시하였다.[165]

양도담보권자도 담보목적물의 처분종료 전에 채무자가 피담보채무를 변제하면 양도담보권 설정자에게 그 담보목적물에 관한 소유명의의 회복 등 권리를 회복시켜 줄 의무가 있고, 그러한 사무는 양도담보권 설정자의 재산보전에 관한 사무이다. 그러므로 "채권자가 은행으로부터 돈을 차용하고 양도담보 부동산에 설정한 저당권에 기하여 임의경매절차가 진행되고 있는 동안에 양도담보 채무자가 차용원리금을 변제공탁 하였음에도 불구하고 채권자가 아무런 이의 없이 이를 수령하고서도 위 경매절차에 대하여 아무런 조치를 하지 아니하여 타인에게 경락되게 하고 그 부동산의 경락잔금까지 받아간 경우에는 배임죄가 성

161) 대법원 2005. 2. 18. 2004다37430.

162) 대법원 2007. 2. 22. 2006도6686; 1990. 2. 13. 89도1931.

163) 대법원 2004. 6. 25. 2004도1751.

164) 판례는 이른바 '유동집합물에 대한 양도담보계약'에 관하여 "돈사에서 대량으로 사육되는 돼지를 집합물에 대한 양도담보의 목적물로 삼은 경우에, 그 돼지는 번식, 사망, 판매, 구입 등의 요인에 의하여 증감 변동하기 마련이므로 양도담보권자가 그 때마다 별도의 양도담보권 설정계약을 맺거나 점유개정의 표시를 하지 않더라도 하나의 집합물로서 동일성을 잃지 아니한 채 양도담보권의 효력은 항상 현재의 집합물 위에 미치게 된다."고 판시하고 있다(대법원 2007. 2. 22. 2006도8649; 2004. 11. 12. 2004다22858).

165) 대법원 2007. 2. 22. 2006도8649.

립한다"(판례).[166]

한편, 양도담보권자인 채권자가 제3자에게 담보목적물을 매각하여 이를 매수한 제3자가 그 담보목적물을 취거한 경우에 절도죄 여부가 문제된 사안에서, 판례는 "제3자는 채권자와 채무자 사이의 정산절차 종결 여부와 관계없이 양도담보 목적물을 인도받음으로써 소유권을 취득하게 되는 것이고, 양도담보 설정자가 담보목적물을 점유하고 있는 경우에도 그 목적물의 인도는 채권자로부터 목적물반환청구권을 양도받는 방법으로도 가능하므로 제3자로서는 자기의 소유물을 취거한 것에 불과하여, 사안에 따라 권리행사방해죄를 구성할 여지가 있음은 별론으로 하고, 절도죄를 구성할 여지는 없다."고 판시하였다.[167]

Ⅱ. 횡령행위

1. 개 념

횡령죄의 실행행위는 전술한 행위주체가 그 재물을 '횡령'하거나 '반환을 거부한' 행위이다(형법 제355조 제1항 등). 그런데 반환거부 행위는 횡령행위의 예시로 보는 것이 일반적이므로 횡령죄의 실행행위는 횡령행위라 할 수 있다.

전술한 바와 같이 횡령죄의 본질론은 바로 횡령행위의 내용에 관한 문제인데, 통설·판례인 영득행위설에 따르면 이러한 횡령행위는 재물에 대한 불법영득의사를 실현하는 일체의 행위를 말하는 것으로서, 외부에서 행위주체의 불법영득의사를 인식할 수 있는 객관적 행위가 있을 때 성립하는 것이라고 한다.[168] 이 경우 불법영득의사란 후술하는 바와 같이 타인의 재물을 보관하는 자가 그 위탁 취지에 반하여 자기 또는 제3자의 이익을 위하여 권한 없이 그 재물을 자기의 소유인 것 같이 처분(반환 거부 포함)하는 의사를 말한다.

횡령행위는 절도와는 달리 이미 타인의 재물을 점유하는 자가 그 점유를 자기를 위한 점유로 바꾸는 행위이므로, 그 범죄의사를 외부에 표현하는 행위만으로도 범죄가 성립할 수 있으나, 그 대신 외부에서 범죄의사를 인식할 수 있는 객관적 행위가 요구되는 것이다.

---

166) 대법원 1988. 12. 13. 88도184.
167) 대법원 2008. 11. 27. 2006도4263.
168) 박상기, 전게서, 384면; 김성돈, 전게서, 391면; 대법원 2010. 2. 25. 2010도93.

2. 유 형

이러한 횡령행위는 작위뿐만 아니라 작위의무 있는 자의 부작위인 경우에도 성립할 수 있고, 소비 · 반출 · 은닉 · 반환거부 등 사실행위나 매매 · 교환 · 증여 · 대여 · 담보설정 등의 법률행위도 모두 포함한다.

횡령행위가 법률행위인 경우에는 법률행위의 무효 · 취소 등 그 효력 여부는 불문한다.[169] 횡령죄를 위험범으로 보는 입장에서는 무효 · 취소사유가 있는 법률행위일지라도 보관을 위탁한 타인의 소유권 침해의 위험은 발생한 것이기 때문이다.

영득행위설에 따르면 전술한 바와 같이 불법영득의사가 없는 손괴 · 일시사용행위는 횡령행위에서 제외된다. 영득행위설에 따르면 은닉행위도 불법영득의사가 있는 경우에는 횡령행위에 포함하는 것이 일반적이지만, 은닉은 손괴죄를 구성할 뿐 횡령행위가 될 수 없다고 보는 소수설[170]도 있다. 그러나 판례는 은닉행위도 횡령행위에 포함됨을 전제로 판시하고 있고,[171] 횡령죄의 본질에 관한 월권행위설에서는 물론이고 영득행위설의 입장에서도 은닉이 불법영득의사

---

169) 대법원 2002. 11. 13. 2002도2219; 참고로, 대법원 1978. 11. 28. 75도2713 판결에 관하여, 이 판례를 당연무효인 처분행위를 횡령행위로 인정하지 아니한 사례로 보고, 이러한 판례의 입장이 부당하다고 비판하는 견해(김일수 · 서보학, 전게서, 375면; 김성돈, 전게서, 391면)가 있으나, 이 판례는 당연무효인 처분행위를 횡령행위가 아니라고 판시한 것이 아니라 재물의 타인 소유 여부에 관한 판례일 뿐이다. 즉, 공장재단을 구성하는 기계를 피해자에게 양도한 후 다시 근저당권을 설정한 행위가 피해자에 대한 횡령죄가 되는지 여부가 문제된 사안에서, 위 피해자에 대한 양도행위가 공장저당법의 강행규정에 저촉되어 무효이므로 피해자에 대한 횡령죄가 되지 않는다고 판시한 것일 뿐이다.

170) 오영근, 전게서, 467면.

171) 대법원 2000. 9. 8. 2000도1447 판결은 불법영득의사로 차명계좌에 은닉하는 경우에 횡령행위가 됨을 전제로, 횡령죄와 강제집행면탈죄의 관계에 관하여 "횡령죄의 구성요건으로서의 횡령행위란 불법영득의 의사, 즉 타인의 재물을 보관하는 자가 자기 또는 제3자의 이익을 꾀할 목적으로 위탁의 취지에 반하여 권한 없이 그 재물을 자기의 소유인 것처럼 사실상 또는 법률상 처분하려는 의사를 실현하는 행위를 말하고, 한편 강제집행면탈죄에 있어서 은닉이라 함은 강제집행을 면탈할 목적으로 강제집행을 실시하는 자로 하여금 채무자의 재산을 발견하는 것을 불능 또는 곤란하게 만드는 것을 말하는 것으로서 진의에 의하여 재산을 양도하였다면 설령 그것이 강제집행을 면탈할 목적으로 이루어진 것으로서 채권자의 불이익을 초래하는 결과가 되었다고 하더라도 강제집행면탈죄의 허위양도 또는 은닉에는 해당하지 아니한다 할 것이다. 이와 같은 양 죄의 구성요건 및 강제집행면탈죄에 있어 은닉의 개념에 비추어 보면, 타인의 재물을 보관하는 자가 위 보관하고 있는 재물을 영득할 의사로 이를 은닉하였다면 이는 횡령죄를 구성하는 것이고 채권자들의 강제집행을 면탈하는 결과를 가져온다 하여 이와 별도로 강제집행면탈죄를 구성하는 것은 아니라고 할 것이다."라고 판시하였다.

의 외부적 표현행위로 볼 수 있는 경우에는 횡령행위가 될 수 있다고 봄이 타당하다고 생각한다.

‘반환거부’도 횡령행위의 한 유형으로서, 단순한 반환거부를 넘어 불법영득의 의사로 보관물에 대한 그 소유자의 권리를 배제하는 의사표시를 하는 행위를 말한다. 따라서 행위자의 주관적 의사 및 반환거부 이유 등을 종합하여 반환거부행위가 횡령행위와 같다고 볼 수 있을 정도라야만 하고, 그 반환거부에 정당한 사유가 없어야 할 것이다.172)

목적이나 용도를 한정하여 위탁된 금전이나, 금전의 수수를 수반하는 사무처리를 위임받은 자가 그 행위에 기하여 위임자를 위하여 제3자로부터 수령한 금전은 다른 특별한 사정이 없는 한 그 수령과 동시에 위임자의 소유에 속하고, 위임을 받은 자는 이를 위임자를 위하여 보관하는 관계에 있는 것으로 보아야 함은 전술한 바와 같다. 그런데 그 보관자가 위 금전을 그 위임의 취지대로 사용하지 않고 임의로 자신의 위임자에 대한 채권에 상계충당하는 행위는, 그 상계정산에 관한 특별한 약정이 없었던 이상 당초 위임한 취지에 반하는 것이므로 횡령행위가 된다.173)

그러나 회사에 대하여 개인적 채권이 있는 대표이사가 회사를 위하여 보관하

---

172) 이재상, 전게서, 406면; 김일수 · 서보학, 전게서, 376면; 박상기, 전게서, 385면; 김성돈, 전게서, 391~392면; 대법원 2005. 7. 29. 2005도685; 2004. 4. 9. 선고 2004도671(“피고인은 피해자회사와의 사이에 승차권 판매대금 5,348,000원의 지급 여부에 관하여 다툼이 생기자, 2001. 4. 11. 같은 해 3. 14.까지의 승차권 판매대금 10,014,425원에서 다툼이 있는 위 금원을 공제한 나머지 금4,666,425원만을 송금하고는, 그 이후의 승차권 판매대금에 대하여는 반환을 거부할 상당한 사유가 없음에도 불구하고 피해자회사가 위 5,348,000원의 수령 사실을 인정하지 아니한다는 이유로 2001. 3. 15. 이후의 승차권 판매대금의 지급을 거절한 사실, 이에 피해자회사가 2001. 5. 16. 경기지방경찰청에 민원을 제기하여 수사가 시작되자 피고인은 2001. 7. 20. 같은 해 3. 15. 이후의 판매대금을 피해자회사에게 지급한 사실, 피고인은 그 후에도 피해자회사가 위 5,438,000원의 수령 사실을 인정하지 아니한다는 이유로 2001. 7. 5. 이후의 승차권 판매대금을 지급하지 않았고, 나아가 종전에 지급한 승차권 판매대금에서 위 5,348,000원을 공제하지 않았으므로 2001. 7. 5. 이후의 승차권 판매대금에서 위 5,348,000원을 공제하여야 한다고 주장한 사실 등을 알 수 있는바, 이와 같이 피고인이 2001. 7. 5. 이후의 승차권 판매대금의 반환을 거부한 데에는 정당한 이유가 있다고 볼 수 없는 점, 피고인이 승차권 판매대금의 반환을 거부한 기간 및 그 수액, 이에 비추어 추단할 수 있는 피고인의 주관적 의사 등 제반 사정을 종합해 보면, 피고인이 2001. 7. 5. 이후 피해자회사의 승차권 판매대금의 반환요구를 거부한 행위는 횡령행위에 해당한다고 봄이 상당하고, 피고인에게 불법영득의 의사가 없었다고 볼 수는 없다”고 판시); 2003. 5. 16. 2002도619; 1986. 10. 28. 86도1516.

173) 대법원 2005. 8. 19. 2005도3681; 2004. 3. 12. 2004도134; 2003. 9. 26. 2003도3394; 2002. 9. 10. 2001도3100; 1997. 9. 26. 97도1520; 1970. 12. 29. 70도2387.

고 있는 회사 소유의 금전으로 자신의 채권 변제에 충당하는 행위는 회사와 이사의 이해가 충돌하는 자기거래행위(상법 제398조)에 해당하지 아니하므로, 대표이사가 이사회의 승인 등의 절차 없이 그 회사의 금전을 자신의 채권 변제에 사용하였더라도, 이는 대표이사의 권한 내에서 한 회사 채무의 이행행위로서 유효하고, 불법영득의사에 기한 횡령행위라 할 수 없다.[174)]

Ⅲ. 주관적 구성요건

1. 고 의

횡령죄는 고의범이므로(형법 제13조 본문) 위 객관적 범죄구성요건사실에 대한 인식과 적어도 그 용인이 필요하다(용인설). 즉, 자신이 타인의 재물을 보관하는 자(업무상횡령죄의 경우에는 업무상 타인의 재물을 보관하는 자)라는 사실과, 그 재물을 횡령하거나 반환을 거부하는 사실을 인식하고 적어도 이를 용인한 경우라야만 한다.

2. 불법영득의사

영득행위설에 따르면 전술한 바와 같이 횡령행위는 불법영득의사의 외부적 표현행위이므로 불법영득의사가 필요하다. 불법영득의사란 타인의 재물을 보관하는 자가 그 위탁 취지에 위배하여(업무상횡령죄의 경우에는 업무상 임무에 위배하여) 자기 또는 제3자의 이익을 위하여 권한 없이 그 재물을 자기의 소유인 것처럼 사실상 또는 법률상 처분(반환거부 포함)하는 의사를 말하고(통설 · 판례),[175)] 반드시 자신이 이를 영득하여야만 하는 것은 아니다.[176)]

우리나라의 형법 등 횡령죄나 업무상횡령죄에 관한 법규에 불법영득의사가 명문으로 규정되어 있는 것은 아니지만, 횡령죄의 보호법익을 타인의 소유권으로 보는 이상 타인의 재물에 대한 단순 손괴 또는 일시사용[177)] 의사만 있는 경

---

174) 대법원 2002. 7. 26. 2001도5459; 1999. 2. 23. 98도2296.

175) 김일수 · 서보학, 전게서, 380면; 박상기, 전게서, 385면; 이재상, 전게서, 407면; 손동권, 전게서, 434면; 대법원 2011. 5. 26. 2011도1904; 2009. 2. 26. 2007도4784; 2009. 2. 12. 2006도6994; 2008. 8. 21. 2007도9318; 2006. 8. 24. 2006도3039; 2004. 3. 12. 2004도134; 1989. 9. 12. 89도382; 1987. 4. 28. 86도824.

176) 대법원 2009. 2. 26. 2007도4784; 2008. 8. 21. 2007도9318; 2000. 12. 27. 2000도4005.

177) 다만, 사후에 반환하거나 변상 · 보전하는 의사가 있다 하더라도 불법영득의사를 인정함에 아

우나, 위탁자 본인을 위한 의사[178]로 처분한 경우에는 횡령죄의 성립을 인정할 수 없기 때문에 불법영득의사가 요구되는 것이다.

불법영득의사 유무와 관련하여 기업적 생활관계에서 발생할 수 있는 구체적 사례를 판례를 중심으로 검토하여 보면 다음과 같다.

가. 예산전용의 경우

예산전용의 경우에는 그 예산의 항목유용 자체가 위법한 목적을 가지고 있다거나 예산의 용도가 엄격하게 제한되어 있는 경우에는 불법영득의사가 인정될 수 있다.[179]

그러나 예산을 집행할 직책에 있는 자가 자기 자신의 이익을 위한 것이 아니고 경비부족을 메꾸기 위하여 예산을 전용한 경우에, 그것이 본래 예산에 책정되어 있어야 할 필요경비이기 때문에 일정한 절차를 거치면 그 지출이 허용될 수 있었던 때에는 불법영득의사를 부정할 수 있다(판례).[180]

무런 지장이 없다(대법원 2006. 6. 2. 2005도3431; 2000. 12. 8. 99도214). 이러한 경우에 일시사용 의사인지 사후반환 의사가 있는 불법영득의사인지 여부는 구체적인 사용기간, 행위태양 등에 비추어 소유자의 위탁취지에 반하지 않는 것인지 여부에 따라 판단하여야 한다는 견해(전게「주석 형법각칙」, 381면)가 있다.

178) 다만, 판례는 재물을 보관하는 자가 소유자의 이익을 위하여 처분함으로써 불법영득의사가 없음을 인정하는 데에는 신중을 기하고 있다. 학교법인의 이사장이 학교법인이 부담하는 부외부채를 자신의 자금으로 변제한 후 그 자금회수를 위하여 자신이 보관하던 학교법인 소유의 양도성 예금증서를 어음할인에 대한 담보로 제공한 사안에서, "그 부외부채가 학교법인이 승인한 채무가 아니고 그 변제도 학교법인의 의사에 반하여 임의로 한 것인 이상, 업무상 보관하고 있던 학교법인 소유의 무기명양도성예금증서를 정상적인 절차를 거치지 않고 무단 인출하여 자신이 경영하는 회사의 약속어음을 할인받는데 담보로 제공한 행위는 그 무기명양도성예금증서 소유자인 학교법인의 이익을 위한 행위로 볼 수 없고, 그에 대한 이사장의 불법영득의 의사를 실현하는 횡령행위로 밖에 볼 수 없다."고 판시(대법원 2000. 2. 8. 99도3982).

179) 사립학교의 경우에는 "사립학교법 제29조 및 같은 법 시행령에 의해 학교법인의 회계가 학교회계와 법인회계로 구분되고, 학교회계 중 특히, 교비회계에 속하는 수입은 다른 회계에 전출하거나 대여할 수 없는 등 용도가 엄격히 제한되어 있기 때문에 교비회계자금을 다른 용도에 사용하였다면 그 자체로서 횡령죄가 성립한다."고 판시(대법원 2004. 12. 24. 2003도4570; 2003. 5. 30. 2002도235; 2002. 5. 10. 2001도1779).

180) 대법원 2007. 12. 28. 2006도9100; 2002. 2. 5. 2001도5439(법인의 대표자가 법인의 예비비를 전용하여 기관운영판공비, 회의비 등으로 사용한 사안에서, 이사회에서 사전에 예비비의 전용결의가 이루어지지 아니하였다는 사정만으로 불법영득의 의사를 단정할 수 없다고 판시); 1995. 2. 10. 94도2911.

나. 단체의 업무수행 관련 소송비용

회사의 대표이사 등 단체의 대표자가 단체의 업무수행과 관련하여 개인적으로 소송을 제기당한 경우에 그 소송의 변호사비용 기타 소송비용을 단체의 자금으로 지출한 경우에, 원칙적으로 단체의 비용으로 지출할 수 있는 변호사선임료 기타 소송비용은 단체 자체가 소송당사자가 된 경우에 한한다. 그러므로 단체의 대표자 개인이 당사자가 된 민·형사사건의 변호사 비용 기타 소송비용은 단체의 비용으로 지출할 수 없음이 원칙이다.

다만, 분쟁에 대한 실질적 이해관계는 단체에게 있으나 법적인 이유로 그 대표자의 지위에 있는 개인이 소송 기타 법적 절차의 당사자가 되었다거나, 대표자로서 단체를 위하여 적법하게 행한 직무행위 또는 대표자의 지위에 있음으로 말미암아 의무적으로 행한 행위 등과 관련하여 분쟁이 발생한 경우와 같이 그 법적 분쟁이 단체와 업무적인 관련이 깊고, 당시의 제반 사정에 비추어 단체의 이익을 위하여 소송을 수행하거나 고소에 대응하여야 할 특별한 필요성이 있는 경우에 한하여 단체의 자금으로 변호사 선임료, 기타 소송비용을 지출할 수 있다(판례).[181] 그러므로 단체의 구성원이 업무수행에 있어 관계 법령을 위반함으로써 형사재판을 받게 되었다면 그의 개인적인 변호사비용을 단체의 비용으로 지급하는 것은 횡령죄(또는 배임죄)에 해당하고, 그 변호사비용을 단체가 부담하는 것이 관례라고 하여도 그러한 행위가 사회상규에 어긋나지 않는다고 할 만큼 사회적으로 용인되어 보편화된 관례라고 할 수 없다(판례).[182]

또한, 회사의 대표이사가 대표이사나 이사의 자격을 다투는 소송의 변호사비용 기타 소송비용을 회사자금으로 지출한 경우에는 그 자격의 부존재가 객관적으로 명백하여 항쟁의 여지가 없는 경우가 아닌 한, 그 소송으로 인하여 사실상 회사의 업무수행이 지장을 받게 되는 경우에는 불법영득의사를 부정할 수 있다. 판례도 "법인의 이사를 상대로 한 이사직무집행정지가처분결정이 된 경우, 당해 법인의 업무를 수행하는 이사의 직무집행이 정지당함으로써 사실상 법인의 업무수행에 지장을 받게 될 것은 명백하므로 법인으로서는 그 이사 자격의 부존재가 객관적으로 명백하여 항쟁의 여지가 없는 경우가 아닌 한 위 가처분에 대항하여

181) 대법원 2009. 9. 10. 2009도4987; 2006. 10. 26. 2004도6280.

182) 대법원 2003. 5. 30. 2002도235; 1990. 2. 23. 89도2466.

항쟁할 필요가 있다고 할 것이고, 이와 같이 필요한 한도 내에서 법인의 대표자가 법인 경비에서 당해 가처분 사건의 피신청인인 이사의 소송비용을 지급하더라도 이는 법인의 업무수행을 위하여 필요한 비용을 지급한 것에 해당하고, 법인의 경비를 횡령한 것이라고는 볼 수 없다."고 판시하였다.[183)][184)]

다. 불법영득의사의 체계적 지위

불법영득의사가 객관적 범죄구성요건 사실에 관한 고의의 내용에 포함되는 것인지(고의내용 포함설),[185)] 아니면 고의와는 별개의 주관적 구성요건요소, 즉 초과주관적 구성요건요소에 해당하는지(초과주관적 구성요건요소설)[186)] 여부에 대하여는 학설이 대립하고 있다.

고의내용 포함설은 타인의 물건에 대한 점유배제가 불필요한 횡령죄의 경우에는 불법영득의사는 고의의 한 내용으로 보아야 한다는 것을 논거로 한다.[187)]

초과주관적 구성요건요소설은 횡령죄의 본질에 관한 영득행위설 입장에서는 손괴나 일시사용 의사만 있는 경우와 구분하기 위하여 고의 외에 불법영득의사가 필요하다는 것이다.

고의의 대상인 객관적 구성요건 사실 중 횡령행위를 불법영득의사의 외부적 표현행위로 보는 이상, 횡령행위에 대한 고의는 당연히 불법영득의사를 포함할 수밖에 없으므로 고의내용 포함설이 타당하다고 본다.

---

183) 대법원 2007. 12. 28. 2006도9100; 2003. 5. 30. 2003도1174.

184) 이는 대표이사의 권한범위 내의 임무위배 여부에 관한 문제이므로 배임죄로 논의할 문제라고 생각한다(전술한 횡령죄와 배임죄의 구별기준 참조). 이와 관련하여, 판례는 "주식회사의 구성원들은 적법한 방법으로 회사를 위한 업무를 수행하여야 하므로, 회사의 임직원이 업무수행을 하면서 관계 법령을 위반함으로써 형사재판을 받게 된 것에 관하여 회사의 대표이사가 해당 임직원의 변호사비용, 벌금, 위로금 등을 회사의 자금으로 지급하는 경우, 원칙적으로 그 대표이사는 해당 임직원에게는 그 지급액 상당의 이익을 취득하게 하고 회사에게는 동액 상당의 손해를 가한 것으로서 업무상 배임죄에 해당한다고 하겠고, 이러한 변호사선임비용 등의 지급이 회사의 이익을 도모할 목적으로 합리적인 범위 내에서 이루어졌다는 등의 특별한 사정이 없는 이상 이에 관하여 이사회의 의결 등이 있었다는 사정만으로 형사책임을 면한다고 할 수 없다."고 판시(대법원 2006. 6. 27. 2006도1187; 2003. 5. 30. 2003도1174; 2003. 5. 30. 2002도235; 1999. 6. 25. 99도1141; 1990. 2. 23. 89도2466).

185) 박상기, 전게서, 386면; 정성근·박광민, 전게서, 441면; 김성돈, 전게서, 394면; 오영근, 전게서, 474면에서는 불법영득의사가 고의의 내용에 포함되므로 굳이 고의와 별도의 불법영득의사 개념을 인정할 필요가 없다고 주장한다.

186) 김일수·서보학, 전게서, 379면; 이재상, 전게서, 407면.

187) 박상기, 전게서, 386면.

라. 증명책임

불법영득의사의 증명책임은 검사에게 있지만, 실제로 이러한 주관적 요건은 그 증명이 용이한 일이 아니다. 판례에 따르면, "피고인이 자신이 인출하여 보관하고 있다가 사용한 돈의 행방이나 사용처를 제대로 설명하지 못하거나 또는 피고인이 주장하는 사용처에 사용된 자금이 그 돈과는 다른 자금으로 충당된 것으로 드러나는 등 피고인이 주장하는 사용처에 그 돈이 사용되었다는 점을 인정할 수 있는 자료가 부족하고, 오히려 피고인이 그 돈을 개인적인 용도에 사용하였다는 점에 대한 신빙성 있는 자료가 많은 경우에는 피고인이 그 돈을 불법영득의 의사로써 횡령한 것이라고 추단할 수 있다"고 판시하고 있다.[188]

그러나 판공비나 업무추진비와 같이 어떤 금전의 용도가 추상적으로 정하여져 있다고 하더라도 그 구체적인 사용목적, 사용처, 사용시기 등에 관하여 보관자에게 광범위한 재량으로 사용할 권한이 부여되어 있고, 지출한 후에 그에 관한 사후보고나 증빙자료의 제출도 요구되지 않는 성질인 경우에는, 그 보관자가 그 금전을 사용한 다음 그 행방이나 사용처를 제대로 설명하지 못하거나 증빙자료를 제출하지 못하고 있다고 하여 함부로 불법영득의사를 추단하여서는 아니 된다. 이러한 경우에는 그 금전이 본래의 사용목적과는 관계없이 개인적 이익을 위하여 지출되었다거나 합리적인 범위를 넘어 과다하게 이를 지출하였다는 등 불법영득의사를 인정할 수 있는 사정을 검사가 증명하여야 한다(판례).[189]

---

188) 대법원 2002. 7. 26. 2001도5459; 1994. 9. 9. 94도998.

189) 대법원 2010. 6. 24. 2007도5899("법인이나 단체에서 임직원에게 업무를 수행하는 데에 드는 비용 명목으로 정관 기타의 규정에 의해 지급되는 이른바 판공비 또는 업무추진비가 직무수행에 드는 경비를 보전해 주는 실비변상적 급여의 성질을 가지고 있고, 정관이나 그 지급기준 등에서 업무와 관련하여 지출하도록 포괄적으로 정하고 있을 뿐 그 용도나 목적에 구체적인 제한을 두고 있지 않을 뿐만 아니라, 이를 사용한 후에도 그 지출에 관한 영수증 등 증빙자료를 요구하고 있지 않은 경우에는, 임직원에게 그 사용처나 규모, 업무와 관련된 것인지 여부 등에 대한 판단이 맡겨져 있고, 그러한 판단은 우선적으로 존중되어야 할 것이므로, 임직원이 판공비 등을 불법영득의사로 횡령한 것으로 인정하려면 판공비 등이 업무와 관련 없이 개인적인 이익을 위하여 지출되었다거나 또는 업무와 관련되더라도 합리적인 범위를 넘어 지나치게 과다하게 지출되었다는 점이 증명되어야 할 것이고, 단지 판공비 등을 사용한 임직원이 그 행방이나 사용처를 제대로 설명하지 못하거나 사후적으로 그 사용에 관한 증빙자료를 제출하지 못하고 있다고 하여 함부로 불법영득의 의사로 이를 횡령하였다고 추단하여서는 아니될 것"이라고 판시하고 있다.)

제4절 기수시기, 공범 및 죄수

Ⅰ. 기수시기

횡령죄의 기수시기에 관하여, 횡령행위, 즉 불법영득의사의 외부적 표현행위만 있으면 기수라고 보는 견해(표현설)[190]와, 나아가 불법영득의사의 실현까지 있어야만 기수가 된다고 보는 견해(실현설)[191]가 대립하고 있다. 예컨대 보관중인 부동산을 타인에게 매도처분하여 횡령하는 경우에 표현설에 따르면 불법영득의 의사로 제3자와 매매계약을 체결하거나 소유권이전등기신청을 하면 횡령죄의 실행에 착수하는 행위이자 횡령죄는 기수가 되고, 실현설에 따르면 매매계약의 체결만으로는 실행의 착수에 불과하고 그 이전등기를 경료하였을 때 기수가 된다. 그러므로 표현설 입장에서는 불능미수의 경우 외에는 횡령죄의 미수를 인정하는 경우가 드믈게 된다.[192]

표현설의 논거로는 횡령죄는 행위자가 이미 재물을 점유하고 있으므로 불법영득의사가 표현되면 충분하고, 그것이 실현되어 소유자의 권리가 영구적으로 배제될 필요는 없다는 점을 든다.

실현설의 논거로는, 표현설에 따르면 미수범은 중지미수나 불능미수 외에 장애미수는 인정할 여지가 없게 되는데 횡령죄는 미수범 처벌규정이 있다는 점, 횡령죄의 보호법익을 재물에 대한 타인의 소유권으로 보고 그 보호의 정도에 관한 침해범설의 입장에서는 영득죄의 성질상 영득이 실현되었을 때 기수가 된다고 보아야 한다는 점을 들고 있다.

생각하건대 횡령죄의 보호법익을 타인의 재물에 관한 소유권으로 보고 그 보호의 정도에 관한 위험범설 입장에서는 횡령행위로 인하여 타인의 소유권을 침해할 위험성만 있으면 실제로 소유권을 침해하였는지 여부를 불문하고 기수를 인정할 수 있을 것이다. 그런데 범죄의 기수시기는 적어도 객관적 범죄구성요

---

190) 이재상, 전게서, 406면; 박상기, 전게서, 384～385면; 손동권, 전게서, 433면; 배종대, 전게서, 537면.

191) 오영근, 전게서, 477면; 정성근・박광민,전게서, 438면; 김성돈, 전게서, 392～393면.

192) 표현설 입장에서도 미수가 성립할 수 있다고 주장하는 견해(박상기, 전게서, 387면), 중지미수와 불능미수만 성립할 수 있다고 주장하는 견해(이재상, 전게서, 407면)도 있다.

건이 모두 충족된 상태라야만 할 것이므로,[193] 횡령죄의 기수가 되려면 객관적 범죄구성요건인 횡령행위가 성립하였다고 볼 수 있는 정도에는 이르러야 할 것이다. 횡령행위, 즉 불법영득의사의 외부적 표현행위가 성립한 때란 그 표현에 따라 영득의사를 실현하려는 행위도 종료한 때로 보아야 할 것이다(표현행위설). 판례도 같은 취지로 보인다.[194] 표현된 불법영득의사를 실현하려는 행위도 그 외부적 표현행위의 일부로 보아야 할 것이기 때문이다.

어느 시기를 표현행위로 볼 수 있는지, 즉 영득의사를 실현하려는 행위가 종료한 때로 볼 것인지는 구체적 사례별로 구체적 위험성이 발생하였다고 볼 수 있는 때로 보아야 할 것이다.[195] 그러므로 횡령행위가 반환거부인 경우에는 반환거부의 의사를 외부에 표명한 때이고, 동산의 반출인 경우에는 그 반출행위시가 될 것이며, 물권변동을 위하여 부동산등기를 필요로 하는 부동산소유권의 이전이나 저당권 등 담보권의 설정인 경우에는 그 불법영득의사를 실현하려는 행위인 부동산등기까지 마친 경우에 비로소 기수가 된다고 보아야 할 것이다.[196] 이 경우에 그 부동산등기가 원인무효로서 민사상 소유권 변동이나 담보권 설정의 효력이 발생하지 않는다고 하더라도 그 소유권침해의 위험은 발생한 것이므로 무방하다(위험범설 입장).

Ⅱ. 공 범

단순횡령죄의 행위주체는 '타인의 재물을 보관하는 자'라는 신분이 필요하므로 단순횡령죄는 신분관계로 인하여 성립될 범죄(형법 제33조 본문)인 이른바 진정신분범에 해당하고, 업무상횡령죄의 행위주체는 '업무상' 임무에 따라 타인의 재물을 보관하는 자일 것을 필요로 하므로 업무상횡령죄는 신분관계로 인하여 형의 경중이 있는 범죄(형법 제33조 단서)인 이른바 부진정신분범에 해당한다.

그러므로 이러한 신분이 없는 자는 단독범이나 간접정범(형법 제34조)으로서

193) 신동운, 전게서, 461면; 김성돈, 전게 「형법총론」, 403면.
194) 대법원 2004. 12. 9. 선고 2004도5904("횡령죄는 타인의 재물을 보관하는 자가 그 재물을 횡령하는 경우에 성립하는 범죄이고, 횡령죄의 구성요건으로서의 횡령행위란 불법영득의사를 실현하는 일체의 행위를 말하는 것으로서 불법영득의사가 외부에 인식될 수 있는 객관적 행위가 있을 때 횡령죄가 성립하는 것"이라고 판시); 1998. 2. 24. 97도3282.
195) 같은 취지 : 손동권, 전게서, 433면.
196) 대법원 1985. 9. 10. 85도86; 대법원 1978. 11. 28. 78도2175.

횡령죄를 범할 수는 없고, 위 신분이 있는 자와 형법 총칙에 규정한 공동정범, 교사범, 종범이 될 수 있을 뿐이다.[197]

그런데 타인 소유의 물건을 보관하던 중 임의로 매도처분하는 경우에 매수인이 매도인이 보관중인 타인의 물건을 처분하는 것임을 알았다거나, 채권자가 채무자로부터 채권확보를 위하여 담보물을 제공받을 때 그 물건이 채무자가 보관중인 타인의 물건임을 알았다고 하더라도, 그것만으로는 매수인이나 채권자가 매도인 또는 채무자의 불법영득행위에 공모가담한 것으로 단정할 수는 없다.[198] 이 경우에 매수인이나 채권자가 처음부터 매도인 또는 채무자와 짜고 이를 불법영득하기로 공모하지 아니한 이상 횡령죄의 공동정범은 되지 않는다(판례).[199]

다만, 형법상 방조행위는 정범이 범행을 한다는 점을 알면서 그 실행행위를 용이하게 하는 직접·간접 또는 유·무형의 모든 행위를 포함한다. 그러므로 부동산소개업자가 부동산의 등기명의수탁자가 그 명의신탁자의 승낙 없이 그 부동산을 제3자에게 매각하여 불법영득하려고 하는 점을 알면서도 그 범행을 도와주기 위하여 수탁자에게 매수할 자를 소개하여 주는 등의 방법으로 그 횡령행위를 용이하게 하였다면 이러한 부동산소개업자의 행위는 횡령죄의 방조범에 해당한다(판례).[200]

부작위에 의한 공범도 성립할 수 있다. 형법상 부작위범이 인정되기 위해서는 형법이 금지하고 있는 법익침해의 결과 발생을 방지할 법적인 작위의무를 지고 있는 자가 그 의무이행으로 결과 발생을 쉽게 방지할 수 있었음에도 불구하고 그 결과의 발생을 용인하고 이를 방관한 채 그 의무를 이행하지 아니한 경우에, 그 부작위가 작위에 의한 법익침해와 동등한 형법적 가치가 있는 것이어서 그 범죄의 실행행위로 평가될 만한 것이라면, 작위에 의한 실행행위와 동일하게 부작위범으로 처벌할 수 있다(판례).[201] 여기서 작위의무는 법적 의무로서 공법적 의무이건 사법적 의무이건 불문하고, 법령·법률행위로 인한 경우는 물론이고 신의성실원칙이나 사회상규 또는 조리상 작위의무가 기대되는 경우도 포함한다(판례).[202]

---

197) 이재상, 전게서, 410면; 김성돈, 전게「형법각론」, 395면.
198) 대법원 1992. 9. 8. 92도1396.
199) 대법원 1985. 6. 25. 85도1077; 1983. 10. 25. 83도2027.
200) 대법원 1988. 3. 22. 87도2585.
201) 대법원 1996. 9. 6. 95도2551.

횡령죄의 행위주체로서의 신분이 없는 자나 단순횡령죄의 행위주체 신분만 있는 자가 업무상횡령죄의 행위주체 신분자와 공범(공동정범, 교사범, 종범)관계에 있는 경우에는 형법 제33조 본문 규정의 '신분관계로 성립될 범죄에 가공한 행위'에 해당하므로 업무상횡령죄의 공범이 성립하고, 형법 제33조 단서 규정의 '신분관계로 인하여 형의 경중이 있는 경우'에 해당하므로 형이 경한 횡령죄의 형으로 처벌할 수 있다는 것이 판례 및 소수설의 입장이다.[203] 이에 대하여 통설은 형법 제33조 본문은 진정신분범에만 적용되고 부진정신분범에는 형법 제33조 단서만 적용된다고 해석하므로 단순횡령죄의 공범이 성립하는 것이라고 한다.[204]

Ⅲ. 죄 수

횡령죄의 죄수는 위탁관계의 수를 기준으로 판단하여야 한다는 견해가 통설의 입장이다.[205] 판례도 같은 견지에서 "횡령죄는 피해자별로 별개의 죄를 이루는 것"이라고 판시하고 있다.[206] 횡령죄의 본질은 "위탁에 기초한 법률상 보관의무에 위반하여 불법한 처분행위를 하는 데 있기 때문"이라고 한다.[207] 횡령죄의 본질에 관한 영득행위설에 따르면 횡령행위란 보관하고 있는 타인 소유재물을 그 보관·위탁 취지에 반하여 위법하게 취득함으로써 그 소유권을 침해하는 행위로 보기 때문에 보관관계를 발생시키는 위탁관계의 수를 기준으로 판단하여야 할 것이다.

그러므로 1인으로부터 위탁받은 수인 소유의 재물을 횡령한 경우에는 1죄가 되고, 수인으로부터 위탁받은 재물을 1개의 행위로 횡령하면 수죄의 상상적 경합(형법 제40조)이 된다.

수개의 횡령행위라 하더라도 피해법익(즉 피해자)이 단일하고, 범죄의 태양이

---

202) 대법원 1996. 9. 6. 95도2551.

203) 김성돈, 전게서, 395면; 대법원 1986. 10. 28. 86도1517.

204) 박상기, 전게서, 388면; 배종대, 전게서, 541면; 손동권, 전게서, 437면.

205) 박상기, 전게서, 389면; 배종대, 전게서, 542면; 이재상, 전게서, 410면; 오영근, 전게서, 478면; 정성근·박광민, 전게서, 449면; 김성돈, 전게서, 396면; 전게 「주석 형법각칙」, 393면에서는 위탁관계의 수와 횡령행위의 수를 함께 기준으로 하여야 한다고 주장하나, 마찬가지 취지의 견해로 보인다.

206) 대법원 1997. 12. 26. 97도2609.

207) 김일수·서보학, 전게서, 383면.

동일하며, 단일 범의의 발현에 기인하는 일련의 행위라고 인정될 때에는, 포괄하여 1개의 범죄, 즉 포괄일죄가 된다(판례).[208]

Ⅳ. 다른 죄와의 관계

1. 장물죄와의 관계

절도 범인으로부터 장물보관 의뢰를 받은 자가 그 정을 알면서 이를 인도받아 보관중 제3자에게 임의처분한 경우에, 장물보관죄 또는 업무상과실장물보관죄가 성립하는 때에는 이미 그 소유자의 소유물 추구권이 침해된 상태이고, 횡령죄의 보호법익은 재물에 대한 타인의 소유권이므로 그 후의 횡령행위는 불가벌적 사후행위에 불과하여 별도로 횡령죄가 성립하지 않는다(판례).[209] 이러한 경우에는 나아가 불법원인급여물에 대한 횡령 여부는 논할 여지가 없을 것이다.

상대방이 타인의 재물을 보관중 임의로 처분하여 횡령하는 사정을 알면서 이를 취득하는 자에 대하여 장물취득죄가 성립할 것인지 여부에 관하여는 긍정설[210]과 부정설이 있다. 부정설은 공범의 성립요건을 구비한 경우에 공범이 성립할 수 있을 뿐이라고 한다.

긍정설은 횡령죄의 기수시기에 관한 표현설의 입장에서 재물을 처분하는 자의 횡령죄는 불법영득의사의 외부적 표현시 이미 기수가 되었고 그 재물은 재산범죄로 영득한 장물이 되었으므로 그 취득시 장물취득죄가 성립할 수 있다는 점을 논거로 한다.[211]

부정설은 횡령죄의 기수시기에 관한 실현설의 입장에서 그 취득 당시 아직 횡령행위의 기수라 할 수 없어 그 재물은 재산범죄로 영득한 장물이 아니라는 것을 논거로 한다.[212]

부정설은 A가 B에게 재물을 양도함으로써 A의 횡령에 의한 재물의 영득과 B의 재물 취득이 시간적으로 중복하는 경우에는 B의 재물취득 당시 그 재물은 횡령으로 인하여 영득한 장물로 볼 수 없음을 전제로 하고 있다.[213] 그러나 판

208) 대법원 2004. 10. 27. 선고 2003도6738; 1993. 10. 12. 93도1512; 1985. 8. 13. 85도1275.
209) 대법원 2004. 4. 9. 2003도8219; 1976. 11. 23. 76도3067.
210) 김일수・서보학, 전게서, 384～385면; 정성근・박광민, 전게서, 450면.
211) 배종대, 전게서, 543, 584면.
212) 김성돈, 전게서, 397, 442면; 이재상, 전게서, 412면.
213) 이재상, 전게서, 412면.

례는 횡령죄의 기수와 동시에 그 횡령 대상 재물이 장물이 됨을 인정하고 있다. 즉, 판례는 A가 회사의 자금을 B에게 주식매각 대금으로 지급하여 이를 횡령한 사안에서, "업무상 횡령행위, 즉 불법영득의사가 외부에 인식될 수 있는 객관적 행위가 이미 있었고 그와 같은 횡령행위에 의하여 영득된 금원을 피고인이 교부받아 장물을 취득한 것이라면, 그 금원은 단순히 횡령행위에 제공된 물건이 아니라 횡령행위에 의하여 영득된 장물에 해당한다고 할 것"이고, 나아가 설령 A가 B에게 금원을 교부한 행위 자체가 횡령행위라고 하더라도 이러한 경우 A의 "업무상 횡령죄가 기수에 달하는 것과 동시에 그 금원은 장물이 되는 것"이라고 판시하여 긍정설 입장을 따르고 있다.[214] 판례와 같은 논거로 긍정설이 타당하다고 본다.

2. 사기죄와의 관계

재물을 보관하는 자가 그 위탁자를 기망하여 이를 영득한 경우에 횡령죄 외에 사기죄도 성립하는 것인지 여부가 문제된다.

원래 사기죄는 타인을 기망하여 착오에 빠뜨리게 하고 그 착오, 즉 하자있는 의사에 기하여 그가 점유하는 재물을 그의 처분행위에 의하여 취득함으로써 성립하는 죄이다. 그러므로 자기가 점유하는 타인의 재물에 대하여는 그것을 영득함에 기망행위를 하였다 하더라도, 타인이 점유하는 재물이 아닌 점, 피기망자의 처분행위가 없다는 점에 비추어 사기죄는 성립하지 아니하고 횡령죄만 성립한다는 것이 통설·판례이다.[215]

법인의 대표자는 법인과는 별개의 권리·의무 주체이므로, 대표이사 등이 회사의 대표기관으로서 피해자를 기망하여 교부받은 금원은 그 회사에 귀속된다. 따라서 그 후 대표이사 등이 이를 보관하고 있으면서 임의로 처분하여 횡령한 경우에는 회사에 대한 횡령죄가 성립하고, 위 사기죄와 실체적 경합범 관계에 있다.[216] 이 경우 횡령행위는 회사 대표이사로서의 위 사기범행과는 피해 법익을 달리하므로 이를 단순한 불가벌적 사후행위로 본다거나 불법원인급여물에 대한 횡령죄의 성립 문제로 볼 것은 아니다.

---

214) 대법원 2011. 4. 28. 2010도15350; 2004. 12. 9. 2004도5904.

215) 이재상, 전게서, 411면; 손동권, 전게서, 438면; 김일수·서보학, 전게서, 384면; 정성근·박광민, 전게서, 450면; 김성돈, 전게서, 396면; 오영근, 전게서, 479면; 대법원 1987. 12. 22. 선고 87도2168; 1980. 12. 9. 80도1177.

216) 대법원 1989. 10. 24. 89도1605.

제5절 관련문제

Ⅰ. 비자금의 조성 · 사용행위

1. 비자금의 의의 및 문제점

비자금이란 실질적으로는 법인 등 위탁자(위탁자는 개인일 수도 있지만 주로 법인의 경우에 문제가 되므로 편의상 법인이라 함)의 소유이지만 법인의 장부 등 회계에 법인의 소유로 기재하지 아니하고 법인의 운영자나 관리자(이하 관리자라 함)가 회계로부터 분리하여 별도로 비밀리에 관리하는 자금이다(판례).[217]

비자금은 이를 조성한 후 보관하다가 사용하는 3단계 과정을 거치게 된다. 법인의 자금 관리자가 보관중인 법인의 자금으로 비자금을 임의로 조성하여 개인적 용도로 사용한 경우에 횡령죄가 성립하는 것은 의문이 없다.[218] 그런데 위 3단계 과정 중 비자금의 조성행위만으로 횡령행위가 되는 것인지, 아니면 그 조성 후 비자금을 사용한 때에 비로소 횡령행위가 되는 것인지 여부를 검토하는 것은 중요한 문제이다.

만일 비자금 조성행위시 횡령죄가 성립한다면 그 후의 비자금 사용행위는 불가벌적 사후행위가 되어 처벌할 수 없게 될 것이다(판례).[219] 비자금의 사용행위를 처벌할 수 없다면, 비자금의 조성 및 보관이 은밀히 이루어지는 특성상 그 조성 및 보관 단계에서는 적발이 어렵기 때문에 공소시효의 완성으로 처벌할 수 없게 되는 사례가 많아질 수 있다.

한편, 비자금은 그 특성상 비자금 조성시부터 법인의 이사회나 내부결재 등의 절차적 사전통제나 감사 등 사후통제에서 벗어나 관리자가 임의로 사용할

---

217) 대법원 2010. 5. 13. 2009도1373.

218) 비자금의 조성 및 사용행위를 배임죄로 의율하는 학설(전게 「주석 형법각칙」, 386면 각주 387면)이나 판례도 일부 있지만, 배임죄의 본질에 관한 통설 · 판례인 배신설의 입장에서는 재물죄인지 이득죄인지 여부에 따라 횡령죄와 배임죄를 구분하는 것이 원칙이고, 비자금의 조성 및 사용은 법인의 자금이라는 재물에 관한 범죄이고, 통상 사적(私的) 용도로 사용하는 것으로 관리자의 권한범위 밖의 행위로 보아야 할 것이므로 횡령죄로 의율하는 것이 타당하다고 본다. 다만, 위와 같이 배임죄로 의율한 일부 판례는 검사가 배임죄로 의율하여 공소를 제기한 데에 기인한 결과로 보인다.

219) 대법원 2010. 2. 25. 2010도93; 대법원 1998. 2. 24. 97도3282.

수 있게 되어, 관리자의 개인적 목적이나 뇌물수수 등 부정한 목적으로 사용하기 쉬워지는 매우 취약한 자금관리 상태에 놓이게 되므로, 그 조성행위시부터 규제할 필요도 있다.

2. 비자금과 횡령행위의 성립시기

가. 판단기준

횡령죄의 본질에 관한 통설·판례의 입장인 영득행위설에 따르면 횡령행위는 불법영득의사의 외부적 표현행위이므로, 관리자의 비자금에 대한 불법영득의사를 외부적으로 표현한 것으로 인정할 수 있는 행위가 언제인지 여부가 횡령행위의 성립시기를 정하는 기준이 된다.[220)]

그러므로 만약 법인의 관리자가 법인을 위한 목적이 아니라 법인과는 아무런 관련이 없거나 개인적인 용도로 착복할 목적으로 법인의 자금을 빼내어 별도로 비자금을 조성하였다면 그 조성행위 자체로써 불법영득의사가 외부적으로 표현된 것으로서 횡령행위가 된다(판례).[221)]

그 행위자에게 법인의 자금을 빼내어 착복할 목적이 있었는지 여부는 그 법인의 성격과 비자금 조성의 동기·방법·규모, 조성기간, 비자금의 보관방법 및 실제 사용용도 등 제반 사정을 종합적으로 고려하여 판단하여야 할 것이다(판례).[222)] 이 때 비자금 조성의 동기가 개인적 동기인지, 조성방법에 있어서 결재자 등 상급자에게도 비밀로 한 것인지 공개적으로 조성한 것인지, 비자금 조성의 규모나 기간이 조성의 동기에 비하여 지나치게 과다하거나 장기간인지, 비자금의 보관방법이 법인 관계자가 아닌 제3자 명의로 보관하는 등 자금추적이 어려운 상황인지, 실제 사용용도가 사적인 용도인지 여부 등을 검토하게 될 것이다.

그러나 비자금의 조성 단계에서는 아직 이를 불법영득의사의 외부적 표현행위로 인정할 수 없다면, 나중에 비자금을 개인적 용도로 사용하는 등 법인과는 관련 없이 사용하는 구체적 사용행위시에 불법영득의사가 외부적으로 표현되었

---

220) 횡령죄의 본질에 관한 월권행위설에 따르면 보관물에 대하여 위탁받은 권한을 넘는 배신적 처분행위의 인정시기가 문제될 것이다.

221) 대법원 2010. 12. 9. 2010도11015; 2010. 5. 13. 2009도1373; 2006. 8. 24. 2006도3039.

222) 대법원 2009. 2. 12. 2006도6994; 2007. 7. 26. 2007도4164; 2006. 6. 27. 2005도2626.

다고 보아 비로소 횡령행위를 인정할 수 있을 것이다.[223)]

나. 구체적 검토

1) 비자금의 조성 및 은닉 단계

비자금의 조성행위시에는 비자금 조성의 주재자가 법인의 대표자 또는 그 관리권한 있는 자인 경우에는 그 비자금은 여전히 법인의 관리 아래 있는 것으로 볼 여지가 충분하므로, 비자금의 조성행위 단계에서 횡령행위를 인정하기는 어려울 것이다.

그리고 횡령행위의 한 태양으로서의 은닉이란 타인의 재물을 보관하는 자가 위탁의 본지에 반하여 그 재물을 발견하기 곤란한 상태에 두는 것을 말하는 것이다. 그러므로 관리자가 비자금을 조성하여 회사의 장부상 일반자금 속에 은닉하였다고 하더라도, 그것이 비자금의 소유자인 회사 이외의 제3자가 이를 발견하기 곤란하게 하기 위한 장부상의 분식(粉飾)에 불과한 경우에는 그것만으로 불법영득의사의 외부적 표현으로 볼 수는 없다(판례).[224)]

비자금의 조성행위 중 차명계좌를 사용하는 등 강행법규 위반에 의한 비자금 조성의 경우나, 회생절차와 같이 파산에 직면해 있는 등 법인의 위기상황에서 법인의 비자금을 조성하는 경우에는, 조성행위를 하는 관리자의 불법영득의사를 인정할 수 있으므로 비자금 조성 단계에서 횡령죄를 인정할 수 있다고 보는 견해가 있다. 이 견해는 불법원인급여의 급여물에 대한 횡령죄의 성립을 부정하는 통설·판례의 입장을 전제로 다음과 같은 논거를 들고 있다. 즉, 불법원인급여 중 불법원인의 개념에 관한 강행법규설이나, 반사회질서설 중 강행법규의 존재를 알면서 그 위반행위를 하는 것도 반사회질서 행위로 보는 견해의 입장에서, 강행법규 위반은 불법원인급여에 해당하여 법인이 비자금의 반환청구권을 상실하고 그 소유권이 급여받은 자에게 귀속되고 그 후에는 더 이상 횡령죄도 성립할 수 없다. 그러므로 법인이 소유권을 상실하게 되는 비자금 조성행위에 대하여는 법인의 위탁의사를 추정할 수 없으므로, 그 비자금 조성행위시 횡령행위로 보아야 한다는 것이다.[225)] 이러한 견해에 따르면 분식회계를 통하여 비

---

223) 대법원 2006. 8. 24. 2006도3039; 芝原邦爾, 「經濟刑法」(岩波新書, 2007), 19面도 같은 취지.
224) 대법원 1999. 9. 17. 99도2889.
225) 류석준, 전게논문, 670~673면.

자금을 조성하더라도 차명계좌를 이용함으로써 강행법규에 위반한 경우에는 조성행위만으로 횡령죄가 되고, 단순히 제3자에게 비자금을 은닉한 행위는 횡령죄가 될 수 없는 결과가 된다.

그러나 불법원인의 개념에 관한 반사회질서설 입장에서는 강행법규 위반 비자금 조성이 선량한 풍속 기타 사회질서에 위반한 경우가 아닌 이상 불법원인급여에 해당한다고 볼 수는 없고, 법인의 불법행위능력도 인정하는 현행법(민법 제35조)의 입장에서는 법인의 이익을 위한 관리자의 불법행위도 인정할 수 있는 일이므로, 강행법규에 반하는 비자금 조성행위라고 하여 그것만으로 법인의 위탁의사를 추정할 수는 없다고 생각한다.

또한, 현실적인 문제로서 선불리 비자금 조성행위를 횡령죄로 의율할 경우에는 심각한 처벌의 공백상태를 야기할 수도 있다. 비자금의 조성 및 보관은 그 성격상 은밀하게 이루어지는 일이므로 그 조성단계에서는 발견이 어렵고, 비자금 조성행위시 횡령죄가 성립한다면 그 사용행위는 불가벌적 사후행위로 처벌할 수 없게 된다. 따라서 비자금의 보관이나 사용시 이를 발견하게 되더라도 횡령죄의 공소시효 완성이나 불가벌적 사후행위로서 횡령죄로 처벌할 수 없는 경우가 생길 수 있으므로 형사정책적 견지에서도 바람직하지 않다고 본다.

그리고 회생절차와 같이 파산에 직면해 있는 등 법인의 위기상황에서 법인의 비자금을 조성하는 경우에는 법인의 위탁의사를 추정할 수 없다고 보는 것도 법인 대표이사의 행위가 곧 법인의 행위가 된다는 법인의 행위능력 이론에 반하는 독단적 주장이므로 수긍하기 어렵다.

판례도 화의절차가 진행 중인 주식회사의 대표이사 등이 금융실명거래 및 비밀보장에 관한 법률 제3조를 위반하여 차명계좌를 이용하여 비자금을 조성한 행위가 범죄수익은닉의 규제 및 처벌 등에 관한 법률 제3조 위반(범죄수익등의 은닉 및 가장)죄에 해당하는지 여부가 문제된 사안에서, "변칙회계처리를 통하여 법인의 자금을 인출하여 차명계좌에 보관하는 등의 방법으로 비자금을 조성한 행위가 애초부터 법인을 위한 목적이 아니라 대표이사 등 자금 관리자인 피고인들이 법인의 자금을 빼내어 개인적으로 착복할 목적으로 행하여졌음이 명백히 밝혀진 경우라면 그 조성행위 자체로써 불법영득의사를 실현한 것으로 인정할 수 있을 것이지만, 이 사건에서는 비자금 조성의 주재자가 그 법인의 대표이사이고 그가 비자금의 집행을 최종적으로 관리 및 결재하였으므로 그 자금은 여전히 법인의 관리 아래 있는 것으로 볼 여지가 충분하다고 보이는 점, 동일한 수법으로 조성된 비자금 중 상당 부분은 그 사용처를 알 수 없거나 피고인들이 개인적으로 사용하였다는 증거가 부족하여 결국 그 부분은 공소제기된 횡령액에 포함되지 아니한 점 등 제반 사정에 비추어 보면, 피고인들이 법인의 자금을 인출하여 차명계좌에 보관한 행위가 그 인출금을 법인의 자금으로 별도 관리하기 위한 것이 아니라 불법영득의사의 실행으로 한 것이라고 인정할 수 있을 만큼 합리적인 의심을 할 여지가 없을 정도로 입증되었다고 보기는 부족하고, 그 일부를 개인적으로 사용함으로써 비로소 불법영득의사가 명백히 표현되었다고 볼 것이어서 그 구체적인 사용시에 비로소 횡령행위가 기수에 이르렀다고 봄이 상당하다. 그렇다면 피고인들이 변칙회계처리를 거쳐 인출한 법인의 자금이나 이를 차명계좌에 입금하여 관리중인 자금은 아직 횡령의 범죄행위가 성립되기 이전 단계의 것으로서 범죄수익은닉의 규제 및 처벌 등에 관한 법률에 정한 '범죄수익'에 해당한다고 볼 수 없으므로, 그 비자금 조성과정에서 피고인들이 현금을 수표로 교체 발행하거나 차명계좌 사이에서 계좌이체를 한 행위를 범죄수익등의 은닉·가장죄로 의율한 공소사실은 무죄이다."라고 판시하였다.[226]

2) 비자금의 사용 단계

비자금의 사용행위시에는 비자금을 사용하는 용도가 드러나 있으므로, 그 용도가 법인을 위한 용도인지 아니면 개인적 용도인지 여부에 따라 불법영득의사의 외부적 표현행위인지 여부를 가리게 될 것이다. 만일 비자금의 사용이 법인을 위한 용도이기도 하고 개인적 용도이기도 한 경우라면 그 주된 용도가 어디에 있는지 여부에 따라 가리면 될 것이다.[227]

3) 비자금 관련 횡령의 증명방법

비자금 관련 횡령에 관한 불법영득의사의 증명방법에 관한 판례의 입장은 다음과 같다. 피고인이 회사의 비자금을 사용한 사실은 인정하면서도 그 비자금을 회사를 위하여 인출·사용하였다고 주장하면서 불법영득의사의 존재를 부인하는 경우에는, 피고인이 주장하는 비자금의 사용이 회사의 운영과정에서 통상적으로 발생하는 비용에 대한 지출이나 부담으로서 회사가 그 비용을 부담하는

---

226) 대법원 2006. 8. 24. 2006도3039.

227) 서명수, "법인의 비자금과 횡령죄", 「형사재판의 제문제」 제3권(형사실무연구회, 2000. 11.), 146~147면.

것이 상당하다고 볼 수 있는지, 비자금 사용의 구체적인 시기·대상·범위·금액 등에 대한 결정이 객관적·합리적으로 적정하게 이루어졌는지 여부 등을 비롯하여 그 비자금을 사용하게 된 시기, 경위, 결과 등을 종합적으로 고려하여, 그 비자금 사용의 주된 목적이 피고인의 개인적인 용도에 사용하기 위한 것이라고 볼 수 있는지 아니면 불법영득의사의 존재를 인정할 수 있는지 여부를 판단하여야 한다(판례).[228] 다만, 일반적인 비자금의 조성과정이나 비자금의 성격 등에 비추어 볼 때, 비자금의 사용에 관하여 회사의 내부규정이 존재하지 않다거나 이사회 결의 등 내부적 절차를 거치지 않았다고 하더라도, 그러한 사정만으로 바로 피고인의 불법영득의사를 인정할 것은 아니다(판례).[229]

만일 피고인이 보관·관리하고 있던 회사의 비자금이 인출·사용되었음에도 피고인이 그 행방이나 사용처를 제대로 설명하지 못하거나, 피고인이 주장하는 사용처에 사용된 자금이 그 비자금과는 다른 자금으로 충당된 것으로 드러나는 등 피고인이 주장하는 사용처에 비자금이 사용되었다는 점을 인정할 수 있는 자료가 부족하고, 오히려 피고인이 비자금을 개인적인 용도에 사용하였다는 점에 대한 신빙성 있는 자료가 많은 경우에는 피고인이 그 돈을 불법영득의 의사로써 횡령한 것이라고 추단할 수 있을 것이다.[230]

그러나 이와 달리 피고인이 불법영득의사의 존재를 인정하기 어려운 사유를 들어 비자금의 행방이나 사용처에 대한 설명을 하고 있고 이에 부합하는 자료도 있다면, 피고인이 그 보관·관리하고 있던 비자금을 일단 타 용도로 소비한 다음 그만한 돈을 별도로 입금 또는 반환한 것이라는 등의 사정이 인정되지 아니하는 한, 함부로 보관·관리하고 있던 비자금을 불법영득의사로 인출하여 횡령하였다고 인정할 수는 없다.[231]

불법영득의사의 외부적 표현행위로서의 횡령행위가 있었다는 점은 검사가 법관으로 하여금 합리적인 의심을 할 여지가 없을 정도의 확신을 생기게 하는 증명력을 가진 엄격한 증거에 의하여 증명하여야만 한다(판례).[232]

---

228) 대법원 2010. 4. 15. 2009도6634; 2009. 2. 26. 2007도4784.
229) 대법원 2009. 2. 26. 2007도4784.
230) 대법원 2009. 2. 26. 2007도4784; 2002. 7. 26. 2001도5459; 1994. 9. 9. 94도998.
231) 대법원 2009. 2. 26. 2007도4784; 2002. 7. 26. 2001도5459; 1994. 9. 9. 94도998.
232) 대법원 2008. 8. 21. 2007도9318; 1998. 2. 13. 선고 97도1962; 1994. 9. 9. 94도998.

3. 판례의 검토

가. 제1판례 : 대법원 2010. 5. 13. 2009도1373(조성행위시 횡령죄 인정 사례)

《사실관계》

피고인들은 감정평가법인 甲社 경기지사의 지사장 또는 감정평가사들이다. 피고인들은 각 같은 금액의 돈을 출자하여 같은 지분을 갖고 피고인들의 부담과 책임으로 경기지사를 운영하였으며, 甲社의 상호를 사용하는 대가로 매월 일정액을 본사에 지급하는 등 본사와는 독립채산제로 운영하였다.

피고인들은 실제로 근무하지 않는 피고인들의 친·인척을 甲社 경기지사의 직원으로 등재시켜 그들에 대한 임금·상여금을 지급한 것처럼 회계처리한 후 그 임금 상당액을 빼돌리거나 감정평가사에 대한 임금·출장비 등을 과대 계상하여 그 차액을 빼돌려 이를 일부 피고인들의 개인 명의 예금계좌에 입금하는 방식으로, 2003. 5. 15.부터 2006. 7. 6.까지 사이에 합계 4억 7,132만 원의 비자금을 조성하였다.

피고인들은 위 비자금으로 2004. 5. 31.부터 타인 명의로 명의신탁하여 부동산을 공동매수하거나, 그 매수에 필요한 대출이자금의 지급, 일부 감정평가사들에 대한 인센티브, 감정평가 용역의 수주와 관련하여 정상적인 회계로 처리하기 어려운 접대비 등을 지급하였다.

당시 비자금 관리를 위한 별도의 장부나 사후에 그 사용처를 확인하기 위한 증빙서류도 제대로 갖추지 않았다.

《판결요지》

횡령죄의 범죄구성요건 중 타인의 재물인지 여부는 민법, 상법, 기타의 실체법에 의하여 결정하여야 하는데, 상법에 의하면 주식회사의 지점이나 합명회사의 분사무소는 회사와 독립된 별개의 법인격이나 권리주체가 아니므로, 비록 별도의 독립채산제 방식으로 운영되고 있더라도 지점이나 분사무소가 보유하는 재산은 회사의 소유일 뿐, 지점이나 분사무소 구성원들 개인의 소유가 되는 것은 아니다.

업무상횡령죄의 성립에 있어서는 자기 또는 제3자의 이익을 꾀할 목적으로 업무상의 임무에 위배하여 자신이 보관하는 타인의 재물을 자기의 소유인 것 같이 사실상 또는 법률상 처분하는 의사를 의미하는 불법영득의사가 있어야 한다. 그런데 법인의 회계장부에 올라 있는 자금이 아니라 법인의 운영자나 관리자가 회계로부터 분리하여 별도로 관리하는 법인의 비자금은, 그 비자금의 조성동기, 조성방법, 조성기간, 보관방법, 실제 사용용도 등에 비추어 그 조성행위가 법인을 위한 목적이 아니고 행위자가 법인의 자금을 빼내어 착복할 목적으로 행하여졌음이 명백히 밝혀진 경우에는 비자금 조성행위 자체로써 불법영득의 의사가 실현된 것으로 볼 수 있다.

피고인들이 甲社를 독립채산제로 운영하기로 한 것은 위 경기지사가 처리한 감정평가업무로 인한 경제적 이익의 분배에 관하여 그와 같이 약정한 것에 불과한 것이므로, 피고인들이 사용한 경기지사의 자금이 경영 또는 경제적 관점에서는 별론으로 하더라도 법률상으로는 甲社의 자금이 아니라고 할 수는 없다. 또한 당초의 비자금 조성목적, 조성경위, 그 후 실제 사용된 비자금의 용도 및 비자금에 대한 관리실태 등에 비추어 보면 비자금을 조성할 당시 피고인들의 불법영득의사가 객관적으로 표시되었다고 할 것이다. 따라서 피고인들에 대하여 업무상횡령죄의 성립을 인정할 수 있다.[233)]

나. 제2판례 : 대법원 2009. 2. 26. 2007도4784(조성행위시 횡령죄 부인 사례)

《사실관계》

피고인 A는 건설업체인 乙주식회사(이하 乙社라 함)의 관리이사 겸 감사로서 乙社의 자금집행, 공사현장 관리 등의 업무에 종사하고, 피고인 B는 乙社의 대표이사이다.

피고인들은 공모하여 2004. 6.경부터 2006. 4.경까지 乙社 각 공사현장의 노무비를 허위계상하거나 과대계상하여 지급한 후 공사현장으로부터 허위・과대계상된 노무비를 비자금 관리계좌인 차명계좌로 입금받는 등의 방법으로 되돌려 받아 합계 111억 원 상당의 비자금을 조성・보관하던 중, 2004. 6.경부터 2006. 6.경까지 사이에 아래 ① 기재 내역으로 합계 11억 8,164만 원을, ② 기재 내역으로 합계 33억 1,630만 원을 임의로 소비하였다{특정경제범죄 가중처벌 등에 관한 법률위반(횡령)}.[234)]

---

233) 비자금 사용용도 중에는 일부 감정평가사들에 대한 인센티브, 감정평가 용역의 수주와 관련하여 정상적인 회계로 처리하기 어려운 접대비 명목 등 일부 회사를 위한 목적의 지출도 보이지만, 일단 비자금 조성행위시 비자금 전액에 대한 불법영득의사가 인정되는 이상 비자금 전액에 관한 업무상횡령죄를 인정한 판결이다.

234) 그 밖에 피고인 A가 위와 같이 조성한 비자금 중 2005. 1.경부터 2006. 5.경까지 사이에 사적으로 관리하는 차명계좌인 증권계좌에 입금하고 재건축아파트 분양권을 구입하는 등 개인적으로 소비하여 횡령한 합계 6억 9,101만 원 부분에 관하여는 1심에서 유죄판결을 받아 확정되었으나 여기에서는 논외로 한다.

① 임·직원 퇴직위로금(4억 2,350만원), 직원 경조사비(4,300만원), 직원차량 구입지원비(6,500만원), 직원 자녀학자금 지원비(5,000만원), 명절·년말의 상품권 등 직원선물 구입비(5억 4,114만원), 임원의 아파트 구입비용(4,000만원), 임원에 대한 입사 전의 기술자문료(1,500만원), 직원 결혼지원금(400만원)

② 임원 판공비(2억 6,800만원), 직원 성과금(3억 7,000만원), 직원 특별상여금(8억 1,300만원), 근로자의 날 및 송년 회식비(1억 6,420만원), 직원 이사비용 지원금(2,700만원), 본사 기타 경비(1,700만원), 현장소장 판공비(6억 4,700만원), 현장 야유회 및 체육대회 경비(8,800만원), 현장 휴가비(4억 8,736만원), 현장 시공참여자 성과금(1억 2,100만원), 현장 회식비(2억 6,889만원), 현장 기타 경비(4,485만원)

《판결요지》

원심은 위 ① 기재 사용행위 부분은 피고인들의 불법영득의사를 인정할 수 있으므로 유죄, ② 기재 사용행위 부분은 피고인들의 불법영득의사를 인정할 수 없다는 이유로 무죄로 판결하였다.

그러나 이 사건 각 비자금 사용내역은 아래와 같이 모두 그 외형상 일응 乙社의 운영과정에서 통상적으로 발생하는 비용에 대한 지출(해당 비용을 선지출한 임·직원에 대한 비용 보전 포함)이거나, 乙社의 임·직원들, 현장 관계자들 및 거래처 등에 대한 경조사 비용, 복리후생증진 비용(휴가 비용 포함), 명절 선물비용 등에 대한 지출 등으로 보이는바, 그와 같은 각 비자금 사용의 주된 목적은 피고인들의 개인적인 이익을 도모하기 위한 것이라기보다는 乙社의 운영자금 지출 내지 회사경영상의 필요에 의한 지출, 즉 乙社의 원활한 운영과 회사 임·직원의 관리, 거래처와의 유대관계 유지 등을 도모하기 위한 것으로서, 피고인들의 불법영득의사의 존재를 인정하기 어려운 사유에 해당한다고 볼 여지가 있어 ① 기재 사용행위 부분도 불법영득의사를 인정할 수 없으므로 모두 무죄이다.

- 이 사건 각 비자금 사용 당시 피고인 B는 乙社의 주식 45%를 소유하고 있는 대주주였고, 나머지 주주들로부터 사실상 의결권 행사를 포괄적으로 위임받은 상태였으며, 당시 乙社의 이사들도 피고인 B에게 회사업무 집행에 관한 대부분의 사항을 위임하여, 피고인 B가 대체로 스스로의 판단과 책임 아래 회사를 경영하였으므로, 이러한 상황에서 피고인 B의 회사경영권이 불안정한 상태에 있었다거나, 피고인 B가 특별히 회사 임·직원들에게 현금 기타 재산상 이익을 제공하면서까지 자신의 위상을 높이거나 자신에 대한 충성심을 강화하

여야 할 만한 특별한 사정은 보이지 않는다. 그리고 피고인들이 위와 같은 비자금의 사용을 통하여 부수적인 목적으로서 피고인들의 위상과 평판을 높이는 효과를 가져오고자 하였거나 결과적으로 그러한 효과를 얻게 되었다고 하더라도, 그러한 사정들만으로 위 비자금 사용에 대하여 피고인들의 불법영득의사의 존재를 선뜻 인정할 수는 없다(반면, 원심은 피고인 B가 다음과 같이 자의적으로 비자금을 사용한 것은 자신의 위상과 평판을 높이거나 자신에 대한 충성심을 강화시키려는 목적으로 은혜적으로 지급한 것으로서 회사의 자금을 개인자금처럼 사용한 것이므로 불법영득의사가 인정된다고 판단하였음).

– 비록 피고인들이 이 사건 각 비자금을 사용·지출함에 있어서, 乙社의 내부규정상 그러한 지출의 근거가 존재하지 않거나, 그 지출이 회사의 내부규정에서 정하고 있는 기준과 절차를 준수하지 않았다고 하더라도, 비자금의 일반적인 성격상 그러한 사정만으로 비자금의 사용행위에 대하여 바로 피고인들의 불법영득의사의 존재를 인정하기는 곤란하다(반면, 원심은 乙社의 내부규정 등의 기준이나 특별한 절차 없이 피고인 B가 자의적으로 직원들의 경조사비용, 상품권 등 직원선물 구입비를 지급하였고, 내부규정상 거쳐야 하는 이사회 결의 없이 임·직원 퇴직위로금을 지급하였으며, 회사 내부규정이 없이 직원 자녀학자금 지원비, 직원차량 구입지원비, 임원의 아파트 구입비용, 임원에 대한 입사 전의 기술자문료, 직원 결혼지원금을 지급하였다는 이유로 불법영득의사를 인정하였음).

– 그리고 이 사건의 경우 피고인 B가 乙社의 대표이사로서의 경영판단에 근거하여 나름대로의 필요성과 기준에 의하여 이 사건 비자금 사용 여부 및 그 대상, 금액 등을 결정한 것으로 볼 여지가 있고, 그러한 결정이 통상적으로 대표이사의 경영판단으로서 용인할 수 있는 범위를 넘어서서 피고인 B의 개인적 이익을 위하여 주관적·자의적으로 이루어졌다고 인정하기에는 증명이 부족하다.

– 피고인들이 주장하고 있는 이 사건 비자금을 사용한 각 사용처 중에서 검사가 공소를 제기하지 아니한 사용내역들(직원 교통비, 현장 작업독려수당, 직원 차량유지비, 직원 통신지원비 등)과 이 사건 각 사용내역들에 있어 그 주된 사용목적 내지 피고인들의 불법영득의사의 존재 여부가 서로 다르다고(전자는 회사를 위한 것이고, 후자는 피고인들 개인의 이익을 위한 것이라고) 볼 만한 뚜렷한 차이를 인정하기 어렵다.

– 위와 같은 사정들에 비추어 살펴보면, 피고인들의 이 사건 각 비자금 사

용행위 전부에 대하여 그 비자금 사용행위의 주된 목적이 피고인들의 개인적 이익을 위한 것이라는 점 내지 피고인들의 불법영득의사의 존재에 대하여 합리적인 의심을 할 여지가 없을 정도로 충분한 증명이 되었다고 인정하기 어렵다.

Ⅱ. 정치자금 기부행위

1. 의의 및 문제점

경영자가 회사 등 법인(이하 법인이라고만 함)의 자금을 정치인이나 정당의 정치활동을 지원하기 위하여 기부하는 행위를 정치자금[235] 기부행위라 할 수 있다. 이러한 기부행위는 정치활동을 지원하기 위하여 정치자금을 제공하는 일체의 행위를 말하는 것이므로, 정치자금의 무상증여는 물론 제3자가 정치활동을 하는 자의 정치활동에 소요되는 비용을 부담하거나 지출하는 경우와 금품이나 시설의 무상대여, 채무의 면제·경감 그 밖의 이익을 제공하는 행위 등은 모두 기부행위로 본다.[236]

이러한 정치자금 기부행위는 그 동안 우리나라의 정치사에서도 경제가 정치에 큰 영향을 받고 있는 현실에서 흔하게 이루어져 왔지만, 정치자금 기부가 건전한 민주정치의 발전을 통하여 공익에 기여한다는 순수성을 잃고 정치인과 지원행위자의 사익을 위하여 남용된 사례가 적지 않았다. 또한 과다한 정치자금 기부행위는 법인에 투자한 주주들이나 채권자 또는 근로자 등 이해관계자들의 이익을 침해할 수 있고, 법인의 제품원가에 반영되어 소비자의 부담이 증가할 수도 있다. 따라서 법인의 자금을 정치자금으로 기부하는 행위가 허용되는지 아니면 횡령죄를 구성하는지 여부와, 횡령죄를 구성한다면 그 인정기준이 무엇인지 여부를 검토해 볼 필요가 있다.

---

235) 정치자금법 제3조 제1호에서 정의하는 '정치자금'이란 "당비, 후원금, 기탁금, 보조금과 정당의 당헌·당규 등에서 정한 부대수입, 그 밖에 정치활동을 위하여 정당(중앙당창당준비위원회를 포함한다), 공직선거에 의하여 당선된 자, 공직선거의 후보자 또는 후보자가 되고자 하는 자, 후원회·정당의 간부 또는 유급사무직원 그 밖에 정치활동을 하는 자에게 제공되는 금전이나 유가증권 그 밖의 물건과 그 자의 정치활동에 소요되는 비용을 말한다."라고 규정하고 있다.

236) 정치자금법 제3조 제2호.

2. 횡령죄의 성립 여부 및 인정기준

가. 정치자금법과의 관계

정치자금법 제31조 제1항은 "외국인, 국내·외의 법인 또는 단체는 정치자금을 기부할 수 없다.", 같은 조 제2항은 "누구든지 국내·외의 법인 또는 단체와 관련된 자금으로 정치자금을 기부할 수 없다."라고 규정하고 있다. 학설 중에는 이러한 법률규정을 근거로 경영자가 정치자금 기부행위는 법률상 허용되지 아니하여 임무위배행위가 되므로 특별배임죄를 구성한다는 견해가 있다.[237] 이 견해는 이사 등 경영자의 정치자금 지원행위가 특별배임죄의 대상이 될 것인지 여부를 논하고 있으나, 이는 경영자가 보관하는 회사자금의 권한범위 외 처분행위가 범죄를 구성하는 것인지 여부의 문제이므로 횡령죄나 업무상횡령죄의 성립 여부 문제라고 보아야 할 것이다. 따라서 위 견해는 경영자가 법인의 자금으로 정치자금 기부행위를 하는 것은 횡령죄나 업무상횡령죄가 성립한다고 보는 입장이라고 선해할 수 있을 것이다.

그러나 정치자금법은 정치자금의 적정한 제공, 그 수입 또는 지출의 투명성 확보 등으로 정치자금과 관련한 부정을 방지함으로써 민주정치의 건전한 발전에 기여함을 목적으로 하므로(정치자금법 제1조) 그 보호법익은 정치자금의 투명성 확보와 건전한 민주정치의 발전이라고 볼 수 있다. 이는 개인이나 법인의 재물에 대한 소유권을 보호법익으로 하는 횡령죄나 업무상횡령죄와는 상호 보호법익이 다르다.[238] 따라서 정치자금법을 위반한 기부행위가 곧 횡령행위를 구성한다고 할 수는 없다.

그리고 법인의 권리능력은 법률 규정에 따른 제한을 받는 것이므로(민법 제34조), 법인이 정치자금법이 금지하는 정치자금 기부행위를 하는 것은 법인의 권리능력 범위를 벗어나는 것이라는 견해가 있다.[239] 이러한 견해에 따르면 정치자금 기부행위는 법인의 행위로 귀속되지 아니하므로 경영자의 그러한 행위는 법인자금의 임의처분 행위로서 횡령행위로 볼 여지가 있게 된다. 그러나 법률에 의하여 법인의 행위가 금지된다고 하여 모두 법인의 권리능력까지 제한되는

237) 주강원, 전게논문, 377면.
238) 대법원 2005. 5. 26. 2003도5519.
239) 박찬우, "회사의 정치자금기부", 「법학연구」, 연세대학교 법학연구소, 2004, 97면.

경우라고 볼 수는 없다. 법률에 의한 권리능력 제한의 예로 들고 있는 민법 제81조나 상법 제173조는[240] 모두 권리능력 제한 취지를 명시하고 있다.[241] 그런데 위 정치자금법 규정은 건전한 민주정치의 발전을 위하여 법인의 자금을 정치자금으로 기부할 수 없도록 제한하고 있을 뿐이므로, 이를 위반한 법인 행위의 권리능력 여부는 별개의 문제로 보아야 한다. 또한 법인의 정치자금 기부행위가 공서양속 기타 사회질서에 반하는 것으로 보아 그 행위의 사법상 효력을 부정하여야 한다고 보아야 할 근거도 없으므로, 위 정치자금법 규정은 그 위반에 대한 형사상·행정상 제재는 받더라도 그 사법상 효력은 유효한 단속규정에 불과하다고 보아야 할 것이다.[242]

그러므로 위 정치자금법상 제한규정에 불구하고, 경영자의 정치자금 지원행위는 그것이 불법영득의사의 외부적 실현행위인지 여부에 따라 횡령행위 여부를 판단할 일이지 단순히 정치자금법에 위배되는 행위임을 이유로 횡령죄로 의율할 수는 없다고 본다.[243]

나. 회사의 설립목적과의 관계

법인은 반드시 설립목적이 있고, 그 중에서도 회사는 영리를 목적으로 하는 법인이다(상법 제169조). 따라서 회사가 정치자금을 기부하는 비영리행위를 하는 것은 회사의 설립목적 범위 밖의 행위이거나 영리성에 반하여 회사의 권리능력 범위를 벗어나는 것인지, 나아가 횡령죄를 구성하는 것인지 여부가 문제될 수 있다.

회사의 설립목적에 의한 권리능력 제한 여부에 관하여는 판례·학설이 대립하고 있다. 제한설은 회사도 법인이므로 민법 제34조가 적용 또는 유추적용되어야 할 것이라는 점, 목적단체인 법인의 본질, 회사의 사업목적을 믿고 투자한 투자자의 기대이익 보호 등을 이유로 회사의 권리능력은 정관에 기재된 목적범위 내로 제한된다고 주장한다.[244] 이에 대하여, 통설인 무제한설은 회사의 목적

---

240) 지원림, 전게서, 127면.

241) 민법 제81조는 "해산한 법인은 청산의 목적범위 내에서만 권리가 있고 의무를 부담한다."라고 규정하고 있고, 상법 제173조는 표제 부분에 "권리능력의 제한"이라고 규정하고 있다.

242) 정치자금법 제45조 제2항 제5호는 같은 법 제31조(기부의 제한)의 규정을 위반하여 정치자금을 기부한 자는 5년 이하의 징역 또는 1천만 원 이하의 벌금에 처하도록 규정하고 있다.

243) 물론 이를 정치자금법위반죄로 형사처벌하는 것은 별개의 문제이고, 판례도 부외(簿外)자금을 인출하여 정치자금으로 기부한 행위에 관하여 구 정치자금에 관한 법률 위반죄와 특경법위반(횡령)죄는 법조경합 관계가 아닌 실체적 경합범으로 보고 있다(대법원 2005. 5. 26. 2003도5519).

이 등기된다 하더라도 이를 확인하지 않고 회사와 거래하는 거래실정상 거래의 동적 안전을 위하여 회사의 권리능력을 목적범위 내로 제한하지 말아야 한다고 주장한다.[245]

우리나라나 일본의 판례(후술하는 판례 참조)는 제한설 입장이지만, 회사의 목적범위는 정관에 명시된 목적 자체에 국한되는 것이 아니라 그 목적을 수행하는 데에 직접 또는 간접으로 필요한 행위는 모두 포함되고, 목적수행에 필요한지 여부도 행위의 객관적 성질에 따라 추상적으로 판단할 것이지 행위자의 주관적, 구체적 의사에 따라 판단할 것은 아니라고 판시하고 있어 실제로는 무제한설과 같은 결과에 이르고 있다.[246] 제한설의 입장에서는 정치자금 기부행위는 회사의 설립목적에 반하므로 권리능력 범위 밖이라고 보아야 한다는 견해가 있다.[247] 이러한 입장에서는 경영진이 회사의 자금으로 정치자금 기부행위를 하는 것은 권리능력 범위 밖의 행위를 하는 것이므로 횡령죄의 성립도 인정하기가 쉬워진다. 그러나 무제한설이나 제한설 중 판례의 입장에서는 다시 경영진의 어떠한 정치자금 기부행위가 횡령행위가 될 것인지 여부가 문제될 것이다.

이 점에 관하여 회사법제도가 우리나라와 유사한 일본의 경우에 판례는 다음과 같이 합리성 기준을 취하고 있다고 말할 수 있다. 즉, 일본에서는 야하다제철주식회사의 이사가 자민당에 정치자금 350만 엔을 기부한 행위로 인한 회사에 대한 손해배상책임 여부가 문제된 사안(야하다제철 사건)에서[248] 다음과 같은 취지로 판시하였다. 회사의 권리능력은 정관에 기재된 설립목적 범위 내로 한정되는 것이지만, 행위의 객관적 성질상 추상적으로 판단해 볼 때 회사의 설립목적 수행에 직접 또는 간접으로 필요한 행위도 모두 그 목적 범위에 포함된다. 회사는 영리사업을 목적으로 하는 법인이지만 사회의 구성원으로서 사회통념상 회사에게 요구되는 활동을 하는 것은 회사의 원활한 발전을 위한 가치와 효과를 가져오는 일이기도 하므로 회사의 설립목적 수행에 필요한 행위라고 할 수 있다. 따라서 회사의 정치자금 기부행위도 민주정치에 불가결한 정당의 발

---

244) 최준선, 전게서, 57면.

245) 최기원, 전게서, 87면; 정동윤, 전게서, 357면; 정찬형, 전게서, 462면; 이철송, 전게서, 77면; 정경영, 전게서, 325면; 권기범, 전게서, 71면; 김정호, 전게서, 68면; 이기수・최병규, 전게서, 99면.

246) 대법원 1987. 9. 8. 86다카1349.

247) 최준선, 전게서, 59면.

248) 日 最判 1970. 6. 24. 最高裁判所 民事判例集 24卷 6号, 625面.

전에 협력하는 것이므로, 회사의 권리능력 범위에 포함된다. 다만 이사는 회사의 규모·경영실적·상대방 등 여러 사정을 감안하여 합리적인 범위 내에서 정치자금 기부를 하여야 하는데, 이를 위반할 경우에는 충실의무 위반이 되므로 회사에 대한 손해배상 책임을 부담한다는 것이다.

이러한 일본 판례의 입장은 정치자금 기부행위는 행위의 객관적 성질에 비추어 추상적으로 판단해 볼 때 회사의 이익과 직접적 관련성이 없다고 하더라도 회사의 권리능력 범위 내에 속하여 허용되는 것이지만(적극설), 회사의 규모 등에 비추어 합리적 범위를 넘는 금액의 정치자금 기부행위는 경영진의 임무에 위배하는 임의처분 행위로 보는 입장이라고 정리할 수 있다.[249] 이러한 입장을 따른다면 회사의 이익과 직접적 관련성이 없다고 하더라도 회사의 규모·재무상태·경영상황 및 상대방과의 관계 등 모든 사정을 감안하여 합리적 범위 내의 기부행위는 허용되지만, 그 합리적 범위를 벗어날 경우에는 횡령행위가 될 수 있을 것이다(합리성 기준).

이에 대하여, 회사의 이익과 직접적 관련성이 없는 경우에는 회사의 정치자금 기부행위가 일체 허용되지 않는다는 견해도 있는데(소극설),[250] 이러한 견해를 따르면 경영진이 회사의 이익과 직접적 관련성이 없는 정치자금 기부행위를 하는 것은 합리적 범위 여부를 불문하고 횡령행위가 될 수 있게 된다.

3. 판례의 검토

가. 제1판례 : 대법원 1999. 6. 25. 99도1141

《사실관계》

자동차주식회사인 K社의 대표이사 겸 K그룹 회장 및 K社의 이사 겸 K그룹 종합조정실장인 피고인들은, K社가 적자 경영상태이고 차입금 누적 등으로 재무구조가 악화된 상태임에도 불구하고, 1996년 2~3월경 비자금을 조성한 후 그 중 15억 원은 당시 국가안전기획부 차장의 요청에 따라, K社 임원 출신으로서 국회의원선거에 입후보한 L의 국회의원 선거자금으로 L에게 교부하고, 약 1억 2,700만 원은 K그룹 직원들의 선거지원 활동비로 사용하여 횡령하였다는 것이다{특경법위반(횡령)등}.

---

249) 정동윤, 전게서, 358면; 芝原邦爾, 前揭書, 21面.
250) 최기원, 전게서, 94면.

《판결요지》

회사의 이사가 보관 중인 회사 재산을 처분하여 그 대금을 공직선거에 입후보한 타인의 선거자금으로 지원한 경우, 그것이 회사의 이익을 도모할 목적으로 합리적인 범위 내에서 이루어졌다면 그 이사에게 횡령죄에 있어서 요구되는 불법영득의 의사가 있다고 할 수 없을 것이나, 그것이 회사의 이익을 도모할 목적보다는 그 후보자 개인의 이익을 도모할 목적이나 기타 다른 목적으로 행하여졌다면 그 이사는 회사에 대하여 횡령죄의 죄책을 면하지 못한다고 할 것이다.

이 사건 선거자금의 지원은 그 주된 목적이 국회의원 입후보자인 L 개인의 이익이나, 국가안전기획부 차장에 의하여 대변되는 정권의 이익을 도모함에 있었던 것으로 보여질 뿐, 전적으로 회사 자체의 이익을 도모함에 있었던 것으로는 보여지지 않으므로, 피고인에게는 횡령죄에 있어서 요구되는 불법영득의사가 있었다 할 것이고, 따라서 피고인은 횡령죄의 죄책을 면하지 못한다.

나. 제2판례 : 대법원 2005. 5. 26. 2003도5519

《사실관계》

건설업 주식회사인 D社는 1988년부터 계속된 적자상태와 2000년부터의 유동성위기 등으로 인하여 재무구조가 극히 취약하였고, 1998. 9. 21.부터 채권은행단과 기업개선작업을 진행 중이었다. 그럼에도 불구하고, D社의 대표이사 등 피고인들은 2000. 3. 10.부터 같은 해 4. 12.까지 사이에 D社 소유의 부외자금 6억 9,900만 원을 수회에 걸쳐 당시 16대 국회의원 선거에 입후보한 자나 입후보하려는 자의 후원회 등에 정치자금 명목으로 기부하여 횡령하였다는 것이다{특경법위반(횡령)등}.

《판결요지》

피고인들의 이 사건 정치자금 기부행위는 D社와의 관계보다는 D社 대표이사와의 친분에 따라 기부금액을 달리 정한 점 등에 비추어 다분히 개인적인 이해관계나 감정에 기초한 것으로서 합리적인 절차 및 범위 내에서의 지출이라고 평가할 수 없으며, D社의 재정 궁핍상태, 경영실적 등을 고려할 때 사회통념상 의례적인 지출이라고도 할 수 없으므로, 결국 이 사건 부외자금의 정치자금 교부행위는 회사의 목적보다는 개인 목적을 위한 것이라고 봄이 상당하다. 따라서 피고인들의 불법영득의사를 인정할 수 있다.

다. 판례의 평가

우리나라의 판례는 위와 같이 경영진이 보관 중인 회사 자금을 정치자금으로 기부한 경우에, 그것이 회사의 이익을 도모할 목적으로 합리적인 범위 내에서 이루어졌다면 경영진에게 횡령죄에 있어서 요구되는 불법영득의사가 있다고 할 수 없을 것이나, 그것이 회사의 이익을 도모할 목적보다는 상대방 또는 경영진 개인의 이익을 도모할 목적이나 기타 다른 목적으로 행하여졌다면 회사에 대하여 횡령죄의 죄책을 면하지 못한다는 취지로 일관되이 판시하고 있다.[251] 즉, 기부의 주된 목적이 회사의 이익을 위한 것이고 기부의 정도가 합리적 범위 내인 경우에 한하여 정치자금 기부를 허용하고 불법영득의사를 부정하고 있다.

또한 위 각 판례는 피고인들의 선거자금 지원과 회사의 이익 사이에 직접적 관련성은 없는 사안이었지만, 피고인들은 그 기부행위가 회사를 위한 것이라는 취지의 주장을 하였다. 그러나 법원은 기부의 주된 목적이 회사의 이익을 위한 것이 아니라는 이유로 불법영득의사를 인정하였다.

이러한 판례의 입장은 회사의 이익 도모 목적을 적극적 요건으로 요구한다는 점에서 회사의 정치자금 기부행위에 관한 위 소극설의 입장에 가까운 것이기는 하다. 그러나 기부행위와 회사 이익과의 직접적 관련성을 요구하는 것인지 여부는 불분명하고 합리성 기준을 적용한다는 점에서는 위 적극설의 입장에서 크게 벗어나는 것도 아닌 것으로 보인다. 따라서 판례의 입장은 기부행위와 회사의 이익과의 직접적 관련성 여부를 불문하고 회사의 이익을 주된 목적으로 하여야 하며(회사 이익 기준) 합리적 범위 내의 기부(합리성 기준)라야 한다는 2가지 기준을 충족하는 것을 전제로 회사의 정치자금 기부를 허용하는 절충적 입장으로 볼 수 있다.

그리고 판례는 회사의 이익 도모 목적이라는 주관적 요소를 중시하므로 정치자금 기부를 불법영득의사 여부의 문제로 보고 있으나, 위 두 가지 기준을 충족하지 못하는 경우에는 회사의 정치자금 기부행위는 횡령행위를 구성하며 동시에 불법영득의사를 인정할 수 있다고 평가할 수 있을 것이다.

---

251) 대법원 2005. 5. 26. 2003도5519; 1999. 6. 25. 99도1141.

05 Chapter 배임수재 · 배임증재죄

제1절 서　　설

Ⅰ. 의　　의

형법 제357조는 타인의 사무를 처리하는 자가 그 임무에 관하여 부정한 청탁을 받고 재물 또는 재산상 이익을 취득한 때에는 5년 이하의 징역 또는 1천만 원 이하의 벌금에 처하고(제1항), 그 재물이나 이익을 공여한 자는 2년 이하의 징역 또는 500만 원 이하의 벌금에 처하고 있다(제2항). 전자는 배임수재죄, 후자는 배임증재죄라 한다. 배임수·증재죄는 10년 이하의 자격정지를 병과할 수도 있다(형법 제358조). 배임수재죄의 범인이 취득한 재물은 몰수하고(필요적 몰수), 이를 몰수할 수 없거나 범인이 재산상 이익을 취득한 경우에는 그 가액을 추징하여야 한다(형법 제357조 제3항). 배임수·증재죄의 미수범도 처벌하고(형법 제359조), 친족간 범행시의 특례규정도 준용된다(형법 제361조, 제328조).

이와 유사한 규정으로는 후술하는 상법 제630조의 독직죄가 있다. 독직죄는 회사의 발기인, 이사, 집행임원 등 회사의 사무를 처리하는 자가 그 직무에 관하여 부정한 청탁을 받고 재산상 이익을 수수·요구·약속한 때에는 5년 이하의 징역 또는 1,500만 원 이하의 벌금에 처하고(독직수재죄), 그 이익을 약속·공여 또는 공여의 의사를 표시한 자도 같은 형으로 처벌하는 죄이다(독직증재죄). 독직수·증재죄는 배임수·증재죄와는 달리 징역과 벌금을 병과할 수도 있다(상법 제632조). 독직죄의 범죄구성요건은 행위주체가 타인의 사무를 처리하는 자 중 회사의 발기인, 이사, 집행임원, 업무집행사원, 검사인, 공증인, 감정인 등 회사의 사무를 처리하는 자로 제한되어 있고, 위반행위가 재산상 이익의 수수나 공여뿐만 아니라 요구·약속 또는 공여의 의사표시까지로 확대되어 있다는 점 외에는 다를 바 없다. 그러므로 독직죄는 배임수·증재죄 중 회사의 직무와 관련된 자에 한하여 보다 엄격한 책임을 규정한 특별규정이고 배임수·증재죄는 그 일반규정으로 볼 수 있다(특별관계인 법조경합관계).[1]

특정경제범죄 가중처벌 등에 관한 법률(이하 특경법이라 함) 제5조는 금융회사 등의 임·직원이 그 직무에 관하여 금품 기타 이익을 수수·요구 또는 약속하는 행위(같은 조 제1항), 금융회사 등의 임·직원이 그 직무에 관하여 부정한 청탁을 받고 제3자에게 금품 기타 이익을 공여하게 하거나 공여하게 할 것을 요구 또는 약속하는 행위(같은 조 제2항), 금융회사 등의 임·직원이 그 지위를 이용하여 소속 금융회사 등 또는 다른 금융회사 등의 임·직원의 직무에 속하는 사항의 알선에 관하여 금품이나 그 밖의 이익을 수수·요구 또는 약속하는 행위(같은 조 제3항)를 5년 이하의 징역 또는 10년 이하의 자격정지에 처하고 수수액의 2배 이상 5배 이하의 벌금을 병과한다(같은 조 제5항). 또한 그 수수·요구 또는 약속한 금품이나 그 밖의 이익의 가액이 3천만 원 이상인 때에는 그 수수액에 따라 최저 5년 이상의 유기징역에서 최고 무기 또는 10년 이상의 징역까지 가중처벌하고 위와 같이 벌금을 필요적으로 병과하고 있다(같은 조 제4항, 제5항). 그리고 위 금품이나 그 밖의 이익을 약속, 공여 또는 공여의 의사를 표시하거나, 그 행위에 제공할 목적으로 제3자에게 금품을 교부하거나 그 정황을 알면서 금품을 교부받은 사람은 5년 이하의 징역 또는 3천만 원 이하의 벌금에 처한다(같은 법 제6조).

위 특경법위반죄의 범죄구성요건은 요구·약속이나 공여의 의사표시 행위까지 처벌하는 점, 제3자 금품 등 제공행위를 처벌하고(같은 법 제5조 제2항), 제3자 금품 등 제공행위인 경우 외에는 '부정한 청탁'을 요구하지 아니하는 점이 알선수·증재죄와 다르고, 공무원의 수뢰죄(형법 제129조 제1항), 제3자뇌물제공죄(제130조), 알선수뢰죄(형법 제132조), 뇌물공여 등 죄(형법 제133조)와 같다. 그 법정형은 알선수·증재죄보다 무겁고 공무원의 위 뇌물에 관한 죄와 같거나 높은 경우도 있다.

따라서 위 특경법위반죄는 타인의 사무를 처리하는 자 중 금융회사 등의 임·직원에 한하여 금융회사 등의 공공적 성격에 비추어 배임수·증재죄보다

---

1) 전게 「주석 형법각칙」, 503~504면.

엄격한 책임을 규정한 특별규정이고 배임수·증재죄는 그 일반규정으로 볼 수 있다(특별관계인 법조경합관계).[2]

Ⅱ. 보호법익과 보호의 정도

1. 보호법익

배임수·증재죄는 배임죄와는 형법상 같은 장에 규정되어 있고, 행위주체가 '타인의 사무를 처리하는 자'로서 동일하며, 그러한 행위주체의 '임무'에 관하여 '재산상 이익'을 취득하는 범죄라는 점에서 유사하다고 볼 수 있다. 따라서 배임죄와 같이 타인의 재산권을 보호법익으로 볼 것인지 여부가 문제된다.

통설·판례는 이 죄의 행위주체가 처리하는 사무는 재산관리사무에 한정되지 아니하고 재산상 손해발생을 범죄성립요건으로 하지 않으므로 이 죄는 타인의 사무처리를 처리하는 자의 공정·성실한 사무처리를 확보하려는 것으로 보고 그 보호법익은 타인의 사무를 처리하는 자의 '거래의 청렴성(또는 공정성)' 또는 '사무처리자의 청렴성'이라고 한다.[3]

이에 대하여 이 죄는 배임죄와 같은 장에 규정되어 있고, 부정한 청탁을 받을 경우에는 타인의 재산을 보호해야 할 임무를 위배할 위험이 있고, 그로 인하여 타인에게 재산상 피해를 주게 되는 것이므로, 이 죄의 목적은 타인의 사무를 공정·성실하게 처리하여 타인의 재산을 보호하려는 것으로 파악하여, 그 보호법익은 '타인의 재산 및 사무처리의 공정성 내지 청렴성'이라고 보는 견해가 있다.[4]

이 죄의 보호법익을 어떻게 파악할 것인가 하는 문제는 후술하는 범죄구성요건의 해석에도 영향을 미치는 중요한 문제이다.

생각하건대 이 죄가 배임죄와 같은 장에 규정되어 있는 것은 그 위반행위가 사무를 위임한 타인과의 신임관계를 침해하는 배임적 성격의 행위이기 때문이라고 본다. 이 죄는 배임죄의 경우처럼 사무를 위임한 타인에게 재산상 손해를

---

2) 전게「주석 형법각칙」, 504면.
3) 김성돈, 전게서, 430면; 이재상, 전게서, 437면; 손동권, 전게서, 473면; 배종대, 전게서, 570면; 박상기, 전게서, 415면; 김일수·서보학, 전게서, 499~450면; 전게「주석 형법각칙」, 493면; 대법원 2006. 11. 23. 2006도906; 2006. 5. 12. 2004도491; 2005. 1. 14 2004도6646; 1996. 10. 11. 95도2090; 1996. 3. 8. 95도2930; 1991. 6. 11. 91도413.
4) 오영근, 전게서, 515~516면; 정성근·박광민, 전게서, 478면.

가할 것을 요건으로 하지 않는 점에 비추어, 그 보호법익에 타인의 재산권도 포함하는 것으로 보는 주장은 근거없이 범죄구성요건을 축소해석하는 결과가 되어 부당하다고 생각한다. 이 죄의 범죄구성요건으로 타인의 재산상 손해발생은 요구하지 않으면서 '부정한 청탁'은 요구하는 점에 비추어 보면, 이 죄는 재산적 사무에 한정하지 않고 타인의 사무처리를 위임받은 자의 공정한 사무처리를 위한 것으로 보아야 하므로, 보호법익은 '사무처리자의 청렴성' 및 '거래의 공정성'으로 보는 견해가 타당하다고 본다. 그렇다면 이 죄는 배임죄보다는 뇌물죄와 같은 구조를 가지는 사인(私人)간 뇌물죄로서의 성격을 지닌다고 보아야 할 것이다.

2. 보호의 정도

보호법익을 사무처리자나 그 거래의 청렴성 또는 공정성이라고 보는 입장에서도 그 보호의 정도를 어떻게 볼 것인지는 견해가 나뉜다. 타인의 사무를 처리하는 자가 부정한 청탁을 받고 재물이나 재산상 이익을 취득하면 실제로 사무처리자의 청렴성이나 거래의 공정성이 침해되지 않더라도 범죄가 성립하는 것이므로 추상적 위험범으로 보는 견해[5]가 있다. 반면, 타인의 사무를 처리하는 자가 부정한 청탁을 받고 재물이나 재산상 이익을 취득하면 사무처리자의 청렴성이나 거래의 공정성이 침해된 것으로 보고 침해범이라는 견해[6]도 있다.

이에 대하여 보호법익을 타인의 재산 및 사무처리의 공정성 내지 청렴성이라고 보는 입장에서도 타인의 사무를 처리하는 자가 부정한 청탁을 받고 재물이나 재산상 이익을 취득하면 범죄는 성립하고 타인에게 현실적 손해를 가하거나 손해발생 위험이 발생할 것을 필요로 하지 않기 때문에 추상적 위험범이라고 보는 견해[7]가 있다. 반면, 재물이나 재산상 이익을 취득하여야 범죄가 성립하는 것이므로 침해범이라고 하는 견해[8]도 있다.

생각하건대 타인의 사무를 처리하는 자가 부정한 청탁을 받고 재물이나 재산상 이익을 취득하면 실제로 처리한 사무의 내용이나 거래의 결과가 타인에게

5) 김성돈, 전게서, 430면
6) 김일수 · 서보학, 전게서, 500면.
7) 오영근, 전게서, 516면.
8) 정성근 · 박광민, 전게서, 478면.

불리하였는지 여부를 묻지 않고 이 죄는 성립한다. 이 경우 반드시 거래의 공정성이 침해된 것으로 볼 수는 없지만 거래의 공정성이 침해될 일반적 위험이 있다고 평가한 것이 입법자의 의도라고 보아야 할 것이다. 따라서 이 죄는 추상적위험범으로 보아야 한다.

제2절 범죄구성요건

Ⅰ. 배임수재죄의 범죄구성요건

1. 행위주체

이 죄는 '타인의 사무를 처리하는 자'가 '그 임무에 관하여' 범하였을 것을 필요로 한다. 따라서 타인의 사무를 처리하는 지위에 있는 자만이 범죄를 범할 수 있으므로 진정신분범에 속한다.

이 죄의 보호법익을 사무처리의 공정성을 통한 '타인의 재산' 보호로 파악하는 입장에서는 '타인의 사무를 처리하는 자'도 재산상 사무로 국한하여야 할 것이다.[9] 그러나 이 죄의 보호법익을 '사무처리자의 청렴성'이라고 보는 입장에서는, 배임죄의 행위주체와 같이 널리 신의성실원칙에 기초한 신임관계에 있다고 볼 수 있는 자이되, 다만 배임죄의 경우와는 달리 타인의 재산과 관련된 사무에 한정하지 않는다고 한다.[10] 판례도 이 죄의 행위주체에 관하여 "타인과의 대내관계에 있어서 신의성실의 원칙에 비추어 그 사무를 처리할 신임관계가 존재한다고 인정되는 자를 의미하고, 반드시 제3자에 대한 대외관계에서 그 사무에 관한 권한이 존재할 것을 요하지 않으며, 또 그 사무가 포괄적 위탁사무일 것을 요하는 것도 아니고, 사무처리의 근거, 즉 신임관계의 발생근거는 법령의 규정, 법률행위, 관습 또는 사무관리에 의하여도 발생할 수 있다."라고 같은 취지로 판시하고 있다.[11]

---

9) 정성근・박광민, 전게서, 479면.
10) 배종대, 전게서, 571면; 김성돈, 전게서, 430~431면; 오영근, 전게서, 516면는 타인의 재산도 보호법익에 포함된다고 하는 입장이면서도 같은 견해를 따르고 있다.
11) 대법원 2011. 8. 25. 2009도5618; 2008. 7. 10. 2007도7760; 2006. 5. 12. 2004도491; 2006. 3. 24. 2005도6433; 2003. 2. 26. 2002도6834; 1999. 6. 22. 99도1095.

'타인'의 사무를 처리하는 자이어야 하므로 자기의 사무를 처리하는 자는 해당되지 않는다. 예컨대 시 · 도 화물자동차운송사업협회(이하 지역협회라 함)의 대표자가 전국화물자동차운송사업연합회(이하 연학회라 함)의 회장 선거에서 자신을 지지해 달라는 자로부터 돈을 받은 경우에, 각 지역협회 대표자가 연합회 총회에서 총회의 구성원이 되어 회장 선출에 관한 선거권 내지 의결권을 행사하는 것은 연합회 회원인 각 지역협회의 업무집행기관으로서 권한을 행사하는 것인 이상, 이러한 대표자의 권한행사는 자기의 사무를 처리하는 것이 아니라 타인인 '지역협회'의 사무를 처리하는 것으로 보아야 한다.[12)]

'사무'란 일반적 권한범위 내에 있는 사무라면 현재 구체적으로 담당하고 있는 사무가 아니라도 무방하고, 원래 담당하는 사무의 준비행위나 자기의 직무상 영향력을 이용하여 다른 임 · 직원의 직무에 영향을 미치는 등 자기의 사무와 밀접한 연관이 있는 경우라도 무방하다.

'임무에 관하여'란 처리하는 타인의 사무와 밀접하게 관련된 경우라면 모두 포함하여야 할 것이다. 판례도 " '임무에 관하여'라 함은 타인의 사무를 처리하는 자가 위탁받은 사무를 말하는 것이나 이는 그 위탁관계로 인한 본래의 사무뿐만 아니라 그와 밀접한 관계가 있는 범위 내의 사무도 포함되고, 나아가 고유의 권한으로서 그 처리를 하는 자에 한하지 않고 그 자의 보조기관으로서 직접 또는 간접으로 그 처리에 관한 사무를 담당하는 자도 포함된다."라고 판시하고 있다.[13)]

판례에 따르면, 특정출판사의 책을 교재로 채택하여 달라는 부탁을 받은 대학교수의 경우에, 학생들에게 가르칠 교재의 선택 및 출판업자를 선정하는 일은 대학교수의 자유재량에 속하나, 이는 대학교의 수업권을 위임받은 것이라 할 것이므로 자신의 학문적인 성과를 저술한 책자를 출판하는 것이 아니라 대학교재로 쓸 것을 전제로 하는 한 이를 대학교수 자신의 업무로 볼 수는 없고 타인인 대학교의 사무로 보았다.[14)] 그 밖에도, 의약품수입업자로부터 특정 약품을 환자에게 원외처방하여 달라는 부탁을 받은 종합병원 또는 대학병원 소속 의사,[15)] 관세사무소의 경영주인 관세사의 위임에 따라 수출업자로부터 의뢰받

12) 대법원 2011. 8. 25. 2009도5618.

13) 대법원 2010. 9. 9. 2009도10681; 2008. 7. 10. 2007도7760; 2006. 3. 24. 2005도6433; 2004. 12. 10. 2003도1435; 2000. 3. 14. 99도5195; 1982. 2. 9. 80도2130.

14) 대법원 1996. 10. 11. 95도2090.

은 수출면장 발급신청업무를 관세사의 이름으로 처리하는 관세사무소 영업부장,[16] 담당하는 방송프로그램에 특정 가수의 노래만을 자주 방송하여 달라는 부탁을 받은, 방송국 프로그램의 제작연출 등 사무를 처리하는 프로듀서[17]도 모두 이 죄의 행위주체에 포함하고 있다.

타인의 사무를 처리하는 자의 지위를 취득하기 전에 부정한 청탁을 받은 행위를 처벌하는 별도의 구성요건이 존재하지 않는 이상, 죄형법정주의 원칙상 타인의 사무처리자의 지위를 취득하기 전에 부정한 청탁을 받은 경우에는 배임수재죄가 성립하지 않는 것이 원칙이다.[18] 그러나 타인의 사무를 처리하는 자가 그 신임관계에 기한 사무의 범위에 속한 것으로서 장래에 담당할 것이 합리적으로 기대되는 임무에 관하여 부정한 청탁을 받고 재물 또는 재산상 이익을 취득한 후 그 청탁에 관한 임무를 현실적으로 담당하게 되었다면 이로써 타인의 사무를 처리하는 자의 청렴성은 훼손되는 것이어서 배임수재죄의 성립을 인정할 수 있다.[19]

타인의 사무를 처리하는 자가 그 임무에 관하여 부정한 청탁을 받았다면, 그 후 사직 등의 사유로 인하여 더 이상 타인의 사무를 처리하는 자가 아니고 그 관련된 임무를 현실적으로 담당하지 아니하게 된 상태에서 재물이나 재산상 이익을 수수하게 되었다 하더라도, 그 재물 등의 수수가 부정한 청탁과 관련하여 이루어진 것이라면 배임수재죄가 성립한다.[20]

이 죄는 법령, 계약 기타 법률행위, 관행 또는 신의성실원칙 등에 비추어 신임관계에 있는 타인에 대한 배신적 성격의 범죄이므로 일반적으로는 포괄적 권한을 갖는 자인 경우가 많겠지만, 해당 사무에 관하여 포괄적 권한이나 독립된 권한을 가진 자가 아닐지라도 무방하다.[21] 그러나 단순히 타인의 지시에 따라

---

15) 대법원 1991. 6. 11. 91도413.
16) 대법원 1982. 9. 28. 82도1656.
17) 대법원 1991. 1. 15. 90도2257.
18) 대법원 2010. 7. 22. 2009도12878.
19) 대법원 2010. 4. 15. 2009도4791(피고인은 연예기획사로부터 피고인이 제작하는 예능프로그램 등에 그 연예기획사 소속 연예인을 출연시키거나 뮤직비디오를 방영하여 달라는 청탁을 자주 받아왔고, 연예인이 출연하거나 뮤직비디오가 방영되는 예능프로그램을 다수 제작해 왔는데, 그 후 위 연예기획사 운영자로부터 상당한 시세차익이 예상되는 주식의 매수기회를 제공받은 사안으로서, 그 주식매수 후에도 그러한 예능프로그램의 제작에 프로듀서(PD) 또는 책임프로듀서(CP)로서 관여하였고, 실제 위 연예기획사의 위와 같은 청탁에 따라 자신이 관장하는 예능프로그램에서 뮤직비디오를 방영하는 등으로 도움을 둔 사안임).
20) 박상기, 전게서, 416면; 대법원 1997. 10. 24. 97도2042.

기계적 사무에만 종사하는 자는 이 죄의 행위주체가 될 수 없다고 보아야 할 것이다.[22]

2. 부정한 청탁을 받을 것

가. '부정한 청탁'의 개념

통설 · 판례는 '부정한 청탁'의 '부정'이란 청탁이 사회상규나 신의성실 원칙에 반하는 것이라면 배임이 되는 정도가 아니라도 무방하다고 한다.[23] 이에 반하여, '부정한 청탁'이란 배임행위의 내용이 될 정도라야 하고, 적어도 재산상 손해발생의 위험을 일으키는 내용의 배임행위가 청탁되는 것을 뜻한다고 주장하는 견해[24]도 있다. 그러나 이 죄의 범죄구성요건으로 재산상 손해발생을 요구하는 것도 아니고 이 죄의 보호법익에 타인의 재산권을 포함하는 것으로 보지 않는 이상, 후자의 견해는 근거없이 부당하게 축소해석하는 것으로 생각되므로, 전자의 견해가 타당하다고 본다.

'청탁'이란 그 사무에 관하여 장래 일정한 행위를 하거나 하지 않는 것을 의뢰하는 것을 뜻한다. 청탁은 특정 사무에 관한 것이므로 어느 정도 구체성이 있어야 하지만 명시적이든 묵시적이든 불문한다.

'부정한 청탁' 여부를 판단함에 있어서는 청탁의 내용, 이와 관련하여 교부하거나 공여한 재물의 액수, 형식, 보호법익인 사무처리자의 청렴성 등을 종합적으로 고찰하여야 한다.[25] 단순히 규정이 허용하는 범위 안에서 최대한 선처를 바란다는 내용의 부탁이거나, 위탁받은 사무의 적법한 범위나 업무지침 · 업무관행 등의 정상적인 처리범위에 속하는 경우에는 사회상규나 신의성실 원칙에

---

21) 대법원 1984. 8. 21. 83도2447(임대차계약을 체결함에 있어 임차인을 선정하거나 임대보증금 및 차임을 결정하는 권한이 없이 상사에게 임차인을 추천할 수 있는 권한밖에 없더라도 점포 등의 임대 및 관리를 담당하고 있는 업무과장도 배임수재죄의 '타인의 사무를 처리하는 자'에 해당하므로, 다른 사람이 같은 점포를 임차하려는 상태에서 자기에게 임대해 줄 것을 부탁하는 자로부터 사례비를 받은 경우에는 배임수재죄에 해당한다고 판시).

22) 전게「주석 형법각칙」, 495면.

23) 박상기, 전게서, 416면; 이재상, 전게서, 438면; 정성근 · 박광민, 전게서, 479면; 오영근, 전게서, 517면; 김성돈, 전게서, 431면; 대법원 1991. 1. 15. 90도2257; 1987. 11. 24. 87도1560; 1984. 7. 10. 84도179; 1968. 10. 22. 67도1666.

24) 배종대, 전게서, 573면.

25) 대법원 2008. 7. 10. 2007도7760; 2006. 5. 12. 2004도491; 2004. 12. 10. 2003도6866; 1996. 10. 11. 95도2090; 1988. 12. 20. 88도167; 1980. 10. 14. 79도190.

어긋난 부정한 청탁으로 볼 수 없다.[26] 단순한 사교적 의례의 범위 내인 경우라거나,[27] 계약관계상 기존 권리를 확보하기 위하여 종전 계약을 유지시켜 달라는 부탁도 부정한 청탁이라 할 수 없다.[28] '부정한 청탁' 여부 판단에 관한 대표적인 판례는 다음과 같다.

1) '부정한 청탁'에 해당한다고 판시한 사례

재건축조합의 총무로서 실질적으로 조합의 전반적인 업무집행을 주도하던 피고인이 자신의 추천으로 그 재건축공사의 시공사로 선정된 건설회사로부터 시공사로 선정된 직후부터 건설회사가 부도나기 전 공사를 진행하고 있던 때까지 2년간에 걸쳐 합계 6,400만 원을 교부받은 사안에서, 피고인은 재건축조합의 업무를 실질적으로 주도하는 자로서 조합을 대표하여 시공사와 접촉하면서 시공사의 이익에 적지 않은 영향을 미칠 수 있는 지위에 있고 실제로 피고인의 추천에 의하여 위 건설회사가 시공사로 선정된 점, 재건축사업의 안전진단 평가과정에서 문제가 생기자 조합장이 시공사를 다른 건설회사로 교체하려고 하였으나 피고인이 이를 거부하였던 점, 피고인은 조합운영비 명목으로 월 150만 원을 지급받아 오고 있었음에도 별도로 피고인의 개인 계좌 및 피고인이 관리하는 처남 명의 계좌로 위 돈을 송금받은 점, 수수한 금액이 의례적인 인사나 직무권한 범위 안에서 최대한 편의를 보아달라는 등의 목적으로 수수되었다고 보기 어렵다고 할 정도인 점 등을 종합하여 보면, 피고인과 위 건설회사 사이에 부정한 청탁이 명시적으로 있었음을 인정할 명백한 증거가 없다고 하더라도, 그 시공사로서의 지위를 계속 유지하고 재건축공사를 진행함에 있어 시공사에게 유리한 쪽으로 편의를 보아 달라는 취지의 묵시적인 청탁은 있었다고 추인함이 상당하고, 이는 사회상규 및 신의성실 원칙에 반하는 부정한 청탁에 해당하며, 위 돈은 그러한 부정한 청탁과 관련되어 제공된 것이라고 판시하였다.[29]

그 밖에도, 골프장 부킹대행업자가 회원제 골프장의 예약업무 담당자에게 골프장 회원에게 제공해야 하는 주말부킹권을 자기에게 판매해 달라고 부탁하는 경우,[30] 정상적으로 KOC 위원의 위촉절차를 밟지 않고 당시 KOC 위원장이면

26) 대법원 2002. 4. 9. 99도2165; 1982. 9. 28. 82도1656.
27) 전게 「주석 형법각칙」, 500면.
28) 대법원 1991. 8. 27. 91도61.
29) 대법원 2008. 12. 24. 2008도9602.
30) 대법원 2008. 12. 11. 2008도6987.

서 체육계에 막강한 힘을 가지고 있던 자의 힘을 빌어 KOC 위원이 되고자 그에게 KOC 위원으로 선임해 달라는 등의 부탁을 하는 경우,[31] 방송은 공적 책임을 수행하고 그 내용의 공정성과 공공성을 유지하여야 하는 것임에도 불구하고, 광고대행업무를 수행하는 주식회사의 대표이사에게, 방송사 관계자에게 사례비를 지급하여서라도 특정학원 소속 강사만을 채용하고 특정회사에서 출판되는 교재를 채택하여 특정회사의 이익을 위해 수능과외방송을 하는 내용의 방송협약을 체결해 달라고 부탁하는 경우,[32] 정당의 중앙당 당기위원회 수석부위원장에게 돈을 교부하며 더 이상 지구당의 공천비리를 조사하지 말아달라는 부탁하는 경우,[33] 출판사의 경영자가 그 출판사가 출판한 교재 판매대금의 약 30-40%에 해당하는 돈을 지급하기로 하고 대학교수에게 그 책자를 교재로 채택하여 달라고 부탁하는 경우에[34] 부정한 청탁에 해당하는 것으로 보고 있다.

또한, 종합병원 또는 대학병원 소속 의사들이 자신들이 처방하는 약을 환자들이 예외없이 구입 복용하는 것을 기화로, 의약품수입업자로부터 "수입하여 시중 약국에는 보급하지 않고 직접 전화주문만 받아 독점판매하고 있는 메가비트 500이라는 약은 본래의 적응증인 순환기질환뿐 아니라 내분비 등 거의 모든 병에 잘 듣는 약이므로, 병당 5만 원 내지 7만 원씩의 사례비를 줄 테니, 그러한 병의 환자들에게 원외처방하여 그들로 하여금 위 약을 많이 사먹도록 해달라"는 부탁을 받고 그 사례비를 교부받은 경우, 위 의사들은 그 임무에 관하여 부정한 청탁을 받고 금품을 수수하였다고 판시하였다.[35]

2) '부정한 청탁'에 해당하지 않는 것으로 판시한 사례

병원 의사가 조영제를 병원에 납품하는 업자로부터 '시판 후 조사'(PMS, Post Marketing Surveillance) 연구용역계약(이하 'PMS계약'이라 함) 명목으로 연구용역비를 교부받은 사안에서, 조영제는 다량의 약물이 짧은 시간 동안 인체에 주입되는 특성상 다른 의약품에 비하여 이상반응 발현율이 높고, 그에 관한 시판허가를 받았다고 하더라도 다양한 체질과 위험인자를 가진 수많은 사람들에게 투여되게 되므로 시판 후 조사를 실시할 필요성이 있으며, 의사로서도 조영제

31) 대법원 2005. 1. 14. 2004도6646.
32) 대법원 2002. 4. 9. 99도2165.
33) 대법원 1998. 6. 9. 96도837.
34) 대법원 1996. 10. 11. 95도2090.
35) 대법원 1991. 6. 11. 91도413.

의 유효성과 부작용, 다른 약물과 병용하였을 때의 특이성 등을 임상에서 확인할 기회를 갖게 되므로 그 의학적 필요성이 있는 사실, 실제로 각 PMS계약을 통한 증례보고서가 모두 적정하게 작성되어 전부 수거되었고 일부 부작용이 확인된 의약품에 관하여는 보건당국과 학계에 보고되기도 하였던 사실, 연구비 지급과 관련하여서는 소득세 등 원천징수가 이루어졌고 지급된 금액도 한국제약협회가 채택한 '보험용 의약품의 거래에 관한 공정경쟁규약' 및 그 세부운용기준에 정한 금액의 범위 내였던 점에 비추어, 위 PMS 계약은 의학적 관점에서 그 필요성에 따라 근거와 이유를 가지고 정당하게 체결되어 수행된 것으로 봄이 상당하고, 그것이 조영제 납품에 관한 부정한 청탁의 대가 지급 의도로 체결된 것으로 볼 수 없다고 판시하였다.[36)]

그리고 아파트개발사업 시행업체(이하 시행사라 함) 측으로부터 철거공사를 담당할 업체를 선정할 권한과 함께 명도·이주 업무를 책임지고 수행할 임무를 위임받은 피고인이, 시행업체의 양해 아래 철거업체와의 사이에 그 회사가 철거업체로 선정되면 철거공사 하도급대금 중 일부를 피고인에게 지급하기로 하는 내용의 약정을 체결한 사안에서, 시행사는 피고인에게 사업부지 내 철거업체의 선정 권한을 부여함과 아울러 피고인이 그 명도·이주 업무를 책임지고 수행함으로써 철거업무를 원활히 진행되도록 하는 노력에 대한 대가를 고려하여, 철거공사 하도급계약의 체결시 그 하도급대금 중 일부를 피고인이 철거업체로부터 되돌려 받는 방법으로 명도·이주 업무 등의 보수를 지급받는 것을 허용하였으므로, 이를 타인의 위탁을 받아 계약과 관련된 사무를 처리하는 사람이 특정인으로부터 계약체결의 상대방이 될 수 있게 해 달라는 부정한 청탁을 받고 그 대가를 받은 경우라고 보기는 어렵다고 판시하였다.[37)]

또한 종중 사무를 총괄하는 피고인이 공동주택사업을 추진하던 건설회사 담당직원에게 종중 토지의 소유권이전에 협조하지 않는 토지 공유명의자들을 설득하여 그 소유권이전에 필요한 서류를 하자 없이 받아줄 테니 수고비를 달라는 부탁을 하였고, 당시 종중 임원으로부터 종중에서 위 등기에 필요한 서류를 교부받기 위하여 공유명의자들에게 그 매매대금의 일부를 나누어 주기로 하는 결의를 하고 있다는 이야기를 들은 바 있는 건설회사의 담당직원으로부터, 그

36) 대법원 2011. 8. 18. 2010도10290.
37) 대법원 2011. 4. 14. 2010도8743.

러한 절차를 거쳐 공유자들에게 매매대금의 일부를 빨리 주더라도 건설회사에 소유권이전등기절차를 조속히 이행하여 달라는 취지의 부탁을 받고 위 토지의 매매대금 외에 별도로 보상금을 교부받은 경우에, 부정한 청탁을 받은 것으로 볼 수 없다고 판시하였다.[38)]

나. 부정한 청탁을 '받고'의 개념

부정한 청탁을 받고 재물이나 재산상 이익을 취득하는 경우이므로, 이 때 청탁을 '받고'란 청탁을 '승낙하고'의 의미로 해석하여야 한다.[39)] 그러나 그 청탁에 따른 부정행위나 배임행위를 실제로 하였는지 여부는 불문한다.[40)]

배임수재죄와 배임증재죄는 대향적 관계에 있는 필요적 공범이기는 하지만,[41)] 반드시 수재자가 증재자와 같이 처벌받아야 하는 것을 의미하는 것은 아니고, 수재자에게는 부정한 청탁에 해당하더라도 증재자에게는 정당한 업무가 될 수도 있다.[42)] 이러한 이유로 알선수·증재죄는 필요적 공범이 아니라는 견해[43)]도 있다. 통설처럼 필요적 공범의 개념을 법률상 범죄구성요건을 2인 이상이 실현할 것으로 예정되어 있는 범죄라 한다면,[44)] 엄밀한 의미에서는 후자의 견해와 같은 설명이 타당할 것이다. 그러나 청탁이 '부정한' 것인지 여부는 법률적 가치판단의 문제일 뿐이므로, 필요적 공범의 개념을 법률상 범죄구성요건 중 법률판단 문제를 제외한 객관적 행위를 2인 이상이 실현할 것으로 예정되어 있는 범죄라고 정의한다면 알선수·증재죄는 대향적 관계에 있는 필요적 공범으로 볼 수 있고 전자와 같이 설명할 수 있을 것이다.

---

38) 대법원 2010. 9. 9. 2010도7380.

39) 정성근·박광민, 전게서, 480면.

40) 대법원 2010. 9. 9. 2009도10681; 1991. 8. 27. 91도61.

41) 이재상, 전게「형법총론」, 420면; 김성돈, 전게「형법총론」, 546면.

42) 대법원 2011. 10. 27. 2010도7624(A주식회사를 사실상 관리하는 甲이 A주식회사가 사업용부지로 매수한 토지에 관하여 처분금지가처분 등기를 마쳐 두었는데, 그 토지를 매수하려는 乙에게서 가처분을 취하해 달라는 청탁을 받고 4억 4,000만 원을 수수하였다는 내용으로 기소된 사안에서, 甲에게는 배임수재죄가 성립하나, 乙이 위 돈을 교부한 행위는 사회상규에 위배되지 아니하여 배임증재죄를 구성할 정도의 위법성이 없다고 판시).

43) 박상기, 전게서, 419면.

44) 김성돈, 전게「형법총론」, 545면.

3. 재물이나 재산상 이익의 취득

'재산상 이익'이란 재물 외에 금전적 가치로 환산할 수 있는 이익을 뜻한다. 채무면제, 지급유예, 금전대여, 보증, 담보제공, 유상 서비스의 무상제공, 향응 제공 등을 포함하지만, 지위의 제공이나 정욕의 만족 그 자체는 포함되지 않는다. 그러므로 형법상 뇌물죄의 뇌물 개념보다는 좁은 개념으로 보아야 할 것이다.

재물이나 재산상의 이익의 '취득'은 부정한 청탁을 승낙하고 그 대가·묵인 등 청탁과 관련하여 취득하는 경우를 말하는 것이고, 또한 재물이나 재산상의 이익의 '취득'은 자기 소유의 의사로 현실적으로 취득하는 경우만을 의미하므로 단순한 요구나 약속만을 한 경우에는 죄가 성립하지 않는다.[45] 부정한 청탁과 관련하여 재물이나 재산상 이익을 취득하는 것이라면 그 취득 시점은 부정한 청탁과 동시가 아니더라도 무방하고 그 전·후를 불문한다.[46] 그러나 먼저 재물이나 재산상 이익을 취득한 후 부정한 청탁이 있는 경우에는 부정한 청탁과 관련하여 취득한 것으로 보기 어려운 경우가 많을 것이다.

타인의 사무를 처리하는 자가 그 임무에 관하여 부정한 청탁을 받았다 하더라도 재물 또는 재산상의 이익을 자신이 아니라 다른 사람으로 하여금 취득하게 한 경우에는 이 죄가 성립하지 않는다. 다만, 이러한 경우에 그 다른 사람이 부정한 청탁을 받은 자의 사자(使者) 또는 대리인으로서 재물 또는 재산상 이익을 취득한 경우나, 그 밖에 평소 부정한 청탁을 받은 자가 그 다른 사람의 생활비 등을 부담하고 있었다거나 혹은 그 다른 사람에 대하여 채무를 부담하고 있었다는 등의 사정이 있어 그 다른 사람이 재물 또는 재산상 이익을 받음으로써 부정한 청탁을 받은 자가 그만큼 지출을 면하게 되는 경우 등 사회통념상 그 다른 사람이 재물 또는 재산상 이익을 받은 것을 부정한 청탁을 받은 자가 직접 받은 것과 동일하게 평가할 수 있는 관계가 있는 경우에는 이 죄가 성립할 수 있다는 것이 판례이다.[47]

---

45) 대법원 1999. 1. 29. 98도4182(골프장 회원권의 공여 의사표시를 하고 피고인이 이를 승낙하였더라도, 그 골프장 회원권에 관하여 피고인 명의로 명의변경이 이루어지지 아니한 이상 피고인이 현실적으로 재산상 이득을 '취득'하였다고 할 수 없다고 판시).

46) 박상기, 전게서, 418면.

47) 대법원 2009. 6. 11. 2009도1518; 2009. 3. 12. 2008도1321; 2008. 4. 24. 2006도1202; 2006. 12. 22. 2004도2581.

재물이나 재산상의 이익의 취득으로 인하여, 사무를 위임받은 타인에게 손해가 발생하여야 하는 것은 아니다.[48]

4. 주관적 구성요건

배임수·증재죄는 고의범이므로(형법 제13조 본문) 객관적 범죄구성요건사실에 대한 인식과 적어도 그 용인이 필요하다(용인설). 즉, 자신이 타인의 사무를 처리하는 자라는 사실, 그 임무에 관한 부정한 청탁이라는 사실, 그 청탁과 관련하여 재물이나 재산상 이익을 취득하는 사실에 관한 인식 및 용인이 필요하다.

고의 외에 불법영득의사 또는 불법이득의사가 필요한 것인지 여부에 대하여는 논란이 있다. 긍정설은 이 죄의 성립을 위하여는 재물이나 재산상 이익을 취득하여야 하므로 고의 외에 불법영득의사나 불법이득의사가 필요하다고 한다.[49] 긍정설에 따르면 일시 보관하는 경우나 반환할 의도로 재물 등을 취득한 경우에는 불법영득의사나 불법이득의사가 없어서 죄가 성립하지 않는다고 한다. 이에 대하여 부정설은 재물이나 재산상 이익의 취득에 대한 고의에는 영득의 의미도 포함되어 있어 영득은 고의의 내용이 되는 것이므로 별도로 불법영득의사나 불법이득의사를 인정할 필요가 없다고 주장한다.[50]

판례는 배임수재죄의 성립에 '영득의 의사'가 필요함을 전제로 판시하고 있을 뿐, 그것이 초과주관적 구성요건인지 여부에 관한 언급은 없다.[51] 어느 견해에 따르더라도 이 죄의 성립 여부에 차이가 있는 것은 아니다.

생각하건대 재물이나 재산상의 이익의 '취득'은 자기 소유의 의사로 현실적으로 취득하는 경우만을 의미하므로, 취득에 대한 고의의 내용에 이미 불법영득

---

48) 대법원 2011. 2. 24. 2010도11784; 1984. 8. 21. 83도2447.

49) 박상기, 전게서, 418면; 손동권, 전게서, 477~478면; 김일수 · 서보학, 전게서, 503면.

50) 오영근, 전게서, 520면; 김성돈, 전게 「형법각론」, 433~434면.

51) 대법원 1991. 6. 11. 91도413(임무에 관하여 부정한 청탁을 받고 4회에 걸쳐 합계 금 7,000,000원을 수수하였다면 그 후에 그 중 일부 금원을 다시 되돌려준 것만으로 이를 수수할 당시에 영득의 의사가 없었다고 단정할 수 없으므로 배임수재죄의 성립에 영향이 없다고 판시); 1984. 3. 13. 83도1986(피고인이 증뢰자로부터 받은 100만 원짜리 수표 150장을 은행에 맡기면서 누가 자기에게 일시보관을 위해 맡긴 것인데 곧 찾아갈 돈이니 맡아달라고 말한 사실이 인정되고, 또 피고인이 그 돈을 반환한 경위에 있어서도 영득의 의사로 받았다가 되돌려 줄 수밖에 없는 특단의 사정변경사실을 찾아볼 수 없고, 자발적으로 반환한 경우라면, 위 수표들이 수표 100장 1억 원과 50장 5천만 원으로 나누어 다른 날짜에 가명으로 예금된 바 있다 하더라도 피고인에게 배임수재죄에 있어서의 영득의 의사가 있었다고 단정할 수 없다고 판시); 1983. 3. 8. 82도2873.

의사나 불법이득의사가 포함되어 있으므로, 이를 고의를 초과하는 초과주관적 구성요건으로 볼 필요는 없다고 본다.

5. 몰수 · 추징

배임수재죄를 범한 범인이 취득한 재물은 몰수한다(형법 제357조 제3항 제1문). 그 재물을 몰수하기 불가능하거나 재산상 이익을 취득한 때에는 그 가액을 추징한다(형법 제357조 제3항 제2문). 이는 필요적 몰수 · 추징이므로 반드시 하여야 한다.

배임수재죄를 포함하여 형법상의 몰수나 추징은 형식적으로는 형벌이지만 실질적으로는 대물적 보안처분으로서의 성질을 갖는 것으로서, 범인이 범죄로 인한 부당한 이득을 취득하지 못하게 하는 것을 목적으로 한다고 보는 견해(제1설)[52]가 있는데, 판례의 입장이기도 하다.[53] 이에 대하여 배임수재죄를 포함하여 형법 또는 특별법상의 필요적 몰수 제도는 범죄로 인한 이득의 박탈을 목적으로 하는 것이 아니라 징벌적 성질을 가지는 처분으로 부가형의 성질을 가진다고 보는 견해(제2설)[54]가 있다. 또한 행위자나 공범 소유 물건에 대한 몰수는 형벌적 성격이 있고, 제3자 소유의 물건에 대한 몰수는 재범의 위험을 예방하기 위한 보안처분으로서의 성격이 있다는 견해(제3설)[55]도 있다.

몰수의 대상이 범죄행위와 관련된 물건으로 제한되고, 추징도 그 몰수가 불가능하거나 범죄행위로 재산상 이익을 취득한 경우에만 할 수 있음(형법 제48조, 제357조 제3항)에 비추어 제1설이 타당하다고 본다.

범인이 취득한 재산상 이익은 필요적으로 몰수하여야 하므로(형법 제357조 제3항 제2문), 그 이익에 상당하는 금액을 증재자에게 반환하였더라도 범인으로부터 그 가액을 추징하여야 한다.[56] 판례에 따르면, 범인이 취득한 재물 또는 재

---

52) 이재상, 전게「형법총론」, 571～572면; 손동권 · 김재윤, 전게「형법총론」, 689～690면.
53) 대법원 2002. 6. 14. 2002도1283(뇌물죄의 몰수 · 추징에 관한 형법 제134조는 범인이 취득한 당해 재산을 범인으로부터 박탈하여 범인으로 하여금 부정한 이익을 보유하지 못하게 함에 그 목적이 있는 것이므로 금품 중 일부를 받은 취지에 따라 청탁과 관련하여 관계 공무원에게 뇌물로 공여하는 등 실질적으로 범인에게 귀속된 것이 아닌 금품은 몰수 · 추징할 수 없다고 판시).
54) 신동운, 전게서, 788면.
55) 박상기, 전게「형법총론」, 540～541면.
56) 대법원 1983. 8. 23. 83도406.

산상의 이익을 그 받은 취지에 따라 타인에게 교부한 경우에는 그 부분 이익은 실질적으로 범인에게 귀속된 것이 아니어서 이를 범인으로부터 몰수하거나 그 가액을 추징할 수 없다.57) 또한, 판례는 범인이 취득한 재물 또는 재산상의 이익을 증재자의 이익을 위하여 사용한 경우라도 이를 처음부터 예정되어 있던 취지에 따라 타인에게 그대로 전달한 것이 아니라 그 세부적인 사용이 범인의 독자적 권한에 속해 있던 것을 사용한 경우에는 범인이 받은 금액 전부를 범인으로부터 추징해야 한다고 판시하였다.58)

그리고 판례는 수인이 공모하여 금품을 배임수재한 경우에는 각자가 실제로 수수한 금품을 몰수하거나 몰수할 수 없을 때에는 그 가액을 추징할 것이고, 개별적으로 몰수·추징할 수 없는 경우에는 평등하게 몰수·추징하여야 하므로, 그 수수 금품을 몰수 대상 피고인이 전부 소비한 것인지 혹은 수인이 분배하여 소비한 것인지 등을 밝혀 피고인으로부터 추징할 금품을 확정하여야 한다고 판시하였다.59)

6. 사 례

가. 제1판례 : 대법원 2006. 3. 24. 2005도6433

《사실관계》

K위원회(야구경기를 주최하고, 야구선수·감독·코치 및 심판을 양성하며, 야구관계자에 대한 상벌과 복지사업을 주관하고, 회원 간의 연락 및 친선을 도모하는 단체) 사무총장인 피고인은 광고대행회사인 A주식회사의 대표이사 甲으로부터 'A주식회사가 잠실야구장의 광고권자로 선정될 수 있도록 잠실야구장운영본부(K위원회의 회원인 야구단이 공동출자하여 운영)에 영향력을 행사

57) 대법원 2008. 3. 13. 2006도3615; 2002. 6. 14. 2002도1283.

58) 대법원 2008. 3. 13. 2006도3615(대학교수인 피고인이 학위취득자들로부터 돈을 송금받을 당시 그 중 일정액이 실험대행비 등 명목으로 실험을 대행하는 방조범에게 교부하기로 예정되어 있었고, 피고인은 그 취지에 따라 실험대행비 등 명목으로 방조범에게 일정액을 교부하였으며, 방조범이 지출하였다는 실험비용 등은 그 세부적인 사용이 방조범의 독자적인 판단에 따라 사용한 것임을 인정할 수 있으므로, 방조범에게 실험대행비 등 명목으로 교부된 금원이 실질적으로 방조범에게 귀속되었고 실험비용 등으로의 지출은 방조범이 받은 금원을 소비하는 방법의 하나에 지나지 않는다는 취지에서 방조범이 수령한 돈의 가액 전부를 피고인으로부터 추징하지 않고 방조범으로부터 추징한 것은 정당하다고 판시); 2000. 5. 26. 2000도440; 1999. 6. 25. 99도1900.

59) 대법원 1978. 2. 14. 77도3949.

해 달라'는 청탁을 받고, 당시 K위원회 총재자문역을 통하여 위 운영본부 대표에게 A주식회사가 광고권자로 선정될 수 있게 해 달라는 취지로 부탁하였다. 그 후 피고인은 위 운영본부와의 계약체결로 광고권자가 된 A주식회사와 K위원회 사이에 B주식회사를 위한 야구장 펜스광고계약을 체결하였다(당시 B주식회사는 프로야구 공식 후원사였고, K위원회는 B주식회사와의 프로야구 타이틀 스폰서십 계약에 따라 B주식회사를 위하여 각 프로야구장 펜스 등에 광고를 해주어야 하는 의무를 부담하고 있었음). 피고인은 K위원회 사무총장으로서 A주식회사의 대표이사로부터 위 광고권자 선정 및 광고계약 체결과 관련하여 A주식회사에 유리하게 해달라는 청탁을 받고 89,800,000원을 받아 배임수재죄로 공소제기된 사안이다.

《판결요지》

- 광고권자 선정 관련 : 이 사건 당시 피고인은 K위원회 사무총장으로 근무하였고, 잠실야구장의 광고권자를 선정하는 권한은 잠실야구장운영본부에게 있을 뿐 피고인이 잠실야구장의 광고권자 선정 관련 업무를 담당하지는 아니한 사실, 실제로 A주식회사를 잠실운동장의 광고권자로 선정하고 그 관련 업무를 담당한 것도 잠실야구장운동본부였던 사실, 피고인이 직접 또는 간접으로 잠실야구장의 광고권자 선정 업무를 담당하거나 이에 참여 또는 보조하였다는 점을 인정할 만한 자료가 없는 점 등에 비추어, 피고인은 잠실야구장의 광고권자 선정 업무를 처리하는 자에 해당한다고 볼 수는 없다. 또한 피고인의 지위와 K위원회 총재 및 잠실야구장운영본부 대표와의 관계 등을 살펴볼 때 피고인이 잠실야구장 광고권 계약체결의 주체인 위 운영본부 대표에게 A주식회사를 위하여 유리한 이야기를 전해줄 수 있었던 사정만으로는 K위원회의 사무총장 또는 총재특별보좌관으로서 K위원회 총재를 보좌하고 K위원회의 행정적 운영과 예산집행을 담당하는 업무가 잠실야구장의 광고권자 선정 업무와 밀접한 관계가 있는 범위 내의 사무라고 보기도 어렵다. 따라서 피고인이 잠실야구장의 광고권자 선정과 관련하여 부정한 청탁을 받고 금품을 수수하였다고 하더라도 스스로 타인의 사무를 처리하는 자로서 그러한 행위를 하였다고는 볼 수 없으므로 위와 같은 행위를 배임수재죄로 처벌할 수는 없다고 판시하였다.

- 광고계약 체결 관련 : ① A주식회사가 잠실야구장의 광고권자로 선정되었으므로 K위원회로서는 B주식회사를 위한 펜스광고계약을 위하여 A주식회사와 위 펜스광고계약을 체결할 수 있을 뿐 다른 광고업자와 위 펜스광고계약을 체결할 수는 없는 처지이고, 잠실야구장의 경우 B주식회사의 광고료는 다른

광고주들의 광고료와 거의 같거나 오히려 저렴한 경우가 많으며, 광주야구장의 경우 B주식회사의 광고료가 다소 높게 책정되기도 하였으나 경미한 차이가 있을 뿐이어서, A주식회사에게 유리한 조건으로 B주식회사를 위한 펜스광고계약이 체결되었다고는 보기 어려워 보이는 점에 비추어 보면, 위와 같은 청탁 내용은 단순히 규정이 허용하는 범위 내에서 최대한의 선처를 바란다거나 계약관계를 유지시켜 기존권리를 확보하기 위한 부탁행위에 불과한 것으로 보이는 점, ② 광고료, 광고문구, 광고위치, 광고판의 크기 등 B주식회사를 위한 펜스광고계약의 조건들은 사실상 B주식회사와 A주식회사의 실무자들 사이에서 먼저 협의가 이루어진 다음 그 협의결과에 따라 K위원회와 A주식회사사이에 계약서가 작성되었고, 피고인이 위 광고계약조건들의 결정에 관여하였다는 정황을 찾아볼 수 없는 점, ③ A주식회사의 대표이사는 수사 단계에서부터 법정에 이르기까지 일관되게 B주식회사를 위한 펜스광고계약과 관련하여서는 부정한 청탁을 한 바가 없다고 부인하고 있는 점, ④ A주식회사의 대표이사가 피고인에게 교부한 돈은 오래전부터 친숙한 인간관계를 맺어온 피고인에게 평소와 같이 용돈으로 사용하라고 하면서 교부하였다고 진술하고 있는 점 등에 비추어 보면, 피고인이 A주식회사의 대표이사로부터 B주식회사를 위한 펜스광고계약 체결과 관련하여 부정한 청탁을 받았다고 단정하기 어렵다고 판시하였다.

나. 제2판례 : 대법원 2010. 9. 9. 2009도10681

《사실관계》

피고인은 자동차주식회사 K社의 이른바 현장조직인 민주노동자회(이하 '민노회'라 한다)의 H공장 간부이고, 민노회는 '노동자 민중의 정치, 경제, 사회, 문화적 지위 향상' 등을 목적으로 하여 K社 노동조합의 한 계파로서 출범한 후, 회사 측과의 임금·단체협상 등 각종 노사협상이 진행됨에 있어 집행부 또는 민노회 소속 교섭위원들을 통해 민노회의 의견이 관철되도록 하는 한편 협상타결안에 대한 조합원 전체 찬반투표에서도 계파의 영향력을 통해 조합원 전체의 여론을 형성하는 등의 방법으로 노사관계에 대한 사실상의 영향력을 행사하여 온 K社 노동조합 내의 최대계파이다. 이와 같은 민노회의 간부인 피고인으로서는 사용자인 K社의 경영진과의 임금·단체협약 등 각종 노사교섭 등이 진행될 때에 민노회의 의견을 사용자 측에게 전달하거나 또는 교섭위원으로 선발된 민노회 소속 대의원들을 통해 사용자 측에게 전달하는 등의 방법으로 그 의견의 관철을 위해 노력하는 한편 노사협상 잠정합의안에 대한 전체 노조원들의 찬반투표에 있어 잠정합의안에 대한 민노회 소속 회원들의 찬반의견을 내부적으로 형성하고 그 의견을 전체 노조원들에게 적극 홍보하여 이를 관철시키는 임무에 종사하므로, 민노회 소속 회원들 및 K社 노동조합 조합원 전체의 경제적·사회적 지위 향상 등 노동조건 개선을 위해 성실히 노력하여야 할 업무상 임무가 있다.

그런데 피고인은 2002년도 K社의 임금·단체협약의 교섭 진행 중 '주 40시간 근로', '퇴직금 누진제 실시', '징계위원회 노사 동수구성' 등의 현안에 대한 노사간 의견충돌로 인해 부분 파업 등이 발생하자, K社 H공장 공장장으로부터 현금 3,000만 원을 교부받고, 2003년도 K社의 임금협상 교섭 진행 중 근로자 4명당 1명의 조장을 배치하는 팀제 도입 안건 등으로 협상 진행에 어려움이 발생하자, 다시 H공장 공장장으로부터 현금 2,000만 원을 교부받았다.

피고인은 위와 같이 민노회의 간부로서 그 임무에 관하여 K社 H공장 공장장으로부터 민노회 소속 대의원들에게 영향력을 행사하여 위 안건들에 관한 협상이 원만하게 조속히 타결될 수 있도록 협조해 달라는 취지의 부정한 청탁을 받고 합계 5,000만 원을 받아 배임수재죄를 범하였다는 취지로 공소제기 되었다.

《판결요지》

평소 민노회는 K社 내에 존재하는 여러 현장조직들 중 가장 유력하고 대표적인 현장조직으로서, 자체 규약 및 독자적인 기관을 갖추고 있으며, 노동조합 임원선거의 참여, 조합원 교육 및 선전·홍보사업, 교섭위원 및 대의원과의 정책 협의 등의 활동을 조직적·체계적으로 수행하고 있다. 특히 이 사건에서 문제된 단체교섭절차에서 민노회는 소속 대의원 내지 교섭위원을 통하여 그리고 조합원을 상대로 한 홍보활동을 통하여 그 의견을 관철하는 등 간접적으로 사실상의 영향력을 행사하고 있었다. 그리고 피고인은 민노회 간부로서 위와 같은 민노회의 여러 사업 및 활동을 총괄하고 이를 추진하는 사무를 처리해 왔으므로, 피고인이 노동조합 활동이나 민노회 소속 대의원 내지 교섭위원들에 대하여 사실상의 영향력을 행사하는 것을 단순히 친분관계를 이용하여 평소 알고 지내던 노조원들에게 부탁을 한 것이라거나 조합원 내지 민노회 회원으로서 지지를 표방하거나 사업에 참여하는 등의 개인적 차원의 활동을 한 것이라고 볼 수는 없다.

그렇다면 피고인은 민노회의 간부로서, 임금·단체협약 등 각종 노사교섭에서 민노회의 의견을 직접 또는 교섭위원으로 선발된 민노회 소속 대의원들을 통해 사용자 측에 전달하고, 노사협상 잠정합의안에 대한 민노회의 입장을 찬반투표 과정에서 전체 노조원들에게 적극 홍보하는 등의 임무에 종사하고 있으므로 민노회 소속 회원들 및 K社 노동조합 조합원 전체의 경제적 · 사회적 지위 향상 등 노동조건 개선을 위해 성실히 노력하여야 할 업무상 임무가 있다.

그리고 K社 H공장 공장장이 피고인에게 금품을 교부한 시기 및 그 액수, 당시 피고인의 지위 등을 종합하여 볼 때 적어도 묵시적으로나마 공소사실 기재와 같은 취지의 부정한 청탁이 있었다고 인정하기에 충분하다.

따라서 피고인은 민노회의 사무를 처리하는 자로서 그 임무에 관하여 부정한 청탁을 받고 위 현금을 취득한 것으로 볼 수 있다는 취지로 판시하였다.

Ⅱ. 배임증재죄의 범죄구성요건

1. 객관적 구성요건

배임증재죄는 배임수재죄의 대향적인 필요적 공범이다. 즉, 배임증재죄의 범죄구성요건은 타인의 사무를 처리하는 자에게 그 임무에 관하여 부정한 청탁을 하고 재물이나 재산상 이익을 공여하는 행위이다.

누구든지 행위주체가 될 수 있으므로 비신분범이다. '공여'란 상대방에게 현실적으로 교부하는 것을 말하고, 상대방의 취득 여부는 불문한다. '취득'은 자기 소유의 의사로 현실적으로 취득하는 경우만을 의미하는 것이므로 상대방에게 소유의 의사가 없이 현실적으로 재물 등을 교부받은 경우에도 공여행위는 인정할 수 있기 때문이다. 이러한 경우에는 배임수재죄는 성립하지 않더라도 배임증재죄는 성립할 수 있다.

전술한 바와 같이 청탁의 내용이 증재자에게는 부정하지 아니하지만 수재자에게는 부정한 경우에는 배임증재죄는 성립하지 않더라도 배임수재죄가 성립할 수 있다.

2. 주관적 구성요건

배임증재죄도 고의범이므로 적어도 객관적 범죄구성요건사실에 대한 인식 및 용인이 필요하다(용인설). 즉, 타인의 사무를 처리하는 자에게 그 임무에 관한 부정한 청탁을 한다는 사실, 그 청탁과 관련하여 재물이나 재산상 이익을 공여하는 사실에 관한 인식 및 용인이 필요하다.

제3절 친족간 범행, 미수, 죄수 및 공소시효

Ⅰ. 친족간 범행

배임수·증재죄를 범한 경우에 피해자와의 사이에 직계혈족, 배우자, 동거친족, 동거가족 또는 그 배우자간이라면 그 형을 면제한다(형법 제361조, 제328조 제1항). 그 밖의 친족간이라면 피해자의 고소가 있어야 공소를 제기할 수 있으므로 친고죄가 된다(형법 제361조, 제328조 제2항).

위와 같은 신분관계가 없는 공범에 대하여는 위 각 규정은 적용되지 아니한다(형법 제361조 제3항).

Ⅱ. 미수와 기수

이 죄는 재물이나 재산상의 이익을 취득 또는 공여라는 결과의 발생이 필요한 결과범이므로 그 기수시기는 재물이나 재산상의 이익을 취득하거나 공여한 때로 보는 것이 통설의 입장이다.[60] 그런데 이 죄는 미수범 처벌규정(형법 제359조)이 있으므로 언제 실행의 착수가 있다고 볼 것인지는 문제이다. 과거에 재물이나 재산상 이익의 요구·약속 또는 공여의 의사표시만으로는 실행의 착수로 볼 수 없으므로 이 죄의 미수범은 있을 수 없다고 하는 견해도 있었으나, 현재 통설은 부정한 청탁을 하거나 받은 것만으로는 직접 구성요건을 실현하는 행위가 개시되었다고 보기는 어려우므로 부정한 청탁과 관련하여 재물이나 재산상 이익의 요구·약속 또는 공여의 의사표시가 있을 때 실행의 착수가 있다고 한다.[61]

입법론으로서, 배임수·증재죄의 범죄구성요건은 배임죄의 그것보다 범위가 넓고 불명확하므로 적용범위를 제한하기 위하여 재물이나 재산상 이익의 취득시나 그 공여시 배임수·증재죄의 실행의 착수가 있는 것으로 하고 부정한 청탁에 따른 행위를 한 때 기수가 되는 것으로 개정함으로써 그 적용범위를 제한

60) 박상기, 전게「형법각론」, 418면; 이재상, 전게「형법각론」, 440면; 손동권, 전게「형법각론」, 477면; 정성근·박광민, 전게서, 483면.
61) 오영근, 전게서, 520면; 박상기, 전게서, 440면.

할 필요가 있다고 주장하는 견해도 있다.[62)]

Ⅲ. 죄 수

1. 포괄일죄의 경우

타인의 사무를 처리하는 자가 동일인으로부터 그 직무에 관하여 부정한 청탁을 받고 여러 차례에 걸쳐 금품을 수수한 경우, 그것이 단일하고도 계속된 범의 아래 일정기간 반복하여 이루어진 것이고 그 피해법익도 동일한 때에는 이를 포괄일죄로 보아야 한다.

다만, 여러 사람으로부터 각각 부정한 청탁을 받고 그들로부터 각각 금품을 수수한 경우에는 비록 그 청탁이 동종의 것이라고 하더라도 단일하고 계속된 범의 아래 이루어진 범행으로 보기 어려워 그 전체를 포괄일죄로 볼 수 없고, 배임증재자별로 각 포괄일죄로 본 다음 양 죄를 실체적 경합범으로 처벌하여야 한다는 것이 판례이다.[63)]

2. 배임죄와의 관계

배임수재죄는 타인의 사무를 처리하는 자가 그 임무에 관하여 부정한 청탁을 받고 재물 등을 취득함으로써 성립하는 것이고 어떠한 임무위배행위나 본인에게 손해를 가하는 것을 요건으로 하는 것이 아님에 반하여, 형법상 배임죄나 업무상배임죄 또는 특별배임죄(이하 배임죄라 함)는 타인의 사무를 처리하는 자 등이 그 임무에 위배하는 행위 및 그 행위로써 본인에게 손해를 가하는 것을 요건으로 하고, 부정한 청탁을 받거나 금품을 수수한 것을 그 요건으로 하지 않고 있다. 따라서 배임수재죄와 배임죄는 행위의 태양을 전연 달리하고 있어 일반법과 특별법 관계가 아닌 별개의 독립된 범죄라고 보아야 한다.[64)]

또한 형법상 업무상배임죄의 법정형은 10년 이하의 징역 또는 3,000만 원 이

---

62) 배종대, 전게서, 571면.

63) 대법원 2008. 12. 11. 2008도6987(피고인 1이 피고인 3, 4로부터 주말부킹권을 제공해 달라는 부정한 청탁을 받고 피고인 3으로부터 2005. 11. 11.경부터 2007. 10. 15.경까지 110회에 걸쳐 합계 5억 29,710,000원, 피고인 4로부터 2006. 10. 16.경부터 2007. 10. 15.경까지 46회에 걸쳐 합계 2억 89,025,000원의 각 금품을 수수한 행위를 배임증재자별로 각 포괄일죄로 본 다음 양 죄를 실체적 경합범으로 처벌한 것은 정당하다고 판시).

64) 대법원 1984. 11. 27. 84도1906.

하의 벌금이고, 형법상 배임죄의 법정형도 5년 이하의 징역 또는 1,500만 원 이하의 벌금임에 비하여(특별배임죄의 법정형도 형법상 배임죄보다는 무겁다) 배임수재죄의 법정형은 형법상 배임죄의 법정형보다도 가벼운 5년 이하의 징역 또는 1,000만 원 이하의 벌금이므로, 배임죄가 배임수재죄에 흡수되는 관계에 있다거나 결과적 가중범의 관계에 있다고는 할 수 없고 상호 실체적 경합범 관계에 있다고 보는 것이 통설·판례의 입장이다.[65]

이에 대하여 행위자가 부정한 청탁을 받고 배임행위를 한 후 재물이나 재산상 이익을 취득한 경우에는 사무처리자의 배임행위가 배임수재죄의 구성요건과 배임죄의 구성요건을 모두 충족시키므로 배임행위가 나중에 있는 경우와는 달리 상호 상상적 경합관계라고 주장하는 견해[66]가 있다.

그러나 이러한 경우에도 배임행위와 배임수재행위는 별개의 행위로 성립하는 경우로 보아야 할 것이고 1개의 행위로 보기는 어려우므로 실체적 경합관계로 보아야 할 것이다.[67]

3. 상법상 독직죄 및 특경법위반죄와의 관계

배임수·증재죄와 상법 제630조의 독직죄 또는 특경법 제5조, 제6조 위반죄와의 관계는 일반규정과 특별규정 관계에 있다고 함은 전술한 바와 같다.

Ⅳ. 공소시효의 진행

공범 중 1인에 대한 공소시효 정지의 효력이 다른 공범자에게도 미친다고 규정한 형사소송법 제253조 제2항의 규정은 형법 총칙에서 규정하고 있는 공범인 공동정범, 교사범, 방조범, 간접정범이 아닌 필요적 공범의 경우에는 적용되지 아니하므로,[68] 알선수·증재죄의 경우에도 마찬가지로 해석하여야 할 것이다.

그러므로 알선수재죄를 범한 자에 대한 공소시효의 진행이 정지되는 사유가 있더라도 그 알선증재죄를 범한 자에게는 공소시효 정지의 효력이 없고, 그 반대의 경우도 마찬가지이다.

---

65) 대법원 1984. 11. 27. 84도1906; 김일수·서보학, 전게서, 503~504면.

66) 김성돈, 전게서, 434면.

67) 같은 취지 : 오영근, 전게서, 520~521면; 위 대법원 1984. 11. 27. 84도1906 판결의 사안도 이러한 경우이지만 실체적 경합범으로 판시하였다.

68) 서울고등법원 2012. 4. 13. 2011노2616.

06 회사범죄
Chapter

제1절 서 설

Ⅰ. 의 의

상법 제3편 제7장은 벌칙이라는 제목 아래 회사 관련 범죄의 구성요건 및 형벌과 행정벌인 과태료의 부과요건 및 그 부과·징수절차를 규정하고 있다. 특히 과태료 부과에 그치는 상법의 다른 편 위반행위[1]와는 달리 회사편 위반행위의 경우 형사처벌 규정까지 두는 이유는 그 만큼 회사제도가 사회·경제에서 차지하는 비중이 무겁기 때문이라고 할 수 있을 것이다.

오늘날 회사제도는 국가경제의 근간을 형성하는 제도라 할 수 있고, 특히 주식회사 등 물적회사의 유한책임, 소유와 경영의 분리 등 회사제도를 오용하거나 남용하는 경우에는 그로 인한 주주, 회사채권자, 회사의 종업원 및 거래처 등 회사 관련 이해관계인의 피해가 광범위하고 사회·경제에 미치는 파급효과도 크다. 그럼에도 불구하고 회사 내부에서 벌어지는 불법행위에 대한 감시가 용이하지 않고, 복잡한 회사법상 규제를 위반하는 행위를 형법상 처벌규정만으로 대처하기에는 기술적으로 미흡하다.

그러므로 회사의 건전한 운영을 확보하고, 회사제도의 오·남용으로 인한 피해를 예방하기 위하여 회사제도의 질서를 어지럽히거나 회사법상 의무를 이행하지 않는 행위에 대하여 상법 회사편에 형사처벌이나 과태료를 부과하는 벌칙규정을 두게 된 것이다.

---

1) 상호를 부정사용하거나, 합자조합 업무집행조합원 등이 등기를 게을리하는 등의 경우에 과태료를 부과하고 있을 뿐이다(상법 제28조, 제86조의9).

Ⅱ. 연 혁

상법 회사편의 벌칙 규정은 1962. 1. 20. 상법(법률 제1000호) 제정 당시 의용상법(즉, 당시 일본 상법)의 회사편 벌칙 규정을 약간 수정하여 거의 그대로 계수한 것이다.2)

그 후 1962. 12. 12. 법률 제1212호로 개정할 당시 제631조의 범죄구성요건, 제635조의 과태료 부과요건을 수정하였고, 1984. 4. 10. 법률 제3724호로 개정할 당시 각 벌금액 및 과태료액을 증액하고 제625조의2, 제634조의2를 신설하였으며, 제635조의 과태료 부과요건을 수정·추가하였다. 1995. 12. 29. 법률 제5053호로 개정할 당시에는 각 벌금액 및 과태료액을 증액하고 제634조의2 징역 법정형을 상향조정하였으며, 제635조의 과태료 부과요건을 수정·추가하였다.

1998. 12. 28. 법률 제5591호로 개정할 당시에는 제625조, 제630조, 제631조의 범죄구성요건을 수정하고 제635조의 과태료 부과요건을 수정·추가하였다.

1999. 12. 31. 법률 제6086호로 개정할 당시에는 회사편의 감사위원회제도 신설 등을 반영하여 제622조, 제626조, 제631조, 제634조의2의 범죄구성요건을 수정하였고, 제635조의 과태료 부과요건을 수정하였다.

2009. 1. 30. 법률 제9362호로 개정할 당시에는 제624조의2(주요주주 등 이해관계자와의 거래 위반죄), 제634조의3(양벌규정), 제637조의2(과태료의 부과·징수)를 신설하였으며, 제635조의 과태료 부과요건을 수정·추가하였다.

2011. 4. 14. 법률 제10600호로 개정할 당시에는 집행임원제도, 준법통제기준 및 준법지원인제도의 신설과 건설이자제도 폐지 등 회사편 개정에 따라 제622조, 제625조, 제625조의2, 제626조, 제629조, 제631조, 제634조의2 각 범죄구성요건, 제634조의3 양벌규정 단서 내용 및 제637조 법인에 대한 벌칙 적용요건을 수정하였고, 제635조의 과태료 부과요건을 수정·추가하였다.

이러한 벌칙 규정의 개정과정을 살펴보면, 일부 규정을 신설하거나 범죄구성요건 등을 합리적인 내용으로 수정한 것 외에는, 벌칙 규정의 기본적 틀은 상법 제정 당시 모델로 삼은 의용상법의 내용을 따르되, 그 후 상법 회사편의 제도개편에 부응하거나 화폐가치의 하락에 따른 벌금액의 법정형 또는 과태료

2) 박길준, "상법상의 벌칙규정에 대한 입법론적 고찰 -일본법과의 비교를 중심으로-", 「연세행정논총 제15집」(연세대학교 행정대학원, 1990), 144면.

액의 상향조정에 불과함을 알 수 있다.[3)]

따라서 벌칙 규정을 해석함에 있어서는 의용상법, 즉 일본 상법의 유사 규정에 관한 해석론이나 판례 기타 운용실태도 참고하지 않을 수 없다.

Ⅲ. 구 조

상법 회사편 벌칙 규정은 회사에 관한 일정한 법익침해행위를 범죄로 규정하고, 이에 대한 법률효과로서 형벌을 가하는 좁은 의미의 회사범죄에 관한 규정과, 상법 회사편에서 회사제도의 원활한 운영을 위하여 부과하는 각종 의무를 위반한 행위에 대하여 행정질서벌인 과태료를 부과하는 규정으로 대별할 수 있다. 제622조 내지 제634조의3, 제637조 규정이 형벌을 부과하는 회사범죄에 관한 규정이고, 나머지 제635조, 제636조, 637조의2는 과태료 부과에 관한 규정이다.

형벌은 형사소송절차에 따라 법원이 선고하지만, 과태료는 법무부장관이 상법시행령 제44조의 절차에 따라 부과·징수하고, 과태료 부과처분에 불복하는 경우의 과태료 재판은 비송사건절차법 제4편 보칙 규정에 따라 법원이 재판한다는 점에서 차이가 있다.

벌칙 규정 중 형벌이 부과되는 회사범죄에는 특별한 규정이 없는 한 형법총칙 규정이 적용된다(형법 제8조). 형법총칙 규정상 과실범은 법률에 특별한 규정이 있는 경우에 한하여 처벌할 수 있는데(형법 제14조), 벌칙 규정 중 회사범죄는 과실행위를 처벌하는 규정이 없으므로 모든 객관적 범죄구성요건에 대한 고의가 필요하다.[4)] 미수범의 처벌도 그 처벌 규정이 있어야 처벌할 수 있는데, 벌칙 규정의 회사범죄 중에는 특별배임죄의 미수범을 처벌하는 규정(제624조) 외에는 미수범 처벌규정이 없다. 따라서 특별배임죄 외에는 범죄행위가 기수에 이르지 않으면 처벌할 수 없다.

형벌 규정 중 제622조, 제623조의 각 특별배임죄에 관하여는 앞에서 배임에 관한 죄로서 살펴보았으므로, 여기에서는 나머지 벌칙에 규정된 회사범죄의 내용을 살펴보고, 회사범죄에 속한 것은 아니지만 관련 제도로서 회사편 벌칙에

---

3) 벌칙 규정의 해석상 문제점의 원인을 의용상법, 즉 일본 상법의 무비판적 계수에서 찾고, 이러한 연유로 초래된 우리나라 형법 등 형벌법규와의 불균형, 인적회사나 유한회사에 대한 배려 부족, 과도한 범위의 범죄주체 등의 문제점을 지적하는 견해도 있다(박길준, 전게논문, 144~145면).

4) 이철송, 전게서, 1172면.

규정된 과태료의 부과·징수에 대하여도 살펴보기로 한다.

회사범죄는 일반 형벌법규인 형법각칙의 범죄유형을 기초로 그것을 구체화 또는 수정하거나 형법전의 법률용어를 차용하고 있는 경우가 많으므로, 회사범죄의 해석에 있어서는 형법각칙의 해석론도 참고할 필요가 있다.[5]

제2절 이해관계자에 대한 신용공여죄

Ⅰ. 의 의

자본시장법이 2009. 2. 4. 시행됨에 따라 폐지된 구 증권거래법 중 상장법인의 지배구조에 관한 특례규정을 상법 회사편에 포함시키면서, 상법 제542조의9 규정을 신설하여 상장회사의 신용공여를 제한하고, 이 규정을 위반하여 부당하게 신용공여 행위를 하는 자를 형벌에 처하는 규정(상법 제624조의2, 이하 이해관계자에 대한 신용공여죄[6]라 함)을 신설하였다. 즉, 상장회사는 주요주주, 그의 특수관계인, 이사·집행임원·감사 등 이해관계자를 상대방으로 하거나 그를 위하여 신용공여를 할 수 없도록 하고, 이를 위반하여 신용공여를 한 자는 5년 이하의 징역 또는 2억 원 이하의 벌금에 처하며, 위 징역형과 벌금형을 병과할 수도 있다(상법 제632조).

그리고 회사의 대표자나 대리인, 사용인, 그 밖의 종업원이 그 회사의 업무에 관하여 이 죄를 범한 경우에는 그 행위자를 벌하는 외에 그 회사에도 위 벌금형을 과하는 양벌규정을 두었다. 다만, 회사가 상법 제542조의13(준법통제기준 및 준법지원인)에 따른 의무를 성실히 이행하는 등 그 위반행위를 방지하기 위하여 해당 업무에 관하여 상당한 주의와 감독을 게을리하지 아니한 경우에는 회사는 처벌할 수 없다(상법 제634조의3).

Ⅱ. 보호법익

주요주주나 이사 등 일정한 자를 위한 신용공여는 회사의 자본금충실을 해하

---

5) 神山敏雄 外 編, 前掲書, 15面.

6) '부당신용공여죄'로 지칭하기도 한다(이철송, 전게서, 1173면).

고 회사재무의 건전성을 침해할 우려가 크기 때문에 이를 금지하고 이를 위반하는 행위를 처벌하는 것이다.[7] 상법 제542조의9 제2항 제3호 규정도 예외적으로 신용공여를 허용할 수 있는 경우로서 '그 밖에 상장회사의 경영건전성을 해칠 우려가 없는 금전대여 등'이라고 표현하고 있다.

그리고 건전한 경영을 통하여 보호하고자 하는 것은 회사의 재산권이다. 따라서 보호법익은 상장회사의 경영건전성과 재산권이다.

범죄구성요건상 경영건전성의 현실적 침해나 그 침해 위험의 발생을 요건으로 규정하고 있지 아니하므로, 그 보호의 정도는 일반적·추상적 위험으로 구성요건이 충족되는 추상적 위험범이다.

Ⅲ. 범죄구성요건

1. 행위주체

상법 회사편 벌칙 규정(상법 제624조의2)에는 행위주체를 '제542조의9 제1항을 위반하여 신용공여를 한 자'라고 규정하고 있고, 상법 제542조의9 제1항은 신용공여의 주체를 상장회사로 규정하고 있으므로, 범죄행위의 주체는 일응 신용공여를 한 상장회사라고 할 수 있다. 그런데 법인의 범죄능력을 부정하는 통설·판례에 따르면 회사가 행위주체인 이러한 범죄의 경우에도 회사는 사법상의 의무주체가 될 수 있을 뿐 범죄능력은 없으므로, 그 법인을 대표하여 사무를 처리하는 자연인인 이사나 집행임원 등이 회사가 부담하는 위와 같은 의무에 따라 신용공여 사무를 처리하여야 할 의무를 부담하게 되고, 이를 위반한 경우에는 이 범죄행위의 주체가 된다고 하여야 한다.

이 벌칙 규정에는 상장회사의 대표자나 대리인, 사용인, 그 밖의 종업원이 그 회사의 업무에 관하여 상법 제542조의9 제1항을 위반하여 신용공여행위를 한 경우에는 그 행위자를 처벌하는 것 외에 그 회사에도 상법 제624조의2에 규정한 벌금형을 부과하는 양벌규정을 두었다(상법 제634조의3 본문). 따라서 상장회사의 대리인, 사용인, 종업원도 회사의 신용공여 사무를 처리하는 경우에는 이 범죄행위의 주체가 될 수 있다. 그리고 회사는 원래 범죄행위의 주체는 아니지만 위와 같은 양벌규정에 따라 처벌할 수 있고, 이러한 경우에 법인의 범죄능

7) 이철송, 전게서, 745면.

력을 예외적으로 인정할 수 있음을 전술한 바와 같다.[8] 다만, 상장회사가 준법통제에 관한 기준 및 절차를 마련하고 준법지원인을 두도록 한 상법 제542조의13에 따른 의무를 성실히 이행하는 등 그 위반행위를 방지하기 위하여 해당 업무에 관하여 상당한 주의와 감독을 게을리하지 아니한 경우에는 그 회사는 면책된다(상법 제634조의3 단서).

2. 위반행위

상장회사가 주요주주[9] 및 그의 특수관계인,[10] 이사(상법 제401조의2 1항 각 호의 어느 하나에 해당하는 실질상 이사 포함), 집행임원, 감사(이하 주요주주 등이라 함)를 상대방으로 하거나 그를 위하여 신용공여[11]를 하는 행위가 범죄구성요건에 해당하는 행위이다(상법 제624조의2, 제542조의9 제1항).

주요주주 등을 상대방으로 신용공여를 한다는 것은 주요주주 등이 직접 신용공여의 거래 상대방이 된다는 의미이다.

주요주주 등을 위하여 신용공여를 하는 행위가 무엇인지는 문제이다. 이를 주요주주 등의 계산으로 거래하는 자에게 회사가 신용공여를 하는 행위라고 보는 견해[12]가 있다. 주요주주 등의 계산으로 거래한다고 함은 그 거래의 경제적 손익이 주요주주 등에게 귀속된다는 의미이다. 이는 주요주주 등과 거래 상대방 사이에 거래의 경제적 손익이 주요주주 등에게 귀속되는 위탁관계 등 법률관계가 있을 것을 전제로 하는 개념이다.

그러나 이러한 법률관계가 없을지라도 회사가 주요주주 등을 위하여 주요주

---

8) 신동운, 전게서, 118면; 오영근, 전게 「형법총론」, 146면.

9) 주요주주란 누구의 명의로 하든지 자기의 계산으로 의결권 없는 주식을 제외한 발행주식총수의 100분의 10 이상의 주식을 소유하거나, 이사・집행임원・감사의 선임과 해임 등 상장회사의 주요 경영사항에 대하여 사실상의 영향력을 행사하는 주주를 말한다(상법 제542조의8 제2항 제6호).

10) 특수관계인이란 배우자(사실상 혼인관계 포함), 6촌 이내의 혈족, 4촌 이내의 인척, 100분의 30 이상 출자하거나 주요 경영사항에 대하여 사실상 영향력을 행사하고 있는 법인 또는 단체와 그 이사・집행임원・감사 등 상법 시행령 제34조 제4항 각 호의 어느 하나에 해당하는 자를 말한다(상법 제542조의8 제2항 제5호).

11) 신용공여란 금전 등 경제적 가치가 있는 재산의 대여, 채무이행의 보증, 자금 지원적 성격의 증권 매입, 그 밖에 거래상의 신용위험이 따르는 직접적・간접적 거래로서 담보제공, 담보적 효력이 있는 어음배서, 출자이행약정의 거래, 신용공여 제한을 회피할 목적으로 하는 거래로서 자본시장법 시행령 제38조 제1항 제4호 각 목의 어느 하나에 해당하는 거래, 같은 시행령 제38조 제1항 제5호에 따른 거래를 말한다(상법 제542조의9 제1항, 상법 시행령 제35조 제1항).

12) 이철송, 전게서, 745면.

주 등과 일정한 신분관계가 있는 자에게 신용공여 행위를 할 수도 있고, 이러한 경우까지 포함시키는 것이 상장회사의 재무건전성을 확보하고자 하는 보호법익에 비추어 타당하다고 본다.

따라서 주요주주 등을 위하여 신용공여를 하는 행위란 주요주주 등의 계산으로 하는 거래를 포함하여 회사가 신용공여를 하는 거래의 동기가 주요주주 등을 위한 경우라고 해석하여야 할 것이다.

3. 고 의

이 죄는 고의범이므로 형법 제13조 본문 규정에 따라 이상의 객관적 범죄구성요건 사실에 대한 고의가 필요하다. 즉 자신이 상장회사의 신용공여 사무를 처리하는 자인 사실, 주요주주 등 상법상 신용공여가 금지된 자에게, 또는 그 자를 위하여 신용공여를 하는 사실의 인식과 적어도 그 용인이 필요하다(용인설).

Ⅳ. 위법성

이상의 범죄구성요건을 구비하면 원칙적으로 위법성도 갖춘 것으로 보게 된다.

그러나 신용공여 행위라 할지라도, 회사의 경영건전성을 해칠 우려가 없어서 상법이 허용하거나 또는 다른 법령에서 허용하는 행위인 경우에는 법령에 의한 행위 또는 업무로 인한 행위 기타 사회상규에 위배되지 아니하는 정당행위(형법 제20조)에 해당하므로 위법성을 조각한다. 즉, 이사, 집행임원 또는 감사에 대하여 학자금, 주택자금 또는 의료비 등 복리후생을 위하여 회사가 정하는 바에 따라 3억 원의 범위에서 금전을 대여하는 경우(상법 제542조의9 제2항 제1호, 상법시행령 제35조 제2항), 다른 법령에서 허용하는 신용공여의 경우(상법 제542조의9 제2항 제2호), 회사의 경영건전성을 해칠 우려가 없고 경영상 목적을 달성하기 위하여 필요한 경우로서 법인인 주요주주 등 일정한 자[13]를 상대로 하거나

---

13) ① 법인인 주요주주, ② 법인인 주요주주의 특수관계인 중 회사(자회사를 포함한다)의 출자지분과 해당 법인인 주요주주의 출자지분을 합한 것이 개인인 주요주주의 출자지분과 그의 특수관계인(해당 회사 및 자회사는 제외한다)의 출자지분을 합한 것보다 큰 법인, ③ 개인인 주요주주의 특수관계인 중 회사(자회사를 포함한다)의 출자지분과 제1호 및 제2호에 따른 법인의 출자지분을 합한 것이 개인인 주요주주의 출자지분과 그의 특수관계인(해당 회사 및 자회사는 제외한다)의 출자지분을 합한 것보다 큰 법인을 말한다(상법 시행령 제35조 제3항 제1, 2, 3호).

그를 위하여 적법한 절차에 따라 신용공여를 하는 경우가 이에 해당한다(상법 제542조의9 제2항 제3호, 상법 시행령 제35조 제3항).

Ⅴ. 죄수관계

대표이사 등의 주요주주 등에 대한 신용공여 행위는 회사에 대한 배임행위가 될 수도 있으므로, 동일한 신용공여행위가 이해관계자에 대한 신용공여죄에도 해당하고 특별배임죄의 구성요건도 충족하는 경우에는 특별배임죄와의 죄수관계가 문제될 수 있다. 1개의 행위로 수죄를 범하는 것처럼 보이므로, 양 죄를 상상적 경합관계로 보거나 아니면 법조경합관계로 보는 견해가 있을 수 있다.

생각하건대 이해관계자에 대한 신용공여죄의 보호법익인 상장회사의 경영건전성 및 재산권 중 경영건전성은 궁극적으로는 특별배임죄의 보호법익인 회사의 전체 재산권을 보호하기 위한 수단으로서의 성격을 띠고 있어서 후자의 법익 침해가 있는 경우에는 전자의 법익 침해는 별도로 논할 필요가 없는 점에 비추어, 특별배임죄의 보호법익은 이해관계자에 대한 신용공여죄의 보호법익을 포괄하고 있다. 그 밖에도 특별배임죄는 재산상 이익의 취득 또는 회사의 손해 등 추가적인 구성요건을 요구하고 있는 점, 법정형이 이해관계자에 대한 신용공여죄보다 높은 점 등에 비추어, 이해관계자에 대한 신용공여죄는 특별배임죄가 성립되지 아니하는 경우에 적용할 수 있는 보충관계에 있다고 보아야 할 것이다. 따라서 양 죄는 법조경합관계에 있다고 본다.

제3절 회사재산을 위태롭게 하는 죄

Ⅰ. 의 의

상법 제625조는 '회사재산을 위태롭게 하는 죄'라는 표제 아래 주식 또는 출자의 인수·납입 등에 관한 부실보고 또는 사실은폐 행위(이하 '출자 관련 부실보고죄'라 한다), 자기주식취득제한 등 위반행위(이하 '자기주식 등 취득죄'라 한다), 위법배당행위(이하 '위법배당죄'라 한다), 영업 외 투기행위(이하 '영업 외 투기죄'라 한다)를 한 때에는 5년 이하의 징역 또는 1, 500만 원 이하의 벌금에 처한다고 규정하고, 상법 제632조는 위 징역형과 벌금형을 병과할 수 있는 것으로 규정하고 있다.

이 죄는 1962년 상법제정 당시 종전 의용상법 규정[14]에 따라 규정한 후, 그간 수차에 걸친 개정을 통하여 행위주체 및 범죄구성요건의 추가와 벌금액 법정형의 상향조정이 있었을 뿐이다.

Ⅱ. 보호법익

회사재산을 위태롭게 하는 죄에 관한 규정은 주로 회사의 자본금충실 또는 회사재산 보호를 위한 상법상 절차나 제한 규정을 위반한 행위를 처벌하려는 것이다. 그러나 상법 제625조 각 호마다 위반행위의 내용이 다르므로 그 보호법익은 개개의 위반행위별로 살펴볼 필요가 있다.

제1호의 출자 관련 부실보고죄는 후술하는 바와 같이 회사의 설립이나 증자시 자본금이나 순자산에 영향을 미치는 사항에 관하여 고의로 부실보고를 하거나 사실을 은폐하는 행위를 규제하여 회사의 자본금충실을 기하여 회사 재산권을 보호하고자 한 것이므로, 그 보호법익은 회사의 자본금충실이라고 할 수 있다.[15]

제2호의 자기주식 등 취득죄는 후술하는 바와 같이 회사가 자기가 발행한 주식이나 자기의 지분을 취득하는 것은 실질적으로 출자에 대한 환급이 되어 회사채권자에 대한 책임재산이 감소하고 회사의 자본금충실을 해칠 수 있는 것이므로, 그 보호법익도 회사의 자본금충실이라고 할 수 있다.

제3호의 위법배당죄의 경우에는 이익배당 규제의 목적이 회사의 자본금충실뿐만 아니라 주식회사의 주주나 유한회사 사원의 고유권인 이익배당청구권의 보호도 포함하는 것이지만, 회사재산을 위태롭게 하는 죄의 한 유형으로 규정하고 있음에 비추어 그 보호법익도 회사의 자본금충실이라고 보아야 할 것이다.

제4호의 영업 외 투기죄의 경우에는 이를 규제하는 목적이 회사 운영상 위험으로부터 회사재산을 보호하려는 것이므로, 그 보호법익은 회사의 경영건전성

14) 일본 商法 제489조 및 일본 구 有限會社法 제78조와 같다. 이 규정은 그 후 2005년 일본 會社法이 商法에서 분리 · 제정되고 有限會社法은 폐지되면서 일본 會社法 제963조로 옮겨 규정하고 있다.

15) 이에 대하여, 출자 관련 부실보고에 관한 상법 제625조 제1호 및 조직변경 관련 부실보고에 관한 상법 제626조의 보호법익은 '회사자본확정의 공신력확보'라고 보는 견해도 있다(송호신, 전게 학위논문, 107면).

및 재산권이라고 보아야 할 것이다.

위 각 위반행위는 범죄구성요건상 각 보호법익에 대한 현실적 침해나 그 침해 위험의 발생을 요건으로 규정하고 있지 아니하므로, 그 보호의 정도는 구체적 위험발생을 요구하지 않고 일반적·추상적 위험으로 구성요건이 충족되는 추상적 위험범으로 보아야 한다.[16] 판례도 자기주식 등 취득죄의 사안에서 추상적 위험범임을 전제로 판시한 바 있다.[17]

Ⅲ. 행위주체

일정한 신분을 가진 자만이 이 죄의 행위주체가 될 수 있으므로, 이 죄는 신분범이다. 그 행위주체는 회사임원 등 특별배임죄의 행위주체 중 상법 제622조 제1항에 규정된 자(회사의 발기인, 업무집행사원, 이사, 집행임원, 감사위원회 위원, 감사, 임시이사, 주식회사 또는 유한회사 이사의 직무대행자, 주식회사 감사의 직무대행자, 지배인, 기타 회사영업에 관한 어느 종류 또는 특정한 사항의 위임을 받은 사용인), 검사인, 회사설립경과를 조사·보고하는 상법 제298조 제3항, 제313조 제2항의 공증인(인가공증인의 공증담당변호사 포함, 이하 벌칙 규정에서는 같음), 변태설립사항을 조사·보고하는 상법 제299조의2, 제310조 제3항의 공증인·감정인, 신주발행의 경우 현물출자에 관한 사항을 조사하는 상법 제422조 제1항의 감정인이다.

그러나 상법 제625조의 이러한 행위주체에 관한 규정은 각 위반행위를 포괄하여 규정한 것이므로, 상법 제625조 각 호의 각 위반행위 유형에 따라 개별적으로 그 행위주체를 검토할 필요가 있다.[18] 죄형법정주의 원칙에 따른 범죄구성요건의 명확성을 위하여 상법 제625조 각 호의 행위주체도 후술하는 해당 범죄행위주체로 제한하는 명문규정을 두는 개정입법이 필요하다고 본다.

---

16) 송호신, 전게 학위논문, 107면; 前揭 「新版 注釈會社法(13)」, 575面; 前揭「會社法コンメンタル(21)」, 101面.

17) 대법원 1993. 2. 23. 92도616.

18) 현행 일본 會社法 제963조는 개개의 위반행위별로 행위주체를 특정하여 범죄구성요건의 명확성을 기하고 있다.

Ⅳ. 위반행위의 유형 및 구체적 행위주체

1. 출자 관련 부실보고죄

가. 입법취지 및 적용범위

주식회사와 유한회사는 주주나 사원의 유한책임 원칙으로 인하여 회사의 자본금이나 순자산이 회사활동의 물적기초이자 회사채권자의 유일한 담보인 반면, 회사설립에 관한 준칙주의를 취하고 있는 결과, 회사의 설립이 남용되어 회사채권자를 해치거나 회사의 자본금충실을 해칠 우려가 높다. 특히 물적회사의 성격이 강한 주식회사의 경우에는 회사설립시 주식 또는 출자의 인수나 납입, 변태설립사항 등 자본금이나 순자산의 규모에 영향을 미치는 사항에 관하여 조사・보고하는 절차를 마련하고 있다.[19)]

따라서 회사의 설립이나 증자시 자본금이나 순자산에 영향을 미치는 사항에 관하여 고의로 부실보고를 하거나 사실을 은폐하는 행위를 형사처벌함으로써 특히 인수자가 없는 주식(이른바 유령주) 등으로 인한 회사의 자본금확정과 자본금충실을 확보하려는 것이 이 죄의 입법취지이다.[20)]

그러나 무한책임사원이 존재하는 합명회사나 합자회사의 경우에는 출자에 관한 엄격한 규제를 할 필요가 없으므로 이 벌칙 규정이 적용되지 않는다고 보아야 할 것이다. 그런데, 2011년 상법 개정시 신설된 유한책임회사의 경우에 이 벌칙 규정을 적용할 수 있는지는 문제이다. 특별배임죄의 행위주체에서 살펴본 바와 같이 회사재산을 위태롭게 하는 죄의 행위주체로 원용한 '제622조 제1항에 규정된 자,' 즉 특별배임죄의 행위주체에 유한책임회사의 업무집행자나 직무수행자를 포함한다고 해석할 수 있는 점, 유한책임회사도 사원이 유한책임을 부담할 뿐이므로 회사의 자본금이나 순자산이 회사채권자의 유일한 담보가 된다는 점은 주식회사나 유한회사와 다를 바 없음에 비추어 이 벌칙 규정도 적용된다고 보아야 할 것이다.

---

19) 유한회사의 경우에는 출자의 인수나 납입, 현물출자의 이행 또는 변태설립사항에 관하여 법원・총회 또는 발기인에게 보고하여야 할 의무를 부과하고 있지 아니하므로, 보고의무를 전제로 하는 사실은폐 행위는 성립할 수 없을 것이다.

20) 前揭「新版 注釈會社法(13)」, 575面; 前揭「會社法コンメンタル(21)」, 101面.

나. 행위주체 및 위반행위

1) 위반행위

이 벌칙 규정의 범죄구성요건 행위는 주식 또는 출자의 인수나 납입, 현물출자의 이행, 주식회사나 유한회사 설립시의 변태설립사항(상법 제290조, 제544조), 신주발행의 경우 현물출자에 관한 사항(상법 제416조 제4호)에 관하여 법원·총회 또는 발기인에게 부실한 보고를 하거나 사실을 은폐하는 행위이다(상법 제625조 제1호).

'부실한 보고'란 보고의 목적에 비추어 중요한 사항에 있어서 적극적으로 진실과 달리 보고하는 것이고,[21] '사실을 은폐하는 행위'란 보고의 목적에 비추어 밝혀야 할 중요사항에 관하여 소극적으로 그 전부나 일부를 밝히지 않는 경우를 말하는 것으로 해석하여야 할 것이다.[22] 어느 정도가 중요사항인지 여부는 입법취지에 비추어 볼 때 회사의 자본금확정 또는 자본금충실을 위태롭게 하는 정도의 사항으로 보아야 할 것이다.[23]

이에 대하여, '부실한 보고'란 '내용이 충실하지 못한 보고'이고, '사실을 은폐하는 행위'란 '한걸음 더 나아가 사실의 일부 또는 전부를 덮어서 숨기는 행위'로 해석하는 견해[24]가 있다.

그러나 형법 제228조의 공정증서원본부실기재죄 등에 기재된 '부실'의 의미도 중요한 점에 있어서 진실에 반하는 사실을 의미하는 것으로 보는 것이 통설인 점,[25] 죄형법정주의 원칙상 불명확한 범죄구성요건 행위를 엄격히 해석할 필요가 있는 점 등에 비추어 부실보고의 의미를 위와 같이 제한적으로 해석하는 것이 타당하다고 본다. 또한 '사실을 은폐하는 행위'도 이러한 부실보고 개념과의 균형을 감안하고, 적극적인 허위보고 행위로 인한 사실은폐는 부실보고 행위에 포함되는 이상 소극적인 행위로 한정하여 해석하는 것이 타당하다고 본다.

2) 행위주체

주식회사의 경우에 이사·감사는 취임 후 지체없이 회사설립에 관한 모든 사

---

21) 前揭「新版 注釈會社法(13)」, 576面.
22) 前揭「會社法コンメンタル(21)」, 103~104面.
23) 前揭「新版 注釈會社法(13)」, 576面.
24) 송호신, 전게 학위논문, 112면.
25) 이재상, 전게서, 593면.

항이 법령 또는 정관에 위반되지 아니하는지 여부를 조사하여 발기인(발기설립의 경우) 또는 창립총회(모집설립의 경우)에 보고하여야 한다(상법 제298조 제1항, 제313조 제1항).[26] 이 경우에 이사・감사 전원이 발기인이었거나 현물출자자 또는 재산인수의 계약당사자인 경우에는 공증인이 그 조사・보고를 하여야 한다(상법 제298조 제3항, 제313조 제2항).

또한 검사인이나 공증인 또는 감정인은 변태설립사항이나 현물출자의 이행을 조사하거나 감정하여 법원(발기설립의 경우) 또는 창립총회(모집설립의 경우)에 보고하여야 한다(상법 제298조 제4항, 제299조 제1항, 제299조의2, 제310조 제2항, 제3항).

모집설립의 경우에는 발기인도 주식의 인수와 납입에 관한 제반 상황, 변태설립사항에 관한 실태 등 창립에 관한 사항을 서면으로 창립총회에 보고하여야 한다(상법 제311조).

발기설립의 경우에 검사인의 변태설립사항이나 현물출자의 이행에 관한 조사보고서에 사실과 다른 사항이 있는 경우에는 발기인은 이에 대한 설명서를 법원에 제출할 수 있으나(상법 제299조 제4항), 이러한 설명서 제출은 발기인의 보고의무에 기한 것이 아니므로 사실은폐 행위는 처벌할 수 없으나 설명서에 부실기재를 한 경우에는 이 벌칙 규정을 적용할 수 있다.

감사위원회 설치회사의 경우에 감사위원회가 감사를 대신하게 되지만, 감사위원회 위원은 회사설립에 관한 조사・보고 의무가 없으나(상법 제415조의2 제7항), 만약 임의로 제출한 조사・보고서에 부실기재나 사실은폐를 한 경우에는 이 벌칙 규정을 적용할 수 있다. 다만 감사위원회 위원은 이사 중에서 선임되는 것이므로(상법 제415조의2 제2항), 이사로서 행위주체가 될 수 있는 것은 별개 문제이다.

이상 살펴본 바와 같이, 주식회사인 경우의 구체적 행위주체로는 발기인, 이사, 감사위원회 위원, 감사, 검사인, 공증인, 감정인, 이사의 직무를 행하는 임시이사(상법 제386조 제2항), 이사 직무대행자(상법 제407조 제1항), 감사 직무대행자(상법 제415조, 제407조 제1항)가 가능할 것이고, 그 밖에 집행임원이나 지배인, 회사영업에 관한 어느 종류 또는 특정한 사항의 위임을 받은 사용인도 위와 같

---

26) 일본의 경우에 창립총회에서 선임된 이사・감사가 발행주식총수의 납입이 없었음에도 불구하고 창립총회에 전액 납입되었다는 취지로 허위보고를 하는 사례가 많았다고 한다(前掲「會社法コンメンタル(21)」, 102面; 日 大判 1935. 8. 1. 刑集 14卷 855面).

은 사무에 관여할 경우에는 행위주체가 될 수 있을 것이다.[27)]

나아가, 위 행위주체에 영향력을 행사하는 업무집행지시자 등, 즉 실질상(사실상) 이사(상법 제401조의2)도 행위주체에 포함시켜야 한다고 주장하는 견해[28)]가 있으나, 실질상 이사는 설립에 관한 조사·보고의무 있는 자가 아니므로 죄형법정주의 원칙에 비추어 행위주체에 포함시킬 수 없다고 보아야 할 것이다. 다만, 조사·보고의무 있는 행위주체와의 공범이나 그 교사범으로 의율할 수 있는 것은 별개의 문제이다.

유한회사의 이사, 감사, 임시이사, 이사 직무대행자, 지배인 및 회사영업에 관한 어느 종류 또는 특정한 사항의 위임을 받은 사용인이 출자의 인수나 납입, 현물출자의 이행, 변태설립사항에 관하여 사원총회에 부실보고를 한 경우에는 이 벌칙 규정을 적용할 수 있다.

유한책임회사의 업무집행자나 직무수행자, 지배인 및 회사영업에 관한 어느 종류 또는 특정한 사항의 위임을 받은 사용인도 출자의 인수나 납입, 현물출자의 이행에 관하여 사원총회에 부실보고를 한 경우에는 이 죄가 성립할 수 있다.

3) 회사 설립무효의 경우

회사의 설립이 무효인 경우에도 이 죄는 성립한다.[29)] 상법상 설립무효 판결의 효력이 소급하는 것도 아니지만(상법 제190조 단서 등), 오히려 이 죄의 행위가 회사설립 무효에 영향을 주기도 하는 것이므로, 회사의 부존재로 볼 수 있는 경우가 아닌 한 이 죄는 성립할 수 있다고 보아야 할 것이다.

2. 자기주식 등 취득죄

가. 입법취지 및 적용범위

회사가 자기가 발행한 주식이나 자기의 지분을 취득하는 것은 실질적으로 출자에 대한 환급이 되어 회사채권자에 대한 책임재산이 감소하고 회사의 자본금충실을 해칠 수 있다. 따라서 회사의 책임재산을 확보하고 자본금충실을 기하기 위하여 위법한 자기주식(또는 지분)을 취득하는 경우에는 형사처벌을 하고 있다.

---

27) 송호신, 전게 학위논문, 111, 112면.

28) 송호신, 전게 학위논문, 112면.

29) 같은 취지 : 日 大判 1936. 10. 28. 刑集 15卷 1391面.

그러나 무한책임사원이 있는 인적회사인 합명회사나 합자회사의 경우에는 자본금충실 원칙을 요구하지 않기 때문에 회사가 자기의 출자지분을 취득하는 것을 금지하고 있지 않다. 따라서 자기주식 또는 자기지분의 취득제한제도는 회사의 사원이 유한책임만 부담하는 유한책임회사, 주식회사 및 유한회사의 경우에만 존재하므로, 이 벌칙 규정도 이 회사들의 경우에만 적용된다고 보아야 한다.

나. 행위주체

이 죄는 회사가 행위주체인 범죄이지만 법인의 범죄능력은 인정되지 아니하므로, 회사가 이 죄를 범한 경우에는 실제로 회사를 대표하여 행위를 한 이사, 집행임원, 그 밖에 업무를 집행한 사원[30] 또는 회사를 대리한 지배인에게 적용된다(형법 제637조).

감사가 회사를 대표하거나 대리하여 자기의 주식이나 지분을 취득하는 경우는 있을 수 없기 때문에 감사는 행위주체가 아니다.

지배인도 회사의 영업에 관한 재판상 재판외 모든 행위를 포괄적으로 대리할 수 있는 권한이 있기 때문에(상법 제11조), 자신의 판단에 따라 자기회사의 주식이나 지분을 취득하는 행위를 대리할 수 있고, 상법 제637조 규정은 이러한 행위를 처벌하는 근거규정이라고 보아야 할 것이다. 이에 대하여, 지배인은 자기주식의 취득을 결정하는 자가 아니므로 이 죄의 행위주체로 볼 수 없다는 견해[31]도 있다.

그러나 형사처벌은 실제 행위에 대한 비난일 뿐 민사상 결정절차의 적법 여부와는 무관하다고 보아야 할 것이므로, 지배인이 실제로 회사를 대리하여 자기주식 등을 취득한 이상 행위주체가 될 수 있다고 본다.

대표적 물적회사인 주식회사는 자본금충실 원칙, 경영진의 투기거래·회사지배수단 악용 방지, 주주평등원칙 등을 위하여 자기주식을 취득할 수 없는 것이 원칙이다.

그러나 2011년 상법개정으로 상법은 경영권방어, 주가조절 등을 위한 업계의 요구를 수용하여 일정한 요건과 절차에 따로 자기주식취득은 허용하고 있다.

---

30) 여기에서 '업무를 집행한 사원'이란 전후 문맥에 비추어 업무를 집행하는 발기인, 유한책임회사의 업무집행자 등을 의미하는 것이지, 단순한 회사에 고용된 직원을 의미하는 것은 아니라고 보아야 할 것이다.

31) 송호신, 전게 학위논문, 199면.

즉, 배당가능이익(상법 제462조 제1항) 범위 내에서 주주총회 결의(정관에 이익배당을 이사회 결의로 할 수 있다고 규정한 경우에는 이사회 결의로 갈음할 수 있음)에 따라 거래소에서 취득하거나 공개매수하는 등 주주평등원칙을 관철할 수 있는 소정의 방법으로 자기명의로 자기주식을 취득할 수 있다(상법 제341조).[32] 그리고 회사합병, 다른 회사 영업전부의 양수, 권리실행의 목적달성이나 단주처리를 위하여 필요한 경우, 주주가 주식매수청구권을 행사한 경우에는 위와 같은 제한 없이 자기주식을 취득할 수 있다(상법 제341조의2). 그러므로 주식회사의 이사, 집행임원, 지배인이 이러한 자기주식취득 제한에 위배하여[33] 회사의 계산으로 자기주식을 취득한 경우에는 이 죄가 성립할 수 있다.

발기인이 설립중인 주식회사의 계산으로 주식을 인수하는 경우 이 죄의 성립여부가 문제될 수 있다. 설립중 주식회사의 경우에는 자기주식의 취득이 허용되는 위와 같은 요건을 갖출 수가 없을 것이기 때문이다.

이에 대하여, 발기인의 자기주식취득 행위는 가장납입이 되어 인정할 수 없다는 견해[34]가 있다. 그러나 발기인이 자기나 타인 명의로 설립중 주식회사의 계산으로 주식을 인수하면서 자기나 타인 명의로 주금을 납입하되 그 납입대금 상당액을 설립중 주식회사에 대여한 경우에는 자기주식취득 행위이지만 가장납입에 해당하지 아니할 수 있다. 그러므로 발기인의 자기주식 취득 행위가 가장납입 행위가 되는 경우도 있을 수 있으나, 납입가장죄의 성립 여부나 가장납입의 효력과 이 죄의 성립 여부는 별개의 문제로 보아야 할 것이다.

발기인이 설립중 주식회사의 계산으로 주식을 인수하는 행위도 자본금충실원칙에 위배하는 행위이기는 하다. 그렇지만 상법 제625조 제2호의 범죄구성요건은 '회사'의 계산으로 그 '주식'을 취득하거나 질권의 목적으로 받은 경우로 한정하고 있고, 상법 제637조 규정에서도 '법인'이 행위주체인 경우만을 언급하고 있고 발기인을 구체적인 범죄행위주체에서 제외하고 있는 점, 위 '회사,' '주식,' '법인'은 모두 회사설립등기 이후에 성립하는 개념이고 발기인은 회사설립

---

32) 주권상장법인의 경우에는 그 밖에 배당가능이익 범위 내에서 증권시장에서 취득하는 등의 방법으로 자기명의로 자기주식을 취득할 수 있다(자본시장법 제165조의2).

33) 상법이나 자본시장법은 자기주식취득을 허용하는 요건으로서 회사 명의로 자기주식을 취득할 것을 요구하고 있으나, 이 요건은 그 내용에 비추어 훈시규정으로 보아야 할 것이므로 타인 명의로 취득한 것만으로는 자기주식취득 제한 위반행위로 처벌할 수 없다고 본다.

34) 송호신, 전게 학위논문, 199면; 회사설립의 경우에는 자기주식취득 제한 규정과 무관하게 가장납입으로서 금지된다는 견해(이철송, 전게서, 383면)도 같은 입장인 것으로 보인다.

등기와 동시에 소멸하는 존재임에 비추어 보면, 발기인이 설립중인 회사의 계산으로 주식을 인수하는 경우에는 이 죄가 성립할 수 없는 것으로 봄이 죄형법정주의 원칙에 충실한 해석이라고 본다.[35]

또한 주식회사는 회사합병, 다른 회사 영업전부의 양수, 권리실행의 목적달성을 위하여 필요한 경우 외에는 발행주식총수의 20분의 1을 초과하여 자기의 주식을 질권의 목적으로 받지 못한다(상법 제341조의3). 그러므로 주식회사의 이사, 집행임원, 지배인이 이러한 제한을 초과하여 회사의 계산으로 자기주식을 질권의 목적으로 받은 때에는 이 범죄가 성립할 수 있다.

유한책임회사는 자기지분의 전부 또는 일부를 양수할 수 없도록 금지하고 있을 뿐(상법 제287조의9), 자기지분에 질권을 설정하는 것을 제한하고 있지는 않다. 그러므로 유한책임회사를 대표하는 업무집행자 또는 그 지배인이 회사의 계산으로 자기 회사의 지분을 취득한 때에만 이 범죄가 성립할 수 있다.

유한회사는 자기지분의 취득에 관하여 주식회사에 관한 상법 제341조의2, 제341조의3 규정을 준용하고 있다(상법 제560조 제1항). 그러므로 유한회사는 회사합병, 다른 회사 영업전부의 양수, 권리실행의 목적달성이나 단수지분의 처리를 위하여 필요한 경우 외에는 자기지분을 취득할 수 없다. 따라서 유한회사의 이사나 지배인이 이러한 자기지분 취득 제한에 위배하여 회사의 계산으로 자기지분을 취득한 경우에는 이 범죄가 성립할 수 있다.

또한 유한회사는 회사합병, 다른 회사 영업전부의 양수, 권리실행의 목적달성을 위하여 필요한 경우 외에는 총 출자좌수의 20분의 1을 초과하여 자기지분을 질권의 목적으로 받지 못하므로, 유한회사의 이사나 지배인이 이러한 제한을 초과하여 회사의 계산으로 자기지분을 질권의 목적으로 받은 때에는 이 범죄가 성립할 수 있다.

이상 살펴본 바와 같이, 자기주식취득 등 제한위반 행위의 구체적 행위주체는 주식회사의 이사·집행임원·지배인, 유한책임회사의 업무집행자·지배인, 유한회사의 이사·지배인이다. 그리고 그 밖에 이사의 직무를 행하는 주식회사 및 유한회사의 임시이사(상법 제386조 제2항, 제567조), 이사직무대행자(상법 제407조 제1항, 제567조)와, 유한책임회사 업무집행자의 직무대행자(상법 제287조의5

35) 회사재산을 위태롭게 하는 죄 중 자기주식취득 행위에 관한 일본 會社法 제963조 제5항 제1호에서는 그 행위주체에 발기인은 제외하고 있다. 입법에 참고할 필요가 있다.

제5항, 제287조의13, 제200조의2)도 행위주체가 될 수 있을 것이다.

다. 위반행위

객관적 범죄구성요건 행위는 누구의 명의로 하거나를 불문하고 회사의 계산으로 부정하게 그 주식 또는 지분을 취득하거나 질권의 목적으로 이를 받은 행위이다(상법 제625조 제2호).

1) 개 념

이 벌칙 규정에서 '취득'이란 회사재산을 위태롭게 하는 죄의 성격에 비추어 볼 때 소유권을 유상으로 승계취득하는 경우를 말하고 무상취득은 제외되며, 회사가 자기의 구성원이 될 수 없는 것은 당연하므로 원시취득도 제외된다.[36) 그 취득이나 질취의 효력 여하와는 무관하게 범죄는 성립한다.[37) 이미 회사재산의 추상적 위험이 발생하였다고 볼 수 있기 때문이다.

'회사의 계산으로'란 주식이나 지분의 취득 또는 질권설정의 자금이 회사의 출연에 의한 것이고 그 경제적 손익이 회사에 귀속되는 법률관계인 경우를 뜻한다.[38)

'부정하게'란 상법 등 사법상 자기주식이나 자기지분의 취득 또는 질권설정이 허용되지 아니하는 위법한 경우라는 뜻으로 보아야 한다.[39) 즉, 상법상의 배당가능이익 등 취득금액 한도를 위반하거나 주주총회나 이사회 결의 등 취득절차나 방법을 위반한 경우가 이에 해당할 것이다.

일본에서는 나아가 외형상 자기주식취득에 해당하는 경우일지라도 자기주식취득의 위법상태가 즉시 해소될 것을 예정하고 있는 경우이거나, 실질적으로 회사재산에 손해를 끼칠 염려가 없는 행위인 경우에는 '부정하게' 취득한 경우가 아니라고 보아야 한다는 견해가 있다.[40) 적대적 주식매수의 대상이 된 회사

---

36) 前揭「新版 注釈會社法(13)」, 577面; 前揭「會社法コンメンタル(21)」, 105面.; 前田信二郎, 前揭書, 160面.

37) 前揭「新版 注釈會社法(13)」, 577面; 前揭「會社法コンメンタル(21」, 105面.; 日 最決 1958. 4. 25. 刑集 12卷 6号 1221面.

38) 판례도 "회사가 직접 자기 주식을 취득하지 아니하고 제3자 명의로 회사 주식을 취득하였을 때 그것이 상법 규정에서 금지하는 자기주식의 취득에 해당한다고 보기 위해서는, 주식취득을 위한 자금이 회사의 출연에 의한 것이고 주식취득에 따른 손익이 회사에 귀속되는 경우이어야 한다."고 판시하였다(대법원 2011. 4. 28. 2009다23610); 前揭「會社法コンメンタル(21)」, 105面.

39) 前揭「新版 注釈會社法(13)」, 578面; 前揭「會社法コンメンタル(21)」, 106面.

의 경영진이 이를 방어하기 위하여 일단 자기주식을 취득한 후 바로 호의적인 주주에게 양도하는 경우가 이에 해당할 것이다.

판례도 같은 입장에서 '부정하게'를 사법상 위법할 뿐만 아니라 실질적 위법성도 있는 경우를 뜻하는 것으로 보고 있다. 즉, 판례는 "상법 제625조 제2호가 자기주식취득행위를 처벌하는 가장 중요한 이유는 자사주를 유상취득하는 것은 실질적으로는 주주에 대한 출자의 환급이라는 결과를 가져와 자본금충실 원칙에 반하고 회사재산을 위태롭게 한다는 데 있고, 사법상의 위법과 형법상의 위법은 반드시 일치하는 것은 아니므로 외형적으로는 사법상 금지되는 자기주식취득의 경우라도 자기주식취득의 위법상태가 바로 해소되는 것을 예정하고 취득한 때와 같이 회사재산에 대한 추상적 위험이 없다고 생각되는 경우 형법상으로는 실질적 위법성이 없으므로 '부정하게' 주식을 취득한 경우에 해당하지 않아 자기주식취득금지위반죄로 처벌할 수 없으나, 그러한 경우에 해당하지 않는 사법상 금지되는 자기주식취득은 본죄로 처벌할 수 있다."고 판시하였다.[41]

그러나 '부정하게'란 용어가 벌칙 규정의 구성요건 내용으로 규정되어 있는 이상 이는 객관적 범죄구성요건을 한정하는 의미를 갖는 것이며, 추상적 위험범의 경우에는 범죄구성요건을 충족하는 이상 추상적 위험은 이미 발생한 것이고 나아가 구체적 위험까지 발생하여야 범죄가 성립하는 것은 아니다. 그러므로 자기주식취득의 위법상태가 바로 해소되는 것을 예정하고 취득한 때에도 자기주식취득 제한의 요건과 절차를 갖추지 않았다면 '부정하게' 주식을 취득한 것으로 보아야 하고, 그것이 회사재산을 위태롭게 하지 아니한 경우로서 정당행위에 해당하여 실질적 위법성이 없다고 볼 것인지는 위법성 평가의 문제로 보아 신중하게 판단하여야 할 것으로 생각한다. 따라서 자기주식취득의 위법상태가 즉시 해소될 것을 예정하고 있는 경우라 할지라도, 일단 자기주식을 위법

40) 前揭「會社法コンメンタル(21)」, 106面.; 伊藤栄樹 外 編「注釈特別刑法(5のⅠ)」(立花書房, 1986), 162面.

41) 대법원 1993. 2. 23. 92도616(주식회사의 대표이사가 회사의 자금으로 주주 8명으로부터 주식을 액면가에다 그 동안의 은행금리 상당의 돈을 덧붙여 주식대금을 지급하고 자사주를 취득한 경우, 그 취득 경위가 주주 아닌 자에게 주식을 양도하지 않기로 하는 주주총회의 결의로 인하여 다른 자에게 양도할 수 없게 된 주주의 요구에 따라 부득이 취득하게 된 것이라 하더라도, 취득 후 1년이 지난 뒤에 대표이사 자신이 회사가 지급한 주식대금보다 많은 돈을 회사에 지급하고 자사주를 양수하였다면, 자기주식취득의 위법상태가 바로 해소되는 것을 예정하고 있는 때에 해당한다고 볼 수 없으므로 회사재산 침해의 추상적 위험인 실질적 위법성이 인정되어 자기주식취득금지위반죄에 해당한다고 한 사례).

하게 취득한 상태에서 회사재산을 위태롭게 하는 추상적 위험은 발생한 것으로 보아 '부정하게' 취득한 것으로 보아야 할 것이다.[42]

2) 신주발행의 경우

자기주식취득 제한제도의 입법취지에 비추어 신주발행의 경우에도 명문 규정은 없으나 회사의 자기주식취득은 제한된다고 보아야 할 것이다. 신주발행의 경우에는 자기주식취득 제한 규정과 무관하게 납입가장 행위로서 금지된다는 견해[43]도 있으나, 자기주식취득 행위가 모두 납입가장 행위가 되는 것이 아님은 앞의 발기인의 행위주체 여부에 관한 부분에서 살펴본 바와 같으므로, 이러한 경우에는 납입가장 행위와 자기주식취득 행위가 경합한다고 보아야 할 것이다.[44]

3) 전환사채 및 신주인수권부사채의 경우

회사가 자기의 전환사채나 신주인수권부사채를 취득하는 경우에도 전환권이나 신주인수권을 행사하여 그 신주발행의 효력이 발생함으로써 자기주식을 취득한 때에 범죄가 성립한다.

4) 양도담보의 경우

회사가 자기의 주식이나 지분을 양도담보를 설정하기 위하여 받은 경우에 자기주식의 '취득'으로 볼 것인지, 자기주식을 '질권의 목적으로 받은 때'에 해당하는 것으로 볼 것인지는 문제이다. 이러한 경우에 판례의 입장인 신탁적양도설에 따르면 대외적으로는 양도담보권자가 주주로 취급되고[45] 주주권이 이전하는 것이므로 회사가 주식 또는 지분을 취득한 경우에 해당한다고 보는 견해가 가능하다.

반면, 일본에서는 양도담보권은 담보권이므로 자기주식의 질취에 해당한다고 보는 견해[46]도 있다. 이에 대하여, 양도담보 중 강한 의미의 양도담보(대내외적 이전형)나 매도담보의 경우에는 대내외적으로 자기주식의 취득과 같다고 보는 입장[47]에서는 그 경우 이 죄의 '취득' 행위가 되는 것이지만, 약한 의미의 양도

42) 일본에서도 이 죄가 추상적 위험범이라는 점을 논거로 같은 취지의 견해가 있다{前掲「新版 注釈會社法(13)」, 579面; 前掲「會社法コンメンタル(21)」, 107面}.
43) 이철송, 전게서, 383면; 송호신, 전게 학위논문, 201면.
44) 대법원 2003. 5. 16. 2001다44109 판결도 이러한 입장에서 납입가장 행위와 자기주식취득 행위 모두에 관하여 판단하고 있다.
45) 대법원 1993. 12. 28. 93다8719.
46) 같은 취지: 前掲「新版 注釈會社法(13)」, 577面; 前掲「會社法コンメンタル(21)」, 105面.

담보(외부적 이전형)의 경우에는 자기주식을 '질권의 목적으로 받은 때'에 해당하는 것으로 보게 될 것이다.

라. 기수시기

'주식 또는 지분을 취득하거나 질권의 목적으로 이를 받은 때'에 기수가 되므로, 단순히 그 소유권 양도 합의나 질권설정의 채권계약을 한 것만으로는 아직 범죄가 성립하지 않는다고 보아야 할 것이다.

이에 반하여, 주식 등의 소유권 취득을 목적으로 채권계약을 한 때에도 범죄가 성립한다고 하는 견해[48]가 있으나, 주식양도는 준물권계약임에도 불구하고 주식취득의 의미를 이와 같이 확대해석하는 것은 죄형법정주의 원칙에 반한다고 본다.

마찬가지 이유로 회사가 자기주식에 관한 신주인수권증서(상법 제420조의2)나 신주인수권부사채의 신주인수권증권(상법 제516조의5)을 취득한 것만으로는 아직 범죄가 성립한 것은 아니라고 본다.

주식의 양도나 질권설정의 경우에는 원칙적으로 그 효력발생요건인 주권의 교부(상법 제356조의2 규정의 전자등록된 주식의 경우에는 전자등록부에의 전자등록)가 있을 때 범죄가 성립한다. 다만, 주권발행 전 주식양도가 허용되는 경우(상법 제335조 제3항)에는 지명채권 양도방식에 따라 주식양도의 합의시[49] 기수가 된다고 보아야 할 것이다.

신주발행시 회사의 계산으로 자기주식을 인수하는 경우에는 납입기일 다음날부터(상법 제423조 제1항) 신주발행의 효력이 발생하므로, 이 시기에 이 죄도 성립하는 것으로 보아야 할 것이다.

회사가 자기의 전환사채나 신주인수권부사채를 취득하는 경우에는 전환권이나 신주인수권을 행사하여 그 신주발행의 효력이 발생함으로써 자기주식을 취득한 때에 범죄가 성립하는 이상, 전환권을 행사하는 경우에는 전환청구를 한 때, 신주인수권을 행사하는 경우에는 발행가액 전액을 납입한 때(상법 제516조의

---

47) 정찬형, 전게서, 773면; 최준선, 전게 「회사법」, 277면; 이기수 · 최병규, 전게서, 322면.

48) 송호신, 전게 학위논문, 200면.

49) 이때, 회사에 대한 양도인의 통지나 회사의 승낙이 있는 경우이기도 하지만, 원래, 양도의 효력만 발생하면 '취득'이라 할 수 있는 것이므로 나아가 양도의 대항요건 구비 여부는 문제되지 않는다.

10 제1문) 자기주식을 취득한 것이므로 이때 범죄가 성립한다.

유한책임회사나 유한회사의 자기지분 취득의 경우에는 그 양도합의를 한 때 범죄가 성립한다고 보아야 할 것이다. 나아가 주식·지분의 양도나 질권설정의 대항요건 구비 여부 또는 주주명부·사원명부에의 기재 여부는 범죄의 성립에 영향이 없다.[50)]

3. 위법배당죄

가. 입법취지 및 적용범위

위법한 배당으로 회사재산을 유출시키는 행위는 자본금충실 원칙에 반하여 회사재산을 위태롭게 하는 것이므로 형사처벌하는 것이다.

합명·합자회사와 같은 인적회사의 경우에는 무한책임사원이 있고 회사신용의 기초가 사원 개개인이라고 할 수 있기 때문에 사원들의 이익분배를 규제할 필요가 없다. 그러나 유한책임사원으로만 구성되어 있는 주식회사 및 유한회사의 경우에는 회사재산이 영업활동의 기초이자 회사채권자를 위한 유일한 책임재산이므로, 영업활동을 위한 자본금충실과 회사채권자를 보호하기 위하여 영업이익의 분배를 엄격히 규제할 필요가 있다. 따라서 주식회사와 유한회사의 경우에는 회사재산의 부당한 유출을 방지하기 위하여 이익배당의 요건과 절차에 관하여 엄격한 규제를 하고 있고, 이러한 규제를 위반한 경우에 이 벌칙 규정이 적용될 수 있음은 물론이다.

그런데 유한책임회사의 경우에는 외부적으로는 유한책임사원으로만 구성된 물적회사라고 할 수 있지만, 내부적으로는 업무집행자들이 조합적 방식으로 자유롭게 운영한다는 점에서 사원의 개성이 중요한 인적회사로서의 성격도 지니고 있다. 또한 유한책임회사는 주식회사나 유한회사와는 달리 이익배당이란 용어 대신 잉여금의 분배라는 용어를 사용하고 있다(상법 제287조의37). 그러므로 유한책임회사의 잉여금 분배가 법령 또는 정관에 위반한 경우에도 이 벌칙 규정이 적용되는 것인지 여부가 문제될 수 있다.

유한책임회사의 잉여금 분배도 대차대조표상 순자산액으로부터 자본금액을

---

50) 기명주식의 등록질을 설정하는 경우에는 주주명부에의 기재가 질권설정의 효력발생요건이기는 하지만, 질권설정의 합의와 주권교부만 있고 주주명부에 아직 기재하지 아니한 경우에도 약식질로서의 효력은 발생하는 것이기 때문에 이때 범죄가 성립함에는 차이가 없다고 본다.

뺀 잉여금을 한도로 사원에게 분배할 수 있도록 규제하고 있고, 이를 위반하여 분배한 경우에는 회사채권자가 그 잉여금을 분배받은 자에 대하여 회사에 반환할 것을 청구할 수 있다(상법 제287조의37 제1항, 제2항).

그러나 유한책임회사는 주식회사나 유한회사의 이익배당과 같이 자본금의 결손보전을 위한 법정준비금의 적립, 이익배당에 관한 주주총회나 사원총회의 승인절차 등 엄격한 규제를 하는 것은 아니다. 유한책임회사는 유한책임사원이 업무집행자가 될 수 있고, 이러한 사원의 개성이 회사의 운영이나 대외적 신용에 중요한 인적회사로서의 특성도 지니고 있기 때문이다. 상법이 유한책임회사의 경우에는 '이익배당'이란 표현 대신 '잉여금의 분배'라고 표현하고 있는 것도 이러한 특성을 반영한 것으로 보인다. 따라서 위법배당에 관한 벌칙 규정은 유한책임회사에는 적용되지 않는 것으로 보는 것이 타당하며, 이러한 해석이 유추해석을 금지하는 죄형법정주의에도 부합하는 것이라고 본다.

나. 위반행위

1) 위법배당의 개념

이 죄의 객관적 범죄구성요건 행위는 법령 또는 정관에 위반하여 이익배당을 한 행위이다(상법 제625조 제3호). 이익배당이란 회사의 영업활동으로 인하여 발생한 이익을 주주 등 사원에게 분배하는 것이다.

주식회사 및 유한회사의 이익배당은 대차대조표의 순자산액으로부터 자본금액, 그 결산기까지 적립된 자본준비금과 이익준비금의 합계액, 그 결산기에 적립하여야 할 이익준비금액 및 상법 제446조의2에서 규정하는 회계원칙에 따른 자산 및 부채에 대한 평가로 인하여 증가한 대차대조표상 순자산액으로서 미실현손실과 상계하지 아니한 금액(미실현이익)을 공제한 액(이하 배당가능이익이라 함)을 한도로 배당할 수 있다(상법 제462조, 제583조 제1항, 상법 시행령 제19조).

또한 주주총회(유한회사는 사원총회)의 승인결의(상법 제462조 제2항 본문, 제583조 제1항)나 이에 갈음하는 이사회의 승인결의(상법 제449조의2, 제462조 제2항 단서)에 따라 이익배당을 하되, 이익배당에 관하여 내용이 다른 종류주식이 아닌 한 각 주주가 가진 주식수(유한회사는 원칙적으로 각 사원의 출자좌수)에 따라 배당하여야 한다(상법 제464조, 제580조).

년 1회의 결산기를 정한 주식회사나 유한회사는 영업년도 중 1회에 한하여[51]

정관 규정에 따라 중간배당을 할 수 있는데(상법 제462조의3 제1항, 제583조 제1항), 이러한 중간배당도 이익배당의 일종이므로 이 벌칙 규정이 적용된다.[52]

따라서 주식회사나 유한회사가 배당가능이익을 초과하여 이익배당을 한 경우, 주주총회(또는 이에 갈음하는 이사회)나 사원총회의 승인결의 없이 이익배당을 한 경우 등 법령 또는 정관에 위반하여 이익배당을 하면 위법배당이 되어 이 죄가 성립한다.

2) 개별 이익배당청구권 침해의 경우

이 죄는 주주나 사원의 이익배당청구권을 보호하려는 것이 아니라 회사의 자본금충실을 보호하려는 것이므로, 주주의 주식수(또는, 이익배당에 관하여 내용이 다른 종류주식이 있는 경우에는 그 내용 및 주식수)나 사원의 출자좌수에 따라 배당하지 아니한 경우에는 그것이 회사재산을 위태롭게 하는 경우가 아닌 한 이 죄가 성립하지 않는다고 보아야 할 것이다.[53]

이에 대하여, 법령 또는 정관 규정을 위반하여 이익배당을 하는 모든 경우에 위법배당죄가 성립한다고 보는 견해[54]에 따르면 이러한 경우에도 위법배당죄가 성립한다고 볼 여지가 있으나, 이러한 해석은 위법배당죄를 회사재산을 위태롭게 하는 죄로 규정한 입법취지에 반하는 해석이라고 보아야 할 것이다.

3) 과소배당의 경우

배당가능이익이 있음에도 불구하고 배당을 하지 않거나 적게 배당하는 경우에는 구분하여 생각해 볼 필요가 있다.

배당가능이익이 있더라도 주주총회(또는 이사회) 또는 사원총회의 배당결의시 배당여부 및 배당비율은 자유롭게 정할 수 있다. 이러한 경우에는 위법배당이라고 할 수 없을 것이다.

그런데 이사가 이익배당의 기초가 되는 재무제표 등 회계 관련 장부를 분

---

51) 주권상장법인의 경우에는 정관으로 정하는 바에 따라 분기배당도 할 수 있다(자본시장법 제165조의12).

52) 같은 취지: 최준선, 전게서, 675면; 송호신, 전게 학위논문, 122~123면.

53) 우리나라와 유사하게 회사재산을 위태롭게 하는 죄의 한 유형으로서 위법배당죄를 규정하고 있는 일본 會社法 제963조 제5항 제2호의 해석에 관하여, 前揭「會社法コンメンタル(21)」, 107面에서도 위법배당죄는 위법한 배당을 하여 회사재산을 유출시키는 행위가 자본충실원칙에 반하고 회사재산을 위태롭게 하는 행위가 되기 때문에 처벌하는 것이라고 설명하고 있다.

54) 임중호, “회사범죄와 그 대책방안,”「법학논문집」 제15집(중앙대학교 법학연구소, 1990), 80~81면.

식(역분식)한 결과 배당할 수 없거나 적은 배당을 하도록 하였다면, 주주가 은닉된 재산에 관한 이익배당을 받을 수 없고, 은닉된 재산이 주가에 영향을 미칠 수도 없는 이상 주주의 재산권을 침해할 수 있는 행위가 되므로 이 죄가 성립한다는 견해[55]가 있다. 그러나 이 죄의 보호법익을 회사의 자본금충실로 보고, 회사와 주주를 구분하는 법인이익독립론 입장에서는 이러한 해석은 부당하다고 본다.

또한 이렇게 주주총회의 결의를 거치지 않거나 기타 회사의 회계규정에 반하는 이익의 처분은 그때까지 이루어진 분식결산을 메우기 위한 목적으로 행하여지거나, 역분식으로 인하여 장부 외에 은닉된 회사재산을 장래에 임의처분할 여지가 있는 것이므로, 전체적으로 볼 때 회사재산의 위험이 발생한 것으로 보아서 이 죄에 해당한다고 보는 견해[56]도 있다. 그러나 이러한 견해는 역분식 행위 자체가 아니라 그 목적이나 동기를 범죄구성요건과 동일시하는 것이므로 부당하다고 본다. 역분식 행위 자체로는 회사재산을 위태롭게 하는 행위로 볼 수 없으므로 위법배당죄가 성립하지 않는 것으로 보아야 할 것이다.[57]

4) 주주총회의 승인결의가 있는 경우

이익배당의 실질적 요건을 갖추지 못하였음에도 불구하고 주주 전원이 그 사정을 알고 동의하거나 주주총회에서 승인결의를 하더라도 이 죄는 성립한다.[58] 회사의 본질에 관한 이해관계자주의나 법인이익독립론 입장에서는 회사의 재산은 주주 외에도 회사의 채권자 등 이해관계자들 모두를 위한 책임재산이 되는 것으로 보아야 하기 때문이다.

5) 이사회결의 또는 감사절차의 결여

이익배당을 함에 필요한 절차 중 주주총회 전 이사회의 결의(상법 제447조) 또는 감사나 감사위원회의 조사・보고절차(상법 제447조의4, 제415조의2 제7항, 제579조)를 거치지 아니한 경우에도 이 벌칙 규정이 적용되는지가 문제될 수 있다.

이익배당을 결정하는 절차는 주주총회나 사원총회의 결의이며, 그 전의 위와

---

55) 송호신, 전게 학위논문, 121면.
56) 神山敏雄 外 編, 前掲書, 163面.
57) 이 견해가 일본의 통설이다{前掲「新版 注釈會社法(13)」, 580面; 前掲「會社法コンメンタル(21)」, 107~108面; 伊藤栄樹 外 編, 前掲「注釈特別刑法(5の I)」, 166면}.
58) 神山敏雄 外 編, 前掲書, 163面.

같은 절차는 이익배당 결정을 보조하거나 준비하는 절차에 불과하므로, 주주총회나 사원총회의 결의가 유효하게 성립한 이상 위법배당 행위의 구성요건에 해당하지는 않는다고 본다.[59] 따라서 상법 제625조 제3호의 '법령 또는 정관에 위반하여'란 절차상 위반의 경우에는 주주총회나 사원총회의 결의와 같은 중요한 절차위반의 경우만으로 한정하여야만 할 것이다.

이에 대하여, 이사회의 동의나 감사의 조사를 거치지 아니하고 주주총회가 배당결의한 경우에도 중대한 절차에 위배한 경우에 해당하므로 위법배당죄가 성립한다는 견해[60]도 있으나, 이러한 절차는 위와 같이 보조적 절차에 불과하므로 그 위반이 위법배당죄를 구성할 만큼 중요한 절차로 볼 수는 없을 것이다.

6) 주식배당의 경우

주식회사의 경우에는 주주총회의 주식배당 결의에 의하여, 이익배당할 금전에 갈음하여 회사가 발행하는 신주로 이익배당을 할 수도 있다(상법 제462조의2 제1항). 이 경우 주식배당도 이익배당의 일종으로서[61] 배당가능이익이 존재하여야 하고, 이익배당총액의 2분의 1에 상당하는 금액[62]을 초과하지 못한다. 주식배당을 하는 경우에 발행하는 신주의 발행가액은 주식의 권면액으로 하며, 종류주식을 발행한 때에는 각각 그와 같은 종류의 주식으로 배당할 수 있다(상법 제462조의2 제2항). 주식배당으로 신주를 발행하는 것이므로 발행예정주식총수한도 등 일반적인 신주발행요건도 갖추어야 한다.

그러므로 위법한 주식배당에 이 벌칙 규정이 적용되는지 여부는 이익배당요건을 위반한 경우, 주식배당시 신주발행요건을 위반한 경우 및 일반적인 신주발행요건을 위반한 경우로 나누어 살펴볼 수 있다.

이 점에 관하여는 개개의 유형별로 위법배당행위가 보호법익인 회사의 자본금충실을 침해할 위험이 있는 경우인지 여부를 검토해 볼 필요가 있을 것이다.

우선 배당가능이익이 없음에도 주식배당을 하거나 배당가능이익을 초과하여

---

59) 前揭 「會社法コンメンタル(21)」, 108面.

60) 송호신, 전게 학위논문, 122면.

61) 주식배당의 법적 성질을 이익배당의 일종으로 보는 견해가 통설이다(정찬형, 전게서, 1123~1124면; 최준선, 전게서, 665면; 이철송, 전게서, 960면; 이기수・최병규, 전게서, 648~649면; 정경영, 전게서, 627면; 권기범, 전게서, 1048면).

62) 주권상장법인은 주식의 시가가 권면액에 미치지 못하는 경우가 아닌 한 이익배당총액에 상당하는 금액까지 주식배당을 할 수 있다(자본시장법 제165조의13).

주식배당을 하는 등 이익배당요건을 위반한 경우에는 발행된 신주만큼 자본금이 증가하지만 주금액에 상응하는 회사재산의 증가는 이루어지지 아니하므로 자본금충실 원칙에 반할 수 있다.[63)]

그러나 주식배당의 경우에는 이러한 경우에도 주주에게 배당할 현금이 회사 내에 유보되는 것이기 때문에 회사의 재산권을 침해할 위험은 없으므로 이 죄는 성립하지 않는다고 보아야 할 것이다. 이익배당총액의 2분의 1에 상당하는 금액을 초과하여 주식배당을 하는 경우에도 마찬가지이다.

주식배당시 발행하는 신주의 발행가액을 주식의 권면액으로 하지 않거나, 종류주식을 발행한 때에 그와 같은 종류의 주식으로 배당하지 않는 등 주식배당시 신주발행요건을 위반한 경우에도 그로 인하여 회사재산을 위태롭게 하는 것은 아니므로 마찬가지로 보아야 할 것이다.

발행예정주식총수를 초과하여 주식배당을 하는 등 일반적 신주발행요건을 위반한 주식배당의 경우에도 회사재산을 위태롭게 하는 것이 아니므로 후술하는 주식초과발행죄가 성립함은 별론으로 하고 이 죄는 성립할 수 없을 것이다.

따라서 주식배당의 경우에는 위법배당죄가 성립하지 않는다고 보아야 할 것이다.

7) 자기주식에 대한 이익배당의 경우

주식회사가 취득한 자기주식에 대하여는 이익배당청구권을 인정할 수 없다는 견해가 통설이다.[64)] 그럼에도 불구하고 회사가 자기주식에 대하여 이익배당을 한 경우에 이 벌칙 규정을 적용할 수 있을 것인지 여부를 검토해 볼 필요가 있다. 자기주식에 대한 이익배당은 회사재산이 외부로 유출되는 것이 아니므로 회사의 자본금충실을 침해할 염려가 없으므로 이 죄가 성립할 수 없다고 보아야 할 것이다.[65)]

다. 행위주체

위법배당죄가 성립하는 경우에 회사의 범죄능력을 부인하는 통설·판례에 따

---

63) 이 경우 신주발행의 효력은 자본금충실 원칙에 반한다는 이유로 무효로 보는 견해가 통설이다{최준선, 전게서, 668면; 정동윤, 전게서, 790면; 임홍근, 「회사법」(법문사, 2000), 731면; 정찬형, 전게서, 1133면; 정경영, 전게서, 631면; 권기범, 전게서, 1054면}.

64) 최기원, 전게서, 358면; 임홍근, 전게서, 260면; 정찬형, 전게서, 735면; 최준선, 전게서, 241면.

65) 같은 견해 : 송호신, 전게 학위논문, 124면.

르면 실제로 회사를 대표하여 이익배당 행위를 한 이사가 상법 제637조 규정에 따라 이 죄의 행위주체가 된다.

주식회사의 경우에는 이사회의 결의시 위법배당안에 찬성한 이사는 회사를 대표하는 자는 아니므로 민사상 손해배상책임을 부담하더라도 공범으로 볼 수 있는 경우가 아닌 한 이 죄의 행위주체에는 포함되지 않는다고 보아야 할 것이다.

이익배당의 경우에 감사의 조사절차를 거친다는 이유로 감사도 위법배당죄의 행위주체가 될 수 있다고 보는 견해[66]가 있다. 그러나 감사나 감사위원회 위원은 사실과 달리 이익잉여금의 처분이 법령 또는 정관에 맞다는 취지로 작성한 감사보고서를 이사에게 제출하였다 하더라도(상법 제447조의4 제1항, 제2항 제7호, 제579조 제3항 참조), 회사를 대표하여 이익배당 행위를 하는 자라고 볼 수는 없으므로 이 죄의 행위주체가 되는 것은 아니라고 본다. 다만, 이사회의 결의시 위법배당안에 찬성한 이사, 감사(또는 감사위원회 위원), 지배인, 집행임원 등은 이사가 행하는 이 죄의 공범은 될 수 있을 것이다.

라. 기수시기

위법배당행위의 기수시기가 언제인지는 문제될 수 있다. 회사재산을 위태롭게 하는 죄는 미수범 처벌 규정이 없으므로 실행의 착수시기는 문제될 것이 없으나 기수시기 여부에 따라 형사처벌 여부가 가려지기 때문이다.

주주총회(정관 규정에 따라 재무제표의 승인을 이사회에서 하는 주식회사의 경우에는 이사회)나 사원총회에서 이익배당 승인결의를 하면 주주나 사원은 그 총회가 종결한 때부터 구체적인 배당금지급청구권을 취득하고,[67] 회사로서는 주주나 사원에 대한 구체적인 배당금 지급의무가 발생한다.

중간배당의 경우에는 이사회(유한회사는 이사 과반수)의 배당결의가 있을 때 주주나 사원은 구체적인 중간배당금 지급청구권을 취득하고, 회사는 주주나 사원에 대한 구체적인 배당금 지급의무가 발생한다.[68] 주식으로 배당받은 주주는 주식배당 결의가 있는 주주총회가 종결한 때부터 신주의 주주가 된다(상법 제

---

66) 송호신, 전게 학위논문, 118면.

67) 그 승인결의가 있을 때 주주나 사원의 구체적인 배당금지급청구권이 발생한다는 견해가 통설이다(최기원, 전게서, 931면; 정찬형, 전게서, 1116면; 최준선, 전게서, 661, 818면; 이철송, 전게서, 954면).

68) 최준선, 전게서, 674면.

462조의2 제4항 제1문).

이렇게 회사가 배당으로 인한 구체적인 배당금지급의무를 부담하거나 주식배당의 효력이 발생한 때에 회사나 주주(또는 사원)의 재산권에 대한 위험은 발생한 것이므로 위법배당행위는 기수가 된다고 보아야 할 것이다.[69]

이에 반하여, 이익배당에 관한 주주총회 등의 승인결의 후 현실적으로 배당금을 지급한 때에 기수가 된다고 하는 견해[70]도 있으나, 이 죄가 추상적 위험범임에 비추어 수긍하기 어렵다. 만약 주주총회(또는 이사회)나 사원총회의 승인결의(또는 중간배당시 이사회 등의 배당결의) 없이 이익배당이 이루어진 경우에는, 실제로 배당금을 지급한 때에 기수가 된다고 볼 수밖에 없다.[71]

4. 영업 외 투기죄

가. 입법취지

회사는 상행위나 그 밖의 영리를 목적으로 설립한 법인으로서 정관으로 정한 설립목적 범위 내에서 권리와 의무의 주체가 된다(상법 제169조, 민법 제34조). 따라서 회사의 업무를 집행하는 이사, 지배인 등은 회사의 설립목적 범위 내에서 사회통념상 용인되는 방법으로 회사의 영리를 추구하여야 할 임무가 있다. 만일 이러한 임무를 위반하여 회사재산을 운용한다면 회사의 재산권을 침해할 위험이 있으므로, 이러한 위험으로부터 회사재산을 보호하고자 하는 것이 이 벌칙 규정의 입법취지이다.[72]

나. 위반행위

객관적 범죄구성요건 행위는 회사의 영업범위 외에서 투기행위를 하기 위하여 회사재산을 처분한 행위이다(상법 제625조 제4호).

이러한 입법취지에 비추어 보면 '회사의 영업범위'란 회사 설립목적의 범위와 같은 뜻으로 해석하여야 할 것이다.[73] 이 경우 회사의 설립목적 범위를 회사의 목

---

69) 임중호, 전게논문, 81면.

70) 송호신, 전게 학위논문, 127면.

71) 같은 취지: 임중호, 전게논문, 81면; 송호신, 전게 학위논문, 127면; 前掲「會社法コンメンタル(21)」, 108面.

72) 회사재산을 위험한 투기행위로부터 보호할 필요성은 특히 회사의 자본금충실 원칙이 강조되고 회사재산만이 회사채권자의 책임재산이 되는 물적회사의 경우에 클 것이다.

적에 의한 권리능력 제한 범위와 같은 것으로 보는 견해[74]가 있다(區分不要說).

그런데 회사의 목적에 의한 권리능력의 제한을 인정할 것인지 여부에 관하여는 무제한설이 통설이고,[75] 판례는 제한설이지만 거의 무제한설에 가까운 해석을 하고 있다.[76] 그러므로, 이러한 입장에서 구분불요설을 취하면 '회사의 영업범위 외'로 볼 수 있는 경우가 거의 없게 된다. 더욱이 회사의 목적 수행에 필요한 행위인지 여부는 행위의 객관적 성질에 따라 추상적으로 판단할 것이지 행위자의 주관적·구체적 의사에 따라 판단할 것은 아니기 때문에(판례), 구분불요설 입장에서는 영업 외 투기죄는 거의 성립할 여지가 없게 될 것이고, 이 죄는 거의 유명무실하게 될 것이다.

그러므로 회사재산을 위태롭게 하는 행위로써 형벌의 대상이 되는 '회사의 영업범위 외' 행위는 거래의 안전이 중시되는 사법상의 권리능력 제한 범위와는 구별하여야 한다(區分必要說). 사법상으로는 거래의 안전을 위하여 회사의 목적범위 외로 볼 수 없더라도 회사재산을 위태롭게 하는 죄가 되는 '회사의 영업범위 외' 행위는 될 수 있다고 볼 수 있다.[77]

이에 관하여, 판례는 " '회사의 영업범위 외'라고 함은 회사의 정관에 명시된 목적 및 그 목적을 수행하는 데 직접 또는 간접적으로 필요한 통상적인 부대업무의 범위를 벗어난 것을 말하는 것으로서, 목적 수행에 필요한지 여부는 행위의 객관적 성질에 따라 추상적으로 판단할 것이지 행위자의 주관적·구체적 의사에 따라 판단할 것은 아니다."라고 판시하고 있다.[78] 회사의 목적 수행에 필요한 '모든 행위'가 아니라 '통상적인 부대업무의 범위'로 제한하고 있는 점에 비추어 볼 때, 판례도 구분필요설 입장에 있는 것으로 볼 수 있다.[79]

---

73) 일본의 경우에도 2005년 개정 전 商法에서는 우리나라의 상법과 같이 '영업범위 외'라고 표현하고 있었으나, 현행 會社法 제963조 제5항 제3호는 '주식회사의 목적범위 외'라고 명확하게 표현하고 있다.

74) 송호신, 전게 학위논문, 128면.

75) 최기원, 전게서, 87면; 정동윤, 전게서, 357면; 정찬형, 전게서, 462면; 이철송, 전게서, 77면; 정경영, 전게서, 326면; 김정호, 전게서, 68면; 손진화,「상법강의」제3판(신조사, 2011), 317면; 최완진,「신회사법요론」(한국외국어대학교출판부, 2012), 30면.

76) 판례는 회사의 설립목적에 의한 권리능력 범위에 관하여 목적사업수행에 직접·간접으로 필요한 행위를 모두 포함하는 것으로 넓게 해석하고, 이를 판단함에 있어서도 행위의 객관적 성질에 따라 추상적으로 판단하여야 하는 것으로 본다(대법원 2009. 12. 10. 2009다63236; 1988. 1. 19. 86다카1384 등).

77) 같은 취지: 前掲 「會社法コンメンタル(21)」, 111面.

78) 대법원 2007. 3. 15. 2004도5742.

'투기행위'란 용어도 추상적 표현으로서 그 의미가 명확한 것은 아니다. 이에 관하여 판례는 "거래시세의 변동에서 생기는 차액의 이득을 목적으로 하는 거래행위 중에서 사회통념상 회사의 자금운용방법 또는 자산보유수단으로 용인될 수 없는 행위를 말하는 것으로, 구체적으로 회사 임원 등의 회사재산 처분이 투기행위를 하기 위한 것인지를 판단함에 있어서는 당해 회사의 목적과 주된 영업내용, 회사의 자산규모, 당해 거래에 이르게 된 경위, 거래 목적물의 특성, 예상되는 시세변동의 폭, 거래의 방법·기간·규모와 횟수, 거래자금의 조성경위, 일반적인 거래관행 및 거래 당시의 경제상황 등 제반 사정을 종합적으로 고려해야 한다."고 판시하였다.[80]

위와 같이 회사의 영업범위 외에서 투기행위를 하기 위하여 회사재산을 처분하였다면, 그 재산처분 목적이 회사의 이익을 위한 것이었는지 여부는 불문한다.

그러나 회사재산의 처분은 회사의 계산으로 하여야만 이 죄가 성립한다.[81] 만약 회사재산을 이용하여 자기의 계산으로 투기행위를 한 경우에는 업무상횡령죄가 문제될 뿐이다.

이러한 영업 외 투기행위는 주로 회사임원 등 경영진의 임무수행 과정에서 발생하는 것이고 그 임무위배 여부 판단문제이므로, 경영판단원칙의 적용 여부가 문제되는 경우도 많이 발생할 수 있다.

다. 행위주체

영업 외 투기죄의 행위주체는 회사재산을 처분할 수 있는 지위에 있는 자라야 할 것이므로, 회사의 발기인, 업무집행사원, 이사, 집행임원, 임시이사, 주식회사 또는 유한회사 이사의 직무대행자, 주식회사 감사의 직무대행자, 지배인, 기타 회사영업에 관한 어느 종류 또는 특정한 사항의 위임을 받은 사용인 등이라고 보아야 할 것이다.

---

79) 임중호, 전게논문, 82면에서는 '영업범위란 회사의 정관 소정의 사업목적과 그 목적수행에 필요한 부수적 업무로서 회사의 통상의 경제활동의 범위'라고 해석하고 있는바, 분명하지는 않지만 같은 취지의 견해인 것으로 보인다.

80) 대법원 2007. 3. 15. 2004도5742.

81) 같은 취지: 前揭 「會社法コンメンタル(21)」, 112面.

Ⅴ. 고 의

이 죄는 고의범이므로 형법 제13조 본문 규정에 따라 이상의 객관적 범죄구성요건 사실에 대한 고의가 필요하다. 즉, 자신이 각 행위유형별 행위주체로서의 신분자인 사실 및 위반행위에 대한 인식과 적어도 그 용인이 필요하다(용인설).

특히, 출자관련 부실보고죄의 경우에는 부실한 보고이거나 밝혀야 할 중요사항을 은폐하는 점에 대한 인식, 자기주식 등 취득죄의 경우에는 회사의 계산으로 부정하게 그 주식 또는 지분을 취득하거나 질권의 목적으로 이를 받은 사실에 대한 인식, 위법배당죄의 경우에는 배당가능이익을 초과하는 배당이라거나 주주총회 등의 승인결의가 없었다는 점에 대한 인식, 영업외 투기죄의 경우에는 영업범위 외의 투기행위라는 점에 대한 인식이 중요할 것이다.

Ⅵ. 죄수관계

1. 배임죄와의 관계

회사재산을 위태롭게 하는 죄와 회사임원 등의 특별배임죄 또는 형법상 업무상배임죄와의 죄수관계가 문제된다. 이에 대하여, 회사재산을 위태롭게 하는 죄를 독자적인 범죄구성요건으로 규정하고 있는 이유는 주식회사나 유한회사의 자본단체적 성격상 상법 제625조에 열거된 행위들을 특별히 엄격하게 규제할 필요가 있기 때문이므로, 회사재산을 위태롭게 하는 행위가 동시에 회사임원 등의 특별배임죄에 해당하는 경우에는 상상적 경합관계로 보아야 한다는 견해[82]가 있다.

그러나 회사재산을 위태롭게 하는 죄의 보호법익은 회사의 자본금충실 또는 재산권이고 회사임원 등의 특별배임죄나 업무상배임죄의 보호법익이 회사 등 피해자의 전체 재산권임은 앞에서 살펴본 바와 같으며, 회사의 자본금충실은 회사의 재산권을 보호하기 위한 것이므로, 회사임원 등의 특별배임죄나 형법상 업무상배임죄의 보호법익은 회사재산을 위태롭게 하는 죄의 보호법익을 포괄한다.

또한 회사재산을 위태롭게 하는 죄의 범죄구성요건인 행위는 회사의 사무를 처리하는 자가 그 직무상 신뢰를 배반하는 행위라는 점도 특별배임죄나 업무상

---

82) 박길준, 전게논문, 153면.

배임죄의 범죄구성요건 행위에 포함된다. 특별배임죄나 업무상배임죄의 범죄구성요건은 나아가 행위주체 자신이나 제3자에게 재산상 이익을 취득하게 하고 타인 즉 회사에 손해를 가할 것 등의 구성요건을 추가로 요구하고 있을 뿐이다.

따라서 회사재산을 위태롭게 하는 죄는 특별배임죄 또는 업무상배임죄가 성립되지 아니하는 경우에 보충적으로 적용되는 보충관계에 있으므로 상호 법조경합 관계에 있다고 보아야 할 것이다. 그러므로 특별배임죄 또는 업무상배임죄가 성립하는 경우에는 회사재산을 위태롭게 하는 죄는 성립하지 않는다.[83]

판례도 "상법 제625조는 회사 임원 등의 특별배임죄를 규정한 상법 제622조 및 일반적인 업무상배임죄를 규정한 형법 제356조의 보충규정으로서, 특별배임죄 또는 업무상배임죄가 성립하는 경우에는 별도로 상법 제625조 위반죄가 성립하지 않는다."고 판시하였다.[84]

다만, 특별배임죄 또는 업무상배임죄에 해당할 경우에도 입증의 어려움을 감안하여 회사재산을 위태롭게 하는 죄로 공소제기할 수는 있을 것이다.[85]

2. 배임미수죄와의 관계

회사재산을 위태롭게 하는 죄와 특별배임미수죄 또는 업무상배임미수죄와의 죄수관계도 마찬가지이다. 그러므로 회사재산을 위태롭게 하는 죄에 해당하는 행위를 한 자가 처음부터 자신이나 제3자에게 재산상 이익을 취득하게 하고 회사에 손해를 가하려는 고의를 가지고 행위를 하였으나 그 결과를 이루지 못한 경우에는 특별배임미수죄 또는 업무상배임미수죄가 성립할 뿐이다.

83) 神山敏雄 外 編, 前揭書, 162面; 前揭「新版 注釈 會社法(13)」, 575面; 전게「會社法コンメンタル(21)」, 101面; 伊藤栄樹 外 編, 前揭書, 170면.

84) 대법원 2007. 3. 15. 2004도5742. 이 판례는 상법 제625조 제4호 영업 외 투기행위에 관한 사례임.

85) 같은 취지 : 日 最大判 2003. 4. 23. 刑集 57巻 4号 467面..

제4절 모회사주식취득 등 제한 위반죄

Ⅰ. 의 의

1984. 4. 10. 개정상법(법률 제3724호)은 상법 제342조의2 규정을 신설하여 자회사에 의한 모회사주식의 취득을 금지하는 규정을 신설하면서, 그 이행을 강제하기 위하여 상법 제635조 제1항에 게기한 자가 이 규정을 위반한 때에는 2천만 원 이하의 벌금에 처한다는 내용의 처벌규정으로 상법 제625조의2 규정을 신설하였다(상법 제632조에 의하여 위 징역형과 벌금형을 병과할 수도 있음).

그 후 2011년 상법개정시 위 행위주체를 상법 제635조 제1항에 게기한 자로 제한하는 부분을 삭제하였다. 그 삭제이유는 불분명하나 아마도 종전에 행위주체로 명시한 '제635조 제1항에 게기한 자' 중에는 업무집행사원, 감사, 감사위원회 위원, 검사인, 공증인, 감정인 등 상법 제342조의2 규정과 전혀 무관한 자들이 포함되어 있었고, 행위주체를 명시하지 않더라도 상법 제342조의2 규정에 의하여 행위주체를 특정할 수 있기 때문인 것으로 보인다.

그리고 이 죄는 회사가 행위주체가 되는 범죄이므로, 상법 제637조(법인에 대한 벌칙의 적용)가 적용되는 죄 중에 포함시키는 것이 적절하였을 것임에도 이를 누락한 것은 입법의 불비로 보인다.

Ⅱ. 보호법익

상법 제342조의2 규정에서 자회사에 의한 모회사 주식 취득을 금지하는 이유는 자기주식취득을 제한하는 이유와 같다. 모회사와 자회사가 주식을 상호 보유하게 되면 그 만큼 우회적으로 모회사와 자회사의 자본금에 비하여 책임재산이 감소되고 자본금충실을 해칠 수 있기 때문이다.[86] 또한 의결권 행사를 목적으로 상호 주식을 보유하게 되면 양 회사의 경영진들은 출자 없이 상대방 회사의 의결권을 행사할 수 있는 결과가 되어, 그 만큼 다른 출자 주주들의 의결권 행사를 제한하는 의결권 왜곡현상이 생길 수도 있다.

---

86) 이철송, 전게서, 404, 405면.

그러므로 이 죄의 보호법익은 회사(모회사 및 자회사)의 자본금충실과 출자주주들의 의결권이라 할 수 있다.

그리고 그 보호법익의 현실적 침해결과나 구체적 침해위험의 발생을 범죄구성요건으로 하고 있지 아니하므로 보호의 정도는 추상적 위험범으로 보아야 할 것이다.

Ⅲ. 범죄구성요건

1. 행위주체

상법 회사편 벌칙 규정(상법 제625조의2)은 위반행위에 관하여 '제342조의2 제1항 또는 제2항을 위반한 자'라고 규정하고 있다. 또한 상법 제342조의2 제1항, 제2항은 주식회사의 경우에 자회사가 모회사의 주식을 취득할 수 없도록 제한하거나, 예외적으로 취득하더라도 자회사에게 일정기간 내에 모회사 주식을 처분하여야 할 의무를 부여한 규정이므로, 그 위반행위의 주체는 주식회사인 자회사이다. 따라서 이 죄는 회사가 행위주체인 범죄이므로, 법인의 범죄능력을 부정하는 통설·판례에 따르면 자회사를 대표하여 위반행위를 한 자회사의 이사 또는 집행임원 등이다.[87]

이에 반하여, 자회사가 모회사의 주식을 취득하는 것은 대개 모회사의 지시 내지 영향력 아래 이루어지므로 이 죄의 행위주체를 자회사가 아닌 모회사로 보아야 한다는 견해가 있으나,[88] 위 상법의 규정상 무리한 해석이라고 생각한다. 다만, 이러한 경우에도 모회사의 이사나 집행임원은 자회사 임원이 범하는 이 죄의 공동정범이나 교사범 등 공범이 될 수 있을 뿐이다.

또한 자회사의 지배인도 자회사의 영업에 관한 재판상 또는 재판외 모든 행위를 할 수 있는 자이므로, 자신의 판단 아래 자회사의 영업에 관하여 모회사의 주식을 취득한 경우에는 이 죄의 행위주체가 될 수 있다고 보아야 할 것이다.[89]

---

87) 안동섭, "기업임원의 상법위반책임,"「경원논총」제9집(단국대학교 경영대학원, 1989), 109면.
88) 송호신, 전게 학위논문, 212면.
89) 이 벌칙 규정은 상법 제637조가 적용되는 법인에 대한 벌칙 규정에는 포함되지 아니하나, 이 벌칙 규정의 해석으로도 지배인을 행위주체에 포함시킬 수 있다고 본다.

2. 위반행위

객관적 범죄구성요건 행위는 상법 제342조의2 제1항 또는 제2항을 위반한 행위이다(상법 제625조의2).

상법 제342조의2 제1항 규정에 따르면 자회사는 주식의 포괄적 교환·이전, 회사합병, 다른 회사 영업전부의 양수로 인한 때(상법 제342조의2 제1항 제1호), 회사의 권리를 실행함에 있어 그 목적을 달성하기 위하여 필요한 때(상법 제342조의2 제1항 제2호), 흡수합병시 소멸회사의 주주에게 합병대가로 존속회사 모회사의 주식을 지급하기 위한 때(상법 제523조의2) 외에는 모회사 주식의 취득을 금지하고 있다.

이 경우 모(母)회사란 다른 회사 발행주식 총수의 100분의 50을 초과하는 주식을 가진 회사이고, 그 다른 회사를 자(子)회사라 한다. 다른 회사(孫회사) 발행주식 총수의 100분의 50을 초과하는 주식을 모회사 및 자회사 또는 자회사가 가지고 있는 경우 그 다른 회사(孫회사)는 이 법의 적용에 있어 그 모회사의 자회사로 보므로(상법 제342조의2 제3항), 마찬가지로 모회사(孫회사로서는 祖母회사) 주식의 취득이 금지된다.

나아가 증손(曾孫)회사의 증조모(曾祖母)회사 주식취득도 금지되는 것인지 여부에 관하여 논란이 있으나, 적어도 벌칙 규정 적용에 있어서는 죄형법정주의 원칙상 범죄구성요건에 해당하지 않는다고 보아야 할 것이다.

여기에서 '취득'이란 이 죄의 입법취지에 비추어 소유권을 유상으로 승계취득하는 경우를 말하고, 취득자 명의가 누구이건 자회사의 계산으로 취득하는 것을 의미한다.[90]

명문 규정이 없는 이상 자기주식 질취의 경우에는 이 죄가 성립하지 않는 것으로 보아야 할 것이다. 이에 반하여, 자기주식의 질취 제한에 관한 제341조의3 규정을 위반한 경우도 포함하여야 한다는 견해[91]가 있으나, 이는 죄형법정주의에 반하는 해석이라고 본다.

그러나 모회사 주식을 양도담보를 설정하기 위하여 취득하는 경우에는 대외적으로는 양도담보권자가 주주로 취급되는 것이므로 모회사의 주식을 취득하는

---

90) 이철송, 전게서, 407면.
91) 이철송, 전게서, 407면.

행위에 해당한다고 보아야 할 것이다. 따라서 자회사의 이러한 행위는 이 죄의 범죄구성요건을 구성한다.

상법 제342조의2 제2항 규정은 모회사 주식취득이 예외적으로 허용되는 경우 중 주식의 포괄적 교환·이전, 회사합병, 다른 회사 영업전부의 양수로 인한 때, 회사의 권리를 실행함에 있어 그 목적을 달성하기 위하여 필요한 때라 할지라도, 자회사는 모회사 주식을 취득한 날부터 6월 이내에 모회사 주식을 처분하도록 의무를 부과하고 있다. 따라서 자회사가 위와 같은 의무를 위반한 때에도 이 벌칙 규정의 범죄구성요건에 해당한다.

3. 기수시기

상법 제342조의2 제1항 규정 위반의 경우에는 모회사의 주식을 취득한 때 기수가 되고 범죄가 성립하는 것이므로 단순히 주식취득의 채권계약만 하거나 모회사 주식에 관한 신주인수권증서나 신주인수권증권을 취득한 것만으로는 범죄가 성립하지 않는다.

이 경우 주식을 취득한 때란 주식양도의 효력발생요건인 주권의 교부(전자등록된 주식의 경우에는 전자등록)가 있는 때를 의미한다.

모회사의 설립 또는 유상증자시 신주를 취득하는 경우에는 회사설립등기시 또는 신주 납입기일 다음날부터 각 신주발행의 효력이 발생하므로, 이 때 범죄가 성립한다.

모회사의 전환사채나 신주인수권부사채를 취득하는 경우에도 전환권이나 신주인수권을 행사하여 신주발행효력이 발생한 때 범죄가 성립하므로, 전환청구를 한 때 또는 신주인수권 행사시 발행가액 전액을 납입한 때 범죄가 성립한다.

상법 제342조의2 제2항 규정 위반의 경우에는 모회사 주식을 처분하여야 할 의무기간인 6월이 경과한 때 기수가 되어 범죄가 성립한다.

4. 고 의

이 죄는 고의범이므로 형법 제13조 본문에 따라 이상의 객관적 범죄구성요건 사실에 대한 인식과 적어도 그 용인이 필요하다(용인설). 특히 취득하는 주식이 모회사나 조모회사의 주식인 사실의 인식이 중요할 것이다.

제5절 조직변경 관련 부실보고죄

Ⅰ. 의 의

조직변경이란 회사가 법인격의 동일성을 유지하면서 다른 종류의 회사로 변경하는 것인데, 상법은 기업의 유지강화 이념에 따라 이를 허용하되, 유한책임 원칙을 훼손하지 아니하고 거래의 안전을 유지하기 위하여 사원(또는 주주) 책임의 종류가 유사한 회사 사이에만 일정한 절차에 따라 조직변경을 허용하고 있다.

이 중 회사의 자본금이나 순자산이 회사성립의 기초이자 회사채권자의 유일한 담보가 되는 주식회사와 유한회사의 경우에는 자본금충실 원칙상 조직변경시 발행하는 주식의 발행가액 총액이나 유한회사의 자본금 총액이 회사의 순재산액[92]을 초과하지 않도록 엄격히 규제하고 있다(상법 제607조 제2항, 제604조 제2항). 상법 제626조는 회사의 이사 등이 이러한 순재산액에 관하여 법원 또는 총회에 부실보고나 사실은폐 행위를 한 경우에 5년 이하의 징역 또는 1, 500만원 이하의 벌금에 처한다고 규정하고, 상법 제632조는 위 징역형과 벌금형을 병과할 수 있는 것으로 규정하고 있다.

이 벌칙 규정은 1962년 상법제정 당시 규정된 이래 수차에 걸친 개정을 통하여 회사제도의 개정내용에 따라 행위주체가 추가되고 벌금액의 법정형이 상향조정 되었을 뿐이다.

그런데 2011년 상법개정 당시에는 유한책임회사 제도를 신설하면서 유한책임회사와 주식회사 상호간의 조직변경을 허용하되, 유한회사와 주식회사 상호간의 조직변경에 관한 규정을 준용하고 있으므로, 조직변경시 발행하는 주식의 발행가액 총액이나 유한책임회사의 자본금 총액이 회사의 순재산액을 초과하지 않도록 엄격히 규제하고 있다(상법 제287조의44, 제607조 제2항, 제604조 제2항). 그럼에도 불구하고 회사의 업무집행자나 이사 등이 이러한 순재산액에 관하여 부실보고나 사실은폐 행위를 한 경우의 처벌 규정이 없는 것은 입법의 불비로 보인다.

---

92) 유한회사의 계산에서 사용하는 '순자산액'(상법 제583조 제1항, 제462조 제1항)을 의미하는 것으로 보이는 바, 상법 제626조의 '순재산액'은 '순자산액'으로 용어를 통일할 필요가 있으나, 여기에서는 벌칙 규정의 표현에 따라 순재산액으로 표기함.

Ⅱ. 보호법익

조직변경 관련 부실보고죄는 회사재산을 위태롭게 하는 죄 중 출자 관련 부실보고 행위와 마찬가지로 회사의 자본금충실을 위한 상법상 규제를 침해할 위험이 있는 행위를 처벌하는 것이다. 다만, 출자에 관한 위 행위와는 달리 회사의 조직변경시 조직변경한 회사의 주식 발행가액 총액이나 자본금 총액에 관한 행위라는 점이 다를 뿐이다.

따라서 조직변경 관련 부실보고죄의 보호법익은 조직변경한 회사의 자본금충실이다.

범죄구성요건상 회사의 자본금충실의 현실적 침해나 구체적 위험발생을 요건으로 하지 아니하므로, 그 보호의 정도는 추상적 위험범이다.

Ⅲ. 범죄구성요건

1. 행위주체

상법 회사편 벌칙 규정(상법 제626조)에 따르면 이 죄의 행위주체는 회사의 이사, 집행임원, 감사위원회 위원, 감사, 임시이사(상법 제386조 제2항), 주식회사 또는 유한회사의 이사 직무대행자(상법 제407조 제1항, 제567조), 감사 직무대행자(상법 제415조, 제407조 제1항)[93]이다. 일정한 신분을 가진 자만이 이 죄의 행위주체가 될 수 있으므로, 이 죄는 신분범이다.

구체적으로 주식회사의 경우에는 이사, 집행임원, 감사위원회 위원, 감사, 임시이사, 이사 직무대행자, 감사 직무대행자이고, 유한회사의 경우에는 이사, 감사, 임시이사, 이사 직무대행자, 감사 직무대행자가 행위주체가 된다.

2. 위반행위

객관적 범죄구성요건 행위는 주식회사를 유한회사로 조직변경하거나 유한회사를 주식회사로 조직변경하는 경우에 회사에 현존하는 순재산액에 관하여 법원

93) 상법 제626조의 행위주체에 유한회사의 감사 직무대행자(상법 제570조, 제407조 제1항)가 누락되어 있으나, 유한회사의 감사를 행위주체에 포함시키면서 감사 직무대행자를 제외할 이유가 없으므로, 해석상 '제407조 제1항의 직무대행자'에 포함되는 것으로 보아야 할 것이다.

또는 주주총회나 사원총회에 부실한 보고를 하거나 사실을 은폐한 행위이다. 이 경우 '부실한 보고'란 조직변경의 목적에 비추어 중요한 점에 있어서 적극적으로 진실과 달리 보고하는 경우이고, '사실을 은폐하는 행위'란 보고의 목적에 비추어 밝혀야 할 사항에 관하여 소극적으로 진실을 밝히지 않는 경우를 말한다.[94]

주식회사를 유한회사로 조직변경하는 경우에는 총주주의 일치에 의한 주주총회의 결의로 유한회사의 정관 기타 조직변경에 필요한 사항을 정하여 유한회사로 변경할 수 있는데, 이 때 유한회사의 자본금 총액을 회사에 현존하는 순재산액보다 많은 금액으로 하지 못한다(상법 제604조 제1항 내지 제3항). 만일, 회사에 현존하는 순재산액이 자본금 총액에 부족하는 경우에는 그 조직변경 결의 당시의 이사와 주주는 유한회사에 대하여 연대하여 그 부족액을 지급할 책임이 있다(상법 제605조 제1항).

그러므로 조직변경을 위한 주주총회에서는 유한회사의 자본금 총액을 정하기 위하여 주식회사의 순재산액에 관한 보고가 포함되어야 하는데, 이 보고를 하는 이사, 임시이사, 이사 직무대행자 또는 집행임원과, 주주총회에 제출할 의안 및 서류를 조사하여 주주총회에 그 의견을 진술하여야 하는 감사위원회 위원, 감사, 감사 직무대행자(상법 제415조의2 제7항, 제413조, 제415조, 제407조 제1항)가 주주총회에 회사의 순재산액에 관하여 부실보고를 하거나 사실을 은폐하는 경우가 이 벌칙 규정에 해당할 것이다.[95]

유한회사를 주식회사로 조직변경하는 경우에는 총사원의 일치 또는 정관 규정에 따른 특별결의에 의한 사원총회의 결의로 주식회사의 정관 기타 조직변경에 필요한 사항을 정하여 주식회사로 변경할 수 있다(상법 제607조 제1항, 제5항, 제604조 제3항). 이 때 주식회사로의 조직변경시 발행하는 주식의 발행가액 총액은 회사에 현존하는 순재산액을 초과하지 못한다(상법 제607조 제2항). 만일, 회사에 현존하는 순재산액이 조직변경시 발행하는 주식의 발행가액 총액에 부족한 경우에는 그 조직변경 결의 당시의 이사, 감사 및 사원은 주식회사에 대하여 연대하여 그 부족액을 지급할 책임이 있다(상법 제607조 제4항). 그리고 조

94) 유사한 행위 유형인 회사재산을 위태롭게 하는 죄 중 출자 관련 부실보고 행위와 마찬가지로 해석하여야 할 것이다.

95) 집행임원, 감사위원회 위원, 감사, 감사 직무대행자에 대하여 상법 제605조 제1항의 순재산액 전보책임은 부과하지 아니하면서 그 보다 무거운 형사책임을 부과하는 것은 균형이 맞지 않는 입법으로 보인다.

직변경은 법원의 인가를 받지 아니하면 효력이 없다(상법 제607조 제3항).

그러므로 조직변경을 위한 사원총회에서는 조직변경시 발행하는 주식의 발행가액 총액을 정하기 위하여 유한회사의 순재산액에 관한 보고가 포함되어야 하는데, 이 보고를 하는 이사, 임시이사, 이사 직무대행자와, 사원총회에 제출할 의안 및 서류를 조사하여 사원총회에 그 의견을 진술하여야 하는 감사, 감사 직무대행자(상법 제570조, 제413조, 제407조 제1항)가 사원총회에 회사의 순재산액에 관하여 부실보고를 하거나 사실을 은폐하는 경우가 이 벌칙 규정에 해당할 것이다.

또한, 유한회사의 이사, 임시이사, 이사 직무대행자가 법원에 조직변경 인가를 신청하면서 순재산액에 관하여 부실보고를 하거나 사실을 은폐하는 경우에도 마찬가지이다.

3. 고 의

이 죄는 고의범이므로 형법 제13조 본문에 따라 이상의 객관적 범죄구성요건 사실에 대한 인식과 적어도 그 용인이 필요하다(용인설).

특히, 조직변경의 목적에 비추어 중요한 점에 있어서 적극적으로 진실과 달리 보고하는 사실, 또는 보고의 목적에 비추어 밝혀야 할 사항에 관하여 진실을 밝히지 아니하는 점에 대한 인식이 중요할 것이다.

4. 기수시기

조직변경 관련 부실보고죄도 미수범 처벌규정이 없기 때문에 그 범행이 기수에 이르지 않는 한 처벌할 수 없다. 그 기수시기는 회사의 순재산액에 관하여 총회나 법원에 부실보고를 한 때 또는 보고시 사실을 은폐한 때라고 보아야 할 것이다. 물론 이 시기는 조직변경의 효력발생시기와는 무관하다.

제6절 부실문서행사죄

Ⅰ. 의 의

주식이나 사채를 모집 또는 매출하는 것은 다수의 일반투자자를 대상으로 하는 것이므로, 만약 모집 또는 매출에 관한 정보를 속이거나 부실하게 알린 경우 이를 신뢰한 일반투자자가 피해를 입을 위험이 있다. 그러므로 상법 제627조는 주식이나 사채의 모집 또는 매출에 관여하는 자가 모집 또는 매출에 관한 정보 중 중요한 사항에 관하여 부실기재한 주식청약서, 사채청약서 등의 문서를 행사한 때에는 5년 이하의 징역 또는 1,500만 원 이하의 벌금에 처하는 규정을 두어 일반예방적 효과를 기대하고 있다. 또한 상법 제632조는 위 징역형과 벌금형을 병과할 수 있는 것으로 규정하고 있다.

이 죄는 1962년 상법제정 당시 종전 의용상법 규정[96]에 따라 규정한 이래, 벌금액의 법정형을 상향조정하는 개정이 있었을 뿐이다.

원래 의용상법, 즉 일본 상법 중 이 벌칙 규정은 이러한 행위로 일반공중이 피해를 입더라도 사기죄의 증명이 곤란하여 엄하게 처벌할 수 없는 경우에 대비하여 1938년에 처음 신설되었다고 한다.[97]

형법상 이 죄와 같이 사문서의 허위작성행위를 처벌하는 경우로는 유가증권(형법 제216조), 의사의 진단서 등(형법 제233조)의 경우처럼 공공성을 가진 사문서로 제한하고 있는 점에 비추어 보면, 이 죄의 입법은 불특정다수의 투자자 등 공중의 이해관계에 영향을 미치게 되는 주식회사 등의 공공적 성격에 기인한 것으로 보아야 할 것이다.[98]

Ⅱ. 보호법익

이 죄는 주식이나 사채를 모집 또는 매출함에 있어서 일반투자자에게 투자판

96) 일본 商法 제490조와 같다. 이 규정은 그 후 2005년 일본 會社法이 商法에서 분리 · 제정되면서 일본 會社法 제964조로 옮겨 규정하고 있다.

97) 前揭 「會社法コンメンタル(21)」, 113面.

98) 神山敏雄 外 編, 前揭書, 164面.

단의 자료로 제공되는 정보 중 중요사항에 관한 허위나 오류를 방지하여 정확을 기함으로써 회사의 주식과 사채 모집·매출의 공정성과 투명성을 보장하기 위한 것이다.[99] 특히 모집·매출에 관한 문서에 대한 일반공중의 신용을 보호할 필요가 있는 것이다. 따라서 이 죄의 보호법익은 주식 또는 사채의 모집·매출에 관한 문서에 대한 일반투자자의 신용이다.

범죄구성요건상 현실적으로 일반투자자의 신용이 침해되거나 침해의 위험이 발생할 것을 요구하고 있지는 아니하므로, 그 보호의 정도는 추상적 위험범으로 보아야 할 것이다.

Ⅲ. 범죄구성요건

1. 행위주체

이 죄는 일정한 신분을 가진 자만이 행위주체가 될 수 있는 신분범으로서 상법 제627조는 모집과 매출의 경우를 구분하여 행위주체를 규정하고 있다.

주식이나 사채를 모집하는 경우의 행위주체는 상법 제622조 제1항 특별배임죄의 행위주체, 외국회사의 대표자, 주식 또는 사채의 모집위탁을 받은 자이다(상법 제627조 제1항).

상법 제622조 제1항 특별배임죄의 행위주체는 회사의 발기인, 업무집행사원, 이사, 집행임원, 감사위원회 위원, 감사, 임시이사, 주식회사 또는 유한회사 이사의 직무대행자, 주식회사 감사의 직무대행자, 지배인, 기타 회사영업에 관한 어느 종류 또는 특정한 사항의 위임을 받은 사용인이다. 여기서 '기타 회사영업에 관한 어느 종류 또는 특정한 사항의 위임을 받은 사용인'이란 이 죄의 위반행위도 일반투자자에 대한 대외적인 행위임에 비추어 특별배임죄의 행위주체에서 언급한 바와 같이 적어도 회사 영업의 어떤 종류 또는 특정 사항에 관하여 대외적으로 회사를 대리할 수 있는 부분적이기는 하나 포괄적 대리권을 가진 자(즉, 상법 제15조에 규정된 부분적 포괄대리권을 가진 사용인)를 의미한다고 보아야 할 것이다.

그런데 사채를 발행할 수 있는 회사는 주식회사임이 원칙이고, 그 밖에는 유한회사 가운데 자산유동화에 관한 법률에 따라 설립되는 유동화전문회사만이

99) 대법원 2003. 3. 25. 2000도5712.

예외적으로 발행하는 경우가 있을 뿐이다(자산유동화에 관한 법률 제2조 제4호, 제17조 제1항, 제22조 제1항 제3호). 그리고 감사위원회 위원이나 감사, 감사 직무대행자는 주식이나 사채의 발행에 직접 관여하는 자가 아니므로 행위주체라고 할 수 없다.[100] 그러므로 이 벌칙 규정의 행위주체도 죄형법정주의의 명확성 원칙상 구체적으로 명시하는 개정 입법이 필요하다고 본다.

따라서 구체적인 행위주체는 주식회사의 발기인·이사·집행임원, 유한회사의 이사, 주식회사나 유한회사의 임시이사·이사직무대행자·지배인 및 기타 회사영업에 관한 어느 종류 또는 특정한 사항의 위임을 받은 사용인과, 외국회사의 대표자, 발행회사로부터 주식 또는 사채의 모집위탁을 받은 자이다.

이 경우 '주식 또는 사채의 모집위탁을 받은 자'란 사실상 주식이나 사채의 모집 위탁을 받아 모집행위를 한 자를 의미한다.[101] 그러므로 주식이나 사채의 모집 위탁을 받을 수 있는 자가 법령에 따라 제한되는 경우에[102] 이를 위반하여 그 모집 위탁을 받은 자도 이 죄의 행위주체가 될 수 있다.[103]

한편, 지배인 및 기타 회사영업에 관한 어느 종류 또는 특정한 사항의 위임을 받은 사용인은 회사 기관의 도구에 불과하다는 이유로 이 죄의 행위주체에서 제외하여야 한다는 견해[104]도 있다. 그러나 회사의 영업에 관한 일체의 대리권이 있는 지배인은 물론, 부분적 포괄대리권을 가진 사용인도 그 위임받은 특정 종류나 특정 사항에 관하여는 포괄적 대리권을 행사하는 자로서 자신의 판단 아래 행위를 하는 자이고, 이러한 실제 행위자를 처벌함으로써 일반예방적 효과를 도모하려는 것이 이 죄의 입법취지이므로, 이들을 제외할 이유가 없다고 본다. 주식이나 사채를 매출하는 경우에는 그 매출하는 자가 행위주체이다(상법 제627조 제2항).

위에 언급한 각 행위주체가 법인인 경우에는 실제 행위를 한 이사, 집행임원, 감사, 업무를 집행한 사원 또는 지배인이 행위주체가 된다(상법 제637조).

---

100) 송호신, 전게 학위논문, 170면.

101) 같은 취지: 前揭「會社法コンメンタル(21)」, 114面.

102) 상법(법률 제1000호) 부칙 제6조는 은행·신탁회사 또는 증권회사가 아니면 사채 모집의 위임을 받을 수 없도록 제한하고 있고, 자본시장법은 타인의 계산으로 증권의 모집·매출을 하는 투자중개업 등은 금융위원회의 인가를 받은 금융투자업자만이 할 수 있도록 규제하고 있다(자본시장법 제6조, 제8조, 제11조).

103) 伊藤栄樹 外 編, 前揭書, 174面.

104) 송호신, 전게 학위논문, 171면.

2. 위반행위

범죄구성요건 행위는 주식이나 사채의 모집 또는 매출에 관한 문서로서 중요한 사항에 관하여 부실한 기재가 있는 주식청약서나 사채청약서, 사업계획서, 주식이나 사채의 모집에 관한 광고 기타의 문서를 행사하는 행위이다(상법 제627조 제1항, 제2항).

상법에서 말하는 '모집'이나 '매출'이란 사모(연고모집)도 포함하는 개념으로 보아야 하므로,[105] 50인 이상 투자자에 대한 공모만을 의미하는 자본시장법상 모집·매출 개념과 일치하는 것은 아니다.[106] 그러므로 이 벌칙 규정의 '모집'이란 주식이나 사채를 새로 발행하는 회사가 투자자에게 그 주식이나 사채 취득의 청약을 권유하는 것이고, '매출'이란 이미 발행된 주식이나 사채를 투자자에게 매도 청약을 하거나 매수 청약을 권유하는 것을 의미한다.[107]

'중요한 사항'이란 이 죄의 보호법익에 비추어 볼 때, 일반투자자의 투자판단에 중요한 자료로 제공되는 사항이라고 보아야 한다.[108] 판례도 이러한 입장에서 "한국증권업협회(현, 한국금융투자협회) 등록 및 신주모집 과정에서 신주의 인수조건, 시장조성 여부, 발행회사의 자금사정에 관하여 부실기재한 유가증권신고서 및 그 첨부서류 등을 제출·행사한 행위가 이 죄에 해당한다"고 보았다.[109]

'부실한 기재'란 적극적으로 진실과 달리 기재하거나 당연히 기재하여야 할 중요한 사실을 소극적으로 기재하지 아니한 경우도 포함한다고 보아야 할 것이다.[110] 입법취지에 비추어 볼 때, 단순한 과대표시는 여기에 해당하지 않는다.[111]

---

105) 상법 제301조, 제474조 등 상법 규정에서의 '모집'이 사모도 포함하는 개념임은 분명하다.

106) 자본시장법 제9조 제7항, 제8항, 제9항 참조.

107) 이러한 개념 정의는 상법에 그 개념정의 규정이 없으므로 자본시장법 제9조 제7항, 제9항의 모집·매출 개념을 참조하되, 상법과 자본시장법의 입법취지가 다르므로 50인 이상의 투자자에 대한 공모나 그렇지 아니한 사모도 포함하는 개념으로 이해할 수 있다. 이에 대하여는 자본시장법상의 개념정의에 따라야 한다는 반대설이 있을 수 있다{前揭「會社法コンメンタル(21)」, 115面}.

108) 일본에서는 '중요한 사항'의 개념에 관하여, 일반투자자는 물론 주식이나 사채의 모집 또는 매출에 응하는 상대방 투자자가 만약 그 진실을 알았다면 투자하지 않았을 사항이라는 주관적인 요소도 필요한지 여부에 대한 견해대립이 있다(前揭「會社法コンメンタル(21)」, 116面). 이를 긍정하는 견해로는 神山敏雄 外 編 前揭書, 165面.

109) 대법원 2003. 3. 25. 2000도5712.

110) 현행 일본 會社法 제964조는 종전 '부실기재'라는 표현 대신 '허위기재'라고 표현하고 있으나 이와 같은 의미로 해석하고 있음{前揭「會社法コンメンタル(21)」, 116~117面}.

111) 같은 취지: 前揭「新版 注釈 會社法(13)」, 586面; 前揭「會社法コンメンタル(21)」, 117面.

'광고'란 이 죄의 표제나 구성요건 및 보호법익에 비추어 볼 때 문서로 하는 광고만을 의미한다.[112]

문서란 문자 등 가독적 부호에 의하여 사상 또는 관념을 표시한 물체를 의미하는 것으로 보는 견해가 통설이므로, [113] 입간판에 의한 광고도 포함한다.

'기타의 문서'에는 자본시장법상 주식이나 사채의 모집 또는 매출시 발행회사가 금융위원회에 제출하여야 할 의무가 있는 증권신고서, 일괄신고추가서류, 정정신고서, 투자설명서(자본시장법 제119조, 제122조, 제123조) 등의 문서를 포함되는지 여부에 관하여는 긍정설과 부정설이 대립할 수 있다. 이러한 문서는 일반투자자에게 직접 행사하는 문서가 아닌 점, 자본시장법 제444조 13호에서는 이러한 문서 중 중요사항에 관하여 거짓된 기재 또는 표시를 하거나 중요사항을 기재 또는 표시하지 아니한 자에 대하여 5년 이하의 징역 또는 2억 원 이하의 벌금에 처하거나 징역형과 벌금형을 병과할 수도 있는 등(자본시장법 제447조 제1항) 더욱 엄하게 처벌하고 있는 점 등에 비추어 부정설을 취할 여지가 있다.[114]

그러나 이에 대한 우리나라의 판례는 긍정설 입장이다.[115] 이 죄와 자본시장법 처벌규정의 보호법익이나 구성요건이 상호 다르고, 위 문서를 금융위원회에 제출하는 것도 결국 일반인에게 공시하여 일반투자자를 보호하기 위한 것으로서(자본시장법 제129조) 그 제출시 그로 인한 위험은 이미 발생한 것이므로 긍정설이 타당하다고 본다.

3. 고 의

이 죄는 고의범이므로 형법 제13조 본문에 따라 이상의 객관적 범죄구성요건사실에 대한 인식과 적어도 그 용인이 필요하다(용인설). 따라서 자신이 이 죄의 신분자라는 사실, 주식이나 사채의 모집 또는 매출에 관한 문서로서 중요한 사항에 관하여 부실한 기재가 있는 주식청약서나 사채청약서, 사업계획서, 주식이나 사채의 모집에 관한 광고 기타의 문서를 행사하는 사실에 관한 인식이 필요하다.

---

112) 송호신, 전게 학위논문, 176면도 같은 취지임.

113) 이재상, 전게서, 570면.

114) 일본에서도 마찬가지 이유로 견해가 대립하고 있다(前揭「會社法コンメンタル(21)」, 116面). 이 죄의 성립을 부정하는 견해: 神山敏雄 外 編, 前揭書, 165面.

115) 판례는 긍정설 입장에서 유가증권신고서(현재의 증권신고서) 및 그 첨부서류를 증권감독원에 제출한 행위에 대하여 이 죄를 적용하였다(대법원 2003. 3. 25. 2000도5712).

4. 기수시기

주식이나 사채의 모집 또는 매출에 관한 문서로서 중요사항에 관하여 부실기재된 문서를 행사한 때 범죄가 성립하고 기수가 된다.

'행사'란 교부, 비치, 우송, 반포 등 어떠한 방법이건 상대방이 그 문서를 인식할 수 있는 상태에 이른 경우를 말한다. 만약 위와 같이 증권신고서 등을 금융위원회에 제출하는 경우에는 금융위원회가 그 문서를 인식할 수 있는 상태에 이른 경우가 될 것이다.

Ⅳ. 죄수관계

1. 포괄일죄

단일한 모집 또는 매출 기회에 단일한 범의 아래 시간, 장소 또는 대상을 달리하여 다수인에게 같은 내용의 문서를 행사한 경우에는, 이 죄의 보호법익이 주식 또는 사채의 모집·매출에 관한 문서에 대한 일반투자자의 신용임에 비추어 수 개의 행위이지만 구성요건은 1회 충족된 것으로 보아야 할 것이다. 따라서 이러한 경우에는 포괄일죄로 보아야 할 것이다.

2. 사기죄와의 관계

주식이나 사채를 모집 또는 매출함에 있어서 사기의 범의 아래 중요한 사항에 관하여 부실기재한 주식청약서 등 문서를 행사하여, 이에 속은 투자자로부터 주식이나 사채의 대금을 편취한 경우에, 이 죄와 사기죄와의 관계가 문제될 수 있다.

양 죄의 보호법익은 다르지만 이 죄의 위반행위가 사기 행위의 일부를 구성하는 경우로서 한 개의 행위가 수 개의 죄에 해당하므로 상상적 경합(형법 제40조) 관계로 보아야 할 것이다.

3. 자본시장과 금융투자업에 관한 법률위반죄와의 관계

자본시장법 제444조 제13호, 제447조 제1항에 따르면 앞에서 살펴본 바와 같이 금융위원회에 제출하는 증권신고서, 일괄신고추가서류, 정정신고서, 투자설명서 중 중요사항에 관하여 거짓된 표시 또는 기재를 하거나 중요사항을 기재 또는 표시하지 아니한 행위는 5년 이하의 징역 또는 2억 원 이하의 벌금에 처하거나 이를 병과할 수 있다. 이러한 경우에 상법의 부실문서행사죄도 성립하는 것인지가 문제될 수 있다.

자본시장법 벌칙 규정은 금융투자상품 거래시장의 공정성을 보호법익으로 하고 범죄구성요건에 문서의 행사를 요구하지 아니하나, 상법 벌칙 규정의 부실문서행사죄는 주식 또는 사채의 모집·매출에 관한 문서에 대한 일반투자자의 신용을 보호법익으로 하고 있고 범죄구성요건에 문서의 행사를 요구한다.

이와 같이 양 죄의 보호법익과 구성요건이 다르므로 별개의 죄를 구성하지만, 위 자본시장법 위반행위는 상법상 부실문서행사 행위의 일부를 구성하게 되므로 양 죄는 상상적 경합 관계로 보아야 할 것이다.[116)]

제7절 납입가장죄

Ⅰ. 의 의

회사는 독립된 법인격체로서 영업활동의 물적기초인 자본 또는 자산의 형성을 사원의 출자에 의존하고 있다. 특히 유한책임사원으로 구성된 물적회사의 경우에는 자본금은 대외적 신용의 기초가 되는 것이므로 출자의 이행에 관하여는 강행법규로 엄격하게 규제하고 있고, 자본금충실 원칙이 확립되어 있다.

이러한 규제의 일환으로 상법 제628조는 납입 또는 현물출자의 이행을 가장하는 행위를 하거나, 이에 응하거나 이를 중개하는 행위는 5년 이하의 징역 또는 1,500만 원 이하의 벌금에 처한다고 규정하고 있고, 이 경우 상법 제632조는 위 징역형과 벌금형을 병과할 수 있는 것으로 규정하고 있다.

이 죄는 1962년 상법제정 당시 규정된 이래 그 동안 벌금액의 법정형을 상향조정하는 개정이 있었을 뿐이다.

상법 제628조 규정은 납입가장죄의 행위주체에 관하여 물적·인적회사를 가리지 않고 폭넓게 규정하고 있으나, 위와 같이 납입가장행위를 규제할 필요성

116) 前揭「會社法コンメンタル(21)」, 118面.

은 유한책임사원만으로 구성되어 회사의 자본금이나 순자산이 회사활동의 물적 기초이자 회사채권자의 유일한 담보가 되는 물적회사의 경우에 크다 할 것이고, 무한책임사원이 있는 인적회사의 경우까지 이를 규제할 필요는 없을 것이다. 또한 상법 제628조는 '납입'을 가장하는 행위를 구성요건으로 하는데, 출자의 '납입'이란 표현은 주식회사, 유한회사 및 유한책임회사의 경우에만 사용하고 있는 점(상법 제287조의4 제3항, 제287조의23 제2항, 제295조, 제305조, 제421조 제1항, 제548조 제1항, 제590조), 형법의 보충성 원칙 등에 비추어 볼 때, 납입가장죄의 적용범위는 물적회사인 주식회사, 유한회사 및 유한책임회사에 한정하는 것으로 해석하는 것이 타당하다고 생각한다. 죄형법정주의의 명확성 원칙상 입법적으로 분명히 할 필요가 있다고 생각한다.

참고로 일본의 경우에는 우리나라의 상법이 제정될 당시인 1962년 당시에는 일본 상법 제491조에서 주식회사의 납입가장죄를 규정하고, 일본 유한회사법 제79조에서 유한회사의 납입가장죄를 규정하고 있었다. 그러나 그 후 유한회사법은 폐지되었고, 현재 납입가장죄를 규정하고 있는 일본 회사법 제965조에서는 주식회사에 관한 납입가장죄만 규정하고 있다.

Ⅱ. 보호법익

납입가장죄는 회사의 설립이나 증자시 회사에 대한 출자의 이행 및 그에 상응하는 자산을 확보하고자 하는 것이므로, 그 보호법익은 회사의 자본금충실이라 할 수 있다.

자본금충실이란 회사는 자본금에 상당하는 현실적인 재산을 항상 보유하고 있어야 한다는 것으로서,[117] 물적회사의 경우에는 이를 보장하기 위한 여러 강행규정들이 있으므로 자본금충실 원칙으로 불린다. 자본금충실도 결국 회사의 재산을 확보하기 위한 것이므로 개인적 법익이라 할 수 있다.

이에 대하여, 이 죄의 보호법익을 '회사의 자본금충실 및 회사채권자나 주주의 이익'이라고 보고, 자본금충실은 사회적 법익이고, 회사채권자나 주주의 이익은 개인적 법익이라고 설명하는 견해[118]도 있다. 그러나 자본금충실은 '인간 공

117) 정찬형, 전게서, 615면.
118) 김성탁, "주식인수금의 가장납입에 대한 상법상의 형사처벌조항,"「기업법연구」제8집(한국기업법학회, 2001), 568면.

동생활의 기초가 되는 사회생활에서의 일반적 법익'[119]이라고 할 수 없으므로 이를 사회적 법익으로 보는 것은 무리이고, 회사채권자나 주주의 이익은 회사의 자본금충실에 따른 부수적 이익에 불과하므로 이를 이 죄의 보호법익으로 보는 것도 부당하다고 본다.

범죄구성요건상 회사의 자본금충실의 현실적인 침해나 그 침해 위험의 발생을 요구하는 것이 아니므로, 그 보호의 정도는 추상적 위험범으로 보아야 할 것이다.

Ⅲ. 범죄구성요건

1. 행위주체

상법 제628조 규정은 납입가장죄의 행위유형을 3가지로 나누어 그 행위주체도 달리 규정하고 있다. 즉, 상법 제628조 제1항은 납입 또는 현물출자의 이행을 가장하는 행위(이하 납입가장이라 함)를 처벌하면서 그 행위주체를 특별배임죄의 행위주체인 상법 제622조 제1항에 게기한 자로 제한하고 있으나(진정신분범), [120] 상법 제628조 제2항은 납입가장행위에 응하는 행위(이하 응납입가장이라 함) 또는 이를 중개하는 행위(이하 납입가장중개라 함)를 같은 법정형으로 처벌하면서 그 행위주체는 제한하고 있지 않다.

위와 같이 납입가장 행위의 행위주체로 언급된 자는 회사의 발기인, 업무집행사원, 이사, 집행임원, 감사위원회 위원, 감사, 임시이사, 주식회사 또는 유한회사 이사의 직무대행자, 주식회사 감사의 직무대행자, 지배인, 기타 회사영업에 관한 어느 종류 또는 특정한 사항의 위임을 받은 사용인이다(상법 제622조 제1항). 회사 내에서 설립업무 또는 증자업무를 담당하는 자가 납입가장 행위에 관여하는 경우를 특별히 규제함으로써 자본금충실을 기하려는 것이다. 각 행위주체의 개념에 관하여는 특별배임죄의 경우에 살펴본 바와 같다. 이에 관하여 구체적으로 검토하면 아래와 같다.

---

119) 사회적 법익의 개념에 관한 통설(이재상, 전게서, 5면).
120) 대법원 2011. 7. 14. 2011도3180; 대법원 2010. 7. 15. 2010도3544.

가. 발기인

'발기인'이란 주식회사의 설립시 정관을 작성하여 기명날인 또는 서명을 한 자이다(상법 제289조 1항). 이에 대하여, 실제로 회사설립에 능동적으로 관여한 자는 정관을 작성하지 아니한 경우에도 이 죄의 행위주체가 될 수 있다는 견해[121]가 있으나, 이러한 해석은 상법상 발기인 개념과는 별개로 납입가장죄의 발기인 개념을 인정하자는 것으로서 죄형법정주의의 명확성 원칙에 반한다고 본다.

나. 유사발기인 포함 여부

상법 제327조는 주식청약서 기타 주식모집에 관한 서면에 성명과 회사설립에 찬조하는 뜻을 기재할 것을 승낙한 자는 발기인과 동일한 책임이 있다고 규정하고 있다. 이러한 유사발기인이 행위주체가 될 수 있는지 여부가 문제될 수 있다.

이에 관하여, 유사발기인의 책임은 유사발기인의 외관창출과 그로 인해 유발된 이해관계인의 피해구제를 위하여 민사상 책임을 묻는 데 그 본질이 있는 점, 죄형법정주의의 유추해석금지 원칙, 유사발기인 책임 규정의 위치를 감안할 때 이 죄의 행위주체로 볼 수 없다는 견해가 있다.[122]

이 죄의 행위주체는 회사임원 등의 특별배임죄의 행위주체를 원용하고 있는데, 앞에서 살펴본 바와 같이 유사발기인을 특별배임죄의 행위주체로 볼 수 없는 점, 외관주의 또는 금반언 법리에 따라 상법상 특별한 책임을 인정하고 있는 상법 제327조의 유사발기인에게 엄격한 책임주의에 바탕을 두어야 하는 형사상 책임까지 인정할 수는 없는 점에 비추어 유사발기인은 이 죄의 행위주체로 볼 수 없다고 생각한다.

다. 인적회사의 업무집행사원 포함 여부

상법 제628조 제1항, 제622조 제1항의 규정으로는 인적회사의 업무집행사원도 포함할 수 있겠으나, 무한책임사원이 있는 인적회사의 경우까지 납입가장죄를 적용하는 것이 부당함은 앞에서 살펴본 바와 같다.

---

121) 김성탁, 전게논문, 570면.
122) 김성탁, 전게논문, 570~571면.

라. 유한책임회사의 업무집행자 및 직무수행자

특별배임죄 부분에서 언급한 바와 같이 유한책임회사의 업무집행자도 상법 제622조 제1항의 '업무집행사원'에 포함되어야 하고, 그 업무집행자가 법인인 경우에는 그 업무집행법인의 직무수행자가 상법 제637조 규정의 '업무를 집행한 사원'에 해당하므로, 유한책임회사의 업무집행자 또는 그 업무집행법인의 직무수행자도 이 죄의 행위주체에 해당할 수 있다.

마. 이사, 집행임원, 감사위원회 위원 및 감사

'이사, 집행임원, 감사위원회 위원, 감사'는 상법상 회사에서 적법하게 선임되어 그 지위에 있는 자를 뜻하므로,[123] 주주총회나 이사회에서 상법 및 정관에 따라 적법하게 선임되었으면 법인등기부에 등기되었는지 여부는 불문한다. 임원을 선출한 주주총회나 이사회의 결의가 무효 또는 부존재인 경우에는 이 죄의 행위주체가 될 수 없으나, 취소 사유가 있음에 불과한 경우에는 그 취소판결 확정 전까지는 이 죄의 행위주체가 될 수 있음은 특별배임죄의 경우와 같다.

상법 제401조의 2 제1항에 규정한 업무집행지시자, 무권대행자 또는 표현이사의 경우에는 회사와의 신임관계를 인정할 수 없고 회사의 지배인 또는 사용인이라 할 수도 없으므로, 이 죄의 행위주체가 될 수 없다(판례).[124]

감사는 이사와 함께 주식회사의 설립시 회사 설립에 관한 모든 사항이 법령 또는 정관 규정에 위반하는지 여부를 조사하여 발기인이나 창립총회에 보고하여야 하고(상법 제298조 제1항, 제313조 제1항), 주식회사의 감사위원회 위원이나 주식회사 및 유한회사의 감사는 이사 등의 직무집행을 감사하는 자이다. 그러므로 감사위원회 위원이나 감사는 그 직무와 관련하여 납입가장 행위를 할 수 있다. 다만, 감사위원회 위원이나 감사로서의 지위와 무관한 행위인 경우에는 이 벌칙 규정을 적용할 수 없을 것이다.

이사 또는 감사에 대한 선임결의의 무효나 취소 또는 해임의 소가 제기된 경우에 법원에 의하여 선임된 직무대행자, 주식회사 및 유한회사의 임시이사(상법 제386조 제2항, 제567조)도 행위주체에 포함할 수 있음은 특별배임죄의 경우와 같다.

---

123) 대법원 2006. 6. 2. 2005도3431.
124) 대법원 2006. 6. 2. 2005도3431.

바. 지배인

지배인은 회사 영업에 관한 모든 행위를 대리할 수 있는 포괄적 대리권을 가진 자라면 명칭 또는 등기 여부를 불문한다.

표현지배인도 납입가장죄의 행위주체가 될 수 있다는 견해[125]도 있으나, 표현지배인을 행위주체로 볼 수 없음은 특별배임죄의 행위주체에 관하여 설명한 바와 같다.

사. 부분적 포괄대리권을 가진 사용인

'기타 회사 영업에 관한 어느 종류 또는 특정한 사항의 위임을 받은 사용인'이란 상법 제15조의 부분적 포괄대리권을 가진 사용인을 말하는 것으로 보아야 함은 특별배임죄의 경우와 같다.

이 경우에도 사용인이 위임받은 업무가 설립업무 또는 증자업무와 관련 있고,[126] 그 업무에 관한 행위인 경우에만 이 벌칙 규정을 적용할 수 있을 것이다.

아. 공 범

납입가장행위는 신분범이므로 위와 같은 행위주체에 해당하지 않는 한 범죄 구성요건은 성립하지 아니할 것이다. 다만, 신분이 없는 자도 위와 같은 신분이 있는 자의 범행에 가공한 경우에는 공범으로 처벌할 수 있으나, 이 경우에도 공동가공 의사와 그 의사에 기한 기능적 행위지배를 통한 범죄의 실행이라는 주관적·객관적 요건이 충족되면 공동정범이 될 수 있다(판례). 그러나 회사 임원이 납입가장에 사용할 돈을 차용하는 사실을 알면서 그 돈을 빌려주는 행위만으로는 공동정범으로 처벌할 수 없다(판례).[127]

---

125) 김성탁, 전게논문, 572면; 곽동효, "회사법상의 납입가장죄,"「회사법상의 제문제(하)」재판자료 제38집(법원행정처, 1987), 546면.

126) 김성탁, 전게논문, 573면.

127) 대법원 2011. 7. 14. 2011도3180.

2. 위반행위

가. 납입가장행위

1) 개 념

'납입 또는 현물출자의 이행을 가장하는 행위'란 처음부터 진실하게 납입하거나 현물출자를 이행하여 회사의 자금을 확보할 의사가 없이 형식상 또는 일시적으로 납입하거나 현물출자를 이행한 것과 같은 외형을 갖추는 행위를 말한다.[128]

2) 납입가장행위의 유형

이러한 납입가장은 대부분 대표적 물적회사인 주식회사의 경우에 주식 인수가액의 납입에 관하여 발생하고 있고, 그 유형으로는 통모가장납입, 위장납입(보통의 가장납입), 회사자금에 의한 가장납입 및 그 절충형태가 있다.

통모가장납입은 주식회사의 경우에 주식 인수가액의 납입사무를 담당하는 발기인, 이사 등이 납입담당금융기관(즉, 상법 제318조의 납입금 보관자)의 임·직원과 통모하여 납입을 가장하는 행위로서, 일본에서는 예합(預合)이라고 부르는 형태이다.[129] 그 전형적인 형태로는 발기인, 이사 등이 납입담당금융기관으로부터 납입자금을 대출받아 주식 인수가액의 납입에 충당하되, 그 대출금을 변제할 때까지는 그 납입금을 인출하지 아니할 것을 약정하는 것이다.

위장납입은 발기인, 이사 등이 납입담당금융기관과 통모함이 없이 타인으로부터 납입자금을 차용하여 실제로 주식 인수가액을 납입담당금융기관에 납입하여 회사의 설립등기 또는 신주발행으로 인한 등기를 마친 후 즉시 그 납입금을 인출하여 위 차용채무를 변제하는 것이다. 현재 우리나라에서 가장 많이 활용하는 형태로서 일본에서는 견금(見金)이라고 부르는 형태이다.

이러한 경우에 위장납입은 외형상으로는 정상적인 납입 형식을 갖추고 있으므로, 위장납입이 되는 '가장'행위인지 여부는 행위자의 주관적 의사와의 관계에서 판단할 수밖에 없다. 그리고 행위자의 주관적 의사를 판단하기 위해서는 회

---

128) 대법원 1993. 8. 24. 93도1200.

129) 일본 會社法 제965조는 '주식발행에 관한 불입을 가장하기 위하여 예합(預合)을 한 때'에만 형사처벌하고 있는데, '예합'이란 발기인 또는 취체역 등이 불입취급기관의 임직원과 통모하여 불입을 가장하는 일체의 행위라고 해석하는 견해가 판례의 입장이다(日 最決 1960. 3. 28. 刑集 15卷 3号 590面).

사설립 또는 증자 절차와 납입금 인출시까지의 간격, 그 인출금을 회사를 위하여 사용하였는지 여부 등이 일응의 판단기준이 될 수 있을 것이다(판례).[130]

판례에 따르면, 이 경우 가장납입한 자도 주주로서의 지위를 갖게 되는 것이고, 회사는 주주나 이사에게 그 가장납입금을 무상으로 대여한 것이거나, 일시 차입금을 가지고 주주의 주금을 체당 납입한 것과 같이 볼 수 있다고 한다.[131] 또한, 이러한 경우에 주주가 납입된 주금을 인출하면서 이를 장부상 회사로부터 차용하는 것으로 정리하고, 그 주식을 회사에 보관시켜 이를 매도한 대금으로 회사에 대한 위 차용채무를 변제하게 하였다고 할지라도, 이는 범행의 수단 내지 범행 후 정황에 불과한 것으로서 납입가장죄가 성립하는 점에는 변함이 없다(판례).[132]

회사자금에 의한 가장납입이란 주식회사가 신주발행시 제3자에게 주식인수대금 상당의 대여를 하고 제3자는 그 대여금으로 주식인수대금을 납입한 경우에, 회사가 처음부터 제3자에 대하여 대여금 채권을 행사하지 아니하기로 약정되어 있는 등 대여금을 실질적으로 회수할 의사가 없었고 제3자도 그러한 회사의 의사를 전제로 하여 주식인수청약을 한 경우를 말한다(판례).[133]

절충형태란 통모가장납입과 위장납입의 절충형태로서 발기인 개인이 납입담당금융기관으로부터 납입자금을 대출받아 자신이 인수한 주식의 인수가액 납입에 충당하되, 회사 설립등기 후 즉시 회사가 그 납입금을 인출하고 발기인에게 대여하여 납입담당금융기관에 대출금을 변제하게 하는 것이다.[134]

통모가장납입의 경우에 납입담당금융기관은 비록 통모 회사와 대출금 변제시까지 납입금 인출 제한 약정을 하였더라도, 주식발행으로 인한 등기에 필요한 납입금보관증명서를 발급하여야 하고, 그 증명한 보관금액에 대하여는 납입의 부실 또는 보관금 반환에 제한이 있다는 이유로 회사에 대항하지 못한다(상법 제318조). 따라서 납입담당금융기관이 그러한 통모에 응하는 경우가 거의 없을 것이므로 통모가장납입은 활용되지 않고 있다.[135]

---

130) 대법원 1993. 8. 24. 93도1200; 1986. 9. 9. 85도2297; 1982. 4. 13. 80도537.

131) 대법원 2007. 8. 23. 2005두5574; 2001. 3.27 99두8039; 1997. 5. 23. 95다5790; 1994. 3. 28. 93마1916; 1985. 1. 29. 84다카1823; 1983. 5. 24. 82누522.

132) 대법원 1993. 8. 24. 93도1200.

133) 대법원 2003. 5. 16. 2001다44109.

134) 정찬형, 전게서, 648~649면.

135) 이철송, 전게서, 254면.

3) 납입가장행위의 효력

통모가장납입과 위 절충형태의 경우에는 실질적인 납입이 없었으므로 자본금충실 원칙을 위반하여 그 납입의 효력도 무효라고 봄에는 이설이 없다.[136] 그러나 위장납입이나 회사자금에 의한 가장납입의 경우에는 현실적인 납입은 있었다는 점에서 그 납입의 효력이 문제된다.

위장납입의 효력에 관하여 판례는 일관되게 유효라는 입장을 견지하면서, 그 논거로 금원의 이동에 따른 현실적인 납입이 있었다는 점, 납입을 가장하는 발기인·이사 등의 주관적 의도 보다는 회사의 설립이나 증자와 같은 집단적 절차의 단체법적 성격을 중시해야 한다는 점을 들고 있다.

이에 대하여, 실질적인 납입이 없었으므로 자본금충실 원칙상 무효로 보는 견해(다수설)와,[137] 현실적인 납입이 있었던 것 외에도 회사가 주주에게 위 대여금 또는 체당금의 반환청구를 할 수 있고, 발기인이나 이사는 회사에 대하여 연대하여 손해배상책임을 부담하는 점 등에 비추어 어느 정도 자본금충실을 기할 수 있다는 논거로 유효로 보는 견해(소수설)가 있다.[138]

회사자금에 의한 가장납입의 경우에 판례는 주주에 대한 대여금을 실질적으로 회수할 의사가 없었던 이상 실질적으로 제3자가 인수한 주식의 액면금액에 상당하는 회사의 자본이 증가되었다고 할 수 없으므로 그 주식인수대금의 납입은 무효라고 판시하고 있다.[139] 학설도 이렇게 회사 대여금의 반환가능성이 없는 경우에는 자본금충실 원칙상 납입이 무효라고 한다.[140]

이와 유사한 사례이지만 납입이 유효하여 납입가장죄가 성립하지 않는 경우가 있다. 즉, 주식회사가 회사채권자에게 신주를 발행하면서 그 주식인수대금 상당을 납입담당금융기관으로부터 추후 증자절차를 마친 즉시 변제하기로 하는 약정 아래 대출받아 회사채권자에 대한 차용채무를 변제하고, 회사채권자는 그 돈

---

136) 정찬형, 전게서, 648, 649면; 최준선, 전게서, 150면; 일본의 경우에도 會社法 제64조에서 우리나라 상법 제1항, 제2항과 같은 내용으로 납입취급금융기관의 보관금증명제도를 두고 있지만, 그럼에도 불구하고 預合의 경우에 납입의 효력은 무효로 보고 있다{前揭「會社法コンメンタル(21)」, 121面}.

137) 최준선, 전게서, 152면; 이철송, 전게서, 255면; 이기수·최병규, 전게서, 184면; 권기범, 전게서, 377면; 일본 판례도 무효설 입장임(日 最判 1963. 12. 6. 民集 17卷 12号 1633面).

138) 정찬형, 전게서, 648면.

139) 대법원 2003. 5. 16. 2001다44109.

140) 권기범, 전게서, 375면.

을 주식인수대금으로 충당한 경우에는, 자본금충실 원칙에 반하지 아니하므로 납입가장으로 볼 수 없으므로 납입은 유효하고 납입가장죄도 성립하지 않는다.[141)]

이러한 납입의 효력 문제는 후술하는 죄수관계를 논함에 있어서 중요한 논거가 될 수 있다.

4) 전환사채 및 신주인수권부사채의 인수행위

납입가장 행위는 자본금충실을 위하여 회사의 자본금을 구성하는 주식의 인수가액 납입을 가장하는 행위를 처벌하려는 것이므로, 전환사채나 신주인수권부사채의 인수 과정에서 그 납입을 가장하는 행위는 납입가장죄를 구성하지 않는다. 전환사채의 전환권 행사나 신주인수권부사채의 신주인수권 행사 전에는 아직 회사의 자본구성에 영향이 없는 것이고, 전환권이나 신주인수권은 전환사채권자의 권리이지 의무는 아니어서 그 권리를 행사하지 않을 수도 있기 때문이다(판례).[142)]

5) 신주발행의 하자가 있는 경우

만일 회사가 신주를 발행하여 유상증자를 함에 있어서 신주 발행의 절차적·실체적 하자가 극히 중대하여 신주발행의 실체가 존재한다고 할 수 없고 신주발행으로 인한 변경등기만 있는 경우와 같이 신주발행의 외관만이 존재하는 이른바 신주발행 부존재 상태인 경우에는 이 죄가 성립하지 않는다(판례).[143)] 납입가장죄는 회사의 자본금충실을 해치는 행위를 단속하려는 것인데, 처음부터 신주발행의 효력이 없으면 신주인수인들의 주금납입의무도 발생하지 않고, 증자로 인한 자본금충실 문제도 생기지 않기 때문이다.

6) 현물출자의 이행을 가장하는 행위

'현물출자의 이행을 가장하는 행위'란 실제로는 현물출자의 이행이 없음에도 불구하고 외형상으로는 마치 그 이행이 있었던 것처럼 위장하는 행위이다. 주식회사의 경우에 현물출자의 이행은 납입기일에 출자의 목적인 재산을 인도하

---

141) 같은 취지: 日 最判 1967. 12. 14. 刑集 21巻 10号 1369面.

142) 전환사채에 관한 판례: 대법원 2008. 5. 29. 2007도5206.

143) 대법원 2006. 6. 2. 2006도48(이 판례의 사안은 주주가 아니면서도 위조된 주권을 소유한 자들이 대다수 참석하여 개최된 주주총회에서 이사들이 새로 선임되고, 그 이사들로 구성된 이사회의 결의에 의하여 신주발행이 이루어진 경우, 신주발행의 절차적·실체적 하자가 극히 중대하여 신주발행의 실체가 존재하지 않아 신주인수인의 주금납입의무도 발생하지 않았다고 볼 여지가 있다는 이유로 납입가장죄도 성립하지 않는다고 본 것임).

고, 등기·등록 기타 권리의 설정 또는 이전을 요할 경우에는 이에 관한 서류를 완비하여 교부하여야 한다(제295조 제2항, 제305조 제3항, 제425조 제1항). 이러한 재산의 인도나 권리의 설정·이전 서류의 교부를 하지 아니한 채 현물출자를 완료한 것처럼 위장하는 행위를 말한다.

그러나 실제로 현물출자의 이행은 있었으나, 그 재산평가를 부당하게 저가로 평가한 경우는 납입가장 행위로 볼 수 없다.[144)]

나. 응납입가장행위

납입가장 행위의 대상은 납입담당금융기관이므로, 납입가장 행위에 응하는 자도 납입담당금융기관의 임직원이고, 그가 납입가장 행위임을 인식하고 이에 응하는 행위가 응납입가장 행위의 범죄구성요건이다.

이에 대하여, 응납입가장 행위의 주체는 주식인수인 또는 주식인수 의무 있는 발기인이라는 견해[145)]가 있으나, 이들은 납입가장 행위를 하는 회사 발기인 또는 이사 등과 공동정범이 될 수 있을 뿐, 응납입가장 행위의 주체는 될 수 없다고 본다.

통모가장납입의 경우에는 응납입가장 행위도 성립하겠지만, 납입담당금융기관과의 통모가 없는 보통의 가장납입이나 회사자금에 의한 가장납입 등의 경우에는 어떠한 행위가 응납입가장 행위인지 문제될 수 있다. 보통의 가장납입인 경우에도 납입담당 금융기관의 임직원이 주식인수인이 제3자로부터 돈을 차용하여 주식 인수가액을 납입하여 그 주금납입증명서를 발급받은 다음 즉시 주금을 인출하여 차용금 변제에 사용하는 방식으로 납입을 가장한다는 사정을 알면서 그 납입 및 주금납입증명서 발급 업무를 해주기로 주식 발행 회사 측 행위자와 통모한 경우에는 응납입가장죄가 성립할 수 있다(판례).[146)]

이러한 경우에 이미 가장납입을 하기로 마음먹고 있는 회사 임원 등에게 그 납입자금을 대여해 준 것에 불과한 제3자는 회사 임원 등이 납입가장을 하기 위해 돈을 빌린다는 것을 알고 돈을 빌려주었다고 하더라도 응납입가장 행위라 할 수 없고, 공동정범으로서의 기능적 행위지배가 있었다고 볼 수 없는 이상

---

144) 곽동효, 전게논문, 547면.

145) 송호신, "가장납입의 유효성에 대한 비판과 상법 제628조의 해석,"「한양법학」(한양법학회, 2007), 454면.

146) 대법원 2004. 12. 10. 2003도3963; 안동섭, 전게논문, 106면도 같은 취지임.

납입가장죄에 대한 공동정범으로서의 죄책도 물을 수 없다.[147] 다만, 이러한 자금대여자를 납입가장죄의 방조범으로 처벌할 수는 있을 것이다.

회사자금에 의한 가장납입의 경우에도 납입담당금융기관의 임직원이 회사가 회수의사 없이 제3자에게 주식인수자금을 대여하고 제3자는 그러한 회사의 의사를 전제로 주식인수청약을 하는 사정을 알면서 그 납입 및 주금납입증명서 발급 업무를 해주기로 주식 발행 회사 측 행위자와 통모한 경우에는 응납입가장죄가 성립할 수 있을 것이다.

이러한 응납입가장 행위는 범죄구성요건상 처음부터 2인 이상이 범죄구성요건을 실현할 것으로 규정되어 있는 경우이므로 납입가장 행위와 필요적 공범관계라고 보아야 한다.[148] 따라서 납입가장죄가 성립하지 않는 경우에는 응납입가장죄도 성립하지 않는다.

다. 납입가장중개행위

납입가장중개 행위란 응납입가장 행위와 함께 상법 제628조 제2항에 규정되어 있고, 그 문맥으로 보아 응납입가장 행위를 중개하는 행위로 보아야 할 것이므로, 납입가장 행위와 응납입가장 행위를 중개하는 행위를 말한다고 본다.[149] 예컨대, 납입가장 행위를 하려는 자에게 납입담당금융기관 담당자를 알선하는 행위가 이에 해당할 것이다.

그런데 실무에서는 이를 폭넓게 해석하여 보통의 가장납입 등 납입가장 행위를 하려는 자에게 사채업자 등 납입자금을 대여할 수 있는 자를 소개·알선한 자도 납입가장중개 행위로 의율하고 있다(하급심 판례).[150] 그러나 이러한 경우에는 납입가장 행위의 방조에 불과하다고 보아야 할 것이다.

---

147) 대법원 2011. 7. 14. 2011도3180.

148) 前掲「會社法コンメンタル(21)」, 122面.

149) 일본 會社法에서는 이러한 중개행위를 별도로 처벌하는 규정을 두고 있지 않다(일본 會社法 제965조).

150) 서울지방법원 2003. 2. 18. 2002고합1197, 2003고합12(병합), 2003고합13(병합), 2003고합59(병합); 곽동효, 전게논문, 546면.

3. 기수시기

가. 통모가장납입

통모가장납입의 과정은 납입가장 행위의 주체가 납입담당 금융기관과의 통모 납입에 관한 약정을 하고, 이에 기한 납입담당 금융기관의 납입처리가 있은 후, 주금납입증명서를 교부받아 설립이나 증자 등기를 하게 된다. 그 중 상법 제628조 제1항의 '납입…을 가장하는 행위'는 납입담당금융기관의 납입처리가 있은 때이므로 이 때 납입가장죄는 기수가 된다고 보아야 할 것이다.[151]

나. 위장납입

위장납입의 과정은 통상 제3자로부터의 납입자금 차용행위, 주식 인수가액의 납입행위, 납입담당금융기관으로부터 주금납입증명서를 교부받아 설립이나 증자로 인한 등기를 하는 행위, 납입금 인출행위 및 제3자에 대한 차용금 변제행위로 이어진다. 이 중 납입금 인출행위시를 기수시기로 보는 견해[152]가 있다.

그러나 '납입…을 가장하는 행위'란 납입가장의 의사로 납입행위를 하는 것이므로, 주식 인수가액의 납입행위가 있은 때 기수가 된다고 본다.[153] 그 후 납입금 인출행위가 있다든가, 회사설립 또는 증자 절차와 그 납입금 인출시까지의 간격, 그 인출금을 회사를 위하여 사용하였는지 여부 등은 위와 같은 행위자의 납입가장 의사를 판단하는 기준이 될 수 있을 뿐이라고 보아야 할 것이다.

다. 회사자금에 의한 가장납입

회사자금에 의한 가장납입의 경우에도 그 기수시기는 이와 마찬가지로 해석할 수 있을 것이다.

---

151) 일본에서도 예합(預合) 행위로 인한 납입가장죄의 기수시기를 가장납입이 된 때로 봄에 이설이 없다{前揭「會社法コンメンタル(21)」, 121面}.

152) 김성탁, 전게논문, 578~579면.

153) 곽동효, 전게논문, 550면; 안경옥, "주금납입가장행위에 대한 형사처벌,"「형사법연구」제24호(한국형사법학회, 2005. 12.), 153면은 납입가장 행위는 현실적 손해발생을 요하지 아니함을 논거로 들고 있다; 서태경, "납입가장행위에 대한 형사책임,"「한양법학」(한양법학회, 2007), 373면.

라. 현물출자의 이행을 가장하는 행위

'현물출자의 이행을 가장하는 행위'의 경우에도 재산를 인도하거나 권리의 설정·이전에 필요한 서류를 교부하지 아니한 채 마치 현물출자를 완료한 것처럼 위장한 때에 기수가 된다.

4. 고 의

이 죄는 고의범이므로 형법 제13조 본문에 따라 이상의 객관적 범죄구성요건사실에 대한 인식과 적어도 그 용인이 필요하다(용인설). 특히, 납입 또는 현물출자의 이행을 가장하는 점에 관한 인식이 필요할 것이다.

Ⅳ. 죄수관계

1. 서 설

납입가장 행위는 실질적인 자본현황은 변함이 없이 설립이나 증자에 관한 등기를 수반하기 때문에, 납입가장 행위에 따른 회사설립등기나 증자등기를 한 것이 발행주식총수, 자본금 등에 관한 공정증서원본부실기재죄 및 부실기재공정증서원본행사죄에 해당하는지, 발기인이나 이사 등의 납입된 주금 인출·처분행위가 업무상횡령죄나 특별배임죄 또는 업무상배임죄를 구성하는 것인지 여부가 문제된다. 또한 이러한 죄가 성립하는 경우의 죄수관계를 검토할 필요가 있다.

이는 앞에서 살펴본 주금납입의 효력에 관한 입장과도 관련이 있다.

2. 위장납입의 경우

가. 공정증서원본부실기재죄 등 성립 여부

위장납입에 관하여 살펴보면, 판례는 전술한 바와 같이 그 주금납입의 효력에 관하여는 유효설 입장임에도 불구하고, 전원합의체 판결에서 위장납입은 등기를 위하여 납입을 가장하는 편법에 불과하고 실질적으로 회사의 자본금이 늘어난 것이 아니므로 납입가장죄와 더불어 공정증서원본부실기재죄 및 부실기재공정증서원본행사죄가 성립한다고 판시하고 있다. 또한 같은 이유로 납입가장 행위주체에게 회사의 돈을 임의로 유용한다는 불법영득의사가 있다고 보기 어려우므로 업무상횡령죄는 성립하지 아니하고, 재산상 이익을 취득한다는 의사가 있었다고 볼 수도 없으므로 업무상배임죄도 성립하지 않는다고 판시하고 있다.[154)]

주금납입의 효력을 유효하다고 보면서도 형사책임에 있어서는 자본금 증가가 없다고 보는 이유에 관하여, 위 판례는 납입을 가장한 경우에도 상법상 주금납입으로서의 효력을 인정하는 것은 단체법 질서의 안정을 위하여 주금의 가장납입을 회사의 설립이나 증자의 효력을 다투는 사유로 삼을 수 없게 하고, 그로 인하여 발행된 주식의 효력이나 그 주권을 소지한 주주의 지위에 영향이 미치지 않게 하려는 배려에서 나온 것일 뿐이기 때문이라고 한다. 그러므로 이러한 주금납입의 효력을 업무상횡령죄나 업무상배임죄와 같은 개인의 형사책임을 인정하는 근거로 삼을 수는 없다는 입장이다.

이렇게 납입가장죄와 공정증서원본부실기재죄 및 부실기재공정증서원본행사죄가 성립하는 경우에는, 주식 인수가액의 납입행위가 있은 때 납입가장죄는 기수가 되고 공정증서원본부실기재 및 부실기재공정증서원본행사는 그 후에 이루어지는 것이므로, 각 죄는 수 개의 행위에 의한 수 개의 죄를 구성하는 것이 되어 실체적 경합 관계에 있게 된다.[155)]

이에 대하여, 법질서의 통일성이나 형법의 보충성 원칙에 비추어 볼 때, 주금납입의 효력에 관하여 무효설을 취한다면 위와 같은 판례의 결론이 타당하겠지만, 판례의 입장과 같이 공정증서원본부실기재죄의 '부실'에 관하여 민사실체법상 권리관계에 부합되는지 여부를 기준으로 판단하고,[156)] 주금납입의 효력에

154) 대법원 2004. 6. 17. 2003도7645(전원합의체 판결, 이 판결에서 반대의견은 주금납입을 유효하다고 보는 한 납입이 완료된 것은 진실이고, 이에 따라 발행주식총수, 자본금액이 증가한 것이므로, '허위신고'를 하여 '불실의 사실의 기재'를 하게 한 경우에 해당한다고 할 수 없어, 공정증서원본부실기재죄나 부실기재공정증서원본행사죄가 성립할 여지가 없으며, 주금납입과 동시에 그 납입금은 회사의 자본금이 되는 것이기 때문에 회사의 기관이 이를 인출하여 자신의 개인채무 변제에 사용하는 것은 회사에 손해를 가하는 것이 될 뿐만 아니라 불법영득의사의 발현으로서 업무상횡령죄가 성립한다고 볼 수밖에 없다고 주장하였다.); 그 후의 판례도 같은 취지로 일관하고 있다(대법원 2011. 9. 8. 2011도7262; 2006. 9. 22. 2004도3314; 대법원 2004. 12. 10. 2003도3963).

155) 서울고등법원 2005. 8. 23. 2004노1613(위 2003도7645 전원합의체 판결의 환송 후 판결); 서태경, 전게논문, 375면; 일본에서는 預合의 경우에만 납입가장죄가 성립하므로, 위장납입에 해당하는 見金의 경우에는 납입가장죄에는 해당하지 않으나, 판례에 따르면 그 주금납입은 무효이므로 공정증서원본부실기재죄에 해당하는 것으로 판시하고 있다(日 最判 1972. 1. 18. 刑集 26卷 1号 1面; 日 最判 1966. 10. 11. 刑集 20卷 8号 817面).

156) 판례는 "당사자들의 합의 없이 경료된 소유권이전등기라고 하더라도, 그것이 민사실체법상의

관하여 유효설을 따른다면, 위 판례의 결론은 부당하다고 보는 견해가 있다. 즉, 납입가장으로 인한 등기를 부실한 등기로 볼 수 없으므로 공정증서원본부실기재죄는 성립하지 아니하고, 일단 회사에 납입한 주금은 회사의 재물로 보아야 할 것이고 이를 임의로 인출하는 행위는 불법영득의사가 있으므로 업무상횡령죄가 성립하는 것으로 보아야 한다는 것이다(다수설).[157]

나. 기존 주주에 대한 배임죄 성립 여부

한편, 신주발행시 제3자배정 방식으로 납입가장 행위를 하는 경우에는 기존 주주들의 신주인수권이 침해되고 자본금이 실질적으로 증가되지 않는 만큼 기존 주주들의 주식가치가 희석화되는 손해가 발생하고, 가장납입으로 신주를 배정받은 제3자(납입가장죄의 행위주체도 포함될 수 있음)는 사실상 주식 인수가액의 납입이 없이 신주를 취득하는 셈이 되어 그 만큼 재산상 이익을 취득하는 것으로 볼 여지가 있다.

이러한 경우에 신주발행 사무를 담당하는 (대표)이사 등은 상법 제418조 1항에 따라 기존 주주들에게 신주를 배정하거나, 같은 조 제2항 및 정관에 따라 제3자에게 신주를 배정하더라도 가장납입으로 인하여 기존 주주들의 주식가치가 희석화되지 않도록 업무를 처리하여야 할 임무가 있음에도 불구하고, 이를 위반하여 배임행위를 한 것인지 여부, 즉 업무상배임죄 또는 특별배임죄의 성립 여부가 문제될 수 있다.

판례는 "신주발행은 주식회사의 자본조달을 목적으로 하는 것으로서 신주발행에 관한 한 (대표)이사 등의 업무는 회사의 사무일 뿐, 일반 주주들에 대하여 그들의 신주인수권과 기존 주식의 가치를 보존하는 임무를 대행한다거나 주주의 재산보전 행위에 협력하는 자로서 타인의 사무를 처리하는 자의 지위에 있다고는 볼 수 없다. 그뿐만 아니라 납입을 가장하는 방법에 의하여 주금이 납입된 경우 회사재산에 대한 지분가치로서의 기존 주식의 가치가 감소하게 될 수는 있으나, 이는 가장납입에 의하여 회사의 실질적 자본의 감소가 초래됨에 따른 것으로서 업무상배임죄에서의 재산상 손해에 해당된다고 보기도 어렵다"

권리관계에 부합하는 유효한 것이라면 이를 불실의 등기라고 할 수 없다."고 판시하고 있다(대법원 1980. 12. 9. 80도1323).

157) 조국, "위장납입의 형법상 죄책," 2005. 11. 7.자 법률신문; 위 2003도 7645 전원합의체 판결의 소수의견(반대의견); 안경옥, 전게논문, 154~155면; 서태경, 전게논문, 374~376면.

는 이유로, 기존 주주에 대한 업무상배임죄는 성립하지 않는다고 판시하였다(부정설).[158] 통설도 신주발행사무를 처리하는 자는 회사의 사무를 처리하는 자일 뿐이지 기존 주주들의 재산보전사무를 처리하는 지위에 있는 것은 아니라는 이유로 판례와 같이 부정설을 따르고 있다.[159]

생각하건대 실질적으로 보자면 납입가장 행위로 인하여 회사의 자본금이 늘어나거나 줄어드는 것은 아니지만, 실질적인 자본금의 증가가 없이 주식수만 늘어남으로써 그 만큼 기존 주주들의 주식가치가 희석화되는 손해가 발생하는 것이고, 법령 또는 정관에 위반하여 신주인수권을 부여받지 못한 경우에도 그 만큼 주주에게 손해가 발생하는 것은 사실이다. 이 점은 회사가 납입을 가장한 신주인수인에 대하여 형식상 대여금 또는 체당금 청구권을 가지는 것으로 볼 수 있다고 하더라도 마찬가지이다. 그러나 (대표)이사 등 신주발행 사무를 처리하는 자는 회사와의 위임 또는 고용 계약에 따라 회사에 대한 선관주의의무나 충실의무를 부담할 뿐이지, 주주들과 신임관계에 있다거나 주주들의 재산보전·관리 임무가 있는 것이 아니므로 부정설이 타당하다고 본다.

3. 통모가장납입 및 회사자금에 의한 가장납입의 경우

통모가장납입이나 회사자금에 의한 가장납입의 경우에는 주금납입의 효력에 관하여 통설·판례(회사자금에 의한 가장납입의 경우)가 무효설 입장에 있으므로, 위장납입의 경우와 같은 견해의 대립이 발생하지 않는다.

따라서 납입가장죄와 공정증서원본부실기재죄 및 부실기재공정증서원본행사죄가 성립하고 각 죄는 실체적 경합 관계에 있게 되며, 그 밖에 업무상횡령죄나 업무상배임죄 또는 특별배임죄는 성립하지 않는다.[160]

그리고 회사재산을 위태롭게 하는 죄 중 출자 관련 부실보고·사실은폐 행위와 납입가장죄가 경합하는 경우가 있을 수 있다. 즉, 납입가장 행위가 출자 관련 부실보고나 사실은폐 행위를 수반하는 경우에 양 죄의 죄수관계가 문제될 수 있다.

---

158) 대법원 2004. 5. 13. 2002도7340.

159) 허일태, "가장납입과 형사책임,"「형사법연구」제23호(한국형사법학회, 2005. 6.), 294면; 서태경, 전게논문, 381면.

160) 일본의 통설 및 판례도 같은 취지이다{前揭「會社法コンメンタル(21)」, 121面; 日 仙台高判 1970. 5. 12. 高刑集 23巻 3号 411面}.

이 경우에 양 죄의 보호법익이 회사의 자본금충실이란 점에서 같고, 납입가장행위는 출자 관련 부실보고・사실은폐 행위를 포함하며, 법정형도 동일하다는 점에서 회사재산을 위태롭게 하는 죄 중 출자 관련 부실보고・사실은폐 행위가 성립하는 경우에는 납입가장죄는 성립하지 않는다는 견해가 있다(법조경합설).161)

그러나 양 죄의 행위내용이나 기수시기가 다르고, 납입가장죄가 반드시 회사재산을 위태롭게 하는 죄를 수반하는 것도 아니므로, 양 죄를 실체적 경합관계로 보는 것이 타당하다고 생각한다.

제8절 납입책임면탈죄

Ⅰ. 의 의

이 죄도 납입가장죄와 함께 회사의 설립이나 증자시 회사의 물적기초가 되는 출자의 이행 및 그에 상응하는 자산을 확보하기 위하여 규정되었다. 이를 위하여 납입가장죄가 그 납입을 가장하는 행위를 규제하는 것이라면, 납입책임면탈죄는 그 납입책임 자체의 면탈행위를 규제하는 것이다. 즉, 상법 제634조에 따르면 납입 책임을 면하기 위하여 타인 또는 가설인 명의로 주식 또는 출자를 인수한 자는 1년 이하의 징역 또는 300만 원 이하의 벌금에 처한다.

이 죄도 1962년 상법제정 당시 납입가장죄와 함께 규정된 이래 그 동안 벌금액의 법정형을 상향조정하는 개정이 있었을 뿐이다.

납입책임의 면탈행위를 규제하여 납입의 이행을 확보할 필요성은 납입가장죄와 마찬가지로 유한책임사원만으로 구성되어 회사의 자본금이나 순자산이 회사활동의 물적기초이자 회사채권자의 유일한 담보가 되는 물적회사의 경우에 크다 할 것이고, 무한책임사원이 있는 인적회사의 경우까지 이를 규제할 필요는 없을 것이다. 또한 상법 제634조는 '납입'의 책임을 면하기 위한 목적을 구성요건으로 하는데, 출자의 '납입'이란 표현은 주식회사, 유한회사 및 유한책임회사의 경우에만 사용하고 있는 점(상법 제287조의4 제3항, 제287조의23 제2항, 제295조, 제305조, 제421조 제1항, 제548조 제1항, 제590조), 형벌의 보충성 원칙에 비추

161) 김성탁, 전게논문, 583면.

어 볼 때, 이 죄의 적용범위도 납입가장죄로 마찬가지로 물적회사인 주식회사, 유한회사 및 유한책임회사에 한정하는 것으로 해석하는 것이 타당하다고 생각한다.[162)]

그리고 타인 또는 가설인 명의로 주식이나 출자를 인수하는 행위가 문제되는 경우란 불특정다수의 투자자를 대상으로 출자를 받는 주식회사의 경우에 주로 문제가 될 것이다. 주식회사가 모집설립이나 신주발행시 모집 주주로부터 청약을 받을 때에는 청약증거금을 받게 된다. 이 때 주권상장법인 등 대부분은 청약증거금으로 인수가액 전액을 납입시킨 후 납입기일에 이를 납입금에 충당하는 것이 상례이므로,[163)] 실제로는 납입책임 면탈이 문제되는 경우가 거의 없다.[164)]

또한 가설인 명의로 주식을 인수한 자, 타인의 승낙 없이 그 명의로 주식을 인수한 자는 실질주주로서 주식인수인으로서의 책임을 부담하고(상법 제332조 제1항), 타인의 승낙을 얻어 그 명의로 주식을 인수한 자도 그 타인과 연대하여 납입책임이 있을 뿐만 아니라(상법 제332조 제2항) 실질주주로서 주식인수인의 책임을 부담한다는 것이 판례 · 다수설 입장이다.[165)]

따라서 이러한 민사책임만으로도 충분히 자본금충실의 목적을 달성할 수 있고, 만약 실질주주의 신원이 파악되지 아니하는 경우에는 실권규정(상법 제307조, 제423조 제2항)에 따라 다른 주식인수인을 모집할 수 있다. 그러므로 형사처벌을 최소화하자는 형벌의 보충성 견지에서 납입책임면탈의 경우에 형사처벌까지 할 필요가 있는지에 대하여는 입법론적 검토가 필요하다.[166)] 참고로, 일본의 경우에는 일본 상법 제497조에서 주식회사에 한하여 납입책임면탈죄에 관한 규정을 두고 있었을 뿐이지만, 2005년 회사법을 제정하면서 이 죄에 관한 규정을 삭제하였다.

---

162) 유한책임회사 제도가 없었던 개정 전 상법 아래에서 이 죄의 적용범위를 주식회사 및 유한회사로 보는 견해(안동섭, 전게논문, 108면)가 있었다.

163) 최준선, 전게서, 144, 569면.

164) 정동윤, 전게서, 1025면; 이기수 · 최병규, 전게서, 127면.

165) 대법원 2011. 5. 26. 2010다22552; 최준선, 전게서, 146면.

166) 송호신, 전게 학위논문, 143~144면에서는 같은 취지의 주장을 하면서, 그 밖에도 발기인은 주식납입 업무 수행 임무가 있는 자이므로 발기인이 이 죄를 범한 경우에는 상법 제622조 제1항의 특별배임죄가 성립하고 양 죄는 법조경합 관계에 있어 특별배임죄가 적용될 것이라는 점도 논거로 들고 있다.

Ⅱ. 보호법익

이 죄도 납입가장죄와 같이 회사의 설립이나 증자시 회사에 대한 출자의 이행 및 그에 상응하는 자산을 확보하고자 하는 것이므로, 그 보호법익은 회사의 자본금충실이라 할 수 있다.

범죄구성요건상 회사의 자본금충실의 현실적인 침해나 그 구체적 침해위험의 발생을 요구하지 아니하므로, 그 보호의 정도는 추상적 위험범이다.

Ⅲ. 범죄구성요건

1. 위반행위

행위주체에 관한 제한은 없다. 누구든지 타인 또는 가설인 명의로 주식 또는 출자를 인수한 자는 행위주체가 될 수 있다.

이 죄는 목적범으로서 행위주체에게 납입책임을 면할 목적이 있어야 한다. 따라서 객관적 구성요건인 '타인 또는 가설인 명의로 주식 또는 출자를 인수한 행위'에 대한 인식 및 용인 외에도 이러한 목적이 있어야만 범죄가 성립한다. 따라서 이러한 목적은 초과 주관적 구성요건요소이다.[167)]

상법에서 '납입'이라는 용어는 금전납입의 경우만 지칭하고 그 밖의 재산 등 현물출자의 경우에는 출자의 '이행'이라는 용어를 사용하고 있다(상법 제287조의4 제3항, 제287조의23 제2항, 제295조, 제305조, 제421조 제1항, 제548조 제1항, 제590조, 제628조 제1항). 따라서 범죄구성요건상 납입책임을 면할 목적이 있어야 하므로 금전출자 외에 재산이나 현물출자의 경우에도 이 죄가 성립하는 것인지 여부가 문제된다.[168)]

생각하건대 이 죄를 존치하더라도 그 존재의의는 동의 없이 타인 명의로 주식 또는 출자를 인수하거나 가설인 명의로 이를 인수하고 그러한 행위를 한 실질주주가 누구인지도 파악할 수 없어 회사의 자본금충실이 위협받게 되는 경우에 대비하여 일반예방 효과를 거두기 위한 것이라고 할 수 있다. 그런데 재산이나 현물출자의 경우에는 실질주주를 파악할 수 없는 경우가 드믈고, 이러한

167) 임웅, 전게서, 114면; 김성돈, 전게「형법총론」, 229면

168) 김성탁, 전게논문, 584면 중 각주 46번.

경우는 대부분 금전출자의 경우에 발생하는 것이므로, 이 죄는 금전출자의 경우에만 적용하기 위하여 '납입'의 책임을 면하기 위한 경우만을 규정한 것으로 보는 것이 입법취지에 부합하는 해석이라고 본다.

'타인 …명의로 주식 또는 출자를 인수한' 경우란 타인의 동의·승낙 여부나 상법상 주금납입책임을 부담하는지 여부를 불문한다.[169)]

2. 고 의

이 죄는 고의범이자 목적범이므로 주관적 구성요건으로는 이상의 객관적 범죄구성요건 사실에 대한 인식 및 용인(용인설) 외에도 전술한 바와 같이 초과주관적 구성요건요소인 목적이 필요하다.

따라서 납입책임을 면할 목적으로 타인 또는 가설인 명의로 주식 또는 출자를 인수한다는 사실에 대한 인식이 필요하다.

3. 기수시기

범죄구성요건 행위의 완료시기인 주식 또는 출자를 인수한 때에 기수가 된다. 구체적으로는 주식회사의 경우에 주식청약서나 신주인수권증서를 회사에 제출하여 신주의 배정을 받은 때가 된다.

그 후 납입기일에 주식 인수가액이나 출자액을 납입하지 아니한 때에 납입책임을 면하기 위한 목적이 분명해지겠지만, 이는 범죄 후 정황에 불과하다.

Ⅳ. 죄 수

1. 납입가장죄와의 관계

납입책임을 면하기 위하여 타인 또는 가설인 명의로 주식 또는 출자를 인수한 자가 납입기일에 납입을 가장하여 납입가장죄가 성립하는 경우에는 수 개의 행위로 수 개의 죄를 범한 경우이므로 납입책임면탈죄와 납입가장죄는 실체적 경합관계가 된다.[170)]

---

169) 김성탁, 전게논문, 584면.
170) 김성탁, 전게논문, 585면.

2. 사문서위조죄 등과의 관계

타인의 승낙을 받지 않고 그 명의로 주식 또는 출자를 인수하는 경우에는 주식청약서 등 관련 문서를 위조·행사하는 행위를 수반하게 된다. 이러한 경우에 주식청약서 등에 관한 사문서위조죄 및 위조사문서행사죄와 납입책임면탈죄와도 별개의 행위를 구성하는 것이므로, 실체적 경합관계가 된다.[171]

3. 배임죄와의 관계

발기인은 주식회사의 설립사무를 담당하는 자로서 자신은 물론 주식인수인에 대하여 인수가액 전액을 납입시켜야 할 임무가 있고(상법 제295조 제1항, 제305조 제1항), 신주발행사무를 담당하는 (대표)이사도 같은 임무가 있다(상법 제421조 제1항). 이러한 발기인이나 이사가 위 임무에 위배하여 납입책임면탈죄를 범함으로써 회사에 손해를 가한 때에는 상법 제622조 제1항의 특별배임죄가 성립할 수 있다.

이 경우 양 죄의 죄수관계에 관하여 법조경합관계가 되어 납입책임면탈죄는 성립하지 않는다는 견해가 있다.[172] 그러나 양 죄의 보호법익이 다른 이상 수죄로 보아야 할 것이므로 1개의 행위로 이루어진 경우에는 상상적 경합관계로 보아야 할 것이다.

제9절 주식초과발행죄

Ⅰ. 의 의

주식회사가 주식을 발행함에 있어서는 정관에 기재한 '회사가 발행할 주식의 총수'(이하 발행예정주식총수라 함) 범위 내에서만 발행할 수 있다(상법 제289조 제1항 제3호). 이는 회사의 설립시 또는 신주발행시 언제나 준수하여야 할 강행규정이다. 만일 발행예정주식총수의 범위를 초과하여 주식을 발행하려면 주주총회

171) 김성탁, 전게논문, 584면.
172) 임홍근, 전게서, 967면; 송호신, 전게 학위논문, 144면.

의 특별결의에 따른 정관변경 절차를 거쳐야 한다(상법 제433조 제1항, 제434조).

그런데 1962년 상법제정 당시부터, 회사설립시에는 발행예정주식총수 중 일부만 발행할 수 있고 발행예정주식총수 범위 내의 나머지 신주의 발행권한은 원칙적으로 이사회에 부여하는 이른바 수권자본제도를 도입하면서(상법 제416조), 그 발행권한의 남용을 방지하기 위하여 주식초과발행죄를 규정하게 되었다. 즉, 상법 제629조는 회사의 발기인, 이사 등이 회사가 발행할 주식의 총수를 초과하여 주식을 발행한 경우에는 5년 이하의 징역 또는 1, 500만 원 이하의 벌금에 처한다고 규정하고 있다. 그 후 2011년 상법개정시 집행임원제가 도입됨에 따라 이 죄의 행위주체에 집행임원을 추가하는 개정이 있었다.

그러나 이 죄가 신설된 이래 현재까지 그 실제 적용 사례는 보이지 않는다.

가 규정의 모델이 된 일본 상법 제492조의2(현재의 일본 회사법 제966조)도 1950년 당시 일본 상법에 수권자본제도를 도입하면서 이 죄를 신설하게 되었는데, 당시 수권자본제도 아래에서 주주총회의 결의 없이 이사회의 결의만으로 신주를 발행하게 된 결과, 이사회의 신주발행권한의 남용으로 이른바 '더블주(double株)'가 발생할 위험을 방지하기 위한 것이 그 입법취지였다고 한다. 그러나 일본에서도 실제로는 그 처벌사례가 없기 때문에 형벌을 과할 필요성에 대한 입법적 재검토가 필요하다는 논의[173]가 있다.

Ⅱ. 보호법익

주식회사의 자본금 규모는 발행주식수의 규모에 비례하므로,[174] 수권자본제도 아래에서 발행예정주식총수의 변경을 주주총회의 특별결의를 요하는 정관변경사항으로 하고 그 범위 안에서 이사회가 실제로 발행하는 주식수를 결정하도록 한 것은 자본금 등 회사의 규모를 정함에 있어서 주주가 이사회를 통제하는 의미를 갖는 것이다.[175]

이 죄는 그러한 주주의 공익권을 침해하는 행위를 처벌하려는 것이므로, 이 죄의 보호법익은 자본금 등 회사규모 결정에 관한 주주의 공익권이라고 보아야

---

173) 前掲「會社法コンメンタル(21)」, 123面.

174) 주식회사의 자본금은 액면주식의 경우에는 원칙적으로 발행주식의 액면총액이고, 무액면주식의 경우에도 주식 발행가액의 2분의 1 이상의 금액으로서 이사회나 주주총회에서 자본금으로 계상하기로 한 금액의 총액이다(상법 제451조 제1항, 제2항).

175) 이철송, 전게서, 231면.

할 것이다.

Ⅲ. 범죄구성요건

1. 행위주체

이 죄의 행위주체는 회사의 발기인, 이사, 집행임원, 임시이사(상법 제386조 제2항), 이사 직무대행자(상법 제407조 제1항)로서, 이들은 모두 주식발행사무를 담당할 수 있는 자이다. 따라서 이 죄는 일정한 신분을 가진 자만이 행위주체가 될 수 있는 진정신분범이다.

위 행위주체가 법인인 경우가 있을 수 있는데,[176] 이러한 경우에는 법인의 범죄능력이 인정되지 않는 이상 실제 행위를 한 그 법인의 이사 등을 처벌할 수밖에 없지만 그 근거규정이 없어서 문제이다. 즉 법인이 행위주체인 경우의 벌칙 적용에 관한 상법 제637조나, 법인과 실제 행위자에 대한 양벌규정인 상법 제634조의3 모두 이 죄를 포함하지 않고 있는 것은 입법의 불비이다. 일본의 경우에도 과거 일본 상법 벌칙 규정에는 우리나라와 마찬가지로 규정하고 있었으나, 현행 일본 회사법 제972조에서는 법인이 주식초과발행죄의 행위주체인 경우에는 실제 행위를 한 취체역, 집행역 등을 처벌하는 명문 규정을 두어 입법적 해결을 하였다.[177]

2. 위반행위

객관적 범죄구성요건 행위는 위 행위주체가 회사가 발행할 주식의 총수를 초과하여 주식을 발행하는 행위이다.

'회사가 발행할 주식의 총수'란 것은 이 죄의 입법취지나 상법 제629조 규정 문언에 비추어 볼 때 정관에 규정한 발행예정주식총수(상법 제289조 제1항 제3호)를 의미하는 것이지, 그 중 회사가 실제 발행하기로 정한 주식의 총수가 아니다.[178] 이 죄의 입법 모델이 된 일본의 경우에는 '주식회사가 발행할 수 있는 주식의 총수'라고 규정하고 있는데, 이에 대하여도 동일하게 해석하고 있다.[179]

---

176) 법인도 발기인이 될 수 있다는 것이 통설(이기수·최병규, 전게서, 150면)이고, 이사가 될 수 있는지 여부에 관하여는 학설이 대립하고 있다(긍정설: 정경영, 전게서, 501면).

177) 前揭「會社法コンメンタル(21)」, 125面.

178) 임홍근, 전게서, 965면.

주식 발행이 발행예정주식총수를 초과하는지 여부를 판단함에 있어서는 발행예정주식총수에서 회사가 이미 발행한 주식수는 물론, 전환주식·전환사채·신주인수권부사채 등 일정한 행사기간 내 발행을 유보하여 둔 주식수(상법 제346조 제4항, 제516조 제1항, 제516조의11)를 모두 공제한 범위를 초과하였는지 여부를 기준으로 하여야 할 것이다.[180]

이 죄의 입법취지나 벌칙규정 문언에 비추어 정관으로 정한 종류주식수(상법 제344조 제2항)를 초과하여 종류주식을 발행하더라도 전체 발행예정주식총수 범위 내라면 이 죄가 성립하지 않는다고 보아야 할 것이다.[181]

주식을 '발행'한다는 것은 상법상 주식발행절차에 따라 주식을 발행함으로써 주주지위를 취득하게 하는 것을 뜻한다.[182] 발기인·이사 등이 그런 절차를 거침이 없이 주권만 발행한 경우에는 작성권한 유무에 따라 허위유가증권작성죄나 유가증권위조죄에 해당하거나 기망행위가 있는 경우에는 사기죄를 구성할 수 있을 뿐이다.[183]

이에 대하여, 일본에서는 위 주식의 '발행'이란 주권을 작성하여 주주에게 교부한 때 발행이 확정적으로 되는 것이므로 그 주권교부시에 발행된 것으로 보는 견해가 있으나,[184] 상법상 주식은 발행하더라도 주권은 아직 발행하지 아니한 주식회사도 존재하므로 주식의 발행과 주권의 발행은 구별되는 개념인데 상법 벌칙 규정은 '주식'의 발행이라고 명시하고 있고, 그 밖에도 수권자본제도의 도입에 따라 주식의 초과발행을 규제하고자 한 입법취지에 비추어 보더라도 전자와 같은 해석이 타당하다고 본다.[185]

주식의 발행에는 유상의 신주발행은 물론, 준비금의 자본금전입에 의한 무상의 신주발행(상법 제461조)도 자본금의 규모에 영향을 미치는 일이므로 당연히 포함된다.

---

179) 前揭「會社法コンメンタル(21)」, 123面.
180) 神山敏雄 外 編, 前揭書, 167面; 前揭「會社法コンメンタル(21)」, 123面.
181) 前揭「會社法コンメンタル(21)」, 123~124面.; 奧島孝康 外 編「新基本法コンメンタール 會社法(3)」(日本評論社, 2009), 549面..
182) 神山敏雄 外 編, 前揭書, 167面.
183) 임홍근, 전게서, 965면; 송호신, 전게 학위논문, 188면; 神山敏雄 外 編, 前揭書, 167面.
184) 일본의 유력설이다{戸田修三 外 編「注解會社法(下)」(青林書院, 1987), 1024面}.
185) 같은 취지 : 前揭「會社法コンメンタル(21)」, 124面.

3. 고 의

이 죄는 고의범이므로 형법 제13조 본문에 따라 이상의 객관적 범죄구성요건사실에 대한 인식과 적어도 그 용인이 필요하다(용인설). 따라서 회사의 발행예정주식 총수를 초과하여 주식을 발행하는 사실에 대한 인식이 필요하다.

4. 기수시기

발행예정주식총수를 초과하여 주식을 발행한 때 기수가 된다. 그 후 주권발행 여부, 주주명부에의 기재 여부, 신주발행무효판결의 확정 여부 등은 범죄의 성립 여부에 영향이 없다.[186]

주식을 발행한 때란 주식발행절차에 따라 주식을 발행하여 주주지위를 취득하게 한 때를 뜻하므로, 결국 회사설립시에는 회사설립등기를 한 때이고, 신주발행의 경우에는 주금납입기일 다음 날(상법 제423조 제1항)에 기수가 되어 범죄가 성립한다.

Ⅳ. 죄 수

발행예정주식총수를 초과하여 발행한 주식의 주금납입을 가장한 경우에는 이 죄와 납입가장죄와의 죄수관계가 문제될 수 있다.

납입가장죄의 기수시기는 납입담당금융기관의 납입처리가 있은 때(통모가장납입의 경우) 또는 주식 인수가액의 납입행위가 있은 때(위장납입 또는 회사자금에 의한 가장납입의 경우)임은 앞에서 살펴본 바와 같다.

따라서 양 죄는 보호법익은 달리하지만 하나의 주식발행행위로 이루어지는 것이므로 양 죄는 상상적 경합관계가 된다고 본다.

---

186) 임홍근, 전게서, 965면; 신주발행무효의 판결이 확정되더라도 판결의 소급효는 인정되지 않는다(제431조 제1항); 前掲「新版 注釈 會社法(13)」, 595면; 前掲「會社法コンメンタル(21)」, 124面; 平野龍一 編「注解特別刑法(4の1) 商法(罰則)」第2版(青林書院, 1991), 82면; 伊藤栄樹 外 編, 前掲書, 199面.

제10절 독 직 죄

Ⅰ. 의 의

상법 제630조에 따르면, 회사의 발기인, 이사, 집행임원 등 회사의 사무를 처리하는 자가 그 직무에 관하여 부정한 청탁을 받고 재산상 이익을 수수, 요구 또는 약속한 때에는 5년 이하의 징역 또는 1, 500만 원 이하의 벌금에 처하고(상법 제630조 제1항, 이하 독직수재죄라 함), 그 이익을 약속, 공여 또는 공여의 의사를 표시한 자도 마찬가지로 처벌하고 있다(상법 제630조 제2항, 이하 독직증재죄라 함).[187] 위 징역형과 벌금형은 병과할 수 있고(상법 제632조), 독직수재죄의 경우에 범인이 수수한 이익은 몰수하고, 그 전부 또는 일부를 몰수할 수 없는 때에는 그 가액을 추징한다(상법 제633조).

독직수재죄는 형법상 배임수재죄(형법 제357조 제1항)의, 독직증재죄는 형법상 배임증재죄(형법 제357조 제2항)의 각 가중처벌(수재자의 신분에 따른 가중처벌) 규정이므로 양 죄는 특별관계인 법조경합관계로 보아야 할 것이다. 따라서 이 죄를 해석함에 있어서 행위주체에 관한 부분을 제외하고는 전술한 배임수·증재죄에 관한 해석 및 판례를 참조할 필요가 있다.

Ⅱ. 보호법익

이 죄의 성격에 관하여는 회사재산을 보호하기 위한 죄로 볼 것인지, 회사임원 등의 직무집행의 공정성을 보호하기 위한 죄로 볼 것인지는 다툼이 있을 수 있다.[188] 회사에 재산상 손해를 가할 것을 범죄구성요건으로 하지 않는 점, 후

---

187) 이 벌칙 규정이 모델로 삼은 일본의 경우에 처음 商法 제493조에서는 우리의 경우처럼 독직수재죄와 독직증재죄의 법정형을 동일하게 규정하고 있었으나, 위 규정을 이어받은 현행 會社法 제967조에서는 독직수재죄는 5년 이하의 징역 또는 500만 엔 이하의 벌금에 처하고 있으나, 독직증재죄는 3년 이하의 징역 또는 300만 엔 이하의 벌금에 처하고 있다. 우리나라 상법 벌칙 규정의 경우에도 독직증재죄의 법정형을 독직수재죄와는 차등을 두어야 한다는 입법론이 있다(박길준, 전게논문, 161면; 송호신, 전게 학위논문, 157면).

188) 일본에서도 이 죄와 유사하게 규정되어 있는 일본 會社法 제967조의 성격에 관하여 마찬가지의 학설·판례의 대립이 있다{前揭「會社法コンメンタル(21)」, 125面; 前揭「新版 注釈會社法(13)」, 597~598面}.

술하는 바와 같이 회사재산에 관한 직무에 한정하지 않는 점 등에 비추어, 이 죄의 보호법익은 회사임원 등 회사사무를 처리하는 자의 직무의 충실성 또는 공정성 그 자체로 보아야 할 것이다.[189]

그런데 이에 관한 판례의 입장은 일관성이 없어 보인다. 즉, 이 죄를 "회사의 직무에 당하는 자들의 수뢰적 행위를 단속하려는 죄"라고 판시하는 판례[190]는 같은 입장인 것으로 파악할 수 있다. 그런데 이 죄의 입법취지에 관하여 "임원 등 직무의 엄격성 확보를 위한다기 보다는, 회사의 건전한 운영을 위하여 그들의 회사에 대한 충실성을 확보하고 사리사욕을 위해서 회사에 재산상 손해를 끼칠 염려가 있는 직무위반행위를 금압하려는 데 그 취지가 있다"고 판시하고 있는 판례[191]는, 마치 직무의 충실성뿐만 아니라 회사의 재산권도 보호법익으로 삼고 있는 것처럼 보인다.

보호법익을 회사사무를 처리하는 자의 직무의 충실성 또는 공정성이라고 본다면, 그 보호의 정도는 침해범이라고 보아야 할 것이다.[192]

Ⅲ. 범죄구성요건

1. 행위주체

가. 독직수재죄

독직수재죄의 행위주체는 발기인, 업무집행사원, 이사, 집행임원 등 상법 제622조, 제623조 특별배임죄의 행위주체, 일정한 사항의 조사·보고를 위하여 법원이 선임하는 검사인, 주식회사의 설립에 관한 일정한 사항을 조사·보고하기 위하여 선임하는 공증인(상법 제298조 제3항, 제299조의2, 제310조 제3항, 제313조

---

189) 송호신, 전게 학위논문, 145면; 일본에서는 이 죄는 회사에 대한 회사임원 등의 지위가 국가에 대한 공무원의 지위와 같이 그 사회적 지위와 책임이 중하다는 점에서 입법하게 된 것이라는 입법경위, 회사의 재산상 손해를 요구하지 않는 점에 비추어 이 죄의 보호법익을 직무집행의 공정성으로 보는 견해{神山敏雄 外 編, 前揭書, 169면; 前揭「新版 注釈會社法(13)」, 597面; 前揭「會社法コンメンタル(21)」, 125面}가 있다.; 배임수·증재죄의 보호법익에 관하여도 사무처리의 공정 또는 청렴성이라는 견해와 나아가 타인의 재산권까지도 포함하여야 한다는 견해가 대립하나, 판례는 사무처리자의 청렴성으로 보고 있다(대법원 2011. 9. 29. 2011도4397; 1996. 10. 11. 95도2090).

190) 대법원 1971. 4. 13. 71도326.

191) 대법원 1980. 2. 12. 78도3111.

192) 형법상 배임수재죄의 보호법익을 '사무처리의 청렴성 또는 공정성'으로 보는 견해는 그 보호의 정도도 침해범으로 보고 있다(김일수·서보학, 전게서, 500면; 배종대, 전게서, 570면).

제2항), 주식회사의 설립에 관한 일정한 사항 또는 신주발행시 현물출자에 관한 사항을 조사·보고하기 위하여 선임하는 감정인(상법 제299조의2, 제310조 제3항, 제422조 제1항)이다. 따라서 독직수재죄는 일정한 신분을 가진 자만이 행위주체가 될 수 있는 신분범이다.

상법 제401조의2 제1항에 규정한 업무집행지시자, 무권대행자, 표현이사도 이 죄의 행위주체에 포함되어야 한다는 견해가 있다.[193] 그러나 특별배임죄의 행위주체에서 설명한 바와 같이 명문 규정이 없이 위 자들을 포함시키는 것은 부당하다고 본다.

위 행위주체가 법인인 경우에는 그 행위를 한 이사, 집행임원, 감사, 그 밖에 업무를 집행한 사원 또는 지배인이 그 행위주체가 되어 벌칙 규정이 적용된다(상법 제637조).

나. 독직증재죄

독직증재죄의 행위주체에는 아무런 제한이 없으므로, 이 죄는 신분범이 아니다.

2. 위반행위

가. 독직수재죄

독직수재죄의 범죄구성요건행위는 위 행위주체가 '그 직무에 관하여' '부정한 청탁을 받고' '재산상 이익'을 '수수, 요구 또는 약속'하는 행위이다.

1) 그 '직무에 관하여'

'직무'란 위 행위주체의 회사 내 지위에 수반하여 그 권한사항으로 담당하는 일체의 사무를 포함한다.[194] 일반적 권한범위 내에 있는 사무라면 현재 구체적으로 담당하고 있는 사무가 아니라도 무방하다.[195] 그 권한범위는 법령 및 정관뿐만 아니라 사내규칙·관행 등에 의하여도 결정될 수 있다.[196] 원래 담당하는 직무의 준비행위나, 자기의 직무상 영향력을 이용하여 다른 임·직원의 직무에 영향을 미치는 행위 등 직무와 밀접한 연관이 있는 행위도 포함한다.[197]

---

193) 송호신, 전게 학위논문, 148면.
194) 日 最判 1953. 10. 27. 刑集 7卷 10号 1971面.
195) 日 最判 1962. 5. 29. 刑集 16卷 5号 528面.
196) 前揭「新版 注釈會社法(13)」, 598面; 前揭「會社法コンメンタル(21)」, 127面.

부정한 청탁을 받을 당시 담당하고 있던 직무를 그 수재 당시에는 현실적으로 담당하고 있지 않더라도 그 재산상 이익의 수수가 부정한 청탁과 관련하여 이루어진 것이라면 무방하다.[198]

'그 직무에 관하여'란 재산상 이익이 그 직무행위의 대가로서 제공되는 것을 의미한다.[199] 즉, 행위주체의 직무 권한범위 내이거나 그것과 밀접한 관련이 있는 사항에 관한 행위의 대가여야 한다. 다른 임직원의 권한사항에 관하여 알선하는 것은 포함되지 않는다.[200] 그러나 실제로 청탁받은 직무행위를 하였는지 여부는 이 죄의 성립 여부에 아무런 영향이 없다.[201]

2)'부정한 청탁을 받고'

'청탁'이란 그 직무에 관하여 장래 일정한 행위를 하거나 하지 않는 것을 의뢰하는 것을 말한다.[202] 청탁은 특정 직무에 관한 부탁인 이상 어느 정도 구체성이 있어야 할 것이므로 단순히 "앞으로 잘 부탁한다"고 말하는 것만으로는 청탁이라고 할 수 없지만, 청탁은 명시적이건 묵시적이건 불문한다.[203]

'부정'이란 법령을 위반한 경우뿐만 아니라 회사의 사무처리규칙 중 중요한 사항에 위반한 경우를 의미하고,[204] 업무상 배임의 내용이 되는 정도에 이르지 않더라도 사회상규나 신의성실 원칙에 반하는 경우도 포함한다(판례).[205] 이사

---

197) 日 最決 1957. 12. 19. 刑集 11卷 13号 3300면; 前掲「新版 注釈會社法(13)」, 599面; 前掲「會社法コンメンタル(21)」, 128面; 伊藤栄樹 外 編, 前掲書, 203面; 형법상 배임수재죄의 '임무에 관하여'의 의미에 관하여, 판례는 "타인의 사무를 처리하는 자가 위탁받은 사무를 말하는 것이나, 이는 그 위탁관계로 인한 본래의 사무뿐만 아니라 그와 밀접한 관계가 있는 범위 내의 사무도 포함되는 것"으로 해석하고 있다(대법원 2010. 9. 9. 2009도10681; 2006. 11. 23. 2006도906).

198) 형법상 배임수재죄에 관하여 판례는 "배임수재죄는 그 임무에 관하여 부정한 청탁을 받고 재물을 수수함으로써 성립하고 반드시 수재 당시에도 그와 관련된 임무를 현실적으로 담당하고 있음을 그 요건으로 하는 것은 아니므로, 타인의 사무를 처리하는 자가 그 임무에 관하여 부정한 청탁을 받은 이상 그 후 사직으로 인하여 그 직무를 담당하지 아니하게 된 상태에서 재물을 수수하게 되었다 하더라도, 그 재물 등의 수수가 부정한 청탁과 관련하여 이루어진 것이라면 배임수재죄가 성립한다."고 판시하고 있는데(대법원 1997. 10. 24. 97도2042), 이러한 법리는 독직수재죄에 관하여도 그대로 적용할 수 있을 것이다.

199) 前掲「新版 注釈會社法(13)」, 598面.

200) 神山敏雄 外 編, 前掲書, 169面.

201) 대법원 1991. 8. 27. 91도61(형법상 배임수재죄에 관한 같은 취지의 판례임).

202) 日 最判 1952. 7. 22. 刑集 6卷 7号 927面.

203) 東京高判 1953. 7. 20. 高刑 6卷 9号 1210面; 前掲「新版 注釈會社法(13)」, 599面.

204) 대법원 1971. 4. 13. 71도326(은행원이 부동산 매입자금 대출을 할 수 없도록 규정한 금융통화위원회규칙, 상업은행내규를 위반한 부동산 매입자금 대출 청탁을 받은 사안에서 부정한 청탁에 해당한다고 판시).

나 집행임원처럼 법령상 회사에 대하여 선량한 관리자의 주의의무나 충실의무를 부담하는 자가 그 의무에 위배하는 경우도 포함한다.[206] 그리고 사회상규나 신의성실 원칙에 반하는 것인지 여부를 판단함에 있어서는 청탁의 내용 및 이와 관련되어 교부받거나 공여한 재물의 액수·형식, 보호법익(사무처리의 충실성 또는 공정성) 등을 종합적으로 고찰하여야 한다.[207]

다만, 판례 중에는 "이 죄의 입법취지가 직무의 충실성을 확보하고 사리사욕을 위해 회사에 재산상 손해를 끼칠 염려있는 직무위반 행위를 금압하려는 데에 있음"을 이유로, "단지 감독청의 행정지시에 위반한다거나 사회상규에 반하는 것이라고 해서 곧 부정한 청탁이라고 할 수 없다"고 판시한 적이 있다.[208] 그러나 이 판례의 사안은 지입회사의 대표이사가 지입차주로부터 차량을 지입하게 하여 달라는 청탁을 받고 돈을 받은 사안이므로 사회상규에 반하는 경우는 아니며, 직무상 재량권한 범위 내에 있는 것인지 여부가 문제되는 사안이라고 본다.

재량권한 범위 내의 행위라면 일반적으로는 부정하다고 말할 수 없겠지만, 그러한 재량권한 범위 내의 행위라도 현저히 부당한 때에는 부정한 청탁에 포함될 수도 있다.[209] 청탁의 내용이 단순히 규정이 허용하는 범위 안에서 최대한의 선처를 바란다는 내용에 지나지 않는 경우에는 사회상규에 어긋난 부정한 청탁이라고 볼 수 없다.[210]

특히 배임수재죄의 경우를 중심으로, 위와 같은 '부정한 청탁'의 개념은 명확성 원칙에 반하는 문제가 있으므로 적어도 청탁내용이 '재산상 손해발생의 위

---

205) 대법원 2011. 8. 18. 2010도10290; 2006. 11. 23. 2006도5586(주식회사의 대표이사가 유상증자시 실권주를 인수하여 경영권을 확보하기 위하여 실권주의 처리를 결정할 이사회의 일원인 이사에게 실권주를 자신이 인수할 수 있게 도와달라는 취지의 부탁을 하면서 1억 원을 공여한 사안에서, 이러한 부탁은 사회상규 또는 신의성실 원칙에 반하는 부정한 청탁에 해당한다는 원심의 판단을 옳다고 판시).

206) 송호신, 전게 학위논문, 150면.

207) 형법상 배임수재죄에 관한 판례의 입장이다(대법원 2011. 9. 29. 2011도4397; 2010. 9. 9. 2009도10681; 1996. 10. 11. 95도2090 등).

208) 대법원 1980. 2. 12. 78도3111(주식회사의 대표이사가 차량을 지입하고자 하는 차주들로부터 차량을 지입하게 하여 달라는 청탁을 받고 그 대가로 돈을 받은 사안에서 지입차주의 선택은 피고인의 정당한 직무재량권한에 속하는 사항이므로 위와 같은 청탁을 부정한 청탁이라 할 수 없다고 판시).

209) 前揭「新版 注釈會社法(13)」, 599面; 前揭「會社法コンメンタル(21)」, 128面.; 伊藤栄樹 外 編, 前揭書, 204面.

210) 대법원 1982. 9. 28. 82도1656(형법상 배임수재죄에 관한 판례).

험'을 일으키는 내용으로 제한하여야 한다는 견해[211]도 있다.

그러나 '부정'의 개념에 관한 이러한 논의는 이 죄의 보호법익과 직접적 관련성을 갖는 것이다. 형법상 배임수·증재죄의 경우에는 재산에 관한 죄인 배임죄와 같은 장에 규정되어 있지만, 독직죄는 특별배임죄나 회사재산을 위태롭게 하는 죄와는 별도로 규정되어 있는 점, 회사 관계자의 직무의 충실성이나 공정성 그 자체를 보호하는 것이 회사제도의 건전한 운영에 중요한 문제임에 비추어, 배임수재죄의 위와 같은 논의를 이 죄에 그대로 적용할 수는 없다고 본다.

'청탁을 받고'란 부탁을 받아 이를 승낙한 때를 의미한다.[212]

3) '재산상 이익의 수수, 요구 또는 약속'

'재산상 이익'이란 금전적 가치로 환산할 수 있는 이익을 의미한다.[213] 재산상 이익에는 금전, 유체동산, 부동산 등 재물에 해당하는 것뿐만 아니라, 채무면제, 지급유예, 금전대여, 보증 또는 담보 제공, 유상 서비스의 무상제공, 향응제공 등도 포함한다. 그러나 지위의 제공이나 정욕의 만족 그 자체는 재산상 이익이 아니다.[214] 따라서 형법상 뇌물죄의 뇌물 개념보다는 좁은 개념이라 할 수 있다.[215]

재산상 이익은 부정한 청탁과 대가관계가 있어야 한다.[216] 수재자와 증재자와의 관계, 재산상 이익 수수의 동기 및 경위, 재산상 이익의 규모, 기타 사정 등에 비추어 단순한 사교적 의례의 범위에 속하는 경우에는 그 대가관계가 부정되거나 가벌적 위법성이 인정되지 아니할 것이다.[217]

'수수'란 재산상 이익을 자기 소유로 하는 의사를 가지고 현실적으로 취득하는 것을 의미한다.[218] 따라서 금품을 반환할 의사를 갖고 일시적으로 보관하는

---

211) 배종대, 전게서, 573면.

212) 日 最判 1954. 8. 20. 刑集 8巻 8号 1256面; 前揭「新版 注釈會社法(13)」, 599面; 前揭「會社法コンメンタル(21)」, 128面; 배임수재죄에 관하여 같은 취지의 견해{정성근·박광민, 「형법각론」 제4판(삼영사, 2011), 480면}도 있다.

213) 前揭「新版 注釈會社法(13)」, 599面; 前揭「會社法コンメンタル(21)」, 129面.; 伊藤栄樹 外 編, 前揭書, 204面.

214) 前揭「新版 注釈會社法(13)」, 600面; 前揭「會社法コンメンタル(21)」, 129面.

215) 飯尾滋明, "利益供与罪 -その序論的考察-",「神山敏雄先生 古稀祝賀論文集 第二巻 經濟刑法」(成文堂, 2006), 226面.

216) 대법원 1982. 7. 13. 82도874(형법상 배임수재죄에 관한 판례).

217) 대법원 1996. 12. 6. 96도144(금융기관 임직원의 뇌물 수수에 관한 특정경제범죄 가중처벌 등에 관한 법률위반 사안에서 사교적 의례 여부를 뇌물성 판단여부의 문제로 보고 있음).

218) 前揭「會社法コンメンタル(21)」, 129面.

것은 '수수'에 해당하지 않지만, 일단 소유의 의사로 수수한 금품을 나중에 반환하였다고 하더라도 수수 행위는 성립한다.

수수란 자기가 수수하는 경우를 말하므로, 제3자에게 재산상 이익을 공여하게 하는 경우에는 수수에 해당하지 않는다. 다만, 제3자에게 공여하게 하는 경우일지라도 실질적으로는 자신이 수령한 것으로 인정되는 경우에는 수수 행위에 해당한다.[219)]

'요구'란 재산상 이익의 공여를 구하는 의사표시를 의미한다. 상대방이 그 요구를 현실적으로 인식할 필요는 없으나, 상대방이 인식할 수 있는 상태이면 충분하다.[220)]

'약속'이란 장래에 재산상 이익을 수수하기로 쌍방이 합의하는 것을 의미한다. 그 이행기가 확정되어 있을 필요는 없다.[221)]

'그 직무에 관하여 부정한 청탁을 받고 재산상 이익을 수수・요구・약속한 때' 범죄가 성립하는 것이므로, 수수・요구・약속은 부정한 청탁의 결과로써 행하여지는 것이 필요하다. 따라서 먼저 직무에 관한 부정행위를 한 후 그 대가로 재산상 이익의 수수・요구・약속 행위가 있더라도 이 죄는 성립하지 않는다.[222)]

다만, 부정한 청탁을 받아 부정행위를 한 후 재산상 이익을 수수한 경우에는 독직수재죄 및 독직증재죄가 성립한다.[223)]

나. 독직증재죄

독직증재죄의 범죄구성요건행위는 직무에 관한 부정한 청탁을 하여 재산상 이익을 약속, 공여 또는 공여의 의사를 표시하는 행위이다.

'공여'란 재산상 이익을 현실적으로 수수하게 하는 것을 말한다. 공여 행위에 의한 독직증재죄와 수수 행위에 의한 독직수재죄는 필요적 공범(대향범) 관계에 있다.[224)]

---

219) 前掲「會社法コンメンタル(21)」, 129面.
220) 日 大判 1936. 10. 9. 刑集 15卷 1281面.
221) 日 大判 1932. 7. 1. 刑集 11卷 999面.
222) 前掲「新版 注釈會社法(13)」, 600面.; 前掲「會社法コンメンタル(21)」, 130面.
223) 前掲「新版 注釈會社法(13)」, 600面.; 前掲「會社法コンメンタル(21)」, 130面.; 伊藤栄樹 外 編, 前掲書, 205面.
224) 前掲「會社法コンメンタル(21)」, 130面.

독직죄도 후술하는 바와 같이 고의범이므로 재산상 이익이 직무 또는 부정한 청탁의 대가라는 점 및 부정한 청탁이라는 점에 관한 인식 및 인용이 필요한데, 수재자가 그러한 인식의 결여로 인하여 독직수재죄가 성립하지 않는 경우에는 공여 행위도 성립하지 않는다.225) 다만, 공여의 의사를 표시한 자로서 독직공여죄가 성립할 수는 있다.226)

반대로 공여자에게 위와 같은 인식의 결여로 인하여 독직증재죄가 성립하지 않는 경우에는 수재자의 수재 행위도 성립하지 않지만, 요구 행위를 한 자로서 독직수재죄가 성립할 수는 있다.227)

공여의 의사표시란 상대방에게 재산상 이익을 제공하겠다고 하는 일방적 의사표시이다.228) 따라서 상대방의 거절 여부는 문제가 되지 않는다. 재산상 이익을 상대방이 수령할 수 있는 상태에 있는 것도 요구하지 않는다는 견해229)도 있지만, 상대방이 공여의 의사표시를 요지(了知)할 것까지 요구하지는 않더라도, 의사표시의 일반원칙상 그 의사표시가 상대방에게 도달하여 상대방 수령할 수 있는 객관적 상태에 있을 것은 필요하다고 생각한다.230)

재산상 이익을 수수하기로 '약속'하는 경우에도 쌍방이 필요적 공범(대향범) 관계에 있게 된다.

3. 주관적 구성요건

가. 고 의

이 죄는 고의범이므로 형법 제13조 본문에 따라 이상의 객관적 범죄구성요건사실에 대한 인식과 적어도 그 용인이 필요하다(용인설). 특히, 독직수·증재죄 모두 행위주체의 직무에 관한 부정한 청탁이라는 점, 재산상 이익이 그 청탁의

---

225) 神山敏雄 外 編, 前掲書, 169~170面.

226) 日 最判 1962. 4. 13. 判時 315号 4面.

227) 前揭「會社法コンメンタル(21)」, 130面; 다만, 공여자에게 부정한 청탁이라는 인식의 결여로 인하여 독직증재죄가 성립하지 않는 경우에는, 수재자 입장에서도 부정한 청탁을 받았다고 할 수 없으므로 재산상 이익의 수수나 약속 행위는 물론 요구 행위도 성립하지 않는다는 반대설{前揭「新版 注釈會社法(13)」, 601面}이 있을 수 있으나, 부정한 청탁 여부는 객관적으로 판단할 수 있는 것이므로 수재자 입장에서 그 인식 아래 재산상 이익을 요구한 경우라면 독직수재죄가 성립할 수 있다{前揭「會社法コンメンタル(21)」, 130面}.

228) 송호신, 전게 학위논문, 156면.

229) 日 大判 1933. 11. 9. 刑集 12巻 1950面.

230) 같은 결론: 神山敏雄 外 編, 前掲書, 170面.

대가라는 점의 인식이 필요하다.

나. 영득의사

독직수재죄 중 수수 행위의 주관적 구성요건요소로 영득의사가 필요하다는 견해[231]가 있다.

그러나 이 죄의 보호법익을 직무의 충실성 또는 공정성으로 파악하고, '수수' 행위가 재산상 이익을 자기 소유로 하는 의사를 가지고 현실적으로 취득하는 것으로 보는 이상, 수수 행위에 대한 고의 외에 영득의사를 별도로 요구할 필요는 없다고 본다.

4. 기수시기

재산상 이익을 수수, 요구 또는 약속한 때 기수가 된다. 부정한 청탁을 받아 재산상 이익을 수수, 요구 또는 약속한 후 부정행위를 한 경우에도, 부정행위 여부는 범죄구성요건이 아니므로 그 수수, 요구 또는 약속한 때 기수가 될 것이다. 물론 회사에 재산상 손해가 발생하는지 여부도 범죄구성요건에 해당하지 아니하므로 범죄의 성립에 아무런 영향이 없다.

독직죄는 형법상 배임수·증재죄와는 달리 재산상 이익의 취득 또는 공여 외에 재산상 이익의 요구나 공여의 의사표시 또는 약속도 범죄구성요건으로 하고 있으므로, 배임수·증재죄와 같은 미수범 처벌규정(형법 제359조, 제357조)이 없지만 그 미수에 해당하는 행위도 독직죄의 경우에는 대부분 기수행위로 처벌된다고 볼 수 있다.

Ⅳ. 죄수관계

1. 포괄일죄

재산상 이익의 요구·약속·수수 행위가 일련의 행위로 이어진 경우에는 각 행위가 개별적으로는 독립된 범죄구성요건에 해당하는 행위이지만 수수 행위를 목표로 결합하여 1개의 독직수재죄를 구성하는 경우이므로 포괄일죄가 된다.[232]

---

231) 송호신, 전게 학위논문, 152면.
232) 前掲「會社法コンメンタル(21)」, 130面.

2. 배임죄와의 관계

독직수재죄는 발기인·이사·집행임원 등 회사 관련 사무를 처리하는 자가 그 직무에 관하여 부정한 청탁을 받고 재산상 이익을 수수·요구 또는 약속함으로써 성립하는 것이고, 특별배임죄나 형법상 업무상배임죄 또는 배임죄처럼 임무위배 행위나 회사에 손해를 가한 것을 요건으로 하지 않는다.

따라서 이들 죄와는 행위의 태양을 전연 달리하고 있고 보호법익도 다른 별개의 독립된 범죄이므로, 부정한 청탁을 받고 재산상 이익을 수수, 요구 또는 약속한 후 배임행위까지 한 경우에는 특별배임죄나 업무상배임죄와 실체적 경합범 관계에 있다고 보아야 한다.[233)]

3. 공갈죄와의 관계

발기인·이사·집행임원 등 회사 관련 사무를 처리하는 자가 타인을 공갈하여 자신의 직무에 관한 부정한 청탁을 하게 하고 재산상 이익을 취득한 경우에는 그 직무집행의 의사가 없었거나 직무처리와 대가적 관계없이 타인을 공갈한 경우라면 공갈죄만이 성립하고, 이러한 경우 재산상 이익을 공여한 자가 공갈에 외포되어 공여한 것이라면 그는 공갈죄의 피해자가 될 뿐, 독직증재죄는 성립할 수 없다.[234)]

그러나 만약 그 청탁의 대가로 직무를 행할 의사가 있었다면, 독직수재죄와 공갈죄는 1개의 행위가 수 개의 죄에 해당하는 경우이므로 상상적 경합관계가 될 것이다.[235)]

4. 사기죄와의 관계

발기인·이사·집행임원 등 회사 관련 사무를 처리하는 자가 타인을 기망하여 자신의 직무에 관한 부정한 청탁을 하게 하고 재산상 이익을 취득한 경우에도 위 공갈의 경우와 같이 해석하면 된다.[236)]

---

233) 대법원 1984. 11. 27. 84도1906(형법상 배임수재죄에 관한 판례).

234) 뇌물공여죄에 관한 유사 판례: 대법원 1994. 12. 22. 94도2528.

235) 日 福岡高判 1969. 12. 18. 刑月 1巻 12号 1110面; 前掲「新版 注釈會社法(13)」, 601面; 前掲「會社法コンメンタル(21)」, 131面.

5. 형법상 배임수·증재죄와의 관계

독직죄와 형법상 배임수·증재죄는 각 보호법익도 직무나 사무의 공정성이라는 점에서 유사하고, 배임수재죄는 행위주체가 타인의 사무를 처리하는 자이나 독직죄는 그 중에서도 회사 관련 직무를 처리하는 자의 수재나 그에 대한 증재행위에 한정하여 법정형을 다소 높이고 있을 뿐이므로, 양 죄는 특별관계인 법조경합관계로 보아야 할 것이다.[237]

제11절 권리행사방해 등에 관한 증수뢰죄

Ⅰ. 의 의

이 죄는 상법제정 당시 일본 상법 제494조를 모델로 하여 규정한 것이다. 위 일본 상법 규정은 1938년 일본 상법 개정시 신설된 것인데, 당시 이른바 총회꾼에게 주주총회에서 다른 일반 주주의 발언이나 의결권 행사를 협박 등으로 방해할 것을 청탁하고 그 대가로 금전을 수수하는 행위를 처벌하기 위하여 신설하게 된 것이었다고 한다.[238]

우리나라의 상법 제631조 규정은 주주나 사채권자의 발언 또는 의결권 행사 등 권리행사 외에도, 일본과는 달리 이사·감사 등의 회사편에 있는 각종 소송제기나 감사의 유지청구권 행사, 유한회사 사원의 발언이나 의결권 등 권리행사도 포함하여 회사제도상의 각종 권리행사에 관하여 폭넓게 규율하고 있다.[239]

상법 제631조 제1항(이하 수뢰죄라 한다)은 이러한 각종 권리행사에 관하여 부정한 청탁을 받고 재산상 이익을 수수, 요구 또는 약속한 자는 1년 이하의 징역 또는 300만 원 이하의 벌금에 처하고 있고, 상법 제631조 제2항(이하 증뢰

236) 日 大判 1940. 4. 22. 刑集 19卷 227面.

237) 박재윤, 전게「주석 형법각칙」, 503~504면; 송호신, 전게 학위논문, 146면도 같은 취지임; 그러나 독직죄에 해당함과 동시에 배임수·증재죄에도 해당하는 경우에 검사가 독직죄가 아닌 배임수·증재죄로 의율하여 기소한 경우에는 같은 죄로 처단할 수 있다(대법원 1975. 6. 24. 70도2660).

238) 前揭「會社法コンメンタル(21)」, 133面.

239) 일본 商法 제494조를 이어받은 현행 일본 會社法 제968조도 주식회사의 주주·사채권자·채권자·신주예약권자·신주예약권부사채권자의 권리행사에 한정하고 있다.

죄라 한다)은 그 이익을 약속, 공여 또는 공여의 의사를 표시한 자도 같은 법정형으로 처벌하고 있다. 위 징역형과 벌금형은 병과할 수도 있고(상법 제632조), 수뢰죄의 경우에는 범인이 수수한 이익은 몰수하고, 그 전부 또는 일부를 몰수하기 불능한 때에는 그 가액을 추징한다(상법 제633조).

그런데 이 죄는 권리행사방해죄가 아니라 증수뢰형 범죄로서 권리행사에 관한 부당한 이익을 수수하는 범죄이므로 현실적으로 권리행사가 방해될 것을 요구하지는 않지만, 주주나 사채권자 등 권리행사자의 권리행사에 관하여 재산상 이익이 수수, 요구, 약속 또는 공여 의사표시가 있을 것이 요구된다.[240] 그러므로 예컨대 총회꾼인 주주에게 다른 주주의 권리행사를 주주총회 중 발언으로써 제압하여 소기의 의안대로 의사진행이 되도록 협력하여 줄 것을 청탁하고 재산상 이익을 공여하고 이를 수수한다면, 이는 총회꾼인 주주의 권리행사에 관한 증수뢰이므로 이 죄에 해당할 것이다.[241]

그러나 만약 위 사례에서 총회꾼인 주주로 하여금 주주총회에서의 발언이 아닌 방법으로 다른 주주를 폭행·협박하여 소기의 의안대로 의결권을 행사하게 하도록 청탁한 것이라면, 그 폭행·협박이 주주총회 내외에서 행해진 것인지 여부를 불문하고 총회꾼인 주주 자신의 주주권 행사에 관한 청탁이라고 할 수 없으므로 이 죄는 성립하지 않는다고 보아야 한다.[242]

이에 반하여, 다른 주주의 권리행사를 폭행·협박 등의 위법·부당한 수단을 사용하여 방해하거나 봉쇄할 것을 청탁한 경우에도 이 죄에 해당한다는 견해[243]가 있으나, 이러한 해석은 이 죄를 증수뢰형 범죄로 규정한 입법취지에 반하는 것으로 보인다. 그러므로 이러한 경우에 이 죄로 의율할 수 없는 이상 이 죄의 입법취지인 총회꾼의 방지에 실효를 거두기는 어렵게 된다.

그 뿐만 아니라, 이 죄의 범죄구성요건 중 '부정한 청탁'을 증명하기도 용이하지 않기도 하고,[244] 법정형도 지나치게 가벼워 우리나라에서는 총회꾼 등에

240) 前揭「會社法コンメンタル(21)」, 134面.

241) 日 最決 1969. 10. 16. 刑集 23卷 10号 1359面(이하 '동양전기 칼라텔레비전 사건'이라 함).

242) 前揭 「會社法コンメンタル(21)」, 134面.

243) 송호신, 전게 학위논문, 158면; 前揭「新版 注釈會社法(13)」, 605面.

244) 이렇게 '부정한 청탁'을 요건으로 규정한 이유에 관하여, 주주권의 행사는 주주의 자유로운 선택에 맡겨진 것이므로 주주가 재산상 이익을 받고 주주로서의 공익권 행사를 방기하더라도 위법한 것으로 볼 수는 없으나, 부정한 청탁까지 있었다면 가벌성이 있다고 볼 수 있기 때문이다. 따라서 이 죄의 본질은 '부정한 청탁에 기한 공익권 매수'로 볼 수 있다(같은 취

대하여 실제로 이 죄를 적용하여 처벌한 사례가 거의 없었다.

이러한 경위로 1984년 상법개정시 후술하는 바와 같이 '부정한 청탁'을 범죄구성요건으로 하지 않고 증수뢰형 범죄도 아닌 상법 제634조의 2(주주의 권리행사에 관한 이익공여죄) 규정을 신설하게 되었다.

그러나 권리행사방해 등에 관한 증수뢰죄는 총회꾼의 방지 외에도 회사제도의 건전한 운영을 위하여 소수주주, 이사・감사 등의 회사편에 있는 각종 소송제기나 유지청구권 행사 등 회사편상 회사운영의 투명성 확보를 위한 각종 권리행사에 관하여 폭넓게 규율하고 있고, 이러한 권리의 행사사례가 점증하고 있으므로, 회사의 건전한 운영을 위한 이러한 권리행사의 왜곡을 방지하기 위하여 이 죄의 활용도를 높이는 제도적 개선이 필요하다고 본다.[245] 이 죄의 활용도를 높이기 위하여는 우선 일본의 경우처럼 법정형을 대폭 상향조정할 필요가 있다고 본다.[246]

참고로, 우리나라의 입법모델이 된 과거 일본 상법 제494조에는 수뢰죄 및 증뢰죄의 법정형을 모두 '1년 이하의 징역 또는 5만 엔 이하의 벌금'으로 규정하고 있었으나, 1997년 상법 개정시 그 법정형을 '5년 이하의 징역 또는 200만 엔 이하의 벌금'으로 대폭 상향하였으며, 현행 일본 회사법 제968조는 법정형을 '5년 이하의 징역 또는 500만 엔 이하의 벌금'으로 규정하고 있다.

Ⅱ. 보호법익

일본에서는 위와 같은 입법경위에 비추어 이 죄의 보호법익을 주주권 등의 적정행사로 보는 것이 일반적이다.[247] 주식회사에서 주주권의 적정행사를 보호하여 주주총회에서 주주들의 공정한 토의와 결의를 보장하는 등 주식회사의 이익을 보호하려는 것이 이 법의 입법취지라는 것이다.[248]

우리나라의 경우에는 위와 같이 주주권이나 사채권자의 권리는 물론 각종 회사편상 소의 제기, 유지청구권 행사 등 회사의 건전한 운영을 위한 권리행사를 보호함으로써 회사 자체의 이익을 보호하기 위한 것이라고 보아야 할 것이다.

지: 神山敏雄 外 編, 前揭書, 171面).

245) 같은 취지 : 송호신, 전게 학위논문, 159면.

246) 같은 취지 : 송호신, 전게 학위논문, 160면.

247) 前揭「會社法コンメンタル(21)」, 133面.

248) 일본 판례('동양전기 칼라텔레비전 사건')도 같은 취지임.

따라서 이 죄의 보호법익은 '주주권, 사채권자 권리 등 회사의 건전한 운영을 위한 권리행사의 적정'을 보호법익으로 볼 수 있다.

그러나 그 권리행사가 현실적으로 방해를 받거나 그 방해의 구체적 위험발생을 요구하지 아니하므로, 그 보호의 정도는 추상적 위험범으로 보아야 할 것이다.[249]

Ⅲ. 범죄구성요건

1. 행위주체

가. 수뢰죄의 행위주체

수뢰죄의 행위주체는 특별히 명시하고 있지는 않지만 상법 제631조 제1항 제1호 내지 제3호의 권리를 행사할 수 있는 자이다.

위 제1호의 행위주체는 창립총회, 사원총회, 주주총회 또는 사채권자집회에서의 발언 또는 의결권행사를 할 수 있는 주주, 사원, 사채권자 또는 그 대리인[250] 등이다. 비록 의결권이 없더라도 주주총회 등에의 출석권만 인정되더라도 행위주체가 될 수 있다.

위 제2호의 행위주체는 회사편에 정하는 소의 제기, 발행주식총수 100분의 1 또는 100분의 3 이상에 해당하는 주식을 가진 주주, 사채총액 100분의 10 이상에 해당하는 사채를 가진 사채권자 또는 자본금 100분의 3 이상에 해당하는 출자좌수를 가진 사원의 권리행사를 할 수 있는 주주, 사채권자, 사원 또는 회사편상 제소권을 가진 이사·감사 등이다.

위 제3호의 행위주체는 상법 제402조 또는 제424조에 정하는 권리, 즉, 이사의 법령 또는 정관 위반행위에 관한 유지청구권을 행사할 수 있는 감사·감사위원이나 발행주식총수 100분의 1 이상에 해당하는 주식을 가진 주주, 신주발행 유지청구를 할 수 있는 주주이다. 2011년 상법개정시 신설된 집행임원의 위법행위에 대한 유지청구에 관하여도 상법 제402조를 준용하고 있으나(상법 제408조의9), 상법 제631조 제1항 제3호에 상법 제408조의 9 규정은 포함하지 않

---

249) 같은 증수뢰형 범죄인 뇌물죄에 관하여도 추상적 위험범으로 보는 것이 일반적이다(박상기, 전게서, 641면).

250) 상법 제631조 제1항 제1호와 유사한 규정인 일본 會社法 968조 제1항 제1호의 해석과 관련하여, 일본에서도 당연히 대리인을 포함하는 것으로 해석하는 것이 일반적이다{前掲「新版注釈會社法(13)」, 603面; 前掲「會社法コンメンタル(21)」, 133面}.

고 있다. 그러므로 죄형법정주의 원칙에 비추어 집행임원을 이 죄의 행위주체에 포함할 수는 없다고 해석해야 할 것이다. 그러나 집행임원을 제외할 이유가 없으므로 이는 입법의 불비로 보인다.

그런데 이러한 행위주체가 법인인 경우에는 법인의 범죄주체성이 인정되지 않는 이상 법인의 실제 행위자인 이사나 업무집행사원, 집행임원, 감사 또는 지배인 등에게 이 죄를 적용할 수 있는지 여부에 관하여는 명문 규정이 없다. 이 죄의 행위주체가 법인인 경우에는 상법 제637조를 유추적용하여 위와 같은 해석이 가능하다고 본다.[251)]

나. 증뢰죄의 행위주체

증뢰죄의 행위주체에는 특별한 제한이 없다.

2. 위반행위

수뢰죄의 행위는 '다음 사항에 관하여,' 즉 상법 제631조 제1항 각 호의 권리행사에 관하여 부정한 청탁을 받고 재산상 이익을 수수, 요구 또는 약속하는 행위이다.

이 죄는 증수뢰형 범죄이므로, 위 '제631조 제1항 각 호의 권리행사에 관하여'란 그 권리행사 행위주체들 자신의 권리의 행사·불행사와 재산상 이익은 대가관계에 있어야만 한다는 뜻이다.[252)]

'부정한 청탁'이란 권리의 행사·불행사에 관하여 위법하거나 현저히 부당한 부탁을 의미한다.[253)] 앞에서 살펴본 바와 같이 주주총회에서의 발언을 통하여, 다른 주주를 협박 또는 위압하여 정당한 발언을 중지하게 하거나, 그러한 수단을 사용하지 않더라도 주주총회의 의사진행을 혼란하게 할 것을 부탁하더라도 다른 주주의 정당한 권리행사를 방해하도록 부탁하는 것이기 때문에 부정한 청탁에 해당한다.[254)]

---

251) 이에 관하여, 일본에서도 우리나라 상법 제637조와 유사한 규정인 일본 會社法 제972조의 해석상 행위주체가 법인인 경우에는 그 법인의 이사(取締役), 집행임원(執行役), 기타 업무를 집행하는 사원(役員) 또는 지배인에게 벌칙 규정(제968조)을 적용하는 것으로 해석하고 있다 {前揭「會社法コンメンタル(21)」, 136面}.

252) 前揭「新版 注釈會社法(13)」, 604面; 前揭「會社法コンメンタル(21)」, 136面.

253) 송호신, 전게 학위논문, 158면; 神山敏雄 外 編, 前揭書, 171面; 前揭「新版 注釈會社法(13)」, 604面; 前揭「會社法コンメンタル(21)」, 137面.

주주로서 주주총회에서 권리를 행사함에 있어서 협박 또는 위압 수단이 아닌 술책 등으로 다른 주주의 정당한 발언을 봉쇄할 것을 부탁한다거나, 회사에 유리한 발언이나 의결권을 행사하도록 부탁하는 것은 그것이 회사임원의 범죄행위 기타 위법행위를 실현하기 위한 방법이라거나, 경영진의 경영상 중대한 실책으로 인한 책임추궁을 회피하기 위한 경우 등 특별한 사정이 있는 경우에 한하여 부정한 청탁에 해당한다고 본다.[255] 단순히 주주총회에서 의안에 대한 찬성 또는 반대의 발언이나 의결권 행사하도록 부탁한다거나, 주주총회의 원활한 의사진행에 협력하도록 부탁함에 그치는 것은 부정한 청탁에 해당하지 않는다고 보아야 할 것이다.[256]

주주로서의 정당한 권리행사를 할 의도가 없이 주주총회의 의사진행을 방해하려는 자에 대하여 주주총회에 출석하지 않거나 출석하더라도 방해하는 발언을 하지 않도록 부탁하는 것은 이견이 있을 수는 있으나, 권리남용을 하지 않을 것을 부탁하는 것이므로 부정한 청탁에 해당하지 않는다고 보는 견해가 많다.[257]

증뢰죄의 행위는 상법 제631조 제1항의 재산상 이익을 약속, 공여 또는 공여의 의사를 표시하는 행위이다.

'재산상 이익,' '수수, 요구 또는 약속' 및 '공여 또는 공여의 의사표시'의 의미에 관하여는 독직죄에 관하여 설명한 바와 같다.

독직죄에서 설명한 바와 같이 수수 및 공여하거나 약속하는 행위는 필요적 공범(대향범) 관계에 있으므로, 증뢰자에게 부정한 청탁의 고의가 있었지만 수뢰자에게는 그러한 인식이 없는 경우에는 공여, 수수 또는 약속 행위는 성립할 수 없고, 증뢰자에게 공여의 의사표시에 의한 증뢰죄가 성립할 수 있을 뿐이다.[258]

---

254) 前揭「新版 注釈會社法(13)」, 606面; 前揭 「會社法コンメンタル(21)」, 137面.

255) 같은 취지: 송호신, 전게 학위논문, 158면; 前揭 「新版 注釈會社法(13)」, 606面; 前揭「會社法コンメンタル(21)」, 137面; 전술한 일본의 '동양전기 칼라텔레비전 사건'에서도 같은 취지로 판시(주식회사의 임원이 회사의 신제품인 칼라텔레비전 개발에 관한 경영상 실책에 관하여 주주총회에서의 책임추궁이 예상되는 상황에서 총회꾼인 주주 또는 그 대리인에게 보수를 주어 주주총회에서 다른 주주들의 발언을 제압하여 의안을 회사의 원안대로 가결되도록 의사진행을 하여 줄 것을 부탁하는 것은 '부정한 청탁'에 해당한다고 판시).

256) 前揭「會社法コンメンタル(21)」, 138面.

257) 송호신, 전게 학위논문, 158면; 前揭「新版 注釈會社法(13)」, 606面; 前揭「會社法コンメンタル(21)」, 138面.

258) 前揭「會社法コンメンタル(21)」, 138~139面.

3. 고　의

이 죄는 고의범이므로 형법 제13조 본문에 따라 이상의 객관적 범죄구성요건사실에 대한 인식과 적어도 그 용인이 필요하다(용인설). 특히, 주주권 등의 권리행사에 관한 부정한 청탁이라는 점, 재산상 이익이 그 권리행사의 대가라는 점 등에 대한 인식이 중요할 것이다.

Ⅳ. 죄수관계

1. 독직죄와의 관계

상법 제630조의 독직죄나 상법 제631조 제1항의 수뢰죄는 부정한 청탁을 받고 재산상 이익을 수수·요구·약속하는 행위인 점은 동일하다. 그러나 그 청탁을 하는 사무의 내용에 비추어 볼 때 독직죄의 불법과 책임내용은 수뢰죄의 그것을 흡수하는 법조경합관계이다. 따라서 상법 제630조의 독직죄가 성립하는 경우에는 상법 제631조 제1항의 수뢰죄는 성립하지 않는다.[259]

예컨대 이사가 그 직무에 관하여 부정한 청탁을 받은 것이 이사의 회사편상소의 제기 등 권리행사에 관하여 부정한 청탁을 받은 경우에도 해당하는 것이라면, 수뢰죄인 후자의 불법과 책임내용은 독직죄인 전자의 그것에 완전히 포섭되므로 독직죄만 성립한다.

2. 이익공여죄와의 관계

후술하는 상법 제634조의 2(주주의 권리행사에 관한 이익공여죄)와 제631조의 증·수뢰죄와의 관계는 전자의 보호법익을 어떻게 파악하는가에 따라 달라진다.

양 죄의 구성요건이 일부 다르기는 하지만, 예컨대 주식회사의 이사가 주주의 권리행사와 관련하여 부정한 청탁을 하고 회사의 계산으로 재산상 이익을 공여하여 주주가 이를 수수하는 경우처럼 한 개의 행위로 양 죄를 구성하는 경우가 있을 수 있다.

이 경우에 양 죄의 보호법익이 상호 다르다고 보는 입장에서는 한 개의 행위가 양 죄에 해당한다고 보아 상상적 경합 관계로 보게 되고,[260] 양 죄의 보호

259) 前揭「新版 注釈會社法(13)」, 606面.

법익이 같다고 보는 입장에서는 상법 제631조의 증·수뢰죄가 성립하는 경우에는 상법 제634조의 2(주주의 권리행사에 관한 이익공여죄)의 불법과 책임내용을 완전히 포섭하는 법조경합 관계로 보아서 상법 제631조의 증·수뢰죄만 성립한다고 주장하게 된다.[261)]

3. 공갈죄와의 관계

공갈죄가 상법 제631조의 수뢰죄나 증뢰죄에도 해당하는 경우에는 일본에서 학설이 대립하고 있다. 예컨대 주주가 주주총회에서의 발언권 행사에 관하여 회사의 이사를 협박하여 부정한 청탁을 하게 하고 재산상 이익을 취득한 경우에, 공갈죄만 성립한다고 하는 견해가 일본의 통설이다.[262)]

이에 대하여, 양 죄의 보호법익이 다르고 공갈의 피해자에게 증뢰하지 않을 것을 기대하는 것이 불가능하지는 않다는 이유로 공갈죄와 수뢰죄 및 증뢰죄가 성립할 수도 있다고 보는 견해[263)]가 있다. 이러한 견해에 따르면 공갈죄와 수뢰죄는 한 개의 행위가 양 죄에 해당하는 경우이므로 상상적 경합관계가 될 것이다.

제12절 주주의 권리행사에 관한 이익공여죄

Ⅰ. 의　　의

앞에서 살펴본 바와 같이 총회꾼의 방지를 위하여 제정된 권리행사방해 등에 관한 증수뢰죄가 범죄구성요건인 '부정한 청탁'을 증명하기가 용이하지 않고 증수뢰형 범죄로 규정되어 실효를 거두지 못하자, 1984년 상법개정시 '부정한 청탁'을 범죄구성요건으로 하지 않고 증수뢰형 범죄도 아닌 상법 제634조의 2(주주의 권리행사에 관한 이익공여죄) 규정을 신설하게 되었다.

상법 제634조의2 규정에 따르면, 주식회사의 이사, 집행임원, 사용인 등이 주주의 권리행사와 관련하여 회사의 계산으로 재산상 이익을 공여한 경우에는 1

260) 前掲「新版 注釈會社法(13)」, 606～607面.
261) 前掲「會社法コンメンタル(21)」, 138面.
262) 前掲「新版 注釈會社法(13)」, 607面.; 伊藤栄樹 外 編, 前掲書, 218面.
263) 前掲「會社法コンメンタル(21)」, 138～139面.

년 이하의 징역 또는 300만 원 이하의 벌금에 처한다(상법 제634조의2 제1항, 이하 이익공여죄라 한다). 그리고 그 이익을 수수하거나(이하 이익수수죄라 한다), 제3자에게 공여하게 한(이하 제3자이익공여죄라 한다) 자도 같은 형에 처한다(상법 제634조의2 제2항). 이는 그 규정형식에 비추어 권리행사방해형 범죄라 할 수 있다.

이 죄는 1981년 개정된 일본 상법 제497조를 모델로 규정하게 된 것인데, 일본은 그 후 1997년 및 2000년 각 상법 개정을 거쳐 2005년 이 규정을 이어받은 현행 일본 회사법 제970조에서는 총회꾼 방지의 실효를 거두기 위하여 우리나라와는 다음과 같은 점을 달리 규정하고 있다. 즉, 공여죄의 범죄구성요건에 '자회사의 계산으로' 재산상 이익을 공여한 경우도 포함하고, 그 법정형을 3년 이하의 징역 또는 300만 엔 이하의 벌금으로 규정하고 있으며(일본 회사법 제970조 제1항), 자수한 경우에는 그 형을 감면할 수 있다(일본 회사법 제970조 제6항). 그리고 재산상 이익을 '요구'한 자도 같은 법정형으로 처벌하고(일본 회사법 제970조 제3항), 수공여죄(受供與罪), 제3자공여죄 또는 요구죄를 범한 자가 나아가 회사 임원 등에게 위박(威迫)행위까지 한 때에는 5년 이하의 징역 또는 500만 엔 이하의 벌금에 처하며(일본 회사법 제970조 제4항), 정상에 따라 그 징역형과 벌금형을 병과할 수도 있다(일본 회사법 제970조 제5항).

우리나라의 경우에는 일본에 비하여 법정형이 지나치게 경미하여 실효성이 없게 될 우려가 있고, 실제로 이 죄로 의율되는 사례도 드물다. 앞으로 이 죄의 실효성을 높이기 위한 입법적 검토가 필요하다고 본다.

Ⅱ. 보호법익

이 죄의 보호법익을 어떻게 파악할 것인지는 여러 가지 쟁점과 관련된 중요한 문제이다.

제1설은 회사재산 낭비 방지에 의한 회사운영의 건전성 확보가 보호법익이라는 견해[264]이다(회사재산보호설). 이 견해는 '회사의 계산으로' 재산상 이익을 공여할 것을 범죄구성요건으로 하고 있는 점, 독직죄나 권리행사방해 등에 관한 증수뢰죄와는 달리 회사임원 등을 행위주체로 하여 이익공여죄를 상법 제634조의2 제1항에 규정함으로써 같은 조 제2항의 이익수수죄의 성립 여부와 무관하

264) 박길준, 전게논문, 162면; 송호신, 전게 학위논문, 161면; 권재열, "상법상 이익공여죄에 관한 소고,"「법학연구」(연세대학교 법학연구소, 2008), 133~134면; 일본의 다수설이다{前揭「新版 注釈會社法(13)」, 614面; 神山敏雄 外 編, 前揭書, 173面.; 飯尾滋明, 前揭書, 226面}.

게 성립할 수 있는 기본적 범죄유형으로 하고 있는 점, 증수뢰형 범죄인 권리행사방해 등에 관한 증수뢰죄(상법 제631조)와는 달리 몰수·추징 규정(상법 제633조)이 없는 점 등을 논거로 삼고 있다. 그 밖에 주주의 실제적인 권리행사를 범죄구성요건으로 하고 있지 않다는 점을 논거로 하는 견해[265]도 있다.

제2설은 일본의 학설이지만, 주주 권리행사의 적정이 보호법익이라는 견해[266]이다(주주권 적정행사설). 이 견해는 이 죄의 입법경위가 권리행사방해 등에 관한 증수뢰죄가 총회꾼에 대한 대책으로 실효를 거두지 못하고 있는 점을 개선하기 위하여 규정하게 된 것이라는 점, '주주의 권리행사와 관련하여' 재산상 이익을 공여하는 것이 범죄구성요건인 점 등을 논거로 할 수 있다.

제3설도 일본의 학설이지만, 회사재산 낭비 방지에 의한 회사운영의 건전성 확보와 주주 권리행사의 적정 모두가 보호법익이라는 견해[267]이다. 제3설의 경우에는 양 보호법익의 관계가 선택적(병렬적)인지 중첩적인지 여부가 문제될 수 있는데, 일본의 경우에는 중첩적 관계로 보는 견해[268]가 유력하다.

생각하건대 1984년 상법개정 당시 총회꾼 방지의 실효를 거두기 위하여 회사는 누구든지 주주의 권리행사와 관련하여 재산상 이익을 공여할 수 없도록 규정하면서(상법 제467조의2 제1항), 이를 위반한 경우에는 그 공여를 받은 자는 공여받은 이익을 회사에 반환하도록 하는 한편(상법 제467조의2 제3항 제1문), 이 죄를 신설하여 그 공여자나 공여받은 자를 모두 형사처벌할 수 있게 한 것이다. 총회꾼에 대한 이익공여를 회사가 하는 경우에만 금지한 이유는 주주권이 사적 권리인 점을 감안하여 회사재산 낭비를 수반하는 이익공여인 경우에만 가벌성이 있다고 보았기 때문이다.[269]

또한, 이 죄의 구성요건을 살펴보더라도, 주식회사의 임직원이 주주의 권리행사와 관련하여 회사의 계산으로 재산상 이익을 공여하는 등의 경우에 성립하는 것으로서, 회사재산 낭비를 통한 주주 권리행사의 왜곡을 처벌하고자 하는 것이므로, 회사재산 낭비 방지에 의한 회사운영의 건전성 확보와 주주 권리행사의 적정 모두를 중첩적으로 보호하려는 취지로 보아야 할 것이다(중첩적 보호설).

범죄구성요건상 회사운영의 건전성이나 주주 권리행사의 적정이 현실적으로

---

265) 권재열, 전게 "상법상 이익공여죄에 관한 소고," 133면.
266) 芝原邦爾, 「経済刑法研究 (上)」(有斐閣, 2005), 156面.
267) 前掲「會社法コンメンタル(21)」, 143面.
268) 前掲「會社法コンメンタル(21)」, 144面.
269) 일본의 입법경위 참조{前掲「會社法コンメンタル(21)」, 142面}.

침해되거나 그 구체적 위험이 발생할 것을 요건으로 규정하고 있지 아니하므로, 그 보호의 정도는 추상적 위험범으로 보아야 할 것이다.

Ⅲ. 범죄구성요건

1. 행위주체

가. 이익공여죄의 행위주체

이익공여죄는 일정한 신분을 가진 자만이 이 죄의 행위주체가 될 수 있는 신분범이다. 주식회사의 이사, 집행임원, 감사위원회 위원, 감사, 임시이사(상법 제386조 제2항), 지배인, 그 밖의 사용인, 그리고 이사 또는 감사에 대한 선임결의의 무효나 취소 또는 해임의 소가 제기되었거나 제기되기 전에 법원에 의하여 선임된 그 직무대행자(상법 제407조 제1항, 제415조)만이 행위주체가 될 수 있다(진정신분범). 사용인의 범위에 제한이 없는 점은 특별배임죄의 행위주체와 다르다.

위 행위주체의 구체적 해석에 관하여는 특별배임죄에서의 설명과 같다. 다만, 사용인의 해석과 관련하여 사용인이 독자적인 의사결정으로 이익공여를 한 경우로 제한하는 견해[270]가 있다. 그러나 사용인이 이사 등 임원의 지시에 따라 이러한 행위를 하였다고 하여 그 행위주체성을 부인할 근거는 없다고 본다. 그러한 경우에는 사용인도 이 죄의 행위주체로서 임원과 공동정범이 될 수 있을 것이다. 다만 상사의 강요에 의한 행위의 경우에는 형법 제12조가 적용되어 책임조각사유가 될 수 있을 뿐이다.

이러한 행위주체가 법인인 경우에는 법인의 범죄주체성이 인정되지 않는 이상 법인의 실제 행위자인 이사나 업무집행사원, 집행임원, 감사 또는 지배인 등에게 이 죄를 적용할 수 있는지 여부에 관하여는 제637조 등에 명문 규정이 없다. 권리행사방해 등에 관한 증수뢰죄의 경우처럼 제637조를 유추적용하여 이 죄의 행위주체가 법인인 경우에는 위와 같은 해석이 가능할 것으로 보이지만, 이는 입법의 불비로 보인다.

참고로, 일본에서는 우리나라 상법 제637조와 유사한 규정인 일본 회사법 제972조에 명문규정을 두어 우리나라의 상법 제634조의2 제1항에 해당하는 일본

270) 김선정, "주주의 권리행사에 관한 이익공여금지 -소위 총회꾼의 횡포에 대한 법적 대응-", 「개발논총」 제2집(동국대학교, 1992), 26면; 권재열, 전게 "상법상 이익공여죄에 관한 소고," 135면.

회사법 제970조 제1항의 행위주체가 법인인 경우에는 그 법인의 이사(取締役), 집행임원(執行役), 기타 업무를 집행하는 사원(役員) 또는 지배인에 대하여 그 벌칙 규정을 적용하고 있다.

나. 이익수수죄 및 제3자이익공여죄

이익수수죄나 제3자이익공여죄는 행위주체에 제한이 없으므로 신분범은 아니다. 다만, 대부분 총회꾼이 그 행위의 주체로 될 것이다.

2. 위반행위

가. 이익공여죄

이익공여죄는 위 행위주체가 같은 회사 주주의 권리행사와 관련하여 회사의 계산으로 재산상 이익을 공여하는 행위이다.

1) '주주의 권리행사와 관련하여'

재산상 이익의 공여가 '주주의 권리행사와 관련하여' 이루어지는 것이 필요한데, 이를 공여자의 주관적 요건으로 보는 것이 통설이다.[271)]

행사하는 주주권의 내용은 자익권이건 공익권이건 불문하고, 주주총회에 불출석하거나 출석하더라도 질문이나 발언 등 주주권을 행사하지 않기로 하는 것도 주주의 권리행사와 관련한 것으로 볼 수 있다. 주주권의 행사·불행사뿐만 아니라 그것과 밀접한 행위도 포함된다.[272)]

주주의 의결권 행사와 관련하여 주주총회의 원활한 진행에 협력하는 것에 대한 대가를 공여하는 경우와 같이 주주 권리행사의 내용이 위법하지 않더라도 무방하다. 나아가 주주총회에 참석한 주주들에게 선물을 공여하는 경우처럼 구체적인 청탁이 없더라도 무방하다.[273)] 주주권 행사와 관련된 재산상 이익의 공여라면, 이를 특정 주주에게만 공여하였건 주주 전원에게 공여하였건 불문한다.

근로자복지기본법에 따른 우리사주조합의 자사주 취득을 위하여 회사가 그 조합에게 취득자금 또는 물품을 출연하거나 그 취득자금의 융자 또는 융자보증

---

271) 우홍구, "주주의 권리행사와 관련한 이익공여의 금지", 「법대논총」 제3집(건국대학교, 1994), 40면.
272) 우홍구, 전게논문, 39면.
273) 前揭「會社法コンメンタル(21)」, 146面.

등 지원행위를 하는 경우에(근로자복지기본법 제36조 제1항 제1호, 제42조 제1항 내지 제3항), 이를 '주주의 권리행사와 관련하여' 재산상 이익을 공여한 것으로 볼 수 있는지 여부가 문제될 수 있다. 그 지원행위가 근로자에 대한 복리후생 제도의 내용으로서 합리적인 범위 이내인 경우에는 이에 해당하지 않는다고 하는 견해[274]가 있다. 이러한 점도 하나의 기준은 될 수 있겠지만, 궁극적으로는 공여자의 주관적 의도 등에 비추어 주주권 행사와의 관련성을 판단할 문제라고 본다.[275]

이익 공여의 상대방은 주주로 한정할 필요가 없고 이익공여를 받는 자의 주주권 행사에 한정되는 것도 아니지만, 이익공여가 주주의 권리행사와 관련하여 이루어질 것은 필요하다. 예컨대 주주가 아닌 자에게 다른 주주로 하여금 총회에서 발언하지 않도록 설득해 줄 것을 부탁하는 등 다른 주주의 권리행사에 영향력을 행사하도록 부탁하고 금전 등 재산상 이익을 공여하는 경우에도, 주주의 권리행사와 관련한 이익공여이므로 이 죄가 성립한다.[276]

또한 현재는 주주가 아니지만 장래 주주가 될 자에게 장래 주주로서 행사할 수 있는 권리에 관하여 이익공여 행위가 있는 경우도 포함한다.[277]

주식의 양도나 불양도 자체는 주주의 권리행사와 관련된 것으로 볼 수 없지만, 주식을 양도함으로써 주주의 권리행사를 하지 않기로 하고 그 대가로 이익공여를 하거나 타인에게 그 주식을 양수하기 위한 대가를 공여하는 것은 포함한다.[278]

주주가 아닌 자에게 앞으로 회사의 주식을 취득하지 않을 것을 전제로 재산상 이익을 공여하는 경우도 주주의 권리불행사를 조건으로 하는 것이므로 주주의 권리행사와 관련된 재산상 이익공여로 보아 포함할 수 있다고 본다.[279] 이

274) 권재열, 전게 "상법상 이익공여죄에 관한 소고," 140면.

275) 김선정, 전게논문, 38, 39면에서도 "이 제도(우리사주조합 지원제도)는 법령에 따라, 개별종업원의 주주권 행사와는 무관하게 일률적으로 운용되는 것이므로 적법하다고 보아야 하지만, 회사가 종업원의 주주권 행사에 관하여 어느 정도 구체적 언질을 하고 급부가 이루어지거나, 종업원의 복리후생제도로서의 상당성 있는 범위를 초과하여 지원금을 지급한 경우에는 주주의 권리행사에 관한 이익공여로 볼 수 있다"고 한다.

276) 日 東京地判 1988. 6. 29. 資料版商事法務 70号 44面; 前揭「新版 注釈會社法(13)」, 618面; 前揭「會社法コンメンタル(21)」, 146, 149面.

277) 前揭「會社法コンメンタル(21)」, 146面.

278) 前揭「新版 注釈會社法(13)」, 618面; 前揭「會社法コンメンタル(21)」, 147面.

279) 같은 취지 : 권재열, 전게 "상법상 이익공여죄에 관한 소고," 138면; 우홍구, 전게논문, 40면; 神山敏雄 外 編, 前揭書, 173面; 前揭「會社法コンメンタル(21)」, 146面.

에 대하여는, 주주의 회사에 대한 권리가 기명주식의 경우 명의개서 후에야 발생하는 것임을 이유로 이 죄의 성립을 부정하는 견해도 있다.[280)]

이익공여로 인하여 주주의 권리행사·불행사에 영향을 미칠 객관적 개연성이 존재하지 않는 경우에도 이 죄가 성립할 것인지[281)] 여부는 보호법익에 관한 입장에 따라 달리 볼 수 있다. 보호법익에 관한 제1설(회사재산보호설)을 따르면 이러한 경우에도 회사재산의 낭비로 인하여 회사운영의 건전성이 침해될 수 있으므로 이 죄의 성립을 긍정할 수 있지만(이러한 입장에서는 이익공여가 '주주의 권리행사와 관련하여' 이루어진 것인지 여부는 공여자 측의 주관적인 요건으로만 보게 된다),[282)] 제2설(주주권 적정행사설) 및 제3설(중첩적 보호설)을 따르면 이러한 경우에는 주주 권리행사의 적정을 침해할 위험이 없으므로 이 죄의 성립을 부정하게 된다.[283)]

상법은 회사가 특정 주주에게 무상으로 재산상 이익을 공여하거나 유상으로 공여하더라도 회사가 얻은 이익이 공여한 이익에 비하여 현저하게 적은 경우에는 주주의 권리행사에 관하여 이익을 공여한 것으로 추정하는 규정을 두고 있다(상법 제467조의2 제2항). 이러한 추정규정은 이 죄의 '주주의 권리행사와 관련하여'를 판단함에도 적용된다는 견해[284)]가 있다. 그러나 이러한 추정규정은 상법(상법 제467조의2 제3항) 등 사법(私法)상 책임에 관한 규정이므로, 범죄구성요건의 증명책임이 검사에게 있는 형사상 책임에 적용할 것은 아니라고 본다.[285)]

이익공여죄는 후술하는 이익수수죄가 성립하지 않더라도 성립할 수 있다(상법 제634조의2 제1항). 즉, 이 죄는 필요적 공범이 아니기 때문에 공여받는 자에게 주주의 권리행사와 관련한 이익공여라는 점에 대한 인식이 없어서 이익수수죄가 성립하지 않더라도 이익공여죄는 성립할 수 있다.[286)]

---

280) 김선정, 전게논문, 27면.

281) 예컨대, 이익공여를 받는 자가 해당 회사의 주주가 아니라거나 해당 회사의 주주에게 영향을 미칠 수 있는 자가 아닌 때에는 이익공여로 인하여 주주의 권리행사·불행사에 영향을 미칠 객관적 개연성도 존재하지 않는 경우가 있을 수 있다.

282) 같은 입장의 견해: 前揭「新版 注釈會社法(13)」, 618面.; 伊藤栄樹 外 編, 前掲書, 229面; 野村稔,「經済刑法の論点」(立花書房, 2002), 112, 113面.

283) 前掲「會社法コンメンタル(21)」, 147面.; 中森喜彦, "利益供与罪の新設",「判タ」471号(1982), 2面.

284) 송호신, 전게 학위논문, 163면.

285) 神山敏雄 外 編, 前掲書, 173面; 前掲「新版 注釈會社法(13)」, 619面.

286) 김선정, 전게논문, 36면; 前掲「會社法コンメンタル(21)」, 147, 150面.; 伊藤栄樹 外 編, 前掲書, 229面.

2) '회사의 계산으로'

'회사의 계산으로'란 재산상 이익의 공여가 회사의 부담으로 되어 그 경제적 손익이 회사에 귀속하는 것을 말한다. 누구의 명의로 이익공여가 되었는지 여부는 문제되지 않는다. 따라서 회사의 임원이 자기 돈으로 이익공여를 하는 형식을 취하였더라도 회사가 미리 임원 수당의 인상 등으로 그 돈을 지급한 것으로 볼 수 있는 경우에는 회사의 계산으로 이익공여를 한 셈이 된다.[287)]

'회사의 계산으로'란 의미가 나아가 회사에 재산상 손해발생 또는 적어도 그 손해발생의 위험이 있을 것도 요구하는 것인지 여부[288)]는 이 죄의 보호법익에 관한 견해에 따라 결론을 달리한다. 보호법익에 관한 제1설(회사재산보호설) 및 제3설(중첩적 보호설)을 따르면 이를 긍정하게 되지만, [289)] 제2설(주주권 적정행사설)을 따르면 이를 부정하게 된다.[290)]

자회사로부터 염출한 자금을 그 모회사 주주의 권리행사와 관련하여 총회꾼에게 공여한 경우에도 모회사의 계산으로 이익공여를 한 것으로 볼 것인지 여부는 문제이다. 그러한 이익공여가 간접적으로 모회사의 부담이 되는 것으로 보거나 염출한 자금이 일단 모회사에 귀속되는 것으로 보아서 이를 긍정하는 견해[291)]가 있을 수 있으나, 자회사는 모회사와 별개의 법인격을 가진 회사이므로, 죄형법정주의 원칙에 비추어 볼 때 '회사의 계산으로'라는 개념에 이러한 간접적인 부담까지 포함하는 것으로 해석하거나 분명한 법적 근거가 없이 위와 같이 회계처리를 의제할 수는 없다고 본다.[292)] 일본의 경우에는 2000년 상법 개정시 이 죄와 같은 이익공여죄의 범죄구성요건에 '또는 그 자회사의 계산으로 재산상 이익을 공여한 때'라는 부분을 추가하여 입법적으로 해결하였다(현행

---

287) 김선정, 전게논문, 25면; 前揭「新版 注釈會社法(13)」, 619面.

288) 이는 주주의 권리행사와 관련하여 회사의 재산을 공여하더라도 그 대가가 있는 등 경제적 효과가 회사에 귀속되어 회사의 재산에 손해가 발생하지 않고 그 손해발생의 위험조차 없는 경우에도 이 죄가 성립할 것인지 여부의 문제이다.

289) 권재열, 전게 "상법상 이익공여죄에 관한 소고," 135면 각주 29에서는 보호법익에 관한 제1설(회사재산보호설)의 입장에서 회사가 공정한 거래를 하는 경우에는 이 죄의 구성요건에 해당하지 않는다고 보고 있다.

290) 前揭「會社法コンメンタル(21)」, 144面.

291) 日 東京地判 1988. 6. 23. 資料版商事法務 59号 29面(자회사로부터 염출한 자금을 뒷돈으로 사용하여 총회꾼에게 공여한 사안에서 이 죄의 성립을 인정하였음).

292) 우홍구, 전게논문, 38면; 김선정, 전게논문, 40면도 같은 취지이나, 자회사가 모회사의 주주에게 지급한 이익을 모회사가 자회사에게 전보(塡補)해 준 때에는 모회사의 이익공여 행위가 될 수 있다고 한다.

일본 회사법 제970조 제1항). 입법적 검토가 필요하다.

3) '재산상 이익의 공여'

'재산상 이익'의 개념은 금전적 가치로 환산할 수 있는 이익을 뜻하고, 그 해석에 관하여는 독직죄에서 설명한 바와 같다.

거래상 유리한 기회가 재산상 이익인지 여부는 다툼이 있을 수 있다. 예컨대 종전에 다른 청소업체에 맡겨 온 회사 건물의 청소작업을 총회꾼이 운영하는 청소업체에 맡기는 용역계약을 체결한 경우에 재산상 이익을 공여한 것인지 여부가 문제될 수 있다. 그 대가가 통상의 거래상 합리적인 범위내로서 정당한 거래의 대가로 볼 수 있는 한 회사재산의 낭비 우려가 없기 때문에 거래상 유리한 기회를 부여한 것만으로는 재산상 이익에 해당하지 않는 것으로 보는 견해[293)]가 있다.

그러나 '재산상 이익'을 금전적 가치로 환산할 수 있는 이익을 의미한다고 보는 이상 경제거래상 계약체결의 기회도 당연히 재산상 이익으로 보아야 할 것이다. 다만, 위 사례의 경우에는 그 이익의 공여가 주주의 권리행사와 관련하여 이루어진 것인지 여부가 문제될 뿐이라고 보아야 할 것이다.

'공여'란 상대방의 소득으로 귀속하게 할 의사로 재산상 이익을 수여하는 것을 말하고, 공여된 이익이 실제로 상대방의 소득으로 귀속되었는지 여부는 문제되지 않는 것으로 해석하는 것이 일반적이다.[294)] 즉, 독직증재죄나 권리행사방해 등에 관한 증수뢰죄의 경우처럼 상대방으로 하여금 그 이익을 현실적으로 수수하게 하여야 하는 것은 아니다. 이익공여죄는 위 죄들과는 달리 필요적 공범(대향범)이 아니기 때문에, 이익을 수수하는 자에게 주주의 권리행사와 관련하여 회사의 계산으로 이익을 공여하는 것이라는 사실에 대한 인식이 없어서 이익수수죄가 성립하지 않더라도 이익공여죄는 성립할 수 있기 때문이다.[295)]

---

293) 우홍구, 전게논문, 43면; 前揭「會社法コンメンタル(21)」, 148~149面.

294) 송호신, 전게 학위논문, 164면; 前揭「新版 注釈會社法(13)」, 620面(나아가 공여자가 공여하는 이익이 상대방에게 종국적으로 귀속되지 않을 가능성을 알고 있었던 경우라도 이익공여가 된다고 한다); 神山敏雄 外 編, 前揭書, 173面; 前揭「會社法コンメンタル(21)」, 149面.

295) 前揭「會社法コンメンタル(21)」, 150面; 일본에서는 이익수수죄를 이익공여죄와의 필요적 공범으로 보는 견해(神山敏雄 外 編, 前揭書, 174面)도 있다.

나. 이익수수죄 및 제3자이익공여죄

상법 제631조 제1항의 이익을 수수하거나(이익수수죄), 제3자에게 이를 공여하게 한(제3자이익공여죄) 행위이다.

이익공여죄의 성립을 전제로 그 이익을 받는 자도 회사자산의 낭비 및 주주권리행사의 적정을 침해하는 데 가담한 자로서 가벌성이 있다고 보고 처벌하려는 것이 이익수수죄 및 제3자이익공여죄의 입법취지라고 보아야 할 것이다. 따라서 공여되는 이익이 주주의 권리행사와 관련하여 회사의 계산으로 공여되는 것이라는 사실을 인식하고 이를 받거나 제3자에게 공여하게 한 경우에만 죄가 성립한다고 보아야 할 것이다.[296]

그러나 이익을 수수하는 자에게 공여자의 기대나 의뢰에 따라 행위를 할 의사가 있을 것은 요건이 아니다.[297]

이익공여죄가 필요적 공범이 아님은 앞에서 살펴본 바와 같지만, 위와 같이 이익공여죄가 성립하지 않는다면 이익수수죄나 제3자이익공여죄도 성립하지 않는다고 보아야 한다.[298] 예컨대 이익을 수수하는 자가 그 이익이 주주의 권리행사와 관련하여 회사의 계산으로 공여하는 것으로 알고 이익을 수수하였다 하더라도, 정작 이익공여자에게는 그러한 의도가 없었다면 이익공여죄는 물론 이익수수죄도 성립하지 않는다. 그러므로 이익수수죄나 제3자이익공여죄는 필요적 공범(대향범)으로 보아야 할 것이다.

3. 고 의

이 죄는 고의범이므로 형법 제13조 본문에 따라 이상의 객관적 범죄구성요건사실에 대한 인식과 적어도 그 용인이 필요하다(용인설). 따라서 이익공여죄의 경우에는 상법 제634조의2 제1항의 행위주체가 같은 회사 주주의 권리행사와 관련하여 회사의 계산으로 재산상 이익을 공여하는 사실의 인식이 필요하다.

이익수수죄나 제3자이익공여죄의 경우에는 공여되는 이익이 주주의 권리행사와 관련하여 회사의 계산으로 공여되는 것이라는 사실의 인식이 필요하다.

---

296) 이 죄와 유사한 규정인 일본 會社法 제970조 제2항은 '情을 알고 전항의 이익을 공여받거나 제3자에게 공여하게 한 자'라고 규정함으로써 이를 분명히 하고 있다.

297) 前揭「會社法コンメンタル(21)」, 150面.

298) 前揭「新版 注釈會社法(13)」, 621面.

Ⅳ. 위법성

주주총회에 참석한 주주들에게 다과 또는 간소한 기념품을 제공하거나, 장시간의 회의에 필요한 식사제공, 회사 내 주차비 지급, 사회상규상 합리적 범위 내의 명절선물이나 경조금품 지원은 주주의 권리행사와 관련한 재산상 이익공여로 볼 수 없어서 범죄구성요건에 해당하지 않거나, 적어도 사회상규에 위배되지 아니하여 위법성이 없다고 보아야 할 것이다.[299]

그러나 고가의 기념품이나 일당·여비 등을 지급하는 것은 허용되지 않는다고 보아야 할 것이다. 주주총회의 참석은 주주로서 자신의 권리를 행사하기 위한 것이므로, 그 소요비용은 주주 자신이 부담하는 것이 당연하기 때문이다.

마찬가지 이유로 주주인 회사직원의 근무시간 중 주주총회 참석을 유급휴가로 처리할 수도 없다고 본다. 이에 대하여, 취업규칙에 따른 유급휴가는 허용할 수 있는 것으로 해석하는 견해[300]도 있으나, 강행규정인 이익공여금지 규정(상법 제467조의2)에 반하는 취업규칙은 무효이므로 취업규칙에 허용 규정을 두었는지 여부에 따라 달리 해석할 이유는 없다고 본다.

Ⅴ. 죄수관계

1. 배임죄와의 관계

재산상 이익의 공여가 회사에 대한 배임행위가 되는 경우에, 이익공여죄와 특별배임죄(또는 배임죄나 업무상배임죄)와의 관계에 관하여는 이 죄의 보호법익을 어떻게 파악하는지 여부에 따라 결과가 달라진다.

보호법익에 관한 제1설(회사재산보호설)을 따르면 이 죄를 특별배임죄의 보충규정으로 보게 되므로 양 죄를 법조경합관계로 보아 특별배임죄만 성립하게 된다.[301] 제2설(주주권 적정행사설)을 따르면 양 죄는 별개의 보호법익을 침해하는 독립된 범죄로 보게 되므로 상상적 경합관계가 될 것이다.[302] 제3설(중첩적 보호설)의 입장에서도 양 죄의 보호법익이 일치하는 것이 아니므로 제2설과 같이

---

299) 김선정, 전게논문, 28면; 이철송, 전게서, 977면.
300) 김선정, 전게논문, 28면.
301) 前掲「會社法コンメンタル(21)」, 144, 150面.
302) 前掲「新版 注釈會社法(13)」, 622面.

파악할 수 있다고 본다.[303]

2. 권리행사방해 등에 관한 증수뢰죄와의 관계

주주의 권리행사에 관하여 부정한 청탁을 하고 회사의 계산으로 재산상 이익을 공여하고 상대방이 이를 수수한 경우에, 이익공여죄 또는 이익수수죄와 권리행사방해 등에 관한 증수뢰죄와의 관계에 관하여 보호법익에 관한 위 제1설 및 제3설의 입장에서는 각자 별개의 법익을 침해하는 독립된 범죄로 보아서 상상적 경합관계로 보게 될 것이다.[304]

그리고 위 제2설의 입장에서는 이익공여죄나 이익수수죄를 권리행사방해 등에 관한 증수뢰죄의 보충규정으로 보아 법조경합관계로 보게 된다.[305]

3. 공갈죄와의 관계

총회꾼이 주주의 권리행사와 관련하여 회사의 이사 등을 공갈하여 재산상 이익을 수수한 경우에, 보호법익에 관한 위 제1설에 따르면 이익수수죄는 공갈죄에 흡수되는 법조경합관계로 볼 수 있을 것이다. 그러나 보호법익에 관한 위 제2설이나 제3설에 따르면 이익수수죄와 공갈죄는 각자 별개의 법익을 침해하는 독립된 범죄이므로, 위 총회꾼에게는 이익수수죄와 공갈죄의 상상적 경합관계를 인정할 수 있다.[306]

이 경우에 회사의 이사 등에게 이익공여죄가 성립할 것인지 여부는 다툼이 있을 수 있다. 이사 등에게 이익공여를 결정할 자유가 남아있는 한 이익공여죄가 성립한다는 견해[307]가 있을 수 있으나, 공갈이란 폭행 또는 협박으로 공포심을 일으키게 하는 행위인데,[308] 그러한 공갈의 피해자에게 처벌가치 있는 이익공여 결정이 있었다고 할 수는 없으므로, 위 이사 등은 공갈의 피해자일 뿐

---

303) 이에 대하여, 일본에서는 보호법익에 관한 제1설(회사재산보호설)과 같은 결론이 된다는 견해(前揭「會社法コンメンタル(21)」, 144面)도 있으나, 근거가 없는 견해로 보인다.

304) 김선정, 전게논문, 37면; 前揭「會社法コンメンタル(21)」, 144, 145, 150面; 권재열, 전게 "상법상 이익공여죄에 관한 소고," 143면에서는 보호법익에 관한 제1설의 입장에서 상상적 경합관계로 파악하고 있다.

305) 前揭「會社法コンメンタル(21)」, 144面.

306) 前揭「新版 注釈會社法(13)」, 622面; 前揭「會社法コンメンタル(21)」, 150面.

307) 前揭「新版 注釈會社法(13)」, 622面.

308) 정성근・박광민, 전게서, 407면.

이익공여죄를 인정할 수는 없다고 본다.[309)]

제13절 과 태 료

Ⅰ. 의 의

과태료는 법령상의 질서를 유지하기 위하여 법령상 의무를 이행하지 않는 등 법령위반 행위자에 대하여 금전지급의무를 강제적으로 부과하는 제재이다.

상법은 회사편에 부과된 의무를 이행하지 않거나 금지·제한된 행위를 하는 등 상법위반 행위자 중 회사제도의 질서유지를 위하여 필요한 경우에 한하여 제635조, 제636조에서 과태료 부과의 요건 및 기준을 정하고, 제637조의2에서 그 부과·징수 절차를 규정하고 있다.

과태료 부과금액은 상장회사에 대한 특례 규정(단, 그 중 일부 특례규정 위반은 제외)을 위반한 경우에는 5천만 원 이하(상법 제635조 제3항) 또는 1천만 원 이하(상법 제635조 제4항)이나, 그 밖의 일반적 과태료 부과사안의 경우에는 500만 원 이하이다(상법 제635조 제1항, 제2항).

우리나라와 유사한 과태료 규정을 두고 있는 현행 일본 회사법 제976조 내지 제978조 규정은 일화 100만 엔 이하의 과태료에 처하고 있다. 비상장회사의 경우에는 우리나라의 과태료 상한액보다 2배 이상 높다. 위 일본 회사법의 과태료 금액도 1981년 개정된 이래 근 30년간 변함이 없는 금액이지만,[310)] 우리나라의 과태료 금액은 위 금액과 비교하더라도 지나치게 적어 과태료 제도의 실효성이 없으므로 과태료의 상한액을 상향조정할 필요가 있다.

Ⅱ. 법적 성질

과태료는 행정질서벌의 일종으로서 형벌인 벌금이나 과료(科料)와는 법적 성질이 다르다. 그러므로 과태료 부과대상은 범죄가 아니므로 형법의 총칙규정이

---

309) 판례도 "재물의 교부자가 공무원의 해악 고지로 인하여 외포된 결과 공무원에게 금품을 제공한 것이라면 그는 공갈죄의 피해자가 될 뿐 뇌물공여죄는 성립할 수 없다"고 판시(대법원 1994. 12. 22. 94도2528).

310) 前揭「會社法コンメンタル(21)」, 167面.

적용되지 아니하고(형법 제8조 본문), 그 부과·징수 절차에는 형사소송법이 적용되지 아니하며, 헌법 제13조 제1항 후단의 일사부재리 원칙(이중처벌금지 원칙)이 적용되지 아니한다(판례).[311]

그러나 과태료도 제재의 일종으로서 상법위반죄의 경우와 같은 행정형벌과는 목적·기능이 중복되는 면도 일부 있으므로, "동일한 행위를 대상으로 하여 형벌을 부과하면서 아울러 행정질서벌로서의 과태료까지 부과한다면 그것은 이중처벌금지의 기본정신에 배치되어 국가 입법권의 남용으로 인정될 여지가 있음을 부정할 수 없다."[312]는 점을 감안하여, 상법 제635조 제1항, 제2항의 과태료 사안은 그 행위에 대하여 형을 과할 때에는 과태료를 부과하지 아니한다(상법 제635조 제1항 단서, 제2항). '형을 과할 때'에만 과태료를 부과하지 아니하는 것이므로 범죄가 성립하더라도 검사가 공소를 제기하지 않는 경우에는 과태료를 부과할 수 있다.[313] 따라서 과태료 재판에서는 범죄가 성립하지 아니한 사실을 증명할 필요는 없으나 같은 사안으로 공소가 제기되었는지 여부는 확인할 필요가 있을 것이다.

과징금도 법령상의 질서를 유지하기 위하여 법령상 의무를 이행하지 않는 등 법령위반 행위자에 대하여 금전지급의무를 강제적으로 부과하는 제재라는 점에서는 과태료와 유사하나, 과징금은 행정질서벌이 아니라 침해적 행정행위이고, 위반행위로 인한 경제적 이익을 환수하기 위한 제재라는 점에서 그 법적 성질과 제재의 목적이 과태료와 다르다. 따라서 과징금 부과처분은 과태료 부과처분과는 달리 행정절차법의 적용대상이고 항고쟁송의 대상이 된다.[314]

Ⅲ. 과태료 부과요건

1. 부과사유

과태료 부과대상이 되는 행위주체나 위반행위 등 부과사유의 구체적 내용에 관하여는 상법 제635조, 제636조에 규정하고 있다.[315] 그 중 주로 문제되는 점

311) 대법원 1992. 2. 11. 91도2536.

312) 헌법재판소 1994. 6. 30. 92헌바38 전원재판부(이 헌법재판례는 건축법위반행위에 관한 것임).

313) 前掲「會社法コンメンタル(21)」, 169面.

314) 박균성,「행정법론(상)」 제9판(박영사, 2010), 547면.

315) 2012. 12. 현재 법무부에서 논의되고 있는 상법개정안 중에는 '상법 제340조의2 내지 제340조의4 규정을 위반하여 주식매수선택권을 부여하거나 행사한 경우'도 상법 제635조 제1항의

만 검토해 보면 아래와 같다.

상법 제635조 제1항 제1호는 '회사편에서 정한 등기를 게을리한 경우'에는 과태료를 부과한다. 회사의 등기는 법령에 다른 규정이 있는 경우를 제외하고는 회사의 대표자가 신청 의무를 부담하므로(상업등기법 제17조), 등기해태 당시 회사의 대표자가 과태료 부과 대상자가 된다. 회사의 등기사항에 변경이 있는 때에는 본점 소재지에서는 2주간 내, 지점 소재지에서는 3주간 내에 변경등기를 하여야 하는데(상법 제183조), 본점소재지와 지점소재지의 관할 등기소가 동일하지 아니한 때에는 그 등기도 각각 신청하여야 하는 것이므로, 그 등기 해태에 따른 과태료도 본점소재지와 지점소재지의 등기 해태에 따라 각각 부과된다.

만일 회사의 등기 해태기간이 지속되는 중에 대표자의 지위를 상실한 경우에는 대표자의 지위에 있으면서 등기를 해태한 기간에 대해서만 과태료 책임을 부담한다(판례).[316] 그리고 이사가 임기의 만료 또는 사임에 의하여 퇴임함에 따라 법률 또는 정관에 정한 이사의 원수(최저인원수 또는 특정한 인원수)를 채우지 못하게 되는 결과가 된 경우에, 그 퇴임한 이사는 새로 선임된 이사가 취임할 때까지 이사로서의 권리의무가 있다(상법 제386조 제1항). 대표이사의 경우에도 마찬가지이다(상법 제389조 제3항). 이러한 경우에는 이사의 퇴임등기를 하여야 하는 2주 또는 3주의 기간은 일반의 경우처럼 퇴임한 이사(또는 대표이사)의 퇴임일부터 기산하는 것이 아니라 후임 이사(또는 대표이사)의 취임일부터 기산한다고 보아야 하며, 후임 이사(또는 대표이사)가 취임하기 전에는 퇴임한 이사(또는 대표이사)의 퇴임등기만을 따로 신청할 수는 없다고 보아야 한다(판례).[317]

상법 제635조 제1항 제8호는 '법률 또는 정관에서 정한 이사 또는 감사의 인원수를 궐한 경우에 그 선임절차를 게을리한 경우'에 과태료를 부과한다. 이 규정은 법률 또는 정관에 정한 이사 또는 감사의 원수를 궐한 경우에 그 선임을 위한 총회소집절차를 밟아야 할 지위에 있는 자에 대하여 과태료의 제재를 가하고 있지만, 여기서 선임절차의 대상이 되는 '이사'에 '대표이사'는 포함되지 않는다. 그러므로 대표이사가 퇴임하여 법률 또는 정관에 정한 대표이사의 수를

과태료 부과대상으로 신설하는 내용이 있다. 이는 상법을 위반하여 주식매수선택권 부여 결의를 하게 하거나 주식매수선택권을 행사한 이사 등에 대한 제재를 통하여 주식매수선택권에 관한 상법규정의 실효성을 확보하려는 것으로 보인다.

316) 대법원 2009. 4. 23. 2009마120.

317) 대법원 2007. 6. 19. 2007마311; 2005. 3. 8. 2004마800 전원합의체.

채우지 못함으로 말미암아 퇴임한 대표이사에게 후임 대표이사가 취임할 때까지 대표이사로서의 권리의무가 있는 기간 동안에 후임 대표이사의 선임절차를 해태하였다고 하여 퇴임한 대표이사를 과태료에 처할 수는 없다(판례).[318)]

2. 부과대상자

상법 제635조 각 항은 일정한 행위주체를 규정하고 있는데, 만일 그 밖의 자가 실제로 각 위반행위를 한 경우에는 그 실제행위자를 감독하는 자 중 위 행위주체에 해당하는 자가 과태료 부과대상이 된다.[319)]

과태료 부과에는 형법 총칙의 경합범 규정이 적용되지 않기 때문에, 부과대상자의 위반행위가 여러 개인 경우에는 그 수만큼 각각의 과태료가 부과된다.[320)]

3. 귀책사유 요부

과태료에 관하여는 형법 제13조(범의) 규정은 적용 또는 유추적용되지 않기 때문에, 과태료 부과 대상 행위에 대한 행위주체의 고의가 있어야 하는 것은 아니다. 그러나 명문 규정은 없지만 적어도 과실과 같은 귀책사유가 필요한 것인지 여부가 문제된다.

가. 귀책사유 불요설

판례는 "과태료와 같은 행정질서벌은 행정질서유지를 위하여 행정법규위반이라는 객관적 사실에 대하여 과하는 제재이므로 반드시 현실적인 행위자가 아니라도 법령상 책임자로 규정된 자에게 부과되고 또한 특별한 규정이 없는 한 원칙적으로 위반자의 고의·과실을 요하지 아니한다."는 입장이다.[321)] 그러나 그 후 판례는 "과태료와 같은 행정질서벌은 행정질서유지를 위한 의무의 위반이라는 객관적 사실에 대하여 과하는 제재이므로 반드시 현실적인 행위자가 아니라도 법령상 책임자로 규정된 자에게 부과되고 원칙적으로 위반자의 고의·과실을 요하지 아니하나, 위반자가 그 의무를 알지 못하는 것이 무리가 아니었다고

---

318) 대법원 2007. 6. 19. 2007마311.
319) 前揭「會社法コンメンタル(21)」, 173面.
320) 법원행정처,「법원실무제요(소년·비송)」제2판(2000년), 477~478면.
321) 대법원 1994. 8. 26. 94누6949.

할 수 있어 그것을 정당시할 수 있는 사정이 있을 때 또는 그 의무의 이행을 그 당사자에게 기대하는 것이 무리라고 하는 사정이 있을 때 등 그 의무 해태를 탓할 수 없는 정당한 사유가 있는 때에는 이를 부과할 수 없다."고 판시하여 다소 책임주의 원칙에 입각한 견해를 보이고 있다.[322)]

나. 귀책사유 필요설

이에 대하여, 일본의 학설이기는 하지만, 귀책사유 필요설은 과태료도 제재인 이상 고의·과실과 같은 귀책사유가 없어 비난가능성이 없는 행위에 대하여는 과태료도 부과할 수 없다고 보아야 하므로 적어도 과실은 필요하다고 한다.[323)] 다만, 이 견해는 객관적인 위반행위가 인정되면 행위주체의 귀책사유가 사실상 추정되는 것으로 본다.

다. 구분설

과태료 사안별로 위반행위의 내용에 따라 고의·과실이 필요한 경우와 그렇지 아니한 경우로 구분하는 견해[324)]도 있다.

라. 결 어

생각하건대 상법상 과태료 부과의 경우에 적용되는 것은 아니지만 과태료 부과절차에 관한 일반규정이라 할 수 있는 질서위반행위규제법 제7조는 "고의 또는 과실이 없는 질서위반행위는 과태료를 부과하지 아니한다."라는 명문 규정을 두고 있고, 판례는 이를 책임주의 원칙을 채택한 규정으로 평가하고 있다.[325)] 우리나라의 이러한 전체 법체계를 감안하고, 또한 책임주의 원칙은 형벌 외에 재산상 불이익을 가하는 제재에도 적용되어야 함이 헌법 제10조에 부합하는 해석[326)]임에 비추어 볼 때 상법상 과태료 사안에서도 명문 규정은 없지만 고의나 적어도 과실은 필요한 것으로 보는 긍정설이 타당하다고 본다(귀책사유 필요설).[327)]

---

322) 대법원 2000. 5. 26. 98두5972.

323) 前揭「會社法コンメンタル(21)」, 167~168面.

324) 일본의 다수설이다(前揭「新版 注釈會社法(13)」, 629面).

325) 대법원 2011. 7. 14. 자 2011마364.

326) 책임주의 원칙을 헌법 제10조로부터 도출된다고 보는 견해 : 신동운, 전게서, 353면; 박상기, 전게「형법총론」, 233면; 헌법재판소 2007. 11. 29. 2005헌가10 전원재판부.

327) 2007년 질서위반행위규제법을 제정할 당시에 상법에도 같은 취지의 명문 규정을 두는 것이 바람직하였을 것으로 보인다.

상법 第635조 각 항의 위반행위를 같은 조에서 규정하고 있는 행위주체 외의 자가 실제로 행위를 한 경우에는 그 실제행위자를 감독하는 자 중 위 행위주체에 해당하는 자가 과태료 부과대상이 됨은 전술한 바와 같은데, 이 경우에도 책임주의 원칙상 그에게 실제행위자에 대한 선임·감독상의 과실은 존재하여야 할 것이다.[328)]

Ⅳ. 위법성 착오의 경우

그리고 과태료에 관하여는 형법의 총칙규정이 적용되지 아니하므로 형법 제16조(법률의 착오) 규정도 적용되지 않기 때문에, 행위주체에게 위법성의 착오로 인하여 상법위반이 아니라고 믿었고 그 오인에 정당한 이유가 있더라도 과태료를 부과할 수 있는지 여부도 문제될 수 있다.[329)] 예컨대 행정청의 잘못된 행정지도나 행위 당시의 판례에 따라 의무위반이 없다고 오인한 경우가 여기에 해당할 것이다.

판례는 전술한 바와 같이 "위반자가 그 의무를 알지 못하는 것이 무리가 아니었다고 할 수 있어 그것을 정당시할 수 있는 사정이 있을 때 또는 그 의무의 이행을 그 당사자에게 기대하는 것이 무리라고 하는 사정이 있을 때 등 그 의무 해태를 탓할 수 없는 정당한 사유가 있는 때에는 과태료를 부과할 수 없다."고 판시하고 있으므로,[330)] 행위자에게 위법성의 착오가 있고 그 오인에 정당한 이유가 있는 경우에는 과태료를 부과할 수 없다는 입장으로 해석된다.

일본에서도 이러한 경우에도 행위자를 비난할 수 없기 때문에 과태료를 부과할 수 없는 것으로 해석하는 견해[331)]가 있다.

생각하건대, 위 질서위반행위규제법 제8조도 "자신의 행위가 위법하지 아니한 것으로 오인하고 행한 질서위반행위는 그 오인에 정당한 이유가 있는 때에 한하여 과태료를 부과하지 아니한다."고 규정하고 있다. 상법위반으로 인한 과태료의 경우에는 명문규정이 없지만, 전체 법체계와 책임주의 원칙에 비추어 형법 第16조 규정을 유추적용하는 것이 타당하다고 본다.

---

328) 前揭 「會社法コンメンタル(21)」, 173面; 平野龍一 編, 前揭書, 127, 128面.

329) 예컨대, 행정청의 질의회신이나 행정지도 또는 법원의 판례를 믿고 자기 행위가 위법하지 않다거나 의무위반이 아니라고 믿었던 경우가 있다.

330) 대법원 2000. 5. 26. 98두5972.

331) 前揭 「會社法コンメンタル(21)」, 168面.

Ⅴ. 과태료의 부과절차

상법 제635조 제1항 제1호 규정의 '회사편에서 정한 등기를 게을리한 경우'에는 과태료에 처할 자의 주소지 지방법원이 과태료 부과 결정을 한다(상법 제637조의2 제1항 괄호 내 문언, 비송사건절차법 제247조, 제248조). 등기관은 그 직무상 과태료 부과대상이 있음을 안 때에는 지체 없이 그 사건을 관할 지방법원 또는 지원에 통지하여야 하는데(상업등기규칙 제113조), 이에 따라 과태료 부과절차가 개시되는 경우가 많다.

나머지 상법 제635조 및 제636조 과태료 부과 사안의 경우에는 법무부장관이 상법시행령 제44조의 절차에 따라 부과·징수한다(상법 제637조의2 제1항). 법무부장관은 과태료를 부과하려는 경우에는 10일 이상의 기간을 정하여 과태료 처분 대상자에게 말 또는 서면(전자문서를 포함한다)으로 의견을 진술할 기회를 주어야 한다(상법시행령 제44조 제2항). 이 경우에 과태료는 국고금 관리법령의 수입금 징수에 관한 절차에 따라 징수한다(상법시행령 제44조 제4항).

법무부장관의 과태료 부과처분에 불복하는 자는 그 처분을 고지받은 날부터 60일 이내에 법무부장관에게 이의를 제기할 수 있다(상법 제637조의2 제2항). 그 이의 제기시 법무부장관은 지체 없이 관할 법원에 그 사실을 통보하여야 하고, 통보를 받은 법원은 비송사건절차법 제4편 보칙 규정에 따라 과태료 재판을 한다(상법 제637조의2 제3항). 이 과태료 재판에 대하여는 당사자와 검사가 즉시항고를 할 수 있다(상법 제248조 제3항). 위 이의제기기간 내 이의를 제기하지 아니하고 과태료도 납부하지 아니한 때에는 국세 체납처분의 예에 따라 징수한다(상법 제637조의2 제4항).

위 법원의 과태료 재판은 검사의 명령으로 집행하고, 이 경우 그 명령은 집행력있는 채무명의와 동일한 효력이 있으며, 그 집행절차는 민사집행법의 강제집행절차에 따라 실시한다(비송사건절차법 제249조).

Ⅵ. 과태료 부과의 제척기간 문제

과태료에 대하여는 형벌의 공소시효와 같은 시효에 관한 규정이 없고, 공소시효 규정을 유추적용하는 규정도 없기 때문에 언제까지나 부과할 수 있는 것인지도 해석상 문제된다.

참고로, 질서위반행위의 경우에는 행정청은 질서위반행위가 종료된 날(다수인이 질서위반행위에 가담한 경우에는 최종행위가 종료된 날을 말한다)부터 5년이 경과한 경우에는 해당 질서위반행위에 대하여 과태료를 부과할 수 없도록 제척기간을 정하고 있다(질서위반행위규제법 제19조 제1항). 이 경우 행정청의 과태료 부과처분이나 법원의 과태료 재판도 그 확정 후 5년간 징수하지 아니하거나 집행하지 아니하면 시효로 인하여 소멸한다고 규정하고 있다(질서위반행위규제법 제15조 제1항).

회사편의 과태료는 상법상 질서유지를 위한 행정질서벌이고, 시일이 경과하면 질서벌을 부과할 필요성도 소멸하는 것이므로 그 과태료 부과의 제척기간을 정하는 입법이 필요하다고 본다.

판례색인

[대법원]

[헌법재판소]

[하급심]

찾아보기

[ㅅ]

[ㅇ]

[ㅈ]

〈저자약력〉

한석훈(韓晳薰)

성균관대학교 법과대학 학사, 석사, 박사
제28회 사법시험 합격, 사법연수원 수료(변호사)
부장검사, 한국형사정책연구원 연구위원실장 역임
성균관대학교 법과대학 교수, 사법시험 출제위원
현, 성균관대학교 법학전문대학원 교수

기업범죄의 쟁점 연구

2013년 2월 1일 초판 인쇄
2013년 2월 10일 초판 발행

저 자 한 석 훈
발행인 배 효 선
발행처 도서출판 法 文 社
주 소 413-756 경기도 파주시 문발동 526-3
등 록 1957년 12월 12일/제2-76호(윤)
전 화 (031)955-6500~6 FAX (031)955-6525
E-mail (영업) bms@bobmunsa.co.kr
(편집) edit66@bobmunsa.co.kr
홈페이지 http://www.bobmunsa.co.kr
조 판 법 문 사 전 산 실

정가 30,000원 ISBN 978-89-18-08627-9